齊藤 誠
岩本康志
太田聰一
柴田章久

New Liberal Arts Selection

新版
# マクロ経済学

Macroeconomics:
Theory and
Policy
2nd ed.

YUHIKAKU

有斐閣

## 新版はじめに

今回の新版への改訂にあたっては、以下の4つの点に留意した。

第1に、最近のマクロ経済学教育においてニューケインジアン・モデルが広く講じられてきた状況に鑑みて、旧版では第Ⅳ部で取り扱っていたものを、第Ⅱ部に移した。新版では、第6章の *IS-LM* モデル、第7章の *AS-AD* モデルの後の第8章において、ニューケインジアン・モデルが提示されている。

第2に、マクロ経済統計の解説をより充実させた。とくに、国際収支統計については、新しい統計基準に準拠したものにした。また、2016年度内に93 SNAから2008 SNAに移行することが見込まれていることから、2008 SNAについても言及した。また、日本経済の国際化を考えると重要性がますます高まってきているにもかかわらず、これまでの教科書では必ずしも詳しく説明されてこなかった国内総生産（GDP）、国内総所得（GDI）、国民総所得（GNI）の違いについても、第9章で1つの節をあてて詳細な説明を加えた。

第3に、旧版でも、大規模なマクロ経済政策の功罪については、さまざまな箇所で掘り下げた議論を展開してきた。しかし、2008年9月のリーマン・ショック以降、日本をはじめとして多くの先進国がとりわけ金融の側面でいっそう大規模なマクロ経済政策を展開するようになった。新版では、そうした大規模なマクロ経済政策を考察するのに必要となってくる分析的フレームワークを、読者に対して提供することに努めてきた。

第4に、旧版の統計図表を新しいものに置き換えた。新版の図表は、2015年秋ごろまでのデータにアップデートした。旧版の補訂においても、インターネットを通じて新しいデータを提供することに努めてきたが、新版においては、そうした最新データの提供方法をよりシステマティックなものにした。具体的には、有斐閣のウェブサイト（http://www.yuhikaku.co.jp/books/detail/9784641053847）から、NLAS マクロ経済学 database にアクセスすることによって、新版の本文にある図表に対応した年次（暦年と年度）・四半期・月次データがアップデートされたものを閲覧できるようにした。年次データについては、翌年の5月末をめどに、四半期・月次データについては、元データのアップデート後、数カ月以内にアップデートすることにしている。また、新版にあるかなりの四半期・月次デー

タについては，バクフー株式会社の経済指標データプラットフォーム "SocioMeasure"（http://macro.bakfoo.com）によって，つねに最新のデータにアップデートされた図表が提供される。

### 本書の使い方

本書を学部1年生向け，2年生向けとしてはじめてマクロ経済学を学ぶコースで使う場合には，第Ⅰ部について，第1章，第2章，第4章，第Ⅱ部について，第5章，第6章，第10章，第11章に取り組めば，基本的なトピックスをカバーすることができる。その際も，囲み記事（POINT）で取り扱われている数式の展開については，読み飛ばしてもらって差し支えない。

2年生向け，3年生向けとして2度目にマクロ経済学を学ぶコースでは，上の章を復習しつつ，第Ⅰ部について，第3章，第Ⅱ部について，第7章，第8章，第9章，第Ⅲ部の第12章，第13章を加えれば，学部学生として必要とされるマクロ経済学の知識のほとんどを身につけることができるであろう。なお，第Ⅰ部，第Ⅱ部，第Ⅲ部の各章末に付している練習問題は，公務員試験や資格試験のレベルに合わせてある。

さらに進んだ勉強をする場合，とくに，大学院レベルのマクロ経済学に進む準備をする場合には，少し回り道になってしまうが，巻末の数学付録にある数学知識を注意深く確認してほしい。そのうえで，第Ⅰ部から第Ⅲ部で初読の際には読み飛ばしていた数式の展開をきっちりと読んでもらいたい。そうしたトレーニングを積んだうえであれば，第Ⅳ部の諸章は，それほど苦労しなくても，読み進んでいくことができるであろう。なお，第Ⅳ部の各章末には，より進んだ勉強をするための参考文献をあげている。

### 謝　辞

新版への改訂にあたっては，多くの方々から助言や支援を受けてきた。とくに齊藤は，小野哲生，小島健の各氏から貴重なコメントをいただいた。バクフー株式会社の柏野雄太さんには，経済統計データをつねに最新のデータにアップデートするシステム（SocioMeasure）を提供していただいた。齊藤研究室のリサーチアシスタントである岩崎有希子，鈴木瑞洋，高橋資哲の各氏には，NLASマクロ経済学databaseの構築を手伝っていただいた。同じく齊藤研究室の関節子さんと伊藤すみれさんには，編集や校正の作業を補助していただいた。

有斐閣の渡部一樹さんには，今回の大幅な改訂作業の最初から最後まで大変にお世話になった。
　ここに謝辞を申し上げたい。
　2016年1月

　　　　　　　　　　　　　　　　　　　　　　　　　　　著　者　一　同

## 初版はじめに

**本書の特徴**

本書は，有斐閣の New Liberal Arts Selection にある他の分野の教科書と同様に，マクロ経済学について次のような特徴を持っている。

- 学部1年生から4年生までの4年間の利用に十分に耐えられる内容を備えている。
- 学部生が将来のキャリアを形成していくうえで必要となってくる内容を備えている。具体的には，国家公務員試験，地方公務員試験，各種資格試験の準備にも，大学院の受験準備にも十分に耐えられる。
- 大学の講義を離れた社会人が自学自習できるように記述している。

本書は，学部初等の内容から将来のキャリア形成への懸け橋となる内容までのレベルを維持する一方で，あるレベルから次のレベルへ向かうときに，読み手が過度な負担を感じないように，異なるレベルの間でできるだけ連続性を保ちながら記述を進めている。日本で流通している学部生向けのマクロ経済学教科書としては，大部で値段もかさむが，3冊分の内容だと理解していただければ幸いである。

ところで，Liberal Arts は教養科目と訳されているが，その意味するところはさまざまに解釈されている。マクロ経済学の教養科目についても，明確に定義することは難しいであろう。しかし，筆者たちは，ずいぶんとプラクティカルに「学生諸君が，真面目に有意義に人生を過ごしていくうえで必要となってくる知識」と考えている。

マクロ経済学というと，経済政策にかかわる官僚や政治家に必要な知識と狭く考えられがちである。しかし，市場社会におけるわれわれの生活がマクロ経済政策と密接に結びついていることを考えると，マクロ経済学は市場社会に生きるすべての人びとにとって必要不可欠な知識である。それにもかかわらず，中学や高校で公民や政治経済の科目などでマクロ経済学が重きをもって取り扱われているとは言い難い。大学生の多くにとっては，マクロ経済学ばかりか，より広く経済学という学問に取り組むのが人生で初めてというのが実情であろう。

大学1年生の諸君が，生協の書店で本書を手に取ってパラパラとページをめく

っていくと，第Ⅰ部のほうは言葉や図表が多いが，第Ⅳ部に向かって進んでいくと，数式の登場回数がやたらと増えてきて厄介そうだし，それよりも何よりも，分量が多すぎると感じるのではないであろうか。

　これから大学4年間でマクロ経済学について学ぶことは，活字にするとこうした体裁になるのである。本書の内容をすべてカバーしようとすれば，1週間2コマの1学期間の講義を，少なくとも3つから4つ受けなくてはならないであろう。ずいぶんと大変なことである。しかし，そうした努力を積み重ねていくと，大学入学時と卒業時を比べて，マクロ経済学に関する知識が飛躍的に拡大するだけではなく，市場経済に関する考え方を自分なりに養っていくことができる。大学時代に地道な勉学で培ってきたものこそ，教養と呼んでよいのでないであろうか。本書が読者にとって教養を培っていく契機の1つとなれば筆者としてありがたい。

### 本書のねらい

　そもそも，マクロ経済学とはどのような目的を持った学問であろうか。ほとんどのマクロ経済学者は，そうした設問に対して，若干のニュアンスの違いはあるかもしれないが，「経済厚生の水準（'幸せの度合'と言い換えてもよい）が高い国民経済を築いていくこと」と答えるであろう。

　本書の執筆を本格的に開始した2007年夏にはアメリカの住宅市場でサブプライム・ローン問題が発覚し，2008年秋には世界中で株式をはじめとして，あらゆる資産の価格が暴落した。2009年に入ると，アメリカ発金融危機は，「100年に1度」の世界同時恐慌の様相を呈していく。事実，一国の生産水準を示すGDP（国内総生産）は，いずれの国でも大きく落ち込んだ。こうした深刻な経済状況に対して，世界中の政治家，官僚，経営者，投資家の間では，「財政出動と金融緩和によるマクロ経済政策の総動員」の大合唱が巻き起こる。「いまこそ，史上空前の規模のマクロ経済政策によってGDPを引き上げるべきだ！」というわけである。

　大合唱の輪のなかには，ポール・クルーグマン教授のようにノーベル経済学賞を受賞した優れた経済学者も含まれているので，上のような政策主張が「マクロ経済学の常識」に属すると，世界中の市民は受け取っているのかもしれない。しかし，それこそノーベル経済学賞を受けた経済学者も含めて，経済学研究者や経済学徒の多くは，そうした輪の外側にいたのも事実なのである。何も，彼らは，マクロ経済政策の出動そのものに反対をしているわけではない。しかし，真摯な

経済学研究から培われてきた学問的な信条からすると，「100年に1度の金融危機には，未曾有の規模のマクロ経済政策を！」というレトリックにはついていけないというのが偽らざる心情なのである。

　本教科書では，マクロ経済政策について，一般の人びとの大きな（時には，過剰な）期待感と専門家の「石橋をたたいて渡る」慎重な見方との間にあるギャップをできるだけ丁寧に埋めていきながら，マクロ経済学に課せられた本来の目的に立ち返っていきたい。

　王道のない学問の常として，マクロ経済学を身につけるにも，かなり回り道をしなければならない。まず，本教科書の**第Ⅰ部**では，そもそもGDP水準が一体全体何を意味しているのかを丹念に説明していく。実は，マクロ経済の生産水準を示すGDPは，経済全体の支出水準とともに，国民全体の所得水準を示している。したがって，GDPの拡大が，国民所得の増大をただちに意味しているわけで，GDPが，国民の経済厚生，要するに国民の幸せの度合に深く関係している指標であることは容易に察しがつく。ただし，GDP水準と国民の経済厚生の関係が完全に1対1で対応しているわけでもない。GDPの拡大で国民が幸せにならないこともあるし，逆に，GDPの縮小で国民が不幸せにならないこともある。

　次に，**第Ⅱ部**では，標準的なマクロ経済モデルに基づいて，GDP水準がどのように決定されるのかをできるだけわかりやすく説明していく。マクロ経済学では，数年の間に好況と不況を繰り返してGDPが変動する現象を景気循環と，数十年の間にGDPが傾向的に拡大する現象を経済成長とそれぞれ呼んでいる。マクロ経済学は景気循環と経済成長を研究する学問と言っても差し支えない。

　そのうえで，**第Ⅲ部**では，政府や中央銀行（日本であれば，日本銀行）が実施するマクロ経済政策が，どのようなときにGDPの動向に働きかけることができるのか，どのようなときにできないのかを考えていく。1930年以降のマクロ経済学の歴史を振り返ってみると，GDPを制御する政策技術に磨きをかけることが，マクロ経済学が社会から課せられた課題であると言っても過言ではない。景気循環の振幅を緩和させてGDPの変動を緩和させる政策は安定化政策と呼ばれている。戦後のマクロ経済学のもっとも重要な成果の1つは，安定化政策に対して科学的な基礎を与えてきたことである。同時に，GDPを長期的に拡大させることを目的とする成長政策（長期政策）の基礎づけに対しても，マクロ経済学は大きな貢献をしてきた。

本教科書の類書にない特徴として，**第Ⅳ部を中心に第Ⅲ部を含めてミクロ的基礎を有するマクロ経済学**を，学部生でも理解できるように説明していく。マクロ経済学のミクロ的基礎づけ（マイクロファンデーション）を嚙み砕いて言うと，「できるだけミクロ経済学の言葉でマクロ経済学を語ろうとするアプローチ」ということになろうか。このようなことを言うと，読者は，「経済学にマクロ経済学の言葉とミクロ経済学の言葉があるのか」とびっくりするかもしれない。しかし，少なくとも，学部レベルのマクロ経済学とミクロ経済学でアプローチがかなり異なっているのは事実である。

　ミクロ経済学では，学部レベルであれ，大学院レベルであれ，個々の家計，あるいは，個別の企業の経済行動を分析の対象としている。一方，学部レベルのマクロ経済学では，いきなり，経済全体で集計した生産量なり，消費量なりのマクロ経済変数の相互依存関係を分析の対象としていて，家計や企業の行動というミクロ・レベルにまで降りてきて分析を行うことはない。ミクロ的基礎のあるマクロ経済学では，家計や企業のミクロ・レベルの行動の集積がマクロ・レベルの経済現象として現れることを想定している。

　それでは，マクロ経済学からミクロ的基礎が失われると，どのような支障が生じるのであろうか。これからマクロ経済学を学ぼうとする読者に対して，ミクロ的基礎の欠如がもたらす問題点を明確に説明することは容易ではない。しかし，日常的な言葉でも，次の2点を指摘することはできる。ミクロ的基礎を伴わないマクロ経済理論では，第1に，ミクロ・レベルの問題点としては，家計や企業の損得勘定をまったく無視している。第2に，マクロ・レベルの問題点としては，経済全体の資源配分が望ましいのかどうかを的確に判断できない。

　ミクロ的基礎を持ったマクロ経済学の内容の高度さを考えると，学部向けの教科書で高度な内容を本格的に展開することは，ほぼ不可能だと考えられていた。それがために，これまでの学部向けテキストでは，ミクロ的基礎を持つマクロ経済学が申し訳程度にしか取り扱われてこなかった。

　しかし，政策の影響をもろに受ける家計や企業の損得勘定をまったく考慮せずに，あるいは，政策の実施に起因する眼に見えないコストを完全に無視して，マクロ経済政策という人間の行為を判断してしまえば，為政者が「良かれ」と思った政策であっても，取り返しのつかない損失を人間社会にもたらしてしまうかもしれない。進んだマクロ経済学に対する無知が原因で，そのように悲惨なことが起きているとすれば，十分に咀嚼した形で高度なマクロ経済学を学部教育に，ひ

いては社会に定着させてこなかったマクロ経済学者の社会的な責任はとてつもなく重い。われわれの教科書で，不完全になることを十分に承知のうえで，ミクロ的基礎を持つマクロ経済学を精力的に取り扱っているのも，ひとえにそうしたことへの反省の上に立ってである。

### 謝　辞

　本書の執筆の過程では，さまざまな方から貴重なコメントや温かい励ましをいただいた。執筆者ごとに謝辞を申し上げたい。

　齊藤は，青木浩介，荒戸寛樹，池尾和人，今井亮一，大竹文雄，北川章臣，塩路悦朗，白川方明，中島清貴，深尾京司，藤木裕，二神孝一，堀敬一，堀健夫，宮崎憲治，山田知明の各氏から，大変に貴重なコメントをいただいた。鈴木史馬，新関剛史の両氏には，第Ⅰ部，第Ⅱ部の練習問題作成を手伝っていただいた。研究室の山崎幸恵さんには，校正作業をアシストしてもらった。太田は，佐々木勝，山本勲の各氏に，柴田は，國枝卓真，田中博也，本橋篤の各氏にそれぞれコメントやアドバイスをいただいた。

　齊藤の手帳を見ると，3年以上前の2006年春に有斐閣の鹿島則雄氏（現・有斐閣アカデミア）から本書執筆のお話があった。その後も，有斐閣の青海泰司，秋山講二郎，柴田守の各氏，とくに渡部一樹氏には，編集のさまざまな段階で大変にお世話になった。本書編集の大きな特徴は，数カ月に1度，編集会議を開いて，章立てから始まって執筆内容に至るまで，4人の執筆者の間で徹底的に議論（時には，口論）してきたところにある。場合によっては，有斐閣本社と京都支店をインターネットで結んだテレビ会議も行った。そうした手間のかかるプロセスであったことから，通常の教科書編集に比べて，編集部の方々のご負担がずいぶんと重たかったように思う。

　当初の計画では，2008年中の出版，2009年春からの教科書採用を目指していたが，ひとえに筆者たちの怠慢で当初計画は見事に御破算となった。しかし，結果論になってしまうが，2008年秋の金融危機で2002年以降の（変則的な）経済成長に終止符が打たれた状況を踏まえて本書を執筆できたことはかえって幸いであった。

　筆者のほうからは，2009年5月に内閣府が公表するGDP速報（2009年第1四半期）の内容を本書に織り込みたいと願い出て，有斐閣にも快諾していただいた。そうとは言いつつも，2008年秋の金融危機で本書の内容を大幅に書き換える必

要があったわけではない。しかし，2008年秋以降の状況を踏まえることによって，本書の議論をより説得的に展開することができ，教科書としての寿命をほんの少しだけ延ばすことができたのだと考えている。

　本書の編集のプロセスにおいてお世話になった方々に深く感謝申し上げる。

　2009年夏

著 者 一 同

## 著者紹介

**齊藤　誠**（さいとう　まこと）　〔第 1～3, 5～7, 9, 11, 14～16 章担当〕
1960 年生まれ。83 年，京都大学経済学部卒業，92 年，マサチューセッツ工科大学大学院博士課程修了（Ph. D.）。83 年，住友信託銀行入社。ブリティッシュ・コロンビア大学経済学部助教授，京都大学経済学部助教授，大阪大学大学院経済学研究科助教授，一橋大学大学院経済学研究科教授を経て，2019 年より現職。2007 年，日本経済学会・石川賞受賞。14 年春，紫綬褒章受章。
現在，名古屋大学大学院経済学研究科教授。
主な著作に，『金融技術の考え方・使い方』（有斐閣，2000 年，日経・経済図書文化賞），『新しいマクロ経済学（新版）』（有斐閣，2006 年），『資産価格とマクロ経済』（日本経済新聞出版社，2007 年，毎日新聞社エコノミスト賞），『原発危機の経済学』（日本評論社，2011 年，石橋湛山賞），『震災復興の政治経済学』（日本評論社，2015 年），"International Capital Flows, Portfolio Composition, and the Stability of External Imbalances"（共著，*Journal of International Economics*, forthcoming）など。

**岩本　康志**（いわもと　やすし）　〔第 8・12・13 章担当〕
1961 年生まれ。84 年，京都大学経済学部卒業，86 年，大阪大学大学院経済学研究科博士前期課程修了。大阪大学社会経済研究所助手，同大学経済学部講師，京都大学経済研究所助教授，一橋大学大学院経済学研究科教授，国立国会図書館専門調査員を経て，2020 年より現職。2008 年，日本経済学会・石川賞受賞。
現在，東京大学大学院経済学研究科教授。
主な著作に，『経済政策とマクロ経済学』（共著，日本経済新聞社，1999 年），『金融機能と規制の経済学』（共著，東洋経済新報社，2001 年），『社会福祉と家族の経済学』（編著，東洋経済新報社，2001 年）など。

**太田　聰一**（おおた　そういち）　〔第 4・10・17 章担当〕
1964 年生まれ。87 年，京都大学経済学部卒業，96 年，ロンドン大学大学院博士課程修了（Ph. D.）。名古屋大学経済学部助手，同講師，同助教授，同教授を経て，2005 年より現職。
現在，慶應義塾大学経済学部教授。
主な著作に，『若年者就業の経済学』（日本経済新聞出版社，2010 年，毎日新聞社エコノミスト賞，日経・経済図書文化賞），"Long-Term Effects of a Recession at Labor Market Entry in Japan and the United States"（共著，*Journal of Human Resources*, 45 (1), 2010），『労働経済学入門（新版）』（共著，有斐閣，2012 年）など。

**柴田　章久**（しばた　あきひさ）　〔第 18 章・数学付録担当〕
1964 年生まれ。87 年，京都大学経済学部卒業，89 年，大阪大学大学院経済学研究科博士前期課程修了。大阪大学経済学部助手，大阪市立大学経済学部助手，同助教授，大阪大学経済学部助教授，京都大学経済研究所助教授を経て，2003 年より現職。
現在，京都大学経済研究所教授。
主な著作に，『マクロ経済学の第一歩』（共著，有斐閣，2013 年），"Taxing Capital is a Good Idea: The Role of Idiosyncratic Risk in an OLG Model"（共著，*Journal of Economic Dynamics & Control*, 52, 2015），"Collateral Constraints and the Current Account: Theory and Evidence"（共著，*Economic Inquiry*, 54 (1), 2016）など。

# 目　次

新版はじめに　i
初版はじめに　iv

## 第Ⅰ部　マクロ経済の計測

### 第1章　第Ⅰ部のねらい　　1
#### われわれはどのようにマクロ経済を理解するのであろうか？
人間に備わっている直観的な計測能力(2)　　直観的な計測と意識的な計測(2)　　計測者と理論家の共存(3)　　なぜ関心を持つのか？(4)　　観測と理論は人間の本質的な営為(5)　　マクロ経済現象を計測するには…(5)　　勇気を持って第Ⅰ部を読み始めよう！(6)

### 第2章　国民経済計算の考え方・使い方　　9
#### 1　マクロ経済の計測のための基本概念　　10
##### 1-1　フロー変数とストック変数　　10
##### 1-2　物の循環と資金の循環　　13
評価損益の発生(13)　　金融機関や金融市場を通じた資金の循環(14)
##### 1-3　マクロ経済統計の役割分担　　16
#### 2　生産活動の把握から始まる国民経済計算　　17
##### 2-1　数量表示の産業連関表を作ってみよう！　　17
投資財，中間投入財，消費財(17)　　各財の生産過程(18)　　数量表示の産業連関表(20)
##### 2-2　価格表示の産業連関表を作ってみよう！　　21
生産面から見たマクロ経済(21)　　支出面から見たマクロ経済(22)　　所得面から見たマクロ経済(23)
##### 2-3　実際の国民経済計算の難しさ　　28
##### 2-4　名目と実質の区別をしよう！　　33
経済学は貨幣錯覚を拒絶する！(33)　　GDPデフレーターの考え方(34)　　消費者物価指数の考え方(36)　　国内企業物価指数(39)　　3つの物価指標の比較(39)　　固定基準年方式から連鎖方式へ(42)　　それぞれの物価指数における品質調整(43)
##### 2-5　SNAで見た日本経済の姿　　44
#### 3　実質GDPで見えてこないもの　　47

xi

## 第3章　資金循環表と国際収支統計の作り方・見方　53

**1 マクロ経済における金融機関と金融市場**　54
**2 資金循環表の考え方**　56
 **2-1 残高表，取引表，調整表からなる資金循環表**　56
  残高表の見方(56)　取引表の見方(57)　調整表の見方(58)
 **2-2 国民経済計算と資金循環表の関係**　59
**3 日本経済の資金循環**　64
 **3-1 ストックで見た資金循環**　64
 **3-2 フローで見た資金循環**　66
 **3-3 国民経済計算のストック編から見た実物資産の動向**　68
**4 国際収支統計の考え方・見方**　72
  海外取引における財・サービスの循環(72)　海外取引における資金の循環(75)
  財・サービスの循環と資金循環の関係(75)　ストック面から見た海外取引(78)

## 第4章　労働統計　83

**1 労働市場を計測する**　84
  労働統計の意義(84)　労働力状態についての統計(84)
**2 失業率**　85
  失業率の重要性(85)　失業率の定義(86)　他の指標(89)　有効求人倍率(90)
**3 労働時間**　92
  労働時間を考察する意味(92)　労働時間の推移(93)
**4 賃金**　94
  時給か月給か(94)　実質賃金(95)

## 第Ⅱ部　マクロ経済学の基本モデル

## 第5章　第Ⅱ部のねらい　99
　　　　　　　　　　　　　　　　マクロ経済モデルの基本的な考え方

**1 経済成長現象と景気循環現象**　100
**2 供給サイドから分析する経済成長モデル**　108
 **2-1 生産要素の動向**　110
 **2-2 マクロ経済の生産関数とは**　113
 **2-3 資本蓄積と技術進歩**　114
**3 需要サイドから分析する景気循環モデル**　116

- 3-1 需要サイドのマクロ経済モデルとは　116
- 3-2 需要サイドのマクロ経済モデルに独自な特色　118
  - 金利と物価の動向への関心(118)　国際貿易の重要性(122)　マクロ経済政策の必然性(125)
- 3-3 景気循環モデルと経済成長モデルの統合に向けて　125
- 4 本書の今後の展開と基本的な姿勢　129

## 第6章　閉鎖経済の短期モデルの展開　133

- 1 短期モデルの基本的な考え方　134
  - 1-1 短期モデルの位置づけ　134
  - 1-2 右下がりの需要曲線や右上がりの供給曲線は当たり前なのか？　134
  - 1-3 伸縮価格モデルの労働市場と資金市場　137
    - 簡単なマクロ・モデルの供給サイド(137)　簡単なマクロ・モデルの需要サイド(139)　垂直な総供給曲線の出現(139)
  - 1-4 なぜ物価や賃金は硬直的なのか？　141
- 2 乗数効果のメカニズム　142
  - 2-1 内生変数と外生変数　142
  - 2-2 国民経済計算（SNA）の三面等価と短期モデルの三面等価　143
  - 2-3 計画支出の決定　143
  - 2-4 調整弁としての在庫投資　147
  - 2-5 短期モデルにおける三面等価　149
  - 2-6 乗数効果の説明　150
    - 数式による説明(150)　グラフによる説明(151)
  - 2-7 乗数効果の背景――再考　153
- 3 財市場の数量調整　●IS曲線の導出　155
  - 3-1 名目金利と実質金利　155
  - 3-2 実質金利と設備投資　158
  - 3-3 IS曲線　160
    - 総所得と計画支出の均衡(160)　IS曲線の導出(161)　政府消費拡大とIS曲線のシフト(162)
- 4 貨幣市場の需給調節　●LM曲線の導出　163
  - 4-1 貨幣需要の決定メカニズム　163
  - 4-2 貨幣市場の需給均衡条件としてのLM曲線　171
  - 4-3 貨幣供給拡大とLM曲線のシフト　172
  - 4-4 LMモデルに代わる名目金利決定メカニズム　173
- 5 IS-LMモデルにおける財政政策と金融政策　174

- 5-1 実質金利と名目金利の一致　174
- 5-2 財政政策と金融政策の効果　174
  - 財政支出増加の効果(174)　貨幣供給増大の効果(175)　財政政策と金融政策のポリシー・ミックス(176)　金利弾力的な設備投資(177)　流動性の罠(177)
- 6 右下がりの総需要曲線　178
  - 6-1 物価水準の変化と産出量の変化　178
  - 6-2 右下がりの総需要曲線の背後にあるもの　180
  - 6-3 垂直の総需要曲線の可能性　181

## 第7章　閉鎖経済の中期モデルの展開　187

- 1 中期モデルの基本的な考え方　188
- 2 企業による価格設定　190
  - 2-1 賃金交渉を通じた実質賃金の決定　190
  - 2-2 企業による名目価格の設定　192
  - 2-3 潜在GDP水準の決定メカニズム　193
- 3 中期モデルにおける右上がりの総供給曲線　197
  - 3-1 企業の名目価格設定における物価水準の予想　197
  - 3-2 合理的期待形成と貨幣の中立性　200
  - 3-3 供給要因の変化とGDPへの影響　202
  - 3-4 マクロ経済構造を反映する予想物価水準　203
- 4 予想されていない名目貨幣供給拡大の効果　204
  - 4-1 貨幣的ショックの一時的なインパクト　204
  - 4-2 潜在GDPへの回帰を妨げる要因　205
    - 名目価格の硬直性(205)　静学的期待形成と適応的期待形成(207)
  - 4-3 まとめ　208
- 5 デフレスパイラルの可能性 ●総需要曲線が垂直な場合　210
  - 5-1 AS-ADモデルにおけるデフレスパイラル現象　210
  - 5-2 理論的な問題点　212
  - 5-3 実際的な問題点　213
- 6 フィリップス曲線の導出　214
  - 6-1 インフレ率とGDPの関係　214
  - 6-2 インフレ率と失業率の関係　217
    - インフレを加速しない失業率：適応的期待形成の場合(218)
  - 6-3 失業率とGDP成長率——オークン法則　220
- 7 金融政策の可能性　223
  - 7-1 インフレ需要曲線の導出　223

- 7-2 過小供給を是正する手段としての金融政策　225
- 7-3 金融政策のジレンマ——ルーカス批判　226
- 7-4 ニューケインジアンのスタンス　227
- 8 インフレ需要曲線とインフレ供給曲線の分析枠組みから見た日本経済　229
- 8-1 インフレ需要曲線のシフトが支配的なケース　229
- 8-2 インフレ供給曲線のシフトが支配的なケース　231
- 8-3 日本経済では，インフレ需要曲線のシフトが支配的であったのだろうか？　233
- 補論1：本テキストの中期モデルの取り扱いについて　236
- 補論2：インフレ率とGDPに関するフィリップス曲線の導出　237
- 補論3：インフレ率と失業率に関するフィリップス曲線の導出　237
- 補論4：オークン法則の導出　238

## 第8章　新しいケインジアンのマクロ経済モデル　241

- 1 ニューケインジアン・モデルの基本的な考え方　242
  - $AS$-$AD$ モデルのミクロ的基礎(242)　標準的なニューケインジアン・モデルの市場環境(243)
- 2 ニューケインジアン・フィリップス曲線と期待$IS$曲線　245
  - 名目価格の硬直性の想定(245)　NKモデルの潜在GDP(246)　オイラー方程式から$IS$曲線へ(247)
- 3 ニューケインジアン・モデルでの安定化政策　249
  - 物価と所得の完全安定(249)　自然利子率の変動(252)　中立利子率(253)
- 4 ニューケインジアンの中期モデル　254
  - テイラー・ルール(254)　ニューケインジアンの$AS$-$AD$モデル(255)　需要ショックと供給ショックの意味(258)
- 5 ニューケインジアン・モデルの評価　259

## 第9章　開放経済モデルの展開　263

- 1 マクロ経済と貿易・資本取引　264
  - 外国との貿易取引と資本取引(264)　日本経済にとっての外国との経済取引の重要性(264)　開放経済モデルの3つの特徴(266)
- 2 名目為替レートと実質為替レート　268
  - 2-1 名目為替レートと輸出入の実質化　268
  - 2-2 実質為替レートの考え方　273
  - 2-3 実質為替レートの一般的な定式化　274
    - 同じ財バスケットを用いて定義した実質為替レートⅠ(274)　輸入品と輸出品で定義された実質為替レートⅡ：交易条件(275)

### 3 国民経済計算における貿易活動の取り扱い　278
- **3-1** 理論モデルにおける貿易活動　278
- **3-2** 国民経済計算における海外部門　281
- **3-3** 日本経済のGDPデフレーター，GDIデフレーター，GNIデフレーター　285

### 4 2つの平価関係 ●短期モデルの準備作業　287
- **4-1** 購買力平価説　287
- **4-2** 金利平価関係の導出　289
  静学的期待形成のケース(291)　合理的期待形成のケース(292)

### 5 開放経済の短期モデルの展開 ●マンデル・フレミング・モデル　293
- **5-1** 純輸出関数の決定メカニズム　294
  IS-LMモデルの復習(294)　開放経済におけるIS曲線(295)　マーシャル・ラーナー条件(298)
- **5-2** マンデル・フレミング・モデルの展開　299
  純輸出関数の定式化(299)　開放経済のIS曲線(300)　開放経済におけるマクロ経済政策(302)
- **5-3** 物価と名目為替レートの関係　304
- **5-4** 日本経済のマーシャル・ラーナー条件　307

### 6 固定為替相場制度下の開放経済モデル　311
- **6-1** 固定為替相場制度とは　311
- **6-2** 固定為替相場制度下のマンデル・フレミング・モデル　312
- **6-3** 開放経済の中期モデルの展開　313
- **6-4** 戦後日本経済の交易条件　317

補論：購買力平価説から導出される両国のインフレ率と為替レート変化率の関係　320

## 第10章 労働市場の長期モデル　325

### 1 労働市場とは ●市場の特徴　326
「長期」の視点から(326)　労働市場とは何か？(326)　労働市場の特徴(327)

### 2 長期の労働市場モデル　330
労働に対する需要(330)　労働の供給(332)　労働市場の均衡(333)　硬直的な実質賃金(335)

### 3 自然失業率の考え方　337
失業者数が変化するメカニズム(337)　自然失業率の定式化(339)　摩擦的失業と構造的失業(342)　UV曲線(343)

## 第11章 閉鎖経済の長期モデル　　347
### 資本蓄積と技術進歩

**1　なぜ，経済成長理論を学ぶのか？**　348
　　資本蓄積と技術進歩(348)　　資本市場の役割(349)　　長期モデルの3つの特徴？(350)

**2　経済成長理論の礎としての生産関数**　352
　2-1　生産関数の4つの特性　352
　2-2　コブ・ダグラス型生産関数　359
　2-3　労働力1人あたりGDPの重要性　362

**3　成長会計の考え方・使い方**　364
　3-1　成長会計の考え方　364
　3-2　成長会計の事例——先進資本主義諸国と東アジア経済　370

**4　ソローの経済成長モデル**　373

補論：ハロッド・ドーマー・モデル　383

## 第Ⅲ部　経済政策とマクロ経済学

## 第12章　安定化政策　　389

**1　ポリシー・ミックス**　390
　　政策のラグ(390)　　自動安定化装置(391)　　ポリシー・ミックス(392)

**2　インフレーション・ターゲッティング**　394
　　ルールか裁量か(394)　　時間整合性(394)　　インフレーション・ターゲッティング(397)　　物価安定の目標(397)

**3　流動性の罠のもとでの安定化政策**　401
　　流動性の罠(401)　　流動性の罠でのデフレ・バイアス(404)

**4　財政政策の決定**　406
　　裁量的財政政策と自動安定化装置(406)　　日本の財政政策(408)

**5　有効な財政政策**　409
　　裁量的財政政策の効果的な方法(409)　　財政政策の論争(410)　　財政支出の費用便益分析(412)

## 第13章　財政の長期的課題　　417

**1　財政赤字の計測**　418
　　政府部門の定義(418)　　財政赤字の定義(418)　　実質財政赤字(420)　　循環調整済み財政赤字(421)　　粗債務か純債務か(422)

**2 債務残高の推移** 425
　　課税平準化(426)　　財政赤字の政治経済学(427)

**3 財政の持続可能性** 428
　　基礎的財政収支(428)　　ドーマー条件(429)

**4 財政赤字の影響** 430
　　減税による財政赤字(430)　　財政赤字の影響：短期(431)　　財政赤字の影響：中期(431)　　財政赤字の影響：長期(432)　　開放経済の場合(432)

**5 リカードの等価命題** 432
　　公債の負担(434)　　世代会計(435)

**6 人口減少と社会保障** 437
　　人口変動の経済成長への影響(437)　　社会保障財政(440)

## 第IV部　マクロ経済モデルのミクロ的基礎づけ

### 第14章　第IV部のねらい　445
　　　　　　　　　　　　なぜマクロ経済モデルにミクロ的基礎が必要なのか？

**1 マクロ経済学のミクロ的基礎づけとは** 446
　　ミクロ経済学の言葉とマクロ経済学の言葉(446)　　費用対効果の具体例(447)　　ミクロ的基礎が欠如した IS-LM モデル(448)　　ミクロ的基礎を備えた AS 曲線(448)

**2 IS-LM モデルの問題点** ●動学的側面の欠如 449
　　経済政策の望ましさとは(449)　　消費水準の効率性(450)　　ソロー・モデルの問題点(451)　　設備投資水準の効率性(451)　　動学的な環境における乗数効果(455)　　隠れた費用の重要性(455)　　ルーカス批判再訪(456)

**3 なぜ第IV部を学ばなければならないのか？** 457
　　第IV部の構成について(457)　　第IV部の位置づけについて：第II部あってこその第IV部(458)　　経済政策に対する良識とミクロ的基礎(459)　　学問体系と実務体系の微妙な関係(460)　　第IV部に関する断り(462)

### 第15章　金融市場と貨幣市場　465
　　　　　　　　　　　　　　　　　　将来の経済が反映される "場"

**1 マクロ経済における金融・貨幣市場の役割** 466
　　合理的期待形成と均衡経路の効率性(466)　　中央銀行と貨幣市場(467)　　本章で取り扱わないこと(468)

**2 債券市場** ●利子率と債券価格 469

**2-1 債券とは** 469
　　さまざまな債券(469)　　さまざまな役割(470)　　マクロ経済モデルのなかの債券(471)

- 2-2 割引の考え方　472
- 2-3 なぜ割り引くのか？　473
- 2-4 利子率と債券価格の関係　474
- 2-5 金利の期間構造——長期金利と短期金利の関係　475

## 3　株式市場　●ファンダメンタルズと資産価格　480

- 3-1 株式とは　480
- 3-2 株価の割引現在価値モデル　481
- 3-3 ファンダメンタルズと資産価格バブル　483
- 3-4 日本の株式市場における資産価格バブルの可能性　485
  日本の株式市場の株価動向(485)　株価水準の"適切さ"を判断する尺度としてのPER（あるいはP/E）(487)

## 4　貨幣市場のメカニズム　●決済手段としての貨幣　491

- 4-1 貨幣の役割　491
- 4-2 貨幣と決済　493
- 4-3 いつ支払が完了するのか？　495
- 4-4 決済システムの安定性とは　499
- 4-5 中央銀行はどのように貨幣を供給するのか？——準備預金制度の仕組み　501
  短期金融市場の概略(501)　中銀当座預金への積立義務(502)　日本の準備預金制度(502)　準備預金残高の増減(503)　中央銀行のバランスシート(505)
- 4-6 信用創造のメカニズム？　508

## 5　貨幣供給，金利，物価の関係　512

- 5-1 超短期の理論——公開市場操作と金利決定メカニズム　512
  政策操作変数としてのオーバーナイト物金利(512)　金融調節とオーバーナイト物金利(513)　金融危機における準備預金供給と金利決定(516)
- 5-2 短期の理論——金利と貨幣供給　516
  設定金利と均衡金利(516)　貨幣供給なのか，金利なのか？(517)　名目価格硬直性と流動性効果(517)
- 5-3 長期の理論——貨幣供給と物価の関係　519
  長期の実質貨幣需要(519)　物価水準の決定メカニズム(522)　貨幣数量説(523)　ハイパーインフレーション過程(527)

## 6　動学的な経済環境における金融政策のあり方　531

- 6-1 標準的な貨幣需要関数から離れて，ふたたび戻って　531
  標準的な貨幣需要関数から離れて(531)　標準的な貨幣需要関数を棚上げとするいくつかの流れ(532)　デフレスパイラルに対する観念的な懸念からの政策発想(532)　ふたたび標準的な貨幣需要関数に戻って(533)
- 6-2 金融危機における中央銀行のオペレーション　535
  金融危機における民間銀行の担保不足(535)　中央銀行の担保不足解消策(536)　金融危機における準備預金付利の重要性(538)　準備預金付利の今後(539)

- **6-3 財政支出の調達手段としての通貨発行** 542
  通貨発行収入とは(542)　政府と中央銀行の統合予算制約(544)　中央銀行の国債買い切りオペレーションの規模(545)

- **6-4 為替政策としての低金利政策** 552
  なぜ，低金利政策の継続が為替政策として有効なのか？(552)　名目為替レートと長期名目金利の内外差：理論的な関係(552)　実質為替レートと長期実質金利の内外差：理論的な関係(553)　実質為替レートと長期実質金利の内外差：日米のケース(558)

- **6-5 マイルドなデフレーションのもとでのマイナス金利政策** 562
  ヨーロッパの中央銀行がマイナス金利を導入した背景(562)　日本の短期金融市場でマイナス金利が生じた背景(564)

- **6-6 長期的に最適な金融政策——反面教師としてのフリードマン・ルール** 566
  現実離れしたフリードマン・ルール？(566)　量的・質的金融緩和政策のコストとは？(568)

## 第16章　消費と投資　571

- **1 効率的な経路がどのように決まるのか？** 572
- **2 ラムゼーの経済成長モデル** 573
  - **2-1 ラムゼー・モデルの考え方** 573
  - **2-2 長期的に望ましい資本蓄積** 576
  - **2-3 消費の効率的な動学的配分——オイラー方程式の導出** 579
  - **2-4 資本と消費の経路** 583
    $\Delta k=0$ 軌跡の導出(583)　$\Delta c=0$ 軌跡の導出(584)　消費と資本の動学経路(585)　ジャンプできる変数とジャンプできない変数(586)　3つの経路の可能性(586)
  - **2-5 効率的な経路，非効率的な経路** 587
    資産価格形成と経路の効率性(587)　金融市場メカニズムによって資本の食い潰し経路が回避されるのか？(590)　金融市場メカニズムによって資本の過剰蓄積経路が回避されるのか？(591)
- **3 ラムゼー・モデルはマクロ経済学の玉手箱！** 592
  - **3-1 ラムゼー・モデルのインプリケーション** 592
  - **3-2 消費の理論——恒常所得仮説** 594
    家計の生涯予算制約(594)　生涯消費＞生涯所得，あるいは，生涯消費＜生涯所得の可能性は？(596)　消費の恒常所得仮説(597)　恒常所得仮説を阻む流動性制約(598)
  - **3-3 設備投資の理論——トービンの $q$** 603
    限界トービンの $q$ と平均トービンの $q$(603)　ラムゼー・モデルにおける限界トービンの $q$(604)　調整コストと限界トービンの $q$(606)
  - **3-4 モディリアーニ・ミラー定理** 607
  - **3-5 在庫投資の理論** 610

  *3-6* 実物的景気循環理論の展開 612

  *3-7* 経済厚生指標としての実質 **NDP** 615

 **4** 動学的な経済環境における財政政策 617

  *4-1* 動学的環境と静学的環境の違い 617

  *4-2* リカードの中立命題 618

   政府の予算制約を織り込む家計の予算制約(618) リカードの中立命題を阻むいくつかの要因(623)

  *4-3* ラムゼー・モデルにおける最適課税 624

 **5** ラムゼー・モデルから見た日本経済 626

  ストック・ベースで見た平均トービンの $q$ の動向(626) フロー・ベースで見た平均トービンの $q$ の動向(628) 税引き後資本収益率の推移(630) 貯蓄，消費，設備投資の動向(630) 企業部門の付加価値の家計部門への還元(633) 現在の設備投資と将来の消費の関係(635) 日本経済に対する評価(636)

# 第17章 マクロ経済と労働市場 641

 **1** 効率賃金仮説 642

  ソロー条件(642) 効率賃金仮説のバリエーション(643)

 **2** 賃金交渉仮説 646

  基本的な考え方(646) ヒステレシス(647)

 **3** 不完全な労働市場におけるサーチ 649

  職探し（サーチ）行動(649) マッチング関数(651) 求人倍率と留保生産性水準の決定(653) 分析例：失業給付と解雇費用(655)

 **4** 賃 金 格 差 657

  グローバル化(658) 技術変化(658) 二極化の問題(659) 制度的要因(660)

# 第18章 経 済 成 長 663

 **1** 経済成長のパターン 664

 **2** マルサスの罠 664

 **3** 連続型のソロー・モデル 669

  もっとも簡単なソロー・モデル(671) 貯蓄率上昇の効果(672) 人口成長の役割(673) 黄金律(675) 調整過程の分析(676) 技術進歩の役割(677)

 **4** ソロー・モデルの現実的妥当性 680

 **5** 内生成長モデル 682

  基本的メカニズム：*AK* モデル(683) ラムゼー・モデルにおける内生成長(685) *AK* モデルの基礎づけ(687) 金融市場の役割(690) 研究開発投資の役割(691) ローマー・モデルの基本的メカニズム(693) 規模効果(694) R＆Dの2種類の定式化(695) 方向づけられた技術進歩(698)

***6*** **経済成長論の課題** 702

**補論：世代重複モデル** 703
  モデルの基本構造(703)  動学的非効率性(706)

**おわりに——あらためて理論と政策の健全なインターフェースの構築に向けて** 711
  マクロエコノミック・コンセンサスの形成(711)  マクロエコノミック・コンセンサスへの挑戦状(713)  ケインズか，ハイエクかの選択なのか？(715)  政府も，民間も，"市場の力学"がもたらす長期的な秩序から大きく離れることができない(718)  "市場の力"に向き合っていくための秘訣とは：なぜ，マクロ経済学を勉強するのか(721)
  付表 ノーベル経済学賞受賞者リスト——1969 年から 2015 年(725)

**数 学 付 録** 729
  1. 1 次同次性(729)  2. 等比数列の和(730)  3. 微分と偏微分(732)  4. 指数関数と自然対数関数(737)  5. 役に立つ関係式(739)  6. 多期間モデルの最大化(742)  7. 差分方程式と微分方程式(746)  8. 連続型ラムゼー・モデルの位相図(750)

**練習問題解答** 756

**事 項 索 引** 778

**人 名 索 引** 790

（本文中の重要な語句〔キーワード〕および基本的な用語を太い青字〔ゴシック体〕にして示した。また，文章中で強調したい個所を細い青字〔明朝体〕にして示した）

## ◆ COLUMN マクロ経済学の歴史

① SNA の生みの親たち　11
② 産業連関表の理論・実証研究：レオンティエフの業績　22
③ 価格指数の考案者：パーシェとラスパイレス　38
④ セー法則——供給サイドの理論？　109
⑤ *IS-LM* モデルを築き，広めてきた経済学者たち　136
⑥ フィッシャー方程式の出典　156
⑦ マーシャルの $k$ は，なぜ $k$ なの？　171
⑧ マクロ計量経済モデルと政策評価　179
⑨ フィリップス曲線の発見がマクロ経済学にもたらしたインパクト　215
⑩ オークン法則の発見　221
⑪ ルーカス批判の出典　229
⑫ フレミングとマンデル　294
⑬ マーシャル・ラーナー条件命名の秘話　299
⑭ コブ・ダグラス型生産関数の裏話　363
⑮ ソローの成長理論への貢献　366
⑯ マネタリストのユニークなスタンスを通じて見えてくるマクロ経済学が抱える難題　452
⑰ 新古典派総合に基づいたマクロ経済学テキストの功罪　463
⑱ ラムゼーの経済学への貢献　574
⑲ マクロ経済学における消費理論の発祥　600
⑳ トービンの $q$ について　605
㉑ モディリアーニ・ミラー定理について　609
㉒ プレスコットとキドランドの貢献　619
㉓ リカードの中立命題について　623

---

本書のコピー，スキャン，デジタル化等の無断複製は著作権法上での例外を除き禁じられています。本書を代行業者等の第三者に依頼してスキャンやデジタル化することは，たとえ個人や家庭内での利用でも著作権法違反です。

第 I 部　マクロ経済の計測

# 第1章　第 I 部のねらい
### われわれはどのようにマクロ経済を理解するのであろうか？

## CHAPTER 1

　第 I 部では，マクロ経済の活動がどのように測定されるのかを明らかにしている。第2章では国民経済計算，第3章では資金循環表と国際収支統計，第4章では労働市場に関する統計を取り扱っている。これらの統計は，作成する手続きが煩雑で，その数値を理解することが難しいと感じるかもしれない。しかし，一歩一歩，ステップを踏んでいくと，案外に理解しやすい。第 I 部の知識を身につけておくと，新聞紙面に出てくるマクロ経済に関する統計が正しく理解できて，マクロ経済がずいぶんと身近に感じられるようになるであろう。本書のなかでも非常に重要なパートなので，しっかりと勉強してほしい。

INTRODUCTION

**人間に備わっている直観的な計測能力**

本書にあっては非常に短い本章において、マクロ経済を理解するうえで計測と理論が不可欠であるという、当たり前のことを述べていく。しかし、その当たり前のことが、マクロ経済学はもとより、あらゆる分野の経済学を学んでいくうえできわめて重要となってくるのである。

まず、身近な例で「計測すること」と「理論化すること」が相互に関わり合っていることを考えてみよう。諸君は、河川に架かった橋を歩いて渡って大学まで通学しているとする。通学の日々、川を見ていて、やや大げさに言うと川を観察していて、「今日は水量が多いなぁ」、「最近、川の流れが速くなったなぁ」といった感想を持つかもしれない。あるいは、「最近、川の濁りがひどくなったなぁ」というように、もう少し踏み込んだ観察をするかもしれない。

諸君にこのような感想が生まれてくるのは、「川が流れる」という自然現象をただ漠然と見ているからではなく、「川の流れ」のさまざまな様相のうち、川の水量、川の水流、川の水質といった特定の側面を切り取ってきて、それらの側面について、非常におおざっぱな方法ではあるが、知らず知らずのうちに「計測」という行為を始めていたからである。水量の多寡、水流の遅速、水質の清濁について、その程度を「計測」していたからこそ、「水量が多い」「流れが速い」「濁りがひどい」という判断がなされたのである。

人間には、意識しなくても、直観的に計測できる能力が備わっていると言うこともできる。

**直観的な計測と意識的な計測**

しかし、いくら優れた直観的能力があるからと言っても、おおざっぱな計測では、その精度に自ずと限度がある。最悪の場合は、まったくの勘違いであって、「水量が多い」と思っていたのは気のせいだったということもあるかもしれない。計測の精度を保とうと思えば、かなり意識的な計測作業をしなければならないであろう。

たとえば、川の水量を計測するためには、橋脚の下部の特定の位置を基準にして、そこから垂直方向に目盛りを打って、その目盛りが橋のたもとからでも読むことができるように、ペンキで印を付ける。毎日、大学に行く途中で、川面がどの目盛りに接しているのかを読み取って、測定した結果をノートに記録する。そのノートにメモした日々の水量をグラフにでもすれば、水量の推移がいっそうわかりやすくなるであろう。このような一連の作業を通じて、われわれは、川の水

量について客観的な事実を得ることができる。

　水流の速度の測定や，水質の汚濁度合の観測については，水量の計測ほど簡単にはいかず，いっそう工夫することが必要となってくる。しかし，計測の間尺を設定し，日々の観測を行い，それを記録するという点においては，水量の計測と本質的に異なるわけではない。

　諸君のなかには，たとえ意識的な計測作業を行うことを決めたとしても，これから水量がどのように推移するかについて将来のデータは得られても，これまで水量がどのように推移してきたかについて過去のデータを得ることはできない，と主張するかもしれない。しかし，橋脚に目盛りを付けるという間尺が設定されれば，工夫を怠らず，努力をいとわないかぎり，正確さは欠けるにしても，過去の水量を計測することができる。たとえば，その川の沿岸に住んでいる家々を訪問して，その橋を風景に含んでいる写真を集めてみれば，何年何月何日には，橋脚がここまで水に浸かっていたというようなことがわかってくるであろう。当該日までの気象データを確認すれば，「前日が雨であったから水量が多い」とか，「晴天が続いていたのに水量が多い」といった，その日の水量に影響を与える特有の要因もある程度勘案することができるであろう。

　もちろん，いまから新たに水量を計測して，データを蓄積することに比べれば，過去のデータを集めてくることははるかに手間と労力を必要とする作業である。それにもかかわらず，いったん計測のための間尺が設定されれば，過去のデータについても計測をすることが可能となってくる。どのような側面が対象となるにしても，計測のためには，基準を設定することが本質的に重要なのである。

### 計測者と理論家の共存

　それでは，何のためにそこまで手間をかけて計測するのであろうか。何らかの目的もないままに，ただ時間と労力をかけるのであれば，まったく無駄なことであろう。

　そこで，諸君が，毎日，通学途中に眺めている川について，「水量が多い」とか，「水流が速い」とか，「水濁がひどい」といったように，「川が流れる」という自然現象のある特定の側面について感想を持ったことこそが，正確な計測作業を行おうとする契機となっていることを，もう一度思い出してほしい。

　諸君がそうした感想を持ったのは，単に事実を述べただけではなく，その事実に浅からぬ関心を持ったからである。諸君が「最近，川の水量が多いなぁ」という感想を持ったのは，その事実に踏み込んで，「なぜ，最近，川の水量が多くなったのかなぁ」という疑問を持ったからであろう。

若干大げさな言い方になってしまうが，この瞬間，諸君は「川の流れ」に関する<u>計測者</u>であるとともに，その<u>理論家</u>になっているのである。理論家とは，「ある現象がなぜそうなったのか」を明らかにする人のことを指している。言い換えると，現象の原因を考察するのが理論家である。

　こうして見てくると，「川の流れ」という自然現象を観察することと，その自然現象に関心を持ち，そのメカニズムを明らかにすることが分かちがたく結びついていることがわかるであろう。

**なぜ関心を持つのか？**　ただ，話はここで終わらない。なぜ，諸君は，川の水量の変化に気づくとともに，そうした変化に対して重大な関心を寄せたのであろうか。当然，いろいろな思いが交錯したに違いない。何百年，何千年の間であればまだしも，数年，数十年の間に起きた自然の変化が，自分たちの生活，さらには社会に大きな影響をもたらすかもしれないと直観したに違いない。自分たちの住む場所が洪水の危険にさらされるようになったと，より踏み込んで考えていたかもしれない。

　もし，さまざまな計測の結果，近年，川の水位が著しく上昇して，確かに川の沿岸が洪水となる可能性が高まったとすれば，川の両岸にある堤防の増強を考える必要が出てくるであろう。より大がかりな治水対策としては，上流部にダムを造って，川の水量を調節することが必要となるかもしれない。

　しかし，「川の水位が上昇してきた」という現象面に対して対策を打つだけでは，けっして抜本的な解決にならない。根本的な問題解決のためには，「なぜ川の水位が上昇したのか」について，何らかの仮説を立てて，その仮説が妥当するかどうかを検証しなければならない。こうした仮説を立てること自体が，その現象を理論化していることになる。もちろん，仮説を検証するためには，計測データが必要となってくる。ここでも，計測と理論は分かちがたく結びついているのである。

　たとえば，過去の川の水位に関するデータを苦労して集めてみると，2年前から川の水位が急上昇したことがわかったとしよう。きっと，2年前に何かがあったはずである。詳しく調べてみると，その川の源流となっている山間で，2年前に大規模な伐採があったことがわかった。すると，「川の源流の伐採が川の下流部で水位を引き上げた」という仮説を立てるのは自然なことであろう。

　しかし，その仮説を検証するのはけっして簡単なことではない。さまざまな検証作業が必要となってくるが，源流に伐採があったところと，伐採がなかったと

ころで，水位の変化に違いがなかったかどうかは，かならず確認しなければならない。もし，その川の近くを流れているが，源流を異にする川では，過去10年にわたって水位に大きな変化がなければ，仮説検証の重要な証拠となるであろう。

こうして源流の大規模な伐採が，川の水位上昇の原因となっていたことが確かめられれば，われわれは，そうした知見から多くの教訓を得ることができる。今後は，上流の伐採作業が下流の人びとの生活に悪い影響をもたらさないように，細心の注意で伐採計画を立てることが重要な施策とならなければならない。

> **観測と理論は人間の本質的な営為**

すでに気づいていると思うが，ここで諸君が直観的に関心を持った現象は，純粋に自然現象ではなく，「大規模な伐採」という人間の働きがあった結果であって，社会現象の側面も兼ね備えているのである。地球温暖化現象に代表されるように，短い期間で自然現象に変化が認められる場合，その背後で人間社会の行為が作用していることが多々ある。現象を観察し，仮説を提示・検証する手続きを科学と呼んでいるが，ここで諸君が直面した課題は，自然科学と社会科学の両面から取り組まなければならないことになる。

ここまで長々と書いてきたのも，大げさな物言いになってしまうが，自然現象であれ，社会現象であれ，人間は本能的に現象を観察するとともに，仮説を提示・検証し，そこから現象に有効に対応するために知恵を絞り出していく。そうした営為の積み重ねが，人類を進歩させてきたと言っても過言ではない。

> **マクロ経済現象を計測するには…**

ここで話がマクロ経済学にいきなり飛ぶのであるが，こうして見てくると，マクロ経済現象に取り組む社会科学であるマクロ経済学の必要性と困難さが同時に見えてくるのではないであろうか。

いま，諸君のうちの誰かが，「最近，景気が悪くなった」という感想を持ったとしよう。この場合も，単に「景気が悪くなった」ことを観察しているのではなく，「なぜ景気が悪くなったのか」という疑問を持っているであろう。さらには，「不景気な状況を何とか乗り越えたい」という思いを募らせてもいるであろう。

しかし，ここまでであれば，まだマクロ経済現象に関する感想とは言えない。たまたま両親が家業で失敗して店の売上が落ちたところから，そのような感想を抱いたのであれば，家業に関わる景況であって，経済全体の景気とはかならずしも言えない。要するに，ミクロ的な経済現象であっても，マクロ的な経済現象とは言えない。

しかし，諸君の多くが「最近，経済全体の景気が悪くなった」という感想を持ったとすれば，話が変わってくる。諸君が「マクロ経済の景気が悪くなった」と考えているのであれば，諸君が直面している経済現象は，まさにマクロ経済現象となる。

　ただし，「経済全体の景気」を計測することはけっして容易なことではない。先のミクロ的な例で言えば，両親の営んでいる店の売上を帳簿に記録しておけば，店の景気が良いのか，悪いのかを判断することはそれほど難しくない。しかし，中小企業から大企業まで無数にある企業の売上高データをすべて集めてきて，集計をするのは気が遠くなる作業であろう。とうてい手作業でできるものではない。

　もし，駅前のどのデパートも土日にもかかわらず閑散としていることから，「経済全体の景気が悪くなった」という印象を持ったとすれば，経済全体の消費の低迷をもって不景気の判断をしていることになる。しかし，経済全体の消費動向を正確に計測するために，何千万とある世帯から家計簿を集めて，個々の家計の消費を集計するなどという作業は，手作業で「消えた年金」帳簿を修復するのに似て，気の遠くなるような作業であろう。

　また，近所の公園にホームレスがあふれていることから，「経済全体の景気が悪くなった」と思ったのであれば，雇用動向の悪化をもって不景気の判断をしていることになる。しかし，経済全体の売上高や消費を集計するのと同様に，経済全体の雇用動向を正確に計測することも至難の業ではないか。

> 勇気を持って第Ⅰ部を読み始めよう！

　第Ⅰ部第2章では，国民経済計算という統計手続きによって，「マクロ経済現象の計測」というきわめて困難な作業をどのように成し遂げていくのかを学んでいく。対象としている現象がきわめて複雑である場合には，当然，その現象を計測していく作業も非常に複雑となる。事実，いずれの国でも，いくつもの政府機関がかなりの労力と資源を投入してはじめて国民経済計算を中心としたマクロ経済データができあがってくるのである。

　たぶん，読者諸君は，第Ⅰ部の記述の煩雑さにあきれはてて，そこで早々と本書を読むのをやめてしまいたいと思うであろう。しかし，本章でここまで議論してきたことからわかるように，対象とする現象を計測する作業は，その現象を理論化する作業と分かちがたく結びついている。マクロ経済学にあっても，計測なくして，理論はありえない。第Ⅰ部は，筆者のほうでも，できるだけ記述をわかりやすくするよう努めてきたので，読者諸君にあっても，辛抱強く読んでいただ

ければと強く思う。

　繰り返しになるが、マクロ経済の計測を論じている第Ⅰ部は、読むのが煩雑で、理解するのが厄介なところである。そんな章に立ち向かっていくにあたって、筆者の1人（齊藤）が同僚の経済学者と実際に取り交わした会話を紹介したい。

### エピソード1

　経済現象を理論化することを主とする経済学者（理論家）は、「計測なくして理論なし」と建前で言いながら、どちらかと言うと、具体的なデータを取り扱うことを軽蔑する傾向が強い。筆者がかつて教鞭をとっていたカナダの大学の経済学部では、毎週金曜日の夕方、教官のおごりで、大学院生とともにビールを飲む習慣があった。月曜日から金曜日の講義で教官と大学院生との間で緊迫した関係が続くので、金曜の夕方ぐらいは打ち解け合おうという趣向である。ある金曜日、筆者は、何人かの大学院生とともに、世界的にも著名な数理経済学者の同僚とテーブルについた。すると、その数理経済学者が「発展途上国について、経済学者としてどのような政策提言を最優先に行うか？」ということを話題にした。筆者は、内心、「自分の高尚で抽象的な理論を政府に売り込む」とでも言うのではないかと思ったが、彼が口にした答えは意外であった。彼は、「できるだけ正確な人口統計と国民所得統計（国民経済計算と同義と考えてよい）を作成することを提言する」と言うのである。「きっちりとした人口統計と国民所得統計がないと、まともな経済政策の展開などとうていできない」と言い切った。

### エピソード2

　有斐閣でこの教科書の企画が持ち上がり、4人の執筆者の陣容が決まったところで、とても著名な日本人経済学者で、経済思想や経済史に造詣が深い労働経済学者に、この企画のことを話した。そのときの話題は、自然と「理想的なマクロ経済学の教科書とは？」ということになった。その労働経済学者はいくつもの点に言及したが、そのなかでもっとも印象的だったのは、「国民経済計算のパートに、できれば、全体の3分の1を充てたいね。ほとんどのマクロ経済学の教科書は、そこを素通りだからね」という提案であった。「マクロ経済の計測」のパートは、マクロ経済学を論ずるにあたって、それほどにも重要だという判断であろう。

読者諸君には，これらのエピソードだけでは，マクロ経済の計測がマクロ経済理論にとってどれほど重要なのかということをわかってもらえないかもしれない。しかし，こういうときは，「先輩がそこまで言うのなら」と進んでだまされて，勉強したほうが絶対に得である（と思う）。

第 I 部　マクロ経済の計測

# 第 2 章　国民経済計算の考え方・使い方

## CHAPTER 2

本章では，国民経済計算というマクロ経済活動，とくに物の循環を測定する体系の基本的な考え方とその活用の仕方を学んでいく。国民経済計算は，生産，支出，所得の3つの側面からマクロ経済活動を把握している。まずは，国民経済計算の根幹となる統計表が産業連関表なので，簡単な例を用いて産業連関表の考え方を学んでいこう。また，本章では，経済活動水準から物価変動を取り除く際に必要となってくる物価指数についても，しっかりと勉強していきたい。

### KEYWORD
国民経済計算，SNA，フローとストック，物と資金の循環，産業連関表，生産・支出・所得の三面等価，名目と実質，GDP デフレーター，物価指数

INTRODUCTION

## SECTION 1 マクロ経済の計測のための基本概念

どうやって一国の経済活動を測るのであろうか。マクロ的な経済活動に関する統計情報は，国民経済計算と呼ばれている会計体系にまとめられている。国民経済計算の作成手続きは，その英語表記に相当する System of National Accounts の頭文字をとって **SNA** とも呼ばれている。本章では，SNA の基本的な考え方をできるだけ平易に示していくとともに，SNA が伝える日本経済の姿を見ていきたい。

SNA という会計ルールはきわめて複雑な作成手続き集であるが，その会計基準は国際連合（略して国連，United Nations）などによって定められている。各国の政府は，国連が定めた国民経済計算の会計基準に従って，マクロ経済統計を作成している。最近に定められた基準は，1993年に採択されたものであることから，93 SNA と呼ばれている。日本をはじめとしてほとんどの国の国民経済計算は，新しい基準である 93 SNA に移行している。なお，POINT 2-9 で説明しているように，日本政府は，2016年度以降，国連で 2008年に新しく採択された会計基準に移行することになっている。

日本政府においてマクロ経済統計を所管する官庁（内閣府，総務省，財務省，経済産業省など 11 府省庁）では，膨大な労力と時間が作成作業に投入されている。しかし，SNA の基本的な考え方はけっして難しいものではない。

まず，国民経済計算に関する具体的な作成手続きを見ていく前に，2 つの基本的な概念を説明しておきたい。1 つはマクロ経済変数におけるフロー変数とストック変数の区別であり，もう 1 つは物（財やサービス）の循環と資金の循環の区別である。

### 1-1 フロー変数とストック変数

マクロ経済変数におけるフロー変数とストック変数の区別は，マクロ経済現象を記録するうえでの時間的なタイミングに関わっている。フロー変数はある期間における経済活動を表し，ストック変数はある時点における経済活動（以下の説明から明らかになってくるように，「経済活動」と言うよりも，「経済状態」と言ったほう

> **COLUMN** マクロ経済学の歴史① SNAの生みの親たち

　すでに1930年代の欧米において，イギリスの経済学者ケインズ（J. M. Keynes, 1883-1946）やロシア生まれのアメリカの経済学者クズネッツ（S. S. Kuznets, 1901-85, 71年ノーベル経済学賞受賞）を中心にマクロ経済の活動を計測する試みが行われていた。しかし，マクロ経済統計の作成手続きは，それぞれの国の経済事情や政策関心によりまちまちであった。

　戦後，経済協力開発機構（Organization for Economic Co-operation and Development：OECD）や国際連合を舞台に，マクロ経済統計の作成手続きを標準化する動きが出てきた。1952年には，国連が，現在のSNAの基本となるものを発表している。

　1952年のSNAの改訂に尽力したのが，イギリスの経済学者ストーン（J. R. N. Stone, 1913-1991）である。イギリスの戦時内閣では，中央統計局に勤務し，戦後は，ケンブリッジ大学フェローとして財政学や会計学を講じた。ストーンは，国連統計委員会専門グループの中心メンバーとして，1968年に国連が提案したSNAの開発において中心的な役割を果たした。1984年には，その功績が認められてノーベル経済学賞を受賞している。

ストーン（AP/アフロ提供）

が正確かもしれない）を表している。

　若干わかりにくい区別のように見えるが，人間の移動を考えてみるとわかりやすい。たとえば，広大な平原を，時速50 kmを保ちながら車で北進するとしよう。2時間ごとに休憩をする。最初の休憩までに100 km移動する，次の休憩までに100 km移動する，ということを繰り返すことになる。こうした「車による移動」に関してフローの側面で捉えると，ある休憩から次の休憩までの2時間の間には100 km移動しているという記録がフロー変数に相当する。「車による移動」をストックの側面で捉えると，ある時点で，たとえば5回目の休憩時点で出発点から北に500 km移動してきたという記録がストック変数に相当する。

　それでは，「車による移動」という活動を経済活動に置き換えてみよう。フローの側面から経済活動を計測する場合には，期間を1年間とすることが多い。もちろん，期間を半年ごとにとっても，四半期ごとにとっても，1カ月ごとにとっ

**TABLE** 表2-1 ● 皿の製造，販売，在庫に関する記録

|  | 1年間に製造した皿の枚数 | 1年間に販売した皿の枚数 | 年末時点で倉庫に保存している皿の枚数 |
|---|---|---|---|
| 1990年 | 800 | 700 | 300 |
| 1991年 | 1,000 | 900 | 400 |
| 1992年 | 900 | 1,000 | 300 |
| 1993年 | 1,000 | 1,000 | 300 |

ても，経済活動の計測という本質は変わらないが，以下では期間を1年間に想定しながら話を進めていこう。

　ある企業が皿を生産し，販売しているとしよう。売れ残った皿は倉庫に蓄え，生産が販売に追いつかず品不足が起きれば，これまでに倉庫に蓄えていた皿を販売する。この企業の帳簿には，表2-1のような記録があった。なお，以下の議論では，倉庫に保存している皿の品質が時間とともに劣化しないと仮定する。

　表2-1に記録された企業活動を1年間のフローの側面で捉えるとすると，「製造枚数」「販売枚数」「保存枚数の増減」という3つの経済変数で計測できる。たとえば，1991年の1年間では，1000枚の皿を製造したところ，900枚の皿を販売し，売れ残った100枚は倉庫に蓄えた。1992年の1年間には，1000枚の皿が販売されたので，その間に製造した900枚の皿では販売に追いつかず，倉庫から100枚の皿を出してきた。1993年は，製造が販売に完全に一致して，倉庫に保存している皿の枚数に変化がなかった。

　倉庫への製品の出し入れは在庫行動と呼ばれている。1990年から93年までの1年ごとの在庫の変動を見ていくと，90年100枚増，91年100枚増，92年100枚減，93年増減なし，となる。

　上述の企業活動は，ストックの側面でも捉えることができる。各年末時点で倉庫に保存されている皿の枚数がストック変数に相当する。1990年末時点の保存枚数も，93年末時点の保存枚数も300枚であった。

　ストック変数である保存枚数は，フロー変数である在庫枚数のこれまでの経緯を反映している。先述のように1990年末で倉庫に保存されている皿が300枚であった。1991年の在庫は100枚増，92年100枚減，93年増減なしなので，93年末の保存枚数は，

$$300\,枚 + 100\,枚 - 100\,枚 + 0\,枚$$

で 300 枚となる。このようにして,「ある時点で記録しているストック変数」は,「定められた期間で記録しているフロー変数」のこれまでの経緯の積み重ねを反映している。

## 1-2　物の循環と資金の循環

**評価損益の発生**

　もう 1 つ重要なポイントは,物の循環と資金の循環の区別である。もちろん,物の循環と資金の循環は,同じコインの表と裏の関係という面があるために,両者はかなり重なり合っている。

　ここで先ほどの皿を製造する企業の例をふたたび用いてみよう。1991 年の 1 年間の販売枚数は 900 枚であった。皿の価格が 1 枚 110 円であるとすると,企業にとっては 900 枚の販売という物の移動が 9 万 9000 円の収入という資金の移動に対応している。当然であるが,製造した年(1991 年)の 1 皿あたりの価格で皿の販売に関する資金規模を算出している。販売枚数の拡大(減少)に応じて資金規模で見た販売も拡大するという面では,物の循環と資金の循環は 1 対 1 で対応している。

　しかし,物の循環と資金の循環がつねに 1 対 1 で対応しているわけではない。ストック変数である倉庫保存高を評価するときには,<u>製造時点と評価時点にずれ</u>が生じて,物の循環と資金の循環が完全には一致しなくなる。先の例では,1990 年末時点で倉庫に 300 枚の皿が蓄えられていた。もし,1990 年に 1 枚 100 円であれば,90 年末時点の保存高 300 枚の評価は 3 万円となる。しかし,1991 年に 1 枚 110 円に上昇しているので,保存高 300 枚の評価は 3 万 3000 円と 3000 円上昇する。すなわち,1990 年から 91 年にかけて皿の価格が 1 割上昇したことで,保存高の評価も 1 割上昇する。こうしたストック評価額の 1 年間の上昇分は,<u>評価益</u>と呼ばれている。もし,保存高の評価が低下すれば,<u>評価損</u>と呼ばれる。

　ここで興味深いのは,物の循環という点からすれば,1 年間の製造枚数や販売枚数が従前のままであるにもかかわらず,資金の循環という点から見ると,すでに製造した皿について価格が上昇したことで,企業は評価益という形で追加的な収入を得ているところである。先の例では,当該企業に 3000 円の評価益が発生

したが，1枚110円であるので，約27枚（≒3000円÷110円/枚）を売り上げた額に相当する収入が企業に追加的に生まれたことになる。

経済統計においてストック変数に関わる評価損益は，ある期間の価格変化で生じている経済現象なのでフロー変数として取り扱われる。上の例に照らしてみると，1年間という期間の価格上昇（1990年の100円から91年の110円への上昇）の結果，皿の保存高に評価益が生じたのである。

現実の経済に目を移すと，企業や家計は，ストックとして皿などの物だけを蓄えているわけではない。時点ごとに見ると，企業や家計は，土地や建物などの**実物資産**も保有しているし，預貯金や株式などの**金融資産**も保有している。当然，企業や家計がストックとして保有している実物資産や金融資産にも評価損益が生じる。たとえば，地価が上がれば保有地所に評価益が生じるし，株価が下がれば保有株式に評価損が生じる。

実物資産や金融資産に関わる評価益（評価損）は，**キャピタル・ゲイン（キャピタル・ロス）**と呼ばれることが多い。実際の企業活動では，いったん地価や株価が暴落すれば，実物資産や金融資産のキャピタル・ロスの資金規模が，製造高や販売高の資金規模を凌駕することさえ生じてしまう。

### 金融機関や金融市場を通じた資金の循環

財・サービスの循環と資金循環にずれが生じる事情としては，評価損益に起因するもの以外にも，金融機関や金融市場を通じた資金循環がある。後に詳しく見ていくが，現実のマクロ経済においては，金融機関や金融市場を経由する資金循環の規模が財・サービスの循環の規模に匹敵する。

たとえば，家計（POINT 2-1で詳述）が働いて得た所得（労働所得）で消費財（次節で詳述）とともに，機械や建物などの投資財（次節で詳述）を購入すれば，資金の循環と財の循環は完全に一致する。しかし，現実の経済では，家計が消費財を購入するのは自然であるが，住宅投資（次節で詳述）を除くと，投資財を直接購入することはほとんどないであろう。

家計は，消費に充てなかった所得を銀行に預金するかもしれない。預金を受け入れた銀行も，投資財を直接購入することはない。銀行は，預金で集めた資金を企業に対して貸し付ける。銀行から融資を受けた企業がはじめて投資財を購入する。

上の例の場合，「家計から銀行」「銀行から企業」の流れでは，資金だけが移動している。すなわち，これらの流れでは，資金の循環はあっても，財の循環はな

い。銀行から資金を借りた企業が投資財を購入する段階となってはじめて、資金と財の循環が1対1で対応している。

家計が銀行に預金するのではなく、証券会社を通じて株式を保有する場合にも、財・サービスの循環と資金の循環にずれが生じる。株式市場では、資金調達をしようとする企業が株式を発行し、投資家（この場合は家計）が発行株式に対して投資を行う。家計から株式発行企業に資金は流れるが、財・サービスの循環を伴うわけではない。資金を調達した企業が投資財を購入する段階ではじめて、資金と財の循環が1対1で対応する。

第3章で詳しく見ていくように、国民経済計算に基づいた経済統計では、銀行などの金融機関、あるいは株式市場や債券市場を通じた、大規模で複雑な資金循環も正確に記録されているのである。

### POINT 2-1 ● 家計とは？

読者は、家計というと、どのようなイメージを抱くであろうか。経済学では、1人、あるいは複数のメンバーで構成する1世帯を1家計と考えている。世帯構成員が1人である世帯は、単身世帯と呼ばれる。

経済社会にあって、家計は、重要な経済主体の単位である。労働者として労働力を供給する一方で、消費者として消費財を需要する。また、貯蓄を銀行に預金し、証券市場に投資する点では、家計は投資家でもある。マクロ経済モデルでは、多くの場合、労働者としても、消費者としても、投資家としても、家計を一体として考えている。

しかし、現実の家計は、そのように単純なものではなく、複雑な様相を備えている。労働者の側面として見ると、単身世帯を除く家計では、構成員の間で分業が認められる。世帯主が会社で働き、その配偶者が家事をするのは典型的な分業パターンであろう。一定の年齢に達するまでの子どもたちは、家事を手伝ったり、パートタイムでアルバイトをすることはあっても、フルタイムで会社に勤務することはまれであろう。子どもたちの主な仕事は、勉強をして将来に備えることである。

一方、消費者の側面を考えると、家計を1つの経済主体として考えることは、かならずしも適切とは言えない。消費パターンも、年齢によって大きく違ってくる。たとえば、育ち盛りの中学生と隠居老人では、食費が著しく違うであろう。したがって、消費者として見る場合は、家計の1人1人の構成員を経済主体として考えたほうがよいかもしれない。同様に投資家の側面でも、資産状況や年齢によって投資パターンは大きく異なってくる。

他方，世帯が異なれば，それぞれを独立した家計と考えてよいかどうかも，かならずしも明らかではない。たとえば，都会で働いている人が地方にいる父母に仕送りをしている場合，父母の消費を子が部分的に支えているという意味で，子どもの世帯と父母の世帯を完全に切り離して考えることができなくなる。さらに抽象的になるが，現在は自分の家計メンバーである子どもが，将来，新たな家計を作っていくことを親のほうでも考えている場合，「親の現在の家計」と「子どもの将来の家計」には切っても切れない関係が生じていることになる。

第Ⅲ部で詳しく見ていくが，マクロ経済政策の効果を考える場合でも，そもそも家計をどのように捉えるのかによって，政策効果の評価が大きく異なる可能性がある。

## 1-3　マクロ経済統計の役割分担

　国民経済計算は，フローとストックの両方の側面から，物（財やサービス）の循環と資金の循環の両方についてマクロ経済活動を記録している。内閣府経済社会総合研究所が国民経済計算の最終的なとりまとめを行っているが，さまざまな官庁が内閣府に国民経済計算の作成に必要な情報を提供している。その意味で国民経済計算は，日本の行政組織の総力を結集して作成されている統計と言える。

　マクロ経済の物の循環に関する基本的な情報となる産業連関表は，総務省統計局（旧総理府統計局）を中心として内閣府，農林水産省，経済産業省，国土交通省，厚生労働省，財務省，文部科学省，環境省，総務省（旧郵政省），金融庁の11府省庁が作成に関わっている。本章では，どのようにして産業連関表を基軸にマクロ的な経済活動を捉えていくのかを詳しく見ていく。

　一方，国内の資金循環については，日本銀行が作成している資金循環表が基本的な情報となる。また，日本と諸外国との間における「物と資金の循環」については，財務省と日本銀行が共同して作成している国際収支統計によって把握することができる。第3章では，どのようにして資金循環表や国際収支統計を通じて国内的な，あるいは国際的な資金循環を記録するのかを明らかにしていく。

　第4章で詳しく見ていくように，労働力や失業率などの労働市場に関する統計も，マクロ経済活動を把握していくうえで欠かすことができない。

## 2 生産活動の把握から始まる国民経済計算

### 2-1 数量表示の産業連関表を作ってみよう！

**投資財，中間投入財，消費財**

国民経済計算の作成は，産業連関表と呼ばれる一国経済の1年間の生産構造に関する情報をまとめた表が出発点となる。以下では，甲国という架空の国に関する非常に簡単な産業連関表を作ってみたい。

甲国では，穀物，万能材料，万能機械，衣服の4つの財だけを生産しているとする。ここで言う「万能機械」は，穀物を育てる場合にも，衣服を作る場合にも，万能材料を製造するときにも使うことができるし，万能機械自体を作り出すこともできる。まさに，万能な機械である。この万能機械は，1台あたり年間1トンの穀物をバイオ燃料として消費する。「万能材料」は，万能機械や衣服を製造するときにどうしても必要となってくる原材料である。穀物は，バイオ燃料にも使えるし，当然，家計が消費する財（消費財）ともなる。一方，衣服は，消費財にしか用いることができない。

ここで，用途から財の特性を整理しておこう。万能機械のようにさまざまな財を製造するための機械は，投資財と呼ばれている。また，穀物や万能材料のように製造過程において原材料として投入される財は，中間投入財と呼ばれている。先にも述べたように，家計が購入する穀物や衣服は，消費財に分類される。上のケースの穀物には，中間投入財と消費財の両方の特性が備わっていることになる。

投資財である万能機械と中間投入財である万能材料や穀物では，同じように生産に投入される財であっても，生産への寄与の仕方が大きく異なっている。万能材料や穀物などの中間投入財のほうは，一度かぎりでしか生産に投入できない。たとえば，いったん万能機械の燃料として使われた穀物は，消費財として用いることができない。

一方，万能機械は，今年使った機械であっても，来年も使うことができる。しかし，1年間，生産に用いた万能機械は，壊れたり，故障したりしてしまう。このように投資財が古くなって陳腐化していくことを固定資本減耗と呼んでいる。

いま，甲国には500台の万能機械があって，穀物，万能材料，衣服，あるいは

第2章　国民経済計算の考え方・使い方　17

万能機械自体の製造に活用されている。この万能機械は, 1年間用いると20台に1台の割合で壊れてしまう。すなわち, 固定資本減耗率が5%(=1台÷20台)に等しいので, 甲国にある500台の万能機械は, 今年1年間で25台分, 減耗してしまうことになる。一方, 1年間で50台の万能機械が生産される。したがって, 来年に持ち越す万能機械の合計は,

$$500 台 - 25 台 + 50 台 = 525 台$$

に等しくなる。

前述のストック変数とフロー変数の分類で言うと, 今年の初めにあった万能機械500台や来年に持ち越す万能機械525台はストック変数に, 今年1年間に生産した50台や今年1年間に減耗した25台はフロー変数にそれぞれ対応していることになる。

ここで, これからも頻繁に出てくる設備投資に関わる「粗」と「純」の区別をしておきたい。1年間に生産された投資財全体は, 粗設備投資とか総固定資本形成と呼ばれている。粗設備投資から固定資本減耗を除いたものを純設備投資とか純固定資本形成と呼んでいる。すなわち, 設備投資の頭に付く「粗」は固定資本減耗を含み, 「純」は固定資本減耗を含まないことをそれぞれ意味している。

これまで蓄積した投資財を固定資本ストックと呼んでいる。今年初めと翌年初めの固定資本ストック, 総固定資本形成, 純固定資本形成の間には次のような関係が成り立っている。

翌年初めの固定資本ストック
= 今年初めの固定資本ストック+(今年の総固定資本形成
－今年の固定資本減耗)
= 今年初めの固定資本ストック+今年の純固定資本形成

上の例では, 今年初めの固定資本ストックは500台, 今年の粗設備投資は50台, 固定資本減耗の25台を除いた純設備投資は25台, 翌年初めの固定資本ストックは525台ということになる。

こうして見てくると明らかなように, 純固定資本形成(純設備投資)は固定資本ストックの増大に純粋に貢献する部分に相当している。

### 各財の生産過程

毎年の生産に貢献する投入要素は, 生産要素と呼ばれている。甲国には, 万能機械以外にも生産要

素があと2つある。1つは，労働者が1300人いる。もう1つは，土地が100ヘクタールある。厳密に考えると，万能機械と同様に，労働者も土地も減耗する可能性がある。たとえば，危険な仕事で怪我をすることもあるであろう。また，土地も自然災害で地崩れしてしまうこともある。工場用地の土壌が汚染されることもあるであろう。しかし，以下では，土地も労働者も減耗しないと仮定する。

各財の生産過程をもう少し詳しく見ていこう。

- 穀物900トンを生産するには，土地を100ヘクタール，労働者500人，万能機械200台，万能機械を動かすために穀物200トンの投入が必要となってくる。
- 万能材料2万個を生産するには，労働者200人，万能機械100台，万能機械を動かすための燃料として穀物100トンが必要となってくる。
- 万能機械50台を生産するには，万能材料1万個，労働者200人，万能機械100台，万能機械を動かすために穀物100トンが必要となってくる。
- 衣服1万枚を生産するには，万能材料1万個，労働者400人，万能機械100台，万能機械を動かすための燃料として穀物100トンが必要となってくる。

ここで，読者は，穀物や万能材料を生産するのに万能機械が必要になる一方，万能機械を生産するのに穀物や万能材料が必要になるのでは，3つの財を生産するのは不可能でないかと思うかもしれない。しかし，ここで言う生産過程はフローの概念であって，1年間に起きた生産活動をまとめて記述していることを思い出してほしい。たとえば，年初にまずは，労働者，土地，昨年までに生産した万能機械を用いて穀物を生産する。次に，労働者，昨年までに生産した万能機械，年初に生産した穀物を用いて万能材料を生産する。年の終わりに，労働者，昨年までに生産した万能機械，年初に生産した穀物，年央に生産した万能材料を用いて万能機械を生産する。各財の生産過程は，このような1年間の生産活動をまとめていると考えてほしい。

それでも，読者のなかには，「穀物生産に必要な穀物はどうやって手当てするのか」と疑問に思って立ち止まってしまう人もいるであろう。この点については，以下のように考えてほしい。まず，年初に，倉庫に貯蔵してある去年収穫した200トンの穀物を倉庫から出してきて，それを今年の穀物生産に用いる。今年の半ばごろに収穫される穀物900トンのうち，200トンを穀物倉庫に戻して来年の穀物生産に備える。

それでは，生産部門ごとに生産要素の配分を見てみよう。500台の万能機械は，

穀物生産に200台，万能材料生産，万能機械生産，衣服生産にいずれも100台ずつ使われている。100ヘクタールの土地は，穀物生産にのみ使われている。1300人の労働者は，穀物生産に500人，万能材料生産に200人，万能機械生産に200人，衣服生産に400人が働いている。万能機械，土地，労働者のいずれの生産要素も，甲国にある生産要素をすべて活用している。生産要素がすべて活用されている状態は，完全雇用状態と呼ばれている。

なお，完全雇用状態と言うと，労働力だけがフルに雇用されているような印象を与えるが，ここでの「完全雇用」は，すべての生産要素が完全に活用されている状態を指していることに注意してほしい。

### 数量表示の産業連関表

それでは，生産された財は，どのように活用されているであろうか。900トンの穀物は，穀物生産，万能材料生産，万能機械生産，衣服生産で万能機械の燃料として計500トン，家計で消費される穀物が計400トンとなっている。万能材料2万個は，万能機械生産と衣服生産の中間投入財として使われている。万能機械50台は，粗設備投資として万能機械ストックの蓄積に寄与している。衣服1万枚は，家計で消費されている。

以上のことを表2-2のようにまとめたものが，数量表示の産業連関表である。

表2-2の産業連関表の見方は非常に簡単である。縦方向の列には，それぞれの財の生産に投入された財や生産要素が記録されている。たとえば，第2列目の穀物の場合，900トンの穀物を生産するために，200トンの穀物，100ヘクタールの土地，500人の労働者，200台の万能機械が投入されている。

**TABLE　表2-2　数量表示の産業連関表**

|  | 穀物 | 万能材料 | 万能機械 | 衣服 | 設備投資 | 消費 | 生産量 |
|---|---|---|---|---|---|---|---|
| 穀物 | 200トン | 100トン | 100トン | 100トン |  | 400トン | 900トン |
| 万能材料 |  |  | 1万個 | 1万個 |  |  | 2万個 |
| 万能機械 |  |  |  |  | 50台 |  | 50台 |
| 衣服 |  |  |  |  |  | 1万枚 | 1万枚 |
| 土地 | 100ヘクタール | 0ヘクタール | 0ヘクタール | 0ヘクタール | 100ヘクタール |  |  |
| 労働者 | 500人 | 200人 | 200人 | 400人 | 1,300人 |  |  |
| 万能機械 | 200台 | 100台 | 100台 | 100台 | 500台 |  |  |
| 生産量 | 900トン | 2万個 | 50台 | 1万枚 |  |  |  |

一方，横方向の行には，それぞれの財がどのように用いられたかが記録されている。たとえば，第2行目の穀物の場合，900トンの穀物は，穀物生産に200トン，万能材料生産に100トン，万能機械生産に100トン，衣服生産に100トン投入されるとともに，残りの400トンが家計の消費財となっている。

### 2-2　価格表示の産業連関表を作ってみよう！

**生産面から見たマクロ経済**

それでは，価格で表示した産業連関表を作ってみよう。ここで，各財の価格は以下のとおりとする。

- 穀物　　　100万円/トン
- 万能材料　1万円/個
- 万能機械　1000万円/台
- 衣服　　　6万円/枚

上の価格体系を前提とすると，生産価値は，穀物が9億円（＝900トン×100万円/トン），万能材料が2億円（2万個×1万円/個），万能機械が5億円（50台×1000万円/台），衣服が6億円（1万枚×6万円/枚）となる。すると，甲国が生産したすべての財の価値は，9億円＋2億円＋5億円＋6億円で22億円ということになるのであろうか。

しかし，こうして計算される22億円には，中間投入財である穀物と万能材料が二重計上されている。すなわち，穀物は，9億円生産されているが，そのうち5億円分は，各生産過程で中間投入財として投入されている。同様に，万能材料も，2億円生産されているものの，それらすべてが中間投入財として使われている。

こうした中間投入財として投入されている7億円分は，ある部門の生産収入になる一方で，他の部門の投入費用にもなっているので，二重に計上されていることになる。したがって，22億円の生産分のうち，二重計上の7億円を控除した15億円が甲国で生産された財の正味価値ということになる。生産財価値から中間投入財価値を差し引いたものは，付加価値とも呼ばれている。

SNAの用語では，こうして計算された一国の経済の総生産価値，あるいは総付加価値を，国内総生産と呼んでいる。英語では，Gross Domestic Product，略して**GDP**と呼んでいる。なぜ，「総」とか，'Gross'という言葉が加えられているかというと，前述のように粗設備投資に相当する万能機械生産分5億円に

> **COLUMN** マクロ経済学の歴史② 産業連関表の理論・実証研究：レオンティエフの業績

理論と実証の両面から産業連関表の研究を推し進めたのが，ロシア生まれのアメリカ人経済学者レオンティエフ（W. W. Leontief, 1906–99）である。レオンティエフは，ハーバード大学において1930年代，40年代にアメリカ経済の産業連関表を実際に作成している。

産業連関表を用いた一連の研究成果のなかでもっとも有名なのが，「レオンティエフのパラドックス」と呼ばれている発見である。レオンティエフは，アメリカ経済に資本が豊富にあることから，アメリカからの輸出製品も資本集約的になるはずであるが，実際には，アメリカの輸出製品が労働集約的であることを見つけ出した。

レオンティエフの産業連関表に関する研究には，1973年にノーベル経済学賞が与えられている。

レオンティエフ（AP/アフロ提供）

は，2.5億円分の固定資本減耗分が含まれているからである。一方，GDPから固定資本減耗分を差し引いた国内純生産（Net Domestic Product）に「純」とか，'Net' という言葉が付け加えられているのは，固定資本減耗分を控除したことを意味しているからである。また，国内総生産の「国内」，あるいは，'Domestic' は，文字どおり，「国内で生産された生産物」ということを意味している。

**支出面から見たマクロ経済**　次に，支出面から甲国のマクロ経済を考えてみよう。まず，企業は，将来の生産のために万能機械に5億円（＝50台×1000万円/台）の設備投資（正確には，粗設備投資）を行っている。一方，家計は，穀物4億円（＝400トン×100万円/トン），衣服6億円（＝1万枚×6万円/枚）を消費している。上の例では，国内総支出（Gross Domestic Expenditure: GDE）が粗設備投資と家計消費の和に等しい。

$$国内総支出 ＝ 設備投資＋家計消費$$

したがって，国内総支出は万能機械5億円，穀物4億円，衣服6億円を足し合わせた15億円に等しい。

ここで重要な点は，甲国のマクロ経済を生産面から見ても，支出面から見ても，いずれの総計も15億円であるところである。すなわち，

$$国内総生産 = 国内総支出$$

が成り立っている。

### 所得面から見たマクロ経済

生産要素を提供している労働者，地主，資本家は，その対価を得ることができる。具体的には，労働者には賃金が，地主には地代が，万能機械の所有者にはレンタル料（貸借料）がそれぞれ支払われている。ここでレンタル料とは，企業が資本家（投資財の所有者）から投資財を借り受けたときに年ごとに支払う料金を意味している。

生産要素に対する所得は，要素所得とも呼ばれている。ここで，甲国では，賃金，地代，レンタル料の相場が以下のように成立しているとしよう。

- 賃金　　　　　　　　50万円/人
- 地代　　　　　　　　100万円/ヘクタール
- 万能機械レンタル料　100万円/台

したがって，労働者1300人は，全体として6.5億円の賃金を得ている（1300人×50万円/人）。地主は，穀物生産に100ヘクタールの土地を貸し出して1億円の地代収入を得ている（100ヘクタール×100万円/ヘクタール）。また，万能機械500台の所有者は，5億円のレンタル料収入を得ている（500台×100万円/台）。

もし，生産要素を借りてきたのではなく，自分で所有していた場合には，地代やレンタル料を支払う必要はない。たとえば，農民が自分の土地で穀物を生産している場合には，地代を支払う必要がない。しかし，SNAでは，たとえ自ら所有している土地であっても，自らに地代を支払っているものと仮想して地代を計上している。こうして計上されたものは，帰属地代と呼ばれている。同様に，自らで所有している万能機械であっても，機械保有者が保有者自身に帰属レンタル料を支払ったものとして取り扱われる。

最後に，企業利潤を定義しておこう。企業利潤とは，生産物価値から中間投入財価値，支払った賃金，地代，レンタル料を差し引いて，企業の手元に残る収益である。たとえば，穀物生産の場合，9億円の生産価値から，2億円の中間投入価値，1億円の地代，2.5億円の賃金，2億円のレンタル料を控除した1.5億円が企業利潤に相当する。同様に，万能材料生産の企業利潤はマイナス1億円，万能機械生産の企業利潤は1億円，衣服生産の企業利潤は1億円である。万能材料部

門では，費用が収入を上回って赤字になっている。全生産部門の企業利潤は，2.5億円（1.5億円−1億円＋1億円＋1億円）に等しい。

実際の経済では，企業利潤が企業内に蓄えられることもあるし（**内部留保**と呼ばれている），**配当**として株主に還元されることもある。なお，各生産部門において，賃金，地代，レンタル料，企業利潤の和は，その部門の付加価値に等しくなることに留意してほしい。たとえば，穀物部門では，地代1億円，賃金2.5億円，レンタル料2億円，企業利潤1.5億円の和である7億円が当該部門の付加価値に等しい。

ここで，甲国のマクロ経済を所得面から見てみよう。労働者が受け取る賃金の総計を**労働所得**と呼んでいる。甲国の場合，各部門の労働所得の合計は，6.5億円に等しい（2.5億円＋1億円＋1億円＋2億円）。一方，地代，レンタル料，企業利潤の総計は，**資本所得**と呼ばれている。甲国の資本所得の合計は，8.5億円に等しい（1億円＋5億円＋2.5億円）。労働所得と資本所得の和は，**国内総所得**（Gross Domestic Income: GDI）と呼ばれている。

$$国内総所得 = 労働所得＋資本所得$$

甲国の国内総所得は，15億円（6.5億円＋8.5億円）に等しい。

TABLE　表2-3　価格表示の産業連関表

|  | 穀物 | 万能材料 | 万能機械 | 衣服 | 設備投資 | 消費 | 生産 |
|---|---|---|---|---|---|---|---|
| 穀物（100万円/トン） | 2億円 | 1億円 | 1億円 | 1億円 |  | 4億円 | 9億円 |
| 万能材料（1万円/個） |  |  | 1億円 | 1億円 |  |  | 2億円 |
| 万能機械（1000万円/台） |  |  |  |  | 5億円 |  | 5億円 |
| 衣服（6万円/枚） |  |  |  |  |  | 6億円 | 6億円 |
| 地代（100万円/㎡） | 1億円 | 0億円 | 0億円 | 0億円 | 1億円 |  |  |
| 賃金（50万円/人） | 2.5億円 | 1億円 | 1億円 | 2億円 | 6.5億円 |  |  |
| 万能機械レンタル料（100万円/台） | 2億円 | 1億円 | 1億円 | 1億円 | 5億円 |  |  |
| 企業利潤 | 1.5億円 | −1億円 | 1億円 | 1億円 | 2.5億円 |  |  |
| 付加価値 | 7億円 | 1億円 | 3億円 | 4億円 | 15億円 |  |  |
| 生産 | 9億円 | 2億円 | 5億円 | 6億円 |  |  |  |

こうして見てくると明らかなように，甲国経済の規模は，生産面から見ても，支出面から見ても，所得面から見ても，15億円の規模に等しい。すなわち，

国内総生産 ＝ 国内総支出 ＝ 国内総所得 ＝ 15億円

が成り立っている。実は，SNAの会計手続きに沿ってマクロ経済を記述すると，つねに生産・支出・所得の等価関係が成立する。こうした3者の関係は，生産・支出・所得の三面等価と呼ばれている。

表2-3は，以上の関係をまとめた価格表示の産業連関表である。表の見方は，数量表示の産業連関表の見方とまったく変わらない。国内総生産については，各財について生産財価値から中間投入財価値を引いた付加価値部分（下から2番目の横方向の行）の総計をとると，15億円を得ることができる。国内総支出については，各財について設備投資（右から3番目の縦方向の列）と消費（右から2番目の列）の価値を合計すると，15億円が求められる。最後に，国内総所得については，各財について地代（上から6番目の行），賃金（上から7番目の行），レンタル料（上から8番目の行），企業利潤（上から9番目の行）の総計をとると，15億円が得られる。

### POINT 2-2 ● 最終消費支出と現実最終消費

93 SNAでは，費用負担と便益享受の2つの異なる観点から消費を定義している。「費用負担から見た消費」とは，家計や政府などの経済主体が実際に消費財や消費サービスに支出した負担額を指し，家計最終消費支出と呼ばれている。一方，「便益享受から見た消費」とは，家計部門が実際に享受した便益額を指し，家計現実最終消費と呼ばれている。家計部門の経済厚生を時系列的に，あるいは国際的に比較する場合は，支出ベースで見た家計最終消費支出よりも，便益ベースで見た家計現実最終消費のほうが適している。

国民経済計算において消費支出を負担している主体には，家計，政府，対家計民間非営利団体がある。家計最終消費支出は，新規の財・サービスに対して家計が支出した額である。家計最終消費支出には，農家の農産物自家消費分，自己所有住宅（持ち家）の帰属家賃，現物で給与された賃金俸給が含まれている。なお，土地や住宅への支出は含まれていない。

国民経済計算における中央政府や地方自治体などの政府は，消費主体と言うよりも，政府サービス（公共サービス）の生産者であるとともに，社会保障制度を通じた医療サービスや介護サービスの提供者として位置づけられている。したが

って，国民経済計算上の政府最終消費支出には，中央政府や地方自治体などの政府が政府サービス（公共サービス）を生み出すために負担している財・サービスに対する支出額とともに，医療保険や介護保険による現物給付（現物社会給付）が含まれている。コスト・ベースで評価されている政府サービス産出額は，政府サービスの生産に必要となる中間投入財支出，公務員給与などの雇用者報酬，固定資本減耗，間接税を合わせた額から，他部門に販売した財・サービス額を差し引いたものに相当する。

第3の消費主体である対家計民間非営利団体は，公共的なサービスを提供する民間非営利団体である。主な運営費が団体構成員の会費，企業や個人からの寄付，政府からの補助金でまかなわれている。労働組合，政党，宗教法人，学校法人などが対家計民間非営利団体に含まれている。SNAにおける対家計民間非営利団体は，政府と同様に，消費主体と言うよりも，公共的なサービスの生産者として位置づけられている。したがって，国民経済計算上の対家計民間非営利団体最終消費支出も，政府最終消費支出の政府サービス産出額と同様に，公共的サービスを生み出すために必要なコストをベースとして評価されている。

93SNAで新しく導入された概念である家計現実最終消費は，自らの消費支出だけでなく，政府や対家計民間非営利団体から家計部門が個別的に受けたサービスを含んでいる。具体的に家計現実最終消費は，①家計最終消費支出に，②対家計民間非営利団体最終消費支出，③政府最終消費支出のうち現物社会給付に教育や保健衛生に対する政府支出を加えたものに等しい。

2013年の数字を見てみると，家計と対家計民間非営利団体の最終消費支出の合計である民間最終消費支出が296.5兆円であった一方，家計現実最終消費は355.3兆円であった。

> POINT 2-3 ● 商品と産業の不一致があると……

本章で用いてきた産業連関表も，国民経済計算で実際に用いられている産業連関表も，「産業」の連関と言いながら，横方向の行にも，縦方向の列にも「商品」が置かれている。すなわち，商品×商品の行列構造となっている。

しかし，現実の経済においては，産業と商品が完全に一致しているわけではない。たとえば，実際の自動車産業は，多種多様な商品を生産している。たとえば，自動車用エンジンばかりでなく，航空機用エンジンも生産している。この場合，自動車産業は，自動車用エンジンと航空機用エンジンという2つの商品を生産していることになる。このように，ある産業の生産活動が複数の商品を生み出していることを結合生産と呼んでいる。

結合生産を伴う産業の生産活動から，商品×商品の行列である産業連関表を直

接作成するのは非常に難しい。上の例であれば，自動車会社が生産段階で投入した中間投入財や生産要素のうち，どれだけを自動車用エンジンに，どれだけを航空機用エンジンにそれぞれ振り分けるのかを決めるには，きわめて正確な技術的知識が必要となってくる。

それでは，産業が結合生産をしている場合に，専門的な技術的知識を用いることなく，簡単な手続きによって，商品×商品の行列である産業連関表を作成する方法はないであろうか。

国民経済計算では，V表と呼ばれている経済活動別財貨・サービス産出表と，U表と呼ばれている経済活動別財貨・サービス投入表によって，商品と産業がかならずしも一致しないケースに対応している。なお，V表とU表は通称であって，正式の英語表記では，V表（正確に言うと，V表の行と列を置き換えた表）が supply table と，U表が use table とそれぞれ呼ばれている。

V表は，横方向の行に産業を，縦方向の列に商品をそれぞれ置いた行列表（産業×商品）で，各産業がどのような商品を産出しているのかを記録している。一方，U表は，縦方向の列に産業を，横方向の行に商品をそれぞれ置いた行列表（商品×産業）で，各産業が生産過程でどのような商品を投入しているのかを記録している。V表やU表をそれぞれ作成する場合には，たとえ結合生産が存在していても，技術的な知識が必要となってくるわけではない。

もし，V表とU表の産業分類と商品分類が完全に一致していれば，「商品×商品の行列である産業連関表」を簡単に導き出すためには，行列計算の積の演算に従って，「商品×産業の行列であるU表」に，「産業×商品の行列であるV表」を掛け合わせればよい。

ここで言う「行列計算の積の演算に従ってU表にV表を掛け合わす」とは，次のような作業を指している。たとえば，U表では，自動車産業が100円の生産をするのに，商品1を20円，商品2を10円，商品3を20円それぞれ中間投入しているものとする。ここでは，商品2が自動車に相当すると想定しよう。一方，V表では，100円に相当する自動車産業の生産額のうち，商品2（自動車）の産出額が80円，商品3の産出額が20円であるとする。この場合，自動車産業に中間投入されている3つの商品について，それぞれ4対1（80円対20円）の割合で商品2と商品3に割り振る。たとえば，20円分が中間投入されている商品1は，商品2の生産に16円分が，商品3に4円分がそれぞれ中間投入されていると想定するのである。すべての産業について，そうした作業を繰り返すと，「商品×商品の行列である産業連関表」を導出できる。

事実，多くの国の産業連関表は，技術的知識を必要としないV表とU表を作成したうえで，産業連関表を間接的に導出している。一方，日本の国民経済計算の作成作業においては，最大限の工夫で技術的知識を駆使しながら，商品×商品の行列である産業連関表を直接的に作成している。しかし，内閣府に設置され

ている統計委員会では，統計作成上の諸費用を引き下げるために，技術的知識に頼らなくても作成できるV表とU表によって産業連関表を間接的に導出する方法へ移行することが検討されている。

ただし，V表とU表によって適切な産業連関表を作成していくためには，複数の商品を生産する「産業」の定義を整合的なものにする必要がある。かりに技術構造が大きく異なる事業所を同じ「産業」として分類してしまえば，いくらV表とU表を用いても，正確な「商品×商品」の産業連関表を導出することができない。

## 2-3　実際の国民経済計算の難しさ

実際の国民経済計算は，これまでの簡単な例に比べればはるかに複雑である。まず，支出面から見ていこう。甲国の例では，支出を構成する設備投資も，家計消費も，非常に単純であった。設備投資は，企業の万能機械に対する支出だけであった。しかし，実際のSNAでは，**総固定資本形成**というカテゴリーで広範な設備投資行動がカバーされている。投資主体で見ると，民間企業ばかりでなく，政府や地方自治体も含まれている。また，**機械や設備への投資ばかりでなく，工場などの建物や住宅の建設も含まれる**。したがって，家計の住宅建設も，総固定資本形成の一部ということになる。

ただ注意が必要なのは，工場を建設する場合に，建設費は総固定資本形成に含まれるが，用地取得費は含まれない。すでに甲国の例で見てきたように，土地に関わる経費でSNAに計上されるのは，生産に活用した土地に支払われる地代分だけである。かりに工場用地が自社用地であれば，帰属地代だけが計上される。

> **POINT　2-4 ● なぜ，設備投資のなかに用地取得費が計上されないのであろうか？**
>
> 設備投資を実行する企業は，当該企業の会計帳簿に土地取得費を計上するにもかかわらず，なぜ，マクロ経済活動の会計帳簿である国民経済計算には計上しないのであろうか。その本質的な理由は，地主と企業との間での土地取引では，新たな価値がまったく生じておらず，地主から企業に土地の所有が移っているだけだからである。企業から地主に土地購入代金が支払われるが，企業の支出は地主の収入と正確に一致して，経済全体で見ると，完全に相殺されてしまう。ただし，企業が用地取得に際して，伐採や整地などの費用を支出した場合には，そうした

> 土地整備費用は国民経済計算にも計上される。「整備をして土地が使いやすくなる」という意味で，新たな価値が発生しているからである。

　企業の投資には，設備投資や工場建設だけでなく，在庫投資も含まれる。先の甲国の例では，生産された財が売れ残ることもなかったし，あらかじめ余分に作っておくこともなかった。たとえば，900トンの穀物は，燃料として500トン，家計消費として400トンが完全に消費されている。しかし，900トンの穀物のうちで100トンが売れ残れば，在庫投資として1億円（100トン×100万円/トン）が計上される。また，将来の穀物消費増大を見越して100トン余分に生産した場合にも，在庫投資として1億円が計上される。在庫理論の用語では，前者のように売れ残りが原因の在庫を意図せざる在庫，後者のように将来の販売を見越した在庫を意図した在庫と呼んでいる。

　もし，すでに在庫として蓄積してきたものを取り崩して販売に充てた場合には，マイナスの在庫投資が計上される。たとえば，1年前に意図した在庫として1億円計上されたものが，今年，目論見どおりに販売された場合には，マイナス1億円の在庫投資が計上される。

　甲国の事例では，消費も，穀物と衣服に対する家計支出からなる単純なものであった。しかし，現実には，家計ばかりでなく，政府や地方自治体も消費財やサービスを購入している。こうした消費支出は，政府消費支出と呼ばれている。また，消費財には，投資財的な側面を含む財も含まれている。投資財の特徴は，今年だけでなく，翌年も，翌々年も生産に寄与することができるところにあったが，自動車，家具，衣服などの耐久消費財は，長い期間にわたって消費財として活用することができる。しかし，SNAでは，こうした耐久消費財への支出も，食品などの非耐久消費財への支出も，支出された時点で消費支出として計上されている。

　さらに，外国の企業や消費者も，自国の生産物に対する支出者として考えることができる。国際貿易における輸出は，外国の企業や消費者が自国の生産物に対して支出していることになる一方，輸入は，自国の企業や消費者が外国の生産物に対して支出していることになる。輸出から輸入を控除した純輸出は，外国の企業や消費者が自国の生産物に対して行うネットの支出に相当する。

　生産（国内総生産）と支出（国内総支出）の等価は，支出項目がいくら複雑にな

っても依然として成立している。しかし，所得と生産の関係は，実際の経済ではずれが生じてしまう。まず，労働，土地，固定資本ストックといった生産要素の提供者が自国の家計や投資家に限られているわけではない。自国の生産要素の提供者が外国人である可能性もあるし，自国の家計や投資家が外国の生産要素を提供している場合もある。

もし，外国人が自国の生産要素を提供している場合には，要素所得は海外へ漏出してしまう。たとえば，海外投資家が自国の用地の地主である場合，地代は自国から海外地主に支払われることになる。逆に，自国の投資家が外国の生産要素を提供している場合には，海外から要素所得を受け取ることができる。したがって，「海外からの要素所得の受取」から「海外への要素所得の支払」を控除した純受取が，国内の家計や投資家の所得のネットの増分となる。

そうして計算された「海外からの要素所得の純受取」を国内総生産に加えたものが，かつて国民総生産（Gross National Product: GNP）と呼ばれていた概念である。「国内」が「国民」に置き換えられているのは，国内で生産された価値を指すのではなく，その国民によって生産された価値を指すからである。日本の事例にたとえてみると，国内総生産が'made in Japan'に対応する概念であり，国民総生産が'made by Japanese'に対応する概念ということになる。

しかし，厳密に言うと，GNP を得るために GDP に加える「海外からの要素所得の純受取」は，日本人が海外で生産した財の価値ではなく，日本人が海外から受け取る所得である。現在は，生産よりも所得の側面を強調して，国民総生産に相当する概念は，国民総所得（Gross National Income: GNI）と呼ばれている。すなわち，国民総所得は，当該国の生産から生じた所得ではなく，当該国の国民が最終的に手にした所得を指していることになる。国民総所得（国民総生産）から固定資本減耗を控除したものは，単に国民所得（National Income），あるいは国民純生産（Net National Product: NNP）と呼ばれている。

さらに厄介なことに，財価格には間接税や補助金が反映されているために，各生産部門で生じた付加価値のすべてが要素所得として配分されるわけではない。たとえば，甲国の例に戻ってみよう。穀物価格は，1トンあたり100万円である。そこに10%の間接税がかかっていると，1トンあたり10万円が甲国政府の税収となり，残りの90万円が生産企業の付加価値となる。その結果，900トン生産しても，7億円の付加価値（生産総額9億円から中間投入費2億円を控除した額）がすべて生産要素の提供者に帰属するのではなく，10%の間接税を差し引いた6.3億

円だけが企業に帰属する。この 6.3 億円から労働所得や資本所得に配分されるので，間接税分だけ国内純生産（国民所得）は減少する。

補助金は，間接税とまったく逆の効果を持つ。ふたたび甲国の穀物生産の例に戻ってみよう。もし甲国政府が穀物生産部門に 10% の補助金を出しているとすると，900 トンの生産から生じる 7 億円の付加価値に 0.7 億円の政府補助金が加えられた 7.7 億円が，労働所得や資本所得に配分される。すなわち，補助金の分だけ国民純生産（国民所得）が増加することになる。

間接税から補助金を控除したものを純間接税と呼んでいる。純間接税を控除した国民純生産は，生産要素提供者に配分される正味の生産分という意味で要素費用表示の国民純生産（国民所得）と呼ばれている。また，純間接税控除前の国民純生産は，間接税と補助金を反映した市場価格で評価されているという意味で市場価格表示の国民純生産（国民所得）と呼ばれている。

以上の議論は，次のようにまとめることができる。

国民総所得（GNI）＝ 国内総生産（GDP）＋海外からの要素所得の純受取

市場価格表示の国民純生産（国民所得）＝ 国民総所得－固定資本減耗

要素費用表示の国民純生産（国民所得）＝ 市場価格表示の国民所得
　　　　　　　　　　　　　　　　　　－（間接税－補助金）

実際の国民経済計算においては，国内総生産から海外からの要素所得の純受取と純間接税を控除した「要素費用表示の国民純生産」のレベルにおいて，生産と所得がはじめて一致することになる。

### POINT 2-5 ● 間接税とは？ 補助金とは？

間接税とは，財やサービスを購入するときに，購入者が購入価格に上乗せして販売者に支払う税金である。したがって，間接税の納税者は，財やサービスの購入者ではなく，販売者となる。日本で現在課されている間接税には，消費税，酒税，たばこ税，関税，揮発油税，印紙税などがある。

消費税を除く間接税は，酒類やたばこといった個別の財に対する課税である。販売者が購入者に対して売上額に税率を掛けたものを課し，販売者がその課税相当分を納税する。

一方，一般消費税（日本の消費税を含む）は，財とサービス全般に課せられて

いる税である。一般消費税も，他の間接税と同様に売上額に比例して課税される。しかし，販売者が納税する税額は，他の間接税のように売上額に消費税率を掛けたものではなく，売上額から仕入額を控除したうえで消費税率を掛けた額に相当する。このように仕入額を控除するのは，商品の仕入額にも消費税分が含まれているので，二重に消費税が課せられるのを防ぐためである。仕入額は取引のたびにインボイス（伝票）によって確認されるのが原則であるが，3万円未満の取引については，帳簿上の確認だけでよいことになっている。

日本では，2013年度で消費税額が 13.5 兆円，関税 1.0 兆円，その他の間接税が 9.0 兆円に達している。

補助金とは，国や地方自治体が公益上必要であると認めた場合に交付する金銭的な給付を指している。補助金は，基本的に税金によってまかなわれている。補助金の対象は，企業の営利的な生産活動ばかりでなく，学校法人，医療法人，宗教法人などの非営利的な分野にも及んでいる。国民経済計算における補助金は，企業の生産活動に対するものである。すなわち，市場価格表示の生産者価格（購入者価格，いずれも POINT2-6 で詳述）を引き下げる要因となっている補助金だけが，国民経済計算上の補助金に含まれていることになる。2013 年度では，生産に対する補助金が 3.0 兆円に達している。

> **POINT** 2-6 ● 生産者価格と購入者価格

本章の例では，生産を評価する場合も，支出を評価する場合も，同じ価格を用いてきた。しかし，実際の国民経済計算では，生産は生産者価格（基本価格，basic price と呼ばれることが多い）によって，支出は購入者価格によって評価されている。生産者価格は「生産者が受け取る分」に相当し，購入者価格は「購入者が支払う分」に相当する。したがって，購入者価格には，商品の運搬にかかる運賃や流通業者が上乗せするマージンが含まれているが，生産者価格には，運賃やマージンが含まれていない。それにもかかわらず，生産者価格で評価した国内総生産と購入者価格で評価した国内総支出が一致するのは，購入者価格に反映されている運賃やマージンが運輸業や商業の生産分として計上されているからである。

ここで厄介な問題は，「生産者が受け取る分」が生産者価格であると定義すると，生産者の手に渡らない間接税分は生産者価格に含まれないことになる。そこで，国連が定める国民経済計算のルールでは，間接税のうち，消費税や付加価値税などの一般消費税は生産者価格に含めていない。したがって，生産者価格で評価された生産の付加価値総額には，一般消費税分が含まれていない。事実，ヨーロッパの国民経済計算では，付加価値税分が生産者価格から控除されている。こ

の場合であっても，一般消費税分を含む購入者価格で評価された（市場価格表示の）国内総支出には，一般消費税分が含まれていることになる。

一方，日本では，産業別に生産の付加価値を評価する場合には，消費税が生産者価格にも含まれている。消費税を含む主な理由は，産業ごとに消費財分を割り当てるために必要となってくる基礎的データが十分でないからである。したがって，産業別に生産者価格で評価された生産付加価値には消費税が含まれている。ただし，マクロ経済全体で生産を評価する場合（要素費用表示の国内総生産）には，消費税分が控除されている。

## 2-4 名目と実質の区別をしよう！

> 経済学は貨幣錯覚を拒絶する！

経済学では，家計や企業などの経済主体の判断や決定が貨幣単位の評価（価格評価）だけに左右されることを，「当該経済行為に**貨幣錯覚**（money illusion）がある」と言う。

たとえば，諸君のアルバイトの時給が去年の同じころに比べて 1000 円から 2000 円へ 2 倍になったとすると，単純に賃金が 2 倍になったと判断するような場合が，典型的な貨幣錯覚のケースである。しかし，その 1 年間に，もろもろの物の価格（諸物価）が 2 倍になっていたとすればどうであろうか。食堂の昼食代も，なんと 500 円から 1000 円に値上げされていたとしよう。この場合，たとえ時給が 2 倍になったとしても，1 時間の労働に対する賃金で買える昼食は，去年も，今年も 2 食分にすぎない。名目の賃金は上昇していても，その賃金で買える正味の消費は何も変わっていないのである。換言すると，物価上昇の要因を取り除いた賃金の実質分は何ら変化がないのである。

マクロ経済学に限らず，あらゆる経済学において，たとえ名目値が大きく変化しても，物価変動の影響を取り除いた実質値に変化がなければ，経済主体は判断や決定を変更しないと考えている。すなわち，経済学では，どのような経済主体も，貨幣錯覚から完全に自由であることを大前提としている。

そうした大前提に立つと，生産であれ，支出であれ，所得であれ，貨幣単位表示（価格表示）の名目値から，物価変動の影響を取り除いて実質値に換算する作業がきわめて重要となってくる。その換算作業でキーとなるのが，以下に詳しく説明する価格指数やデフレーターである。

**GDP デフレーターの考え方**

上述のように，市場価格表示で国民経済計算を作成する場合にもっとも厄介な問題の1つは，価格表示の生産量の増加が生産数量の増加をかならずしも意味しないことである。数量が一定でも単価が上昇すれば，価格表示の生産量は増加するが，実質的な生産量に変化はいっさいない。こうした価格変化の影響を取り除く役割を果たしているのが価格指数（あるいは，物価指数とも言う，price index）である。基準とする年次の価格指数を1として，基準年よりも価格が上昇すれば価格指数は1を上回り，基準年よりも価格が低下すれば価格指数は1を下回る。

市場価格で評価した生産量は名目生産と呼ばれている。一方，価格変化の影響を取り除いた生産量は実質生産と呼ばれている。名目生産，実質生産，価格指数の間には，

$$実質生産 = \frac{名目生産}{価格指数}$$

が成立している。あるいは，

$$価格指数 = \frac{名目生産}{実質生産}$$

が成り立っている。

基準年では価格指数が1に等しいので，実質生産と名目生産は一致する。価格指数が1を上回れば（下回れば），実質生産は名目生産よりも低く（高く）なる。もう少し具体的に見てみよう。たとえば，名目生産が100兆円であるとする。かりに価格指数が1であれば，実質生産も100兆円（＝100兆円÷1）となる。しかし，物価が25％上昇して価格指数が1.25であると，実質生産は80兆円（＝100兆円÷1.25）となる。逆に物価が20％下落して価格指数が0.8となると，実質生産は125兆円（＝100兆円÷0.8）となる。

価格指数の考え方には，2つのアプローチがある。第1の方法では，まず実質生産を求めてそこから価格指数を導出する。第2の方法では，価格指数を求めてそこから実質生産を導出する。SNAでは前者の手続きをとっており，SNAで求められる価格指数はGDPデフレーターと呼んでいる。

以下では，甲国の例を使いながらGDPデフレーターを導出していこう。先ほど（第2-2項）の産業連関表は，2005年の生産量と価格を示しているとしよう。2010年の生産量と価格については，表2-4と表2-5が示すように推移してきた

表 2-4 ● 2005 年と 2010 年の生産量

|  | 万能機械 | 穀　物 | 衣　服 |
|---|---|---|---|
| 2005 年 | 50 台 | 400 トン | 1 万枚 |
| 2010 年 | 45 台 | 500 トン | 1 万枚 |

表 2-5 ● 2005 年と 2010 年の価格

|  | 万能機械 | 穀　物 | 衣　服 |
|---|---|---|---|
| 2005 年 | 1,000 万円/台 | 100 万円/トン | 6 万円/枚 |
| 2010 年 | 1,500 万円/台 | 80 万円/トン | 7 万円/枚 |

とする。基準年次は，2005 年とする。

　2005 年の名目 GDP は，先ほど示したように 15 億円である（50 台×1000 万円/台＋400 トン×100 万円/トン＋1 万枚×6 万円/枚）。一方，2010 年の名目 GDP は，17 億 7500 万円に上昇している（45 台×1500 万円/台＋500 トン×80 万円/トン＋1 万枚×7 万円/枚）。はたして，2005 年から 2010 年に生産量は実質で上昇したと言えるであろうか。一見しただけでは，判断が非常に難しい。生産数量で見ると，万能機械は減少，穀物は増加，衣服は横ばいと，財ごとに生産数量の変化の方向がまちまちだからである。

　SNA の実質 GDP とは，価格変化に起因する影響を取り除くために基準年の価格で生産水準を評価したものである。2010 年の生産水準を 2005 年の価格水準で評価した 2010 年の実質 GDP は，以下のように 15 億 5000 万円に等しくなる。

$$45 台 \times 1000 万円/台 + 500 トン \times 100 万円/トン + 1 万枚 \times 6 万円/枚$$
$$= 15 億 5000 万円$$

すなわち，2005 年の GDP 水準（15 億円）よりも若干上回っていることになる。

　こうして求めた 2010 年の実質 GDP によって 2010 年の名目 GDP を除したものが，2010 年の GDP デフレーターに等しくなる。2010 年の GDP デフレーターを求めてみると，

$$2010 年の GDP デフレーター = \frac{17 億 7500 万円}{15 億 5000 万円} \fallingdotseq 1.145$$

となる。GDP デフレーターで見てみると，2005 年（基準年の物価指数は 1.000）に

比べて 2010 年には，物価水準が 14.5% 上昇したことになる。

　もう一度，GDP デフレーターの導出手続きを振り返ってみよう。上の式の分子である名目 GDP は，

$$45\text{ 台}\times 1500\text{ 万円}/\text{台}+500\text{ トン}\times 80\text{ 万円}/\text{トン}+1\text{ 万枚}\times 7\text{ 万円}/\text{枚}$$
$$=17\text{ 億 }7500\text{ 万円}$$

であり，その分母である実質 GDP は，

$$45\text{ 台}\times 1000\text{ 万円}/\text{台}+500\text{ トン}\times 100\text{ 万円}/\text{トン}+1\text{ 万枚}\times 6\text{ 万円}/\text{枚}$$
$$=15\text{ 億 }5000\text{ 万円}$$

となる。

　したがって，分母も，分子も，生産数量は 2010 年の水準（45 台の万能機械，500 トンの穀物，1 万枚の衣服）を用いている。基準年である 2005 年の生産数量（50 台の万能機械，400 トンの穀物，1 万枚の衣服）ではなく，当該年（この場合，2010 年）の生産数量に依拠して導出した価格指数は，パーシェ指数（Paasche index）と呼ばれている。

**消費者物価指数の考え方**　それでは，当該年の数量ではなく，基準年の数量で物価指数を導出する方法も考えることができないであろうか。実は，消費財の価格指数である消費者物価指数（consumer price index：CPI）は，そうした方法で計算された物価指数である。基準年の消費数量を用いる物価指数は，ラスパイレス指数（Laspeyres index）と呼ばれている。なお，消費者物価指数は，総務省によって作成されている。

　甲国の例では，消費財が穀物と衣服からなっている。2005 年（基準年）の名目消費は 10 億円（＝400 トン×100 万円/トン＋1 万枚×6 万円/枚），2010 年の名目消費は 11 億円（＝500 トン×80 万円/トン＋1 万枚×7 万円/枚）であり，名目額は 5 年間で 10% 増加している。それでは，ラスパイレス指数の消費者物価指数はどれだけ上昇しているであろうか。

　基準年の生産数量（400 トンの穀物と 1 万枚の衣服）に依拠して物価指数の変化を見ると，2010 年の物価指数は，

$$\frac{400\text{ トン}\times 80\text{ 万円}/\text{トン}+1\text{ 万枚}\times 7\text{ 万円}/\text{枚}}{400\text{ トン}\times 100\text{ 万円}/\text{トン}+1\text{ 万枚}\times 6\text{ 万円}/\text{枚}}=1.02$$

に等しい。すなわち，消費者物価は，2005 年から 2010 年に 2% 上昇している。

こうして求めた消費者物価指数から 2010 年の実質消費（＝名目消費÷物価指数）を求めてみると，

$$\frac{11 \text{億円}}{1.02} \fallingdotseq 10 \text{億} 7843 \text{万円}$$

となる。

ここで，当該年の生産数量（500 トンの穀物と 1 万枚の衣服）に依拠したパーシェ指数によって物価指数を求めてみると，

$$\frac{500 \text{トン} \times 80 \text{万円/トン} + 1 \text{万枚} \times 7 \text{万円/枚}}{500 \text{トン} \times 100 \text{万円/トン} + 1 \text{万枚} \times 6 \text{万円/枚}} = 1.00$$

となり，物価指数は 5 年間で横ばいということになる。ラスパイレス指数の物価指数と比較すると，2% 低くなっている。

実は，パーシェ指数のほうがラスパイレス指数よりも物価指数が低くなるのは，物価指数に関する一般的な特性なのである。上の甲国の例では，2005 年から 2010 年にかけて穀物価格の低下（100 万円から 80 万円へ低下）を反映して穀物消費量が増加している（400 トンから 500 トン）。パーシェ指数のように基準年の生産数量ではなく，当該年の生産数量で物価指数を求めると，100 万円から 80 万円に低下した穀物価格が穀物消費量の増加したウエート（この場合のウエートの増加とは，穀物消費量 400 トンではなく，500 トンで評価していることを指している）で評価されるので，物価指数がよりいっそう低下する。

もし，2005 年から 2010 年にかけて穀物価格が逆に上昇して穀物消費量が低下しても，パーシェ指数では，上昇した価格が消費量の低下したウエートで評価されるので，物価指数の上昇度合が弱められる。

最後に，消費者物価指数のようなラスパイレス指数の実務上のメリットに言及しておきたい。多くの場合，最近の商品価格データは比較的容易に入手できるが，最近の消費数量データや生産数量データはすぐに入手することが難しい。したがって，過去の基準年の消費（生産）数量しか用いていないラスパイレス指数は，最近の商品価格データさえあれば，最近の物価指数を算出することができる。しかし，GDP デフレーターのようなパーシェ指数では，当該年の商品価格だけでなく，消費（生産）数量も必要とされるので，最近の物価指数を算出することが容易ではない。よりタイムリーに物価指数を求める必要がある場合には，ラスパイレス指数に依拠せざるをえない。

> **COLUMN** マクロ経済学の歴史③　価格指数の考案者：パーシェとラスパイレス

　価格指数の名前に冠されているパーシェとラスパイレスは，いずれもドイツの経済学者である。年代の古いほうから言うと，ラスパイレス（É. Laspeyres, 1834-1913）は，1864 年に発表した「ハンブルクの商品価格，1851-1863 年」という論文で後にラスパイレス指数と呼ばれる価格指数を考案している。

　一方，パーシェ（H. Paasche, 1851-1925）は，1874 年に発表した「近年の価格発展について」という論文で後にパーシェ指数と呼ばれる価格指数を提案している。

---

> **POINT 2-7** ● 中央銀行が着目する物価指数——総合物価指数対コア物価指数

　第Ⅱ部や第Ⅲ部で詳しく見ていくように，中央銀行が実施する金融政策では，インフレーションを，高すぎるでもなく，低すぎるでもない，「適切な」水準に誘導することが重要な政策課題となっている。それでは，中央銀行は，どの物価指数で計測したインフレ率に着目しているのであろうか。

　日本銀行を含めた各国の中央銀行は，消費者物価指数のなかでも，すべての消費財を反映した総合物価指数ではなく，一時的な要因で大きく変動する財を取り除いたコア物価指数の動向に注目している。

　日本銀行では，天候要因に左右される生鮮食品を除いた消費者物価指数をコア物価指数として用いている。一方，アメリカの中央銀行である連邦準備制度（Federal Reserve System：FRS）は，国際的な経済や政治の動向に左右されやすい食料品（ただし，酒類を除く）とエネルギーを除いた消費者物価指数をコア物価指数（コアコア物価指数と呼ばれることもある）として活用している。

　ただし，2014 年半ばごろから原油をはじめとしたエネルギー価格が低下し始めたことから，2％のインフレ目標を掲げる日本銀行も，食料品だけでなくエネルギーを除いた消費者物価指数をコア物価指数として用いるようになった。

　オーストラリアの中央銀行は，より機械的に弾いた「刈り込み平均指数」をコア物価指数として用いている。「刈り込み平均指数」とは，価格上昇率の大きい品目と小さい品目をそれぞれ一定割合ずつ削除した品目で物価指数を計算したものである。オーストラリアの中央銀行は，上下 15％ の刈り込みを行っている。

　このようにさまざまなコア物価指数が実際に活用されているが，どのコア物価指数が優れているのかについては，各国の中央銀行間でもコンセンサスが形成されているわけではない。

**国内企業物価指数**

**国内企業物価指数**（corporate goods price index：CGPI）は，消費者物価指数のようにラスパイレス指数であるが，消費段階ではなくて，生産段階の価格動向を反映した物価指数である。すなわち，生産者が出荷するときに設定する価格に関する指数である。国内企業物価指数は，かつて卸売業者の販売価格を対象としていたので，卸売物価指数（wholesale price index: WPI）と呼ばれていた。なお，国内企業物価指数は，日本銀行が作成している。

**3つの物価指標の比較**

それでは，実際の日本経済のデータを用いながら，異なる物価指標の比較を行ってみよう。まず，ラスパイレス指数とパーシェ指数を比較してみよう。図2-1は，対象とする消費財の範囲をできるかぎり同じようにするために，持ち家の帰属家賃を除いた消費者物価指数（ラスパイレス指数）と家計最終消費支出デフレーター（パーシェ指数）について，1994年度から2014年度の期間の年次データを描いている。

1997年度から2010年度にかけてどちらの物価指標も低下傾向にあるが，消費者物価指数が104から100への低下にとどまっているのに対して，家計最終消費支出デフレーターのほうは113から100へと低下している。両物価指標の比較は，ラスパイレス指数に比べてパーシェ指数のほうが物価の低下傾向が顕著であるこ

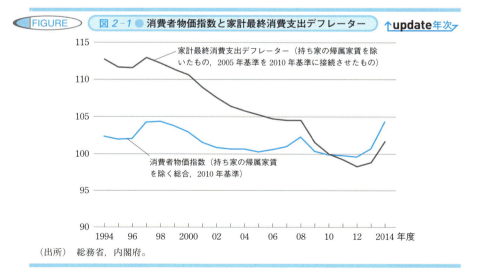

FIGURE 図2-1 ● 消費者物価指数と家計最終消費支出デフレーター ↑update年次

（出所）総務省，内閣府。

第2章 国民経済計算の考え方・使い方　39

図 2-2 ● 消費者物価指数と国内企業物価指数(基準年:2010年)
(出所) 総務省,日本銀行。

とを示している。

しかし,物価指標の違いは,ラスパイレス指数か,パーシェ指数かの違いだけを反映しているわけではない。図2-2は,いずれもラスパイレス指数である消費者物価指数(総合)と国内企業物価指数(総平均)について,1994年初めから2015年半ばの期間の月次データを描いている。年次データの図2-1と異なって,月次データの図2-2は,より細かな物価動向を観察することができる。

消費者物価指数は,1997年末から2006年末にかけて緩やかに低下し,その後2008年夏まで上昇し,ふたたび2010年にかけて低下している。一方,企業物価指数は,1997年半ばから2003年初めまで低下した後,2008年夏まで大きく上昇し,ふたたび2009年初めにかけて急激に下落している。

一方,図2-3は,1994年第1四半期から2015年第2四半期までの期間について,パーシェ指数であるGDPデフレーターの推移を描いたものである。GDPデフレーターは,2014年4月に消費税増税が実施されるまで一貫して低下傾向を示している。しかし,細かく観察してみると,消費者物価指数や企業物価指数が低下した2008年第3四半期から2009年第1四半期にかけて,GDPデフレーターは,逆に上昇した。

同じ期間について,消費者物価指数,企業物価指数,GDPデフレーターが異

図 2-3 ● GDP デフレーター（四半期，季節調整済み）

（出所）内閣府。

なる傾向を示している主な理由は，ラスパイレス指数とパーシェ指数の違いというよりも，輸入品物価が物価指標に及ぼす影響が異なっているからである。21世紀に入って原油をはじめとした輸入原材料価格が上昇したことが，国内の製品価格を引き上げる方向に働いてきた。しかし，2008年9月のリーマン・ショックと呼ばれる世界的な金融危機で原油などの輸入原材料価格が一時的に下落した結果，国内の製品価格も一時的に低下した。

企業物価指数は，そうした輸入価格の変化に大きく左右されやすい指数である。消費者物価指数も，企業物価指数ほどではないが，輸入価格の変化の影響を受ける。図2-2で描かれた消費者物価指数，とくに，企業物価指数の変化は，そうした輸入価格の上昇と下落に対応している。

一方，GDPデフレーターは，国内価格に比べて輸入価格が上昇すると，かえって低下する特性を持っている。以下では，国内価格に比べた輸入価格の動向がGDPデフレーターに与える影響を考えてみよう。名目国内総支出は，以下のように表される。

名目国内総支出 ＝ 消費支出(政府消費を含む)＋設備投資支出＋輸出額
　　　　　　　　－輸入額

上の式は,

$$\text{名目国内総支出} = 消費財価格 \times 消費量 + 設備投資財価格 \times 設備投資量 \\ + 輸出価格 \times 輸出数量 - 輸入価格 \times 輸入数量$$

と書き直すことができる。

ここで，消費財価格，設備投資財価格，輸出価格を国内価格と一括して取り扱ってみよう。そうすると，上の式は，さらに以下のように書き換えることができる。

$$\text{名目国内総支出} \\ = 国内価格 \times \left(消費量 + 設備投資量 + 輸出数量 - \frac{輸入価格}{国内価格} \times 輸入数量\right)$$

先に述べたように，輸入価格が上昇すると国内の製品価格も上昇する。しかし，輸入価格が国内価格にストレートに反映することはないので，その上昇率は，前者に比べて後者のほうが小さい。その結果，国内価格に対する輸入価格（輸入価格／国内価格）は上昇する。すると，上の式から明らかなように，輸入価格の上昇が GDP デフレーターを引き下げる方向に働く。逆に，輸入価格の相対的な低下は，GDP デフレーターを引き上げる方向に働く。

このようにして見てくると，21 世紀に入って輸入価格の上昇で企業物価指数が上昇したのに対して，GDP デフレーターが低下した理由も明らかであろう。また，2008 年 9 月以降，輸入価格が一時的に急落して企業物価指数も急低下したのに対して，GDP デフレーターが上昇した理由もまったく同じである。

いまの段階で上の議論を難解に思っている読者も，第Ⅱ部第 9 章にたどり着くころには，すっと頭に入ってくるようになっていると思う。第 9 章の第 3-4 項でも GDP デフレーターについて掘り下げて解説している。

なお，図 2-2 と図 2-3 については，NLAS マクロ経済学 database において，月次，あるいは，四半期の頻度でアップデートされたデータが提供されている。

**固定基準年方式から連鎖方式へ**

先に議論してきたように，基準年の数量によって評価するラスパイレス指数は物価水準を高めに算出する傾向がある一方，当該年の数量によって評価するパーシェ指数は物価水準を低めに算出する傾向がある。このように，前者で高めに出る傾向や後者で低めに出る傾向は，基準年と当該年の時間間隔が広がるほど顕著になる。たとえば，2000 年を基準年としている場合，2001 年を当該

年とすればラスパイレス指数とパーシェ指数との間にそれほど大きな違いは生じないが，2007年を当該年とするとラスパイレス指数がパーシェ指数を大きく上回る。

最近のSNAでは，上述のような両指数の癖を矯正するために，連鎖方式と呼ばれる手法でGDPデフレーターを計算している。連鎖方式のGDPデフレーターでも，基本的にはパーシェ指数が用いられている。しかし，基準年を固定するのではなく，隣接する年次の古い年を基準年，新しい年を当該年として物価指数を算出している。たとえば，2000年から2001年の物価指数動向を見る場合には，2000年を基準年，2001年を当該年とするが，2001年から2002年の物価指数動向を見る場合には，2001年を基準年，2002年を当該年とする。連鎖方式のGDPデフレーターでは，このように基準年と当該年の間隔がつねに1年となるために，物価指数が低めに算出されるというパーシェ指数の癖をある程度修正することができる。

### それぞれの物価指数における品質調整

GDPデフレーターでも，消費者物価指数でも，国内企業物価指数でも，その作成にあたっては，同一商品の価格を継続して追跡することを原則としている。しかし，技術革新の結果，多くの商品で品質が向上していく。こうした場合，「同一商品の価格」という原則を守れなくなってしまう。

たとえば，高品質の新製品と低品質の旧商品が同じ価格であったとしよう。このケースでは，当該商品の価格は変化していないと判断するのは適切でない。むしろ，品質あたりの商品価格は，低下していると考えるほうが適切であろう。このように，品質の価格に対する影響を調整することを，品質調整と呼んでいる。

品質調整の典型的な方法の1つには，ヘドニック法と呼ばれるものがある。ヘドニック法とは，品質の向上が著しい商品について，品質向上で製品価格がどれだけ上昇するのかを計測したうえで，基準年以降に品質が向上した商品については，基準年の品質にまで落とした場合の価格を用いて価格指数を計算する。逆に基準年以前で品質が劣っている商品については，基準年の品質にまで引き上げた場合の価格を用いて物価指数を計算する。

たとえば，パソコン品質をハードディスクの容量で捉えている場合を考えてみよう。2000年の時点（基準年）の販売価格データに基づいた推計によると，ハードディスクの容量が10ギガバイトから20ギガバイトに増えると，価格が5%上昇する。2000年時点では，10ギガバイトの容量が標準仕様であったので，物価

指数の対象も 10 ギガバイトの容量のパソコンとしていた。しかし，2001 年には，パソコンの性能が全般的に向上して，20 ギガバイトの容量が標準仕様となったので，物価指数の対象を 20 ギガバイトの容量のパソコンに変更した。

上の例では，性能面も考慮すれば，2000 年に対象としているパソコンと 2001 年に対象としているパソコンは，もはや同じ商品とは言えない。このケースにおける品質調整では，2001 年（当該年）の 20 ギガバイト容量のパソコン価格を 5% 割り引いて，基準年の 2000 年に標準仕様であった 10 ギガバイト容量のパソコンが，あたかも 2001 年に流通していたと想定して価格指数を算出する。

GDP デフレーター，消費者物価指数，国内企業物価指数のいずれの指数でも，品質調整を行っている。しかし，どの商品を品質調整の対象としているのか，どのような手法で品質調整を行っているのかは，指数のタイプごとに大きく異なっている。

---

**POINT 2-8 ● SNA・消費者物価指数・国内企業物価指数の対象商品価格**

　基本的には，消費者物価指数が対象としている商品価格は，国民経済計算の消費財を構成している商品の購入者価格に対応している。一方，国内企業物価指数が対象としている商品価格は，中間投入財や投資財を構成している商品の生産者価格に対応している。したがって，内閣府が中心となって作成している GDP デフレーター，総務省が作成している消費者物価指数，日本銀行が作成している国内企業物価指数の間には，規則的な関係が存在しているはずである。

　しかし，3 つの統計において所管している官庁が異なっているとともに，商品分類がかならずしも一致しておらず，品質調整の対象となっている商品や品質調整の方法も異なっていることから，これらの物価指数について原データにさかのぼって指数相互間の整合性がチェックされることはなされてこなかった。

---

## 2-5　SNA で見た日本経済の姿

それでは，これまで学んできた SNA 会計手続きによって実際の日本経済の姿を見ていこう。国民経済計算に関するすべてのデータは，内閣府経済社会総合研究所のホームページ (http://www.esri.cao.go.jp/jp/sna/menu.html) で閲覧する

ことができる。SNA に限らず，経済統計データは，自分の目で見てみるというのがとても大切なことである。

なお，NLAS マクロ経済学 database には，政府機関や国際機関が無料でデータを提供しているホームページのアドレスについて，本書の章別に従って系統的に掲載している。

まずは，2014 年 12 月末に公表された 2013 年度の国民経済計算確報を用いながら，生産面と支出面から日本経済の状況を見ていこう。2013 年の国内総生産（名目値）は，480.1 兆円の規模に達している（以下，100 億円の位で四捨五入している）。支出面で見ると，表 2-6 のようになっている。

国内総生産に占めるシェアがもっとも大きな支出は民間最終消費支出（293.5 兆円）で，61.1％ に達している。次に大きなシェアを占めるのが総固定資本形成（104.3 兆円，企業設備投資だけでなく，公共投資や住宅投資も含む）で，21.7％ を占めている。政府最終消費支出（98.8 兆円）も 20.6％ のシェアがあり，けっして無視できない規模である。これらの 3 つの主要支出シェアの合計が 100％ を超えている。一方，在庫投資（−2.9 兆円）と純輸出（−13.6 兆円）はマイナスを記録している。こうして見てくると，家計，企業，政府が支出する消費と投資が経済全体の支出をほぼ決定していることになる。

それでは，支出面から所得面に目を向けてみよう。先にも述べたように，国内総生産を国民純生産，それも，要素費用表示のものに変換する必要がある。海外からの要素所得の純受取は，17.7 兆円であったので，それを加えた国民総生産は，497.8 兆円となる。そこから固定資本減耗 101.9 兆円といくつかの調整項を控除した国民純生産，すなわち市場価格表示の国民純生産は 396.0 兆円になる。さら

TABLE　表 2-6　支出面で見た国内総生産（2013 年）

| | |
|---|---|
| 民間最終消費支出 | 293.5 兆円 |
| 政府最終消費支出 | 98.8 兆円 |
| 総固定資本形成 | 104.3 兆円 |
| 在庫投資 | −2.9 兆円 |
| 純輸出 | −13.6 兆円 |
| 　うち輸出 | 77.5 兆円 |
| 　うち輸入 | 91.2 兆円 |
| 国内総生産 | 480.1 兆円 |

（出所）内閣府。

| TABLE | 表2-7 要素費用表示の国民純生産（2013年） update年次 |

| | |
|---|---|
| 雇用者報酬 | 247.8 兆円 |
| 営業余剰（利子，配当などの原資） | 92.2 兆円 |
| その他（海外からの要素所得の純受取を含む） | 17.7 兆円 |
| 要素費用表示の国民純生産 | 357.7 兆円 |

(出所) 内閣府。

に，間接税から補助金を差し引いた純間接税 38.3 兆円を控除すると，要素費用表示の国民純生産は 357.7 兆円に等しくなる。この 357.7 兆円の価値に匹敵する生産分が要素所得として，表 2-7 のようにさまざまな形で家計，企業，投資家などに配分されていく。

労働所得に相当する雇用者報酬（雇用主の社会保障負担を含む）が要素所得のなかでも，もっとも大きなシェア（69.3%）を占め，247.8 兆円に達する。営業余剰（自営業主の所得である混合所得を含む）は 92.2 兆円に等しく，要素費用表示の国民純生産の 25.8% に相当する。ここで注意すべき点であるが，営業余剰には，持ち家の帰属家賃も家計の所得として含まれるので，営業余剰のすべてが，利子所得，配当所得，賃貸料などの財産所得や企業に蓄えられる収益（内部留保）となるわけではない。

雇用者報酬や営業余剰以外の要素所得としては，海外からの要素所得の純受取（ほとんどが資本所得の純受取）などが含まれる。非常におおざっぱにまとめてしまうと，要素費用表示の国民純生産は，7 割が労働所得として，3 割が（広義の）資本所得としてそれぞれ配分されていることになる。

資本所得の内訳を見ていくと，国内の非金融法人企業の営業余剰（49.0 兆円）と海外からの要素所得の純受取（17.7 兆円）を合わせた所得（66.7 兆円）のうち，ネットで 24.2 兆円が利息や配当として家計に財産所得として配分された。また，持ち家の帰属家賃収入（固定資本減耗分を除いた純営業余剰）は，24.4 兆円に達した。

なお，国民所得面における生産，支出，分配のより詳細な動向については，第 II 部で基本的なマクロ経済モデルをマスターしてからのほうがより深く理解することができる。したがって，日本経済の戦後からの長期的な動向，あるいは，より最近の動向については，第 II 部の各章で掘り下げて議論していきたい。

## SECTION 3　実質 GDP で見えてこないもの

　実質 GDP が高いということは，マクロ経済の生産活動や支出活動が活発で，国民が高い所得水準を享受していることを意味している。したがって，高水準の実質 GDP は，肯定的に受け取られる傾向が強い。しかし，実質 GDP がマクロ経済の活動のすべての側面を捉えているわけではない。むしろ，マクロ経済の複雑な様相を実質 GDP という 1 つの数字に集約できると考えるほうが不自然であろう。そこで，本章の最後に，SNA の代表的な指標である実質 GDP では見えてこないものについて考えてみたい。

　まず，実質 GDP は，市場での経済活動のみを捉えていて，市場の外側の活動を反映していない。たとえば，レストランのコックが食事を作れば，材料代や場所代を超える売上はサービス生産に，レストランの客の食事代は消費支出に，コックへの給与は労働所得にそれぞれ相当するので，実質 GDP にきっちりと反映される。しかし，どんなに料理の腕前がよくても，主婦が夕食を準備すれば，生産にも，支出にも，所得にも反映されない。同様に，塾における講師による教育は実質 GDP に反映されるが，家庭における親による教育は実質 GDP に反映されない。

　1 日 24 時間という時間の使い方も，市場活動になるものもあれば，市場活動にならないものもある。休日に会社に出勤すれば，休日手当て分が実質 GDP に反映されるが，休日に家族一緒に家で過ごせば，当然手当てもないので実質 GDP に反映されないが，家族一緒に過ごすことで幸せな時間を過ごしていることになる。こうして考えてみると，好景気で残業と休日出勤の連続の状態では，当然，実質 GDP も高いが，「幸せな時間」を犠牲にしている面もある。逆に，不景気で労働時間が短縮されている状態では，実質 GDP が低いが，余暇で充実している可能性もある。

　実質 GDP を中心にマクロ経済活動を評価すると，実質 GDP を構成する支出の中身をしばしば見過ごすことになる。すなわち，実質 GDP の高低に着目するということは，実質 GDP を構成するさまざまな支出項目をまったく均等に取り扱っていて，支出項目のバランスを考慮していないことになる。消費が増大しても，設備投資が増大しても，純輸出が増大しても，政府支出が増大しても，実質

GDP が拡大する点では，まったく同じように取り扱われる。

しかし，たとえば，消費主導のマクロ経済と，輸出主導のマクロ経済では，マクロ経済のパフォーマンスが大きく異なっていることは，2008 年末から日本経済を襲った経済危機の影響を見ても明らかであろう。日本経済は，2002 年から 2008 年半ばごろまで，円安による輸出拡大で戦後最長の景気回復を経験してきた。その間，家計消費は停滞していたが，実質 GDP は着実に拡大していった。しかし，2008 年末以降の急速な円高と世界経済の減速で輸出は急激に落ち込み，日本経済は先進国のなかでも，もっとも深刻な不況に陥ることになる。

一方，2012 年後半以降，円安が進行したにもかかわらず，従来のように輸出と民間設備が主導する経済成長がかならずしも実現しなかった。家計消費も，依然として低迷してきた。こうした最近の経験は，実質 GDP がいずれの支出項目に支えられているかによって，マクロ経済のパフォーマンスが大きく異なることを示唆している。

第 II 部以降，マクロ経済モデルによって実質 GDP の変動（景気循環と呼ばれるマクロ経済現象）や実質 GDP の成長（経済成長と呼ばれるマクロ経済現象）のメカニズムを明らかにしていくが，単に実質 GDP の高低をもってマクロ経済のパフォーマンスを評価するのではなく，どのような景気循環や経済成長が国民経済にとって望ましいのかを掘り下げて考えていきたい。

### POINT 2-9 ● 93 SNA から 2008 SNA への移行について

国連統計委員会は，2008 年に国民経済計算の会計基準を改定した。新しい基準は，2008 SNA と呼ばれている。多くの先進国がすでに 93 SNA から 2008 SNA へ移行している。日本政府も，内閣府が中心となって，2016 年度に国民経済計算の基準年が 2005 年から 2010 年に改定されるタイミングで 2008 SNA への移行が検討されている。

2008 SNA は，①ストック関連，②金融関連，③グローバル化への対応，④一般政府と公共部門の見直しなどの側面でいくつか重要な変更を行っている。もっとも重要な変更点は，知的財産による生産活動への貢献の重要性を踏まえて資本形成の概念を拡張しているところである。93 SNA までは，企業の研究開発に伴う支出は，中間投入として取り扱われていたために，GDP を構成する付加価値に含まれなかった。

一方，2008 SNA では，企業の研究開発支出をまさに研究開発投資として取り扱い，資本形成の一要素になった。すなわち，企業の研究開発支出は，企業設備

投資に含まれることになった。また，防衛装備品（艦艇，戦車など）も，総固定資本形成や在庫として計上されることになる。その結果，93 SNA から 2008 SNA に移行するだけで，名目 GDP は数パーセントのオーダーで拡大すると言われている。

なお，2010 年基準において用いられる産業連関表は，重要な基礎資料である経済センサスの作成が遅れたことから，2010 年ではなく 2011 年を対象年としている。

2008 SNA を反映した本書の図表については，有斐閣のウェブサイトから入手することができる。

## EXERCISE ●練習問題

【基礎知識の確認】

2-1　国民経済計算に計上されている家計消費支出のうち，投資財の性質を備えているものをあげなさい。

2-2　なぜ，国内総生産を算出するときに，中間投入財を含めないのか説明しなさい。

2-3　なぜ，粗設備投資（粗固定資本形成）と純設備投資（純固定資本形成）を区別するのか説明しなさい。

2-4　なぜ，国内総支出の項目のうち，在庫投資支出は負の値をとることがあるのか説明しなさい。

2-5　なぜ，市場価格表示ではなく，要素費用表示でないと，国民純生産と国民所得が等しくならないのか説明しなさい。

【演習問題】

2-6　ここで，消費財は，リンゴとミカンしかないとする。次の表は，2つのケース（ケース1とケース2）について，1995 年から 2000 年にかけてのリンゴとミカンの単価と消費量を示したものである。

| ケース1 | リンゴの単価と消費量 | ミカンの単価と消費量 |
| --- | --- | --- |
| 1995 年 | 100 円/個で 0 個 | 50 円/個で 100 個 |
| 2000 年 | 50 円/個で 100 個 | 100 円/個で 0 個 |

| ケース2 | リンゴの単価と消費量 | ミカンの単価と消費量 |
| --- | --- | --- |
| 1995 年 | 100 円/個で 50 個 | 50 円/個で 50 個 |
| 2000 年 | 50 円/個で 50 個 | 100 円/個で 50 個 |

| TABLE | 表2-A1 実質 GDP 成長率（年度）に対する各支出項目の貢献度 |

(単位：%)

| 年度 | GDP（国内総生産） | 民間最終消費支出 | 民間住宅投資 | 民間企業設備投資 | 民間在庫品増加 | 政府最終消費支出 | 公的固定資本形成 | 純輸出 |
|---|---|---|---|---|---|---|---|---|
| 1995 | 2.7 | 1.3 | −0.3 | 0.5 | 0.6 | 0.6 | 0.6 | −0.6 |
| 1996 | 2.7 | 1.3 | 0.6 | 0.7 | 0.1 | 0.3 | −0.2 | −0.3 |
| 1997 | 0.1 | −0.6 | −1.0 | 0.8 | 0.4 | 0.1 | −0.6 | 1.0 |
| 1998 | −1.5 | 0.3 | −0.5 | −1.2 | −0.8 | 0.3 | 0.2 | 0.2 |
| 1999 | 0.5 | 0.7 | 0.1 | 0.1 | −0.7 | 0.6 | −0.3 | 0.0 |
| 2000 | 2.0 | 0.2 | 0.0 | 0.7 | 0.8 | 0.8 | −0.5 | 0.0 |
| 2001 | −0.4 | 0.9 | −0.3 | −0.5 | −0.3 | 0.7 | −0.4 | −0.5 |
| 2002 | 1.1 | 0.7 | −0.1 | −0.3 | −0.1 | 0.4 | −0.3 | 0.8 |
| 2003 | 2.3 | 0.5 | 0.0 | 0.7 | 0.4 | 0.4 | −0.5 | 0.8 |
| 2004 | 1.5 | 0.4 | 0.1 | 0.6 | 0.2 | 0.2 | −0.6 | 0.5 |
| 2005 | 1.9 | 1.1 | 0.0 | 0.6 | −0.1 | 0.1 | −0.3 | 0.6 |
| 2006 | 1.8 | 0.5 | 0.0 | 0.8 | −0.1 | 0.1 | −0.3 | 0.8 |
| 2007 | 1.8 | 0.5 | −0.5 | 0.4 | 0.2 | 0.2 | −0.2 | 1.2 |
| 2008 | −3.7 | −1.1 | 0.0 | −1.1 | 0.0 | −0.1 | −0.3 | −1.1 |
| 2009 | −2.0 | 0.7 | −0.7 | −1.7 | −1.5 | 0.5 | 0.5 | 0.2 |
| 2010 | 3.5 | 0.9 | 0.1 | 0.5 | 1.1 | 0.4 | −0.3 | 0.9 |
| 2011 | 0.4 | 0.8 | 0.1 | 0.6 | −0.3 | 0.2 | −0.1 | −1.0 |
| 2012 | 1.0 | 1.1 | 0.2 | 0.2 | 0.0 | 0.3 | 0.0 | −0.8 |
| 2013 | 2.1 | 1.5 | 0.3 | 0.5 | −0.5 | 0.3 | 0.5 | −0.5 |
| 2014 | −0.9 | −1.9 | −0.4 | 0.1 | 0.5 | 0.1 | 0.1 | 0.6 |

(1) 基準年を1995年として，基準年の物価指数を100とする。上の2つのケースについて，ラスパイレス指数とパーシェ指数で2000年の物価指数を求めなさい。

(2) ケース1とケース2で，なぜ，2種類の2000年の物価指数の動向に違いが生じるのか説明しなさい。

**2-7** 表2-A1は，1995年度から2014年度にかけての実質GDP（国内総生産）成長率に対する各支出項目の寄与度を表したものである。たとえば，1995年度における年2.7％の成長は，その約半分が民間最終消費（1.3％）の貢献によるものであった。なお，四捨五入の関係上，各支出項目の寄与度の合計はかならずしも実質GDP成長率には一致しない。

(1) 2003年度から2007年度の期間は，2％前後と比較的高い経済成長を記録したが，その原動力となった要因を説明しなさい。

(2) 2008年度は，−3.7％の成長であったが，このマイナス成長の背景を説明しなさい。

## TABLE 表2-A2 ● OECD加盟国における2013年の名目政府消費/名目GDP

(単位:%)

| 20%以上の国 | | 16%未満の国 | |
|---|---|---|---|
| デンマーク | 26.7 | アメリカ | 15.2 |
| オランダ | 26.3 | トルコ | 15.1 |
| スウェーデン | 26.1 | 韓国 | 15.0 |
| フィンランド | 24.8 | チリ | 12.5 |
| ベルギー | 24.4 | メキシコ | 12.2 |
| アイスランド | 24.3 | スイス | 11.0 |
| フランス | 24.0 | | |
| イスラエル | 22.5 | | |
| カナダ | 21.6 | | |
| ノルウェー | 21.3 | | |
| (ユーロ15カ国平均) | 21.1 | | |
| 日本 | 20.6 | | |
| スロベニア | 20.4 | | |
| イギリス | 20.1 | | |
| ギリシャ | 20.1 | | |

(出所) OECD.

(3) 2013年度は，2.1%と比較的高い経済成長を記録したが，この成長の背景を説明しなさい。

**2-8** 表2-A2は，OECD（経済協力開発機構，ヨーロッパ諸国を中心に日本やアメリカを含めた34カ国が加盟する国際機関）に加盟する国について，2013年における名目GDPに対する名目政府消費支出の比率をまとめたものである。表には，同比率が20％以上の国と，同比率が16％未満の国をリストアップしている。政府消費の相対的な比率が国ごとに異なる背景について，自由に考察しなさい。

第 I 部　マクロ経済の計測

# 第 3 章　資金循環表と国際収支統計の作り方・見方

## CHAPTER 3

第3章では，国内で資金がどのように循環しているのかを記録している資金循環表と外国との取引における物と資金の循環を記録している国際収支統計について，その作り方と見方を学んでいく。国民経済計算が主として物の循環に関する統計であるのに対して，資金循環表や国際収支統計が資金の循環を記録している。国民経済計算とともに，資金循環表や国際収支統計によって，マクロ経済の活動をより多面的に捉えることができる。

### KEYWORD
金融機関，金融市場，資金循環表，投資貯蓄バランス（ISバランス），バランスシート，国際収支統計

FIGURE
TABLE
POINT
EXERCISE

INTRODUCTION

# SECTION 1 マクロ経済における金融機関と金融市場

　第2章で述べたように，金融機関や金融市場を経由する資金循環では，財・サービスの循環を伴わない。また，家計や企業が保有している金融資産に評価損益が生じてしまうと，財・サービスの循環にいっさい変化がなくても，家計や企業の所得に増減が生じる。いずれのケースでも，財・サービスの循環と資金の循環に大きなずれが生まれている。国民経済計算において重要な統計の1つである**資金循環表**は，「財・サービスの循環」とかならずしも一致しない「資金の循環」を詳細に記録している。

　このように資金循環表を説明してしまうと，資金循環表が非常に難しい統計のように響いてしまうかもしれない。しかし，新聞やニュースで「日本の家計が保有する金融資産残高は1700兆円を超えている」とか，「国の借金が1000兆円を超えている」としばしば耳にすると思うが，これらの数字はすべて資金循環表を根拠としているのである。国民経済計算のGDPの水準や動向が大きな関心を呼んでいるのと同様に，資金循環表がもたらす情報も，われわれの経済生活にとって有益なものが多い。

　本章の前半では，資金循環表の概要を説明していくが，そのためには，マクロ経済において金融機関や金融市場が果たしている役割を理解しておく必要がある。

　金融という仕組みは，資金を運用する者（**資金運用者**）と資金を調達する者（**資金調達者**）を結びつける役割を果たしている。資金運用者と資金調達者を仲介している機関が**金融機関**，より正確には**金融仲介機関**である。一方，金融仲介の役割を果たしている市場が**金融市場**と呼ばれている。

　もっとも身近な金融機関は銀行であろう。銀行は，家計や企業から預金を集め，その資金を家計や企業に融資している。この場合，家計や企業の預金者が資金運用者であり，融資を受ける家計や企業が資金調達者である。たとえば，銀行は家計に対して住宅ローンを貸し付けるとともに，企業に対して事業資金を融資する。

　図で示すと，資金が矢印の方向に循環している。

| 預金をする家計・企業 | → | 銀　行 | → | 融資を受ける家計・企業 |

　ここで「預金者から銀行へ」「銀行から融資先へ」という資金の流れにおいて

は，財取引を伴わない。実際に財取引が起きるのは，融資を受けた家計・企業が建物や機械などの投資財などを購入した時点である。

　金融機関を経由する資金循環には，逆方向のものもある。融資を受けた家計・企業が銀行に借入分を返済し，預金者が銀行から預金を引き出す場合には，以下の図のような資金循環が生じる。

　　　| 預金を引き出す家計・企業 | ← | 銀　行 | ← | 融資を返済する家計・企業 |

　ここで「融資先から銀行へ」「銀行から預金者へ」という資金の流れにおいても，財取引を伴うことはない。財取引が起きるとすれば，家計が銀行から引き出した資金で消費財を購入する段階である。

　上述の資金循環の理屈は，債券市場や株式市場などの金融市場を経由する場合でも変わることがない。たとえば，企業が資金調達のために発行した債券（民間企業が発行した債券は社債と呼ばれている）に家計が投資すると，社債に投資した家計から社債を発行した企業へ資金が流れていく。また，社債の満期がきて，企業が投資家（家計）に元本を返済する場合には，企業から家計へ逆の資金循環が生じる。すなわち，社債市場を経由する資金循環でも，資金運用者（この場合は家計）と資金調達者（この場合は企業）との間で双方向に資金が循環する。

　金融市場や金融機関を経由する資金循環は，資金運用者と資金調達者との間ばかりでなく，資金運用者の間，あるいは資金調達者の間でも起きる。たとえば，融資を受けた企業の返済資金によってではなく，他の家計が新たに行った預金によって銀行が家計に預金を払い出した場合は，新たに預金した家計から預金を引き出した家計へ，銀行を介して資金運用者の間で資金が流れている。

　　　| 新たに預金する家計 | → | 銀　行 | → | 預金を引き出す家計 |

　また，銀行が，ある企業から返済された資金を新たな企業に融資すると，銀行を介した資金調達者の間で資金が流れる。

| 以前借りたローンを返済する企業 | → | 銀　行 | → | 新たなローンを借りる企業 |

　より複雑な例としては，銀行から資金を借り入れた投資家が債券市場の社債に投資をする場合には，金融機関（銀行）と金融市場（債券市場）の両方を介して資金が循環する。

| 銀行 | → | 投資資金を借り入れる投資家 | → | 債券市場 | → | 資金調達をする企業 |

現実の経済では，金融機関や金融市場を介して，さまざまな方向に，さまざまな手段を通じて，資金が経済主体の間を循環しているのである。

### POINT 3-1 ● 相対取引と市場取引

金融取引には，2つのタイプの取引がある。1つは，銀行などの金融仲介機関を介するもので，相対取引（「あいたいとりひき」と読む）と呼ばれている。なぜ「相対」と呼ばれているかと言うと，金融仲介機関と企業，あるいは金融仲介機関と家計が取引当事者として向かい合って金融契約を取り結ぶからである。もう1つは，株式市場や債券市場などの金融市場において資金運用者と資金調達者が取引を行っているもので，市場取引と呼ばれている。

相対取引は，資金運用者と資金調達者との間に金融仲介機関が介在していて，両者の関係が間接的であるという意味で，間接金融と呼ばれることもある。一方，市場取引は，資金運用者も，資金調達者も，直接的に金融市場で取引をしているという意味で，直接金融と呼ばれることもある。しかし，市場取引にあっても，資金調達者と金融市場との間で，あるいは資金運用者と金融市場との間で証券会社などの金融機関が介在することがほとんどなので，厳密に言うと，市場取引を直接金融と呼ぶのは適切でない。そうした事情もあって，最近は，間接・直接金融という用語はあまり使われず，相対・市場取引という用語が一般的となってきた。

## SECTION 2　資金循環表の考え方

### 2-1　残高表，取引表，調整表からなる資金循環表

残高表の見方

資金循環表は，ストックとフローの両面から，上述のような金融機関，あるいは金融市場を経由するさまざまな方向の資金の循環を記録している。

ストック面では，金融資産・負債残高表によって，ある時点（通常は，年末，各

年の12月末，あるいは年度末，各年の3月末）においてそれぞれの経済主体が保有している資金運用残高と資金調達残高を記録している。資金運用残高は金融資産残高，資金調達残高は金融負債残高とも呼ばれている。主な経済主体としては，「家計」「金融機関」「事業会社（非金融法人）」，中央政府と地方政府を合わせた「一般政府」，日本と経済取引のある海外の企業や金融機関を一括した「海外」に分類されている。

ここで注意をすべきことは，1つの経済主体が金融資産と金融負債の両方を保有しているのが通常である点である。家計であれば，金融資産として銀行預金を保有している一方で，金融負債として銀行から住宅ローンや消費者ローンを借りることがある。企業であれば，金融負債として銀行から融資を受けている一方で，金融資産として株式や債券を保有していることがある。

資金調達者と資金運用者を仲介している金融機関は，必然的に金融負債と金融資産を抱えている。たとえば，銀行の立場に立てば，預金は資金調達手段であって金融負債である一方，融資は資金運用手段であって金融資産となる。政府であっても，国債（国が発行した債券）によって資金を調達する一方で，国が運営する政策金融制度を通じて家計や企業に対して資金を融資（運用）することもある。

1つの経済主体が金融資産と金融負債の両方を有していることを鑑みて，資産と負債のそれぞれの残高とともに，資産残高から負債残高を控除した差額である純金融資産残高に着目することも多い。もし，純金融資産残高が正（負）の経済主体は，ネットで見ると他の経済主体に対して債権（債務）を有していることになる。

## 取引表の見方

資金循環表は，2つの側面からフローの資金循環を捉えている。まず，取引表によって，それぞれの経済主体ごとに，ある一定の期間（通常は1年間）に生じた資金循環の規模が記録されている。具体的には，各経済主体について，1年間に生じた「金融資産残高の変動」と「金融負債残高の変動」をまとめている。たとえば，家計が新たな預金をすれば金融資産増となり，以前の預金を引き出せば金融資産減となる。また，家計が銀行から住宅ローンを借りれば金融負債増となり，住宅ローンを返済すれば金融負債減となる。

「金融資産残高の変動」から「金融負債残高の変動」を控除した差額は，資金過不足と呼ばれている。資金過不足が正値である経済主体は，1年間の資金運用額が資金調達額を上回っているので，資金過剰主体，あるいは貯蓄超過主体と呼

ばれている。一方,資金過不足が負値である経済主体は,1年間の資金調達額が資金運用額を上回っているので,資金不足主体,あるいは貯蓄不足主体と呼ばれている。

### 調整表の見方

もう1つのフローの側面を捉えている調整表は,それぞれの経済主体ごとに,保有している金融資産と金融負債の両面で1年間に生じた評価損益を記録している。たとえば,家計が保有している株式について評価益(キャピタル・ゲイン)が生じれば,家計の金融資産の項目に評価益が正値で計上され,評価損(キャピタル・ロス)が生じれば,家計の金融資産の項目に評価損が負値で計上される。「金融資産評価の変動」から「金融負債評価の変動」を控除した差額は,純評価益となる。

上で述べてきた金融資産・負債残高表,取引表,調整表の3つの表の間には,次のような関係が成り立っている。

今年度末の純金融資産残高
 = 前年度末の純金融資産残高＋今年度の資金過不足＋今年度の純評価益

たとえば,ある年度に資金運用額の増加や金融資産の評価益が生じると,当該年度末の純金融資産残高は,前年度を上回ることになる。逆に,ある年度に資金調達額の増加や金融資産の評価損が生じると,当該年度末の純金融資産残高は,前年度を下回ってしまう。

ここで,資金循環表が記録している範囲について注意しなければならない点に言及しておきたい。金融資産のキャピタル・ゲインやキャピタル・ロスは資金循環表に記録されているが,金融資産に生じる預金利息や債券金利,株式投資からの配当,金融負債から生じる借入利息は,資金過不足を通じた金融資産や金融負債の増減の背後に隠れてしまっている。

一方,国民経済計算においては,利息や配当(キャピタル・ゲインに対してインカム・ゲインと総称されている)が資金の循環ではなく,財・サービスの循環として捉えられている。すなわち,利息や配当の支払は,土地を貸し出したときの地代などと同様に,「資金を貸し付ける」というサービスに対する対価と考えられているのである。国民経済計算では,金融資産に生じたインカム・ゲインは,実物資産の賃貸料(地代などが含まれる)とともに財産所得として計上されている。

## 2-2　国民経済計算と資金循環表の関係

　ここで，前項で「貯蓄」という言葉が出てきたことを契機に，財・サービスの循環をまとめている国民経済計算が資金循環表とどのような関係にあるのかを見ておきたい。

　以下に示すように，貯蓄の正確な定義は，それぞれの経済主体ごとに，1年間の消費財や消費サービスに対する支出総計を1年間の所得総計から差し引いたものである。

$$貯蓄 = 所得 - 消費支出$$

　厳密に言うと，所得には，粗所得と純所得の2つの概念があって，それに応じて，貯蓄にも，粗貯蓄と純貯蓄の2つの概念がある。国民経済計算の所得には，法人企業の営業余剰，自営業主の混合所得，家計の持ち家帰属家賃収入（営業余剰に分類されている）には，それらの所得を生み出すのに貢献した固定資本の減耗分が含まれている。こうした固定資本減耗を含む所得を粗所得，それを含まない所得を純所得と呼ぶ。また，固定資本減耗を含む粗所得で定義した貯蓄を粗貯蓄と，固定資本減耗を含まない純所得で定義した貯蓄を純貯蓄と呼んでいる。すなわち，粗貯蓄と純貯蓄との間には，次のような関係が成り立っている。

$$純貯蓄 = 純所得 - 消費支出 = (粗所得 - 固定資本減耗) - 消費支出$$

　貯蓄が正である経済主体は，所得が消費を上回る分を運用するか，設備投資や住宅投資の支出に充てる。一方，貯蓄が負である経済主体は，消費が所得を上回る分を調達する必要がある。そうした意味では，貯蓄超過の主体から貯蓄不足の主体への資金循環を表す資金過不足に対して，各経済主体の貯蓄が基本的に対応している。

　国民経済計算における経済主体の資金過不足に関する正確な定義は以下のとおりである。ここでは，金利・配当の受取からそれらの支払を差し引いた純財産所得は，所得のほうに含めている。なお，国民経済計算における固定資本減耗については，経済主体間で資金が移動することに直接関わらないので（ある経済主体が他の経済主体に資金を支払っているわけではないので），資金過不足の概念には含めない。

$$\begin{aligned}
\text{資金過不足} &= \text{金融資産残高変動} - \text{金融負債残高変動} \\
&= (\text{粗所得} + \text{土地売却} + \text{中古資産売却}) - (\text{消費} + \text{設備投資} + \text{住宅投資} \\
&\quad + \text{土地購入} + \text{中古資産購入}) \\
&= \text{粗貯蓄} + (\text{土地売却} + \text{中古資産売却}) - (\text{設備投資} + \text{住宅投資} \\
&\quad + \text{土地購入} + \text{中古資産購入})
\end{aligned}$$

　ここで言う中古資産とは，過去の設備投資によって備えられた機械や建てられた工場，あるいは過去の住宅投資によって建てられた住宅を指している。

　資金過不足を決定する要因のうち，貯蓄（所得と消費の差），設備投資，住宅投資は，国民経済計算に表れる。しかし，土地や中古資産の売買については，ある経済主体の売却が他の経済主体の購入によってちょうど相殺されてしまうことから，国民経済計算に現れることはない。

　それでは，家計，企業，政府，海外のそれぞれの部門について資金過不足を考えてみると，次のように表すことができる。政府部門も考慮するので，直接税の受取と支払が新たな項目として現れる。

　国民経済計算の家計粗所得については，雇用者報酬や財産所得ばかりでなく，自営業主の混合所得や持ち家の帰属家賃収入（営業余剰）も含まれている。ただし，家計消費にも持ち家の帰属家賃支出が含まれているので，粗貯蓄（家計粗所得－家計消費）を定義する段階で持ち家の帰属家賃は相殺されてしまう。

　**家計の資金過不足**

$$\begin{aligned}
&= (\text{家計粗所得} + \text{家計の土地売却} + \text{家計の中古資産売却}) \\
&\quad - (\text{家計消費} + \text{住宅投資} + \text{家計の土地購入} + \text{家計の中古資産購入} \\
&\quad + \text{家計の直接税支払}) \\
&= \text{家計粗貯蓄} + (\text{家計の土地売却} + \text{家計の中古資産売却}) \\
&\quad - (\text{住宅投資} + \text{家計の土地購入} + \text{家計の中古資産購入})
\end{aligned}$$

　企業粗所得は，法人企業の営業余剰が中心となるが，そこには，固定資本減耗分が含まれていることに留意をしてほしい。

　**企業の資金過不足**

$$\begin{aligned}
&= (\text{企業粗所得} + \text{企業の土地売却} + \text{企業の中古資産売却}) - (\text{粗設備投資} \\
&\quad + \text{企業の土地購入} + \text{企業の中古資産購入} + \text{企業の直接税支払})
\end{aligned}$$

＝ 企業粗貯蓄＋（企業の土地売却＋企業の中古資産売却）
　　　　　－（粗設備投資＋企業の土地購入＋企業の中古資産購入）

**政府の資金過不足**
　　　＝（直接税収入＋間接税収入＋政府の土地売却＋政府の中古資産売却）
　　　　　－（政府消費＋公共投資＋補助金＋政府の土地購入＋政府の中古資産購入）
　　　＝ 政府粗貯蓄＋（政府の土地売却＋政府の中古資産売却）
　　　　　－（公共投資＋政府の土地購入＋政府の中古資産購入）

**海外の資金過不足**
　　　＝（輸入）－（輸出＋海外からの要素所得の純受取）
　　　＝ 海外貯蓄

　家計の直接税は主として所得税，企業の直接税は主として法人税である。海外の資金過不足においては，海外の経済主体の立場から見ているので，輸入が収入，輸出や日本の企業や家計にネットで支払う要素所得が支出にそれぞれ対応している。なお，海外貯蓄には，粗貯蓄と純貯蓄の区別がない。

　第2章で見てきたように，国民経済計算の三面等価の原則（生産＝支出＝所得）からは，要素費用表示の国民純生産の段階で生産と所得の等価が成立する。

　要素費用表示の国民純生産
　　　＝ GDP＋海外からの要素所得の純受取－固定資本減耗－（間接税－補助金）
　　　＝（家計消費＋住宅投資＋粗設備投資＋政府消費＋公共投資＋純輸出）
　　　　　－固定資本減耗－海外からの要素所得の純受取－（間接税－補助金）
　　　＝ 家計純所得＋企業純所得

　上の式の2行目で「海外からの要素所得の純受取」が加えられるのは，国内の生産水準の指標であるGDPには，国外の生産に貢献した生産要素からの所得が含まれていないからである。同じく2行目に表れる「固定資本減耗」は，家計の住宅投資，企業の設備投資，政府の公共投資などに関わる減耗分を合計したものである。

　前述のように，土地と中古資産の売買は経済全体で相殺されるので，次の2つの関係はかならず成立する。

$$\text{家計の土地購入} + \text{企業の土地購入} + \text{政府の土地購入}$$
$$= \text{家計の土地売却} + \text{企業の土地売却} + \text{政府の土地売却}$$

$$\text{家計の中古資産購入} + \text{企業の中古資産購入} + \text{政府の中古資産購入}$$
$$= \text{家計の中古資産売却} + \text{企業の中古資産売却} + \text{政府の中古資産売却}$$

また，政府の直接税収は，家計と企業の直接税支払の合計に等しい。これらの等式が成り立つことを前提に，家計，企業，政府，海外の4部門の資金過不足を足し合わせると，ちょうどゼロに等しくなる。

$$\text{家計の資金過不足} + \text{企業の資金過不足} + \text{政府の資金過不足}$$
$$+ \text{海外の資金過不足} = 0$$

一方，経済全体の貯蓄と国内総支出の項目との間には，次のような関係が成立する。

$$\text{国内粗貯蓄} = \text{家計粗貯蓄} + \text{企業粗貯蓄} + \text{政府粗貯蓄}$$
$$= \text{住宅投資} + \text{設備投資} + \text{公共投資}$$
$$+ (\text{純輸出} + \text{海外からの要素所得の純受取})$$

すなわち，純輸出と海外からの要素所得の純受取を除外すると，国内粗貯蓄は，住宅投資，設備投資，公共投資を合計した国内投資に等しい。こうした関係は，**投資貯蓄バランス**と呼ばれている。投資（investment）のIと貯蓄（saving）のSから，投資貯蓄バランスは***IS*バランス**とも呼ばれている。

> **POINT 3-2 ● 家計貯蓄率の推移**
>
> マクロ経済の資金循環において家計部門が他の経済部門に資金を供給しているという側面は，家計貯蓄率を通じて捉えられることが多い。本章でも見てきたように，家計部門は，稼得した労働所得や資本所得を銀行に預金する，あるいは金融市場で資金を運用するということを通じて，経済活動に必要な資金を企業部門や政府部門，あるいは海外部門に供給している。
> **家計貯蓄率**は，当該期に得た所得の総額から所得税などの税金や社会保険料を控除した可処分所得のうち，どれだけの割合が家計消費に回らずに貯蓄に充てられているのかを示している。

国民経済計算（SNA）からも，家計貯蓄率（固定資本減耗分を除いた純貯蓄率）を計算することができる。図3-1（次頁）には，1980年以降の期間について，SNAから算出した家計貯蓄率の推移をプロットしている。この図が示すように，1980年に18％近くあった家計貯蓄率は，それ以降，低下傾向にあった。1980年代後半に若干上昇傾向を示したものの，低下基調に大きな変化は生じなかった。21世紀に入っても，家計貯蓄率は落ち込んでいった。2013年には，家計貯蓄率がほぼゼロになった。ただし，2013年は，2014年4月の消費税増税を前にして，消費の前倒しがあって貯蓄率が低下した事情も考慮する必要がある。

　ただし，しばらくの間は，こうした家計貯蓄率の動向について掘り下げた議論を控えておこう。第Ⅱ部，第Ⅲ部，第Ⅳ部のマクロ経済モデルを学んだうえで，家計の消費や貯蓄の問題に正面から取り組んでいこう。具体的には，第Ⅳ部第16章で議論したい。

　ここでは，家計貯蓄率に関わる統計について興味深い問題が提起されてきたことを紹介しよう。日本には，SNAから計算した家計貯蓄率以外にも，総務省統計局が作成している『家計調査』から算出した家計貯蓄率がある。『家計調査』は，無作為に抽出された約9000世帯の家計が6カ月にわたって提出した家計簿に基づいて，家計の所得や消費の動向を調査している。ここでの家計貯蓄率は，貯蓄を金融資産の純増分と考え，可処分所得に対する金融資産純増分の比率とした。持ち家などの固定資本減耗を控除していないという意味では，ここで用いられている家計貯蓄率は，粗貯蓄率に相当する。

　図3-1には，『家計調査』の勤労者世帯の貯蓄率も合わせてプロットされているが，『家計調査』の家計貯蓄率は，SNAの家計貯蓄率とは対照的に，1980年以降上昇傾向を示し，90年代後半からほぼ横ばいで推移している。

　家計貯蓄率に関する2つの系列が顕著な乖離を示す背景については，岩本・尾崎・前川［1995, 1996］を中心に精力的な研究が進められてきたが，『家計調査』について次のような統計上の問題が指摘された。

(1) 家計貯蓄率の集計対象となっている世帯が，勤労者世帯に限られている。
(2) 帰属家賃や社会保障の現物給付の取り扱いが，SNAと『家計調査』で大きく異なっている。
(3) 『家計調査』では，金融資産からの運用収益や住宅ローンの支払利息が正確に捕捉されていない。

　読者は，新聞やテレビで経済統計データに関するさまざまな報道を耳にするであろうが，同じ「家計貯蓄率」と名づけられた統計指標であっても，まったく別物の統計ということが少なからずあるということを肝に銘じておいてほしい。

　（参考文献）　岩本康志・尾崎哲・前川裕貴［1995, 1996］「『家計調査』と『国民経済計算』における家計貯蓄率動向の乖離について (1) (2)」『フィナンシャル・レビュー』1995年5月号，1996年1月号）

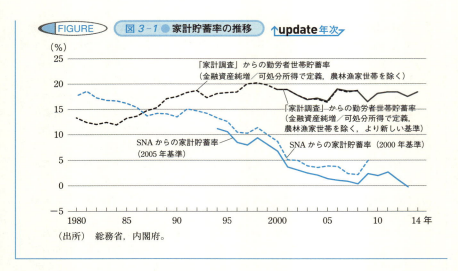

**FIGURE** 図 3-1 ● 家計貯蓄率の推移　↑update 年次

(出所) 総務省，内閣府。

## 日本経済の資金循環

### 3-1　ストックで見た資金循環

　それでは，資金循環表の金融資産・負債残高表，取引表，調整表によって，日本経済の資金循環を概観していこう。2014年12月末の金融資産・負債残高表によると，各経済主体の金融資産残高，金融負債残高，純金融資産残高は，表3-1のようになっている。

　表3-1の金融資産・負債残高表によると，家計から供給された1700兆円近くの資金が金融機関を介して，あるいは，債券市場や株式市場などの金融市場を通じて，非金融法人（金融機関でない法人），中央政府や地方公共団体などの政府機関に循環しているというのがおおざっぱな姿と言えるであろう。また，国や地方公共団体が運営する保険や年金の積立金に相当する社会保障基金も，200兆円を超える資金を供給している。

　金融機関は，資金運用者（主として家計と社会保障基金）と資金調達者（主として非金融法人と一般政府）を仲介する性格から，金融資産残高が3400兆円台，金融

**TABLE　表 3-1　2014 年末の金融資産・負債残高表**　↑update 年次→

(単位：兆円)

|  | 金融資産残高 | 金融負債残高 | 純金融資産残高 |
|---|---:|---:|---:|
| 金融機関 | 3446.5 | 3318.4 | 128.2 |
| 非金融法人企業 | 1127.3 | 1602.0 | −474.7 |
| 　民間非金融法人企業 | 1074.7 | 1451.6 | −376.9 |
| 　公的非金融法人企業 | 52.6 | 150.4 | −97.8 |
| 一般政府 | 552.1 | 1194.1 | −642.0 |
| 　中央政府 | 240.3 | 1005.9 | −765.6 |
| 　地方公共団体 | 79.7 | 178.9 | −99.1 |
| 　社会保障基金 | 232.1 | 9.3 | 222.7 |
| 家　計 | 1696.2 | 367.3 | 1328.9 |
| 対家計民間非営利団体 | 55.2 | 28.7 | 26.4 |
| 海　外 | 557.5 | 920.8 | −363.3 |

(出所)　日本銀行。

　負債残高が3300兆円台とほぼ見合っている。一方，非金融法人企業は，ネットで見ると金融負債を抱えている。純金融資産残高は，民間法人で−376.9兆円，公的非金融法人で−97.8兆円になっている。

　また，中央政府や地方公共団体も，ネットで金融負債を抱えている。純金融資産残高は，中央政府で−765.6兆円，地方公共団体で−99.1兆円となっている。中央政府の金融負債は国債が中心であり，財投債を含む発行残高は1005.9兆円である。地方公共団体の金融負債の中心である地方債発行残高は，178.9兆円である。すなわち，中央と地方の政府が発行している公債残高は1184.8兆円に達し，名目GDPの年間水準（2014暦年で487.6兆円）を2倍以上も上回っている（！）。

　前述のように，非金融法人や中央・地方政府に資金を供給しているのが，家計と社会保障基金である。家計の金融資産残高は1696.2兆円に達している。しかし，家計は，住宅ローンや消費者信用（クレジットカード，割賦など消費財購入のための借入）などを銀行から借り入れている結果，その金融負債残高は367.3兆円にのぼる。その結果，家計の純金融資産残高は，1328.9兆円となる。

　一方，公的な年金や保険の積立金である社会保障基金が保有する金融資産残高は，232.1兆円の水準にある。社会保障基金は基本的に積立金（金融資産）を運用している機関なので，保有している金融負債の規模は非常に小さい。

最後に，海外部門を見ていこう。ここで言う海外部門とは，日本と取引のある海外の企業や投資家などを一括した主体である。注意すべき点は，海外部門の金融負債は日本経済にとって金融資産（対外債権と呼ばれている）であり，海外部門の金融資産は日本経済にとって金融負債（対外債務と呼ばれている）に相当することである。したがって，海外部門の純金融資産残高が－363.3兆円と負値であるのは，日本経済が海外部門に対してネットで金融資産を保有していることを示している。言い換えると，日本は対外的に債権国ということになる。なお，海外部門の財・サービスと資金の循環については，本章の後半で説明する国際収支統計でより詳しく記録されている。

## 3-2　フローで見た資金循環

　それでは，取引表から作成した図3-2によって，各経済主体の資金過不足状態の推移を見てみよう。
　先に述べたように，「金融資産残高の変動」から「金融負債残高の変動」を控除した資金過不足は，1年間の資金運用・調達の動向を示している。資金過不足が負値であると資金不足主体，正値であると資金超過主体となる。
　2014年末のストックで見ると家計がネットで債権者，企業や政府がネットで債務者であったが，年々のフロー動向で見ると，債権者と債務者の立場はかならずしも安定していない。家計は，1990年代までは毎年20兆円を大きく超える資金を他の経済主体に貸し付けていたが，2000年以降，家計の資金超過水準は，20兆円前後で推移している。一方，非金融法人企業は，1997年まで，最大40兆円の規模で他の経済主体から資金を借り入れていた。しかし，1998年以降，非金融法人企業は資金不足主体から資金超過主体に転じている。資金超過水準も，2003年に50兆円強にまで達し，それ以降も，20兆円前後で推移している。
　2014年12月末には，公債発行残高が1200兆円近くに達した一般政府部門も，1990年代半ばまで資金不足水準がそれほど大きくなかった。1980年代後半から90年代初頭までは，資金超過主体にさえなっている。しかし，1992年以降，資金不足主体に転じて，98年には60兆円近くの資金不足に達した。それ以降，2007年までは，資金不足の水準が縮小したが，その後，ふたたび拡大した。ただし，2011年度を底に縮小傾向を示している。
　一方，海外部門の資金不足度合は，1980年以降，2007年まで一貫して拡大傾

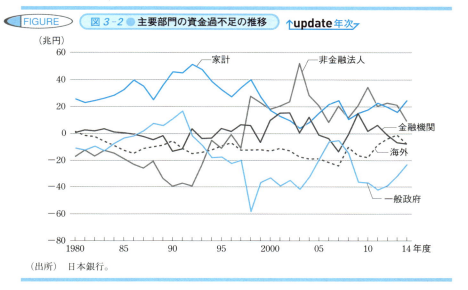

FIGURE 図3-2 ● 主要部門の資金過不足の推移　↑update年次↗

(出所)　日本銀行。

向にあった。すなわち，日本経済は海外部門に対して金融資産を積み上げ続けてきた。しかし，2008年以降は，海外部門の資金不足が縮小してきている。

次に，家計部門の資金循環に焦点を当てよう。図3-3（次頁）は，取引表と調整表をもとにして，1980年以降の資金過不足と純評価益をプロットしたものである。前述のように，家計の資金超過規模は，2000年代になって急速に縮小してきた。

一方，家計が保有する金融資産に生じた評価益（正値はキャピタル・ゲイン，負値はキャピタル・ロス）は激しく変化してきた。1980年代後半の資産価格高騰期に家計は膨大なキャピタル・ゲインを享受してきた。そうしたキャピタル・ゲインは20兆円から40兆円の規模であった。2003年以降の景気回復期においても，家計が得たキャピタル・ゲインは拡大した。2012年から2014年にかけても，家計はキャピタル・ゲインを享受してきた。

逆に，資産価格バブル崩壊期と呼ばれている1990年代初頭には，家計が被ったキャピタル・ロスは大きかった。1990年と91年には，キャピタル・ロスの規模は40兆円前後に達している。また，2007年や2008年は，サブプライムローン問題やリーマン・ショックなど，アメリカに端を発した世界的な金融危機によって，家計は大きなキャピタル・ロスを被った。

第3章　資金循環表と国際収支統計の作り方・見方　67

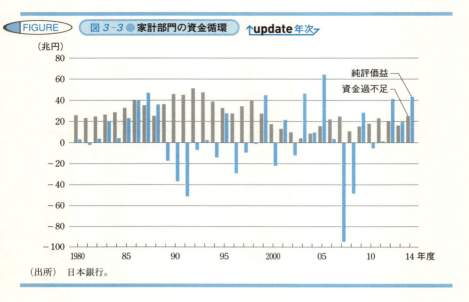

図 3-3 家計部門の資金循環

(出所) 日本銀行。

このようにフローの側面で日本経済の資金循環を概観すると，過去四半世紀という比較的短い期間においても，さまざまな経済主体間の資金循環のありさまは大きく変化してきた。こうした資金循環の構造変化の背後では，財・サービスの循環が大きく変容してきた。第Ⅱ部以降においても，資金循環と財・サービスの循環の相互依存関係について注意深く考察していきたい。

## 3-3 国民経済計算のストック編から見た実物資産の動向

資金循環表は，ストックとフローの両面から，各経済主体が保有している金融資産・負債の動向を詳細に記録している。しかし，企業でも，家計でも，保有している資産は金融資産ばかりでなく，実物資産も含まれている。企業であれば，工場用地，工場，社屋の不動産資産を保有し，工場には機械などが備えられている。家計でも，持ち家世帯であれば，土地と家屋の不動産を保有していることになる。政府も，行政活動をするために，庁舎，学校，道路など，さまざまな公共施設に関わる実物資産を保有している。

第2章で紹介した国民経済計算では，総固定資本形成の項目で設備投資や住宅

投資のフローの側面が捉えられている。しかし，こうした統計からは，これまでの総固定資本形成の積み重ねによって，工場，機械，住宅などの実物資産がどの程度の残高にあるのかというストック面はまったく明らかでない。また，土地保有に関しては，土地購入者と土地売却者が相殺されるために固定資産形成項目にも含まれていない。

実は，国民経済計算には，フロー編の他にもストック編があって，そこで実物資産残高が経済主体ごとに報告されている。ストック編を通じて，家計，政府（一般政府），民間事業会社（民間非金融法人企業）が2013年12月末時点で保有している実物資産残高を概観しておこう。

なお，企業会計では，実物資産を含めた資産と負債の残高を示した表は，貸借対照表，あるいはバランスシートと呼ばれている。その用語を転用して，マクロ経済の経済主体についても，たとえば「家計のバランスシート」と表現することが多い。

表3-2によると，家計は，1656兆円の金融資産とともに，1031兆円もの実物資産を保有している。保有実物資産の内訳は，住宅が355兆円，土地が676兆円である。家計は359兆円の金融負債（主に住宅ローンと消費者金融）を抱えている結果，実物資産と金融資産を合わせた純資産残高は2328兆円（＝1656兆円＋1031兆円−359兆円）になる。家計は，年間GDPの5倍近くの金融・実物資産をネットで保有していることになる。

表3-3（次頁）が示すように，中央政府と地方政府を合わせた一般政府は，356兆円の金融資産（社会保障基金が積み立てている221兆円の金融資産は含まれていない）とともに，590兆円の実物資産を保有している。保有実物資産の内訳は，建物や生産設備が473兆円，土地が118兆円である。一般政府は，金融資産と実物資産を合わせた946兆円の総資産規模を維持するのに必要な資金を，主として銀行からの借入（164兆円），国債や地方債の発行（953兆円），関係機関からの出資（24

TABLE 表3-2 ● 家計のバランスシート（2013年12月末）

| 資産 | | 負債 | |
|---|---|---|---|
| 金融資産 | 1,656兆円 | 金融負債 | 359兆円 |
| 実物資産 | 1,031兆円 | 純資産残高 | 2,328兆円 |

（出所）内閣府。

**表 3-3 政府部門（社会保障基金を除く）のバランスシート（2013年12月末）**

| 資　産 | | 負　債 | |
|---|---|---|---|
| 金融資産 | 356兆円 | 金融負債 | 1,158兆円 |
| 実物資産 | 590兆円 | 純資産残高 | －212兆円 |

（負であれば債務超過）

（出所）　内閣府．

**表 3-4 民間事業会社（民間非金融法人）のバランスシート（2013年12月末）**

| 資　産 | | 負　債 | |
|---|---|---|---|
| 金融資産 | 926兆円 | 金融負債 | 1,300兆円 |
| 実物資産 | 851兆円 | 純資産残高 | 478兆円 |

（出所）　内閣府．

兆円）などの金融負債（計1158兆円）によって調達している。

　国民経済計算のストック編のデータから見るかぎり，一般政府が抱える巨額な金融負債1158兆円のうち，政府や地方自治体が保有している金融資産や実物資産を売却して得られる資金946兆円で返済してなお残る負債残高は212兆円に相当する。確かに，政府部門は債務超過に陥っているが，実物資産を考慮した債務超過の規模（212兆円）は，国債，財投債，地方債などの公債発行残高953兆円に比べるとはるかに小さい。

　表3-4によると，民間事業会社（民間非金融法人企業）は，926兆円の金融資産とともに，851兆円の実物資産を保有している。保有実物資産の主たる内訳は，工場や機械などの生産設備が549兆円，在庫ストックが60兆円，土地が241兆円である。民間事業会社は，金融資産と実物資産を合わせた1777兆円の総資産規模を，金融機関（主に銀行）や金融市場（債券市場や株式市場）からの資金調達によってまかなっている。しかし，そうした資金調達で積み上がった金融負債残高の市場評価は1300兆円にすぎない。すなわち，金融負債規模が総資産規模を478兆円ほど下回っている。

　先に見てきた家計と同様に，民間事業会社も，金融・実物資産規模が1777兆円で，株式による資金調達を含めた金融負債残高1300兆円を478兆円も大きく上回っている。こうした資産サイドと負債サイドがバランスしていない状況は，民間部門が負債（債務）超過に陥っていないと肯定的に考えてよいのだろうか。

あるいは、民間部門が1777兆円も支払って蓄積してきた金融・実物資産が、債券市場や株式市場などの金融市場では1300兆円にしか評価されていないと否定的に考えてよいのだろうか。こうした点については、第Ⅳ部第16章で掘り下げて議論していきたい。

> **POINT 3-3 ● 社会保障基金のバランスシート**
>
> 　中央政府や地方政府とともに一般政府を構成している社会保障基金は、公的な年金や医療保険の給付を行っている基金である。公的年金としては、民間サラリーマンが加入している厚生年金、公務員などが加入している共済年金、自営業者などが加入している国民年金などがある。一方、政府が管掌している医療保険としては、民間サラリーマン向けの健康保険、公務員向けの共済組合、自営業者向けの国民健康保険がある。また、労働者災害を補償する労災保険や失業者に給付する雇用保険も、社会保障基金に含まれている。
>
> 　社会保障基金のバランスシートでは、2013年末で246兆円の金融資産、15兆円の金融負債を有している。したがって、純金融資産残高は231兆円に達する。表3-3で示しているように、中央政府と地方政府が保有している212兆円あまりの債務超過分は、社会保障基金の約230兆円の純資産によって完全に穴埋めすることができるので、一見すると、一般政府全体では債務をいっさい抱えていないような印象を与える。
>
> 　しかし、社会保障基金の積立の主体である公的年金は、いくら現時点で積立金の形で金融資産を保有していても、「将来の年金給付を約束している」という意味で目に見えない形で負債を抱えている。公的年金が抱える負債は、年金債務と呼ばれている。こうした年金債務を考慮すると、公的年金が現時点までに積み立てている資金では、将来の年金給付をまかなうことができない。すなわち、社会保障基金には、積立金不足が生じている。
>
> 　少し古いデータになるが、財務省「財政事情の説明手法に関する勉強会」が1999年に報告した『国の貸借対照表（試案）』によると、97年度末（98年3月末）時点で、公的年金の積立金不足が、国民年金で39兆円、厚生年金で455兆円、共済年金で25兆円に達している。すべての公的年金（上記以外の年金も含む）の積立金不足を合計すると、534兆円にのぼる。
>
> 　純債務規模から見ると、中央政府や地方政府よりも、社会保障基金のほうがはるかに大規模な借金を抱えていることになる。
>
> 　なお、2000年以降、政府は、公的年金勘定も含めた「国の貸借対照表」を作成する作業をまったく行わなくなった。

## SECTION 4 国際収支統計の考え方・見方

国際収支統計は，海外のさまざまな経済主体との経済取引について，財・サービスの循環と資金の循環の側面から捕捉したものである。財務省と日本銀行が共同して作成作業に従事している。

これまで紹介してきた国民経済計算や資金循環表においても，海外との経済取引は記録されている。まず，財・サービスの循環では，国内総生産（GDP）の支出項目に輸出から輸入を控除した純輸出が計上されている。また，所得面の海外とのやりとりについては，日本に居住する者が海外生産に貢献した資本や労働の報酬から，海外へ支払う分を控除した「海外からの要素所得の純受取」に反映されている。先に説明してきたように，海外との資金循環についても，資金循環表の海外部門に計上されている。

しかし，これらの統計が国際収支統計と重複するのは当然であって，国民経済計算や資金循環表において海外取引に該当する部分は財務省と日本銀行が作成した国際収支統計に依拠しているのである。細かなことになるが，海外取引の評価は，基本的に取引時点での外国為替レートで換算した円建て表示を用いている。

なお，以下では，2014年以降の大幅な見直しを踏まえながら，国際収支統計の解説をしていく。

### 海外取引における財・サービスの循環

国際収支統計では，財・サービスの循環は，経常収支という概念にまとめられる。経常収支が黒字（赤字）であれば，海外から国内への財・サービスの循環よりも，国内から海外への財・サービスの循環が上回っている（下回っている）ことになる。以下で説明していくように，経常収支には，貿易収支（財の輸出入）やサービス収支（サービスの輸出入）だけでなく，所得収支や経常移転収支も含まれている。

貿易収支は，財取引に関して輸出から輸入を差し引いたものである。一方，サービス収支は，サービスについて輸出から輸入を控除したものである。ここで言うサービスには，輸送，旅行，通信，建設，保険，金融，情報，文化・興業，特許権使用料などが含まれる。貿易収支とサービス収支を合わせたものは，国内総生産の支出項目に表れる純輸出に対応している。

新しい国際収支統計では第一次所得収支と名づけられた所得収支は，国民経済計算の「海外からの要素所得の純受取」に相当している。

　一方，第二次所得収支と名づけられた経常移転収支は，政府の海外への無償資金援助や個人の海外送金など無償取引（対価を伴わない一方的な経済取引）のうち，資金を受け取った海外の政府や送金を受けた海外にいる個人が消費財に充てた分を赤字（マイナス）として計上する。もし資金を受けた海外の主体が実物資産や金融資産の購入に充てた場合には，後に説明する資本移転等収支に計上される。厳密に言うと，こうした経常移転は対価を伴わない一方的な経済取引なので，資金循環を伴う財・サービスの循環ではない。しかし，国際収支統計では，輸出減と同様の効果を持つ財・サービスの循環として，経常移転を取り扱っている。

　表3-5（次頁）は，1985年度から2017年度までの期間について，日本の経常収支とその内訳の推移を示している。日本の経常収支は，2010年まで恒常的に高水準の黒字を維持してきた。1990年代には10兆円台前半で推移していたが，2000年代になると20兆円に迫る勢いで黒字が拡大してきた。ただし，9月にリーマン・ショックと呼ばれる世界的な金融危機があった2008年度は，貿易・サービス収支が赤字を計上したことから，経常収支が一時的に縮小した。

　2010年度までの経常収支黒字拡大の背景を見ていくと，貿易収支黒字がそれほど拡大してきたわけではなかった。むしろ，サービス収支の赤字幅が縮小したことと，所得収支黒字が急速に拡大していたことが経常収支黒字の拡大に寄与してきた。2000年代前半は日本企業の国際的な取引がかならずしも活発でなかった時期であり，海外企業の金融サービスや情報サービスに依拠しなくなったことがサービス収支の赤字幅を縮小させた可能性もある。所得収支の拡大は，海外での投資収益が増大してきたことを反映している。

　一方，2011年度以降は，原油や液化天然ガスの国際相場が高騰する環境にあって，福島第一原子力発電所事故で国内のすべての原発が運転停止したことから，エネルギー輸入が急拡大して貿易収支が赤字に陥った。それにもかかわらず，経常収支がかろうじて黒字を維持できたのは，所得収支の黒字が貿易収支の赤字を補ったからである。所得収支は依然として黒字基調で推移していたところに，2013年以降，円安が急激に進行して円換算した所得収支の黒字幅はいっそう拡大した。

　なお，第二次所得収支である経常移転収支が恒常的にマイナスであるのは，日本政府が海外に対して無償援助を積極的に展開してきたことを示している。

**TABLE** 表 3-5 ● 国際収支統計──経常収支　↑update年次

（単位：億円）

| 年度 | 経常収支 (a＋b＋c) | (a)貿易・サービス収支 | 貿易収支 | | 輸出 | 輸入 | サービス収支 | (b)第一次所得収支（所得収支） | (c)第二次所得収支（経常移転収支） |
|---|---|---|---|---|---|---|---|---|---|
| | | | | 輸出 | 輸入 | | | | |

旧基準

| 年度 | 経常収支 | 貿易・サービス収支 | 貿易収支 | 輸出 | 輸入 | サービス収支 | 第一次所得収支 | 第二次所得収支 |
|---|---|---|---|---|---|---|---|---|
| 1985 | 125,731 | 112,539 | 134,465 | 400,742 | 266,276 | −21,924 | 16,276 | −3,086 |
| 1986 | 148,968 | 135,369 | 158,078 | 339,222 | 181,145 | −22,708 | 16,633 | −3,032 |
| 1987 | 113,251 | 92,005 | 123,332 | 323,851 | 200,519 | −31,331 | 25,724 | −4,476 |
| 1988 | 100,275 | 78,239 | 120,058 | 344,425 | 224,366 | −41,820 | 26,655 | −4,620 |
| 1989 | 88,388 | 54,423 | 107,951 | 385,230 | 277,282 | −53,525 | 38,334 | −4,369 |
| 1990 | 55,778 | 42,586 | 102,836 | 410,526 | 307,689 | −60,248 | 31,131 | −17,940 |
| 1991 | 112,997 | 82,724 | 141,232 | 417,294 | 276,065 | −58,506 | 34,835 | −4,562 |
| 1992 | 150,329 | 106,894 | 160,305 | 419,855 | 259,552 | −53,411 | 48,707 | −5,273 |
| 1993 | 142,216 | 105,647 | 152,690 | 385,608 | 232,917 | −47,043 | 42,574 | −6,003 |
| 1994 | 124,284 | 90,594 | 141,031 | 394,823 | 253,796 | −50,434 | 40,102 | −6,411 |
| 1995 | 94,786 | 58,773 | 114,561 | 409,442 | 294,882 | −55,788 | 44,456 | −8,441 |
| 1996 | 72,890 | 19,208 | 85,628 | 448,337 | 362,710 | −66,419 | 64,228 | −10,546 |

新基準

| 年度 | 経常収支 | 貿易・サービス収支 | 貿易収支 | 輸出 | 輸入 | サービス収支 | 第一次所得収支 | 第二次所得収支 |
|---|---|---|---|---|---|---|---|---|
| 1996 | 73,709 | 19,208 | 87,601 | 442,516 | 354,915 | −68,393 | 65,047 | −10,546 |
| 1997 | 131,632 | 72,769 | 136,920 | 492,512 | 355,592 | −64,152 | 69,207 | −10,343 |
| 1998 | 143,495 | 95,630 | 160,965 | 470,823 | 309,858 | −65,335 | 62,454 | −14,589 |
| 1999 | 136,050 | 78,494 | 138,892 | 461,775 | 322,883 | −60,398 | 68,392 | −10,835 |
| 2000 | 135,804 | 63,573 | 117,226 | 492,322 | 375,095 | −53,653 | 81,604 | −9,373 |
| 2001 | 113,998 | 38,567 | 93,558 | 456,473 | 362,915 | −54,991 | 81,626 | −6,195 |
| 2002 | 131,449 | 63,607 | 119,243 | 495,284 | 376,042 | −55,635 | 77,782 | −9,941 |
| 2003 | 178,305 | 96,053 | 135,054 | 527,584 | 392,530 | −39,001 | 90,453 | −8,201 |
| 2004 | 192,342 | 95,624 | 138,639 | 584,556 | 445,918 | −43,014 | 106,686 | −9,969 |
| 2005 | 194,128 | 74,072 | 110,677 | 655,948 | 545,271 | −36,604 | 128,989 | −8,934 |
| 2006 | 218,865 | 81,860 | 121,176 | 740,012 | 618,836 | −39,317 | 149,811 | −12,806 |
| 2007 | 243,376 | 90,902 | 136,862 | 812,627 | 675,765 | −45,960 | 165,476 | −13,002 |
| 2008 | 106,885 | −8,878 | 26,683 | 679,452 | 652,769 | −35,561 | 129,053 | −13,290 |
| 2009 | 167,551 | 48,437 | 80,250 | 559,068 | 478,818 | −31,812 | 129,868 | −10,755 |
| 2010 | 182,687 | 55,176 | 80,332 | 649,175 | 568,843 | −25,155 | 139,260 | −11,749 |
| 2011 | 81,852 | −50,306 | −22,097 | 628,438 | 650,535 | −28,210 | 143,085 | −10,927 |
| 2012 | 42,495 | −92,753 | −52,474 | 622,026 | 674,499 | −40,280 | 144,825 | −9,577 |
| 2013 | 23,929 | −144,785 | −110,455 | 697,326 | 807,782 | −34,330 | 183,191 | −14,477 |
| 2014 | 87,031 | −94,116 | −66,389 | 756,403 | 822,792 | −27,728 | 200,488 | −19,341 |
| 2015 | 182,720 | −10,141 | 2,999 | 731,761 | 728,762 | −13,140 | 212,958 | −20,097 |
| 2016 | 210,188 | 44,038 | 57,851 | 708,051 | 650,200 | −13,813 | 187,261 | −21,111 |
| 2017 | 218,127 | 40,558 | 45,936 | 783,244 | 737,308 | −5,378 | 199,129 | −21,560 |

（出所）財務省。

**海外取引における資金の循環**

国際収支統計においては，金融収支によってフローの側面から資金循環が捉えられている。古い国際収支統計と大きく異なって，新しい国際収支統計では，国内部門の立場から資産や負債が把握されている。たとえば，国内企業が海外で資金を運用した場合，国内企業から見て金融資産の増加となるので，金融収支は黒字に計上される。逆に，国内企業が海外から資金を調達した場合には，国内企業から見ると金融負債の増加となるので，金融収支は赤字に計上される。

金融収支の対象となるのは，直接投資，証券投資，金融派生商品，その他投資，政府や中央銀行が保有する外貨準備である。「その他投資」には，銀行などを通じた貸出や預金などが含まれる。株式投資における直接投資と証券投資の区別については，直接投資では，1つの海外企業の株式を大量に保有して（発行済み株式の10％以上），その企業の経営に対して長期的に関与するようなケースである。一方，証券投資は，1つの海外企業の株式取得に集中せずに，複数の株式に分散して投資し，保有期間も比較的短いものを指している。

後述するように，国内で金融危機が進行して民間金融機関や民間企業が海外から資金を調達することが困難となった場合には，政府・中央銀行が保有している外貨準備が重要な役割を担っている。具体的には，政府・中央銀行が手持ちの外貨準備を民間金融機関や民間企業に貸し出して，それを担保として海外から資金調達をする。

資本移転等収支は，日本政府から外国政府への一方的な資産の提供や負債の免除が計上される。たとえば，日本政府が外国政府に対して無償で資産を供与する場合や，外国政府に対する債務を免除する場合に赤字で計上される。

なお，国際収支統計の概念は，図3-4（次頁）のようにまとめることができる。

**財・サービスの循環と資金循環の関係**

ここでは，「財・サービスの循環を示す経常収支」と「資金循環を示す金融収支」の関係を考えていこう。

財・サービスの貿易では，財・サービスと資金の循環が1対1で対応している。輸出をすると，財が国内から海外へ流れ，財の売上代金として資金が海外から国内に流れる。

> **FIGURE　図 3-4 ● 国際収支統計の概念整理**
>
> 経常収支
> ├ 貿易収支・サービス収支
> │　├ 貿易収支（財輸出－財輸入）
> │　└ サービス収支（サービス輸出－サービス輸入）
> ├ 第一次所得収支（海外からの要素所得の受取－海外への要素所得の支払）
> └ 第二次所得収支（海外への財やサービスの無償輸出，旧統計では，経常移転収支とも呼ばれていた）
> 金融収支（以下の金融資産について，対外資産の増加－対外負債の増加）
> ├ 直接投資
> ├ 証券投資
> ├ その他投資
> └ 外貨準備
> 資本移転等収支（日本政府の外国政府に対する無償の資産援助や負債免除）

$$\text{国　内} \quad \begin{array}{c} \rightarrow (財) \rightarrow \\ \leftarrow (資金) \leftarrow \end{array} \quad \text{海　外}$$

　逆に，輸入をすると，財が海外から国内へ流れ，財の購入代金として資金が国内から海外に流れる。

$$\text{国　内} \quad \begin{array}{c} \leftarrow (財) \leftarrow \\ \rightarrow (資金) \rightarrow \end{array} \quad \text{海　外}$$

　たとえば，貿易収支が黒字である場合，海外に支払う購入代金よりも海外から受け取る売上代金が上回る。そうして海外から入ってきた資金が，対外資産をネットで増加させる。したがって，

$$\text{経常収支の黒字 ＝ 金融収支の黒字}$$

という関係が成り立つ。

　ここで，読者は，「貿易で儲けた資金を国内の設備投資に振り向ければ，かならずしも対外資産の増加につながらないのではないか？」と疑問を持つかもしれない。しかし，そのようなことが起きても，上の関係は依然として成り立つのである。

　たとえば，ある国内メーカーが機械をある水準で製造しているとしよう。そのメーカーは，国内にも，海外にも機械を販売しているとしよう。もし輸出で儲け

た国内企業がこのメーカーから機械を購入した場合，そのメーカーは海外販売分の一部を国内販売分に振り向けるので，日本から海外への機械輸出は減少する。その結果，資金を対外投資から国内投資に振り向けた途端に，経常収支の黒字幅がその分だけ縮小してしまうのである。したがって，上の式の右辺も，左辺も，海外販売から国内販売に振り替えた分だけ減少して，依然として等号が成り立っている。

外国政府に対する無償の資産供与や債務免除は，日本の対外資産を減少させる方向に働くので，マイナスで計上される資本移転等収支を加えた経常収支が，金融収支に相当することになる。すなわち，

$$経常収支＋資本移転等収支 ＝ 金融収支$$

が成立するはずである。

しかし，実際には，貿易取引や金融取引のタイミングと円換算して評価するタイミングがずれて誤差が生じ，そうした誤差が積み重なる結果，上の等式は厳密には成立しない。そこで，国際収支統計では，次のような等式が成り立つように誤差脱漏という概念を導入している。

$$経常収支＋資本移転等収支－金融収支＋誤差脱漏 ＝ 0$$

たとえば，2014年の場合，経常収支が7.9兆円，資本移転等収支が－0.3兆円，金融収支が13.3兆円であったので，5.6兆円以上の誤差脱漏を考慮しないと等号が成立しなかった。

2014年よりも前の国際収支統計では，金融収支を国内部門からではなく，海外部門から定義していたので，対外資産の増加ではなく，対外負債の増加が黒字として計上されていた。その結果，概念上，次の等式が成立していた。

$$経常収支 ＝ －金融収支$$

さらには，金融収支から外貨準備増減を独立させる一方で，資本移転等収支を含めた概念を資本収支と呼んでいたことから，次のような恒等式が成立していた。

$$経常収支＋資本収支＋外貨準備増減＋誤差脱漏 ＝ 0$$

旧国際収支統計が大幅に見直された背景には，①貿易取引を表す経常収支が国内部門の視点からとなっていたのに対して，金融取引を表す資本収支が海外部門

の視点からであったこと，②外貨準備の重要性が低下した一方で外国政府に対する無償の資金援助や債務免除の重要性が増したことなどが考えられる。

表 3-6 は，1996 年度から 2017 年度までの期間について，新しい国際収支統計に基づいて経常収支と金融収支の動向をまとめたものである。また，1985 年度から 96 年度までの期間にかけては，旧国際収支統計に基づきながら，経常収支，資本収支，外貨準備増減の動向をまとめている。

2010 年度までの経常収支の高水準の黒字を反映して，金融収支はつねに黒字で推移してきた（旧国際収支統計では，資本収支がつねに赤字で推移してきた）。しかし，海外に対する金融資産への投資がつねに活発であったわけではない。2002 年度，2003 年度には貸出などを含む「その他投資」が赤字に転じている。すなわち，この間，海外の金融機関などから借り入れた大量の資金が日本の金融市場に流れ込んだ。経常収支の黒字が高水準であったなかで，こうした民間の海外借入を相殺したのが，財務省・日本銀行が対外資産を買い増した外貨準備であった。この時期は，財務省がドル建て資産を積極的に購入して，ドル安・円高を回避しようとした時期に重なっている。

先に述べたように，2011 年度以降，経常収支が大幅に縮小したことに伴って，金融収支の黒字幅も大幅に縮小した。2013 年度には，金融収支が赤字に転じた。とくに，海外投資家の日本の証券市場への投資が活発になったことから，金融収支のなかでも証券投資の赤字幅が大きくなった。

旧国際収支統計を見ると，ほとんどの時期に外貨準備増減は負値で計上され，財務省・日本銀行が対外資産を積み増してきた。しかし，1989 年度から 91 年度，98 年度（新統計では負値で計上）には，財務省や日本銀行の対外資産が取り崩されている。これらの時期は，金融市場が混乱に見舞われた時期であり，そうした金融危機の沈静化のために，財務省・日本銀行は積極的に外貨準備を民間金融機関に放出したのである。財務省・日本銀行の手から離れた対外資産は，外貨準備の範疇から外れることになる。

なお，経常収支が貿易収支の悪化で急激に縮小していった 2012 年度にも，財務省・日本銀行は，外貨準備を取り崩している。

**ストック面から見た海外取引**

国際収支統計は，ストック面からも資金循環を捉えている。財務省は，毎年 5 月に前年 12 月末時点の本邦対外資産負債残高を公表している。なお，資産残高の評価には評価損益を加味している。国際的な経済取引における評価損

**TABLE** 表 3-6 ● 国際収支統計——経常収支と金融収支 ↑update 年次

(単位：億円)

旧基準

| 年度 | (A)経常収支 | (B)資本収支 | 投資収支 | その他の資本収支 | (C)外貨準備増減 | (D)誤差脱漏 | (A)+(B)+(C)+(D) |
|---|---|---|---|---|---|---|---|
| 1985 | 125,731 | -133,379 | -132,425 | -957 | -1,273 | 8,921 | 0 |
| 1986 | 148,968 | -111,153 | -110,210 | -943 | -46,827 | 9,012 | 0 |
| 1987 | 113,251 | -74,475 | -73,253 | -1,222 | -35,780 | -2,995 | 1 |
| 1988 | 100,275 | -79,659 | -78,109 | -1,549 | -19,438 | -1,177 | 1 |
| 1989 | 88,388 | -83,605 | -81,815 | -1,789 | 38,258 | -43,043 | -2 |
| 1990 | 55,778 | -37,014 | -35,577 | -1,438 | 5,090 | -23,856 | -2 |
| 1991 | 112,997 | -116,279 | -114,689 | -1,589 | 2,795 | 487 | 0 |
| 1992 | 150,329 | -130,979 | -129,300 | -1,681 | -2,002 | -17,347 | 1 |
| 1993 | 142,216 | -109,821 | -107,890 | -1,932 | -34,364 | 1,968 | -1 |
| 1994 | 124,284 | -77,602 | -75,706 | -1,896 | -34,844 | -11,839 | -1 |
| 1995 | 94,786 | -24,935 | -22,130 | -2,803 | -62,619 | -7,233 | -1 |
| 1996 | 72,890 | -81,110 | -76,963 | -4,148 | -20,763 | 28,983 | 0 |

新基準

| 年度 | (A)経常収支 | (B)資本移転等収支 | (C)金融収支 | 直接投資 | 証券投資 | 金融派生商品 | その他投資 | 外貨準備 | (D)誤差脱漏 | (A)+(B)-(C)+(D) |
|---|---|---|---|---|---|---|---|---|---|---|
| 1996 | 73,709 | -4,148 | 98,545 | 25,683 | 57,501 | 9,531 | -14,935 | 20,763 | 28,983 | -1 |
| 1997 | 131,632 | -9,122 | 153,992 | 30,038 | -45,058 | 6,769 | 154,627 | 7,617 | 31,481 | -1 |
| 1998 | 143,495 | -21,086 | 135,387 | 14,903 | 41,090 | 553 | 82,450 | -3,610 | 12,979 | 1 |
| 1999 | 136,050 | -15,667 | 135,703 | 9,099 | -15,311 | 781 | 43,223 | 97,911 | 15,320 | 0 |
| 2000 | 135,804 | -6,517 | 132,932 | 54,261 | 64,373 | 8,170 | -28,215 | 34,343 | 3,646 | 0 |
| 2001 | 113,998 | -3,936 | 127,151 | 26,183 | 116,077 | -2,586 | -64,341 | 51,818 | 17,088 | -1 |
| 2002 | 131,449 | -3,629 | 126,426 | 21,212 | 146,123 | -8,064 | -114,832 | 81,988 | -1,394 | 0 |
| 2003 | 178,305 | -5,598 | 137,128 | 31,523 | 34,662 | -2,958 | -268,869 | 342,770 | -35,579 | 0 |
| 2004 | 192,342 | -4,086 | 169,630 | 37,819 | 1,616 | -4,491 | 112,903 | 21,784 | -18,626 | 0 |
| 2005 | 194,128 | -7,213 | 163,246 | 49,532 | 9,728 | 9,000 | 67,433 | 27,554 | -23,668 | 1 |
| 2006 | 218,865 | -5,086 | 193,171 | 78,693 | -151,887 | -3,455 | 230,369 | 39,452 | -20,608 | 0 |
| 2007 | 243,376 | -3,856 | 255,221 | 64,399 | 59,414 | -11,739 | 102,307 | 40,839 | 15,701 | 0 |
| 2008 | 106,885 | -4,940 | 168,446 | 81,901 | 250,716 | -19,580 | -169,349 | 24,758 | 66,500 | -1 |
| 2009 | 167,551 | -4,886 | 168,599 | 56,538 | 131,307 | -8,040 | -35,198 | 23,992 | 5,934 | 0 |
| 2010 | 182,687 | -4,804 | 208,412 | 65,283 | 63,573 | -6,701 | 34,222 | 52,035 | 30,529 | 0 |
| 2011 | 81,852 | 2,561 | 87,080 | 97,889 | -61,046 | -14,062 | -50,640 | 114,939 | 2,668 | 1 |
| 2012 | 42,492 | -3,710 | 14,716 | 96,580 | -135,154 | 34,760 | 42,464 | -23,934 | -24,066 | 0 |
| 2013 | 23,929 | -5,838 | -9,830 | 148,269 | -209,590 | 31,768 | -27,168 | 46,891 | -27,921 | 0 |
| 2014 | 87,031 | -2,707 | 142,128 | 133,913 | 51,089 | 46,509 | -92,303 | 2,920 | 57,804 | 0 |
| 2015 | 182,720 | -7,009 | 242,596 | 161,818 | 300,342 | -5,492 | -220,147 | 6,075 | 66,885 | 0 |
| 2016 | 210,188 | -2,486 | 247,407 | 171,041 | 51,778 | 7,530 | 11,355 | 5,703 | 39,705 | -1 |
| 2017 | 218,127 | -3,076 | 196,174 | 143,773 | 65,164 | 18,555 | -54,028 | 22,709 | -18,877 | 0 |

（出所）財務省。

益には，金融資産の市場価格の変化ばかりでなく，外国為替レートの増減で円建てに換算するときに生じる資産価値の変動も含まれている。

それでは，2014年12月末の対外資産・負債残高を見てみよう。日本の経済主体が保有している対外資産残高は，945兆円に達する。その内訳は，直接投資残高が144兆円，証券投資残高が410兆円，金融派生商品が56兆円，貸出などのその他投資が184兆円，外貨準備残高が151兆円である。一方，日本の経済主体が負っている対外負債残高（海外の投資家が保有している日本にある金融資産残高）は，578兆円となっている。その内訳は，直接投資残高が23兆円，証券投資残高が285兆円，金融派生商品が59兆円，借入などのその他投資が211兆円である。

対外資産（945兆円）から対外負債（578兆円）を差し引いた対外純資産は，367兆円に達している。2014年の名目GDP（488兆円）の4分の3に相当する巨額の対外純資産は，恒常的に経常収支黒字を維持し，そこで得た資金を原資として対外資産を積み上げてきた結果である。しかし，対外資産残高がネットで黒字であるということは，海外から資金をまったく調達していないわけでないことに注意してほしい。対外資産と対外負債の両方が高い水準で積み上がっているという事実は，海外への資金流出とともに，海外からの資金流入があって，双方向の資金循環が活発であることを示している。

なお，本来であれば，財務省が公表している国際収支統計の対外資産残高（対外負債残高）は，日本銀行が公表している資金循環表の金融資産・負債残高（表3-1）における海外部門・金融負債残高（金融資産残高）に一致していなければならないが，若干のずれが生じている。2014年末について見ると，対外資産残高945兆円に対して海外部門・金融負債残高921兆円，対外負債残高578兆円に対して海外部門・金融資産残高558兆円であった。これらの差は，両統計の定義，評価のタイミング，改定の頻度などの違いに左右されているものと考えられる。

### EXERCISE　練習問題

【基礎知識の確認】

**3-1**　家計，企業，政府，海外の資金過不足を足し合わせると，ちょうどゼロになることを示しなさい。

**3-2**　家計，企業，政府の貯蓄を足し合わせた国内粗貯蓄が，住宅投資，設備投

資，公共投資，純輸出，海外からの要素所得の純受取の和に等しいことを示しなさい。

**3-3** 経常収支を構成する貿易・サービス収支，第一次所得収支（所得収支），第二次所得収支（経常移転収支）の定義を確認しなさい。

**3-4** 経常収支＋資本移転等収支－金融収支＋誤差脱漏＝0になることを示しなさい。

【演習問題】

**3-5** 図3-2が示すように，日本経済の資金循環をフローの側面で見ていくと，1990年代半ばごろまでは，それまで家計部門が企業部門（非金融法人企業）に対して資金を供給してきたのに対して，それ以降，家計部門の資金供給規模が縮小する一方で，企業部門は，資金を借りる主体から資金を供給する主

TABLE 表3-A1 ● 国際収支状況

(単位：億円)

| | 経常収支 | 貿易・サービス収支 | 第一次所得収支 | 金融収支 | 外貨準備 |
|---|---|---|---|---|---|
| 2010年 1～3月 | 54,376 | 18,851 | 38,888 | 69,118 | 214 |
| 4～6月 | 43,760 | 15,942 | 30,566 | 40,150 | 7,130 |
| 7～9月 | 54,554 | 17,822 | 39,328 | 77,588 | 25,019 |
| 10～12月 | 41,138 | 15,956 | 27,391 | 30,243 | 5,563 |
| 2011年 1～3月 | 43,236 | 5,456 | 41,975 | 60,431 | 14,324 |
| 4～6月 | 18,039 | −14,890 | 35,476 | 9,563 | 2,751 |
| 7～9月 | 33,385 | −6,207 | 41,663 | 44,747 | 40,362 |
| 10～12月 | 9,353 | −15,460 | 27,095 | 11,553 | 80,461 |
| 2012年 1～3月 | 21,075 | −13,749 | 38,850 | 21,218 | −8,634 |
| 4～6月 | 11,322 | −18,806 | 32,964 | 13,810 | −12,700 |
| 7～9月 | 15,678 | −22,447 | 40,103 | 16,683 | −3,538 |
| 10～12月 | −435 | −25,827 | 27,996 | −9,786 | −5,643 |
| 2013年 1～3月 | 15,927 | −25,673 | 43,759 | −5,991 | −2,053 |
| 4～6月 | 21,538 | −22,958 | 47,454 | −8,642 | 13,635 |
| 7～9月 | 16,162 | −31,569 | 49,620 | 33,328 | 24,343 |
| 10～12月 | −14,311 | −42,320 | 30,897 | −28,031 | 2,579 |
| 2014年 1～3月 | −8,674 | −47,787 | 45,850 | −14,203 | 6,335 |
| 4～6月 | 3,698 | −29,150 | 37,498 | 18,652 | −1,795 |
| 7～9月 | 16,310 | −33,441 | 54,239 | 28,075 | 2,878 |
| 10～12月 | 15,124 | −24,438 | 43,616 | 22,468 | 1,481 |
| 2015年 1～3月 | 44,177 | −6,112 | 56,444 | 63,894 | 356 |
| 4～6月 | 37,637 | −6,944 | 48,818 | 46,954 | 2,430 |

（出所）財務省。

体に変化してきた。日本経済の資金循環における家計部門や企業部門の変化の背景を論じなさい。

**3-6** 国際収支統計において誤差脱漏は非常に大きい。たとえば，2014 年度は，経常収支が 7.9 兆円だったのに対して，誤差脱漏は 5.6 兆円にも達した。なぜ，誤差脱漏の規模が大きくなるのかを述べなさい。

**3-7** 表 3-A1 は，財務省が公表した 2010 年第 1 四半期から 2015 年第 2 四半期までの国際収支状況である。

(1) 2011 年第 2 四半期以降，貿易・サービス収支が赤字に転じた背景を述べなさい。

(2) 第一次所得収支が 2013 年第 1 四半期以降，高水準で推移している背景を述べなさい。

(3) 通常，貿易・サービス収支が赤字になると，海外への資本輸出の原資が不足することから金融収支は縮小する傾向がある。確かに，2013 年は，第 3 四半期を除いて，貿易・サービス収支の赤字と金融収支の赤字が並行した。しかし，2014 年第 2 四半期以降，貿易・サービス収支は依然として赤字であったものの，金融収支が拡大した背景を論じなさい。

# 第 4 章 労働統計

## CHAPTER 4

　一国の生産活動を支えるのは人びとの労働であり、また人びとは労働から所得を得て日々の生活を送っている。そうした労働のありさまをデータとして集計したものが労働統計であるから、それを知ることによって貴重な労働力資源がどの程度活用されているか、また人びとの生活水準がどのように変化しているかを調べることができるようになる。本章では、最初に労働力状態についての統計を紹介する。そこでは、完全失業率や有効求人倍率などの指標について詳しく検討する。その後、労働時間や賃金といった、労働者の生活に密接に関連した統計を紹介する。名目賃金と実質賃金の違いを理解することも、本章における大きな課題である。

### KEYWORD
失業率, 求職意欲喪失者, 不完全就業者, 有効求人倍率, 名目賃金, 実質賃金

INTRODUCTION

# SECTION 1 労働市場を計測する

**労働統計の意義**

われわれは，学校を卒業すると何らかの仕事に就いて，そこから収入を得て生活していく。われわれを雇用するのは企業（あるいは役所など）で，働くということは，そうした組織に労働サービスを提供することにほかならない。その結果，われわれは時間を拘束されるが，その見返りとして，企業は賃金という形で報酬を与える。労働市場とは，そうした取引が行われる場所であり，われわれの生活に直結する市場と言える。そしてその重要性のために，政府はさまざまな統計を整備して，労働市場の動向を探ろうとしている。労働市場についてのきちんとした統計があることによって，国民および政府は労働力という資源が有効活用されているか，どのような仕事に人びとは就いているか，人びとの暮らしぶりはどのように変化しているか，といったことについて貴重な情報を得ることができるようになる。

そこで本章では，マクロ経済を考えるうえで最低限必要だと思われる労働統計を紹介していきたい。

**労働力状態についての統計**

労働統計のうちもっとも基本となるのは，労働力状態の区分とそれに関する指標である。簡単に言えば，働くことの可能な年齢に達している人びとを，「働いている人」と「働いていない人」，そしてそれらをさらに細かく分けて人数を確定し，指標を作成する。このようなことを行っている統計はいくつかあるが，総務省統計局が毎月実施している『労働力調査』が代表的であり，以下ではそこでの定義に沿って解説する。『労働力調査』とは，日本に居住する15歳以上人口について，就業時間，産業，職業などの就業状況や失業・求職の状況などを把握するための調査であり，約4万世帯，人数にしておよそ10万人に対して実施されている。

図4-1には，『労働力調査』における労働力状態区分の概略が示されている。区分の方法を，図の左側から説明していこう。最初に，全人口のうちで15歳以上の人に対象を絞る。これを 15歳以上人口 と言う。通常の場合には，義務教育を修了しなければ働くことができないから，15歳以上人口が労働可能な人口となる。2014年平均の15歳以上人口は1億1082万人であった。

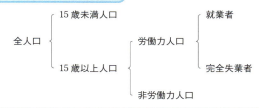

図 4-1 ● 労働力状態の区分

さらに、この 15 歳以上人口は、労働力人口と非労働力人口に分けられる。非労働力人口とは、高校や大学に通っていたり、専業で家事を行っていたり、高齢のために労働市場から引退していたりといった理由から、働いておらず、仕事を探していない人びとのことを言う。2014 年では 4489 万人である。そういった人びとを 15 歳以上人口から差し引いたものが労働力人口（6587 万人）で、労働力人口はさらに、実際に仕事を得ている就業者（6351 万人）と、仕事を得るために職探しをしている完全失業者（236 万人）の 2 つに区分される。

図には示していないが、就業者はさらに自営業者、家族従業者、雇用者に区分される。自営業者とは「個人経営の事業を営んでいる者」で、家族従業者はその家族、そして雇用者とは会社等に雇われて賃金が支払われている人びとを指す。

# 失業率

失業率の重要性

マクロ経済学にとって、きわめて重要と考えられている指標の 1 つが、失業率である。人びとの多くは働くことで生活の糧を得ているが、失業はそうした機会を失わせ、失業している本人だけではなく、その家族の生活水準をも低下させるおそれが大きい。また、働くことは、人びとに自己実現の機会を提供し、社会とのつながりを実感させる役割もあるので、失業者は社会からの孤立感や自己無力感を覚えることが多い。そして、マクロ経済学で大切な視点として、失業率は労働力資源の活用のバロメーターとなる、ということがある。失業者は働く意欲があるのに働いていない人びとであり、そうした人びとが多数いることは、一国が労働力資源を有効に

活用できていないことを意味する。したがって、高い失業率は望ましいものではなく、政策的対応が求められることになる。

**失業率の定義** 先に述べたように、『労働力調査』では、仕事を得るために職探しをしている人のことを完全失業者と呼んでいる。「完全」とは統計上の命名であり、とくに意味があるわけではない。また、無職でも仕事を探していない人は完全失業者に含まれないことには注意を要する。

厳密には、完全失業者とは以下の3つの条件を満たす人のことを言う。第1に、仕事がなくて調査週間中に少しも仕事をしなかった（就業者ではない）こと、第2に、仕事があればすぐ就くことができること、第3に、調査週間中に、仕事を探す活動や事業を始める準備をしていたこと（過去の求職活動の結果を待っている場合を含む）、の3つである。ここで言う「調査週間」とは『労働力調査』が調査期間としている、毎月の末日に終わる1週間のことであり、かならずしも人びとの「ふだんの状況」をたずねているわけではない。

さて、完全失業率は、労働力人口に占める完全失業者の割合として定義される。式で表現すれば、次のようになる。

$$完全失業率 = \frac{完全失業者数}{労働力人口}$$

$$= \frac{完全失業者数}{就業者数 + 完全失業者数}$$

労働力人口とは、おおざっぱに表現すれば、「実際に仕事をしているか否かにかかわらず、強い就業意欲を持っている人数」であるから、このうちで仕事に就けていない人、すなわち失業者の割合が高いことは労働力資源の不活用の程度を端的に表現しているものと考えられるのである。

具体的に数字をあげよう。日本における 2014 年平均の完全失業者数は 236 万人、就業者数は 6351 万人であった。この場合、完全失業率は何％になるだろうか。まず、労働力人口は就業者数と完全失業者数の合計であるから、6351 万人＋236 万人＝6587 万人となる。完全失業率は、この労働力人口に占める完全失業者の割合であるから、(236 万人÷6587 万人)×100≒3.6％ となる。すなわち、2014 年の完全失業率は 3.6％ であった。

図 4-2 には、完全失業率の長期的な動きが示されている。1960 年代から 70 年代半ばまでは、日本経済の高成長を反映して日本の完全失業率はわずか 1％ 台で

FIGURE 図4-2 失業率の長期的推移 ↑update年次↗

(出所) 総務省統計局。

あった。しかし，第1次石油ショック（1973年）以降の安定成長期に入ってからは，失業率は2％を上回って上昇し，1986年から翌年にかけて失業率は2.8％に達した。それはいわゆる「円高不況」が深刻になった時期であった。ところが，その後，「バブル景気」（1980年代後半）の到来とともに急速に失業率は低下を見せ始め，1990年から翌年にかけて2.1％という非常に低い水準に戻った。だが，それ以降の長期にわたる景気後退に伴い，失業率は急速な上昇を続け，2002年には5.4％にまで高まった。わずか10年間で3ポイント以上も失業率が上昇したのは未曾有の事態であり，失業が日本の重大な社会問題となった。その後，景気の回復とともに失業率は低下したが世界同時不況の到来によってふたたび上昇した。現在（2015年8月）はふたたび景気が回復したことにより，完全失業率の季節調整値は3.3％まで低下している。

このように，失業率は好況期に低下し，不況期に上昇するという大まかな傾向を持つ。しかし，景気の変化だけで失業率の動きを説明するのは困難である。実際，図4-2からも，失業率は長期的なトレンドからの影響を受けていることがわかる。こうした変化の背景には，人びとの就業行動や労働市場の構造変化などがあるものと考えられる。

なお，図4-2については，NLASマクロ経済学databaseにおいて，月次の頻

第4章 労働統計

度でアップデートされたデータが提供されている。

> **POINT** *4-1* ● アメリカ労働統計局による6つの指標

アメリカ労働統計局では，労働資源の過少利用を表すU-1からU-6までの合計6つの指標を開発し，公表している。
　U-1：民間労働力人口に占める，15週以上の期間，失業している人の割合
　U-2：民間労働力人口に占める，解雇された人および契約期間が終了した人の割合
　U-3：民間労働力人口に占める，失業者の割合（公表失業率）
　U-4：民間労働力人口プラス求職意欲喪失者数に占める，失業者数および求職意欲喪失者数の合計の割合
　U-5：民間労働力人口プラス全縁辺労働者数に占める，失業者数・求職意欲喪失者数・その他の縁辺労働者数の合計の割合
　U-6：民間労働力人口プラス全縁辺労働者数に占める，失業者数・全縁辺労働者数・フルタイム希望のパートタイム労働者数の合計の割合
　U-1は労働力人口に占める長期失業者の割合を表しており，深刻な生活の困窮に直面している公算の高い人がどの程度いるかを示す指標となる。U-2は，非自発的な失職の程度を測定している。U-3は，公表失業率にほかならない。U-4は，仕事を探していない理由として労働市場に関する理由をあげた非労働力人口を求職意欲喪失者と定義して，それを加味した指標となっている。U-5

> **FIGURE** 図 *4-3* ● アメリカと日本の失業指標比較（2013年）

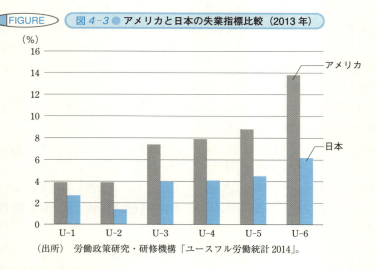

（出所）　労働政策研究・研修機構「ユースフル労働統計2014」。

においては、縁辺労働者を、仕事を望んでいて、最近仕事を探したことがあり、すぐ仕事に就く用意があるけれども現在は仕事を探していない人と定義して、それを考慮に入れた指標である。なお、求職意欲喪失者は縁辺労働者の一部を構成する。U-6では、それに加えてフルタイム希望のパートタイム労働者数を考慮している（いわゆる不完全就業者である）。

アメリカとある程度定義を同じくする形で日本についてもU-1からU-6までを計算することができる。図4-3には、2013年における両国の各指標の値が示されている。両国ともにU-6がもっとも大きな値をとっており、不完全就業者や縁辺労働者を含めた失業指標は公表失業率をかなり上回ることがわかる。また、日本ではU-2がU-1よりも明確に小さくなっているが、これはおそらく日本では解雇などによる離職がアメリカよりも少ないことによるものだと思われる。ただし、日本とアメリカでは失業統計の作り方に微妙な差異もあるので、厳密な比較には慎重であるべきだろう。

## 他の指標

ここまで、『労働力調査』に基づく完全失業率について論じた。「仕事を探していた、あるいは、事業を始める準備をしていた無職の人が労働力人口に占める割合」という定義は明快であるが、活用できていない労働力資源の全体をこの指標が捉えているかと言うと、疑問の余地がある。

仕事をしたいと思っている、ある専業主婦を例にとろう。彼女は、ずっと仕事をしたいと思ってきたけれども、不況のために仕事を見つけることができなかった。だから、現在は専業主婦として暮らしているものの、機会があれば仕事をしたいと思っているとする。この人は、現在のところ仕事を探していないので、これまでの定義では完全失業者にはカウントされず、非労働力人口に分類される。しかし、この人が現在、専業主婦をしているのは、厳しい就職環境のなかで職探しをあきらめたためであり、仕事に対する意欲がある以上は失業者に準じて考えるべきである、という見方もありうるだろう。このように、仕事に就く意欲はあるものの、労働市場の状況によって職探しをあきらめて非労働力人口に分類される人のことを求職意欲喪失者と言う。「仕事に就きたいのにそれが実現していない」という面では、求職意欲喪失者は完全失業者と共通しており、両者を合計して新しい失業率を定義すれば、それは当然のことながら通常の完全失業率よりも大きくなる。

もう1つの活用できていない労働力資源の形態として，**不完全就業**というものが考えられる。たとえば，ある人が現在パートタイム労働者として週20時間働いているとする。本人は，本当は週40時間のフルタイムで働きたいと思っているけれども，正社員の就業機会がないので，やむなく現在はその半分の時間だけ働いているとしよう。このケースでは，この人の週20時間分の労働は実現されなかったことになり，これも「労働力資源が有効活用されていない」という点で「部分的な失業」と考えることができよう。こうした人びとはしばしば**不完全就業者**と呼ばれる。

求職意欲喪失者や不完全就業者の人数は，そうしたタイプの人びとをどのように定義するかによって変わりうる。ちなみに『労働力調査』によれば，2014年平均で「適当な仕事がありそうにない」という理由で仕事を探していない非労働力人口は124万人もいるが，そのうちで「すぐに仕事に就ける」とする人びとは43万人である。こうした人びとを失業率の定義に織り込むことは可能であり，実際にアメリカの労働統計局（Bureau of Labor Statistics）では，求職意欲喪失者や不完全就業者などを含めたいくつかの失業率概念を公表している（POINT 4-1 参照）。いずれにせよ大切なことは，完全失業率だけが労働力資源の過小利用の指標ではないということである。本書では各所に「失業率」という言葉が登場し，その決定メカニズムが分析されるが，それは統計上の完全失業率と密接に連関はしているものの，やや広い意味に捉えたほうがよい場合がある。

### 有効求人倍率

ニュースなどで失業率と並んで報じられることの多い統計に，**有効求人倍率**というものがある。この統計は，端的に言えば求人の数を求職者の数で割ったものであり，「求職者1人あたりの求人数」という意味である。ここで「求人」とは，企業が持っている「仕事の空き」のことで，求職者とは，仕事を探している労働者のことである。したがって，有効求人倍率が1を超えると，仕事を探している人よりも人を探している仕事のほうが多いことになり，労働者にとって仕事を見つけやすくなる（企業にとっては労働者の補充が難しくなる）。逆に，有効求人倍率が1を下回ると，仕事を探している人のほうが人を探している仕事よりも多いことになり，労働者にとって仕事を見つけにくくなる（企業にとっては労働者の補充が容易になる）。

式として表現すれば，次のようになる。

$$\text{有効求人倍率} = \frac{\text{有効求人数}}{\text{有効求職者数}}$$

なぜ，「有効」という言葉が付くかを理解するためには，こうした求人や求職の統計がどのようにして作られているのかを知る必要がある。

企業が労働者を募集するときにはいくつかの方法がある。新聞や就職情報誌に求人広告を出したり，現に働いている従業員から紹介してもらったり，店に張り紙を出したり，といったことがよく行われている。そうした方法と並んで重要なのが，公共職業安定所（ハローワーク）に求人を出すことである。ハローワークとは厚生労働省管轄の公的機関であり，そこでは企業から受理した求人を労働者に紹介するという仲介業務を行っている。全国のハローワークには毎月膨大な数の新規の求職者と新規の求人が登録されるが，そのような新しく生じた求人・求職者だけではなく，前月までに登録されたけれどもまだ充足していない求人や，仕事が見つかっていない求職者が存在する。そうしたいわゆる「繰越求人」や「繰越求職者」を新規求人，新規求職者に加えて，ある月に平均的にどれだけの求人や求職者がいたかを表したものが有効求人数であり，有効求職者数なのである。

図4-4は，有効求人倍率の長期的な動きを示している。ここから，景気の良い時期には有効求人倍率が高くなりやすく，景気の悪い時期には低くなりやすいことがわかる。実際，第1次石油ショック以降の安定成長期やバブル崩壊後の不況期において，有効求人倍率が1を下回っている。

FIGURE 図4-4 ● 有効求人倍率の長期的推移

（出所）　厚生労働省。

第4章　労働統計

失業率が，生活に困っている人がどれくらいいるか，あるいは労働力資源の有効利用がどれだけ難しくなっているかを示す指標であるのに対して，有効求人倍率は仕事を探している人がどの程度容易に仕事を見つけることができるかを示す指標である。失業者が仕事を容易に見つけることができるようになれば失業率は低下傾向を示すので，将来の失業率の変化を見定めるうえで重視される指標である。

　その一方で，この指標については限界がある。その1つは，この指標はあくまでハローワークを経由した求人や求職者の数をもとに算出されており，ハローワークを経由しなかった求人や求職者はカウントされていない，ということである。2014年には，新しく企業に採用された労働者749万人のうち，ハローワークを経由した採用は150万人で，約20％にすぎず，広告や縁故による就職よりも規模は小さかった。したがって，この統計だけで日本全体の求人・求職の状況を判断するのは慎重でなければならない。それでも，その時々の労働市場の状況を示す統計としては，有用なものだと言えるだろう。

　なお，図4-4については， NLAS マクロ経済学 database において，月次の頻度でアップデートされたデータが提供されている。

## SECTION 3　労働時間

労働時間を考察する意味

　経済で用いられている労働の総量を測るにはいくつかのレベルがありうる。1つは，就業者数や雇用者数といった「人数」のレベルで把握することであり，失業率という指標も，その計算の基礎にあるのは労働力人口や失業者数といった「人数」である。しかし，同じだけの数の人が1日に4時間働くのと8時間働くのでは，後者の総労働時間は前者の倍となり，それに応じて経済で生み出される生産水準も前者の場合よりも高くなるだろう。というのも，長く働くということは，生産活動においてより多くの労働が用いられていることを意味するからである。したがって，労働時間の長さは経済全体で用いられている労働力資源の量を測る尺度の1つとなりうるし，その動向は一国の経済活動に大きな影響を及ぼす。

　また，労働時間の長さは働く人びとの生活に密接に関連してくる。長時間働い

ている人は，それだけ勤勉であることから，しばしば高い所得水準を得る。その一方で，あまりに長い労働時間は，働く人びとの健康を蝕（むしば）み，仕事と家庭生活のバランスを崩す要因になる。そのため，国は労働基準法によって無制限の長時間労働を規制している。

日本において，労働時間を調べている統計はいくつかあるが，それが企業に対する調査であるか，労働者に対する調査であるかによって，値はかなり異なってくる。従業員数5人以上の事業所に対する調査である『毎月勤労統計』によれば，2014年の年間総労働時間は約1741時間であった。ところが，労働者に直接労働時間をたずねた『労働力調査』による労働時間（非農林雇用者）は，約1946時間であり，その差はおよそ200時間にも及ぶ。これにはいくつかの原因が関与していると思われるが，その1つとして，サービス残業（賃金不払残業）の存在がある。そもそも，労働基準法で定められた1日の法定労働時間は8時間であり，これを超えた労働時間（残業）については，企業は労働者に対して通常の労働時間の賃金の2割5分以上の率で計算した割増賃金を支給しなければならない。しかし，こうした割増賃金を支給しない形で残業が行われることがあり，それをサービス残業と言う。これは法令に違反した労働時間であるから，企業側に対する調査では表面化しないことが多い。他方，労働者に直接，労働時間をたずねた調査には，こうした残業部分も申告される。先ほどの約200時間の差異の一部にも，こうした隠された労働時間の影響があるものと推測される。

### 労働時間の推移

図4-5（次頁）には，『労働力調査』に基づく就業者の週労働時間数の推移が示されている。ここからわかるように，最近の日本の労働時間数は1980年代と比べて大きく短縮している。1987年の週労働時間数の年平均値は47.3時間であったが，20年後の2007年には41.2時間となっており，6時間も少なくなった。さらに，2014年には39.2時間にまで低下している。

こうした労働時間の短縮の背景には，1987年に成立した労働基準法の改正があるという見解がある。日本の労働者の「働きすぎ」が他国の利益を損ねているという国際的な批判を受けて，1987年に取りまとめられた経済審議会の建議「構造調整の指針」（いわゆる新前川レポート）においては，「労働時間の短縮」が重要な課題となった。そして，1987年に労働基準法の改正が行われ，法定労働時間は段階的に週48時間から週40時間に短縮されることになった。

また，景気後退や労働時間の短い非正規雇用が増えたことも，労働時間の短縮

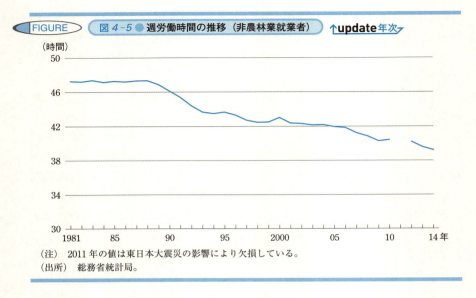

図 4-5 週労働時間の推移（非農林業就業者）

（注） 2011年の値は東日本大震災の影響により欠損している。
（出所） 総務省統計局。

に拍車をかけた。とりわけ，後者は長期的に日本の平均労働時間の短縮に寄与してきた要因として重要である。調査方法などの違いがあって国際間の厳密な比較は困難ではあるが，最近では日本の平均労働時間はアメリカなどの他の先進諸国と大差ないまでに短縮されてきている。ただし，正規雇用者などのフルタイム雇用者に限れば，日本の労働時間は他の先進諸国に比べて長い傾向にある。

## SECTION 4　賃　金

時給か月給か

ここまでは，経済において用いられる労働量の測定について述べてきた。本節では，労働の対価である賃金の測定を考える。そもそも，人びとが働く最大の動機は，働くことで収入を得て，それを財の購入に利用することで，自分と家族の生活を支えることにある。よって，一国の賃金の水準は，その国の生活水準を大きく左右する。

　統計で賃金水準を調べるときには，まず月を通じて支払われる賃金の水準（月給）で調べるか，月給を実際にその月に働いた労働時間で割った時給で調べるか

**FIGURE** 図 4-6 ● 時給の推移　↑update 年次↗

（出所）厚生労働省「毎月勤労統計」より筆者作成。

を決めなければならない。企業の正社員には，毎月に給与が支払われることが多いので，月給を考慮するのに違和感はないかもしれない。その場合には時給で支払われている労働者の賃金は，月給に換算して集計することになる。その一方で，労働時間が増えれば月給が高まるのは当然であり，労働に対する対価を測定するという観点からは，同じ1時間働いたときにどれだけの賃金を得ることができるかが大事であるという見方もありえよう。マクロ経済学では，そうした理由からしばしば時給を重視する。

　実際のデータを使って時給を計算してみよう。『毎月勤労統計』によると，2014年において，従業員数30人以上の事業所規模に勤務する労働者（一般労働者とパートタイム労働者）が得た給与の平均額は36万3338円であった。そして，実際に働いた労働時間は149.0時間である。したがって，平均時給は36万3338円÷149.0時間≒2439円/時間となる。こうした時給の動きを示したのが，図4-6である。1970年における時給はわずか403円にすぎなかったが，その後，順調に増加していき，75年には1000円を突破，89年には2000円を突破した。1998年には2654円という高水準に達したが，その後はやや低下している。

**実質賃金**　これまで見てきた月給や時給は，額面上の賃金であり，名目賃金と呼ばれる。1970年の名目賃金

第 4 章　労働統計　95

の403円は，現在の時給の6分の1にすぎないが，だからといって，人びとの生活水準が現在の6分の1だったわけではない。当時は現在に比べて物価水準が低かったために，それだけ低い名目賃金であっても生活できたのである。つまり，過去に名目賃金が低くても，物価水準も十分低ければ，現在よりも人びとの購買力が低かったとは言えず，生活水準もそれほど低くはなかったと判断できるだろう。では，人びとの購買力の変化を見るためにはどのような指標を使えばよいのであろうか。

基本的な発想は，名目賃金が2倍になっても，物価水準が2倍になれば購買力は変化しないということである。また，名目賃金が変わらずに物価水準が2倍になれば，購買力は半分になる。よって，購買力で測った賃金のことを実質賃金と呼び，それは名目賃金を物価水準で割ったものとして定義される。すなわち，

$$実質賃金 = \frac{名目賃金}{物価水準}$$

物価水準は消費者物価指数などの指数，つまり，ある年を基準にした指数で表されるが，実質賃金も指数の形をとる。すなわち，基準年を100としたときの第$t$年の実質賃金は，

$$実質賃金指数(t年) = \frac{名目賃金(t年)}{物価指数(t年)} \div \frac{名目賃金(基準年)}{物価指数(基準年)} \times 100$$

となる。具体的に計算をしてみよう。2010年を基準年としたときの2014年の実質賃金指数を求めることにする。まず，2014年の賃金水準（時給）は2439円，2010年を基準とした2014年の消費者物価指数（持ち家の帰属家賃を除く総合）は103.6であった。基準年においては，賃金水準は2405円で，消費者物価指数は100である。よって，

$$実質賃金指数（2014年） = \frac{2439円}{103.6} \div \frac{2405円}{100} \times 100 \approx 97.9$$

となる。このことは，この4年間で2.1%だけ実質賃金が低下したことを意味している（100−97.9＝2.1）。これは名目賃金が1.4%上昇した一方で，主に消費税増税によって物価水準が3.6%上昇したことによってもたらされたものである。

実質賃金の推移が図4-7に示されている。1970年の実質賃金は50.5であり，2010年水準の半分にすぎない。したがって，1970年に比べると購買力で見た労働者の賃金は2倍になったことになる。ただし，当時から名目賃金が6倍になっていることを考えると，物価水準の上昇も相当程度であったことになる。実際，

図4-7 ● 実質賃金（時給）の推移（2010年＝100）

（出所）厚生労働省「毎月勤労統計」，総務省統計局「消費者物価指数（CPI）」より筆者作成。

物価水準は3倍になっており，そのために実質賃金は2倍の上昇に抑えられたのである。

なお，図4-6と図4-7の参考図として，では実質雇用者報酬の推移を提供している。

### EXERCISE 練習問題

【基礎知識の確認】

**4-1** 以下の文章の（　）内に適当な語を入れなさい。

「完全失業率とは，（　ア　）に占める（　イ　）の割合であるが，（　ア　）は（　ウ　）と（　イ　）の合計である。日本で毎月公表されている完全失業率の数値は，総務省統計局が発行する『（　エ　）』という統計に基づく。仕事をする気持ちを持っているが仕事を得ていない人びとの数を算出するには，失業者だけでは十分ではない。たとえば，（　オ　）とは，（　カ　）のうちで，仕事に就く意欲はあるものの，労働市場の状況によって職探しをあきらめた人びとのことを言う。完全失業率は労働市場の需給バランスを反映する指標としても重要であるが，もう1つの代表的な指標として，有効求人倍率がある。この分子は（　キ　），分母は（　ク　）として定義される」。

**4-2** 以下の記述のうちで正しいものを1つ選択しなさい。

第4章　労働統計　97

① 完全失業者の定義には，調査週間中に事業を始める準備をしていた人びとも含める。
② 日本の完全失業率がピークに達したのは，バブル崩壊後の 1990 年代後半である。
③ 有効求人倍率を計算する際には，新聞広告や縁故などによる求人も含める。
④ サービス残業の問題があるように，日本の平均労働時間数は増加の一途をたどっている。
⑤ ここ 40 年で実質賃金は名目賃金以上に伸びたが，それは物価の上昇を反映しているためである。

**4-3** 以下の記述のうちで正しいものを 1 つ選択しなさい。
① 就業者数の変化は完全失業率に影響を与えない。
② 不完全就業者は，非労働力人口に含まれる。
③ 前月からの繰り越し求職者の数が増えると，有効求人倍率は上昇する。
④ 非正社員の増加は，平均労働時間数の減少に寄与してきた。
⑤ 法定労働時間は，労働契約法によって定められている。

【演習問題】

**4-4** 2050 年の平均賃金水準（時給）は 2000 円，2060 年の平均賃金水準（時給）は 2400 円であるとしよう。その間に実質賃金が 50% 増加していたとすると，2050 年を 100 としたときの 2060 年における物価水準はいくらであるか求めなさい。

**4-5** 有効求人倍率と完全失業率のデータを調べ，その時系列的な動きを同じグラフに描き，両変数にどのような関係があるか調べてみよう。

第Ⅱ部 マクロ経済学の基本モデル

# 第5章 第Ⅱ部のねらい

## マクロ経済モデルの基本的な考え方

## CHAPTER 5

第Ⅱ部では，第Ⅰ部で学んだ SNA を用いながら戦後日本経済の経済成長と景気循環の動向を見ていく。そうしたデータを踏まえたうえで，長期的なマクロ経済現象である経済成長を供給サイドから，短・中期的なマクロ経済現象である景気循環を需要サイドからそれぞれ解明していくアプローチが主流であることを紹介する。さらに景気循環の分析には，物価水準を固定して考える IS-LM モデルと，物価水準が変動することを想定している AS-AD モデルがある。本章の最後には，供給サイド vs. 需要サイド，長期 vs. 短・中期，固定物価 vs. 変動物価を，厳密な二項対立と捉えるよりも，マクロ経済モデルを組み立てていくための便法と考えるほうがよいことを議論している。

FIGURE
TABLE
COLUMN
POINT

INTRODUCTION

## SECTION 1 経済成長現象と景気循環現象

　本章では，日本経済の国民経済計算（SNA）に基づいてさまざまなデータを紹介していくが，2014年度末（場合によっては，2014年末）までのサンプル期間が設定されている。それ以降のデータについては，NLASマクロ経済学databaseでアップデートされたものが提供されているので，より最近のデータについては，それを参考にしてほしい。

　それでは，日本経済のSNAに基づきながら，マクロ経済現象を丹念に吟味していこう。

　非常におおざっぱな表現になってしまうが，マクロ経済モデルのもっとも重要な目的は，マクロ経済の生産指標である国内総生産（GDP）の運動法則を明らかにすることである。以下で日本経済について詳しく見ていくように，GDPの時系列的な動向は，主として経済成長と景気循環という2つのマクロ経済現象からなっている。

　図5-1は，1955年度から2014年度のサンプル期間について名目GDPの動向をプロットしたものである。なお，図5-1の凡例にある1990年基準は，国連が68年に定めた国民経済計算方式（68 SNA）である。一方，2005年基準は，93 SNAに基づいている。なお，2016年のデータからは，2008 SNAに基づいた2010年基準のものが提供されることが予定されている。

　図5-1は，名目GDPが勢いよく拡大してきたことを示している。第2次世界大戦後10年を経過した1955年度の名目GDPは，8.6兆円にすぎなかった。しかし，1960年度には16.7兆円，70年度には75.3兆円，80年度には248.4兆円，90年度には451.7兆円，2000年度には510.8兆円に急速に拡大してきた。21世紀になると，名目GDPの伸びは鈍化したが，2010年度に480.5兆円，2014年度に490.8兆円と依然として高い水準を保ってきた。1955年度から2014年度までの約半世紀を超える期間（59年間）の間に，名目GDPは実に57.1倍の規模になり，年率換算（POINT 5-1を参照）すると7.1％で成長してきた。

　次に，物価上昇（インフレーション）の影響を調整した実質GDPの推移を見てみよう。図5-2は，1955年度から2014年度のサンプル期間について，2005年基準のデフレーターによって実質GDPを算出している。

FIGURE 図 5-1 ● 名目 GDP の長期傾向

(出所) 内閣府。

FIGURE 図 5-2 ● 実質 GDP の長期傾向（2005 年基準に換算）

(出所) 内閣府。

　実質 GDP は，1955 年度には 48.5 兆円にすぎなかったが，四半世紀後の 81 年度には 300 兆円，50 年後の 2005 年度には 507.2 兆円に，2014 年度には 525.9 兆円に達した。1955 年度から 2014 年度の 59 年間に実質 GDP は 10.9 倍になり，年率換算で見ると 4.1％ で成長してきた。もちろん，SNA に基づいた統計なので，

第 5 章　第Ⅱ部のねらい　　101

生産・支出・所得の三面等価が成り立っている。したがって，マクロ経済の支出や所得も，実質 GDP と同様に急速に拡大してきたことになる。

半世紀を超える期間に実質ベースで見た日本経済の生産規模，支出規模，あるいは所得規模が 10 倍以上になったという事実は，驚異的なマクロ経済現象と言える。マクロ経済学では，10 年を超えるタイムスパンで実質 GDP が拡大する現象を**経済成長**（economic growth）と呼んでいる。

---

**POINT** 5-1 ● 年率換算の方法

年率換算とは，ある期間である変数に生じた変化率を，1 年あたりの変化率に換算し直す作業を指している。たとえば，50 年間で生じた GDP の成長率を 1 年あたりの成長率に換算したり，逆に，3 カ月（四半期）の間に生じた GDP の成長率を 1 年あたりの成長率に換算したりする作業である。

1 年間に GDP が 10％ずつ成長して，それが 10 年間継続すると，GDP は 2.59 倍となる。

$$(1+0.1) \times (1+0.1) \times \cdots \times (1+0.1) = (1+0.1)^{10} \approx 2.59$$

そこで，逆に 10 年間に 2.59 倍となった GDP の成長を，年率に換算する場合は，次のようなべき乗計算を行えばよいことになる。

$$(2.59)^{\frac{1}{10}} - 1 \approx 1.1 - 1 = 10\%$$

先ほどのケースに戻って，名目 GDP が 59 年間で 57.1 倍となった成長を，年率換算する場合には，以下のような計算となる。

$$(57.1)^{\frac{1}{59}} - 1 \approx 1.071 - 1 = 7.1\%$$

逆に四半期ベースの成長率を年率に換算するには，まったく逆の操作を行えばよい。たとえば，ある四半期において前期に比べて 3.2％減少したとすると，当該四半期の減少率を年率換算する場合には，次のような計算を行えばよい。

$$(1 - 0.032)^4 - 1 \approx 0.878 - 1 = -12.2\%$$

なお，べき乗計算は，四則演算だけの電卓ではできないが，科学技術計算のできる関数電卓では簡単に行うことができる。筆者たちが学生だったころに何万円もした関数電卓も，いまは，何千円かの値段で購入することができるようになった。まさに技術進歩の恩恵である。

しかし，10年程度に期間を区切って注意深く実質 GDP の推移を見ると，実質 GDP がコンスタントな率で成長してきたわけではないことがわかる。次頁の POINT 5-2 が示すように，経済変数を自然対数で変換して時系列でプロットした場合，そのグラフの傾きがその経済変数の成長率に対応する。図 5-3 は，実質 GDP の自然対数値の時系列的な推移をプロットしているので，グラフの傾きが実質 GDP の成長率に対応していることになる。

　図 5-3 が示すように，1950 年代半ばから 70 年代初頭までは，グラフの傾きが急であり，実質 GDP が急速に成長した。しかし，1970 年代半ばから 80 年代を通じてグラフの傾きが緩やかになっており，実質 GDP の成長が減速したことを示している。1990 年代初頭から 2000 年代初頭にかけてグラフの傾きがさらに緩やかになって，実質 GDP はほぼ横ばいで推移した。2003 年以降，グラフの傾きが若干ながら急になったが，1990 年以前と比較すると，傾きははるかに緩やかであった。

　具体的に実質 GDP の平均的な年率成長率を見ると，1955 年度から 73 年度で 9.1％，73 年度から 91 年度で 3.6％，91 年度から 2002 年度で 0.8％，2002 年度から 2007 年度で 1.8％，2007 年度から 2014 年度でほぼ 0％である。過去半世紀以上にわたって，日本経済は成長傾向にあるものの，成長する速度は徐々に減速し

FIGURE　図 5-3 ● 実質 GDP の自然対数値の推移（2005 年基準に換算）

（出所）　内閣府。

ていると言える。とくに，「失われた10年」とも呼ばれている1990年代は，実質GDPが停滞気味で推移した。

> **POINT** 5-2 ● 縦軸を自然対数表示としたグラフの効用
>
> ここでは，なぜ，縦軸を自然対数表示とすると，グラフの傾きが変化率を示すことになるのかを考えてみよう。
>
> いま，実質GDPが2000年に500兆円，2001年に508兆円であったとする。2000年から2001年にかけての実質GDP変化率は，1.6％に相当する。縦軸に実質GDPをとったグラフで上のGDP成長を表すと図5-4のようになる。この場合，図5-4に示すように，2000年から2001年にかけてのグラフの傾きは，実質GDPの変化幅である8兆円に対応している。
>
> それでは，実質GDPの自然対数値をとったグラフを考えてみよう。実質GDPの自然対数値は，2000年で，
>
> $$\ln(500{,}000{,}000{,}000{,}000) \approx 33.8456$$
>
> 2001年で，
>
> $$\ln(508{,}000{,}000{,}000{,}000) \approx 33.8615$$
>
> となる。両時点の自然対数値の差は，0.0159となって，2000年から2001年にかけての実質GDPの成長率にほぼ等しい。実は，ここでの計算結果は，偶然にそうなったというわけではけっしてなく，巻末の数学付録（自然対数関数の微分）でも説明しているように，非常に短い間隔の2時点について，ある変数の自然対数をとった値の（わずかな）差が，当該変数の変化率に対応することは一般にも言えるのである。
>
> そこで，実質GDPの自然対数値を縦軸としたグラフで描いてみると図5-5のようになる。同図が示すように，グラフの傾きは，実質GDPの変化幅ではなく，実質GDPの変化率に対応している。
>
>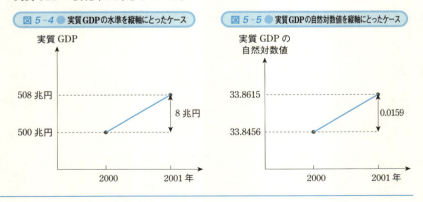
>
> 図 5-4 ● 実質GDPの水準を縦軸にとったケース
>
> 図 5-5 ● 実質GDPの自然対数値を縦軸にとったケース

**FIGURE 図 5-6** 実質 GDP 成長率の推移（2005 年基準に換算）　↑update年次↗

（出所）内閣府。

　図 5-6 を用いて，さらに短い期間で実質 GDP の成長率を見てみると，数年間というタイムスパンで GDP 成長率が大きく変動していることがわかる。1956 年度から 73 年度までの高成長期にあっても，GDP 成長率が年率 5％ から 12％ の間で振幅している。1974 年度には，マイナス成長（－0.5％）さえ記録している。その後，1970 年代半ばから 80 年代にかけては GDP 成長率が年率 2％ から 6％ の間で，90 年代には年率でマイナス 2％ からプラス 3％ の間でそれぞれ変動してきた。さらに 21 世紀に入ると，実質 GDP 成長率の変動幅は，年率でマイナス 4％ からプラス 4％ の間に拡大した。

　実質 GDP の傾向的な動向に比べて，実質 GDP が相対的に高く成長する時期を好況，相対的に低く成長する時期を不況とそれぞれ呼んでいる。数年間のタイムスパンで好況と不況を繰り返すマクロ経済現象は，景気循環（business cycles）と呼ばれている。

　景気循環現象は，数年間隔で見た実質 GDP の動向ばかりでなく，完全失業率の推移でも確認できる。第Ⅰ部第 4 章で説明したように，完全失業率とは，働く意思のある労働者人口（労働力）のうち就業できない労働者数の割合を指している。図 5-7 は，1953 年から 2014 年にかけての年平均の完全失業率の推移をプロ

**図 5-7 ● 完全失業率の動向**

（出所）総務省。

ットしている。

　完全失業率は，実質 GDP 成長率の長期的な動向と対応するように，長期的な上昇傾向を示している。完全失業率は，1960 年代から 70 年代半ばまで 2% を下回って推移してきたが，80 年代には 2% を上回るようになり，2000 年代初頭には 5% を超えている。それ以降も，完全失業率は大きく変動した。2003 年から 2008 年にかけて 5% 台から 4% まで低下したが，その後，2011 年にかけて 5% 近くまで上昇した。2012 年以降は，完全失業率はふたたび低下傾向を示した。

　数年間の間隔で完全失業率の動向を見ると，0.1% オーダーの細かな動きであるが，傾向的な動きに比して失業率が低くなる時期と高くなる時期を観察することができる。前者が好況期に，後者が不況期にそれぞれ対応していることになる。

　好況と不況の循環をよりはっきりと見るために，過去 3 年間の完全失業率の平均の推移も図 5-7 に加えてみよう。すると，平均的な動向よりも失業率が低くなっている時期（好況）と，高くなっている時期（不況）が入れ替わっていることがよくわかる。たとえば，「失われた 10 年」と呼ばれていた 1990 年代は，完全失業率が傾向的な水準よりも上回って推移している。一方，株価や地価の高騰で経済が活況を呈した 1980 年代後半には，完全失業率が傾向的な水準を下回って推移している。

なお，NLASマクロ経済学database では，本章の図5-7や第4章の図4-2の参考図として，完全失業率の月次推移（季節調整済みの系列）を提供している。

> POINT 5-3 ● 景気動向指数と日銀短観

本文では，GDP成長率や完全失業率の動向から景気循環を記述してきたが，実際の景気判断では，ディフュージョン・インデックスやコンポジット・インデックスという景気動向指数を用いて，さまざまな経済指標から総合的に判断することのほうが多い。

英語のdiffusionは，本来，熱，光，液体などが拡散していく様子を指している。ディフュージョン・インデックス（diffusion index：DI）のdiffusionは，景気動向がさまざまな経済変数に反映されている状況を意味している。

DIと呼ばれている景気指標には，内閣府が毎月発表している指標と，日本銀行が四半期ごとに発表している指標がある。内閣府が作成しているDIは，景気動向と密接に関連するものとして採用している経済指標のうちで景気拡大の傾向を示している指標の割合を算出している。したがって，内閣府作成のDIは，全指標が改善した場合の100％から全指標が悪化した場合の0％までの値をとる。月次の変動を取り除くために，3カ月前と比べて拡大している指標をカウントしている。DIが50％を超える（下回る）ことを景気回復（景気停滞）の目安としている。DIには，採用されている経済指標に応じて，景気動向に先行する先行指数，景気動向と同時に動く一致指数，景気動向に遅れて動く遅行指数の3つがある。

日本銀行が作成しているDIは，いくつもの具体的な経済指標から算出するのではなく，全国企業短期経済観測調査（短観と略されている）と呼ばれている調査において，全国の事業会社や金融機関を対象とした定性的な景気判断に基づいている。こうした指数も，ディフュージョン・インデックスと呼ぶのは，用語の乱用のようにも思われるが，さまざまな指標に表れた景気動向を調査した企業が「総合的に」判断しているという意味では，ディフュージョン・インデックスと言ってよいのかもしれない。

短観では，1万社を超える調査対象企業に対して，「景気拡大」「現状維持」「景気悪化」の趣旨の選択肢の様式で判断をたずねている。そうした調査から，「景気拡大」の趣旨の選択肢を回答した企業の構成比から「景気悪化」の趣旨の選択肢を回答した企業の構成比を控除したものを，DIとして公表している。したがって，日銀作成のDIは，すべての調査対象企業が「景気拡大」を判断した場合の100％から，全企業が「景気悪化」を判断した場合のマイナス100％までの値をとる。

DIは，内閣府作成のものにしても，日本銀行作成のものにしても，パーセン

トで表示された数値の大小が景気拡大や景気悪化の加速の程度を表しているわけではなく，あくまで，「好況から不況」，あるいは「不況から好況」の景気の転換を示している指数と考えなければならない。

一方，コンポジット・インデックス（composite index：CI）と呼ばれている景気動向指数では，景気の質的な変化ばかりでなく，量的な変化も捉えることができる。内閣府が作成している CI は，同じく内閣府が作成している DI と同じ経済指標を用いている。しかし，CI が DI と大きく異なるところは，それぞれの経済指標の変化の方向性を見ているだけでなく，各経済指標の変化率を基準化して，それらを合成して指数を作成しているところにある。CI の "composite" というネーミングは，この「さまざまな経済指標を合成する」という作業を指している。各経済指標の変化率を基準化する場合には，それぞれの経済指標のトレンドと振幅の度合が加味されている。

日本政府の景況判断では，従来は，DI を重視する傾向があったが，欧米の政府機関の景況判断では，むしろ CI を重視してきた。近年，日本政府も，CI に基づいて景気を判断するようになってきた。

なお，NLAS マクロ経済学 database には，日銀の短観の系列（四半期）と内閣府の景気動向指数の系列（月次）が POINT 5-3 の参考図として提供されている。

## 供給サイドから分析する経済成長モデル

マクロ経済学の伝統的な考え方では，景気循環現象を説明する経済モデルと経済成長現象を説明する経済モデルを別々に作成することを慣行としている。それでは，どのような本質的な側面が景気循環モデルと経済成長モデルとを分かつのであろうか。非常に乱暴な言い方をしてしまうと，経済成長モデルは供給サイド，あるいは生産サイドからマクロ経済を分析し，景気循環モデルでは需要サイド，あるいは支出サイドからマクロ経済を分析する。

なお，この時点では，なぜ，経済成長という 5 年，10 年を超える長期のマクロ経済現象を供給サイドから，景気循環というたかだか数年間の短期のマクロ経済現象を需要サイドからそれぞれ分析していくのかということについては，あえて議論しないことにする。第Ⅱ部で展開するマクロ経済モデルには，長期モデル

> **COLUMN** マクロ経済学の歴史④　セー法則──供給サイドの理論？

　フランスの経済学者であるセー（J. B. Say, 1767–1832）の提唱した経済法則（セー法則：Say's law と呼ばれている）は，短期も，長期も，経済全体の均衡が供給サイドから決まるという理論とされている。

　セー法則の理屈は単純である。ある生産者がある財を売る（供給する）と，生産者は売却で得た貨幣収入を他の財の購入（需要）に充てる。K. マルクスや J. M. ケインズなどの影響力の強い経済学者の間では，こうした側面が「供給は自ら需要を生み出す」（ケインズ）と解釈され，セー法則は供給サイド本位の経済理論として位置づけられるようになった。

　しかし，上の単純な議論は，生産者（供給者）から始まる必然性はまったくない。まず購入者（需要者）がある生産者からある財を購入したとすれば，「需要が供給を生み出す」ということになってしまう。「供給と需要のいずれが主なのか」ということが上述の議論の本質ではなく，①貨幣を保有している者は即座に貨幣を使い，②あらゆる財を合わせると市場全体で需要と供給が一致することを述べているにすぎない。

　前半の①については，第Ⅳ部第 15 章で詳しく述べるが，貨幣が決済手段の役割しか果たしておらず，価値貯蔵手段（貯蓄手段）の役割を担っていないと言い換えることができる。要するに，貨幣は，持っていても仕方がないので，すぐに使ってしまう。セー法則は，貨幣に関してこのように特殊な仮定を置いて，経済全体では財の需給が一致するということを述べているにすぎない。セー法則を「供給は自ら需要を生み出す」と解釈するのは，ロジカルではなく，かなりレトリカルであると言えよう。

　しかし，以上のセー法則をめぐる解釈は，古くから経済学者の間で，マクロ経済理論を供給サイドと需要サイドのいずれかに分類しようとする二分法的な考え方がいかに根強かったのかを象徴している。

セー（Roger-Viollet／アフロ提供）

が供給サイド，短期モデルが需要サイドという二分法が明確に成り立っているという建前があることにだけ触れておこう。

　しかし，本章の目的の 1 つは，現実のマクロ経済がそうした二分法では割り切れない複雑な側面を持っていることを明らかにすることにある。また，第Ⅱ部か

ら第Ⅳ部への展開において明らかにしていくが，経済成長と景気循環，あるいは供給サイドと需要サイドを統一的な枠組みで分析していくことが，より進んだマクロ経済モデルの真骨頂でもある。読者には，この辺のニュアンスについてあまりせっかちに結論を出さずに，1つ1つのマクロ経済モデルに丁寧に向き合っていくことをお薦めしたい。

## 2-1　生産要素の動向

まず，「供給・生産サイドからマクロ経済を説明する」とは，どのようなことを意味するのかを考えていこう。第Ⅰ部第2章で詳しく見てきたように，SNAにおいては，生産要素を投入した結果，財・サービスが生産されるというようにマクロ経済が記述されている。

主な生産要素は，機械や工場などの生産設備，働く意思のある労働者（労働力），工場や事務所が立地する土地である。マクロ経済において原材料などの中間投入財を生産要素と考えないのは，ある部門が中間投入財を生産し，他の部門がその中間投入財を投入しているので，経済全体で見れば，中間投入財の産出と投入は相殺されるからである。

マクロ的な生産活動の産出部分に相当するマクロ経済の生産水準は，当然ながら実質 GDP によって計測される。それでは，それぞれの生産要素の規模はどのように計測されるのであろうか。非常にわかりやすいのは，労働力であろう。生産活動に従事する意思のある労働者の数が労働力の規模に相当する。したがって，計測単位は「人」である。労働力は，ある時点における働く意思のある労働者数なので，ストック変数であることに注意してほしい。

図 5-8 は，1953 年から 2014 年のサンプル期間について，年平均の労働力の推移をプロットしたものである。1953 年当初は 4000 万人程であった労働力が，91 年には 6500 万人を上回る水準にまで増加している。こうした労働力増加の背景には，人口自体の増加とともに，女性が積極的に労働力へ参加するようになった事情がある。

それでは，工場や機械などの生産設備（以下では，生産資産とも呼ぶ）の規模は，どのように計測されるのであろうか。ストック変数である生産資産の価値は，ある時点で生産活動を行っている企業が保有する生産設備を，当該時点の市場価格で評価したものである。したがって，計測単位は，通貨単位の「円」である。

図 5-8 ● 労働力（年平均）の推移

（出所）総務省。

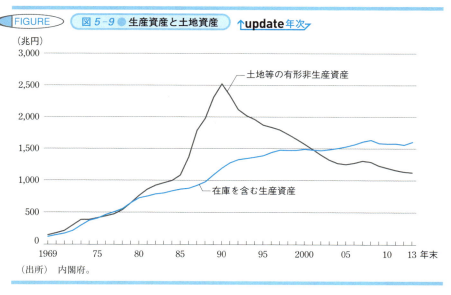

図 5-9 ● 生産資産と土地資産

（出所）内閣府。

　図 5-9 は，1969 年末から 2013 年末のサンプル期間について，経済全体の生産資産（企業が保有する在庫ストックや家計の住宅資産も含まれている）を市場価格で評価したものをプロットしている。1969 年末には，100 兆円に満たなかった生産資

第 5 章　第 II 部のねらい　　III

産は，81年末に600兆円を，90年末には1000兆円を，90年代半ばには1200兆円をそれぞれ超えた。21世紀に入ると，1500兆円の水準に達した。

　市場価格で評価した生産資産価値が増加しているのは，生産設備の規模が拡大した要因とともに，生産資産の価格が上昇した要因が反映されている。しかし，図5-10が示すように，価格上昇要因を取り除くためにGDPデフレーターで実質化しても，生産資産価値は一貫して上昇している。2005年を基準とすると，1969年末には300兆円程度であった生産資産の実質価値が，89年末には1000兆円を，2005年末には1500兆円を，2011年末には1700兆円を超えた。

　生産活動に供されている土地（用地）の規模についても，基本的には市場価格（地価）で評価することができる。図5-9には，経済全体の土地資産（家計，政府，地方自治体が保有する土地も含む）を市場価格で評価したものもプロットしている。

　図5-9が示す土地資産価値の動向は，生産資産価値の動向とかなり異なった傾向を示している。土地資産価値は，当初は急速に上昇するが，1990年末にピークを打った後は低下傾向にある。30年余りの期間で経済全体の土地面積が急速に拡大して，急速に縮小するとは考えにくい。土地資産価値は，土地面積の変化よりも，地価の変動に大きく左右される。事実，地価水準は，1980年代後半に高騰して91年前半にピークを打った後，21世紀に入っても長期的な下落傾向を

示してきた。

## 2-2 マクロ経済の生産関数とは

供給（生産）サイドからマクロ経済を分析する際には，「労働力，生産資産，土地の生産要素をフルに活用した場合に実現できるマクロ的生産水準」が「現実に観察される実質 GDP」に対応していると考える。生産要素を完全に活用して実現される実質 GDP の水準は，完全雇用 GDP（full-employment output）と呼ばれている。「完全雇用」と言うと，労働力だけがフルに雇用されているような印象を与えるが，ここでの「完全雇用」は，すべての生産要素が完全に活用されている状態を意味している。したがって，供給サイドから経済成長現象を分析するということは，労働力や生産設備の拡大が実質 GDP の増大，すなわち経済成長をもたらしていると考えていることになる。

供給サイドから経済成長現象を分析するには，生産関数（production function）という道具立てとともに，資本蓄積（capital accumulation）と技術進歩（technological progress）という経済学的な概念が必要となってくる。

経済学では，生産要素の投入と財・サービスの産出の関係は，生産関数と呼ばれている。中間投入財が生産要素として現れないマクロ経済では，生産関数 $H$ を次のように表すことができる。

$$\text{実質 GDP} = H(\text{労働力}, \text{生産資産}, \text{土地})$$

しかし，先にも述べたように，長期間であっても土地面積が大きく変化するとは考えにくいので，標準的なマクロ経済学では，生産要素としての土地の役割を重視していない。その結果，通常は，次のように生産要素が労働力と生産資産だけからなる生産関数 $F$ を考えている。

$$\text{実質 GDP} = F(\text{労働力}, \text{生産資産})$$

また，第 6 章で説明するように，景気循環を分析するマクロ経済モデルでは，工場用地などの土地面積とともに，生産設備の規模も一定と想定するので，分析で用いられる生産関数 $G$ は，次のように簡略化されている。

$$\text{実質 GDP} = G(\text{労働力})$$

## 2-3 資本蓄積と技術進歩

以下では，生産要素が労働力と生産資産からなる生産関数 $F$ を前提に，資本蓄積と技術進歩という経済学的な概念を説明していこう。

図 5-11 は，1955 年度から 2014 年度のサンプル期間について，実質 GDP を労働力で割った「労働力 1 人あたり実質 GDP」をプロットしたものである。「労働力 1 人あたり実質 GDP」は，1 人の労働者が生み出すことができる財・サービスの生産高という意味で，労働生産性と呼ばれている。

図 5-11 は，労働生産性が半世紀の間に飛躍的に増大していることを如実に物語っている。2005 年基準で見て 1 人の労働者が生み出す財・サービスの実質水準は，1955 年度に 100 万円程度にすぎなかったものが，2010 年代には 800 万円程度に達した。半世紀あまりの間に労働生産性は 8 倍になった。

より正確に見ていこう。1955 年度から 2014 年度の期間において，労働力は 1.6 倍（年率 0.8%）だったが，実質 GDP のほうは 10.9 倍（年率 4.1%）となった。すなわち，実質 GDP の成長が労働力の拡大をはるかに上回ったのである。その結果，同期間の労働生産性は 6.9 倍（年率 3.3%）となった。

FIGURE 図 5-11 労働力 1 人あたり実質 GDP の推移（2005 年基準）

（出所）内閣府，総務省。

労働力1人あたりの生産水準が著しく向上したということは，労働力1人あたりの支出水準や所得水準も飛躍的に上昇したことになる。このような生活水準の驚異的な改善は，どのような要因によってもたらされたのであろうか。

　マクロ経済学では，上述のような労働生産性の向上の主な要因として資本蓄積と技術進歩を想定している。第Ⅰ部第2章で解説したように，工場や機械などの生産設備規模（実物資産残高）は，毎年の設備投資によって増大していく。より正確には，

今期末の実物資産残高 ＝ 前期末の実物資産残高
　　　　　　　　　　＋今期の粗設備投資（総固定資本形成）－固定資本減耗

が成り立つので，粗設備投資から固定資本減耗を除いた純設備投資の分だけ実物資産の残高が増加していく。こうした実物資産残高の増加プロセスを**資本蓄積**と呼んでいる。

　労働者1人が良好な職場環境でより多くの機械や設備の操作に従事できるようになれば，当然，1人の労働者が生産できる水準も上昇するであろう。事実，労働力の拡大を凌ぐテンポで実物資産が蓄積されてきた。図5-12は，1969年から2013年のサンプル期間について，「労働力1人あたり実質実物資産額」をプロッ

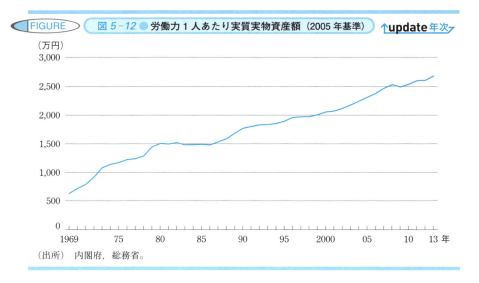

図5-12　労働力1人あたり実質実物資産額（2005年基準）

（出所）内閣府，総務省。

トしたものである。なお,「労働力1人あたり実質実物資産額」は,1人の労働者が工場や機械にどれだけ恵まれているのかを示している指標なので,**労働装備率**と呼ばれている。

1969年から2013年の間に,労働力は1.3倍(年率0.6%)しか拡大していないのに,実質実物資産額は5.5倍(年率4.0%)となった。その結果,労働装備率は4.3倍となっている(年率3.4%)。たとえて言うならば,1969年時点には労働力1人あたり機械1台を操作していたのが,2013年には4台以上を操作するようになった。

上述の労働装備率の飛躍的な改善が労働生産性の大幅な上昇をもたらしたことは間違いがない。同時に,労働者に装備されている機械や設備の性能が向上したことも,労働生産性の向上に貢献している。こうした実物資産の性能の向上が**技術進歩**と呼ばれているのである。

1969年から2013年の間に労働生産性(労働力1人あたりGDP)が2.3倍となり,年率換算で1.9%成長している。第11章で説明する**成長会計**と呼ばれる分析手法によると,年率1.9%の労働生産性の上昇のうち,年率1.4%の上昇分が資本蓄積に,年率0.5%の上昇分が技術進歩にそれぞれ起因している。

## 需要サイドから分析する景気循環モデル

### 3-1 需要サイドのマクロ経済モデルとは

先に述べたように,標準的なマクロ経済学では,実質GDPや失業率の変動として現れる景気循環現象は,基本的に需要サイドから分析している。本節では,まず「需要サイドからマクロ経済を分析するとはどのようなことなのか」を考えていこう。

第Ⅰ部を勉強した読者からすると,国民経済計算では三面等価の原則が成り立っていて,マクロ経済の生産(供給)側の指標である国内総生産(GDP)と支出(需要)側の国内総支出(GDE)はつねに一致しているので,供給サイドからであっても,需要サイドからであっても,分析に大きな違いが生じることはないのではないかと思ってしまうかもしれない。

しかし,注意してほしいのは,国民経済計算のルールからGDPとGDEが一

致することと，マクロ経済モデルでどのように GDP や GDE の水準が決定されるのかということは，まったく別問題であるという点である。先に述べたように，「供給サイドからのマクロ経済分析」では，労働力や生産設備などの生産要素を完全に活用した場合に実現する実質 GDP（完全雇用 GDP）が実際に観察される実質 GDP に一致すると考えられている。その結果，統計手続き上 GDP と一致する GDE の水準にも，基本的に供給サイドの条件が反映されることになる。

一方，「需要サイドのマクロ経済分析」では，消費支出，設備投資支出，政府支出，純輸出（輸出から輸入を控除したもの）などから構成される国内総支出が，実際のマクロ経済の生産水準である実質 GDP に相当すると考えている。すなわち，需要サイドを決定要因と考えるマクロ経済モデルでは，経済全体の需要サイド（総需要と呼ばれている）の規模にちょうど合致するように，経済全体の生産規模（総供給と呼ばれている）が決定される。

当然ながら，現実のマクロ経済において，このように需要サイドから決定される実質 GDP は，供給サイドから決定される完全雇用 GDP と一致する保証は何もない。実際の GDP が完全雇用 GDP を下回れば，いずれか，あるいは，すべての生産要素に使い残しが生じることになる。たとえば，①働く意思のある労働者が雇用されずに失業する，②すでに設置してある生産設備の稼働率が低下する，あるいは，③土地が空き地のままに放置される，というようなことが生じる。

需要サイドのマクロ経済分析では，実質 GDP が需要要因によって決定される側面を取り出すために，供給サイドのマクロ経済環境を完全に固定させてしまう。具体的には，労働力，生産設備，土地などの生産要素の供給にいっさい変化がないとする。生産設備水準に変化がないということは，資本蓄積もまったく起きていないことを意味する。また，技術進歩も生じないとする。

このように供給サイドのマクロ経済環境を完全に固定してしまえば，完全雇用 GDP もつねに一定の水準となる。供給サイドの条件にまったく変化がないにもかかわらず，実質 GDP に変動が生じれば，すべて需要サイドのマクロ経済環境が引き起こしていると考えることができる。すなわち，需要サイドのマクロ経済モデルでは，実質 GDP の変動として現れる景気循環現象が，需要サイドの要因に結びつけられている。

また，実質 GDP が完全雇用 GDP を下回れば下回るほど，働く意欲があるにもかかわらず雇用されない失業者の人数や失業率も上昇する。したがって，需要サイドのマクロ経済モデルでは，失業者数や失業率の変動として現れる景気循環現

象も，総需要の動向に左右されると解釈することができる。

### 3-2　需要サイドのマクロ経済モデルに独自な特色

需要サイドのマクロ経済モデルには，標準的な供給サイドのマクロ経済モデルに存在しない次のような興味深い特色がある。
(1)　金利や物価の動向への関心
(2)　国際貿易の重要性
(3)　マクロ経済政策の必然性
以下では，これらの3つの特徴を概観していこう。

**金利と物価の動向への関心**　　需要サイドのマクロ経済モデルでは，実質GDPや失業率の変動ばかりでなく，金利やインフレーション（物価上昇率）の動向も重要な景気循環現象として捉えている。事実，以下に示すように，金利も，インフレーションも，景気循環の局面で大きな変化を示している。

金融資産の金利に関する詳しい議論は，第Ⅳ部第15章で行うが，POINT 5-4 でも簡単に説明している。ここでは，金利は，ある一定の期間，資金を貸し付けた見返りに元本とは別に受け取る所得としておこう。1年未満の貸付から生じる金利を短期金利，1年を超えて5年程度の貸付から生じる金利を中期金利，5年を超えた貸付から生じる金利を長期金利と呼んでいる。金利は，貸付期間で，1年ごとに支払われる金利の元本に対する比率（パーセント表示）で表される。

図5-13は，1960年1月以降のサンプル期間について，短期金利としてコールレート（第15章で詳述）を，中期金利として5年物国債利回り，長期金利として10年物国債利回り（第15章で詳述）をそれぞれプロットしたものである。国債利回りが5年物で1974年9月以降，85年7月以降しか記録されていないのは，それ以前には，5年物や10年物の国債を自由に取引する金融市場がなかったからである。コールレートについて言えば，1970年代半ばや80年前後のように12％を超えた時期もあった一方で，95年以降のようにほぼ0％水準で推移していた時期もあった。5年物国債利回りは0％水準近くから10％までの，10年物国債利回りは0％近くから8％の間で振幅を示してきた。

なお，図5-13は，NLASマクロ経済学databaseにおいて月次の頻度でアップデートされている。

図 5-13 短期金利と長期金利の動向

(出所) 日本銀行, 財務省。

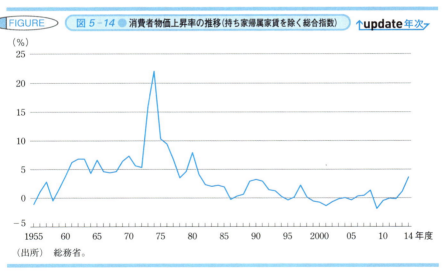

図 5-14 消費者物価上昇率の推移(持ち家帰属家賃を除く総合指数)

(出所) 総務省。

　図 5-14 は, 1955 年度から 2014 年度までのインフレーションの動向を見るために, 消費者物価上昇率 (年率) をプロットしたものである。過去半世紀以上の消費者物価上昇率の振幅もきわめて大きい。1973 年度に 15.9％, 74 年度に 22.0％

第 5 章　第Ⅱ部のねらい　119

に達した消費者物価上昇率は，2000年前後から0％近傍で推移してきている。なお，2014年度に3.6％と比較的高い消費者物価上昇率を記録したのは，2014年4月に実施された消費税増税（税率が5％から8％に引き上げられた）の影響を反映したものである。

### POINT 5-4 ● 金利とは

資金の貸借に関する契約において，借り手は貸し手に対して，元本を返済する期限とともに，半年ごとに，あるいは1年ごとに利息を支払うことを約束する。借り手（債務者）が貸し手（債権者）に支払う利息が金利に対応している。したがって，金利は，貸し手から見れば，資金運用による収益であり，借り手から見れば，資金調達の費用ということになる。

通常，金利は，年率換算した利子率で表示される。たとえば，借り手が借入元本100万円に対して，半年ごとに，4万円の利息を支払っているとすると，1年間に支払う利息は8万円となる。したがって，年率換算した金利は，元本100万円に対する年間利息8万円で，年率8％となる。

実際の金融市場で成立する金利には，貸借契約の期間や借り手（債務者）の特性に応じてさまざまな金利がある。まず，貸借期間が1年未満，たとえば，3カ月や1カ月の貸借契約に付される金利は，短期金利と呼ばれている。一方，貸借期間が1年以上，5年未満の貸借契約に付される金利は中期金利，5年を超えるものは長期金利とそれぞれ呼ばれている。一般には，年率換算すると，長期金利のほうが短期金利よりも高くなる傾向があるが，経済情勢によっては，短期金利のほうが高くなることもある。

借り手が国や地方自治体，あるいは優良企業の場合，貸借契約に付される金利は低くなる。借り手の信用力が高いと，貸し手は低い金利でも資金を貸し付けるからである。逆に，信用力が低く，貸し倒れになる可能性もあるような借り手に対しては，貸し手は非常に高い金利でないと資金を融通しない。信用力が高い借り手の貸借契約に付される金利は，安全利子率と呼ばれている。

マクロ経済モデルで言われる金利は，通常，借り手の信用力が高く，貸借期間が1年程度の貸借契約に付された短期・安全利子率を指している。

景気循環モデルでは，金利と物価の動向を分析するに際して，2つのステップを踏んでいる。第1のステップでは，*IS-LM* モデルと呼ばれているマクロ経済モデルにおいて，物価水準に変化がない（インフレーションがない）と想定して，

実質 GDP と金利の相互依存関係を分析している。なお，IS-LM モデルの IS は，第Ⅰ部第3章で説明した投資貯蓄バランスを意味している。貨幣市場の需給を表す LM の名前の由来については，第6章で説明したい。

### 【IS-LM モデル】

$$\boxed{実質 GDP} \begin{array}{c} \rightarrow \\ \leftarrow \end{array} \boxed{金 \ 利}$$

IS-LM モデルは，仮定によって物価水準を固定していることから固定価格モデル，あるいは，物価水準を固定すると想定しても差し支えない短い期間（1年以下）を分析対象としていることから短期モデルと呼ばれている。

第2のステップでは，AS-AD モデルと呼ばれているマクロ経済モデルにおいて，物価水準が調整されるメカニズムを導入しながら，インフレーションと実質 GDP，あるいはインフレーションと失業率の相互依存関係を分析する。実質 GDP（あるいは失業率）とインフレーションの関係は，それを発見した経済学者の名前に因んでフィリップス曲線（第7章で詳述）と呼ばれることが多い。AS-AD モデルは，物価水準が変化する期間を射程においていることから，中期モデルと呼ばれることもある。

### 【AS-AD モデル】

$$\boxed{\begin{array}{c}実質 GDP \\ (失業率)\end{array}} \begin{array}{c} \rightarrow \\ \leftarrow \end{array} \boxed{インフレーション}$$

ここで注意してほしいのは，AS-AD モデルも，供給サイドの経済環境を固定している点では，需要サイドの要因に焦点を当てている景気循環モデルであるという点である。すなわち，AS-AD モデルでは，労働力や生産設備などの生産要素の供給が固定され，資本蓄積も技術進歩もないことをあらかじめ仮定している。

若干誤解を与えかねない点は，AS が総供給を意味する aggregate supply の略，AD が総需要を意味する aggregate demand の略なので，AS-AD モデルが供給サイドの要因を真正面から考慮しているような印象を与えてしまうところである。この時点で明確に説明するのは難しく，第Ⅱ部全体で明らかにしていきたいが，標準的なマクロ経済モデルの1つである AS-AD モデルが言う「供給関数」の概念と，標準的な経済成長モデルで用いられている「供給関数」の概念は正確には合致していない。

確かに AS 曲線は，企業の生産決定や雇用決定のような供給側の要件から導出されている。その意味では，AS 曲線が供給サイドの条件を表しているということに間違いがあるわけではない。しかし，AS 曲線の背後にある「供給」の考え方には，経済成長モデルにある「労働力や生産設備などの生産要素の供給が変化するとともに，完全雇用 GDP が変化する」という意味は含まれていないのである。再度強調するが，AS 曲線では，あくまで完全雇用 GDP が一定の状況を扱っている。

**国際貿易の重要性** 需要サイドの要因を重視しながら，国内総支出の規模が国内総生産の規模を決定するという分析枠組みでは，国際貿易の動向をけっして無視することができない。第 I 部で詳しく見てきたように，輸出から輸入を差し引いた純輸出は，国内総支出の主要項目の 1 つである。純輸出の増加（低下）が国内総支出を押し上げる（押し下げる）。

図 5-15 は，1955 年度から 2014 年度のサンプル期間について，名目 GDP に占める名目純輸出の比率をプロットしたものである。純輸出は，1963 年度までしばしばマイナスの純輸出を記録したが，それ以降，72 年度までプラスに転じた。71 年度には，2.8% を記録した。しかし，1970 年代は，原油価格が高騰した第 1 次石油ショック（73 年 10 月）や第 2 次石油ショック（78 年末から 79 年初）の影響で，73 年度，74 年度，79 年度，80 年度にマイナスを記録した。

一方，1980 年代半ばや 2007 年度までは，純輸出の比率は比較的高位で推移した。1984 年度に 2.8%，85 年度に 3.5%，86 年度に 4.0%，87 年度に 2.6% を記録した。しかし，リーマン・ショックによる世界的な金融危機の影響で 2008 年度には −0.3% と貿易赤字となった。日本経済は，2011 年度以降，慢性的な貿易赤字状態に陥った。

こうした純輸出の動向の背景には，「輸出のしやすさ・しにくさ」や「輸入のしやすさ・しにくさ」を決める外国為替レートの変化がある。外国為替レートについては，第 9 章で詳しく議論するが，ここでも簡単に説明しておこう。

外国為替レートとは，異なる通貨の換算レートである。円・(アメリカ) ドルの外国為替レートは，「1 ドルを購入するのに円をいくら支払わなければならないのか」によって表されている。1 ドルを購入するために多額の円を支払わなければならないときに「ドル高・円安」と，少額の円で 1 ドルを購入できるときに「ドル安・円高」とそれぞれ呼んでいる。たとえば，1 ドル 100 円のレートは，1 ドル 110 円のレートに比べて「ドル安・円高」である。

図 5-15 ● 純輸出/GDP 比率の推移

(出所) 内閣府。

「ドル高・円安」になると、日本製品のドル表示価格が安くなるので、アメリカ国民が日本製品を購入する。日本からアメリカへの輸出が増える。逆に、アメリカ製品の円表示価格は高くなるので、日本国民はアメリカ製品を購入しなくなる。日本のアメリカからの輸入が減少する。すなわち、「ドル高・円安」は純輸出を拡大する方向に働く。一方、「ドル安・円高」は、まったく逆のメカニズムが働いて、輸出が減って輸入が増えるので、純輸出が縮小する方向に働く。

このように純輸出の重要な決定要因である外国為替レートも、大きな変動を示している。図 5-16 (次頁) は、1973 年 1 月以降について、1 ドルあたりの円の換算レートをプロットしたものである。円ドルレートは、長期的に見ると「ドル安・円高」の方向で推移しているが、より短い期間で見ると「ドル安・円高」の局面もあれば、「ドル高・円安」の局面もある。たとえば、1980 年代の前半は円がドルに対して大きく減価（円安）したのに対して、80 年代の後半は逆に著しく増価（円高）している。なお、図 5-16 は、NLAS マクロ経済学 database において月次ベースでアップデートされている。

海外との財・サービスの輸出入を考慮したモデルは、閉鎖経済モデル（closed economy model）に対して、開放経済モデル（open economy model）と呼ばれてい

図 5-16 ● 円/ドルレートの推移

（出所）日本銀行。

　る。開放経済の景気循環モデルの大きな特徴は，外国為替レートと輸出入の関係を明らかにするとともに，外国為替レートがどのように決定されるのかを解明しているところである。

　第9章で詳しく議論するが，実は外国為替レートの水準は，国内外の金利水準に左右される。さらに状況を複雑にするのは，外国為替レートが純輸出を通じて総需要（国内総支出）に影響を与えて，さらには国内の金利水準も変化させる可能性があるところである。

　したがって，開放経済の景気循環モデル（モデル作成者の名前に因んでマンデル・フレミング・モデルと呼ばれている）では，純輸出，外国為替レート，国内金利，総需要（国内総支出）の相互依存関係を分析することになる。

【開放経済の景気循環モデル──マンデル・フレミング・モデル】

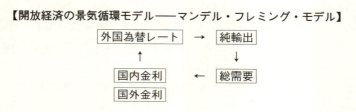

**マクロ経済政策の必然性**

需要サイドを基軸とした景気循環モデルのもっとも重要な特徴は，マクロ経済政策の必要性を提起しているところであろう。先にも述べたように，需要サイドから決まる実質GDPが供給サイドから決まる完全雇用GDPと一致する保証はまったくない。もし，実質GDPが完全雇用GDPを下回れば，働く意思のある労働者が失業をし，すでに設置されている生産設備の一部が活用されなくなってしまう。すなわち，マクロ経済にある労働力や生産設備などの生産要素を無駄にしているという意味で「マクロ経済の状態が望ましくない」と判断することができるであろう。

こうした状況こそ，政府のマクロ経済政策によってマクロ経済を「望ましい状態」に誘導する余地が生まれる。もしマクロ経済政策によって実質GDPを完全雇用GDPに近づけることができれば，失業率が下がり，生産設備の稼働率が高まるので，その分，すでにある生産要素を有効に活用することができる。

ここで言うマクロ経済政策には，財政政策と金融政策がある。財政政策は，政府が公共投資や政府消費などの政府支出を増減することによって，実質GDPをコントロールしようとする政策である。一方，金融政策は，中央銀行（日本の場合は日本銀行）が短期金利を上下させることによって（後に詳しく説明するが，貨幣供給量を増減させる金融政策もある），実質GDPをコントロールしようとする政策である。

$IS$-$LM$モデルや$AS$-$AD$モデルのもっとも重要な役割は，財政政策や金融政策のマクロ経済政策の効果を経済学的に評価することにある。

## 3-3　景気循環モデルと経済成長モデルの統合に向けて

これまで，供給サイドから経済成長を，需要サイドから景気循環を分析する標準的なマクロ経済学の考え方を紹介してきた。われわれは，供給サイドと需要サイドを完全に切り分けることによって，経済成長と景気循環というマクロ経済現象を分析する手段とともに，マクロ経済動向に働きかける経済政策を評価する枠組みを手に入れることができた。しかし，供給サイドと需要サイドの二分法という考え方が万能でないことも確かである。最後に，こうした標準的なマクロ経済学の考え方の限界を指摘しておきたい。

先にも述べたように，需要サイドを基軸とした景気循環モデルでは，労働力や生産設備などの生産要素の供給を完全に固定したうえで，需要サイドから景気循

環現象を分析していく。しかし，どのような状況にあっても，こうした分析手法がつねに適切であるとはかぎらない。とくに，生産要素の供給，すなわち労働供給や資本蓄積自体が景気循環に左右される場合には，景気循環現象を供給要因から完全に切り分けることができなくなる。

労働力の供給を例にとってみよう。労働供給が景気循環に左右されると同時に，労働供給の変化が景気循環の動向に影響を与える可能性もある。その結果，労働供給と景気循環との間に相互依存関係が生じてしまう。

$$\boxed{\text{労働供給の変化}} \underset{\leftarrow}{\rightarrow} \boxed{\text{景気循環}}$$

もっと具体的に考えてみよう。深刻な不況の結果，いま，職探しをあきらめて，その代わりに将来に備えて大学院で進んだ知識を身につけようとしたとする。フルタイムの学生・院生は労働力に含まれないので，大学院就学者の増加分だけ労働力が減少する。この場合，労働力の減少を反映して完全雇用 GDP も低下するので，不況による実質 GDP の低下を需要サイドだけで考えるのは適切でない。かりに不況の原因が需要サイドにあったとしても，現実に観察される実質 GDP の低下には，需要要因とともに供給要因も反映されていることになる。

実際の労働力の変化を見ても，景気循環に左右される面をけっして無視することはできないであろう。図 5-17 は，1954 年から 2014 年のサンプル期間について，労働力の年間変化をプロットしたものである。労働力は，景気循環の影響を受けながら，1 年間で数十万人のオーダーで変動している。たとえば，株価や地価の高騰で好景気に沸いた 1980 年代後半は，毎年 100 万人ずつ労働力が拡大している。逆に，「失われた 10 年」と呼ばれている 1990 年代や 2000 年代前半には，労働力が前年比で減少している年も多い。このように労働力の動向を概観しただけでも，景気循環が労働供給に与える影響は，けっして小さいものでないことが理解できる。

生産要素の供給と景気循環の相互依存関係については，資本設備の供給に対応する資本蓄積についても妥当する。図 5-18 は，1955 年度から 2014 年度のサンプル期間について，粗設備投資に相当する国内総固定資本形成，固定資本減耗，さらに国内総固定資本形成から固定資本減耗を差し引いた純設備投資の動向をプロットしたものである。前述のように，純設備投資が資本蓄積に貢献していく。なお，ここでカバーされている固定資本には，企業の設備投資ばかりでなく，政府の公共投資や家計の住宅投資も含まれている。

図 5-17 労働力の年間変化

(出所) 総務省。

図 5-18 粗設備投資と純設備投資

(出所) 内閣府。

固定資本減耗は,時間を通じて資本が蓄積されることを反映して単調に増加している。しかし,国内総固定資本形成が好景気に拡大する傾向がある結果,資本蓄積に貢献する純設備投資は景気循環に大きく左右されている。たとえば,好景気であった 1980 年代後半は純設備投資が顕著に増加した。一方,景気が低迷した 1991 年以降から 2000 年代にかけては,純設備投資が減少傾向に転じた。

　資本蓄積のテンポが鈍化(加速)すると,完全雇用 GDP の成長も鈍化(加速)するので,

$$\boxed{景気循環} \rightarrow \boxed{資本蓄積} \rightarrow \boxed{景気循環}$$

という形で景気循環と資本蓄積との間に相互依存関係が生じる。この場合も,景気循環の動向に需要要因とともに,供給要因が反映されることになる。

　本書の第Ⅳ部の第 16 章や第 18 章では,供給サイドを基軸とする経済成長モデルと需要サイドを基軸とする景気循環モデルを統合して,需要要因と供給要因の両方が実質 GDP の動向に反映するマクロ経済モデルを紹介していく。

　本書の今後の展開(第Ⅳ部への展開)でおいおい明らかにされていくが,需要要因で GDP が変動するケースと,供給要因で GDP が変動するケースでは,望ましいマクロ経済政策も大きく異なってくる。現実の経済動向は,需要要因と供給要因が交錯しながら GDP に影響を与えているというのが適切であろう。そうであるとすると,需要要因のみを考えた政策処方も,供給要因のみを考えた政策処方も,間違った経済政策となってしまう可能性が高い。

### ▶ POINT 5-5 ● 部門別の設備投資動向

　ここでは,図 5-18 で見てきた純固定資本形成の動向を,経済全体だけでなく,一般政府(主として公共投資),非金融法人企業(主として設備投資),家計(主として住宅投資)の部門ごとの投資動向を見ていこう。

　図 5-19 は,1980 年度から 2013 年度の期間について,上述の 3 つの部門ごとに,名目 GDP に対する純固定資本形成の割合を描いたものである。この期間において純固定資本形成の規模が急速に低下したのは,非金融法人企業である。1990 年度(9.7%)をピークに長期低下傾向に入った。2002 年度から 2007 年度にかけて一時的に上昇したものの,名目 GDP に対する規模は,かつての高水準に及ばなかった。

　一般政府の純固定資本形成の割合は,1980 年度には 4% を超えていたが,緩やかに低下してきた。2004 年度以降は,1% を下回った。家計の純固定資本形成

も，1980年度には5%近くあったものが，2001年度以降は0%水準を下回って推移してきた。

すなわち，日本経済の純固定資本形成の低迷というマクロ経済現象は，ある特定の部門で生じているのではなく，政府，企業，家計のすべての部門で生じてきたと言える。

図 5-19 ● 部門別の名目純固定資本形成／名目 GDP
（1980〜93年度は2000年基準，1994〜2013年度は2005年基準）

（出所）内閣府。

## 本書の今後の展開と基本的な姿勢

読者は，これからマクロ経済学を求める長旅に出るのであるが，不正確さを覚悟して思い切って単純化した鳥瞰図が旅の伴侶として役に立つこともあるのではないか。本章で展開してきた議論は，表5-1（次頁）に単純化してしまうことができる。

ただし，本章のいくつかの場所でも述べてきたように，これからマクロ経済学を学ぶ読者は，短期 vs. 長期，需要サイド vs. 供給サイド，固定物価 vs. 変動物価という二項対立を絶対的なものだと考えるよりも，マクロ経済モデルに対す

**表 5-1　鳥瞰図**

| | 開放経済か閉鎖経済か | 対象期間 | 需要サイドか供給サイドか | 物価水準 | 生産要素 |
|---|---|---|---|---|---|
| 第6章 IS-LM モデル | 閉鎖経済 | 短期 | 需要サイドのみ | 固定 | 明示的に取り扱われていない |
| 第7章 AS-AD モデル | 閉鎖経済 | 中期 | 需要サイドと供給サイドの両方 | 変動 | 労働のみ |
| 第8章 新しいケインジアンのモデル | 閉鎖経済 | 中期 | 需要サイドと供給サイドの両方 | 変動（硬直的なケースも含む） | 労働と資本が含まれているが，資本水準は固定されている |
| 第9章 マンデル・フレミング・モデル | 開放経済 | 短期 | 需要サイドのみ | 固定 | 明示的に取り扱われていない |
| 第10章 労働市場のモデル | 閉鎖経済 | 長期 | 供給サイドが中心 | 物価水準が考慮されておらず，名目変数が存在しない | 労働のみ |
| 第11章 経済成長モデル | 閉鎖経済 | 長期 | 供給サイドのみ | 物価水準が考慮されておらず，名目変数が存在しない | 労働と資本 |

る1つの考え方，あるいは理論モデルの整理の仕方というぐらいに思っておいたほうがよいのかもしれない。

　従来のマクロ経済学の学部向け教科書では，「物価水準が固定されているのか，変動するのか」，あるいは，「資本水準が固定されているのか，変動するのか」は，実際の時間の進行と厳格に結びつけて説明されることが多かった。

　たとえば，「1年程度の短い期間（短期）では，物価水準や資本水準が固定されていることを前提に理論モデルを組み立てても差し支えない」といった説明の仕方である。一方，「5年，10年を経過する間（長期）には，物価水準も資本水準も十分に調整される猶予があるので，両者が変動すると想定する」となる。折衷的なケースとしては，「数年間の期間（中期）では，短期と長期との間をとって，物価水準は変動するが，資本水準は固定されていると仮定する」となる。こうした想定を置いて，短期・中期のマクロ経済現象である景気循環は短期モデル，あるいは中期モデルで，長期のマクロ経済現象である経済成長は長期モデルでそれ

それ説明していくという体裁をとっている。

本書でも，第Ⅱ部を中心として建前ではそうした体裁をとっているが，こうしたマクロ経済モデルの仕方はいろいろな意味でミスリーディングになりかねない可能性にも配慮している。ここであまり議論するつもりはないが，ほんの少しだけ問題点を指摘しておこう。

たとえば，「1年程度の短い期間では，物価水準や資本水準が固定されている」と想定することがたとえ現実的であったとしても，そうした前提で景気循環という短期現象を説明することができると考えるのは，あまりに短絡的であろう。かりに短い期間で生じる物価水準や資本水準の変化は無視できるとしても，消費を決定する家計や設備投資を決定する企業は，将来，物価水準や資本水準が変化することを十分に考慮している可能性が高いからである。それにもかかわらず，「短期現象だから短期モデルで説明する」と単純に片付けてしまうと，そうした作業は，過去から現在，現在から将来に向けて進行しているマクロ経済を，時間の流れから完全に切り取ってしまって，ある短期間の様相のみで捉えてしまいかねない。

もっと厄介な問題は，「1年程度の短い期間では，物価水準や資本水準が固定されている」という想定が非現実的なことである。本章でも見てきたように，1年あまりの短い期間であっても，物価水準や資本水準はダイナミックに変化しているのである。

ただ，よくよく頭で考えると，あるいは目を凝らして事実を見ると，無謀としか思えない仮定や想定のもとでマクロ経済モデルを組み立てていくことが，まったく悪いというわけでもない。過度の単純化を通じて現実を抽象化する作業を通じて見えてくる経済学的理解もけっして少なくないからである。とくに，読者諸君のように，これからマクロ経済学を勉強していく人たちには，過度の単純化による抽象という作業のメリットが大きいであろう。

要は，経済モデル自身が悪いかどうかというよりも，経済モデルを操る側が「無謀な仮定を置いている」ということを十分にわきまえているかどうかであろう。「短期 vs. 長期，需要サイド vs. 供給サイド，固定物価 vs. 変動物価といった対立を絶対視しないでほしい」という趣旨も，いまの段階では，「経済モデルを使う側が経済モデルと注意深く問合いをとってほしい」という意味としてとってもらいたい。マクロ経済モデルを学んでいくに従って，上述の対立している要素が実は相互依存の関係にあって，1つの理論モデルのなかで統一的に取り扱っ

ていかなければならないことが徐々にわかってくるであろう。

　それでは，マクロ経済モデルを求めて旅に出よう。
Bon voyage!

第Ⅱ部 マクロ経済学の基本モデル

第 **6** 章 閉鎖経済の短期モデルの展開

CHAPTER **6**

第6章では，*IS-LM* モデルと呼ばれるマクロ経済モデルを学んでいく。多くの読者にとっては，はじめてのマクロ経済モデルであろう。*IS-LM* モデルには，いくつかの特徴が備わっている。第1に，物価水準が固定されている。第2に，在庫投資による調整（倉庫からの財の出し入れ）の必要がないほど生産調整が速やかになされる。第3に，現在の消費や設備投資が現在の経済環境だけから決定される。こうした特徴を持つ *IS-LM* モデルによって，財政政策や金融政策の効果を評価することができる。

KEYWORD
固定価格と伸縮価格，消費関数，在庫投資，乗数効果，ケインジアン・クロス，フィッシャー方程式，設備投資関数，*IS* 曲線，*LM* 曲線，貨幣需要，貨幣供給，流動性の罠，総需要曲線

INTRODUCTION

# SECTION 1 短期モデルの基本的な考え方

## 1-1 短期モデルの位置づけ

　これから第Ⅱ部で展開していく諸章では，具体的にマクロ経済モデルを組み立てていくが，第5章の順序とは逆に，短期モデル→中期モデル→長期モデルという流れで議論を展開していきたい。これは主に教育的な理由からで，単純なモデルから複雑なモデルへの流れのほうが経済モデルの理解が容易になると考えるからである。

　ただし，ここで言う「単純」と「複雑」の意味は，あくまで数学的な難易に基づいた判断であることをあらかじめ断っておきたい。確かに，本章で展開する *IS-LM* モデルは，数学的に見ると，四則演算しか用いていない簡単なものである。それでは，概念的に「簡単」と言えるかというと，そういうわけではない。*IS-LM* モデルの平易な装いの背景には，いくつもの込み入った仮定や前提が目に見えない形で設けられている。そうした仮定や前提にまで目配りをすると，*IS-LM* モデルがけっして簡単なモデルでないことは，本章の勉強を通じて理解してもらいたいことの1つである。

## 1-2 右下がりの需要曲線や右上がりの供給曲線は当たり前なのか？

　短期や中期のマクロ経済モデルは，ミクロ経済モデルの需給均衡メカニズムのアナロジーと考えられることが多い。

　マクロ経済モデルが物価水準とGDPを決定するモデルであると考えて，縦軸に物価水準，横軸にGDPをとったグラフ（図6-1）には，マクロ経済の需要要因を表す総需要曲線が右下がりに，マクロ経済の供給要因を表す総供給曲線が右上がりにそれぞれ描かれる。それらの2つの線の交点がマクロ経済の均衡だとイメージされるような説明に出くわすことが実に多い。事実，第Ⅱ部で展開する短期・中期モデルでも，マクロ経済学的な手続きを踏みながら，「右下がりの総需要曲線」と「右上がりの総供給曲線」を導き出していく。

　しかし，GDPを横軸，物価水準を縦軸とする平面では，一見当たり前のよう

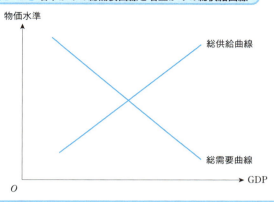

図 6-1 ● 右下がりの総需要曲線と右上がりの総供給曲線

に見える「右下がりの総需要曲線」や「右上がりの総供給曲線」も、ミクロ経済学の理屈でよくよく考えてみると、摩訶不思議な曲線である。試しに「右下がりの総需要曲線」の「不思議さ」を考えてみたい。

ミクロ経済学では、「消費者の効用極大化行動においても、企業の利潤極大化行動においても、消費者や企業の意思決定に影響を与えるのは相対的な価格であって、一般物価といった絶対的な水準ではない！」と習ってきたはずである。第 I 部第 2 章でも述べたように、家計も企業も、貨幣錯覚に陥っていないということが、ミクロ経済学の大前提である。

たとえば、消費者がリンゴとミカンを需要する場合、リンゴの価格に対するミカンの価格の比率や所得に対するリンゴやミカンの価格の割合といった相対的な価格こそが重要である。したがって、所得 1000 円、リンゴ 100 円、ミカン 20 円のケースと、所得 1100 円、リンゴ 110 円、ミカン 22 円のケースでは、所得、リンゴ価格、ミカン価格の相対価格は 50 対 5 対 1 でまったく変わらない。所得もリンゴやミカンの価格も物価水準に比例して変化しているかぎり、消費者の需要行動に変化は認められないはずである。これらのケースでは、リンゴに対する需要もミカンに対する需要も物価水準に左右されないので、縦軸に物価水準、横軸に需要水準をとれば、垂直の直線となる。

企業の意思決定でも同じことである。たとえば、企業が労働者を雇用する場合も、物価水準に対する（貨幣単位で計った）賃金水準、すなわち実質賃金が雇用水

第 6 章 閉鎖経済の短期モデルの展開

> **COLUMN** マクロ経済学の歴史⑤　*IS-LM* モデルを築き,広めてきた経済学者たち

　本章で展開する *IS-LM* モデルは,ケインズ（J. M. Keynes, 1883-1946, イギリス人）が 1936 年に公刊した『雇用・利子および貨幣の一般理論』（*The General Theory of Employment, Interest, and Money*）の基本的な考え方をまとめたマクロ経済モデルと言われている。しかし,*IS-LM* モデルは,ケインズが『一般理論』で展開したアイディアを余すことなく取り込んでいるわけではない。むしろ,1972 年にノーベル経済学賞を受賞したヒックス（J. R. Hicks, 1904-89, イギリス人）が若いとき（1937 年）に発表した「ケインズ氏と古典派——1つの解釈の試み」（"Mr. Keynes and the Classics: A Suggested Interpretation"）という論文で『一般理論』のほんの一部を数学的に切り取ってきた理論モデルと言ったほうが適切かもしれない。

　後に *IS-LM* モデルと呼ばれるヒックスのモデルは,あまりに見事だったことから,第 2 次世界大戦後,学部向けマクロ経済学の中心的なモデルとして位置づけられるようになった。その決定的なきっかけを作ったのが,1970 年にノーベル経済学賞を受賞したサミュエルソン（P. A. Samuelson, 1915-2009, アメリカ人）である。彼は,1955 年に出版した『経済学』（*Economics: An Introductory Analysis*）で *IS-LM* モデルを本格的に取り入れ,全米の大学で圧倒的な支持を得た。サミュエルソンの『経済学』は,日本語を含め多くの言語に翻訳され,世界中の大学でマクロ経済学の主要テキストとして定着していく。

ケインズ（AP/アフロ）

準の決定要因である。物価指数が 100 で賃金指数が 120 のケースと,物価指数が 50 で賃金指数が 60 のケースでは,企業が欲する雇用水準に変化があるはずがない。これらのケースでも,縦軸に物価水準,横軸に労働需要をとれば,垂直の直線となってしまう。

　相対価格ではなく,物価水準に対して「右下がりの需要曲線」を描くということがそれほど当たり前のことではないということは,おわかりいただけたと思う。

## 1-3　伸縮価格モデルの労働市場と資金市場

　以上の需要関数の議論で特徴的なことは，リンゴやミカンの価格も，所得水準も，賃金水準も，伸縮的に変化して相対価格や実質賃金が決まることが想定されている点である。こうした想定を伴うモデルは，**伸縮価格モデル**と呼ばれている。

　もう1つ特徴的なことは，企業も，労働者も，消費者も，財価格や賃金を与えられたものとして行動している点である。すなわち，すべての経済主体がプライス・テイカー（price taker）として行動している。ミクロ経済学で勉強するように，すべての経済主体がプライス・テイカーとして競争的に行動する経済環境は，**競争市場環境**（competitive markets）と呼ばれている。

**簡単なマクロ・モデルの供給サイド**　以下では，価格が伸縮的である競争市場環境のもとで，供給要因も，需要要因も加味した簡単なマクロ経済モデルを作っていく。まずは，**供給サイド**から考えていこう。

　いま，総生産水準（GDP）は労働投入に比例するとしよう。すなわち，次のような生産関数が成り立っている。

$$\text{GDP} = \alpha \times \text{労働投入}$$

こうした生産関数は，第5章第2節で生産関数 $G$ と呼ばれていたものの一種である。

　上の生産関数では，長期モデルで取り扱う生産関数と大きく異なって，物的資本（生産設備）を生産の投入要素としていない。労働だけの投入で財・サービスが生産されるという仮定は，本章の短期モデルばかりでなく，第7章の中期モデルでも用いていく。しかし，労働のみを生産要素とする生産関数を用いるからと言っても，マクロ経済に物的資本が存在していないと考えているわけではまったくない。むしろ，「物的資本の水準が一定」のもとで短期や中期のマクロ経済を考察しているので，短期・中期モデルにおいては，資本水準の決定メカニズムがマクロ経済モデルの枠外となっていると考えたほうが適切であろう。

　労働市場では，企業が労働を需要し，家計が労働を供給する。上の生産関数では，企業が1人の労働者を投下することで生み出される財の価値は $\alpha$ に等しくなる。一方，企業が1人の労働者を雇用する際には実質賃金 $w$ を支払わなければならない。したがって，1人の労働者を雇用するごとに，企業は $\alpha-w$ に等し

い収益を得る。企業間の競争の結果，企業収益がゼロとなってしまうので，$\alpha - w = 0$ が成立する。すなわち，競争市場環境では，実質賃金 $w$ が $\alpha$ に等しくなる。読者のなかには，ミクロ経済学ですでに上述の理屈を習っている人もいるかもしれない。ミクロ経済学では，労働市場が競争的であると，労働の限界生産性（ここでは，$\alpha$）に等しくなるように実質賃金（ここでは，$w$）が決定されると説明されている。

ここでの説明がわかりにくい読者は，次のように考えてもよいかもしれない。もし，1人あたりの労働者が生み出す財の価値 $\alpha$ がその労働者を雇う実質賃金 $w$ を上回ると，その事業から収益を得ることができるので，多くの企業がその事業に参入して，労働者を争って雇おうとするであろう。そうすると，雇用が増加して，実質賃金 $w$ が $\alpha$ の水準に向かって上昇していく。逆に，$\alpha$ が $w$ を下回ると，こうした事業にはどの企業も参入しないので，労働者を雇い入れようとしない。そうすると，雇用が減退して，実質賃金 $w$ が $\alpha$ の水準に向かって減少していく。その結果，均衡では，労働の限界生産性（$\alpha$）に等しくなるように実質賃金（$w$）が決定されるようになる。

いずれにしても，以上の議論に基づけば，実質賃金を縦軸，雇用水準を横軸とする図 6-2 が示しているように，労働需要曲線は実質賃金 $\alpha$ のところで水平となる。

一方，労働供給は労働力人口に等しいので，労働供給曲線は労働力水準のとこ

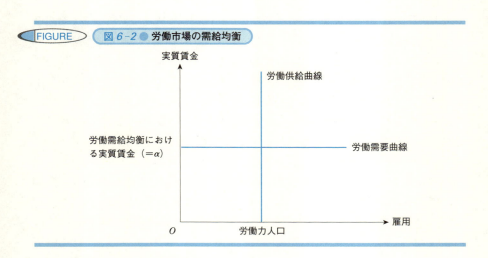

図 6-2 ● 労働市場の需給均衡

ろで垂直となる。したがって，労働需要が労働力人口に等しくなるように労働市場の需給均衡が達成される。このモデルでは，すべての労働力人口が雇用されているという意味で，失業がいっさい生じていない。

この場合，すでに労働市場において労働力人口の水準で需給が均衡しているので，すべての労働力人口が投入されて総生産水準が決定される。第5章でも議論したように，労働力人口がすべて雇用されるもとで達成される GDP は，完全雇用 GDP と呼ばれている。上の生産関数を用いると，完全雇用 GDP は，「$\alpha \times$ 労働力人口」に等しくなる。

**簡単なマクロ・モデルの需要サイド**

次に，需要サイドに移っていこう。ここでは，輸出や輸入を考慮していない閉鎖経済で，政府も存在しないと単純化して，消費と設備投資を二大需要項目（支出項目）と考えてみることにしよう。均衡において総需要と総生産は等価にあるので，消費と設備投資の総計は完全雇用 GDP に等しいはずである。したがって，次のような等式が成り立つ。

$$完全雇用GDP = 消費 + 設備投資$$

労働市場の需給から完全雇用 GDP がすでに決定されているもとでは，かりに消費が減退すると，設備投資が増大しなければならない。それでは，設備投資はいったいどのように増大するのであろうか。

企業は，設備投資を実施するために資金を借り入れなければならない。第5章で見てきたように，資金を借り入れる企業にとって調達コスト（資金コスト）に対応するのが貸借契約に付される金利の水準である。金利（正確には，物価変動の要因を取り除いた実質金利。実質金利については後に詳述）が低く借入コストが安いほど，投資需要を拡大する。したがって，図6-3（次頁）のように，実質金利に対して投資需要は右下がりとなる。

家計において消費が減退するということは，その分，貯蓄が増大することになる（議論を簡単にするために，貯蓄水準は実質金利に左右されないと想定する）。その貯蓄が資金市場に入ってきて資金供給が拡大すると，実質金利が低下して企業は設備投資を増大させることができる。実質金利は，貯蓄増大による資金供給が設備投資増大とちょうど等しくなるところまで低下していく。

**垂直な総供給曲線の出現**

以上で見てきたように，物価や賃金が伸縮的で労働市場の需給均衡を達成するように実質賃金が速

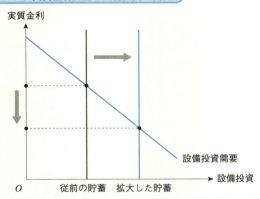

図 6-3 実質金利調整と設備投資の変化

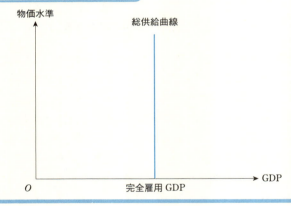

図 6-4 垂直な総供給曲線

やかに調整されるような経済においては，労働力人口がすべて雇用されて総生産水準がつねに完全雇用 GDP に等しくなっている。また，消費の変化による貯蓄の変化は，実質金利の調整による設備投資の変化によって吸収されていく。

価格が伸縮的な競争市場環境においては，物価水準に関わりなく総生産水準は完全雇用 GDP に等しい。言い換えると，労働市場の供給要因（労働力人口）によって生産水準が決められてしまう。したがって，図 6-4 が示すように，縦軸に物価水準，横軸に GDP をとったグラフにおいては，完全雇用 GDP の点で垂直とな

る総供給曲線が現れることになる。

## 1-4 なぜ物価や賃金は硬直的なのか？

　マクロ経済学における「右下がりの総需要曲線」や「右上がりの総供給曲線」は，標準的なミクロ経済学の議論からはとても導き出すことができない。言い換えると，「右下がりの総需要曲線」や「右上がりの総供給曲線」の背後には，マクロ経済学に独自の要因が働いていることになる。そうしたマクロ経済学的な要因として，本章では，①物価や賃金が伸縮的に変化しない状況とともに，第7章では，②企業や家計がプライス・テイカーとして競争的に行動しない市場環境を考えていく。

　まず，本章で取り扱う短期モデルである IS-LM モデルでは，いったん物価水準が完全に固定されている状況を想定する。こうした IS-LM モデルからは，「物価水準に対して右下がりとなる総需要曲線」を求めていく。

　第7章で取り扱う中期モデルでは，企業や労働者がプライス・テイカーとして競争的に行動していない環境を想定する。具体的には，企業が生産する財・サービスの価格を自ら設定できる独占力を有し，実質賃金が企業と労働者との間の交渉で決定される。そうした市場環境において，物価水準や実質賃金が徐々に調整されていくマクロ経済モデルを組み立てていく。このような中期モデルからは，「物価水準に対して右上がりとなる総供給曲線」を求めていく。

　第11章で取り扱う長期モデルは，物価や賃金が完全に調整された状況に対応している。したがって，長期モデルの均衡は，伸縮価格モデルの均衡と等しくなる。

　それでは，なぜ，短期モデルが想定しているように，物価や賃金が硬直的となるのであろうか。なぜ，物価や賃金は速やかに調整されないのであろうか。以下では，代表的な理由をあげておく。

(1) 企業は，価格を変更するときに費用がかかるので，頻繁に価格を変更することを回避しようとする。価格変更の費用はメニュー・コスト（menu costs）と呼ばれている。たとえば，全国的な販売網を有している飲料水メーカーにとって自動販売機の価格表示を変更する費用は膨大なコストとなるであろう。

(2) 企業は，経済状況や経営状況を完全に把握するまでに時間を要することから，価格や賃金の変更に時間のラグ（ずれ）を伴ってしまう。たとえば，物

価水準がどの程度上昇するのか見通しがつかない場合に，賃金の引き上げが遅れてしまう可能性がある。
(3) オーソドックスな経済学的説明ではないが，実質価格でなく名目価格に基づいて行動する貨幣錯覚が企業や消費者に存在している場合である。たとえば，物価水準が全般的に上昇しているのにもかかわらず，自社の製品の価格を据え置いてその製品の実質価格が低下してしまうケースである。

## 乗数効果のメカニズム

### 2-1　内生変数と外生変数

　これから閉鎖経済の短期モデルを本格的に展開していくが，その前に，経済モデルで取り扱われている経済変数には，内生変数（endogenous variables）と外生変数（exogenous variables）という2つの区別があることを述べておきたい。内生変数は，経済モデルのなかでその水準が決定される変数であるのに対して，外生変数は，経済モデルの外側からその水準があらかじめ与えられている変数である。

　しかし，内生変数と外生変数の区別は絶対的なものではなく，あるモデルで外生変数であったものが，より一般的なモデルでは内生変数として取り扱われることも多い。たとえば，これから議論していく $IS$-$LM$ モデルでは，$IS$ モデルだけを議論している場合は，金利は外生変数であるが，$IS$ モデルを $LM$ モデルと組み合わせると，金利は内生変数となる。

　$IS$-$LM$ モデルでは，$G$ で表される政府消費や $M^S$ で表される名目貨幣供給量は，外生変数として取り扱われている。政府消費は政府や議会が中心となって政治的なプロセスで決定していくものである。なお，設備投資 $I$ の一部に含まれる公共投資も，政治的なプロセスによって決められる。一方，名目貨幣供給量が外生変数として取り扱われているのは，中央銀行（日本であれば，日本銀行）が独立の機関として自主的に決定しているケースが想定されているからである。これらの外生変数は，政策操作変数，あるいは単に政策変数と呼ばれている。

## 2-2　国民経済計算（SNA）の三面等価と短期モデルの三面等価

　以下では，固定価格を仮定した短期モデルを組み立てていこう。ここでの短期は１年間と想定する。その１年間，物価水準や賃金水準はいっさい変化しない。価格が変化しない分，消費や投資，あるいは生産が数量面から調整される。当面は，海外との貿易や資本取引がない閉鎖経済モデルを考えていく。

　ここで展開していく短期モデルでは，経済学的なメカニズムを通じて総生産，総支出，総所得が相互に依存している数量調整プロセスを明らかにしていく。とくに，乗数効果（multiplier effect）と呼ばれている短期モデルに特徴的なメカニズムによって生産，支出，所得の好循環が生まれることに着目する。

　ここで注意が必要になってくる点は，「数量調整メカニズムを通じて総生産，総支出，総所得が等しくなるということ」は，第Ⅰ部で議論したように「SNAの会計ルール（三面等価原則）によって総生産，総支出，総所得が自動的につねに等しくなること」とまったく異なるという点である。

　短期モデルの特徴として物価や賃金の硬直性が強調されることは多いが，生産水準が速やかに調整されているという側面は等閑視されがちである。以下の説明では，短期モデルの乗数効果が速やかな生産調整を前提としていることに留意していきたい。

## 2-3　計画支出の決定

　まず総所得 $Y$ から出発しよう。家計は，総所得から所得税 $T$ を差し引いた可処分所得から消費支出 $C$ を決定すると想定する。以下の消費関数が示すように，可処分所得の増加とともに消費が増加する。

$$C = c(Y-T) + C_0 \qquad (6\text{-}1)$$

　ここで総所得（総生産）$Y$ も，消費支出 $C$ も，所得税 $T$ も実質単位で測られていることに注意してほしい。

　上の式の定数項 $C_0$ は所得水準に関わりなく支出される基礎的な消費に相当する。一方，可処分所得 $Y-T$ の係数 $c$ は限界消費性向と呼ばれている。$c$ は０と１の間の値をとる。可処分所得が１単位増加すると，消費が $c$ 単位，所得のうち消費に充てられなかった貯蓄が $1-c$ 単位増加する。たとえば，$c$ が70％で可処分

第６章　閉鎖経済の短期モデルの展開

所得が1万円増加すると，消費が7000円，貯蓄が3000円増加する。

ここで限界消費性向と異なる概念である平均消費性向（$C/(Y-T)$）も説明しておこう。限界消費性向が可処分所得の変化に対する消費支出の変化の割合であるが，平均消費性向は可処分所得に対する消費支出の割合を示している。また，貯蓄率は1から平均消費性向を控除した比率に対応している。

図6-5によって限界消費性向と平均消費性向の違いを説明してみよう。縦軸に実質消費支出（$C$），横軸に実質可処分所得（$Y-T$）をとると，(6-1)式の消費関数は切片が$C_0$，傾き$c$の線形関数として描くことができる。したがって，限界消費性向は消費関数の傾きに等しい。一方，平均消費性向は原点$O$（可処分所得と消費支出がゼロとなる点）を通る直線の傾きに相当する。したがって，可処分所得が増加しても，限界消費性向にはまったく変化がないが，原点を通る直線の傾きの低下とともに平均消費性向が低下していく。可処分所得の増加とともに平均消費性向が低下する理由は，可処分所得の増加の一部（$c$の割合）しか消費支出に回らず，残りは貯蓄に充てられるからである。

(6-1)式の消費関数は，最初に定式化した経済学者 J. M. ケインズの名前に因んでケインズ型消費関数と呼ばれている。この消費関数の最大の特徴は，「現在の」可処分所得が「現在の」消費支出を完全に決定している点である。しかし，第Ⅳ部で詳しく見ていくように，その後のマクロ経済学の展開において，こうした特徴は修正されていく。消費者行動には，現在の可処分所得だけでなく，将来

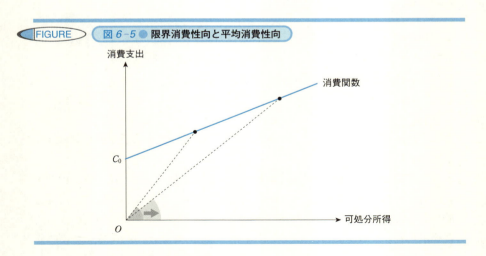

図 6-5 ● 限界消費性向と平均消費性向

の可処分所得も含めた消費支出を決定していく側面があるからである。第Ⅳ部第16章では，将来の可処分所得も反映するような消費関数がどのようなモデルから導出されるのか，そうした消費関数を用いるとマクロ経済政策の効果がどのように修正されるのかを考えていきたい。

### POINT 6-1 ● 民間消費の動向

　ケインズ型消費関数の大きな特徴は，家計の可処分所得の上昇に伴って，平均的な消費性向が低下していく傾向である。言い換えると，家計の可処分所得が増加すると，家計の平均的な貯蓄性向が上昇する。もし家計の可処分所得と経済全体のGDPがほぼ1対1で対応しているとすると，平均消費性向は，実質GDPに対する実質民間消費の比率に相当する。図6-6は，SNA統計を用いて1955年度以降の実質民間消費／実質GDPの動向をプロットしたものである。

　図6-6を見て明らかなように，戦後の経済成長過程における実質民間消費／実質GDP比率の低下傾向は，まさにケインズ型消費関数が示すインプリケーションと整合的である。また，景気循環局面で見ても，好況期に実質民間消費／実質GDP比率が低下し，不況期に同比率が上昇する傾向がある。たとえば，1960年代の高度成長期には，実質民間消費／実質GDP比率が一貫して低下している。一方，図5-2で見てきたように，1990年代半ばごろより実質GDPの伸びが鈍化したが，それと時期を同じくして，実質民間消費／実質GDP比率は若干の上下を伴いつつも低位で安定するようになった。

図 6-6 ● 実質民間消費／実質GDP比率の推移

（出所）内閣府。

第6章　閉鎖経済の短期モデルの展開

このように見てくると，ケインズ型消費関数は，日本経済の消費動向を非常にうまく説明していることになる。そうした側面をもっと掘り下げてみよう。
　第I部で見てきたように，SNAの会計ルールでは，

　　民間貯蓄＝設備投資（公共投資や住宅投資を含む）＋純輸出＋政府消費

がつねに成り立っている。この関係を念頭に置くと，GDPに対する消費の割合が好況期に低下して（貯蓄性向が上昇して），不況期に上昇する（貯蓄性向が低下する）という傾向は，民間消費の動向が，設備投資，純輸出，政府消費の動向によって補完されていることを示している。事実，日本経済の景気回復は，輸出と設備投資に牽引されてきた。
　したがって，ケインズ型消費関数が日本経済の特徴をうまく捉えているということは，日本経済の景気循環パターンがケインズ型消費関数と比較的相性がよいと言い換えることができるであろう。ただし，ケインズ型消費関数を基軸に議論していても，そうした景気循環の特徴がはたして望ましいのか，あるいは問題を抱えているのかは，にわかに判断することができない。第IV部の「消費と投資」を取り扱う第16章でそのことを再考してみたい。

---

### POINT 6-2 ● ケインズ型消費関数の理論的な問題点——フォワード・ルッキングな消費行動

　先のPOINT 6-1では，ケインズ型消費関数が現実の経済を説明する能力が高いことを見てきた。しかし，現実のマクロ的な側面を説明できることだけが理論モデルを評価する座標軸ではない。モデルが，消費という経済行動の諸側面（ミクロ的な側面も含めて）を同時にうまく捉えているかどうかも重要な評価基準である。
　ケインズ型消費関数の大きな特徴は，言うまでもなく，「現在の消費」が「現在の所得」に左右されているという点である。しかし，現在の消費の決定要因が，はたして現在の所得だけなのであろうか。そうではないことは，次の2つの事例が如実に示している。
　　ケース1：就職活動をしていた大学4年生の学生が，5月に内定をもらうと，突然，消費水準を引き上げた。しかし，当該学生は，実家からの仕送りも，週に1回行っていた家庭教師のバイト代も，従前のままであった。すなわち，その時点での可処分所得に変化はまったく起きていなかった。それにもかかわらず，その学生が気前よく消費するようになった現象は，ケインズ型消費関数でうまく説明することができない。ここで考えられることは，内定を得た当該学生にとって，現在の所得にまったく変化はなかったが，翌年の春から自分で稼ぎ出せる所得が確実になったという大きな変化がある。言い換え

ると，現在の所得に変化はないが，将来の所得に大きな変化が生じたことが，現在の消費に影響を与えている。

ケース2：若いビジネスウーマンが，消費をするか，貯蓄をするかで悩んでいたときに，日本銀行が金利を引き下げたというニュースが飛び込んできた。彼女は，低金利で貯蓄をしても仕方がないと考えて，貯蓄しようとしていた分も，消費に回した。一方，同じニュースに接した年配のサラリーマンは，金利低下で老後の利子収入が減るのを心配して，消費しようとしていた分も，貯蓄に回した。若いビジネスウーマンと年配のサラリーマンでは，金利低下というニュースに対しまったく対照的な消費行動をとったが，いずれの消費行動も，ケインズ型消費関数では説明することができない。標準的なケインズ型消費関数では，金利の変化が消費に与えるチャンネルがまったく存在しないからである。

読者にとっては，ケース1とケース2では，同じようにケインズ型消費関数で説明できないからと言っても，ずいぶんと異なった消費行動のような印象を与えるであろう。しかし，ケインズ型消費関数が現時点での所得と消費の環境で完結しているのに対して，ケース1も，ケース2も，現在の環境ばかりでなく，将来の環境も念頭に置いて現在の消費行動を決定しているという点では，共通点がある。経済学では，将来の動向を念頭に置いて意思決定することを，フォワード・ルッキング（forward-looking）な行動と呼んでいる。英語で forward-looking とは，「将来を考えた」という意味で，日常的に前向きなニュアンスがあるが，経済学で言う forward-looking には，積極的とか，消極的とかという価値判断的な要素はまったくない。

以上の話をまとめてみると，ケインズ型消費関数では，フォワード・ルッキングな消費行動を捉えることができないということになる。第Ⅳ部第16章では，恒常所得仮説やライフサイクル仮説のように，フォワード・ルッキングな消費行動を対象としている経済理論を取り扱っていく。

## 2-4 調整弁としての在庫投資

消費以外の支出項目として設備投資 $I$（企業設備投資 $I_E$，住宅投資 $I_H$，公共投資 $I_G$ を含む）と政府消費 $G$ を含めてみよう。ここで $I$ と $G$ の水準は実質単位ですでに決まっているものとする。

総所得 $Y$ のもとで決まってくる支出は計画支出 $E$ と呼ばれている。上の想定では，計画支出は消費，設備投資，政府消費の和に等しい。すなわち，

$$E = C+I+G$$
$$= c(Y-T)+C_0+I+G \tag{6-2}$$

が成り立っている。

　企業は上のように決まってくる計画支出を念頭に生産水準を決定する。もし実際の生産水準が計画支出を上回れば，売れ残った生産物は在庫として積み上がる。逆に，実際の生産水準が計画支出を下回れば，不足する生産物をこれまで蓄えてきた製品在庫から取り崩していく。すなわち，

　　　実際の生産水準＞計画支出　→　製品在庫増（正の在庫投資）
　　　実際の生産水準＜計画支出　→　製品在庫減（負の在庫投資）

が成り立っている。

　第Ⅰ部で見てきたように，SNA の会計ルールでは総支出の1項目として製品在庫の増減を考慮しているので，以下のように実際の生産水準と実際の総支出がつねに等しくなる。

　　　実際の生産水準 ＝ 計画支出＋製品在庫の増減（在庫投資）

繰り返しになるが，国民経済計算において総生産と総支出がつねに等しくなるのは，製品在庫の増減を支出項目に含めているからということになる。

　なお，第Ⅳ部第 16 章で詳しく述べていくが，在庫は「意図した在庫」と「意図しない在庫」の2つの範疇に分けられる。前者は，将来の販売増を見越して積極的に積み増した在庫を指している。一方，後者は，実売額が予定額を下回って積み上がってしまった在庫を指している。

▶POINT 6-3● **在庫投資の動向**

　　図 6-7 は，1955 年度以降の実質 GDP に対する民間在庫投資の実質額の比率をプロットしたものである。長期的な動向を見ると，実質民間在庫投資/実質 GDP 比率は，1970 年代半ばまで 0.5％から 2.5％で推移していたものが，その後，0.5％前後で推移するようになった。こうした長期傾向は，生産，輸送，流通に関わる技術の発達で，できるだけ製品在庫を抱えないような生産システムが構築されてきたことを示唆している。
　　一方，1970 年代半ば以降について景気循環上の動きを見ると，好景気には，

民間在庫が積み上がる傾向がある。たとえば，好景気であった1980年代後半や2000年代半ばは，実質民間在庫投資/実質GDP比率が高くなっている。しかし，不況期に民間在庫がかならずしも取り崩されるわけではない。景況がけっして良くなかった1970年代末から80年代前半，90年代初頭，90年代後半にも実質民間在庫投資/実質GDP比率は高めで推移した。

以上のような景気循環上の在庫投資動向は，在庫投資の背景に売上増に備えた「意図した在庫」と売れ残った「意図しない在庫」の両方が含まれていることを示唆している。

ただし，景気停滞が深刻であった1994年度，99年度，2001年度から2002年度，2009年度から2014年度は，需要に対して生産で対応するのではなく，製品在庫の取り崩しで対応したために，民間在庫投資はマイナスに転じた。

図 6-7 ● 実質民間在庫投資/実質GDP比率の推移

(出所) 内閣府。

## 2-5 短期モデルにおける三面等価

短期モデルにおける生産，支出，所得の一致は，SNAにおける三面等価よりも強い条件を課している。すなわち，製品在庫の増減がないように（在庫投資がゼロになるように）実際の生産水準が計画支出に正確に一致することが想定されている。

その結果，実際の生産水準は総所得$Y$に等しいとともに，計画支出$E$に等しくなり，次のような関係が成立する。

$$Y = E \tag{6-3}$$

上の等式に消費，設備投資，政府消費を代入すると，

$$\begin{aligned}Y &= C+I+G \\ &= c(Y-T)+C_0+I+G\end{aligned} \tag{6-4}$$

を導き出すことができる。

以下に示していくように，(6-4) 式には，短期モデルで中心的な役割を果たす乗数効果という興味深い性質が組み込まれている。

## 2-6 乗数効果の説明

**数式による説明**

在庫投資がゼロになるように生産水準と計画支出が等しくなる条件式 (6-2) を総生産 $Y$（総所得と総支出も意味している）について解いてみると，

$$Y = \frac{1}{1-c}(C_0 - cT + I + G) \tag{6-5}$$

を得ることができる。

(6-5) 式の右辺の冒頭にかかる係数 $1/(1-c)$ は乗数と呼ばれている。先に述べたように，限界消費性向 $c$ は 0 と 1 の間の値をとるので，乗数はかならず 1 より大きな値となる。たとえば，$c$ が 0.5 であれば $1/(1-c)$ は 2 となり，$c$ が 0.8 であれば $1/(1-c)$ は 5 となる。

ここで政府消費が $\Delta G$ だけ増加すると，総所得 $Y$ は政府消費の増加分に乗数を掛けた分だけ増大する。すなわち，

$$\Delta Y = \frac{1}{1-c}\Delta G$$

が成り立つ。

上の式で興味深いのは，乗数 $1/(1-c)$ が 1 を上回ることから，総所得の増加分 $\Delta Y$ は当初の政府消費の増加分 $\Delta G$ を上回るという点である。このように $\Delta Y > \Delta G$ となる効果は，乗数効果と呼ばれている。

たとえば，限界消費性向が 0.5 であれば乗数は 2 となるので，1 兆円の政府消費増で総所得が 2 兆円増加する。この例を用いながら乗数効果のメカニズムをも

う少し詳しく見ていこう。

まず、総支出を構成する政府消費が1兆円増大すると、総生産も総所得も1兆円増大する。すると、家計の可処分所得も1兆円増加する。1兆円の可処分所得の増大でその半分（限界消費性向に相当する分）の5000億円の消費が増大する。5000億円の消費増は5000億円の生産増、5000億円の可処分所得増につながるので、ふたたびその半分の2500億円の消費が増大する。

こうしたプロセスがずっと続いていくと、総所得への影響は締めていくらになるであろうか。1兆円＋5000億円＋2500億円＋1250億円＋625億円＋…となって、消費増→生産増→所得増のプロセスを一巡するごとに累積した効果は徐々に2兆円に近づいていく。もう少し厳密に言うと、$1(兆円)+1\times0.5+1\times0.5^2+1\times0.5^3+1\times0.5^4+\cdots$という計算について、巻末の数学付録の等比級数の和の公式を用いると、$1\times1/(1-0.5)=2$（兆円）となる。

すなわち、乗数効果の背後には、消費、生産、所得の好循環があるわけである。以下で明らかになるように、こうした乗数効果メカニズムが短期モデルの中核的な役割を担っている。

### グラフによる説明

次にグラフによって乗数効果を説明してみよう。
図6-8(1)のように縦軸に計画支出$E$、横軸に総所得（総支出）$Y$をとったグラフに（6-5）式を描くと、切片が$-cT+C_0+I+G$、

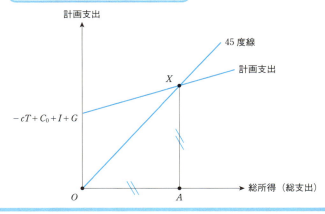

FIGURE　図6-8(1) ●ケインジアン・クロス

第6章　閉鎖経済の短期モデルの展開

傾きが $c$ となる直線になる。一方，計画支出が総所得に等しくなる条件式 $Y=E$ は 45 度線に相当する。たとえば，図 6-8(1) では，45 度線上にある $X$ 点では，$OA$ と $AX$ の距離は等しいことになる。したがって，(6-5) 式のグラフと 45 度線が交わる $X$ 点において実際の生産水準が計画支出に等しく，在庫投資がゼロとなる。計画支出線と 45 度線が交差する点は，<u>ケインジアン・クロス</u>とも呼ばれている。

図 6-8(2) で政府消費が $\Delta G$ だけ増大すると，(6-5) 式の切片は $\Delta G$ 分だけ上方にシフトする。その結果，45 度線との交点は $X$ 点から $X'$ 点の右上方に移動する。(6-5) 式の傾きは 45 度線よりも緩やかであるので，$X$ 点から $X'$ 点への水平方向の移動幅は，(6-5) 式の切片の垂直方向の移動幅 $\Delta G$ よりも大きくなる。

容易に確かめられることであるが，限界消費性向 $c$ が 1 に近づき (6-5) 式の傾きが急になるほど，$X$ 点から $X'$ 点への水平移動幅も大きくなる。乗数効果は水平方向の変化が垂直方向の変化を上回るところに対応している。

以上見てきた政府消費増大のインパクトは，政府消費を表す直線のシフトと，所得と支出が等しくなる条件を表す 45 度線上の移動に分けて考えると理解しやすい。まず，政府消費の増大分だけ，計画支出を表す直線が上方にシフトする。次に，計画支出線の上方シフトに伴って，所得と支出の等価を表す 45 度線上を $X$ 点から $X'$ 点へ移動している。

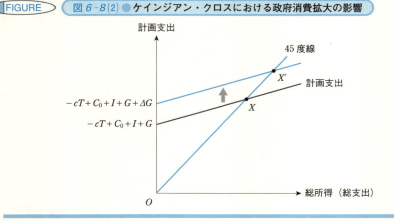

FIGURE 図 6-8(2) ● ケインジアン・クロスにおける政府消費拡大の影響

### 2-7 乗数効果の背景——再考

ここで乗数効果を通じて消費増と生産増（所得増）の好循環が生じる背景をまとめておきたい。

第1に，実際の生産水準が計画支出水準に速やかに調整される。言い換えると，売れ残りによる在庫の積み増し（正の在庫投資）や品不足による在庫の取り崩し（負の在庫投資）がまったくなく，在庫投資がつねにゼロになることがあらかじめ想定されている。どの時点でも生産水準と計画支出が均衡するためには，生産活動を行う企業は計画支出の水準を正しく予想するとともに，生産能力を速やかに調整することを通じて実際の生産水準を予想水準に一致させる必要がある。しかし，先の POINT 6-3 で見てきたように，現実の経済は，さまざまな事情から在庫の積み増しや取り崩しが生じていて，実際の生産水準が計画支出水準にかならずしも一致していない。第Ⅳ部第16章では，在庫投資のメカニズムについて掘り下げて議論していきたい。

第2に，ケインズ型消費関数の特徴である現在の可処分所得のみが現在の消費支出を決定する点が，消費と所得の好循環を生み出している。しかし，第Ⅳ部第16章で詳しく見ていくように，現在の消費支出が現在の可処分所得だけでなく，将来の可処分所得も反映している場合には，乗数効果が現れない可能性もある。たとえば，現在の所得税減税で現在の可処分所得が増加しても，将来の所得税負担が高まり将来の可処分所得が確実に低下することが見込まれれば，現在の可処分所得増の影響が将来の可処分所得減の影響に相殺されてしまう可能性もある。

読者には，乗数効果のメカニズムを正しく理解するとともに，乗数効果の背景にも留意してほしい。新しいマクロ経済学には，乗数効果の背景に鋭いメスを入れてきたという側面があるからである。

> **POINT 6-4 ● 公共投資の乗数効果と民間消費の動向**

政治プロセスから決まってくる公共投資（$I_G$）に関しても，次のような乗数効果が成り立つはずである。

$$\Delta Y = \frac{1}{1-c} \Delta I_G$$

本文で詳しく説明してきたように，当初の公共投資の増分を超えて総生産が拡大する乗数効果のメカニズムの背後では，「所得の増加⇒消費支出の増加⇒所得

の増加」という形で消費関数が大きな働きをしている。

そうした公共投資の乗数効果における消費関数の役割を考えると，公共投資の拡大は，つねに家計消費の拡大を伴うはずである。そこで，図6-9では，1956年度から2014年度の期間において，実質公的資本形成（公共投資）の変化率と実質民間消費（家計消費）の変化率をプロットしてみた。かりに公共投資の乗数効果が日本経済に対して理論どおりの効果をもたらしているとすると，公共投資の変化率と家計消費の変化率は並行して推移するはずである。

図6-9によると，確かに，1970年代までは，公共投資の拡大が家計消費の拡大を伴う傾向が強かった。とくに，1960年代は，公共投資の拡大と家計消費の拡大が並行した。1970年代に入ると，70年度から72年度，あるいは，77年度から78年度の公共投資拡大は家計消費拡大を伴っていた。一方，1974年度，79年度から80年度は，公共投資の縮小と家計消費の縮小が時を同じくしてきた。

しかし，1980年代以降は，公共投資の拡大（縮小）と家計消費の拡大（縮小）は，かならずしもパラレルでなくなった。1980年代前半は，公共投資が縮小したものの，家計消費は堅調に推移した。1990年代初頭，公共投資は大幅に拡大したが，家計消費は伸び悩んだ。21世紀に入って2008年度までは，公共投資は縮小傾向にあったが，家計消費はほぼ横ばいで推移した。2009年度や2013年度の公共投資の大幅な拡大は，家計消費をそれほど引き上げなかった。

こうして見てくると，1980年代以降については，公共投資の乗数効果は，理論どおりの影響を日本経済に及ぼしてこなかったと考えられる。

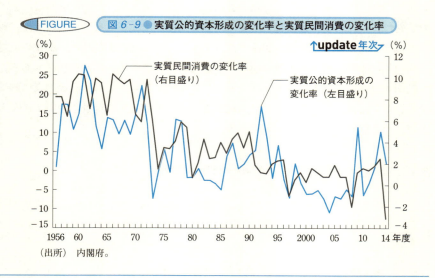

図6-9 実質公的資本形成の変化率と実質民間消費の変化率

（出所）内閣府。

## 財市場の数量調整

### IS 曲線の導出

#### 3-1 名目金利と実質金利

　これから説明していく *IS-LM* モデルは短期モデルのもっとも代表的なマクロ経済モデルである。*IS* モデルは財市場を，*LM* モデルは貨幣市場をそれぞれ対象としている。*IS-LM* モデルの重要な特徴として，物価や賃金は固定されているが，財市場においても貨幣市場においても金利は伸縮的に変化するという面がある。

　正確に言うと，金利は，貨幣単位で支払われる名目金利と物価変化（インフレ）を調整した実質金利に分類することができる。以下の POINT 6-5 で詳しく議論していくように，フィッシャー方程式（発見者の名前を冠している）を通じて名目金利と実質金利には次のような関係がある。

$$\text{名目金利} = \text{実質金利} + \text{期待インフレ率}$$

　ここで言う名目金利とは，貸借契約に付された金利水準を指している。一方，実質金利とは，実質的な金利負担を意味している。期待インフレ率とは，借入期間中に予想される物価上昇分を指している。上のフィッシャー方程式によると，実質の金利負担（実質金利）は，貸借契約に付されている名目金利から，貸借期間中に予想される物価上昇率（期待インフレ率）を差し引いたものに等しいことになる。

　では，なぜ実質的な金利負担は，貸借期間に生じるインフレ分だけ軽減されるのであろうか。ここで，実例を考えてみたい。いま，1 年間，100 万円の資金を 5% で借りる貸借契約を考えてみよう。この借入期間の 1 年間に 2% の物価上昇が予想されていると仮定する。この場合，借り手は，1 年後に 100 万円の元本と 5 万円の利息を貸し手に支払わなければならない。しかし，資金を借り入れた 1 年間に物価が 2% 上昇することが見込まれているので，借入元本 100 万円の実質価値は，インフレ分だけ購買力が目減りして 98 万円（= 100 − 100 × 0.02）となる。したがって，インフレ分による元本の目減りを考えると，借り手は 98 万円の元本返済と 5 万円の利息を合わせた 103 万円を貸し手に支払っていることになる。

> **COLUMN** マクロ経済学の歴史⑥　フィッシャー方程式の出典

> 　経済学説的に見ると，名目金利が実質金利を期待インフレ率だけ上回るという関係は，アメリカの経済学者であるフィッシャー（I. Fisher, 1867-1947）が発見したとされている。
> 　フィッシャーは，1896年に発表した論文「物価高騰と金利」（"Appreciation and Interest"）で基本的な考え方を提示し，1930年に主著の1つである『利子論』（*The Theory of Interest*）で本格的に展開した。

フィッシャー（dpa/時事通信フォト提供）

　すなわち，借り手から見ると，実質ベースでは，100万円を借りて103万円を返済しているので，実質的な金利負担は，5万円ではなく，3万円ということになる。換言すると，実質金利は，名目金利5％から期待インフレ率2％を差し引いた3％に等しい。

　フィッシャー方程式は，以上のような実質金利と名目金利の関係を表していることになる。ただ，フィッシャー方程式の解釈で気をつけなければならない点は，実質金利は，あくまで貸借期間に生じるインフレ率の予想に基づいているというところである。上の例では，2％の期待インフレ率は，実際の物価上昇率ではなく，借入をする時点で向こう1年間に見込まれるインフレの予想値に相当する。したがって，実際に借り手が負担する実質金利は，もし，インフレ率が見込みを上回って3％となれば，2％に低下し，逆に，見込みを下回って1％となれば，4％に上昇する。

　厳密には，*IS-LM* モデルにおいても名目金利と実質金利は区別されている。以下で見ていくように，*IS* モデルでは実質金利が，*LM* モデルでは名目金利が用いられている。しかし，物価水準が固定されていることからつねにインフレ率がゼロに等しく，将来のインフレ率（期待インフレ率）もゼロとなる結果，名目金利と実質金利はいつでも等しい。したがって，*IS-LM* モデルの実際的な運用にあたっては名目金利と実質金利を区別する必要はないのである。

> POINT　6-5 ● フィッシャー方程式の導出方法

　（フィッシャー方程式の導出に関する議論は，やや上級のトピックスなので，初読の際には，このPOINTを読み飛ばしても差し支えない。）

　「名目金利＝実質金利＋期待インフレ率」というフィッシャー方程式を理解するためには，まず，実質金利という概念を理解しなければならない。実質金利とは，物価の影響を取り除いた正味の運用利回りのことを指している。いま，現在の物価水準が $P_t$，1年先に予想される物価水準が $P^e_{t+1}$ であるとする。ここで変数に $e$ という文字を添えているのは，「予想された変数」（expected variables）という意味を含意している。名目金利とは，預金した資金に付される金利そのものである。以下では，今年預けた預金の金利を $i_t$ としよう。

　ここまでの準備をして，いよいよ，物価の影響を取り除いた正味の運用利回りである実質金利（$r_t$）を求めてみよう。まず，$P_t$ の資金を預金すると，1年後の元利合計は $(1+i_t)P_t$ に等しくなる。物価水準で実質化した正味の元利合計は，$(1+i_t)P_t/P^e_{t+1}$ に等しい。すると，実質金利に元本分を加えた運用利回り（$1+r_t$）が，物価水準で実質化した正味の元利合計に相当することになる。すなわち，

$$1+r_t=\frac{(1+i_t)P_t}{P^e_{t+1}}$$

が成り立つ。

　上の式の両辺について自然対数をとると，

$$\ln(1+r_t)=\ln[(1+i_t)]-[\ln(P^e_{t+1})-\ln(P_t)]$$

を得ることができる。本書で何度となく用いていく関係であり，巻末の数学付録でも説明していることであるが，自然対数のわずかな差が変化率で近似でき（$\ln x_{+1}-\ln x\approx(x_{+1}-x)/x$），ゼロに近い変数 $x$ について $\ln(1+x)\approx x$ が成り立つことを想定すると，

$$r_t=i_t-\frac{P^e_{t+1}-P_t}{P_t}$$

を導出できる。

　すなわち，名目金利から予想されるインフレ率（期待インフレ率，$(P^e_{t+1}-P_t)/P_t$）を差し引いたものが実質金利に等しい。言い換えると，名目金利から物価上昇で目減りする分を取り除いたものが，正味の利回りである実質金利ということになる。

　フィッシャー方程式は，上の式を，

$$i_t=r_t+\frac{P^e_{t+1}-P_t}{P_t}$$

と書き直したものである。すなわち，名目金利は，実質金利に期待インフレ率を

上乗せしたものに等しい。

　なぜ，期待インフレ率を上乗せするのであろうか。資金を貸すほう（運用するほう，ここでは預金者）も，資金を借りるほう（調達するほう，ここでは銀行）も，貸借契約（預金契約）を結ぶときは，正味の利回りである実質金利に関心がある。そこで，あらかじめ物価上昇が予想されているのであれば，実質金利に期待インフレ率を上乗せした名目金利で契約を取り交わせば，実質の利回りを確保することができる。

　もちろん，フィッシャー方程式は，あくまで予想されたインフレ率に基づいた名目金利の決定なので，実際のインフレ率が予想から異なってしまえば，あらかじめ確保しようとした実質金利を得られない可能性もある。たとえば，実際のインフレ率が期待インフレ率を上回ってしまえば，正味の利回りは当初に想定した実質金利を下回ってしまう。この場合，貸し手のほうは正味の運用利回りに損失が出て，逆に，借り手のほうは正味の調達コストが減少する。もし実際のインフレ率が期待インフレ率を下回れば，正味の利回りが当初に想定した実質金利を上回って，借り手ではなく，貸し手が得をする。

　ただし，IS-LM モデルでは，物価水準が固定されているので，実質金利が想定したものと実際のものとの間で格差が生じることはない。

## 3-2　実質金利と設備投資

　IS モデルにおいても，次の消費関数を引き続き用いていく。

$$C = c(Y-T) + C_0 \qquad (6\text{-}1, \text{再掲})$$

　さらに設備投資関数も導入していこう。設備投資は企業設備投資，住宅投資，公共投資から構成されているが，企業が資金を調達して設備投資を実施する場合，実質金利 $r$ が資金調達の実質的な負担に相当する。実質金利が低いほど資金調達が容易になり，より大規模な設備投資を実施できる。同様に，住宅投資も，実質金利の低下とともに拡大する傾向がある。ただし，公共投資は，議会などの政治プロセスで決定されるので，かならずしも金利水準に左右されるわけではない。

　しかし，ここでは，議論を単純化するために，以下のように設備投資全体が実質金利 $r$ の減少関数となると想定する。

$$I = I_0 - dr \qquad (6\text{-}6)$$

(6-6) 式の設備投資関数において，$I_0$ は実質金利に関わりない基本的な設備投資水準に相当する。$d$ は設備投資の金利感応度を表し，この感応度が大きいほど設備投資は実質金利に敏感に反応する。

ここで (6-6) 式の設備投資関数にも問題点があることを指摘しておきたい。この設備投資関数では，実質金利の設備投資に対する負の影響を取り入れることによって設備投資を実施するためのコストを考慮しているが，設備投資がもたらす将来の便益についてはまったく組み込まれていない。どのような投資行動もそうであるが，将来の便益が現在の費用を上回るかぎりで設備投資が実施される。費用の絶対的な水準でなく，便益に対する費用の相対的な水準が投資決定において重要となってくる。設備投資の便益は，現在の設備投資によって将来の生産が増加する程度に対応している。第Ⅳ部第 16 章で詳しく見ていくように，トービンの $q$ という尺度は，設備投資の費用に対する便益の割合を示し，設備投資のもっとも重要な決定要因となっていく。

> **POINT** *6-6* ● 民間設備投資理論の拡張について
>
> 　図 6-10（次頁）は，1975 年度以降について，実質 GDP に対する実質民間設備投資の比率と実質金利の動向をプロットしたものである。実質金利の計算には，名目金利として 5 年物中期国債利回りを用いている。期待インフレ率の計算は難しいので，実際のインフレ率を長期国債金利から控除して実質金利を求めた。このように，期待インフレ率ではなく，実際のインフレ率を用いた実質金利は，「インフレ率が決まってから算出された」という意味で，「事後的な実質金利」（ex-post real interest rate）と呼ばれている。なお，2014 年度に事後的な実質金利が大きく低下しているのは，2014 年 4 月に消費税が 5％から 8％に引き上げられた結果である。
>
> 　図 6-10 によると，1990 年代半ばまでは，民間設備投資と実質金利との間に緩やかな負の関係が認められる。すなわち，実質金利が低下（上昇）する局面で実質民間設備投資／実質 GDP 比率が上昇（低下）する傾向が認められる。
>
> 　しかし，民間設備投資と実質金利の緩やかな負の関係は，あくまで実質金利の変化の方向について言えることで，実質金利の水準については認められない。たとえば，実質金利は 1980 年代後半のほうが 90 年代後半よりも高かったにもかかわらず，前者の期間で実質民間設備投資／実質 GDP 比率が高かった。民間設備投資と実質金利の負の関係がデータ上でかならずしも明らかでないということは，借入コストに対応する実質金利だけが，民間設備投資を決定する要因でないことを示唆している。とくに，最近の民間設備投資の停滞は，実質金利の水準だけで

は説明できないことになる。こうした背景には，第3章の第3-2項で見てきたように，企業部門が資金超過主体に転じた事情も影響しているであろう。

第Ⅳ部第16章で議論する投資理論では，借入コストという設備投資の費用の側面ばかりでなく，将来の収益性という設備投資の便益の側面も同時に考慮している。たとえば，いくら実質金利が低くて，借入コストが節約できると言っても，肝心の設備投資の収益性が低ければ，設備投資は実行されないであろう。逆に，たとえ実質金利が高くて，借入コストがかさんでも，設備投資が長い将来にわたって収益を生み出すのであれば，そうした設備に活発な投資がなされるであろう。

進んだ設備投資理論の代表的なものが「トービンの $q$」理論（Tobin's q investment theory）と呼ばれているものである。1981年にノーベル経済学賞を受賞したトービン（J. Tobin, 1918-2002, アメリカ人）の名前に因んでいる $q$ という尺度は，株価の水準を設備投資にかかる費用で除したものである。分子の株価が投資によってもたらされる将来の収益を，分母が設備投資コストをそれぞれ表していると見れば，「トービンの $q$」が設備投資の費用対効果の尺度となっていることは容易に理解できるであろう。第16章では，こうした進んだ設備投資理論を紹介していきたい。

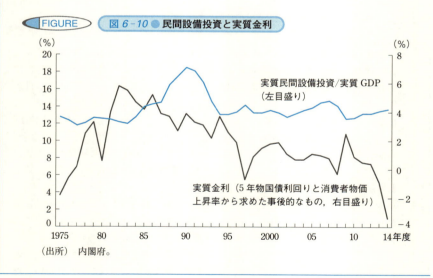

図6-10 ● 民間設備投資と実質金利

（出所）内閣府。

## 3-3　IS曲線

**総所得と計画支出の均衡**　　前項と同様に，在庫がゼロとなるように計画支出が総所得（総支出）$Y$ につねに等しいと仮定する。

すなわち，

$$Y = C+I+G$$
$$= C_0+cY-cT+I_0-dr+G \quad (6\text{-}7)$$

が成り立っている。

(6-7) 式の条件を導入することによって，IS モデルにも第2節で詳しく議論してきた乗数効果のメカニズムが組み込まれることになる。

なお，第2章の第2-2項で説明した三面等価の原則から，総所得や総支出を示す $Y$ は，総生産（総産出量，あるいは実質 GDP）にも等しいことに留意してほしい。

### IS 曲線の導出

IS 曲線は，設備投資（investment）と貯蓄（saving）の関係を示す投資貯蓄バランスを表している。第Ⅰ部で議論してきたように，閉鎖経済の想定では，マクロ経済においては設備投資が貯蓄に等しくなる。

主として行政サービスを意味する政府消費は国民経済計算では「広義の消費」として取り扱われるので，マクロ経済の貯蓄は総所得から消費と政府消費を控除した $Y-C-G$ に相当する。ここでは在庫投資がゼロとなる均衡を考えているので，こうして決まってくる貯蓄が設備投資 $I$ に等しくなる。

ここで IS 曲線を総支出（総所得）$Y$ と実質金利 $r$ の関係で表してみよう。(6-7) 式を $Y$ について解くと，

$$Y = \frac{1}{1-c}(C_0-cT+I_0-dr+G) \quad (6\text{-}8)$$

を得ることができる。(6-8) 式が IS 曲線である。(6-8) 式において実質金利 $r$ の係数（$-d/(1-c)$）が負となっている。図 6-11（次頁）のように，縦軸に実質金利 $r$，横軸に総所得 $Y$ とするグラフに IS 曲線を描くと，右下がりの直線となる。すなわち，実質金利が低下すると総所得が拡大する。

なぜ，IS 曲線が右下がりになるのであろうか。まず，実質金利が低下すると借入コストが低下して設備投資が拡大する。拡大した設備投資の乗数効果を通じて総所得が増大する。この点が実質金利と総所得が逆方向に変化する源泉となっている。

また，設備投資の金利感応度 $d$ が大きいほど，限界消費性向 $c$ が高く乗数効果 $1/(1-c)$ が大きいほど，「実質金利低下→総所得拡大」の増幅効果が強まる。この場合，図 6-11 で見るように IS 曲線の傾きが緩やかになって，わずかな実

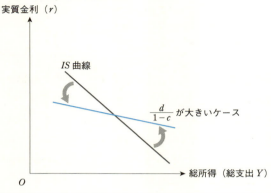

図 6-11 ● 右下がりの IS 曲線

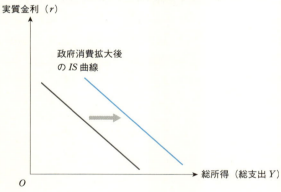

図 6-12 ● 政府消費拡大による IS 曲線の右方シフト

質金利低下でも総所得が拡大する。

**政府消費拡大と IS 曲線のシフト**

ここで政府消費 $G$ が拡大すると，IS 曲線にどのような影響を与えるのであろうか。(6-8) 式から明らかなように，政府消費の拡大 ($\Delta G$) は乗数効果を通じて総所得を $\Delta G/(1-c)$ だけ拡大させる。図 6-12 に示すように，いずれの実質金利水準でも政府消費の乗数効果が得られる結果，IS 曲線は右方にシフトすることになる。

# 貨幣市場の需給調節

***LM* 曲線の導出**

## 4-1 貨幣需要の決定メカニズム

***LM* 曲線**は，貨幣市場の需給均衡条件を表しているモデルである。*LM* 曲線の呼称は，**貨幣需要**に相当する liquidity demand，**貨幣供給**に相当する money supply の頭文字に由来している。英語では，liquidity も，money も，「貨幣」を意味しているが，前者がどちらかと言うと貨幣を需要する側からの呼び名であり，後者がどちらかと言うと貨幣を供給する側（具体的には，中央銀行）からの呼び名である。

前者の liquidity は，「流動性」と訳されていることも多い。「流動性の高い資産」(liquid assets) とは，「市場において速やかに換金できて，商品や他の金融資産を購入することができる資産」を意味している。貨幣が流動性と呼ばれているのは，市場経済において，もっとも流動性の高い資産が貨幣だからである。

多くの教科書の *LM* モデルの説明では，「貨幣単位で表された名目貨幣供給量 $M^S$ は中央銀行が決定する」という記述で議論が始まる。ここで言っていることは，名目貨幣供給量が外生変数であり，中央銀行が決める政策操作変数であるということであって，まったく正しい記述である。しかし，「これでは，まったくわからない！」というのが読者の本音ではないであろうか。そもそものことを言えば，「貨幣とは？」「中央銀行とは？」「貨幣供給とは？」ということから説明されなければ，読者には，わかりようもないことであろう。しかし，その説明は非常に難しい。本書では，第Ⅳ部第 15 章で本格的に議論したい。そうは言っても，待っているわけにもいかないので，以下の POINT 6-7 で概略を説明しておきたい。

> **POINT** *6-7* ● 貨幣とは？ 中央銀行とは？ 貨幣供給とは？
>
> *IS-LM* モデルと現実の経済との対応を考えていくうえで理解に悩むことの 1 つが，外生変数として扱われている名目貨幣供給量（$M^S$）であろう。マクロ経済学の入門的な教科書では，「中央銀行（日本で言うと，日本銀行）の判断で貨幣の発行量を決めているので，名目貨幣供給量は外生変数として取り扱われている」としばしば説明されている。こうした説明からイメージされることは，日本

銀行が輪転機を回して千円札，五千円札，一万円札などの紙幣を印刷しているような風景ではないであろうか。確かに，日本で流通している紙幣には，表の右側に肖像が，その左側に「日本銀行券」と印刷されている。紙幣は，まさに日本銀行が発行しているのである。ただし，より正確に言うと，実際に輪転機を回して印刷をしているのは，日本銀行ではなく，財務省所管の独立行政法人である国立印刷局である。

また，十円玉や百円玉のような硬貨も，その裏面に「日本国」とあって，日本政府が発行している。なお，硬貨の鋳造は，財務省所管の独立行政法人である造幣局が行っている。まとめてみると，紙幣も，硬貨も，中央銀行や政府といった公的機関が発行している。

このように教科書の説明からイメージされることは，けっして間違っているわけではない。むしろ，IS-LMモデルという理論モデルに非常に忠実な説明と言えるであろう。しかし，現実の世界では，紙幣や硬貨だけが貨幣の役割を果たしているのではない。

そもそも貨幣とは何であろうか。これも，金融論の教科書によると，貨幣には3つの役割がある。第1に，貨幣は価値の単位を提供する。たとえば，日本では，商品の価値も，資産の価値も，証券の価値も，「円」という通貨単位によって評価されている。しかし，いつの世の中でも，通貨単位によってもろもろの価値が評価されていたわけではない。たとえば，江戸時代には，金属貨幣が流通していたが，大名の資産規模や武士の給与水準などの価値尺度には，むしろ「石」という米の重量を測る単位が用いられていた。

第2に，貨幣は決済手段に用いられる。すなわち，貨幣を用いることで，物の購入費や賃金の支払を行うことができる。決済手段としての貨幣の役割は，貨幣がない場合を考えたほうが理解しやすいかもしれない。もし貨幣という決済手段がなければ，物を購入する場合には物々交換になり，給与を支払う場合には現物支給となってしまう。なお，決済手段としての貨幣は，交換媒体とも呼ばれている。

第3に，貨幣は価値貯蔵手段に用いられる。価値貯蔵手段というと難しく感じてしまうかもしれないが，貨幣を受け取っても，すぐに使う必要がなくて，明日でも，1カ月先でも，1年先でも，10年先でも，決済手段として貨幣を用いることができるという特性を，価値貯蔵手段と呼んでいる。もちろん，紙幣を発行している中央銀行が破綻してしまえば，紙幣は価値貯蔵手段として役に立たなくなる。

よくよく考えてみると，決済手段としての貨幣の機能も，貨幣が価値貯蔵手段としての役割を果たしていることが大前提であることがわかるであろう。たとえば，1週間前に給与として受け取った紙幣でいまでも物が買えるのも，過去1週間に，貨幣価値が維持されてきたからである。

ただし，インフレーションが進行している場合には，価値貯蔵手段としての貨

幣の価値は目減りしてしまう。たとえば，300円の支払を受けてミカンを買うとする。いま買えば1個20円だが，1年先に買えば値上がりして30円になることが予想されている。この場合，いまであれば15個のミカンを買えるが，1年先だと10個のミカンしか買えない。なお，価値貯蔵手段として保有している貨幣の価値がインフレーションで目減りしてしまうことは，「貨幣保有に機会コストがかかる」と言う。

　しかし，紙幣や硬貨だけが上述の貨幣の3つの機能を果たしているのであろうか。たとえば，あなたが会社から給与をもらうことを考えてみよう。昔であれば，上司からお札の入った封筒をもらったが，いまではそうした風景はまれであろう。会社は，あなたの銀行にある預金口座に給与分の資金を振り込むほうが一般的である。そして，あなたは，キャッシュカードで自分の銀行預金を引き出して買い物をする。いまでは，大きなスーパーやデパートで買い物をするとき，キャッシュカードを渡してその場で暗証番号を入力すると支払を済ますことができる。また，家賃の支払も大家さんに現金を持参するのではなく，毎月，あなたの預金口座から自動的に家賃が引き落とされ，大家さんの預金口座に振り込まれる。このようにいつでも自由に資金の出し入れができる預金を普通預金と呼んでいる。こうした普通預金の役割を見てみると，貨幣の決済手段の機能が備わっていることがわかるであろう。

　預金が貨幣であるという点は，法人企業が持っている当座預金という預金口座の場合，いっそうはっきりとしてくる。普通預金であれば，出金伝票は口座を所有している本人が書いて，本人が銀行窓口に持っていくと，その口座から資金を引き落とすことができる。当座預金の場合，預金名義人が出金伝票を書くところまでは普通預金と同じであるが，出金伝票を銀行の窓口に持参するのは本人でなくてもよいし，預金名義の銀行の窓口でなくてもよい。こうした出金伝票は，手形と呼ばれている。

　たとえば，A社はB社から100万円の資材を購入する場合に，A社の財務担当者が自社の取引銀行Xの当座預金から100万円を出金するために手形を書いて（「手形を振り出す」と言う），B社の財務担当者に渡した。B社の財務担当者は，自社の取引銀行YにA社が振り出した手形を持ち込むと，翌日の昼過ぎには，A社の当座預金からB社の当座預金に100万円の資金が振り替えられる。この仕組みをより厳密に理解するためには，第Ⅳ部第15章で詳しく見ていく手形交換のメカニズムを知っておく必要があるが，ここまでの話でも，当座預金の出金伝票である手形が決済手段としての貨幣と同じ役割を果たしていることがわかるであろう。第15章で説明する当座預金から振り出された為替にも，手形と同様に決済手段の機能がある。

　もちろん，普通預金も，当座預金も，それらの預金口座がある銀行が破綻しないかぎりは，価値貯蔵手段としての役割も果たしている。正確に言うと，普通預

金や当座預金が価値貯蔵手段としての役割を担っているからこそ，決済手段の役割も果たすことができるのである．

普通預金と当座預金は，いつでも資金を引き出せることから要求払預金と呼ばれている．出金が自由な見返りとして，当座預金に資金を預けても，金利が付くことはない．また，普通預金の金利も非常に低い．一方，金利の高い定期預金は，原則，満期が到来するまで資金を引き出すことができず，満期到来前に資金を引き出そうとすれば，解約手数料というペナルティを支払わなければならない．したがって，定期預金は，価値貯蔵手段としては優れているが，決済手段としてはあまり役に立たない．

民間銀行ばかりでなく，中央銀行も当座預金を提供している．第15章で詳しく見ていくが，中央銀行の当座預金は非常に特殊な役割を有していることから，民間銀行の当座預金と区別して準備預金と呼ばれている．中央銀行の準備預金は，広く利用されているわけではなく，金融機関や証券会社，あるいは，政府機関だけが預金口座を開くことができる．

以上，長々と書いてきたが，紙幣や硬貨だけが貨幣の役割を果たしているわけではないことは理解できたと思う．預金契約が貨幣の役割を担っていることを踏まえて，マクロ経済学や金融論では，貨幣を次のように分類している．

(1) 紙幣・硬貨
(2) 準備預金（中央銀行の当座預金）
(3) 民間銀行の要求払預金（普通預金プラス当座預金）
(4) 民間銀行の定期預金（第15章で説明するCDと略されている譲渡性預金を含むこともある）

貨幣供給量，あるいはマネーサプライという場合には，中央銀行が発行している(1)と(2)を合わせてハイパワード・マネー（high-powered money）と呼ばれている．英語でhigh-poweredとは，「高性能の」とか「強力な」とかという意味があるが，ここでは，中央銀行が供給している要となる貨幣というぐらいに理解しておいてよいのではないであろうか．ハイパワード・マネーに(3)を加えた貨幣供給量は，M1と呼ばれている．さらに(4)を加えたものは，M3と呼ばれている．なお，ハイパワード・マネーは，マネタリーベース（monetary base）と呼ばれることも多い．

上の貨幣供給量の定義で言うと，決済手段と価値貯蔵手段の両方を備えた貨幣の供給量という場合，紙幣・硬貨や準備預金に要求払預金を加えたM1がそれに相当することになる．民間銀行の要求払預金を含むM1の決定には，マクロ経済のさまざまな要因が反映していることは容易に察しがつく．一方，中央銀行が直接的に制御できるのは，たかだかハイパワード・マネーのレベルである．

名目貨幣供給量を中央銀行が決定する外生変数としている *IS–LM* モデルでは，このへんのところが非常にあいまいで，そのためにモデルと現実との対応がつき

にくいのである。外生変数として取り扱える貨幣供給量は，せいぜいハイパワード・マネーのレベルなのに，*IS-LM* モデルが想定しているのは，マクロ経済において決済手段や価値貯蔵手段として機能している M1 のレベルなのである。しかし，マクロ経済の諸要因が反映している M1 のレベルの貨幣供給量は，内生変数として取り扱うほうがずっと自然である。中央銀行ができることは，ハイパワード・マネーを制御しながら，M1 を間接的にコントロールすることが精一杯であろう。

なお，ハイパワード・マネー（マネタリーベース）を除けば中央銀行が供給量を直接制御できないことを考慮して，マネーサプライという用語の代わりにマネーストックという用語が用いられることも多い。

上述のようなモデルと現実のずれについては，第 15 章で掘り下げて議論していく。当面は，標準的な *IS-LM* モデルを取り扱う本章では，「中央銀行が M1 を直接的に制御できること」を前提としていきたい。

それでは，貨幣に対する需要はどのように決まるのであろうか。第 1 に，取引需要が貨幣需要を決定する側面がある。まず，物価水準 $P$ が高いほど，経済取引により多くの貨幣が必要となってくる。また，総所得水準 $Y$ が高く経済取引が活発なほど，より多くの貨幣が必要となってくるであろう。

第 2 に，貨幣を保有するためのコスト（貨幣保有コスト）も貨幣需要に影響する。それでは，貨幣保有コストを決定する要因は何であろうか。実は，名目金利 $i$ が貨幣保有コストに相当する。いま，消費者は，名目金利が $i$ である預金口座に貯金をしているとしよう。その消費者が財を購入するために預金から貨幣を引き出すと，貯金し続けていたら得られたであろう金利収入を断念しなければならなくなる。名目金利が高ければ高いほど，断念せざるをえない金利収入も大きくなる。したがって，名目金利水準が高ければ，貨幣保有で負担するコストをできるだけ回避するために貨幣に対する需要が減退するであろう。

ここで注意しなければならないのは，実質金利でなく名目金利が貨幣保有コストに相当する点である。貨幣を預金して得られるのは名目金利分だけの金利収入であり，預金から貨幣を引き出すと金利収入をいっさい得ることができない。言い換えると，貨幣は名目金利がゼロとなる預金と考えることもできる。したがって，預金から貨幣を引き出すときにかかるコストは，名目金利 $i$ とゼロ金利水準との差に相当することになる。もし，名目金利がゼロとなれば，金利収入という面で預金と貨幣はまったく同等となり，貨幣保有にコストがかからなくなる。

以上の議論を踏まえると，名目貨幣需要（貨幣単位で計った貨幣需要）$M$ は，物価水準 $P$ と総所得水準 $Y$ とともに増大し，名目金利水準 $i$ とともに減少する。これらの 3 つの要因のうち，物価水準は名目貨幣需要に正確に比例する。家計や企業の貨幣需要について貨幣錯覚がないとすると，物価水準が 2 倍になれば，名目貨幣需要も 2 倍になる。この点に着目して，通常の貨幣需要関数では，名目貨幣残高 $M$ に対する需要でなく，名目貨幣を物価で標準化した実質貨幣残高 $M/P$ に対する需要として定式化する。実質貨幣残高に対する需要を取り扱うことによって，物価水準の影響を考慮する必要がなくなる。

その結果，実質貨幣残高 $M/P$ に対する需要関数は以下のように表すことができる。

$$\frac{M}{P} = m_0 + mY - ni \qquad (6\text{-}9)$$

上の式の右辺において，$m_0$ は基礎的な貨幣需要に相当する一方，$mY$ は生産活動とともに高まる貨幣需要を表している。右辺の第 3 項（$-ni$）は名目金利の上昇で貨幣保有コストの増加とともに減少する貨幣需要均衡を記述している。第 3 項の係数 $n$ が大きいほど，実質貨幣需要は名目金利に対して敏感に反応する。

### POINT 6-8 ● 日本経済の貨幣市場

POINT 6-7 で説明してきたように，$IS\text{-}LM$ モデルが貨幣市場の需給メカニズムにおいて念頭に置いているのは，M1 レベルの名目貨幣供給量である。そこで，日本経済の M1 の貨幣供給量を用いて，標準的な貨幣需要関数によって日本の貨幣市場が説明できるのかどうかを見ていこう。

ここで，M1 の名目貨幣供給量を GDP デフレーターで実質化したものを実質貨幣供給量とする。本文で議論してきたように，実質 GDP が増加すると，活発な取引需要が生じて実質貨幣需要も高まる。こうした側面に鑑みて，さらに，実質貨幣供給量を実質 GDP で除すことで，実質 GDP の影響を取り除こう。名目貨幣供給量を物価水準と実質 GDP で除したものは，その指標を最初に用いた経済学者の名前に因んでマーシャルの $k$ と呼ばれている。すなわち，

$$\text{マーシャルの } k = \frac{\text{名目貨幣供給量}}{\text{物価水準} \times \text{実質 GDP}}$$

が成り立っている。ここでは，物価指数に GDP デフレーターを用いていることから，マーシャルの $k$ は，M1 を名目 GDP で除したものに等しくなる。なお，マーシャルの $k$ の逆数がしばしば貨幣の流通速度と呼ばれているのは，市場にあ

る名目貨幣残高が何回転すれば，名目GDPに匹敵する取引を行うことができるのかを表しているからである。

もし本文で議論してきたような貨幣需要関数が実際の貨幣市場の需給を説明できるとすると，実質GDPの影響を取り除いた実質貨幣残高に相当するマーシャルの$k$が，貨幣の保有コストである名目金利の上昇（低下）とともに減少（増加）しなければならない。

ここでは，名目金利として，銀行間で資金を融通し合っているときに1日間預けたときの金利に相当する翌日物コールレートを用いてみよう。図6-13は，M1のマーシャルの$k$とコールレートについて1963年度以降の推移をプロットしたものである。

図6-13では，1990年代半ばまではマーシャルの$k$の振幅に比べてコールレートの振幅のほうが大きいのでわかりにくいが，名目金利が高まると，マーシャルの$k$が低下する傾向が認められる。実質貨幣残高と名目金利との間での負の相関が顕著となるのは，1990年代半ば以降，名目金利が年率0.5%を下回っていく局面である。

以上の傾向をいっそう視覚的に表すために，1980年度から2008年度の期間について，縦軸にコールレート，横軸にマーシャルの$k$（ゆうちょ銀行は含めていない）をとった図6-14（次頁）に図6-13の情報を移してみよう。

サンプル期間を2008年度までとしたのは，ゆうちょ銀行を含めないM1統計がその年度までしかないことと，第15章第6節で説明するように，2008年10月より日本銀行の準備預金（正確には，超過準備預金）にも金利が付されるという金融政策の変更があったからである。

図6-14によると，コールレートが年率10%から1%の間では，名目金利が低

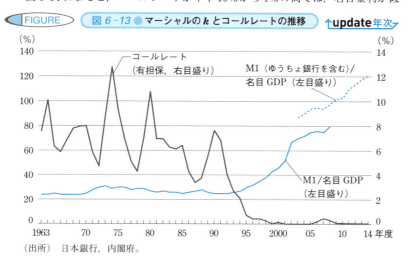

図6-13 ● マーシャルの$k$とコールレートの推移

（出所）日本銀行，内閣府。

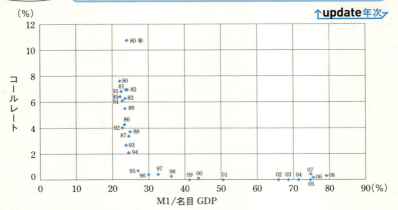

図 6-14 ● コールレート（有担保）と M1/名目 GDP の関係（1980〜2008年度）

（出所）　日本銀行，内閣府．

下しても，マーシャルの $k$ で見た実質貨幣残高がわずかしか増加しない。しかし，コールレートが年率 0.5％から 0％の間で低下する局面では，実質貨幣残高が急激に増えている。

　貨幣需要関数の用語で言うと，ゼロ金利近傍では，貨幣需要の金利弾力性が非常に高くなっていることを示している。言い換えると，名目金利がゼロ水準に近づくと，貨幣の流通速度が極端に低下して貨幣が市場に滞留する。

　なぜ，名目金利が非常に低くなると貨幣需要の金利弾力性が高まるのかについてはいくつかの理由が考えられるが，主として，金利がゼロ近傍であると，貨幣の保有コストをほとんど無視できるので，わずかな金利が付く定期預金や他の運用手段から，まったく金利の付かない現預金（紙幣や要求払預金）に資金が一挙にシフトしていくと考えてよいのではないであろうか。

　卑近な言葉で言ってしまうと，タンス預金をしていても，銀行で定期預金をしていても，あまり変わらないのであれば，タンス預金をして身近で現金を眺めておこうということなのかもしれない。昔の貯金箱は豚の形をしていたからか，あるいは，価値のない花札を「ブタ」と呼んでいたからか，金利が付かなくても，普通預金や当座預金などの要求払預金に資金を積み上げておくことを，「ブタ積み」と呼んでいる。

　後に本章第5節でも説明するように，貨幣需要の金利弾力性が極度に高まる状態は，流動性の罠（liquidity trap）と呼ばれている。流動性が貨幣を意味することはすでに本文で述べたが，それでは，なぜ，こうした状態を「罠」と呼ぶのであろうか。「大量の資金が現預金の形で貨幣市場にじっと滞留している状態」が，「罠に引っ掛かって動けなくなる様」にたとえられているからであろう。

> **COLUMN** マクロ経済学の歴史⑦　マーシャルの $k$ は，なぜ $k$ なの？

　"マーシャルの $k$" の $k$ というネーミングは，イギリスの経済学者，マーシャル（A. Marshall, 1842-1924）が1870年代初頭に展開した貨幣需要の理論に端を発していると言われている。マーシャルは，個人の資産選択理論から貨幣需要を導いた最初の経済学者である。具体的には，個々人が保有資産残高の $k$ パーセント分を貨幣として手許で保有すると，彼は考えた。彼の考え方は，後にピグー（A. C. Pigou, 1877-1959）などイギリス・ケンブリッジ学派の人たちに引き継がれていく。そうしたプロセスのなかでさまざまなバージョンの貨幣需要理論が提起されていくが，「保有資産残高の $k$ パーセント」ではなく，「名目所得の $k$ パーセント」を貨幣保有するというモデルにおいても「$k$ パーセント」という言葉が使われたことから，マーシャルの $k$ が上述のような定義となった。

マーシャル（アフロ提供）

## 4-2　貨幣市場の需給均衡条件としての *LM* 曲線

　先に述べたように，*LM* 曲線は貨幣市場の需給均衡条件を表している。これまでの想定では，名目貨幣供給（$M^S$）と貨幣需要（$M/P = m_0 + mY - ni$）が一致する条件が，

$$\frac{M^S}{P} = m_0 + mY - ni \qquad (6\text{-}10)$$

となる。上の式を総所得 $Y$ について解くと，

$$Y = \frac{1}{m}\left(\frac{M^S}{P} - m_0 + ni\right) \qquad (6\text{-}11)$$

を得ることができる。

　図6-15（次頁）が示すように，ここで縦軸を名目金利 $i$，横軸を総所得 $Y$ とするグラフでは，*LM* 曲線は右上がりになる。そのことは，(6-11)式を見れば理解することができる。その右辺の金利（$i$）の係数は $n/m$ である。分母（$m$）も分子（$n$）も正値なので，金利の係数も正となって，$Y$ は $i$ の増加関数となるこ

第6章　閉鎖経済の短期モデルの展開

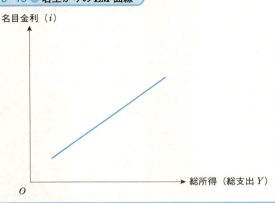

図 6-15 ● 右上がりの $LM$ 曲線

とから，$LM$ 曲線が右上がりとなる。

　それでは，$LM$ 曲線が右上がりになる経済学的理由は何なのであろうか。ここで，名目貨幣供給（$M^S$）も物価水準（$P$）も一定で，したがって実質貨幣供給（$M^S/P$）も一定であるとしよう。もし総所得が高まって貨幣に対する取引需要が高まると，一時的に貨幣市場では実質ベースで需要が供給を上回ってしまう。すなわち，(6-10) 式が等号で成り立つのではなく，

$$\frac{M^S}{P} < m_0 + mY - ni$$

の不等式のように，貨幣市場の需要（上の不等式の右辺）が供給（左辺）を上回る超過需要が生じる。こうした貨幣市場の超過需要を解消するためには，名目金利の上昇（貨幣保有コストの増大）で貨幣需要（上の不等式の右辺）を引き下げる必要がある。その結果，総所得の増大が名目金利の上昇を伴うのである。

　一方，総所得が減少して貨幣に対する取引需要が低下すると，上とはまったく逆のメカニズムを通じて，名目金利の低下によって貨幣市場の超過供給が解消される。

### 4-3　貨幣供給拡大と $LM$ 曲線のシフト

　それでは，中央銀行が名目貨幣供給 $M^S$ を拡大させると，$LM$ 曲線にどのよう

### FIGURE 図 6-16 ● 名目貨幣供給拡大と LM 曲線の下方シフト

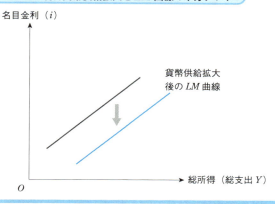

な影響を与えるであろうか。物価水準が一定のもとで名目貨幣供給が増加すると，実質ベースの貨幣供給も増加する。その結果，貨幣市場では供給が需要を上回ってしまう。こうした貨幣市場の超過供給を解消するためには，名目金利が低下して貨幣保有コストを引き下げることで貨幣需要を促す必要がある。図 6-16 が示すように，いずれの生産水準でも名目金利が低下する調整が起きるので，LM 曲線は下方にシフトすることになる。

## 4-4 LM モデルに代わる名目金利決定メカニズム

ここで，LM モデルが唯一の名目金利決定メカニズムではないことに言及しておきたい。LM モデルでは，貨幣市場の需給均衡が名目金利を決定している。しかし，ニューケインジアン・モデル（New Keynesian Model）では，中央銀行が名目金利を直接設定していくケースを想定している。

第 8 章で詳しく見ていくように，ニューケインジアン・モデルでは，産出量水準や失業率の動向，あるいはインフレーションの状況に応じて中央銀行が名目金利を設定する金融政策ルールに，LM モデルが置き換わっている。

LM モデルか，金利設定ルールのいずれを選択するのかという問題は，中央銀行が制御するのが貨幣供給なのか，名目金利なのかという問題に対応している。もし，中央銀行の操作変数が貨幣供給の場合であれば LM モデルを用いて，名

目金利であれば金利設定ルールを用いることになる。

# IS-LMモデルにおける財政政策と金融政策

## 5-1 実質金利と名目金利の一致

先にも述べたように，物価水準が固定されてインフレーションが生じない短期モデルでは，実質金利と名目金利が一致する。すなわち，

$$r = i \tag{6-12}$$

が成り立つ。

したがって，IS曲線を描いている図6-11の縦軸を実質金利から名目金利に置き換えて，LM曲線を描いている図6-15と重ね合わせることができる。ISモデルとLMモデルを組み合わせたIS-LMモデルは，図6-17が示すようにIS曲線とLM曲線の交点によってマクロ経済の均衡を表すことができる。

## 5-2 財政政策と金融政策の効果

IS-LMモデルの大きな特徴は，政府消費や公共投資からなる財政支出や所得税を用いる財政政策や，名目貨幣供給を変化させる金融政策の効果を適切に評価できるところにある。

**財政支出増加の効果**

まず，財政支出の一部として政府消費$G$を増加させる財政政策の効果を考えてみよう。図6-18が示すように，財政支出の増加でIS曲線は右方にシフトする。その結果，IS曲線とLM曲線の交点は，$A$点から$C$点に移動する。すなわち，財政支出の増大によって，総所得$Y$が増大するとともに，金利$i$も上昇する。

財政支出増大のメカニズムを掘り下げて考えてみよう。まず，金利への影響を考えないとすると，財政支出の増大は乗数効果を通じて総所得が$\Delta G/(1-c)$分増加する。図6-18で言うと，$A$点から$B$点に移動する。乗数効果による総所得の増大で貨幣需要が増大する。その結果，貨幣市場で一時的に超過需要が生じる。こうした超過需要が解消されるように，金利上昇で貨幣保有コストが高まる。金利が上昇するプロセスで借入コストが高まって設備投資は減退する。当然，設備

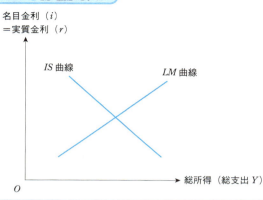

図6-17 ● IS-LMモデル

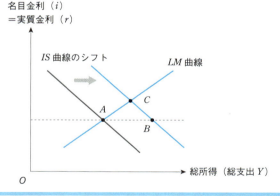

図6-18 ● IS-LMモデルにおける財政支出拡大の効果

投資の減退は総所得を低下させる。このように金利が上昇するプロセスで総所得が低下する現象は、図6-18のB点からC点への移動に相当している。財政支出増で金利が上昇し設備投資が低下することを、「財政支出増が設備投資をクラウド・アウトする」と表現する。

**貨幣供給増大の効果**　それでは、名目貨幣供給が増大する場合の政策効果を考えてみよう。図6-19（次頁）が示すように、名目貨幣供給増大でLM曲線は下方にシフトする。その結果、IS曲線とLM曲

第6章　閉鎖経済の短期モデルの展開　175

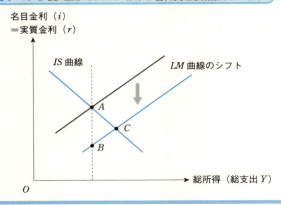

図 6-19 ● IS-LM モデルにおける名目貨幣供給拡大の効果

線の交点は，$A$ 点から $C$ 点に移動する。すなわち，名目貨幣供給の増大によって，総所得 $Y$ が増大するとともに，金利 $i$ が低下する。

名目貨幣供給増大のメカニズムを掘り下げて考えてみよう。とりあえず総所得への影響がないとすると，名目貨幣供給の増大で貨幣市場は超過供給になる。こうした超過供給が解消されるように金利が低下して貨幣需要が促進される。その結果，図 6-19 の $A$ 点から $B$ 点に移動する。金利低下は設備投資を促進するので，乗数効果を通じて総所得が増加する。図 6-19 では，$B$ 点から $C$ 点に移動する。財政支出増と対照的に名目貨幣供給増は設備投資を促進する効果を伴う。

### 財政政策と金融政策のポリシー・ミックス

財政支出増の政策と名目貨幣供給増の政策をミックスすると，設備投資がクラウド・アウトされる効果が緩和されて総所得がいっそう拡大する。なお，2 つの政策を組み合わせることは，ポリシー・ミックスと呼ばれている。

図 6-20 に示すように，財政支出増で IS 曲線が右方にシフトし，名目貨幣供給増で LM 曲線が下方にシフトする。その結果，均衡は $A$ 点から $B$ 点に移行して金利への影響はほとんどないままに，総所得への影響が強まる。財政支出増による金利の上昇を名目貨幣供給増が緩和する結果，設備投資がクラウド・アウトされる度合が弱まるからである。かりに名目貨幣供給を十分に増やすと，金利への影響を完全に取り除くことができ，設備投資はまったくクラウド・アウトされることがなくなる。

### FIGURE 図 6-20 ● 財政支出拡大と名目貨幣供給拡大のポリシー・ミックス

　以下では，IS 曲線や LM 曲線の金利感応度が高まる場合に，財政政策や金融政策の効果がどのように変化するのかを考えてみよう。

**金利弾力的な設備投資**　(6-6) 式の設備投資関数において金利感応度 $d$ が高まると，IS 曲線を示す (6-8) 式の傾きは緩やかになる。この場合，財政支出増で IS 曲線が右方にシフトしても，金利感応度が低い場合に比べると総所得 $Y$ に与える影響は弱まってしまう。財政支出増で金利が高まると，金利感応度が高い設備投資が大きく落ち込む（クラウド・アウトされる）からである。

　一方で，金利感応度が高い設備投資関数のもとでは，名目貨幣供給の増大が総所得の拡大に大きく貢献する。名目貨幣供給増で金利が低くなると，金利感応度の高い設備投資が促進されるからである。

**流動性の罠**　(6-9) 式の貨幣需要関数において金利感応度 $n$ が上昇すると，LM 曲線を示す (6-11) 式の傾きは緩やかになる。もし，貨幣需要が金利について無限に弾力的になると，LM 曲線は完全に水平となる。先の POINT 6-8 でも議論したが，貨幣需要が金利に無限弾力的である状態は，流動性の罠と呼ばれている。

　いったん流動性の罠に陥ると，名目貨幣供給を増減させる金融政策はいっさい総所得に影響を与えない。LM 曲線は水平のままで，金利低下の効果がまったく得られなくなるからである。図 6-21 で言うと，金融政策を変更しても，均衡が

第 6 章　閉鎖経済の短期モデルの展開

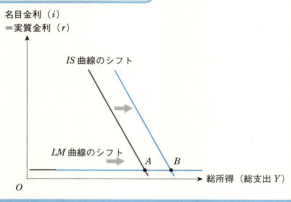

| FIGURE | 図 6-21 ● 流動性の罠のケース |

$A$ 点に止まったままである。一方，財政支出の増大は，金利水準が一定のままで設備投資のクラウディング・アウトがまったく生じず，総所得の拡大幅は乗数効果による変化幅（$\Delta G/(1-c)$）に正確に一致する。図 6-21 では，財政支出の拡大で $A$ 点から $B$ 点にシフトする。

## 6 右下がりの総需要曲線

### 6-1 物価水準の変化と産出量の変化

　本節では，本章の最終的な目的である物価水準 $P$ と総所得 $Y$（ここでは物価変動を加味しているので，正確には実質総所得）の関係を求めてみよう。なお，以下では，慣例に従って総所得や総支出を示す $Y$ を産出量，あるいは GDP（正確には，実質 GDP）と解釈していく。

　それでは，年内は物価水準が固定しているが，ある年とその翌年で物価水準が変化していくような状況を考えていこう。

　去年の物価水準に比べて今年の物価水準が上昇すると，その直接的な効果は実質貨幣供給 $M^S/P$ の減少として現れる。すると，貨幣市場では実質ベースで需要が供給を上回る超過需要が生じる。貨幣市場の超過需要を解消するように金利

> **COLUMN** マクロ経済学の歴史⑧　マクロ計量経済モデルと政策評価

　実際のマクロ経済データから IS-LM モデル（とくに，IS モデル）を計量する試みは，すでに1930年代からティンバーゲン（J. Tinbergen, 1903-94, オランダ人）によって着手されている。戦後になると，クライン（L. R. Klein, 1920-2013, アメリカ人）がマクロ経済モデルの計量化の作業を精力的に進めた。

　クラインは，1950年に『米国の景気循環——1921年から1941年』（*Economic Fluctuations in the United States, 1921-1941*）というタイトルの研究書で研究成果を公にしている。クラインのマクロ計量経済モデルは，次のように簡単なものであった。

消費＝定数項＋$a_1$(当期の資本所得)＋$a_2$(1期前の資本所得)＋$a_3$(労働所得)

設備投資＝定数項＋$b_1$(当期の資本所得)＋$b_2$(1期前の資本所得)＋$b_3$(前期の資本ストック)

民間賃金＝定数項＋$c_1$(当期の民間生産)＋$c_2$(1期前の民間生産)＋$c_3$(時間トレンド)

　上のマクロ計量経済モデルはシンプルであったにもかかわらず，1921年から41年のアメリカ経済の景気循環を首尾よく説明することに成功した。その後も，クラインは，ゴールドバーガー（A. S. Goldberger, 1930-2009, アメリカ人）とともに，マクロ計量経済モデルの研究を精力的に進めていく。

　マクロ計量経済モデルへの研究が社会的にも支持されたのは，財政政策や金融政策などのマクロ経済政策の効果を評価する際に，マクロ計量経済モデルがもっとも信頼のおける評価ツールとして実際の政策現場に受け入れられたからである。マクロ計量経済モデルが経済政策策定プロセスに対して甚大な便益をもたらしたことから，ティンバーゲンは，1969年に同分野に貢献のあったフリッシュ（R. A. K. Frisch, 1895-1973, ノルウェー人）とともに最初のノーベル経済学賞を受けている。また，クラインも，1980年にノーベル経済学賞を受けている。

クライン（AP/アフロ提供）

（貨幣保有コストに相当）が上昇する。これまでも繰り返し見てきたように，金利上昇は設備投資を減退させ，産出量を引き下げる。

　上のプロセスを通じて，物価水準の上昇は総所得の低下を伴うことになる。縦軸に物価水準，横軸に産出量をとったグラフでは，右下がりの総需要曲線が生じる。

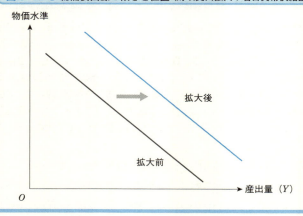

図 6-22 ● 総需要曲線の傾きと位置（財政支出拡大や名目貨幣供給拡大の影響）

　これまで議論してきたように，財政支出の拡大や名目貨幣供給量の増大は，物価水準が固定されたもとで総需要（産出量）が増加する。その結果，図 6-22 が示すように，右下がりの総需要曲線は右方にシフトする。

## 6-2　右下がりの総需要曲線の背後にあるもの

　こうして右下がりの総需要曲線を導出してきたわけであるが，この総需要曲線の背後にどのような想定があるのか，もう一度まとめておきたい。もっとも重要なのは，当該年において物価や賃金が固定されているという仮定であるが，以下のようにそれ以外にもいくつかの重要な仮定が置かれている。

(1)　生産活動をする企業は計画支出を正確に予測し，生産水準をその予想水準に一致するように生産能力を速やかに調整できる。その裏返しとして，企業は在庫を積み増すこともなく，取り崩すこともない。すなわち，在庫投資がつねにゼロに等しい。

(2)　現在の消費水準は，現在の可処分所得にのみ依存し，将来の可処分所得の動向にはまったく左右されない。

(3)　設備投資の決定においては，設備投資のコストである借入金利は実質ベースで考慮しているが，設備投資の便益に相当する将来の収益性はいっさい考

慮していない。

(4) 中央銀行が政策的に制御する変数は，名目金利でなく，名目貨幣供給量であると想定されている。

上のような特徴を持つ $IS$-$LM$ モデルの拡張としては，第11章の長期モデルにおいて固定価格の想定を完全に取り払う。第Ⅳ部第16章では，経済モデルを発展させて在庫投資，消費，設備投資のより現実的な決定メカニズムを考察していく。また，第8章では，中央銀行の政策変数が名目金利であるケースについても取り扱っていく。

## 6-3 垂直の総需要曲線の可能性

図6-21を用いて説明してきたように，名目金利がゼロ近傍に低下し流動性の罠に陥ると，$LM$ 曲線が水平となる。図6-21や図6-23が示すように，流動性の罠のケースでは，名目貨幣供給量を拡大させて $LM$ 曲線を右方にシフトさせても，産出量は，依然として $A$ 点にとどまる。

したがって，いかなる名目貨幣供給量のもとで物価水準が変動して実質貨幣供給量が変化しても，産出量（実質GDP）は，$A$ 点の水準にとどまる。その結果，

FIGURE 図6-23 ●「流動性の罠」の場合の政策可能性

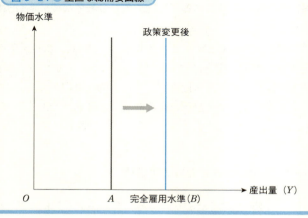

**FIGURE 図6-24 ● 垂直な総需要曲線**

　縦軸に物価水準，横軸に産出量をとった図6-24では，総需要曲線は，産出量が$A$点の水準で垂直となる。

　この垂直の総需要曲線を完全雇用水準（$B$点）のところまでシフトさせるためには，名目貨幣供給量を拡大させるという金融政策以外のマクロ経済政策を展開する必要がある。第1に，図6-23が示すように，拡張的な財政政策で$IS$曲線を右方にシフトさせると，垂直の総需要曲線を完全雇用水準までシフトさせることができる。

　第2に，図6-23が示すように，変則的な金融政策であるが，中央銀行が名目貨幣供給量を拡大させるのではなく，名目金利をマイナス水準に誘導すると，水平の$LM$曲線が下方にシフトする。そのような金融政策が実行可能な場合には，垂直の総需要曲線を右方にシフトさせることができる。

　第7章で詳しく議論するが，垂直の総需要曲線の可能性は，アカデミックなマクロ経済理論や実際のマクロ経済政策に対して重要なインプリケーションをもたらした。

## EXERCISE　●練習問題

**【基礎知識の確認】**

**6-1**　乗数効果が働くための前提条件を述べなさい。

**6-2**　なぜ，IS 曲線に現れる金利は実質金利であり，LM 曲線に現れる金利は名目金利なのかを説明しなさい。また，物価が固定されている短期モデルにおいては，実質金利と名目金利の区別の必要がない理由を述べなさい。

**6-3**　なぜ，IS 曲線が右下がりになるのかを説明しなさい。また，IS 曲線の傾きを決める要因を列挙しなさい。

**6-4**　なぜ，LM 曲線が右上がりになるのかを説明しなさい。また，LM 曲線の傾きを決める要因を列挙しなさい。

**6-5**　財政政策と金融政策をミックスすると，財政政策のクラウディング・アウト効果を緩和することができる理由を述べなさい。

**【演習問題】**

**6-6**　いま，1年間の貸借契約において，名目金利が3%であるとする。契約時から向こう1年間に予想されるインフレ率（期待インフレ率）は2%である。

(1) フィッシャー方程式から，実質金利を求めなさい。

(2) 契約時から1年間に生じた実際の物価上昇率は，2%を大きく上回って5%となった。実際の物価上昇率が期待インフレ率を大きく上回った背景として考えられる理由として，2つの具体例をあげなさい。

(3) (2)のケースにおいて，貸し手と借り手のうち，どちらかが得をしたであろうか。この例を用いながら，「予想を超えたインフレ率は，富者から貧者への贈り物」と言われる理由を述べなさい。

**6-7**　以下の2つのケースについて，政府消費の乗数効果の大きさを求めなさい。

(1) 政府消費はつねに税収に等しく，$G=T$ がつねに成り立っている均衡財政ケース。

(2) 所得税が税率 $t$（$0<t<1$）の比率で総所得 $Y$ に比例し，$T=tY$ が成り立っているケース。

**6-8**　次のような閉鎖経済の IS-LM モデルを考える。物価水準は固定されていると仮定する（$P=1$）。なお，実質値の計測単位は兆円，金利はパーセント表示である。

$$C = 40+0.6Y$$

$$I+G = 100-4r$$

$$\frac{M}{P} = 20+0.3Y-n(r-2)$$

$$\frac{M^S}{P} = 400$$

ただし，$M$ は名目貨幣需要，$M^S$ は名目貨幣供給，$n$ は金利感応度の係数

である。
(1) IS 曲線を導出しなさい。
(2) LM 曲線を導出しなさい。
(3) IS 曲線，LM 曲線に登場する金利はともに同一の $r$ で表されている。なぜ名目金利と実質金利を区別する必要がないのか説明しなさい。
(4) 貨幣需要関数の係数 $n$ は何を表しているか説明しなさい。また，$n \to \infty$ のとき（$n$ が無限大になる場合），LM 曲線はどのような形状になるか議論しなさい。このような状況を何と呼ぶか。

以下の (5) と (6) の問いは $n \to \infty$ の場合を想定する。

(5) 完全雇用 GDP は 350 兆円であるとする。金融政策のみによって完全雇用 GDP は達成可能であるか。
(6) 完全雇用 GDP は 350 兆円であるとする。財政政策のみによって完全雇用 GDP は達成可能であるか。もし達成可能であるならば，必要となる新たな財政支出はいくらになるか。

6-9 ある国のマクロ経済は次のような IS-LM モデルで表されているとする。

$$C = 30 + 0.6Y$$
$$I = 20 - 2r$$
$$Y = C + I + G$$
$$\frac{M}{P} = \frac{Y}{2} + 180 - 5r$$

いま，名目貨幣供給量は $M^S = 200$，財政支出は $G = 0$，物価水準は $P = 1$ とする。そこで，政府が財政支出を 10 増加させた場合，国民所得はいくら増加するか。

6-10 以下のような IS-LM モデルを考える。なお，実質値の計測単位は兆円，利子率はパーセントでそれぞれ表示する。完全雇用 GDP は 250 兆円と仮定する。

$$C = 20 + 0.75Y$$
$$I = 100 - dr$$
$$\frac{M}{P} = 180 + \frac{Y}{3} - 5r$$
$$M^S = 200$$

(1) 設備投資の金利感応度が 5 であると仮定する（$d = 5$）。この場合に以下の問いに答えなさい。
  a) IS 曲線，LM 曲線を求めなさい。
  b) 総需要曲線を求めなさい。
  c) いま物価水準は 1 であったとする。このとき，均衡 GDP および均衡利子率を求めなさい。また，均衡 GDP は完全雇用 GDP に対してどの程度不足しているか，あるいは過剰か。

d) 価格調整メカニズムによって完全雇用が達成される場合，$P$ はどのように変化するかを求めなさい。
(2) 設備投資の金利感応度が 4 であると仮定する（$d=4$）。このとき，(1) の a)～d) を求めなさい。
(3) 設備投資の金利感応度によって，総需要曲線，および完全雇用 GDP を達成する物価水準がどのように異なるのかを示しなさい。また，なぜ，その結果のような相違が生じるのかを説明しなさい。

**6-11** A 国の人口が 100 人いるとしよう。その人口のうち，10 人が失業している。就業している 90 人は，毎年，付加価値ベースで消費財を 9 億円生産しているので，1 人あたり 1000 万円の所得を得ている。就業者は，5% の所得税を政府に納めている。その税収は，10 人の失業者に対する消費財の配給予算に用いられている。A 国には，貯蓄の慣行がいっさいなく，可処分所得をすべて消費に充当する。
(1) この場合，A 国の生産，所得，支出の規模を計算しなさい。
(2) いま，所得税率を 5% から 10% に引き上げて，その税収で 10 人の失業者が 1 人あたり 1000 万円の給与で政府に雇われたとする。この場合，A 国の生産，所得，支出の規模を計算しなさい。
(3) (1) のケースと (2) のケースで A 国の生産水準が異なってくるのはなぜであろうか。
(4) 政府の行政活動を政府消費とすると，なぜ，政府消費の乗数効果が 1 に等しくなるのであろうか。

第Ⅱ部　マクロ経済学の基本モデル

# 第 7 章　閉鎖経済の中期モデルの展開

## CHAPTER 7

第 7 章では，AS–AD モデルと呼ばれるマクロ経済モデルを学んでいく。AS–AD モデルでは，財市場に独占力を有する個々の企業が製品価格（名目価格）を設定するとともに，名目賃金は労使間の交渉で決定されるという仮定から，総供給関数が導出される。AS–AD モデルでは，名目貨幣供給を拡大して総需要曲線が右方にシフトしても，企業や労働者の合理的期待形成によって金融政策の効果が相殺されてしまう。ただし，名目価格が硬直的である場合や適応的期待形成の場合には，金融政策の効果はある程度の期間持続する。第 6 章の IS–LM モデルで分析してきたマクロ経済政策の効果は，物価水準が変化する AS–AD モデルにおいてかなりの程度修正されることになる。

### KEYWORD
AS–AD 曲線，賃金交渉，企業の市場独占力，実質硬直性，合理的期待形成，貨幣の中立性，適応的期待形成，フィリップス曲線，インフレ供給曲線とインフレ需要曲線，オークン法則

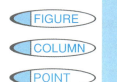

INTRODUCTION

# 中期モデルの基本的な考え方

第6章で見てきたように,短期モデルでは名目価格や名目賃金の物価水準は固定されている。一方,長期モデルでは物価水準が伸縮的に調整され,企業や家計は競争的な市場で決定される価格を与えられたものとして行動している。

横軸をGDP,縦軸を物価水準とする図で短期モデルと長期モデルを復習してみよう。図7-1の短期モデルにおいては,総供給曲線は固定された物価水準で水平となっている。第6章で求めたように,総需要曲線は右下がりとなる。したがって,水平の総供給曲線と右下がりの総需要曲線が交わるところでGDPの均衡水準が決定される。

一方,図7-2の長期モデルでは,GDPの完全雇用水準は需要要因にいっさい左右されない。均衡GDPは,家計から供給される労働力が完全に雇用される完全雇用GDPの水準につねに等しい。すなわち,総供給曲線は,完全雇用GDPの水準で垂直となる。均衡物価水準は,右下がりの総需要曲線が垂直の総供給曲線と交わるところで決定される。

本章で取り扱う中期モデルは,まさに短期モデルと長期モデルの中間に位置するマクロ経済モデルである。図7-3に示すように,総需要曲線は短期モデルと同様に依然として右下がりである。一方,総供給曲線は,短期モデルのように水平

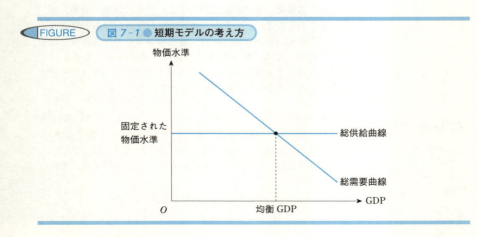

図 7-1 ● 短期モデルの考え方

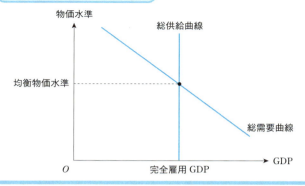

**FIGURE** 図 7-2 ● 長期モデルの考え方

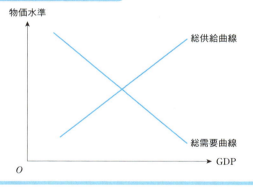

**FIGURE** 図 7-3 ● 中期モデルの考え方

でもなく，長期モデルのように垂直でもなく，右上がりの曲線となる。ミクロ経済学の教科書でおなじみの右下がりの需要曲線に対して，右上がりの供給曲線が現れるのである。しかし，右上がりの総供給曲線を導出する方法は，通常のミクロ経済学で取り扱っている完全競争均衡モデルの想定とは大きく異なっている。

なお，総供給曲線は aggregate supply の頭文字をとって $AS$ 曲線，総需要曲線は aggregate demand の頭文字をとって $AD$ 曲線とそれぞれ呼ばれている。本章で取り扱っているマクロ経済モデルは $AS$ 曲線と $AD$ 曲線から成り立っていることから **AS-AD モデル**と呼ばれることが多い。

## SECTION 2　企業による価格設定

### 2-1　賃金交渉を通じた実質賃金の決定

　まず，中期モデルが短期モデルと大きく異なるのは，物価水準はもはや固定されておらず，時間を通じて変化する点である。一方，中期モデルが長期モデルと大きく異なるのは，企業が価格を与えられたものとして行動するのではなく，企業が自らの製品価格を設定し，労働者との交渉で賃金を決定する点である。

　第10章で詳しく論じられるように，長期モデルで取り扱っている労働市場では，企業も，家計も，競争的な市場で決まる価格を与えられたものとして行動し，労働供給と労働需要が一致するように実質賃金（名目賃金を物価水準で実質化した賃金）が決定される。雇用水準を横軸に，実質賃金を縦軸にそれぞれとると，企業からの労働需要は右下がりの曲線となる。実質賃金が低いほど，企業は労働者を雇用する。一方，家計からの労働供給は右上がりの曲線となる。実質賃金が高いほど，家計は労働を供給する。もし労働供給が固定されていれば，労働供給曲線は労働力人口の水準で垂直となる。

　中期モデルの労働市場の捉え方は，競争市場均衡に基づいている長期モデルときわめて対照的である。実質賃金は，企業と労働者の賃金交渉を反映して企業が決定する。具体的には，労働市場が逼迫して失業率が低い場合には，労働者の交渉力が強まって企業は実質賃金を高く設定せざるをえなくなる。逆に，失業率が高い場合には，企業の交渉力が強まって企業は実質賃金を低めに抑えることができる。

　若干，迂回的な議論になるが，本章においても，読者が，企業の価格設定行動や賃金の労使交渉のモデル化と理論モデルのタイムスパン（短期，中期，長期の選択）を厳密に結びつけて考えてしまうと，かえって混乱してしまうかもしれない。「企業がどのような価格設定をしているのか」「労使の間で賃金がどのように取り決められるのか」という問題は，マクロ経済モデルにおけるタイムスパンの選択とまったく関係がないからである。当然ながら，企業の価格設定行動や賃金の労使交渉が，モデルを作る側の意図に左右されるはずはない。ここで便宜的に物価水準の変動を許容する「中期」モデルにおいては，価格や賃金を決定するメカニ

## FIGURE 図7-4 ● 中期モデルにおける実質賃金の決定メカニズム

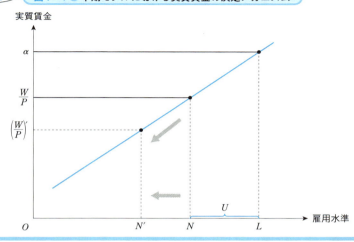

ズムを導入せざるをえないというレベルで考えてもらって差し支えない。

それでは、図7-4を用いながら、企業と労働者の交渉で実質賃金が決定されるメカニズムを考えてみよう。ここでモデルを単純にするために、すべての企業は同じ技術で同じ財を生産していると仮定する。したがって、経済の平均レベルの雇用や生産は、代表的な企業の雇用や生産に1対1で対応すると考えて差し支えない。

図7-4の横軸は雇用水準を、縦軸は実質賃金をそれぞれ表す。労働供給水準に相当する労働力は$L$の水準で固定されている。いま、雇用水準が$N$、失業水準が$U$（$=L-N$）である場合に、企業は実質賃金を$W/P$の水準に設定するとしよう。もし雇用水準が$N$から$N'$に減少して失業者数が増加すると、労使の賃金交渉において交渉力の高まる企業は、$W/P$の水準よりも低い水準に実質賃金を設定することができる。したがって、企業の実質賃金設定関数は、左下がり、あるいは右上がりの曲線となる。

また、労働力が完全に雇用され、失業がゼロの場合（$N=L$が成り立っている場合）には、完全競争と同様に実質賃金が労働の限界生産性$\alpha$に一致する（$W/P=\alpha$）と想定する。

本章では、上の実質賃金設定関数は次のように表記していこう。

第7章 閉鎖経済の中期モデルの展開

$$\frac{W}{P} = G(N) \qquad (7\text{-}1)$$

前述のように，雇用水準が減少するとともに実質賃金が低下するので，関数 $G$ は雇用水準 $N$ の増加関数である。

この実質賃金設定ルールのもっとも特徴的な点は，「好況期で雇用水準が高く，失業水準が低い場合に実質賃金が上昇する」一方で，「不況期で雇用水準が低く，失業水準が高い場合に実質賃金が低下する」ところである。このような特徴は，実際の資本主義国のマクロ経済でも観察されており，実証的に見ても適切である。

やや専門的な議論になるが，競争的な労働市場を想定し，企業からの労働需要が雇用水準を決定するような長期モデルにおいては，まったく逆に，雇用水準が高い均衡は，実質賃金が低くなってしまう。主な理由は，実質賃金の低下が企業からの労働需要を促進する契機となるからである。その意味では，労働市場の捉え方において，本章で展開している賃金交渉から実質賃金が決定される中期モデルのほうが，競争均衡に基づいた長期モデルよりも現実的であると言える。

## 2-2　企業による名目価格の設定

企業は労使交渉を通じて実質賃金 $W/P$ を設定するだけではなく，自らが生産する財の名目価格 $P$ も設定する。ここでは，短期モデルと同様に，財（あるいは，サービス）は労働投入のみから生産され，実質産出量（実質GDP）$Y$ は投入労働量 $N$ に比例すると仮定する。

生産関数は次のように表すことができる。

$$Y = \alpha N \qquad (7\text{-}2)$$

すなわち，1単位の労働投入から $\alpha$ 単位の財が生産される。$\alpha$ はつねに $Y/N$ に等しく，労働生産性の指標と解釈することができる。労働生産性 $\alpha$ が改善すると，同じ労働投入からより高い生産がもたらされる。

このように単純化された生産関数のもとでは，雇用水準は産出量水準の $1/\alpha$ に等しいと読み替えることができる。したがって，実質賃金設定関数 $G(N)$ は，$G(Y/\alpha)$ と書き直すことができる。

$1/\alpha$ 単位の労働が投入されて産出される1単位の財の名目生産コストは $W/\alpha$ に等しい。企業は，名目生産コストに $\mu$ の割合で利潤を上乗せして財の名目価

格を設定する。

$$P = (1+\mu)\frac{W}{\alpha} \tag{7-3}$$

$\mu$ はマークアップ率（markup rate）と呼ばれている。

では，(7-3)式の意味することを掘り下げて考えてみよう。まず，実質賃金（$W/P$）とマークアップ率は逆方向に動き，マークアップ率の上昇は実質賃金の低下をもたらす（$W/P = \alpha/(1+\mu)$）。企業が生産コストに利潤を上乗せして価格を設定できるのは，個々の企業が財市場において独占力を有しているからである。独占力が高いほど，マークアップ率 $\mu$ も大きくなる。逆に，財市場が完全に競争的であれば，個々の企業は独占力を行使することができず，まったく利潤を上乗せできなくなる。すなわち，マークアップ率 $\mu$ はゼロにまで低下する。その結果，財市場が完全競争市場であれば，実質賃金（$W/P$）は，労働生産性（$\alpha$）に等しくなる。

一方，労働生産性 $\alpha$ が改善すると，労働コストが節約できて，名目価格が低下する。逆に，労働生産性 $\alpha$ が低下すると，労働コストがかさんで，名目価格が上昇する。$\alpha$ は，労働コストに限らず，一般的なコスト要因と考えることもできる。たとえば，石油ショックなどで一次産品価格が上昇し，生産コストが全般的に高騰する場合は，$\alpha$ の低下と解釈できる。逆に，技術革新が起きて，生産コストを引き下げることができる場合は，$\alpha$ の上昇と解釈できる。

## 2-3　潜在 GDP 水準の決定メカニズム

企業が一定のマークアップ率で価格設定を行っている場合は，実質賃金 $W/P$ が $\alpha/(1+\mu)$ に等しくなる。その結果，先に求めた労使交渉に基づいた実質賃金設定関数 $G(N)$ において，実質賃金が $\alpha/(1+\mu)$ に等しくなる点で個々の企業の雇用水準（実質 GDP）が決定される。

このようにして労働市場で成立する雇用水準を潜在雇用水準（$N_p$），そのときの失業率（$(L-N_p)/L = U_n/L$）を自然失業率 $u_n$（natural rate of unemployment）と呼んでいる。また，潜在雇用水準 $N_p$ で生産される産出量 $Y_p$（$=\alpha N_p$）は潜在産出量，あるいは潜在 GDP（potential GDP）と呼ばれている。

以上で議論してきた関係は，図 7-5（次頁）のようにまとめることができる。なお，実質賃金設定関数 $G(N)$ には，労働力 $L$ が完全に雇用される場合の実質

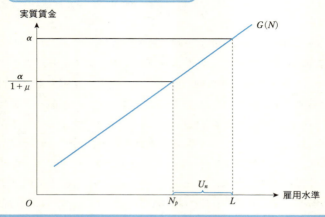

図7-5 ● マークアップ率と実質賃金

賃金が $\alpha$ に等しくなるという特性があることを思い出してほしい。そのために、長期モデルの均衡と一致する完全雇用状態では、実質賃金が労働生産性 $\alpha$ の水準で決定されている。

独占力の上昇で $\mu$ が上昇した場合には、$\alpha/(1+\mu)$ の水準で水平な線が下方にシフトするので、自然失業率は上昇する一方、潜在 GDP は減少する。逆に、独占力の低下で $\mu$ が低下した場合には、自然失業率は低下する一方、潜在 GDP は増加する。ミクロ経済学で議論されているように、この中期モデルにおいても、**企業の市場独占力**が高まると、財の供給量は市場全体で減少してしまう。

労働力 $L$ をすべて雇用して実現できる GDP 水準（$Y_f = \alpha L$）は**完全雇用 GDP**（full-employment GDP）と呼ばれている。ここで注意してほしい点は、長期モデルの完全雇用 GDP と中期モデルの潜在 GDP は一致しないという点である。長期モデルの完全雇用 GDP においては、家計から供給される労働力はすべて雇用されて失業がいっさい存在しない。一方、中期モデルの潜在 GDP では、すべての労働力がかならずしも雇用されるわけではなく、均衡においても（自発的でない）失業が存在する。

経済学的に厳密に言うと、ここで展開している中期モデルでは、企業の財市場に対する独占力が非自発的失業を生み出す本質的な要因となっている。なお、自発的な失業、非自発的な失業に関する詳しい議論については、第 10 章を参照してほしい。

### POINT 7-1 ● 労働生産性の向上と自然失業率の関係

(7-2)式の生産関数で労働生産性を表す $\alpha$ が改善すると，自然失業率は低下するのであろうか。常識的に考えると，労働生産性の改善に伴って自然失業率が低下するように思える。しかし，図7-5が示すように，労働生産性の改善に伴って，完全雇用水準における実質賃金 ($\alpha$) の上昇で実質賃金設定関数が上方にシフトするとともに，潜在雇用水準における実質賃金 ($\alpha/(1+\mu)$) が同時に上昇するので，所与の完全雇用量に対して，「潜在雇用量が増加するのか」，その結果，「自然失業率が低下するのか」をにわかに判断することはできない。

そこで，以下では，(7-1)式の実質賃金設定関数を以下のように想定して，労働生産性の改善が自然失業率に及ぼす影響を考察してみよう。

$$G(N) = \beta N^\theta + \upsilon \qquad (7\text{-}1a)$$

ただし，$\theta>0$, $\upsilon\geq 0$ と仮定する。なお，正値の定数項 $\upsilon$ は，失業水準の高低にかかわらず，社会的に求められる最低限の実質賃金水準と考えることができるかもしれない。

図7-4や図7-5の説明では，$\theta=1$ として，線形の実質賃金設定関数を想定している。また，練習問題7-4をトライすれば理解できるが，補論2や補論3でフィリップス曲線を導出する場合には，$\upsilon=0$ を仮定している。

実質賃金は，完全雇用水準 ($L$) で $\alpha$，潜在雇用水準 ($N_p$) で $\alpha/(1+\mu)$ が成り立たなければならないので，次の2つの関係が成立しなければならない。

$$\beta L^\theta + \upsilon = \alpha$$
$$\beta N_p^\theta + \upsilon = \frac{\alpha}{1+\mu}$$

自然失業率は，$1-N_p/L$ と表されるので，$N_p/L$ の減少関数である。上の2つの式からは，

$$\left(\frac{N_P}{L}\right)^\theta = \frac{1}{1+\mu}\frac{\alpha-\upsilon-\mu\upsilon}{\alpha-\upsilon}$$

を求めることができる。

先述のように，自然失業率は，$N_p/L$ の減少関数であるので，上の式で $\theta$ が正値のもとでは，右辺に現れる $(\alpha-\upsilon-\mu\upsilon)/(\alpha-\upsilon)$ の $\alpha$ に関する微分が正であれば，労働生産性の改善とともに，$N_p/L$ が上昇し自然失業率は低下する。

$(\alpha-\upsilon-\mu\upsilon)/(\alpha-\upsilon)$ の $\alpha$ に関する微分の結果は，以下のとおりである。

$$\partial\left(\frac{\alpha-\upsilon-\mu\upsilon}{\alpha-\upsilon}\right)\bigg/\partial\alpha = \frac{\mu\upsilon}{(\alpha-\upsilon)^2} \geq 0$$

すなわち，実質賃金設定関数のパラメーターである $\upsilon$ が正値であれば，労働生

産性の改善とともに，自然失業率が低下する。$v$ がゼロに等しい場合には，自然失業率は労働生産性の変化にいっさい左右されない。

> **POINT 7-2 ● 実質賃金の高止まり（硬直性）がもたらす失業**
>
> 本章で紹介する中期モデルでは，企業が自らの製造・販売する製品市場に対して独占力を持っているために製品価格が高くなる一方で，生産水準が低くなる。低水準の生産量のために雇用しなければならない労働者数も減少することから，労働市場で失業が発生する。すなわち，このモデルでは，財市場における企業の独占力が失業の本質的な理由となっている。
>
> しかし，失業を発生させる要因は，当然ながら労働市場自体にも存在する。労働市場の長期モデルの章（第 10 章）でも論じられるように，標準的な労働市場モデルでは，実質賃金の低下を通じて失業が解消されるが，実質賃金が高止まりすると，労働市場で失業が生じてしまう。マクロ経済学では，こうした実質賃金の高止まりを実質賃金の硬直性（real wage rigidity）と呼んでいる。ここで注意してほしいのは，財の名目価格や名目賃金が硬直的な状態は名目硬直性（nominal rigidity）と呼ばれ，実質賃金の硬直性のような実質硬直性（real rigidity）と厳密に区別されている点である。
>
> 実質賃金の硬直性には，主に 3 つの要因がある。第 1 の要因が最低賃金制度である。かりに法の定める最低賃金水準で決まる実質賃金が失業を完全に解消させる実質賃金よりも高い場合，実質賃金が高止まりして企業からの労働需要が労働供給を下回り，労働市場で失業が生じる。
>
> 第 2 に，高めの賃金を勝ち取ることができるほど労働組合の交渉力が高い場合，すでに雇われている労働者は高めの実質賃金を享受できるが，企業からの労働需要は低下して，労働市場全体では失業が生じてしまう。
>
> 第 3 に，企業が自らの意思で高めの実質賃金を労働者に提示する場合である。企業が実質賃金を提示するのは，いくつかの理由がある。まず，他の企業よりも高い賃金を設定すれば，質の高い労働者を集めることができる。高い賃金は，職場の労働者の意欲や規律を引き出すこともできるであろう。また，高い賃金のメリットを感じた労働者は，その企業に長く定着するので，企業が労働者の技能を高める人的投資をしても，逃げられてしまうことがない。経済学では，労働者の意欲を引き出すような実質賃金を効率賃金（efficiency wages）と呼んでいる。

# 中期モデルにおける右上がりの総供給曲線

## 3-1 企業の名目価格設定における物価水準の予想

　第6章の $IS$-$LM$ モデルでは，横軸を産出量，縦軸を物価水準とする図において，右下がりの総需要曲線を求めた。本章の冒頭で論じてきたように，同じグラフのもとでは，長期モデルの総供給曲線は垂直となる一方，短期モデルの総供給曲線は水平となる。それでは，中期モデルにおいて右上がりの総供給曲線はどのように導き出すことができるのであろうか。

　中期モデルの総供給曲線を導出するにあたっては，企業が実質賃金や製品価格を設定する中期モデルにおいて大変に厄介な問題を解決しなければならない。

　これまでの議論では，名目賃金 $W$ を実質化する物価水準も，個々の企業が設定する財の名目価格も，まったく同じように取り扱ってきた。しかし，厳密に言うと，賃金の購買力である実質賃金を算出する場合に用いる物価水準は，労働所得で購入するさまざまな財の名目価格の平均的な水準を用いる必要がある。すなわち，実質賃金の導出に用いる物価水準は，個々の企業が設定する財の名目価格ではなく，それらの平均をとったものでなければならない。

　これまでに想定してきたように，すべての企業が同じ財を生産しており，したがって，その名目価格が同一であったとしても，個々の企業から見ると，「自らが設定する財の名目価格」と，「すべての企業の財価格を平均した物価水準」は本質的に異なっている。とくに，両者の違いから生じる問題は，個々の企業が自ら生産した財の名目価格を設定するときには，経済全体の物価水準がわかっていないことである。

　先に述べたように，企業は賃金交渉において実質賃金を決定する。その実質賃金に物価水準を乗じることで名目労働コストをはじく。その名目コストにマークアップ率分だけ利潤を上乗せして財の名目価格を決める。経済全体の物価水準は個々の企業が設定した財の名目価格が決まってはじめて決定されるが，個々の企業が自ら生産した財の名目価格を決めるためには経済全体の物価水準がわかっていなければならない。

　図式的に考えてみると，個々の企業の名目価格の設定においては，経済全体の

物価水準を予想して個々の名目価格を設定する。すなわち，個々の企業の名目価格設定においては，

$$経済全体の物価水準 \Rightarrow 個々の企業の名目価格設定$$

の順序となる。

一方，経済全体の物価水準は，個々の企業が決定した名目価格を集約したものである。すなわち，経済全体の物価水準の算出においては，

$$個々の企業の名目価格設定 \Rightarrow 経済全体の物価水準$$

の順序となる。

上述のような決定のタイミングのずれを解消するためには，個々の企業は，あらかじめ経済全体の物価水準を予想したうえで，自らが生産した財の名目価格を設定する必要が生じる。

ここで，個々の企業が予想する物価水準を $P^e$ で表すことにしよう。労使交渉で設定する実質賃金は，そうした予想物価水準 $P^e$ に基づいて実質化されるので，実質賃金設定関数は，(7-1) 式の $W/P=G(N)$ ではなく，$W/P^e=G(N)$ となる。企業は，そうして設定された実質賃金から名目生産コストを計算し，そこに利潤を上乗せして財の名目価格を設定する。すなわち，企業の名目価格設定においては，次のような関係が成り立っている。

$$P = \frac{1+\mu}{\alpha} P^e G(N) \qquad (7\text{-}4)$$

上述のように，個々の企業レベルにおいては，上の式の左辺に出てくる財の名目価格 $P$ と，右辺に出てくる予想物価水準 $P^e$ は本質的に異なっている。前者は「企業自らが設定する変数」であるのに対して，後者は「個々の企業の価格設定の集積の結果として市場全体で決まってくる変数」に関して個々の企業が予想する値である。

ここで，総供給曲線は物価と GDP の関係を表しているので，雇用水準 $N$ は GDP 水準 $Y$ によって置き換えておこう。

$$P = \frac{1+\mu}{\alpha} P^e G\left(\frac{Y}{\alpha}\right) \qquad (7\text{-}5)$$

(7-5) 式の企業の価格設定関数においては，予想物価水準 $P^e$ があらかじめ決まっているとすると，物価水準と GDP は同じ方向に動くので（GDP 水準 $Y$ の上昇

⇒実質賃金 $G$ の上昇⇒設定名目価格 $P$ の上昇)，右上がりの総供給曲線を描くことができる。

しかし，上述の手続きにおいて本質的に問題となるのは，「予想物価水準 $P^e$ はどのように決まってくるのか？」という点であろう。マクロ経済学に限られることではないが，新しい経済学の考え方では，企業や家計の予想形成（期待形成）について合理的期待形成仮説（rational expectations hypothesis）を基本的に採用している。

合理的期待形成仮説では，個々の企業や家計は，「経済全体で成立するであろう均衡水準」と整合的な期待を形成すると考えている。ここでのケースであれば，個々の企業は，経済全体の潜在雇用水準（あるいは自然失業率）や潜在 GDP を念頭に置いて，「経済全体で成立するであろう物価水準」をもって予想物価水準 $P^e$ とすると考えるのである。

先に述べたように，潜在 GDP 水準では実質賃金が $\alpha/(1+\mu)$ に等しく，$G(Y_p/\alpha)=\alpha/(1+\mu)$ となるので，価格設定関数から決まってくる総供給曲線においては，

$$P = \frac{1+\mu}{\alpha} P^e G\left(\frac{Y_p}{\alpha}\right) = \frac{1+\mu}{\alpha} P^e \frac{\alpha}{1+\mu} = P^e \tag{7-6}$$

が成り立つ。

すなわち，$P=[(1+\mu)/\alpha]P^e G(Y_p/\alpha)$ として表される総供給曲線には，「マクロ経済で成立する潜在 GDP（あるいは自然失業率）を念頭に置いて合理的に予想した物価水準 $P^e$ が実際の物価水準 $P$ に一致するメカニズム」がすでに組み込まれていることになる。言い換えると，合理的期待形成を伴う総供給曲線は，潜在 GDP と予想物価水準の組み合わせの点をかならず通過する。

図 7-6（次頁）のグラフを用いながら，説明してみよう。第 6 章で詳しく見てきたように，総需要曲線は，*IS-LM* モデルから右下がりの曲線を導き出すことができる。一方，上述のように，この中期モデルの総供給曲線は，企業の価格設定関数から右上がりの曲線を導き出すことができる。総需要曲線と総供給曲線が交わるところで均衡物価水準と均衡 GDP が決定される。個々の企業は，このようにして決定される均衡物価水準を念頭に置いて，「経済全体で決定されるであろう物価水準」を予想するのである。

最後に，物価水準の予想を誤った場合には，企業と労働者のどちらが予測誤差のロスを被るのかを考えてみよう。ここで，実質賃金設定関数 $G$ が雇用水準 $N$ の増加関数であることを思い出してほしい。

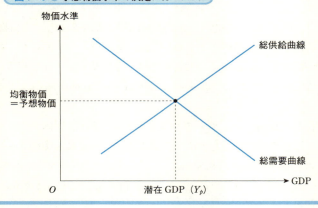

**図 7-6 ● 予想物価水準の決定メカニズム**

物価水準が過小に予想された場合には、均衡 GDP が潜在 GDP を上回って実質賃金が上昇し、事実上のマークアップ率が低下してしまうので、企業が予測誤差のロスを負担する。一方、物価水準が過大に予想された場合には、均衡 GDP が潜在 GDP を下回って実質賃金が減少し、事実上のマークアップ率が上昇してしまうので、労働者が予測誤差のロスを負担する。したがって、賃金交渉においては、企業のほうに過小予測を避けるインセンティブが、労働者のほうに過大予測を避けるインセンティブがあることになる。このように、それぞれの利益から労使が予測誤差を回避しようとする結果、予測誤差が最小限に避けられているという側面は無視できない。

## 3-2 合理的期待形成と貨幣の中立性

総需要曲線をシフトさせる要因を需要要因、総供給曲線をシフトさせる要因を供給要因とそれぞれ呼んでいる。典型的な需要要因としては名目貨幣供給が、典型的な供給要因としては生産コスト要因があげられる。先に述べたように、本章のモデルの枠組みでは、生産コスト要因の変化は、労働生産性 $\alpha$ の変化として捉えることができる。

ここで細心の注意を要することであるが、総需要曲線と総供給曲線の交わるところで均衡 GDP が決定されると言っても、2 つの曲線が別個にシフトするので

### 図 7-7 ● 総需要曲線のシフトと予想物価水準の変化

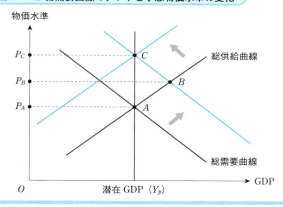

はなく，一方の曲線のシフトが他方の曲線のシフトを誘発する可能性がある。

まずは，需要要因である名目貨幣供給が拡大して総需要曲線が上方にシフトする場合を考えてみよう。ここでは，$\alpha$ に代表される供給要因に変化がまったくないので，潜在 GDP の水準は，企業の実質賃金設定関数で $G(Y_p/\alpha)=\alpha/(1+\mu)$ が成り立つように決まっていて，需要要因の影響をいっさい受けない。

いま，図 7-7 が示すように，中央銀行の供給する名目貨幣が拡大することが想定され，総需要曲線も上方にシフトすることが予想されているとしよう。マクロ経済の均衡は，総供給曲線に沿って，均衡 GDP と均衡物価水準が増加する。したがって，予想物価水準も，以前の $P_A$ から新たな $P_B$ にまで上方に改定される。

しかし，$B$ 点の予想物価水準（$P_B$）では，GDP は潜在 GDP から離れてしまう。すると，総供給曲線が「予想物価水準と潜在 GDP の組み合わせをかならず通過する」という要件を満たすことができない。この要件を満たすためには，総供給曲線自体が上方にシフトして $C$ 点において物価水準に関する予想が形成されなければならない。その結果，名目貨幣供給が拡大するという情報は，$C$ 点に相当する予想物価水準（$P_C$）に反映されることになる。名目貨幣供給の拡大が予想される事例では，総需要曲線の上方シフトが総供給曲線の上方シフトを引き起こしてしまう。

合理的期待形成を伴う中期モデルにおいては，図 7-7 の $C$ 点において名目貨幣供給の拡大が予想物価水準に反映され，GDP は依然として $Y_p$ の潜在的水準で

実現する。こうした合理的期待形成の論理的な帰結は，かなり衝撃的である。第6章で見てきたように，名目価格が固定されている IS-LM モデルの枠組みであれば，名目貨幣供給の拡大で LM 曲線が上方にシフトすると，金利が低下するとともに，GDP が増加する。しかし，ここでの中期モデルにおいては，名目貨幣供給が拡大しても，それがあらかじめ想定されているかぎりにおいては，物価水準が上昇するものの，GDP 水準はいっさい影響を受けない。

たとえ総供給曲線が右上がりであっても，貨幣供給の増大で均衡が図の右上方向に移動するのではなく，総供給曲線そのものが上方にシフトしてしまうので，GDP 水準がまったく変化しない。予想された名目貨幣供給の拡大は，物価水準に織り込まれるだけという結果となる。

名目貨幣供給の変化が物価水準などの名目変数だけに影響し，GDP などの実質変数に影響しないことを，「貨幣が中立的である」と言う。この中期モデルにおいては，予想された名目貨幣供給の変化については，貨幣の中立性 (neutrality of money) が成立していることになる。

### 3-3 供給要因の変化と GDP への影響

それでは，労働生産性が変化すると，GDP や物価水準に対してどのような影響を及ぼすのであろうか。いま，労働生産性が悪化して $\alpha$ が低下したとしよう。

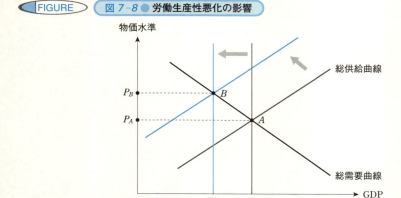

図 7-8 ● 労働生産性悪化の影響

この場合，実質賃金設定関数において $G(N_p) = \alpha/(1+\mu)$ が成り立つように潜在雇用水準 $N_p$，さらには潜在 GDP 水準 $Y_p$ が決まるが，実質賃金が低下するとともに，潜在 GDP も減少するケースを想定してみよう（(7-1a) 式の右辺 $v$ が正値のケース）。

図 7-8 で言うと，潜在 GDP が $Y_p$ から $Y_p'$ に低下する。需要要因に変化はないので，総需要曲線はシフトしない。そうすると，新たな均衡で成立する物価水準は，総需要曲線と $Y_p'$ で垂直となる直線が交わる点となるので，予想物価水準は $B$ 点の水準となる。その結果，潜在 GDP と予想物価水準の組み合わせを通過しなければならない総供給曲線は，上方にシフトすることになる。図 7-8 で明らかなように，労働生産性の悪化で，GDP が低下する一方，物価水準は上昇する。

### 3-4　マクロ経済構造を反映する予想物価水準

合理的期待形成に関わる議論では，2 つのことが想定されている。第 1 に，個々の企業は，マクロ経済の総需要曲線や総供給曲線がどのようなものなのかについて理解している。第 2 に，すべての企業は，総需要曲線の背後にある財市場や貨幣市場の動向（IS-LM モデルの構築に必要な情報），あるいは，総供給曲線の背後にある企業の価格設定行動，独占力，コスト要因について，あらかじめ十分な情報を持っている。

換言すると，合理的期待形成のもとでは，個々の企業がマクロ経済に関して把握している情報が，予想物価水準に反映されていることになる。したがって，個々の企業のマクロ経済に関する情報が正しいかぎりにおいて，予想した物価水準は現実の物価水準に一致する。逆に言うと，個々の企業が想定していなかったことが起きてしまうと，予想した物価水準と現実の物価水準にずれが生じてしまう。深刻な想定外の出来事が生じると，物価水準に関する予想もいっそう不正確なものとなる。

十分な情報に基づいて物価水準を正確に予想していれば，企業は，生産コストに利潤を上乗せして，当初予定していたマークアップ率 $\mu$ を確実に実現することができる。しかし，情報の精度が低く，物価水準を誤って見積もってしまうと，あらかじめ想定した利潤を実現することができなくなる。

たとえば，図 7-9（次頁）に示すように，企業は，総需要関数を実際のものより下方に想定して物価水準を予想していたとしよう。この場合，適切な予想物価水準は $C$ 点にもかかわらず，$A$ 点の過小な物価水準を予想してしまうことにな

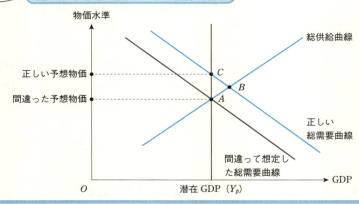

FIGURE 図7-9 予想のずれとマクロ経済の動向

る。個々の企業は、この過小評価された物価水準で名目生産コストを算出するので、生産財の価格水準も低めに設定してしまう。その結果、現実のマクロ経済では、$B$点の均衡が実現して実際のGDPは潜在GDPを上回るものの、個々の企業レベルで見ると、最初に見込んだマークアップ率$\mu$では利潤を実現できていないことになる。すなわち、生産財価格を安めに設定したために、最初に見込んだマークアップ率で利潤を得ることができない。

以上の議論をまとめてみると、合理的期待形成を想定した中期モデルにおいては、個々の企業は均衡物価水準を念頭に置いて物価水準を合理的に予想する結果、総供給曲線が潜在GDPと均衡物価水準を組み合わせた点を通過する右上がりの曲線となる。このように決定される予想物価水準には、個々の企業が持っているマクロ経済に関するさまざまな情報が反映されている。また、そうした個々の企業の情報が正確なかぎりにおいて、予想物価水準も正確な予想となる。

## 予想されていない名目貨幣供給拡大の効果

### 4-1 貨幣的ショックの一時的なインパクト

前節で見てきたように、予想された名目貨幣供給の変化については、貨幣の中

立性が成り立っている。すなわち，名目貨幣供給の拡大は，物価水準の上昇に反映されるが，潜在GDPはいっさい変化しない。

それでは，個々の企業が物価水準を予想する段階ではまったく想定していなかった名目貨幣供給の拡大が生じた場合はどうなるであろうか。なお，予想されていない名目貨幣供給の変化は，<u>貨幣的ショック</u>（monetary shock）と呼ばれている。

図7-7に戻って考えてみたい。企業は名目貨幣供給に変化がなく総需要曲線が従前の位置にとどまると想定して物価水準を予想するので，予想物価水準は$A$点の水準となる。その結果，総供給曲線にも変化が生じない。

総供給曲線にシフトが生じないところに，個々の企業が想定していなかった名目貨幣供給の拡大で総需要曲線が上方にシフトするので，物価水準が上昇するとともに，GDPも潜在GDPを上回る水準となる。すなわち，予想されていない名目貨幣供給の拡大については，貨幣の中立性が成立していない。

しかし，こうした名目貨幣供給の拡大がGDPにもたらす影響は，一時的なものにとどまる。翌年には個々の企業が名目貨幣供給の拡大を織り込んで物価水準を予想すると，総供給曲線も上方にシフトして，GDP水準は従前の潜在GDPの水準$Y_p$に戻ってしまう。その結果，貨幣の中立性がふたたび成立する。

### 4-2 潜在GDPへの回帰を妨げる要因

それでは，潜在GDPへの速やかな回帰を妨げて，貨幣的ショックのGDPへの影響が持続的となるような要因は何であろうか。ここでは，①名目価格の硬直性がある場合（nominal rigidity）と，②期待形成が適応的である場合（adaptive expectations）を考えてみたい。

**名目価格の硬直性**

企業が自ら生産する財の名目価格をそれほど頻繁に改定しない状態を，名目価格が硬直的であると呼んでいる。名目価格が硬直的な場合，企業の設定する名目価格には，新たな合理的予想物価が速やかに反映されず，総供給曲線が上方シフトしないままに従前の位置にしばらくとどまる可能性がある。その間，予想されていない名目貨幣供給の拡大については，貨幣の中立性が成り立たなくなる。

図7-10（次頁）で見てみると，企業が合理的な予想物価水準にまで名目価格を改定すれば，貨幣的ショックが生じた翌年には経済全体の物価水準は$C$点の水準で予想される。しかし，翌年にも，名目価格が部分的にしか調整されなければ，

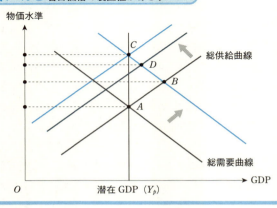

**図 7-10** 名目価格の硬直性があるケース

実際の物価水準は $C$ 点の水準を下回ってしまう。その結果，総供給曲線の上方シフトも十分に起きず，GDP と物価水準が $D$ 点で決定される。GDP 水準も潜在GDP を上回り，貨幣の中立性が成り立っていない。

なお，名目価格が硬直的なケースについては，第 8 章で詳しく議論されている。

### POINT 7-3 価格改定のタイミングが企業間で異なるケース

第 8 章で詳述するが，すべての企業が同じタイミングで名目価格改定をしない場合にも，総供給曲線の上方シフトの幅が小さくなって，しばらくの間，貨幣の中立性が成立しない。たとえば，各企業は 2 年に 1 度しか価格改定を行わず，半分の企業が奇数年に，半分の企業が偶数年にそれぞれ名目価格を改定するとしよう。

奇数年に貨幣的ショックが生じた場合，翌年には，偶数年に価格改定をする半分の企業が想定外の名目貨幣供給の拡大があったことを織り込んで新たに名目価格を設定するが，半分の企業は従前の価格設定を維持している。名目価格を変更する企業も，半分の企業が名目価格を変更しないので，価格の引き上げ幅を抑えないと価格競争で著しく不利になる。経済全体の物価水準は個々の企業が設定する価格の平均であるので，半分の財の名目価格が変更されないことに加えて，価格を変更する企業も変更が小幅なことを反映して，経済全体の平均的な物価水準は相対的に低めに予想される。

ふたたび図 7-10 で見ると，すべての企業が同時に名目価格を改定すれば，貨

幣的ショックが生じた翌年には，経済全体の物価水準は $C$ 点の水準で予想される。しかし，翌年にも，半分の企業しか価格を改定しないので予想物価水準は $C$ 点の水準を下回ってしまう。その結果，総供給曲線の上方シフトも十分に起きず，GDP と物価水準が $D$ 点で決定される。GDP 水準も潜在 GDP を上回り，貨幣の中立性が依然として成り立っていない。

翌々年の奇数年になっても，今度は偶数年に改定する企業が名目価格を維持するので，予想物価水準はふたたび $C$ 点の水準を下回る。このようにして，半分の企業が交互に価格を改定しながら，予想物価水準は徐々に $C$ 点に近づいていくが，その間，GDP は潜在 GDP を上回る水準で推移する。一部の企業しか価格改定をしない場合には，かなりの期間にわたって貨幣の中立性が成り立たないことになる。

### 静学的期待形成と適応的期待形成

合理的期待形成に代わる期待仮説には，静学的期待形成と適応的期待形成がある。静学的期待形成は，予想物価水準が固定されている場合を指している。すなわち，予想物価水準は，経済環境にまったく左右されない。静学的期待形成の場合は，金融政策を変更しても，総供給曲線がいっさいシフトしないので，金融政策の効果は永久に持続する。しかし，経済環境からまったく独立して期待が形成されるという仮定は不自然なので，静学的期待形成に基づいた結論が現実の経済に妥当するとは考えにくい。

一方，適応的期待形成とは，市場で成立する均衡を合理的に予想して期待を形成するのではなく，過去の傾向に基づいて期待を形成するようなケースを指している。経済全体の物価水準を適応的に予想するときには，過去の物価水準が高ければ（低ければ），高めに（低めに）予想するような場合である。

ここでは，非常に単純化した事例として，予想物価水準が 1 期前の物価水準に設定されるケースを考えてみよう。すなわち，

$$P^e = P_{-1} \tag{7-7}$$

が成り立っている。

適応的に期待が形成されている場合には，名目貨幣供給の拡大が予想されていても，予想されていなくても，その効果はまったく同じである。図 7-11（次頁）が示すように，貨幣的ショックで総需要曲線が上方にシフトしても，予想物価水

| FIGURE | 図 7-11 ● 適応的に物価水準が予想されるケース |

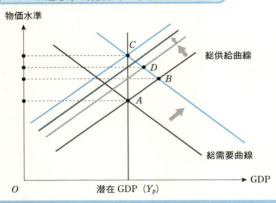

準は従前の物価水準（$A$ 点に対応する物価水準）で設定されるので，総供給曲線はいっさいシフトしない。その結果，マクロ経済では，GDP が潜在 GDP を上回り，均衡が $A$ 点から $B$ 点に移る。

　貨幣的ショックが生じた翌年には，前年の物価水準に予想物価水準を設定するので，総供給曲線は潜在 GDP と $B$ 点に対応する物価水準を通過するところまでしか上方にシフトしない。その結果，GDP は依然として潜在 GDP を上回るとともに，均衡は $B$ 点から $D$ 点に移る。翌々年にも，予想物価水準が $D$ 点に対応する物価水準に設定され，総供給曲線の上方シフトが小幅にとどまる。

　このように適応的に期待が形成される場合には，予想物価水準が $C$ 点に徐々にしか近づいていかないので，かなりの期間にわたって GDP が潜在 GDP を上回る。その間，貨幣の中立性は成り立っていない。

### 4-3　ま と め

　ここで本節の内容をまとめておこう。前節で論じてきたように，経済全体の物価水準に関する期待が合理的に形成されていると，予想されている名目貨幣供給の変化について貨幣の中立性が成り立つ。すなわち，名目貨幣供給が変化しても，予想されているかぎりは，物価水準にしか影響せず，GDP は潜在 GDP の水準にとどまる。

一方,予想されていなかった貨幣的ショック(名目貨幣供給量の変化)が生じたときに,GDP は潜在 GDP から乖離する。しかし,その効果は一時的であって,GDP は潜在 GDP の水準に速やかに回復する。ただし,名目価格が硬直的である場合や,期待形成が適応的である場合には,潜在 GDP への速やかな回帰が妨げられる。その結果,かなりの期間にわたって GDP が潜在 GDP から乖離し,貨幣の中立性が成立しない。

> **POINT 7-4** ● なぜ金融政策の変更に対して企業は価格を変更しないのか?

(以下の議論は,やや専門的なので初読の際には,この POINT を読み飛ばしてかまわない。)

これまでの議論で明らかにしてきたように,企業の製品価格設定に名目硬直性があると,金融政策は少なくとも短期的に中立的でなくなる。第 6 章で議論したように,名目価格の硬直性の背後には,①メニュー・コスト,②意思決定に伴うラグ,あるいは,③貨幣錯覚の存在する可能性があることを見てきた。この POINT では,これらの議論とはかなり基調の異なる議論を紹介したい。

2001 年にノーベル経済学賞を受賞したアカロフ(G. A. Akerlof, 1940-,アメリカ人)は,中央銀行が名目貨幣供給量を拡大させても,企業は自らの製品価格(名目価格)を引き上げない合理的な理由があることを指摘している。もし,金融政策の変更があったにもかかわらず,すべての企業が製品価格を変更しなければ,経済全体の物価水準も変化しない。その結果,第 6 章の $IS$-$LM$ モデル(固定価格モデル)のインプリケーションのように,名目貨幣供給量の増加が実質貨幣残高の増加をもたらす結果,実質 GDP が増大する。

アカロフの説明は,以下のとおりである。各企業(その 1 つを企業 $i$ とする)は,財政政策や金融政策の動向を含めた経済環境がどのように推移するのかを想定しながら(想定された経済環境を $\Omega$ で表すとする),利潤($\pi_i$)が最大になるように製品価格($p_i$)を設定する。

企業 $i$ の利潤は売上から費用を差し引いたものである。企業 $i$ が利潤を極大化していると,企業が設定した製品価格 $p_i^*$ においては,限界売上が限界費用に一致し,製品価格をわずかに動かすことで変化する限界利潤はゼロに等しい。数学的に記述すると,以下のように表すことができる。

$$\left.\frac{\partial \pi_i(p_i|\Omega)}{\partial p_i}\right|_{p_i=p_i^*} = 0$$

ここで,中央銀行によって名目貨幣供給量が変更されるという経済環境の変化があったとしよう。新たな経済環境は,$\Omega'$ で表すことにする。アカロフの議論のポイントは,「政策変更が大幅でないかぎり,従前の経済環境 $\Omega$ で利潤極大化

行動から設定した製品価格 $p_i^*$ は変更しなくても，利潤極大化行動に抵触することがない」というところである．数学的に表現すると，以下の利潤極大化条件が成立している．

$$\left.\frac{\partial \pi_i(p_i|\Omega')}{\partial p_i}\right|_{p_i=p_i^*} = 0$$

上の議論をややかみ砕いた言葉で言い換えると，ある経済環境で企業が合理的に決定した価格政策は，経済環境が少々変化しても，従前の価格政策を変更する必要がないということになる．アカロフの議論では，企業の合理的な行動を前提としても，製品価格の名目硬直性を説明することが可能となる．

## デフレスパイラルの可能性

### 総需要曲線が垂直な場合

#### 5-1　$AS$-$AD$ モデルにおけるデフレスパイラル現象

本節では，第6章第6節で議論したように，金融市場が流動性の罠に陥っているために総需要曲線が垂直になっている場合を考えてみよう．具体的には，図 7-12 が示すように，潜在 GDP よりも下回る GDP 水準において，総需要曲線が

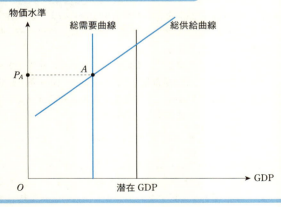

図 7-12　垂直な総需要曲線のケース

垂直になっている場合を考察していく。

このような場合には，総供給曲線と総需要曲線の交点における産出量が潜在GDPをつねに下回るために，合理的期待形成によって潜在GDPで成立する物価水準を予想することができない。総需要が総供給を下回る過小需要状態が恒常化すれば，物価水準は，需給調整する役割をまったく果たせないままに，急落していくことになるであろう。

また，図7-13が示すように，適応的期待形成においては，前期に成立した物価水準が潜在GDP上の予想物価水準となるので，総供給曲線は下方にシフトする。すると，下方シフトした総供給曲線で交わる物価水準が次期の予想物価水準となるので，総供給曲線はさらに下方シフトする。このように総供給曲線の下方シフトが繰り返され，物価水準が継続的に下落していく。

以上のように見てくると，合理的期待仮説であっても，適応的期待仮説であっても，物価水準は継続的に下落していくことになる。こうした価格調整プロセスは，デフレーション・スパイラル（略して デフレスパイラル）と呼ばれている。中央銀行や政府の政策担当者が継続的なデフレ状況を懸念するのは，GDP水準が潜在GDPさえ達成できない状態が慢性化してデフレスパイラルが生じている可能性を鑑みているからである。

こうした慢性的な過小需要状態を伴うデフレスパイラルの主因は，標準的なケインズ経済学で不況の原因とされている名目価格の硬直性ではない。第6章第6

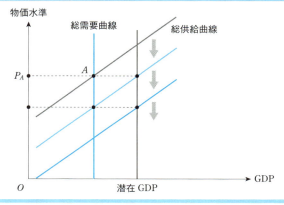

FIGURE 図7-13 ● 期待的予想形成でデフレスパイラルが生じるケース

節で議論してきたように，デフレスパイラルのもっとも重要な原因は，マクロ経済政策の不徹底にある。第6章の図6-23と図6-24が示したように，積極的な財政政策によって $IS$ 曲線を右方にシフトさせるか，名目金利をマイナス水準に誘導する金融政策によって $LM$ 曲線を下方にシフトさせるかによって，垂直の総需要曲線の位置を右側にシフトさせることができる。その結果，実際のGDPと潜在GDPのギャップを埋め合わせられる。

すなわち，大胆なマクロ経済政策を展開すればデフレスパイラルを回避できるというのが，垂直な総需要曲線を伴う $AS$-$AD$ モデルの政策インプリケーションということになる。

### 5-2 理論的な問題点

$AS$-$AD$ モデルが中期モデルであるということを考えると，せいぜい数年間に起きる急激な物価下落がデフレスパイラルに相当すると解釈するのが自然であろう。しかし，実際の政策担当者は，より長期に及ぶ持続的な物価下落についても，それがたとえマイルドなものであったとしても，デフレスパイラルと解釈する傾向が強い。

それでは，数年間を超えるような継続的物価下落をもって，$AS$-$AD$ モデル上における垂直な総需要曲線によって生じたデフレスパイラル現象と考えることが理論的に妥当なのであろうか。

本章の第2節で議論してきたように，潜在GDPの水準は，生産関数，企業の価格設定行動，労使間の賃金決定などの供給側の民間行動で決定される。一方，垂直の総需要曲線の位置は，第6章の図6-21が示したように，$IS$ 曲線が横軸と交わる切片で決まってくる。すなわち，財政政策の要因を除けば，消費関数を決定する家計行動，設備投資関数を決定する企業行動，純輸出を決定する貿易活動などの民間行動で決まってくる。

$AS$-$AD$ モデルでは，そうした供給サイドの民間行動と需要サイドの民間行動がまったく独立していて，両者の間に相互作用はいっさい想定されていない。このような分析枠組みは，たかだか数年の期間で生じる中期の経済現象には妥当するであろうが，それ以上の期間に及ぶ経済現象には不適切でないだろうか。長期にわたって，企業や家計の民間行動が供給サイドと需要サイドで完全に分断されるとは考えにくい。

## 5-3　実際的な問題点

　また，垂直の総需要曲線によってデフレスパイラルの可能性を理論的に説明できたとしても，そのモデルから，「どの程度の期間にわたって，どの程度の物価下落が生じた場合にデフレスパイラルと判断するのか」という実証的なインプリケーションを得ることは非常に難しい。

　たとえば，アメリカで1929年10月の株式市場暴落後に起きた大恐慌下の急激なデフレーションは，$AS$-$AD$ モデル上で中期に生じるデフレスパイラル現象に相当すると解釈することができるかもしれない。アメリカ労働統計局によると，消費者物価指数（総合）は，1929年10月から33年4月までの3年7カ月の間に27.4％下落した。年率換算すると，8.7％という高いデフレ率であった。

　一方，日本経済について考えられているデフレスパイラルは，期間について言うと非常に長く，程度について言うと非常に軽微なものである。第2章で見てきたように，総務省統計局によると，消費者物価指数（総合，2010年基準）は，1998年10月に104.5のピークを記録して以降低下傾向が続き，2013年2月に99.2のボトムを記録した。すなわち，14年5カ月の間に物価が5.1％下落したが，年率に換算すると，0.36％のデフレ率にすぎなかった。このような長期に及び，しかも非常にマイルドな物価下落は，中期モデルである $AS$-$AD$ モデルにおけるデフレスパイラル現象に相当すると考えることはなかなか難しい。

　なお，日本経済のGDPデフレーター（季節調整済み）は，1997年第2四半期から2013年第3四半期の16年あまりの間に17.9％（年率換算で1.2％）のデフレが生じた。しかし，第9章の第3節で詳しく論じるように，この間のGDPデフレーター低下は，純粋な物価下落と解釈することはできない。

　いずれにしても，日本では2000年前後から，欧米では2008年のリーマン・ショックを起因とする世界的な金融危機以降に展開されたきわめて積極的な金融政策の背後には，マクロ経済がデフレスパイラルに陥ったという状況判断があったことは確かであろう。第IV部第15章では，日本銀行がどのような積極的金融政策を展開してきたのかを見ていこう。

　なお，本章の第8節では，1990年代後半以降の日本経済が，はたして金融政策の不徹底による総需要不足に陥っていたのかどうかを実証的に検討している。

# フィリップス曲線の導出

## 6-1 インフレ率と GDP の関係

これまでは，物価水準と GDP 水準の関係について分析を展開してきた．本節では，物価水準ではなく，インフレ率と GDP 水準の関係を分析していきたい．インフレ率を縦軸とするグラフに描かれた総供給曲線は，インフレ供給曲線と呼ばれることがある．

次頁の COLUMN でも説明するように，現実のマクロ経済について観察されるインフレ率と失業率の負の相関は，その発見者の経済学者の名前に因んで**フィリップス曲線**（Phillips curve）と呼ばれている．しかし，フィリップス曲線は，インフレ率と失業率の関係だけを指しているのではない．後に見ていくように，GDP が低い水準のときに失業率が高く（インフレ率が低く）なるというインフレ率と GDP 水準の正の相関も，フィリップス曲線（あるいは，インフレ供給曲線）と呼ばれている．本節では，これまでの枠組みに基づいてインフレ率と GDP 水準についてフィリップス曲線，あるいはインフレ供給曲線を導き出す．

まず，企業の実質賃金設定関数 $G$ について次のような関係式を想定する．

$$G\left(\frac{Y}{\alpha}\right) = \frac{\alpha}{1+\mu}\left(\frac{Y}{Y_p}\right)^{\theta} \tag{7-1b}$$

ここで，パラメーターの $\theta$ は正値であるとする．なお，(7-1b) 式の導出方法は，演習問題 7-4 で取り扱っている．

上のように特定化した関数 $G$ は，実質賃金が GDP 水準 $Y$ の増加関数となっている．また，GDP 水準が潜在 GDP ($Y_p$) に等しい場合には，実質賃金が $\alpha/(1+\mu)$ に等しくなる．したがって，上の特定化は，関数 $G$ が満たさなければならない要件を満たしている．

章末の補論 2 の手続きに従うと，インフレ率と GDP（正確には対数 GDP）について，次のようなフィリップス曲線を求めることができる．

$$\pi = \pi^e + \theta(y - y_p)$$

先述のように，インフレ率と産出量に関するフィリップス曲線は，**インフレ供**

> **COLUMN** マクロ経済学の歴史⑨　フィリップス曲線の発見がマクロ経済学にもたらしたインパクト

　フィリップス（A. W. Phillips, 1914-75, ニュージーランド人）は，インフレ率と失業率との間にトレードオフがあるという関係を最初に発見した。フィリップスは，1958年に公刊した論文「英国における失業率と貨幣賃金変化率の関係，1861-1957年」("The Relation between Unemployment and the Rate of Change of Money Wage Rates in the United Kingdom, 1861-1957")において，1861年から1957年のイギリスのデータを用いて貨幣賃金変化率と失業率との間に右下がりの関係があることを報告している。

　後にフィリップス曲線と呼ばれる関係は，単なるマクロ経済現象の発見にとどまらず，マクロ経済政策の考え方に計り知れない影響を与えた。当初，多くの経済学者は，フィリップス曲線は時間を通じて安定しており，政策当局が「高インフレ・低失業」か「低インフレ・高失業」かという選択が可能であると考えていた。そうした考え方を基本とすれば，マクロ経済政策によって，物価高騰というコストさえ支払えば，失業率を引き下げられることになる。事実，多くの資本主義国家では，失業率を引き下げるために，積極的な財政政策や金融政策が実施された。

　しかし，こうした政策発想は，1970年代になって本質的な修正を迫られることになる。フリードマン（M. Friedman, 1912-2006, アメリカ人，1976年ノーベル経済学賞）やフェルプス（E. S. Phelps, 1933-, アメリカ人，2006年ノーベル経済学賞）の画期的な研究によって，フィリップス曲線が安定的なものではなく，経済主体の期待によって上下にシフトすることが認識されるようになった。ただし，フリードマンは，期待形成の適応性や名目価格の硬直性を排除していなかったので，貨幣が短期的に非中立的であることを認めていた。

　フリードマンやフェルプスのアイディアをさらに推し進める契機になったのが，ルーカス（R. E. Lucas, Jr., 1937-, アメリカ人，1995年ノーベル経済学賞）やサージェント（T. J. Sargent, 1943-, アメリカ人，2011年ノーベル経済学賞）たちの展開してきた合理的期待形成の考え方である。本章でも詳しく見てきたように，企業や家計が合理的に期待を形成している場合，フィリップス曲線は安定した関係ではなく，総需要を刺激するようなマクロ経済政策（財政出動や金融緩和）によってフィリップス曲線がシフトするために，もはやインフレと失業率のトレードオフの関係が成立せず，失業率を引き下げることなく，インフレ率が上昇してしまうことになる。

　このようにフィリップス曲線に基づいた政策発想は根本的に修正されてしまったが，観察されたマクロ経済変数間の関係を念頭に置いてマクロ経済政策を考えていくという発想自体は，非常に自然で，健全なものであろう。フィリップス曲線をめぐるマクロ経済学の発展は，実証，理論，政策の有機的な結びつきを実践してきた貴重な経験と言える。

給曲線と呼ばれることもある。

ここで，$\pi$ は $(P-P_{-1})/P_{-1}$ に等しく，実際のインフレ率（物価上昇率）に相当する。一方，$\pi^e$ は $(P^e-P_{-1})/P_{-1}$ に等しく，予想物価水準に基づいたインフレ率，すなわち期待インフレ率（予想インフレ率と呼ばれることもある）に相当する。ここでは，大文字の変数について自然対数をとったものを，小文字で表している。

上のインフレ率と GDP に関するフィリップス曲線は，図 7-14 のように表すことができる。グラフの縦軸の切片が示すように，対数 GDP（$y$）が潜在 GDP の対数値（$y_p$）に等しいときには，実際のインフレ率（$\pi$）が期待インフレ率（$\pi^e$）に等しくなる。右上がりの曲線が示すように，高い GDP 水準は高いインフレ率を伴っている。

インフレ率と GDP の関係を表すインフレ供給曲線（フィリップス曲線）についても，物価水準と GDP の関係を示す総供給曲線と同じように解釈することができる。供給要因や需要要因に関する正確な情報に基づいてインフレ率を合理的に予想する場合，実際のインフレ率が期待インフレ率と一致し，GDP 水準が潜在 GDP 水準に等しくなる。

一方，需要要因や供給要因について予想していなかった変化がある場合には，実際のインフレ率は期待インフレ率と一致せず，両者のずれに応じて GDP も潜在 GDP から乖離する度合が高まる。たとえば，企業が実際のインフレ率よりも低めにインフレ率を予想すると（$\pi^e<\pi$），GDP は潜在 GDP 水準を上回る。

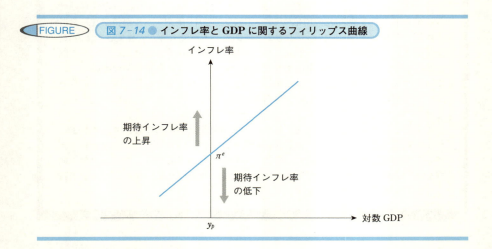

図 7-14 ● インフレ率と GDP に関するフィリップス曲線

## 6-2　インフレ率と失業率の関係

章末の補論 3 の手続きに従うと，次のようにインフレ率と失業率に関するフィリップス曲線を導き出すことができる。

$$\pi = \pi^e - \theta(u - u_n)$$

ここでは，$u$ が実際の失業率（$u = (L-N)/L = U/L$），$u_n$ が自然失業率（$u_n = (L-N_n)/L = U_n/L$）を表している。

上のインフレ率と失業率に関するフィリップス曲線は，図 7-15 のように表すことができる。グラフの縦軸の切片が示すように，実際の失業率が自然失業率（$u_n$）に等しいときには，実際のインフレ率が期待インフレ率（$\pi^e$）に等しくなる。インフレ率と GDP に関するフィリップス曲線とは対照的に，右下がりの曲線が示すように，高い失業率は低いインフレ率を伴っている。

このように，インフレ率と失業率に関するフィリップス曲線も，インフレ率と GDP に関するフィリップス曲線も，失業率と GDP が反対方向に動くこと以外は，同様に解釈することができる。

当初，フィリップスが戦前のイギリス経済についてインフレ率と失業率の負の相関関係を見つけたときには，フィリップス曲線の切片は単なる定数であった。したがって，フィリップス曲線の位置は時間を通じて固定され，インフレ率に関

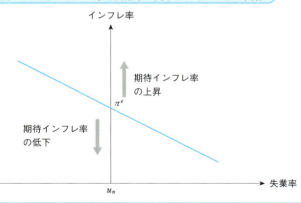

**図 7-15　インフレ率と失業率に関するフィリップス曲線**

する期待形成が静学的であったことになる。しかし，期待が経済環境からまったく独立に決まるという静学的期待形成は，自然な仮説とは言い難い。

一方，合理的期待形成を想定したフィリップス曲線の切片は，期待インフレ率である。これまでの議論から明らかなように，予想物価水準や期待インフレ率は，需要要因や供給要因を反映して変化する内生変数である。その結果，期待インフレ率が高く（低く）なると，フィリップス曲線は上方（下方）にシフトする。すなわち，マクロ経済環境を反映して，フィリップス曲線の位置が刻々と変化する。切片が期待インフレ率である点を強調して，「期待によって拡張されたフィリップス曲線」と呼ばれている。

### インフレを加速しない失業率：適応的期待形成の場合

上で求めたフィリップス曲線について，インフレ率が適応的に予想されるとすると，すなわち，前期のインフレ率に基づいてインフレを予想すると，

$$\pi - \pi_{-1} = -\theta(u - u_n)$$

が成り立つ。

適応的期待形成を想定したフィリップス曲線において，実際の失業率が自然失業率に等しいと（$u = u_n$），インフレ率が前期のインフレの範囲にとどまる特性（$\pi = \pi_{-1}$）に着目して，自然失業率のことを「インフレを加速しない失業率」と呼ぶことがある。英語名称（Non-Accelerating Inflation Rate of Unemployment）の略で **NAIRU** と呼ばれることもある。

### POINT 7-5 ● 日本経済のフィリップス曲線

　図7-16は，1955年度以降について，消費者物価指数から計算したインフレ率と完全失業率をプロットしたものである。さらに，図7-17は，縦軸にインフレ率を，横軸に完全失業率をとったグラフに同じ情報を移したものである。

　2つの図が明らかに示すように，高インフレ・低失業と低インフレ・高失業の典型的なフィリップス曲線が日本経済に妥当している。とくに，1990年代以降，非常に低いインフレーションのもとで失業率が上昇したことが，典型的なフィリップス曲線を生み出す要因として働いている。ただし，2014年度にインフレ率上昇と失業率低下の組み合わせが生じたのは，2014年4月の消費税増税の結果である。

　実は，図7-17の典型的なフィリップス曲線の出現が，1990年代以降のマクロ

経済政策論争に大きな影響を与えた。本章で展開した中期モデルに従うと，合理的期待形成仮説であれ，適応的期待形成仮説であれ，早晩，失業率は自然失業率に収斂するので，長い期間にわたった低インフレ環境で失業率が生じたとすれば，供給環境の変化で自然失業率そのものが上昇したと考えるのが自然であろう。たとえば，労働生産性（$\alpha$）が低下して，均衡実質賃金が減少するとともに，自然失業率が上昇するようなケースが考えられる。

しかし，当時の支配的な解釈は，上の解釈とまったく対照的なものであった。

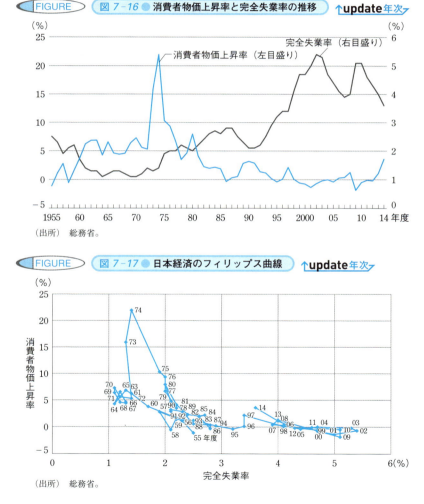

図7-16 ● 消費者物価上昇率と完全失業率の推移

（出所）総務省。

図7-17 ● 日本経済のフィリップス曲線

（出所）総務省。

第7章 閉鎖経済の中期モデルの展開

日本銀行が積極的な貨幣供給を怠って総需要曲線を十分に右方にシフトさせることに失敗したために，物価水準が安定し，失業率が高止まりしたというように解釈された。このような解釈が本章の中期モデルで妥当するのは，静学的期待形成（期待インフレ率が経済環境から独立に固定されている）という不自然な仮説を置いている場合だけである。

こうした支配的な議論は，静学的期待形成という不自然な仮説に依拠しているだけでなく，「消極的な貨幣供給」という議論の前提そのものも説得的ではなかった。図7-18は，1964年度以降について，M1で見た名目貨幣供給量の増加率と消費者物価指数に基づいたインフレ率をプロットしたものである。インフレ率が低位で安定した1990年代半ばには，70年代後半の物価高騰期にも匹敵するような名目貨幣供給量増加率を記録していたのである。けっして貨幣供給政策が消極的であったわけではない。ただし，POINT 15-4 でも言及しているように，2002年度にM1増加率が急上昇したのは，預金保険制度の制度変更による影響が大きい。

ここで問うべきことは，「なぜ積極的な貨幣供給が物価上昇に結びつかなかったのか？」ということであろう。これは，第Ⅳ部第15章「金融市場と貨幣市場」までの宿題としたい。

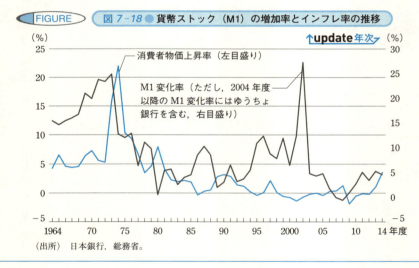

図7-18 ● 貨幣ストック（M1）の増加率とインフレ率の推移

（出所）日本銀行，総務省。

## 6-3　失業率とGDP成長率──オークン法則

本節の2つのバージョンのフィリップス曲線の議論から明らかなように，失業率とGDPは相反する方向に変化する。厳密に言うと，本章で用いてきた簡単な

> **COLUMN** マクロ経済学の歴史⑩ オークン法則の発見

オークン (A. M. Okun, 1928–80, アメリカ人) は, ケネディ政権下 (1961 年から 63 年) で経済顧問の仕事をしていたときに, オークン法則を発見したと言われている。具体的には, 失業率 1% の減少は, 実質 GDP 3% の引き上げに相当するという関係を発見した。

オークンは, 民主党のシンクタンクであるブルッキングス研究所でも活躍し, 今日でももっとも優れた政策研究雑誌と評価されている『ブルッキングス・ペーパー』(*Brookings Papers on Economic Activity*) の創刊にも関わっている。

オークン (左) とジョンソン大統領 (右) (AP/アフロ提供)

生産関数 ($Y=\alpha N$) において労働力供給 ($L$) が固定されていると, GDP 成長率 ($g_Y=\Delta Y/Y$) と失業率の変化 ($\Delta u = u - u_{-1}$) には, 章末の補論 4 で示しているように, 次のような関係を導き出すことができる。

$$\Delta u = -g_Y$$

すなわち, GDP 成長率と失業率の低下が 1 対 1 で対応している。たとえば, 1% の GDP 成長率で失業率が 1% 低下する。ただし, この 1 対 1 の関係は, (7-2) 式のような線形の生産関数を仮定した帰結にすぎないことに留意してほしい。

このように, 失業率変化と GDP 成長率の負の相関関係は, 現実のマクロ経済でも観察される。最初に見つけ出した経済学者の名前に因んで, この関係は**オークン法則** (Okun's law) と呼ばれている。ただし, 現実の経済では, GDP 成長率の変化と失業率の変化に負の相関が認められるものの, 1 対 1 では対応していない。通常は, GDP 成長率の数割程度の度合で失業率が低下し, GDP 成長率が高水準になるほど, 失業率を引き下げる度合も低下する。

> **POINT** 7-6 ● 日本経済のオークン法則

日本経済についてオークン法則は成立しているのであろうか。図 7-19 (次頁) は, 1956 年度以降について GDP 成長率と完全失業率の変化幅をプロットしたものである。図 7-20 は, 縦軸に完全失業率の変化幅, 横軸に実質 GDP 成長率を

とったグラフに同じ情報を移したものである。

失業率の変化幅について変動が激しく明確な関係とは言い難いが，GDPが成長すると失業率が低下するという関係がある程度認められる。とくに，1960年代の高度経済成長期には，高成長が失業率を押し下げる効果が大きかった。逆に，1990年代の低成長期には，失業率が押し上げられている。オークン法則がかなり緩やかな形で日本経済に妥当すると考えてもよいであろう。

図7-19 ● 実質GDP成長率と完全失業率の変化幅の推移

（出所）内閣府，総務省。

図7-20 ● 日本経済のオークン法則

（出所）内閣府，総務省。

# 金融政策の可能性

## 7-1 インフレ需要曲線の導出

　物価水準とGDPの関係を表す総供給曲線において名目貨幣供給の影響を分析する場合には，名目貨幣供給の水準と物価水準の関係に着目してきた。一方，インフレ率とGDPの関係を表すインフレ供給曲線（フィリップス曲線）においては，名目貨幣供給の変化率とインフレ率の関係に着目することになる。

　名目貨幣供給の成長率が高い場合には，高いインフレ率が合理的に予想されるので，フィリップス曲線は上方にシフトする。予想されたインフレ率が実際のインフレ率に一致するかぎり，GDPは潜在GDPに等しく，貨幣の中立性が成り立つ。

　しかし，名目貨幣供給の成長率が予想に反して高まり，インフレ率も加速して期待インフレ率を上回ると，その分，GDPは潜在GDPよりも高い水準となる。このように，想定した名目貨幣成長率と実際の名目貨幣成長率に食い違いが生じると，貨幣の中立性は成り立たなくなる。

　以上のことをより厳密に議論するためには，インフレ率を縦軸，GDPを横軸とするグラフ上にインフレ供給曲線とともにインフレ需要曲線を導出しなければならない。第6章で議論したように，次のような総需要関数では，GDP水準が実質貨幣残高（$M^S/P$）の増加関数となる。

$$Y = D\left(\frac{M^S}{P}\right)$$

　名目貨幣供給が一定のもとで，物価水準が上昇すると，実質貨幣残高が低下するとともに，GDPも低下する。物価上昇がGDP低下を伴うことから，物価水準を縦軸，GDPを横軸とする総需要曲線は右下がりになる。

　一方，物価水準が一定のもとで，名目貨幣供給が拡大すると，実質貨幣残高が上昇するとともに，GDPも増加する。したがって，名目貨幣供給の拡大で総需要曲線は上方にシフトする。第6章の復習をすると，名目貨幣供給の拡大で$LM$曲線が右方シフトし，金利が低下する。金利低下は設備投資を促し，設備投資増の乗数効果によってGDPが押し上げられる。

ここで，総需要関数において潜在GDP（$Y_p$）をもたらす潜在的実質貨幣残高を$(M^S/P)_p$としよう。すなわち，

$$Y_p = D\left[\left(\frac{M^S}{P}\right)_p\right]$$

が成り立っていることになる。

いま，実質貨幣残高が潜在的水準$(M^S/P)_p$にあるとしよう。もし，インフレ率$\pi$（$=\Delta P/P$）が名目貨幣供給量の成長率$g_M$（$=\Delta M^S/M^S$）に一致すれば，実質貨幣残高の分母も分子も同率で成長するので，実質貨幣残高は依然として潜在的水準にとどまるとともに，GDPも潜在的水準$Y_p$で実現する。

しかし，インフレ率が名目貨幣供給量の成長率を上回れば，実質貨幣残高は潜在的水準を下回り，GDPも潜在的水準以下となる。逆に，インフレ率が名目貨幣供給量の成長率を下回れば，実質貨幣残高は潜在的水準を上回り，GDPも潜在的水準以上となる。

上述の関係は**インフレ需要曲線**と呼ばれ，次のような式に表すことができる。

$$y = y_p + \kappa(g_M - \pi)$$

ここで，パラメーター$\kappa$は正値とする。また，GDPも潜在GDPも自然対数値（$y$と$y_p$）でそれぞれ表されている。

図7-21は，インフレ率を縦軸，対数GDPを横軸としたグラフに，インフレ供

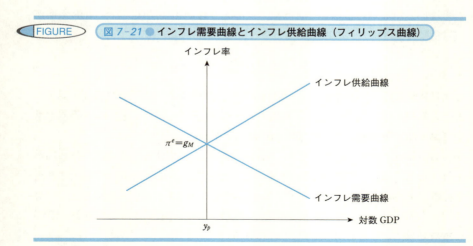

**図7-21 ●インフレ需要曲線とインフレ供給曲線（フィリップス曲線）**

給曲線とともに，インフレ需要曲線を描いたものである。個々の企業が名目貨幣供給量の成長率を正確に予測すれば，均衡で潜在GDPが成立するようなインフレ率は$g_M$に等しくなると合理的に予想できるので，インフレ供給曲線もインフレ需要曲線と同じ切片を持つ。その結果，GDPが潜在的水準（$y_p$）で実現する。

## 7-2　過小供給を是正する手段としての金融政策

これまでのモデルの道具立てをフルに動員して，金融政策の可能性を理論的に考えてみたい。

まず，本章のモデルにおいて，マクロ経済政策が要請される本質的な理由は何であろうか。ここでのモデルでは，個々の企業が財市場に対して独占力を有しているために，設定価格にマークアップ率分だけ利潤を上乗せすることができる。企業の独占力が財市場で過小供給を引き起こす結果，市場均衡で実現する潜在GDP（自然対数表示で$y$）は，労働力をすべて用いたときに実現される完全雇用GDP（自然対数表示で$y_f$）を下回ってしまう。

したがって，本章のモデルが想定する経済環境においてマクロ経済政策が要請される本質的な理由は，「企業の独占力で生じている過小供給の事態を是正して，現実のGDPをできるだけ完全雇用GDPに近づけていくこと」にある。

伝統的な公共経済学の考え方に従えば，企業の独占力によって供給が過小になっている場合は，できるだけ歪みのない形で得た税収入を用いながら，企業に対して補助金を与えることによって解決すべきであろう。しかし，徴税にしても，補助金にしても，議会の承認が必要となってくるので，機動的な政策対応が困難なことも多い。そこで，以下では，金融政策によって「独占による過小供給の是正」という目的を達成できるのかどうかを考えてみよう。

金融政策を実施する中央銀行（日本では，日本銀行）は，名目貨幣供給量の水準や成長率を決定することができる。いま，中央銀行は，名目貨幣供給を$g'_M$の成長率で拡大させていくことをアナウンスする。すると，個々の企業は，インフレ率が名目貨幣成長率に等しくなると予想するので（$\pi^e = g'_M$），図7-22（次頁）で示すようにインフレ供給曲線とインフレ需要曲線の切片が等しくなって，$A$点の均衡でGDPが潜在的水準で実現する。

換言すると，個々の企業が名目貨幣供給量の成長率を正しく予測しているかぎりにおいて貨幣の中立性が成り立っているので，金融政策が経済全体の過小供給

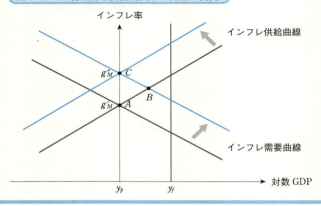

図 7-22 ● 名目貨幣供給成長率の突然の変更

を是正する余地はまったくない。

そこで，中央銀行が当初アナウンスした成長率よりも高い成長率 $g''_M$ で名目貨幣供給を拡大させたとすると，どのようなことが生じるであろうか。個々の企業は，インフレ率を $g'_M$ と予想して価格設定を行っているので，インフレ供給曲線は従前の位置から移動しない。一方，インフレ需要曲線は，名目貨幣供給成長率が加速した分だけ上方にシフトする。その結果，マクロ経済の均衡は，$A$ 点から $B$ 点に移動する。$B$ 点においては，GDP 水準が潜在 GDP を超えて完全雇用 GDP に近づく。その意味では，当初の計画を変更して金融緩和を加速させる金融政策は，過小供給の経済状態をある程度是正することに成功している。

名目価格が硬直的であるケースや，期待形成が適応的であるケースでは，均衡が即座に $C$ 点に回帰することなく，しばらくの間，GDP 水準は潜在 GDP を上回って推移する。これらの場合には，過小供給状態を是正するという金融政策のポジティブな効果をある程度持続させることができるのである。

### 7-3 金融政策のジレンマ——ルーカス批判

しかし，期待形成が合理的であるケースでは，個々の企業が中央銀行の上述のような政策意図を察した場合には，金融政策の効果はたちまち失われ，貨幣の中立性がふたたび成り立ってしまう。すなわち，名目貨幣供給成長率が $g'_M$ である

という中央銀行のアナウンスメントにもかかわらず，個々の企業は名目貨幣供給量が $g''_M$ まで加速することを見越すと，彼らが予想するインフレ率は $g'_M$ から $g''_M$ に引き上げられる。その結果，インフレ供給曲線が上方にシフトし，図7-22 の $C$ 点において GDP が完全雇用水準を下回って潜在的水準で実現してしまう。

この場合，GDP が完全雇用水準を下回るばかりでなく，実際のインフレ率が非常に高い水準になってしまう。第Ⅲ部で議論するように，高いインフレ率はマクロ経済に好ましくない影響をもたらす。したがって，中央銀行の政策意図が個個の企業に察せられてしまうと，意図した政策効果（GDP を完全雇用水準にできるだけ近づけること）が得られないばかりか，高インフレという弊害を生んでしまうことになる。

すなわち，企業や家計が合理的に期待を形成するような経済環境では，金融政策や財政政策のマクロ経済政策は，当初意図した政策効果を得られないばかりか，弊害を生じさせる可能性さえある。

このように，マクロ経済政策の効果がマクロ経済のさまざまな要因を反映して形成される期待に大きく左右されるという側面は，ノーベル経済学賞受賞者の R. E. ルーカス, Jr. によって最初に指摘された。こうした問題は，**ルーカス批判**（Lucas critique）とも呼ばれている。

ルーカスが指摘した政策当局が直面するジレンマについては，第Ⅲ部や第Ⅳ部でさらに深く掘り下げて議論を展開していく。

## 7-4　ニューケインジアンのスタンス

本節の最後に，ニューケインジアン（第8章で詳しく議論する）と呼ばれる新しいタイプのケインズ経済学者は，独占による過小供給を是正する手段として金融政策を位置づけていないことに言及しておきたい。

ニューケインジアンは，過小供給を是正することを意図した金融政策が GDP への効果がないばかりか，かえってインフレを促してしまうというルーカスの指摘を基本的に受け入れている。そのうえで，価格や賃金の名目硬直性に起因して実際の GDP が潜在 GDP から乖離してしまう場合に限って，金融政策の有効性を主張している。たとえば，製品価格の名目硬直性のために実際の GDP が潜在 GDP を下回る場合に，GDP を速やかに潜在 GDP にまで回復させるために拡張的金融政策が効果的であるとしている。

やや技術的な議論になるが、ニューケインジアンの最近の理論モデルでは、「企業の独占力から生じる過小供給」と、「名目硬直性によって生じる潜在GDPからの乖離」を峻別して、後者に金融政策の焦点を当てている。具体的には、理論モデルに企業への補助金を導入することによって過小供給を是正して、潜在GDPの水準が完全雇用GDPの水準に一致するようにしている。このような想定では、実際のGDPが潜在GDPから乖離する要因は、製品価格や賃金の名目硬直性に限られることになる。

### POINT 7-7 ● ルーカス批判の真意は？

「マクロ経済政策、とくに金融政策の効果が経済環境を織り込みながら合理的に形成される期待に大きく依存する」というルーカスの批判に対しては、経済学者の間にも、政策担当者の間にも、さまざまな議論を巻き起こした。

ルーカス批判に対する典型的な反批判は、企業や家計は合理的期待形成仮説が想定するほど合理的に期待を形成できないというものである。本章で見てきたように、企業の期待が合理的でなく、適応的であれば、拡張的な金融政策（金融緩和政策）は、かなりの期間にわたってGDPを潜在GDPよりも高い水準に引き上げる効果がある。

しかし、ここで注意しておかなければならないことは、個々の企業にとっては、適応的な期待形成で政策当局にみすみすだまされるような（お人好しな？）行動をとってしまうと、自らの利潤を十分に実現することができないという点である。もしインフレ率を過小に見積もって自らが生産する財の価格を低めに設定すると、当初目的としたマークアップ率で利潤を達成することができなくなってしまう。

要するに、合理的期待形成をマクロ経済モデルに導入することには、市場経済においては当然視されている企業の利潤動機を反映させているという側面もあるのである。逆に言うと、適応的な期待形成を政策効果の主要な根拠とすることは、利潤動機の希薄な企業行動をあらかじめ想定しているという、いささか奇妙な仮定を置いていることになってしまう。さらに言えば、金融緩和政策が企業の最終的な保有者である企業株主の利益を損ねていることにもなりかねない。

企業金融や企業統治をめぐる環境が整備され、規制緩和や金融自由化で株式市場がもっとも重要な金融市場の1つとして機能するようになったマクロ経済環境においては、企業の非合理的な経営行動をあてにするのではなく、企業の合理的な利潤極大化行動を前提としてマクロ経済政策を展開せざるをえなくなっている。マクロ経済モデルに合理的期待仮説を組み込んでいくようになった背景には、このようなマクロ経済環境の劇的な変化があったことは銘記しておくべきであろう。

> **COLUMN** マクロ経済学の歴史⑪　ルーカス批判の出典

ルーカス（R. E. Lucas, Jr. 1937-，アメリカ人）がルーカス批判を最初に展開した論文は，1976年に公刊された著書『フィリップス曲線と労働市場』（*The Phillips Curve and Labor Markets*）に収められている論文「計量経済学的な政策評価——批判」（"Econometric Policy Evaluation: A Critique"）においてである。

ルーカスは，1995年に合理的期待形成仮説のマクロ経済学への応用などの貢献でノーベル経済学賞を受けている。

ルーカス（SCANPIX／時事通信フォト提供）

## SECTION 8　インフレ需要曲線とインフレ供給曲線の分析枠組みから見た日本経済

### 8-1　インフレ需要曲線のシフトが支配的なケース

本節では，インフレ需要曲線とインフレ供給曲線の分析枠組みによって現実の日本経済を分析してみよう。

議論を簡単にするために，期待インフレ率が1期前のインフレ率で決まる適応的期待を想定する。図7-23（次頁）のように，いま，対数産出量（$y$）は対数潜在産出量（$y_p$）に，実際のインフレ率（$\pi$）と期待インフレ率（$\pi^e = \pi_{-1}$）は名目貨幣供給成長率（$g_M$）に等しいとする。

まずは，拡張的な金融政策でインフレ需要曲線が上方にシフトした場合を考えてみよう。図7-23が示すように，経済は，$A$点から$B$点に即座に移り，産出量は潜在産出量を上回り，実際のインフレ率は期待インフレ率を上回る。ここでは，適応的期待仮説を採用しているので，インフレ供給曲線が上方に少しずつシフトするとともに，経済が$B$点から$C$点に徐々に移行する。そうした移行期間には，産出量と潜在産出量のギャップも，実際のインフレ率と期待インフレ率（前期のインフレ率）の差も段々と縮まっていく。

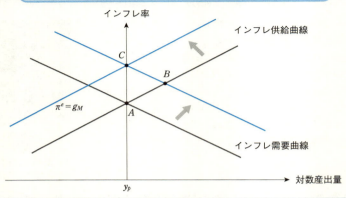

図 7-23 ● 拡張的金融政策によるインフレ需要曲線の上方シフト

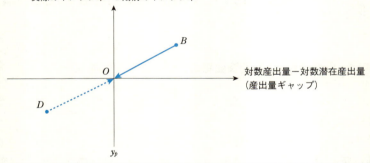

図 7-24 ● GDPギャップとインフレ率格差の図におけるインフレ需要曲線シフトの影響

　図 7-24 は、A 点、B 点、C 点の移行を、対数産出量と対数潜在産出量の差（ここでは、産出量ギャップと呼ぶ）を横軸に、実際のインフレ率と期待インフレ率（1 期前のインフレ率）の差を縦軸にそれぞれとったグラフに描いたものである。

　経済は、拡張的な金融政策によって、潜在産出量に比して高い産出量と期待インフレ期待（1 期前のインフレ率）に比して高いインフレ率の組み合わせ（B 点）に速やかに移る。その後は、そこから徐々に原点 O に戻ってくる。

　逆に、緊縮的な金融政策でインフレ需要曲線が下方にシフトすると、経済は、

230　第Ⅱ部　マクロ経済学の基本モデル

より低い産出量とより低いインフレ率の組み合わせ（$D$点）に速やかに移り，そこから徐々に原点$O$に戻ってくる。

すなわち，図7-24においては，インフレ需要曲線のシフトによる経済の動向は，右上がりの曲線として現れることになる。

## 8-2　インフレ供給曲線のシフトが支配的なケース

次に，インフレ供給曲線のシフトが支配的なケースを考えてみる。以下では，本章第5節で導出したインフレ供給曲線に供給ショック（$\xi$）を加えたものを用いていこう。下の式が示すように，この供給ショックがインフレ供給曲線をシフトさせる要因となる。

$$\pi - \pi_{-1} = \theta(y - y_p) + \xi$$

上の式の右辺に現れる供給ショック（$\xi$）がマイナスの場合，供給条件が改善していると解釈する。たとえば，輸入原材料価格が低下してインフレ率が予想よりも低下するようなケースである。逆に，供給ショックがプラスの場合，供給条件が悪化していると解釈する。たとえば，人件費が高騰して製品価格が予想よりも上昇するようなケースである。

ここでは，議論を単純化するために，企業も，労働者も，家計も，こうした供給ショックが生じることをまったく予想しておらず，供給ショック（$\xi$）が突然，マイナスかプラスのほうに顕在化するようなケースを考える。しかし，そうして生じた供給ショックは，すぐに解消してしまうとしよう。すなわち，ショックが顕在化すると，次期には，$\xi=0$となる。そうした特性を持つ供給ショックは，しばしば「一時的な供給ショック」と呼ばれている。

それでは，マイナスの一時的な供給ショックが生じて，インフレ供給曲線が下方にシフトした場合を考えてみよう。図7-25（次頁）が示すように，インフレ供給曲線が一時的に下方にシフトして，すぐに元の位置に戻るようなケースである。供給条件が一時的に改善した経済は，$A$点から$E$点に移り，すぐに$A$点に戻ってくる。すなわち，$A$点から$E$点にジャンプすると，産出量は一時的に潜在産出量を上回り，実際のインフレ率は期待インフレ率（1期前のインフレ率）を下回る。一方，$E$点から$A$点に戻ると，産出量は，潜在産出量に低下する一方，実際のインフレ率は，期待インフレ率（1期前のインフレ率）を上回る。その後は，

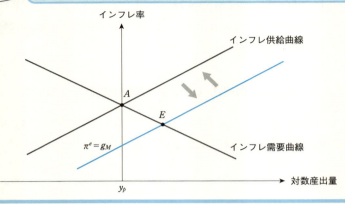

図 7-25 ●一時的な供給条件の改善によるインフレ供給曲線の一時的下方シフト

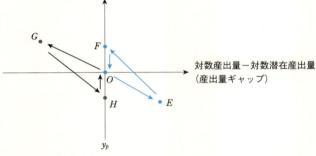

図 7-26 ● GDP ギャップとインフレ率格差の図におけるインフレ供給曲線シフトの影響

潜在産出量と期待インフレ率の組み合わせにとどまる。

　以上の $A$ 点から $E$ 点に移り，ふたたび，$E$ 点から $A$ 点に戻るプロセスを，図 7-24 と同じ横軸と縦軸を持ったグラフに描くと，図 7-26 のようになる。インフレ供給曲線が一時的に下方にシフトすると，潜在産出量に比して産出量が上昇する一方で，実際のインフレ率は期待インフレ率（1 期前のインフレ率）を下回る。したがって，経済は，原点 $O$ から $E$ 点に移動する。その後，インフレ供給曲線が元の位置に戻ると，産出量は潜在産出量に一致する一方で，実際のインフレ率

232　第Ⅱ部　マクロ経済学の基本モデル

は1期前のインフレ率を上回るので，$E$ 点から $F$ 点に移り，さらに原点に戻ってくる。

逆に，供給条件が一時的に悪化して（プラスの供給ショックが一時的に生じて），インフレ供給曲線が一時的に上方にシフトすると，図7-26では，原点 $O$ から $G$ 点に移り，$H$ 点を経由して原点に戻ってくる。

すなわち，図7-26が示すように，インフレ供給曲線のシフトによる経済の動向は，右下がり傾向の曲線として現れることになる。

## 8-3 日本経済では，インフレ需要曲線のシフトが支配的であったのだろうか？

それでは，これまでに展開してきたインフレ需要曲線とインフレ供給曲線の分析フレームワークで日本経済を分析してみよう。ここで用いたデータは，1994年第1四半期から2015年第2四半期までの四半期データである。産出量には実質 GNI（詳しい説明は，第9章第3節を参考のこと），価格指標には GNI デフレーターをそれぞれ用いた。

潜在産出量は，図7-27に描かれているように，自然対数値をとった実質 GNI を線形近似したものとした。図7-27の実際の実質 GNI（自然対数値）と点線の線

**図 7-27 ● 実際の実質 GNI と潜在的な実質 GNI（自然対数）**

（出所）内閣府。

形近似の乖離が GNI ギャップに相当する。

一方，インフレ率は，年間物価変化率を用いた。すなわち，4 四半期前からの GNI デフレーターの変化率をインフレ率とした。期待インフレ率については，適応的期待仮説のもとで 1 年前の年間物価変化率とした。

図 7-28 は，サンプル期間における，①GNI ギャップ（自然対数値で見た実質 GNI と線形近似値の誤差）と，②実際の年間インフレ率と 1 年前の年間インフレ率の差をプロットしたものである。先に議論してきたように，インフレ需要曲線の上方・下方シフトが支配的な場合には，①と②が同方向に動く傾向を持つ。一方，インフレ供給曲線の上方・下方シフトが支配的な場合には，①と②が逆方向に動く傾向を持つ。

図 7-28 によると，①と②が同方向に動く時期もあれば，逆方向に動く時期もある。たとえば，縦軸に GNI ギャップ，横軸にインフレ率の変化幅をとった図 7-29 が示すように，1996 年第 1 四半期から 2003 年第 3 四半期までは，①と②が同方向に動く傾向が認められることから，インフレ需要曲線のシフトが支配的であったと解釈することができる。

一方，2003 年第 4 四半期から 2008 年第 3 四半期までは，図 7-30 が示すように，①と②が逆方向に動く傾向が認められることから，インフレ供給曲線のシフ

**FIGURE　図 7-28 ● GNI ギャップと年間インフレ率の変化幅**

（出所）内閣府。

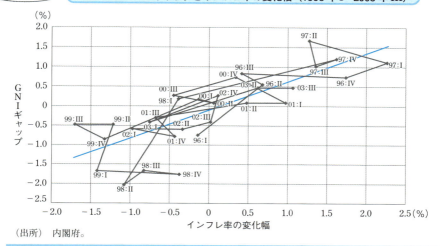

**図7-29** GNIギャップとインフレ率の変化幅（1996年I〜2003年III）

（出所）内閣府。

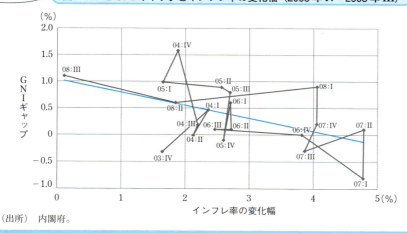

**図7-30** GNIギャップとインフレ率の変化幅（2003年IV〜2008年III）

（出所）内閣府。

トが支配的であったと解釈することができる。

　しばしば，「1997年の金融危機以降の15年間は，消極的な金融政策の結果，日本経済がデフレ基調に陥った」と議論されることがあるが，もし，そうした議

第7章　閉鎖経済の中期モデルの展開　　235

論が妥当するのであれば，当該期間を通して，インフレ需要曲線のシフトが支配的な結果，①と②が同方向に動く傾向が認められるはずである。しかし，実際のデータは，インフレ需要曲線のシフトが支配的な時期だけでなく，インフレ供給曲線のシフトが支配的な時期が存在したことも示している。

日本経済の診断は，マクロ経済データの慎重な吟味を大前提とすべきであろう。

## 補論1：本テキストの中期モデルの取り扱いについて

本章の中期モデルの総供給曲線の導出方法は，標準的なマクロ経済学の入門教科書の導出方法とは大きく異なっている。標準的な教科書の中期モデルでは，労働市場において企業も，家計も，実質賃金を与えられたものとして行動すると想定している。そのうえで，実質賃金の分子に相当する名目賃金 $W$ は硬直的である一方，その分母に相当する物価水準 $P$ は伸縮的であると考える。また，雇用水準は，企業からの労働需要で一方的に決定されるので，企業の労働需要が労働供給にかならずしも一致しない。

名目賃金が硬直的であるという想定では，物価水準 $P$ が上昇すると，実質賃金 $W/P$ が低下する。低い実質賃金のもとでは，企業はより多くの労働者を雇用し，産出量を拡大させる。その結果，経済全体の産出量である GDP も増加する。したがって，物価水準の上昇が GDP の増大を伴う。横軸が GDP，縦軸が物価水準のグラフにおいては，右上がりの総供給曲線を描くことができる。標準的な中期モデルでは，名目賃金が硬直的であることが労働市場の需給を歪め，失業が生じる要因となっている。

しかし，名目価格が硬直的であるという想定自体は現実的だが，名目賃金が硬直的である一方で物価水準は伸縮的であるという非対称的な状況は現実的には考えにくい。また，上の標準的な教科書モデルでは，均衡 GDP が高い好況期ほど実質賃金が低くなる傾向が生じるが，現実のマクロ経済では，実質賃金が好況期に高くなる傾向が認められている。要するに，標準的なマクロ経済学の入門書で展開されている中期モデルは，現実的な妥当性がはなはだ疑わしいのである。

本章では，このような標準的な中期モデルの考え方に依拠していない。ほとんどの中級，入門のマクロ経済学テキストがこうした標準的な考え方に依拠しているなかで，O. Blanchard and D. R. Johnson [2013] *Macroeconomics*, 6th ed., Pearson は，先端のマクロ経済学の考え方に整合的なモデルで中期モデルを解説している。本章の中期モデルの基本的な構造は，Blanchard and Johnson [2013] のプレゼンテーションに依拠していることを断っておきたい。

## 補論2：インフレ率とGDPに関するフィリップス曲線の導出

実質賃金設定関数が，

$$G\left(\frac{Y}{\alpha}\right) = \frac{\alpha}{1+\mu}\left(\frac{Y}{Y_p}\right)^\theta$$

である場合，企業の価格設定式（(7-4)式）は以下のようになる。

$$P = \frac{1+\mu}{\alpha}P^e\frac{\alpha}{1+\mu}\left(\frac{Y}{Y_p}\right)^\theta = P^e\left(\frac{Y}{Y_p}\right)^\theta$$

上の式の両辺について自然対数（ln）をとると，

$$\ln P = \ln P^e + \theta(\ln Y - \ln Y_p)$$

を導くことができる。さらに，1期前の物価水準の対数値（$\ln P_{-1}$）を両辺から差し引くと，

$$\ln P - \ln P_{-1} = (\ln P^e - \ln P_{-1}) + \theta(\ln Y - \ln Y_p)$$

となる。

ここで，自然対数の（わずかな）差が変化率に近似できるという次のような特性を利用する。

$$\ln X - \ln X_{-1} \approx \frac{X - X_{-1}}{X_{-1}}$$

すると，

$$\frac{P - P_{-1}}{P_{-1}} = \frac{P^e - P_{-1}}{P_{-1}} + \theta(\ln Y - \ln Y_p)$$

を求めることができる。

$(P - P_{-1})/P_{-1}$ は，実際のインフレ率（物価上昇率）に相当し，$\pi$ で表す。一方，$(P^e - P_{-1})/P_{-1}$ は，期待インフレ率（予想インフレ率）に相当し，$\pi^e$ で表す。また，大文字の変数について自然対数をとったものを，小文字で表すことにしよう。

以上の準備をすると，インフレ率とGDP（正確には対数GDP）について，次のようなフィリップス曲線を求めることができる。

$$\pi = \pi^e + \theta(y - y_p)$$

## 補論3：インフレ率と失業率に関するフィリップス曲線の導出

GDPと雇用量が1対1で対応すること（$Y = N$），失業者数は労働力と雇用者数の差で

あること（$U=L-N$），労働力に対する失業者数の割合を失業率と定義できること（$u=U/L$）を考えると，実質賃金設定関数 $G$ は，次のように書き換えることができる。

$$G(N) = \frac{\alpha}{1+\mu}\left(\frac{Y}{Y_p}\right)^\theta = \frac{\alpha}{1+\mu}\left(\frac{(L-U)/L}{(L-U_n)/L}\right)^\theta = \frac{\alpha}{1+\mu}\left(\frac{1-u}{1-u_n}\right)^\theta$$

上の実質賃金設定関数 $G$ を企業の名目価格設定式に代入すると，

$$P = P^e\left(\frac{1-u}{1-u_n}\right)^\theta$$

となる。さらに，

$$\ln P = \ln P^e + \theta[\ln(1-u) - \ln(1-u_n)]$$

を導くことができる。もし $x$ がゼロに近いと，$1+x$ の自然対数は，$x$ に近似できる。すなわち，近似式，$\ln(1+x) \approx x$ が成り立つ。失業率（$u$）は，たかだか数パーセントとゼロに近いので，$\ln(1-u) \approx -u$ と近似できる。

これらの結果をまとめると，次のようにインフレ率と失業率に関するフィリップス曲線を導き出すことができる。

$$\pi = \pi^e - \theta(u-u_n)$$

## 補論4：オークン法則の導出

生産関数は，$Y=\alpha(1-u)L$ と書き直すことができる。この生産関数の両辺について自然対数をとって，本章の補論2・3で用いた自然対数の特性を用いると，$\ln Y = \ln \alpha - u + \ln L$ が得られる。労働力 $L$ を固定して，両辺の全微分（全微分については巻末の数学付録を参照のこと）をとると，$\Delta Y/Y = -\Delta u$ を導出できる。

### EXERCISE ● 練習問題

【基礎知識の確認】

**7-1** 以下の用語を説明しなさい。

　　　　マークアップ率
　　　　実質硬直性
　　　　名目硬直性
　　　　効率性賃金
　　　　フィリップス曲線
　　　　オークン法則

**7-2** 総供給曲線が右上がりで，予想物価水準と潜在GDPを通過することを示

しなさい。

**7-3** 静学的期待形成，適応的期待形成，合理的期待形成のそれぞれのケースについて，貨幣供給量の増加が物価水準と産出量に与える影響を簡潔に述べなさい。

【演習問題】

**7-4** POINT 7-1 で用いた実質賃金設定関数（(7-1a) 式），$G(N) = \beta N^\theta + \upsilon$（$\theta > 0$，$\upsilon \geqq 0$）において，$\upsilon = 0$ の場合に，補論2や補論3でフィリップス曲線の導出の際に用いた実質賃金設定関数（(7-1b) 式），

$$G(N) = G\left(\frac{Y}{\alpha}\right) = \frac{\alpha}{1+\mu}\left(\frac{Y}{Y_p}\right)^\theta$$

が求められることを示しなさい。

**7-5** 次のような *IS-LM* モデルを考える。

$$C = 10 + 0.6Y$$
$$I = 20 - 40r$$
$$\frac{M}{P} = 10 + 0.5Y - 50r$$
$$M^S = 100$$

ただし，$M^S$ は名目貨幣供給，$M/P$ は実質貨幣需要をそれぞれ表している。

(1) 総需要曲線を求めなさい。

(2) 本テキストの設定に沿って右上がりの総供給曲線を導出する際，個々の企業は物価水準に関する予想をどのように形成するかという問題に直面する。合理的期待形成のもとでは，$P = P^e$ となることを示しなさい。

(3) 本テキストの設定に沿って右上がりの総供給曲線が導出されたとする。いま，中央銀行が金融引き締め政策をとること（名目貨幣供給の縮小）が想定され，総需要曲線が下方にシフトすることが予想されているとする。合理的期待形成のもとで，この金融引き締め政策はGDPにどういった影響を及ぼすか。また，貨幣の中立性が成立しているか。

(4) 今度は予想されていない名目貨幣供給の低下が生じた場合，合理的期待形成のもとで，均衡GDPにどのような影響を与えるか。また，貨幣の中立性は成立しているか。

(5) もし，個々の企業の物価水準に対する期待形成が合理的期待ではなく，適応的期待形成（ここでは，予想物価水準が1期前の物価水準に設定されるケース，$P^e = P_{-1}$ を想定する）であった場合，(4)の結果はどのように変わってくるか。

**7-6** 本テキストで導出されたようなインフレ需要曲線とインフレ供給曲線から構成される経済モデルを考える。

$$\text{インフレ供給曲線}: \pi = \pi^e + \theta(y - y_p)$$

$$\text{インフレ需要曲線}: y = y_p + \kappa(g_M - \pi)$$

ここでは，金融政策によって独占による過小供給を是正できるかを考える。

(1) 中央銀行は名目貨幣供給率を $g'_M$ の成長率で拡大させていくことをアナウンスしたとする。これによって独占による過小供給を是正することは可能か。

(2) 当初，中央銀行は名目貨幣供給成長率を $g'_M$ とするとアナウンスしたが，実際にはそれよりも高い成長率 $g''_M$ で名目貨幣供給を増加させたとする。この場合，独占による過小供給は解消できるか。

(3) (2)で生じている現象を「ルーカス批判」という言葉とともに簡潔に説明しなさい。

(4) 名目価格が硬直的な場合，(2)の結果はどのように変わるか。

第Ⅱ部 マクロ経済学の基本モデル

# 第 8 章 新しいケインジアンのマクロ経済モデル

## CHAPTER 8

第 8 章では，AS-AD モデルを発展させた新しいケインジアン（New Keynesian，略して NK）のマクロ経済モデルを紹介する。NK モデルは，従来の AS-AD モデルのミクロ的基礎をいっそう強固なものとしている。まず，AS パートについては，合理的期待形成と名目価格の硬直性の両方を組み込んだフィリップス曲線を導出する。一方，AD パートについては，消費の異時点間配分に関する条件（オイラー方程式）とテイラー・ルールと呼ばれている中央銀行の金利設定ルールから AD 曲線を導き出す。本章の最後には，NK モデルに基づいたマクロ経済政策に関するいくつかの問題点を議論する。

### KEYWORD
フィリップス曲線，名目価格の硬直性，オイラー方程式，自然利子率，期待 IS 曲線，テイラー・ルール

FIGURE
POINT
EXERCISE

INTRODUCTION

#  ニューケインジアン・モデルの基本的な考え方

**AS-AD モデルのミクロ的基礎**

本章では，第 7 章で提示した *AS-AD* モデルの内在的な問題を克服しようとする新しいケインズ経済学（ニューケインジアン，New Keynesian，略して NK）の試みを紹介する。

*AS-AD* モデルのうち，フィリップス曲線に対応する *AS* パートは，ミクロ的基礎がきっちりと整っている。すなわち，財市場において独占力を持っている企業の価格設定行動と，労働市場における労使の間の賃金交渉プロセスが反映されるように，理論モデルが綿密に組み立てられている。

ただし，第 7 章で導出したフィリップス曲線では，合理的期待形成が想定されている場合，たとえ需要ショックや供給ショックがあっても，実際の GDP が潜在 GDP に速やかに戻ってしまう。第 7 章でも，潜在 GDP への急速な回帰を妨げる経済学的要因として，名目価格の硬直性（名目硬直性，nominal rigidity）をあげてはいるが，名目硬直性を理論モデルに明示的に組み込んでいるわけではない。むしろ，合理的期待形成仮説を完全に落としてしまい，代わりに適応的期待形成仮説を用いることによって，実際の GDP が潜在 GDP へ徐々に近づいていく状態を分析している。本章で取り扱う NK モデルでは，合理的期待形成仮説のもとで名目価格の硬直性をモデル化しながら，均衡 GDP が潜在 GDP へ徐々に回帰するケースを首尾よく説明することができる。

一方，第 6 章の *IS-LM* モデルから導出した *AD* パートは，消費関数や設備投資関数のカジュアルな取り扱いが象徴しているように，ミクロ的基礎が著しく欠けていた。NK モデルは，*AD* パートに対するミクロ的基礎を導入するために，次の 2 つの点で *IS-LM* モデルを大幅に改めている。

第 1 に，第 Ⅳ 部第 16 章で取り扱うことになる消費の効率性条件であるオイラー方程式から *IS* 曲線に対応するモデルを導出している。こうして導出された *IS* 曲線は，「ミクロ的基礎を持つ」*IS* 曲線と呼ばれている。第 2 に，貨幣市場の需給条件である *LM* 曲線はモデルから完全に取り外してしまい，テイラー・ルールと呼ばれる中央銀行の金利設定ルールを導入している。

本章では，合理的期待形成仮説のもとで名目硬直性を考慮することによって

$AS$ パートを改良し，オイラー方程式とテイラー・ルールの導入によって $AD$ パートのミクロ的基礎づけを行っている NK モデルの概略を紹介していく。ただし，オイラー方程式を導出するミクロ的基礎は第Ⅳ部で取り扱うことにして，ここではそこで導出される結果だけを用いることにする。そのうえで，標準的な NK モデルがマクロ経済政策に対してどのようなインプリケーションをもたらすのかを展望する。

**標準的なニューケインジアン・モデルの市場環境**

NK モデルで想定されている市場環境は，第 6 章や第 7 章で展開してきた伝統的なケインジアン・モデルに類似する部分もあれば，第 16 章で展開する予定のラムゼー・モデルに近い部分もある。いくつかの特徴を箇条書きにしてみよう。

(1) NK モデルの企業は，伝統的なケインジアン・モデルと同様に，自ら製造する製品について独占力を持っていて，製品の名目価格を設定すると想定されている。企業の生産関数は第 7 章の生産関数とまったく同じであり，資本投入の水準が一定のもとで生産水準が労働投入に比例する（(7-2) 式の $Y=\alpha N$）。

(2) NK モデルでは生産関数において生産資産（資本）投入が固定されている。資本ストックが時間を通じて固定されていることの裏返しとして，設備投資がいっさい行われていない。その結果，政府消費を伴わない閉鎖経済においては，GDP（$Y$）が総消費（$C$）と政府消費（$G$）の和につねに等しくなる（$Y=C+G$）。NK モデルにおいては，$Y=C+G$ が財市場の需給均衡式の役割を担っている。

(3) NK モデルの労働市場の競争的な環境は，伝統的なケインジアン・モデルよりも，ラムゼー・モデルに近い。第 7 章（第 2-1 項）のモデルでは，実質賃金が労使交渉のプロセスから決まっていた。経済全体の失業率が高いと，労働者の交渉力が弱まり，実質賃金が低下する。一方，本章の NK モデルの労働市場では，需要と供給が一致するように実質賃金が決まるので，失業が生じることはまったくない。ただし，NK モデルが失業をまったく無視しているとか，まったく説明できないという意味ではない。NK モデルでは経済の労働投入の総量がどのように決定され，どのように変動するのかが説明される。たとえば当初 6000 万人の就業者が週あたり 20 時間働いており，1 週間の総労働投入が 12 億時間だったとしよう。これが 5％ 減少する（11.4 億時

間に変化）したとすると，NK モデルでは 6000 万人がそれぞれ週あたり 19 時間に労働時間を減らしていると考えられている。このように経済活動が縮小したときに，全員で労働時間を減らすことをワーク・シェアリングと言う。しかし実際の労働市場では，5700 万人が週あたり 20 時間働いて，300 万人が失業するようになることが多い。失業の発生は，労働者が望まない所得の低下が失業者に集中する。ワーク・シェアリングは一種の保険と考えることができ，この所得の低下を全員に分散することで負担を小さくしようとするものである。NK モデルは経済主体の合理的行動を取り入れようとするので，このようなワーク・シェアリングが実現すると考えることになる。ワーク・シェアリングが実現されずに失業が発生する現象は，別の形でモデルに表現しなければならないが，実際に NK モデルにそれを取り入れた拡張も行われている。そうした拡張が本章で説明するモデルの外側にあると考えて，ここでのワーク・シェアリングを失業の発生と解釈し直しても支障がないと見なされているので，ここでもそれに則り，労働投入の変化が失業率の変化につながっていると考えることにしよう。労働供給については，実質賃金が高いほど，家計が労働を供給する。第 7 章（第 2-1 項）の数学モデルに即して言うと，NK モデルでは，労使交渉を反映した実質賃金設定関数（$W/P = G(N)$）が家計の労働供給関数に置き換わっている。ただし，実質賃金設定関数では雇用水準が実質賃金の増加関数であり，労働供給関数でも労働供給が実質賃金の増加関数なので，数学的な取り扱いはまったく同じである。

(4) ラムゼー・モデルと同様に，NK モデルの家計は，第 16 章の（16-7）式のオイラー方程式に従って現在の消費と将来の消費を配分している。NK モデルにおける消費決定は，消費水準が現在の可処分所得に比例するとしたケインズ型消費関数に比べて，オイラー方程式に依拠している点で需要サイドのミクロ的基礎がはるかに整っていると言える。

(5) NK モデルでは，名目価格や名目利子率を分析対象としているにもかかわらず，第 6 章（LM 曲線のパート）で詳しく議論してきた貨幣市場がまったく取り扱われていない。一方，中央銀行の名目金利設定ルールを示すテイラー・ルールが導入されている。しかし，貨幣市場の需給均衡メカニズムを名目金利設定ルールに置き換えてしまっている NK モデルが，貨幣市場を完全に無視していると考える必要もないであろう。第 6 章（第 4-3 項）で議論しているように，名目価格が硬直的なケースにおいては，名目金利の設定と名

目貨幣供給量の設定が同じコインの表と裏の関係にあるので，NK モデルは名目金利のほうを明示的に取り扱っていると解釈することができる。

## ニューケインジアン・フィリップス曲線と期待 IS 曲線

**名目価格の硬直性の想定**　まず，NK モデルのフィリップス曲線を導き出してみよう。前述のように，自ら製造する製品について独占力を持つ企業が製品の名目価格を設定するという想定は，NK フィリップス曲線でも第 7 章で導出したフィリップス曲線とまったく同じである。したがって，NK フィリップス曲線も次の (8-1) 式が示すように，期待インフレ率 ($\pi^e$) が高いほど，実際の GDP （自然対数値，$y$）が潜在 GDP （自然対数値，$y_p$）から乖離する度合（GDP ギャップ）が大きいほど，現在のインフレ率が高くなる。

$$\pi = \pi^e + \theta(y - y_p) \tag{8-1}$$

ただし，パラメーター $\theta$ は正値である。なお，$y - y_p$ で表される GDP ギャップは自然対数値の差なので，元の水準で見ると，潜在 GDP に対する実際の GDP の乖離率（$(Y - Y_p)/Y_p$）に対応している。

しかし，第 7 章のケインジアン・モデルと NK モデルとでは，名目価格の設定に関する仮定が大きく異なっている。第 7 章では，名目価格が伸縮的であると想定されているので，毎期，すべての企業が名目価格を設定することができる。その結果，各企業は，当期に成立する物価動向だけを合理的に予想すればよい。したがって，期待インフレ率 $\pi^e$ には，当期（$t$ 期）に成立するインフレ率に対する期待 $\pi_t^e$ が対応している。すなわち，

$$\pi^e = \pi_t^e \tag{8-2}$$

が成立している。

一方，NK モデルでは，名目価格の硬直性が想定されていて，各企業は，かならずしも毎期，名目価格を変更できるとは限らない。このような名目価格の硬直性に直面している企業が自らの製品の名目価格を設定する場合，当期に成立する物価動向だけでなく，来期に成立する物価動向（$\pi_{t+1}^e$）についても合理的に予想する必要が生じる。なぜなら，来期に名目価格を変更することができない場合に

第 8 章　新しいケインジアンのマクロ経済モデル　245

備えて，来期に成立する物価動向も考慮しながら，現在の名目価格を設定しなければならないからである。

したがって，NK モデルでは，次の（8-3）式のように，当期の物価動向と来期の物価動向を加味してインフレ率を合理的に予想する。

$$\pi^e = \omega \pi_t^e + (1-\omega) \pi_{t+1}^e \qquad (8\text{-}3)$$

なお，パラメーター $\omega$（$0<\omega<1$）は，当期と来期のウエートを表している。来期に名目価格を変更できない可能性が高いほど，来期の期待インフレ率へのウエートである $1-\omega$ が大きくなる。換言すると，「より小さい $\omega$」が，「名目価格がより硬直的である状態」に対応していることになる。

当期の期待インフレ率について合理的期待形成が妥当すると，$\pi_t^e = \pi_t$ が成立する。そのうえで，(8-3) 式を (8-1) 式に代入すると，

$$\pi_t = \omega \pi_t + (1-\omega) \pi_{t+1}^e + \theta (y_t - y_t^p)$$

が得られ，そこから，NK フィリップス曲線として，

$$\pi_t = \pi_{t+1}^e + \frac{\theta}{1-\omega}(y_t - y_t^p) \qquad (8\text{-}4)$$

を導出することができる[1]。

### NK モデルの潜在 GDP

第 7 章のモデルでは，企業の財市場に対する独占力で過小供給が生じるために，潜在 GDP は完全雇用 GDP（自然対数値，$y_f$）を下回る。その結果，労働市場においては，潜在 GDP に対応する自然失業率（$u_n$）が正となる。

しかし，最近の NK モデルの多くでは，政府が一括税で調達した資金を原資として，独占企業に対して補助金を与え，独占による過小供給の要因を完全に取り除くように理論モデルを組み立てている。このようにして独占の影響が完全に除去されれば，潜在 GDP は完全雇用 GDP に一致する。ここで注意してほしい点は，現実的な想定ということで独占企業に対する補助金が理論モデルに導入されているわけではないことである。そうした理論的な手続きを踏むことによって，実際の GDP が完全雇用 GDP を下回る要因を，名目価格の硬直性に絞って分析することができるからである。ただし，本章の NK モデルでは，労働市場の需給が一致するように実質賃金が調整されるので，独占企業への補助金がなくても，労働市場で失業が生じることはない。

第7章のモデルでは，資本水準と労働力水準（家計の総数）が一定であると仮定しているので，完全雇用 GDP に一致する潜在 GDP も一定の水準となる。資本蓄積を伴うより一般的なケースでは，第16章のラムゼー・モデルと同じメカニズムで潜在 GDP が内生的に決定される。また，人口成長を伴うケースでは，第18章の経済成長モデルと同じメカニズムで潜在 GDP が内生的に決まってくる。

　ここで注意を払うべき点であるが，本章で取り扱っている標準的な NK モデルの特徴は，潜在 GDP の水準が外生的に決定されると仮定しているところである。すなわち，NK モデルのなかで内生的に決まってくる諸変数は，潜在 GDP に対して直接的な影響を与えないと想定している。

### オイラー方程式から IS 曲線へ

　本章の冒頭に述べたように，NK モデルの AD パートの特徴の1つは，第16章で導出するオイラー方程式から IS 曲線を導き出している点である。消費の異時点間（$t$ 期と $t+1$ 期）の配分に関する条件を表すオイラー方程式は，以下のように表すことができる。

$$\frac{C_{t+1}^e - C_t}{C_t} = \sigma(r_t - \rho)$$

　$r_t$ は $t$ 期と $t+1$ 期の間で成立している実質金利，$\rho$ は投資家の要求利回りをそれぞれ表している。$C_t$ は $t$ 期における消費水準である。ここでは労働力人口が成長しないので，$C_t$ を労働力1人あたりの消費水準と考えて差し支えない。

　フィッシャー方程式（$i_t = r_t + \pi_{t+1}^e$）を実質金利について解いた $r_t = i_t - \pi_{t+1}^e$ を上のオイラー方程式に代入すると，

$$\frac{C_{t+1}^e - C_t}{C_t} = \sigma(i_t - \pi_{t+1}^e - \rho)$$

を導出できる。本書でしばしば用いている近似式（$\Delta X_{t+1}/X_t \approx \ln X_{t+1} - \ln X_t = x_{t+1} - x_t$）から，以下のようにオイラー方程式を書き換えることができる。

$$c_{t+1}^e - c_t = \sigma(i_t - \pi_{t+1}^e - \rho) \tag{8-5}$$

　前述のように，本章の標準的な NK モデルでは，財市場の均衡条件として，GDP が総消費と政府消費の和に一致する（$Y_t = C_t + G_t$，あるいは，$y_t = c_t + g_t$ が成り立っている。ただし，$g_t$ は $G_t$ の自然対数ではなく，$\ln(Y_t/C_t)$ で定義される）ので，(8-5) 式の左辺に現れる消費を GDP に置き換えている。その結果，(8-5) 式は次のように表される。

$$y^e_{t+1}-g^e_{t+1}-(y_t-g_t) = \sigma(i_t-\pi^e_{t+1}-\rho)$$

上の式を若干変形すると，

$$y_t = y^e_{t+1}-\sigma(i_t-\pi^e_{t+1}-\rho)-(g^e_{t+1}-g_t) \tag{8-6}$$

が導出できる。ここで，現実の GDP と潜在 GDP の乖離である GDP ギャップに着目することにしよう。(8-6) 式を GDP ギャップの動きを表すように変形すると，

$$y_t-y^p_t = -\sigma(i_t-\pi^e_{t+1}-\rho)+(y^e_{t+1}-y^{pe}_{t+1})+(y^{pe}_{t+1}-y^p_t)-(g^e_{t+1}-g_t)$$

のようになる。ここで，自然利子率を

$$\begin{aligned}r^n_t &\equiv \rho+\frac{1}{\sigma}(y^{pe}_{t+1}-y^p_t)-\frac{1}{\sigma}(g^e_{t+1}-g_t) \\ &\equiv \rho+\frac{1}{\sigma}(\Delta y^p_{t+1}-\Delta g_{t+1})^e\end{aligned} \tag{8-7}$$

のように定義すると，

$$y_t-y^p_t = -\sigma(i_t-\pi^e_{t+1}-r^n_t)+(y_{t+1}-y^p_{t+1})^e \tag{8-8}$$

が得られる。(8-8) 式から，現実の GDP がつねに潜在 GDP の水準にあれば，実質金利と自然利子率が等しいことがわかる。つまり，自然利子率は経済が潜在 GDP の水準にあるときに実現する実質金利である。

他の変数が一定で実質金利（$i-\pi^e$）が高くなれば，現在の GDP が低下するという点で通常の IS 曲線と同じである。しかし，(8-8) 式の右辺の第 2 項で将来の GDP ギャップの見通しが現在の GDP ギャップに影響を与えるところが，通常の IS 曲線とは違っている。これは，将来の総需要と現在の総需要の相対的な関係が金利によって影響を受けることを意味している。

なお，$y_t=c_t+g_t$ が財市場の需給均衡条件として成り立っている NK モデルでは，政府消費が一定のもとでは消費水準の増加（減少），生産水準の増加（減少），労働供給の増加（減少），実質賃金の上昇（低下）が同時に起きる。

NK モデルでは，(8-8) 式が期待 IS 曲線（あるいは新しい IS 曲線）と呼ばれて

いる。まず，「期待」が入るのは，(8-8) 式には1期先の期待 GDP ($y_{t+1}^e$) が入っているからである。また，(8-8) 式が IS 曲線と呼ばれているのは，第6章で導出した IS 曲線と同様の特徴を持っているからである。第6章の IS 曲線では，GDP が実質金利に関して減少関数である。一方，(8-8) 式でも，1期先の期待 GDP を固定しておくと，GDP ($y_t$) は実質金利 ($i_t - \pi_{t+1}^e$) の増加とともに減少する。

しかし，(8-8) 式の「新しい IS 曲線」と「伝統的な IS 曲線」では，需要が実質金利に反応することが表現されていることでは共通するが，それが生じるメカニズムの経済学的説明がまったく異なっている。伝統的な IS 曲線では，GDP が実質金利の減少関数となるのは，実質金利の上昇で設備投資が低下し，マイナスの乗数効果が生じるからである。

一方，本章の新しい IS 曲線では，設備投資行動が考慮されているわけではない。まず，新しい IS 曲線の背後にあるオイラー方程式においては，実質金利の上昇で消費が先延ばしされ，現在の消費が相対的に低下するというインプリケーションを得ている。そのうえで，財市場の需給均衡条件から消費を GDP に置き換えて，「実質金利の上昇によって現在の GDP が低下する」としているのである。ただし，このことはニューケインジアンが実際の経済においても，投資が実質金利に反応することはなく，消費のみが反応することを主張しているわけではない。需要が実質金利に反応することのミクロ的基礎づけを比較的簡単なモデルによって説明しようとしているだけで，現実の投資や純輸出を含む需要の実質金利への反応がうまく再現できればよいと考えているのである。

## ニューケインジアン・モデルでの安定化政策

**物価と所得の完全安定**

いま，$t+1$ 期では，経済は潜在 GDP 水準にあり ($y_{t+1} - y_{t+1}^p = 0$)，物価が安定している ($\pi_{t+1} = 0$) ものと考えよう。また，ここでは期待は合理的に形成されると仮定し，将来に実現される値が予想されているものとする。このとき，期待 IS 曲線は，

$$y_t - y_t^p = -\sigma(i_t - r_t^n) \tag{8-9}$$

と表される。図8-1は横軸に GDP ギャップ，縦軸に名目金利をとって，期待 IS

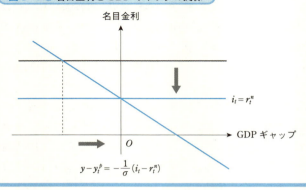

図 8-1 ● 名目金利と GDP ギャップの関係

曲線を右下がりの曲線で表している。また，中央銀行の設定する名目金利を水平線で示している。名目金利を引き下げると，現在の財に対する需要が増えることで GDP ギャップが改善する。中央銀行が $t$ 期に名目金利を自然利子率と等しくする（$i_t = r_t^n$）ことで，経済は潜在 GDP の水準に到達する（GDP ギャップがゼロになる）。

一方，NK フィリップス曲線は，$t+1$ 期で物価が安定しているとき（$\pi_{t+1}^e = 0$ のとき）には，

$$\pi_t = \frac{\theta}{1-\omega}(y_t - y_t^p) \tag{8-10}$$

のようになる。中央銀行が名目金利を設定した場合には，期待 IS 曲線から GDP ギャップが決定されるが，図 8-2 のように縦軸にインフレ率，横軸に GDP ギャップをとった場合は，その関係は垂直な直線で表すことができる。この直線とフィリップス曲線の交点で，インフレ率が決まる。図 8-2 は，中央銀行が自然利子率よりも高い名目金利に誘導した場合に，GDP が潜在 GDP を下回り，インフレ率が負になることを示している。名目金利が高めに誘導されて，実質金利も高くなったことで，現在の総需要が減少する。現在の価格が低下することで，インフレ率も低下する。GDP の低下が生じるのは価格の硬直性が存在するからで，かりに価格が伸縮的に調整されれば，インフレ率（$t$ 期から $t+1$ 期への物価上昇率）が上昇し，実質金利が低下する。実質金利が自然利子率に等しくなるところまで価格調整が行われれば，GDP は潜在 GDP の水準に戻る。

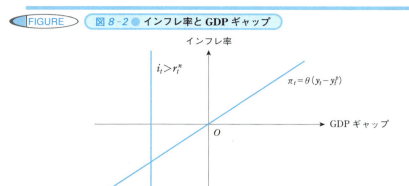

図 8-2 ● インフレ率と GDP ギャップ

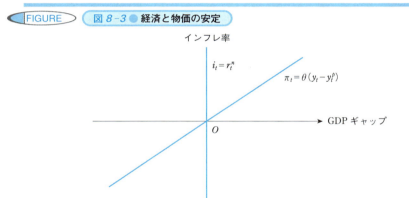

図 8-3 ● 経済と物価の安定

　中央銀行が $t$ 期に名目金利を自然利子率と等しくする（$i_t = r_t^n$）と，GDP ギャップはゼロになる。NK フィリップス曲線の関係によって，インフレ率もゼロとなる（図 8-3 参照）。つまり，経済と物価の安定が実現される。

　将来（$t+1$ 期）の GDP ギャップとインフレ率がゼロであると仮定したが，これは金融政策によって実現できる。上の議論を 1 期ずらして考えよう。その 1 期先（$t+2$ 期）の GDP ギャップとインフレ率がゼロであれば，$t+1$ 期の名目金利を自然利子率と等しくすれば，$t+1$ 期の GDP ギャップとインフレ率はゼロになる。その先の将来も同様に考えれば，各期に中央銀行が名目金利を自然利子率に等しくするようにしていれば，GDP ギャップとインフレ率はゼロであり続ける。

つまり，物価と所得が完全に安定する状態が実現できる。

**自然利子率の変動**　自然利子率は，金融政策の方向を決める重要な概念であるので，自然利子率がどのように変動するかが重要になる。自然利子率は，

$$r_t^n \equiv \rho + \frac{1}{\sigma}(\Delta y_{t+1}^p - \Delta g_{t+1})^e \qquad (8\text{-}7，再掲)$$

と定義されていた。$\Delta y^p$ は潜在 GDP の成長率（潜在成長率），$\Delta g$ は政府消費／（潜在 GDP－政府消費）の変化のそれぞれの期待値である。資本ストックが変化しない中期での経済変動を捉えたいので，ニューケインジアンの基本的なモデルは投資を考慮していない。このため，GDP と政府消費の差は民間消費と解釈され，(8-7) 式は，異時点間における消費の代替（変化率）が自然利子率を左右することを示している（なお，投資を考慮したニューケインジアン・モデルも存在するが，複雑になるのでここでは取り上げない）。

潜在成長率が高まると，自然利子率は上昇する。現在の GDP に比較して将来の GDP が上昇したとき，総需要もそれに応じた動きをするためには，金利が上昇して，将来の総需要が現在の総需要よりも相対的に大きくなる必要がある。潜在成長率の上昇は，将来の生産性が高くなるか，現在の生産性が低くなることで生じる。第 7 章までのモデルと違うところは，将来の GDP 水準が現在の IS 曲線に影響を与えていることである。これは，人びとが将来のことを予想して行動することをニューケインジアン・モデルが取り入れたからである。

では，当初は GDP と物価の安定が実現していたとして，現在の生産性が低下することで自然利子率が上昇したときに，金融政策がそれに合わせて金利を引き上げなかった場合に，何が生じるのかを考えてみよう。これまでと同じように，$t+1$ 期には GDP と物価の完全安定が実現していると考えると，図 8-4 では，期待 IS 曲線が上にシフトする。名目金利が一定の場合は，GDP が上昇することで，GDP ギャップが正の方向に拡大する。

図 8-5 は，インフレ率と GDP の関係を示したものである。自然利子率の上昇に合わせた金利の引き上げがないことで，実質的に金融が緩和されていることから，GDP ギャップは改善する。ただし，潜在 GDP が低下している（$y_0^p \to y_1^p$）だけであり，現実の GDP は変化していない。そのため，図 8-5 では，フィリップス曲線が上にシフトする。そして，インフレ率は $\pi_0$ から $\pi_1$ へと上昇する。

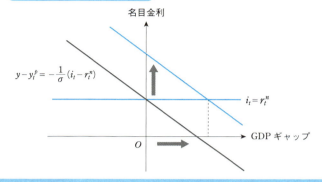

**図 8-4 ● 自然利子率の上昇**

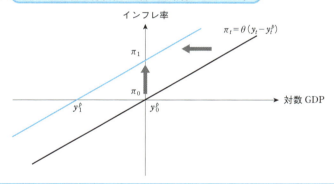

**図 8-5 ● 自然利子率が上昇した場合のインフレ率**

### 中立利子率

中央銀行にとって，自然利子率がどのような水準にあるかを知ることは非常に重要である。その際には，概念を示す (8-7) 式でのパラメーターと変数を実際に求めることが必要である。実務でよく参照される**中立利子率**（neutral interest rate）は，$\rho$ はゼロ，$\sigma$ は 1，政府消費の割合の変化を考えないで，

$$r_t^n = (\Delta y_{t+1}^n)^e \tag{8-11}$$

としたものである。つまり，期待される潜在成長率が中立利子率になる。中央銀行の金融政策の運営にとって，将来の潜在成長率がどのようになるのかは非常に

大きな関心事になる。

## 4 ニューケインジアンの中期モデル

テイラー・ルール

NK モデルの **AD** パートのもう 1 つの特徴は, 貨幣市場の需給均衡条件を示す **LM** 曲線を完全に除去して, その代わりに中央銀行の金利設定ルールを導入しているところにある。代表的な金利設定ルールは, その提唱者のテイラー (J. B. Taylor, 1946-, アメリカ人) に因んでテイラー・ルール (Taylor rule) と呼ばれている。

テイラーは, アメリカの金融政策が非常に簡単なルールで近似できることを示した。それは, 短期名目金利 $i$ を,

$$i = 0.04 + 1.5(\pi - 0.02) + 0.5(y - y_p) \tag{8-12}$$

のように決定しているというものである。(8-12) 式は目標インフレ率を 2％ としていると解釈でき, 経済が潜在的な GDP 水準 ($y = y_p$) にあるときには, 名目金利は 4％, 実質金利は 2％ となる。インフレ率が高くなると, それ以上に大きく名目金利を引き上げる形で, 金融を引き締める, また GDP が潜在 GDP 水準比で 1％ 増加すると, 0.5％ ポイント名目金利を引き上げる形で金融を引き締める, というものである。

テイラー・ルールでは, 中央銀行が 2 つの政策目標を持っていると想定され, それらの政策目標を達成するように短期名目金利 ($i_t$) が設定される。第 1 の政策目標は, あらかじめ決めている目標インフレ率 ($\pi^*$) に実際のインフレ率 ($\pi_t$) をできるだけ近づけることである。第 2 の政策目標は, 潜在 GDP ($y_p$, 前述のように, 多くの NK モデルでは潜在 GDP が完全雇用 GDP に一致している) に実際の GDP ($y_t$) をできるだけ近づけることである。

ただし, 政策当局がこのルールに従って金融政策を運営してきたというわけではなく, 結果として, このようなルールで近似できるというのが正確である。また, このようなルールに従うのが望ましいかどうかは, 別の問題である。

インフレ目標と金利の反応度をより一般的に書くと, (8-12) 式は,

$$i_t = a(\pi_t - \pi^*) + b(y_t - y_t^p) + (\rho + \pi^*) \tag{8-13}$$

となる。なお，$a>0$，$b>0$ が想定されている。

> **POINT** 8-1 ● 中央銀行はインフレ目標をどう決めるのか？
>
> 　中央銀行がどのようにインフレ目標を設定すべきなのかは非常に難解な問題である。まず，第Ⅰ部第2章（POINT 2-7）でも言及しているように，中央銀行がインフレ率を計算する際に用いるコア物価指数を選択しなければならないが，どのコア物価指数が望ましい指数なのかは，理論的にそれほど明らかではない。
>
> 　次に，どの水準にインフレ目標を設定すべきかについても，理論的に明確な答えがあるわけではない。負，ゼロ，正のそれぞれについて望ましいという議論がある。まず，負のインフレ率が望ましいとするフリードマン・ルールの議論がある。これは貨幣を保有する機会費用である名目金利をゼロにすることが望ましく，実質金利は正なので，負のインフレ率が望ましいと考える。第15章で議論するフリードマン・ルールは，実質金利に等しくなるようなデフレ率をもって最適な物価変化率としているが，フリードマン・ルールが実際の金融政策の現場で顧みられることはほとんどない。
>
> 　ゼロのインフレ率が望ましいという議論は，正や負のインフレ率のもとでは価格を更新するための費用が発生するため，それらが発生しないゼロのインフレ率が望ましいと考える。ニューケインジアン・モデルでの価格の硬直性が生じる理由は価格の更新費用がかかることであり，もしそのことだけが考慮材料であれば，ゼロのインフレ率が望ましいことになる。
>
> 　正のインフレ率が望ましいという議論は，ゼロや負のインフレ率のもとでは目標となる名目金利が低くなり，金融緩和が必要なときに十分な利下げができないことを問題視して，十分な利下げの余地のある，正のインフレ率が望ましいと考える。
>
> 　各国の中央銀行は，過去の物価動向を踏まえたプラクティカルな観点から，インフレ目標を選択しているのが現状であろう。多くの中央銀行がインフレ目標を公表するようになったのが，インフレ率が低位に推移するようになってからのことなので，公表されているインフレ目標も2％前後と比較的低い水準となっている。

### ニューケインジアンの AS-AD モデル

NK モデルでは，AS パートは，(8-4) 式の NK フィリップス曲線が対応している。

$$\pi_t = \pi_{t+1}^e + \frac{\theta}{1-\omega}(y_t - y_t^p) \qquad (8\text{-}4，再掲)$$

一方，(8-8) 式の IS 曲線に (8-13) 式のテイラー・ルールを代入することによって，以下のように NK モデルの AD パートを導出することができる。

$$y_t - y_t^p = -\sigma[a(\pi_t - \pi^*) + b(y_t - y_t^p) + (\rho + \pi^*) - \pi_{t+1}^e - r_t^n] + y_{t+1}^e - y_{t+1}^{pe}$$

上の式を若干変形すると，以下のように書き換えられる。

$$y_t - y_t^p = -\frac{\sigma}{1+b\sigma}[a(\pi_t - \pi^*) + (\rho + \pi^* - r_t^n - \pi_{t+1}^e)] + \frac{1}{1+b\sigma}[y_{t+1}^e - y_{t+1}^{pe}] \tag{8-14}$$

それでは，(8-4) 式の AS パートと (8-14) 式の AD パートからなる NK モデルは，どのような均衡経路を描くのであろうか。

まず，長期に実現する均衡（定常状態と呼ばれる。詳しくは第 11 章を参照）では，インフレ率がインフレ目標に等しく，GDP が潜在 GDP に等しい。

$$\pi = \pi^*$$
$$y = y_p$$

NK モデルでも，供給ショックや需要ショックが生じたときに，マクロ経済が長期均衡からどのように乖離するか，どのような経路を描いてふたたび長期均衡に戻るのかが，分析の主眼となっている。しかし，NK モデルには，2 つの 1 期先の変数に対する期待（$\pi_{t+1}^e$ と $y_{t+1}^e$）が存在しているために，合理的期待形成のもとでの均衡を計算するのはけっして容易なことではない。

第 7 章において，図を用いて合理的期待均衡を容易に求めることができるのは，AS パートのフィリップス曲線に当期の変数に対する期待が 1 変数（$\pi_t^e$）しか入っていないからである。そうした AS-AD モデルであれば，$\pi_t^e = \pi_t$ を想定することで当該期の合理的期待均衡を簡単に求めることができる。

本書の数学的レベルでは，長期均衡までの調整プロセスを導出することができないので，以下のように状況を非常に単純化して取り扱ってみたい。

まず，供給ショックや需要ショックが顕在化した後に，長期均衡への調整に必要な期間全体を，1 期間として置き換えてしまう。たとえば，長期均衡への調整

までにほぼ6四半期かかるとすると，1年半の期間を1期間と乱暴にも考えてしまう。次に，そうした1期間の調整期間に限って供給ショックや需要ショックが生じて，その後はそれらのショックが消えてしまうと想定する。すると，ショックが消えてしまう1期後の経済状態については，もとの長期均衡状態を想定すればよい。こうした単純化の操作によっては，ニューケインジアンが中心的な分析課題としている長期均衡までの調整プロセスを導出することはまったくできないが，NKモデルの基本的な特性をおおむね理解することはできる。

以下では，上述の単純な操作の具体例として，負の需要ショックが当期（$t$期）に限り生じて，次期（$t+1$期）には長期均衡に復する場合を考えてみよう。この場合，$t$期における$t+1$期の変数に関する期待値は，長期均衡状態に置き換えることができる。すなわち，

$$\pi^e_{t+1} = \pi^*$$
$$y^e_{t+1} = y_p$$

が成り立っている。

これらの期待値を（8-4）式と（8-14）式に代入すると，NKモデルは，以下のように単純化された体系となる。

$$\pi_t - \pi^* = \frac{\theta}{1-\omega}(y_t - y^p_t)$$

$$y_t - y^p_t = -\frac{\sigma}{1+b\sigma}[a(\pi_t - \pi^*) + (\rho - r^n_t)]$$

図8-6（次頁）は，横軸にGDP，縦軸にインフレ率をとったグラフに，上述の単純化されたNKモデルを描いたものである。この単純化されたNKモデルのインプリケーションは，第7章の標準的な$AS$-$AD$モデルのそれとほとんど変わるところがない。すなわち，$AS$曲線は右上がりとなり，$AD$曲線は右下がりとなる。自然利子率が低下すると（$t$期），$AD$曲線は負の需要ショックが起こったかのように下方にシフトして，経済はいったん長期均衡（$S$点）から離れ，低インフレ・低産出量の$A$点に移る。しかし，ショックが消える次期（$t+1$期）には，ふたたび$S$点の長期均衡に戻る。

もちろん，需要ショックや供給ショックがもっと複雑な形で生じれば，均衡経

第8章 新しいケインジアンのマクロ経済モデル

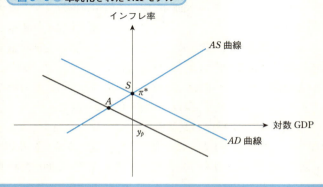

図 8-6 ● 単純化された NK モデル

路は図 8-6 が描き出しているシンプルな経路のようにはならない。GDP やインフレ率が調整途上にある複数期間を無理矢理に 1 期間として置き換えてしまった $t$ 期内においては，ショックによって長期均衡から離れた状態からふたたび長期均衡に戻るまでの複雑な経路が含まれているのである。

### 需要ショックと供給ショックの意味

ここで，NK モデルにおける需要ショックと供給ショックの意味について考えてみよう。生産性の変化は供給者側に生じるショックであるが，ここでは自然利子率の変化を通して $AD$ 曲線に影響を与えている。需要ショックは $AD$ 曲線をシフトさせ，供給ショックは $AS$ 曲線をシフトさせる，というように分解されるわけではないのである。本章で $AD$ 曲線に対応づけた期待 $IS$ 曲線の導出を振り返ってみると，消費者行動を示すオイラー方程式に財市場の均衡条件を代入している。財市場の均衡条件は需要者と供給者の行動に影響を受けることから，期待 $IS$ 曲線にも供給者に対するショックが影響を与えることになる。ミクロ経済学での需要曲線が需要者行動を表して，供給者に対するショックとは無関係なこととは異なっている。さらに，マークアップ率の変化は NK フィリップス曲線ないし $AS$ 曲線をシフトさせるが，独占的競争ではマークアップ率は需要の価格弾力性に反比例するので，供給ショックと呼ばれるマークアップ率の変化の原因は，需要の変化かもしれない。このようにミクロ的基礎を追求していくと，$AD$ 曲線に需要ショックが現れ，$AS$ 曲線に供給ショックが現れるという，単純な関係にはないことがわかる。$AS$-$AD$ モデルは，ミクロ経済学での「需要と供

給で価格が決まる」という性質から類推しやすいように構成されているが、厳密にはショックの影響の仕方にミクロ経済学での需要・供給曲線と根本的な差があるのである。

## ニューケインジアン・モデルの評価

本章の最後に、ニューケインジアンの *AS-AD* モデルの評価を行ってみよう。NK モデルは、3つの大きな成果を達成してきた。

(1) すでにミクロ的基礎が整っていた *AS* パート（フィリップス曲線）について、合理的期待形成のもとで名目価格の硬直性を明示的に導入することに成功している。NK モデルのフィリップス曲線では、ミクロ的基礎がいっそう強固になっていると言って差し支えないであろう。

(2) 中央銀行の金利設定ルールがテイラー・ルールの形で明示的に取り扱われている。第 15 章でも議論するように、貨幣市場の需給を定式化した *LM* 曲線をベースとしていると、中央銀行がどの水準に金利を設定すべきかがかならずしも明らかではない。一方、NK モデルでは、テイラー・ルールのように非常に実際的な政策ルールを導入することによって、中央銀行の現実的な行動がモデル化されている。

(3) 消費の異時点間配分に関する効率性条件であるオイラー方程式から「新しい *IS* 曲線」を導出することによって、*IS* 曲線のミクロ的な基礎を整えた。

しかし、本章で展開してきた標準的な NK モデルの潜在的な問題点は、潜在 GDP が完全に外生的に決まっているところである。この点を理論的に克服することは、簡単なことではないが、不可能なことでもない。第 16 章で展開するラムゼー・モデルにおける資本蓄積の決定メカニズムを NK モデルに組み入れることによって、資本ストック水準に応じて潜在 GDP を内生的に決定することは理論的に可能である。

むしろ、問題なのは実際面であって、本章で取り扱ってきた標準的な NK モデルは、政策現場で長く使われてきた伝統的な *AS-AD* モデルとの親近性が強く、数学的な類似点も多いことから、経済政策の現場に定着しやすかったことであろう。事実、標準的な NK モデルは、多くの国の中央銀行の政策現場で積極的に活用されている。本章の最後では、具体的なケースを念頭に置いて、標準的な NK

モデルが実際の政策運営に与える影響を考えてみたい。

以下では，負の永続的な供給ショックで潜在 GDP が長期的に低下すると同時に，負の一時的な需要ショックで総需要が大きく落ち込んでいる状況を考えてみよう。現実の経済にあっても，規模の大きい不況においては，供給ショックと需要ショックの両方がマクロ経済にダメージを与えていることが多い。

図 8-7 では，AD 曲線は，需要ショックの顕在化で AD 曲線②に一時的に大きく左方にシフトする。AS 曲線が長期的にシフトしていく AS 曲線②は，負の永続的な供給ショックが生じた後の新たな均衡産出量 ($y'_p$) が潜在 GDP となっている。供給・需要の両面からショックを受けたマクロ経済は，低 GDP・低インフレ率の均衡である B 点に陥ってしまう。

ここで，中央銀行が需要ショックと供給ショックの GDP への影響を的確に区別している場合には，GDP 目標を新たな潜在 GDP の水準 ($y'_p$) として，AD 曲線③と整合的になるように金利引き下げ政策を行い，新たな均衡状態（$S'$ 点）にマクロ経済を誘導していくであろう。

しかし，中央銀行が大幅な GDP の落ち込みのすべてを需要ショックの影響によると誤って判断すると，GDP 目標を従前の潜在 GDP の水準 ($y_p$) に設定したままに，AD 曲線①と整合的になるように積極的な金利引き下げ政策を行ってしまう可能性がある。この場合，産出量を従前の潜在 GDP へ無理矢理戻そうとするあまりに，中央銀行は，積極的な金利引き下げ政策で実質金利を必要以上に引

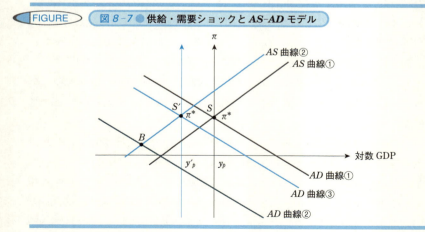

図 8-7 ● 供給・需要ショックと AS–AD モデル

き下げていかざるをえない。

　そうすると，潜在 GDP を決めている供給サイドの環境自体が，中央銀行による実質金利の低め誘導に適応していく可能性がある。

　当初，ニューケインジアンによるミクロ的基礎づけには，需要側と供給側の相互依存関係を理論的に解明しようとする志向が確かにあったように思われる。しかし，「*IS-LM* モデルや *AS-AD* モデルにミクロ的基礎づけが欠如している」という批判に対して新しいケインズ経済学者が真摯に応じていくプロセスにおいて，従来の *IS-LM* モデルや *AS-AD* モデルを理論的に正当化すること自体がミクロ的基礎づけの主たる動機となってしまったのかもしれない。その結果，伝統的な *AS-AD* モデルを正当化できる範囲内でしか，ミクロ的基礎づけを行ってこなかったとは言えないだろうか。

　NK モデルの実際的な活用において需要サイドと供給サイドを切り離して考える傾向があるのは，実際のマクロ経済政策の現場で長く培われてきた発想から影響を受けている側面もあるのかもしれない。マクロ経済政策の現場では，GDP の水準や成長率，あるいは，GDP ギャップには強い関心が払われるが，動学的に見ると供給サイドに影響を与える支出項目の構成（たとえば，設備投資が GDP に占める比率）についてはほとんど注意が向けられない。そうした政策発想の結果として，アメリカであれば家計消費と住宅消費に過度に傾斜した支出構成が，日本であれば純輸出と設備投資に過度に傾斜した支出構成が，潜在的に深刻な資源配分上の問題があるにもかかわらず，長らく放置されてきたのかもしれない。

● 注

1) 厳密に言うと，完全予見（perfect foresight）を想定している。

EXERCISE ● 練習問題

**8-1** ニュー・ケインジアン・モデルのもとで，$t$ 期の GDP とインフレ率は，下記のような期待 *IS* 曲線，ニューケインジアン・フィリップス曲線，テイラー・ルールで決定されるものとする（その他の期も同様の式で決定される。また，自然利子率と政府消費の対 GDP 比は一定とする）。

$$y_t - y_t^p = -\sigma(i_t - \pi_{t+1}^e - r^n) + (y_{t+1}^e - y_{t+1}^{pe})$$

$$\pi_t = \pi_{t+1}^e + \frac{\theta}{1-\omega}(y_t - y_t^p)$$

$$i_t = a(\pi_t - \pi_t^*) + b(y_t - y_t^p) + (r + \pi_t^*)$$

中央銀行は当初，インフレ目標を $\pi_0^*$（=2%）に設定しているとして，$t-1$ 期には目標インフレ率が達成されていて，経済は潜在 GDP 水準にあったとし，$t$ 期以降もその状態が続くと予想していたとしよう。ところが，$t$ 期に目標インフレ率を $\pi_1^*$（つまり $\pi_t^* = \pi_{t+1}^* = 4\%$）に引き上げたとすると，そのとき経済がどのように動くかを考えよう。第4節で説明したように，$t$ 期が十分に長く，$t+1$ 期に長期均衡に復して，目標インフレ率が達成されていて，経済は潜在 GDP 水準にあるものとする。このとき，$t$ 期のインフレ率と GDP は，

$$y_t - y_t^p = -\sigma(i_t - \pi_1^* - r^n)$$

$$\pi_t = \pi_1^* + \frac{\theta}{1-\omega}(y_t - y_t^p)$$

のように表される。

(1) このようなインフレ目標の変更が行われるとき，テイラー・ルールに基づいて決定される $t$ 期の政策金利 $i_t$ を求めなさい。その際，$r$ を消去しなさい。

(2) GDP とインフレ率がどのような動きをするかを，$t-1$ 期から $t$ 期へ，$t$ 期から $t+1$ 期への動きに分けて説明しなさい。

**8-2** 問題 8-1 と同じモデルのもとで，財政支出の変化の影響を考える。

(1) 政府が景気対策として一時的に財政支出を拡大するものとし，$t$ 期に財政支出を増やし，$t+1$ 期に元に戻したとする。$t-1$ 期にはこの財政支出の変化は予想されておらず，経済はインフレ目標が達成され，潜在 GDP の水準にあったとする。潜在 GDP の成長率は時間を通して一定と考えるが，財政支出の成長率が変化しており，自然利子率は時間を通して一定とは限らない。このとき，GDP とインフレ率が，$t-1$ 期から $t$ 期にどのように動くかを説明しなさい。

(2) 政府が恒久的に財政支出を拡大するものとし，$t$ 期に財政支出（対 GDP 比）を増やし，$t+1$ 期もその対 GDP 比の水準を維持したとする。$t-1$ 期にはこの財政支出の変化は予想されておらず，経済はインフレ目標が達成され，潜在 GDP の水準にあったとする。このとき，GDP とインフレ率が，$t-1$ 期から $t$ 期にどのように動くかを説明しなさい。

第Ⅱ部 マクロ経済学の基本モデル

# 第 9 章 開放経済モデルの展開

## CHAPTER 9

第 9 章では,マンデル・フレミング・モデルと呼ばれる開放経済モデルを学んでいく。開放経済では,外国との貿易取引と資本取引が自由である経済環境が想定されている。貿易取引について国内製品と外国製品の価格が一致する為替条件を購買力平価と呼んでいる。一方,資本取引が自由な環境で内外の運用利回りが均等化する条件は,金利平価と呼ばれている。マンデル・フレミング・モデルは,閉鎖経済モデルである IS–LM モデルに金利平価関係を導入したものである。マンデル・フレミング・モデルによっても,金融政策や財政政策の効果を評価することができる。

### KEYWORD
貿易取引と資本取引,名目為替レートと実質為替レート,購買力平価,交易利得・損失,金利平価,J カーブ効果,マーシャル・ラーナー条件,マンデル・フレミング・モデル,固定為替相場制度

FIGURE
TABLE
COLUMN
POINT
EXERCISE

INTRODUCTION

## マクロ経済と貿易・資本取引

**外国との貿易取引と資本取引**

開放経済のマクロ経済モデルは，国内経済と外国経済との間で財と資本が自由に取引されている国際経済環境を経済分析の対象としている（図9-1）。

まず，国際貿易が自由であるということは，外国製品に対して関税をかけて輸入を規制する，あるいは国際競争力を高めるために国内製品に補助金を与えて輸出を促進することが原則的に禁じられている状態を指している。一方，国際間の資本取引が自由化されているということは，投資家の自由な意思で，国内で運用することも，国外で運用することも可能な状態を指している。換言すると，外国からの資本の流入や外国への資本の流出がまったく規制されていない。

実際にも，世界の国々の間では，国際的な貿易取引や資本取引の自由化が「原則的に」合意されている。しかし，それはあくまで「原則」であって，各国のさまざまな政治的事情から，実際の貿易取引や資本取引には，関税や補助金，あるいは資本流出入に対する規制が加えられている。その意味では，標準的なマクロ経済モデルは，あくまで国際経済の原則的な姿を記述しているにすぎない。それにもかかわらず，そうした標準的な開放経済モデルを通じて経済メカニズムに関する有用な知識を得ることができるのである。

**日本経済にとっての外国との経済取引の重要性**

ここで，外国との貿易取引や資本取引が日本経済にとっていかに重要なのかを確認しておこう。表9-1は，1955年度から2014年度の期間について5年ごとに，名目値で見た輸出と輸入，両者の差である純輸出の名目額と，それ

**FIGURE　図9-1 ● マクロ経済モデルが対象としている国際経済環境**

国内経済　⇔自由な貿易取引⇔　外国経済
　　　　　⇔自由な資本取引⇔

**TABLE** 表 9-1 ● 輸出と輸入の規模　　↑update年次

(単位：10億円，％表示は対名目 GDP 比)

| 年度 | 名目 GDP | 名目輸出 | | 名目輸入 | | 名目純輸出 | |
|---|---|---|---|---|---|---|---|
| 1955 | 8,597.9 | 975.0 | 11.3% | 915.4 | 10.6% | 59.7 | 0.7% |
| 1960 | 16,680.6 | 1,736.1 | 10.4% | 1,706.2 | 10.2% | 29.9 | 0.2% |
| 1965 | 33,765.3 | 3,564.2 | 10.6% | 3,059.8 | 9.1% | 504.4 | 1.5% |
| 1970 | 75,298.5 | 8,287.3 | 11.0% | 7,212.6 | 9.6% | 1,074.7 | 1.4% |
| 1975 | 152,361.6 | 19,551.1 | 12.8% | 19,253.9 | 12.6% | 297.2 | 0.2% |
| 1980 | 248,375.9 | 33,501.3 | 13.5% | 34,630.8 | 13.9% | −1,129.5 | −0.5% |
| 1985 | 330,396.8 | 44,396.3 | 13.4% | 32,801.3 | 9.9% | 11,595.0 | 3.5% |
| 1990 | 451,683.0 | 46,126.6 | 10.2% | 41,568.4 | 9.2% | 4,558.2 | 1.0% |
| 1995 | 504,594.3 | 46,362.8 | 9.2% | 40,649.7 | 8.1% | 5,713.0 | 1.1% |
| 2000 | 510,834.7 | 55,828.7 | 10.9% | 49,577.5 | 9.7% | 6,251.2 | 1.2% |
| 2005 | 505,349.4 | 75,104.5 | 14.9% | 68,494.3 | 13.6% | 6,610.2 | 1.3% |
| 2010 | 480,527.5 | 74,097.7 | 15.4% | 69,503.2 | 14.5% | 4,594.5 | 1.0% |
| 2014 | 490,786.8 | 88,327.2 | 18.0% | 99,695.5 | 20.3% | −11,368.3 | −2.3% |

(出所) 内閣府。

らが名目 GDP に占める比率をまとめたものである。

表 9-1 が示すように，経済規模に比した輸出も輸入も拡大傾向にある。輸出が名目 GDP に占める比率は，1995 年度に一時的に低下したものの，55 年度の 11.3％ から 2014 年度の 18.0％ に，輸入が GDP に占める比率は 55 年度の 10.6％ から 2014 年度の 20.3％ にそれぞれ上昇した。一方，輸出と輸入の差である純輸出が名目 GDP に占める比率は 0.2％ (1960 年度) から 3.5％ (1985 年度) の間で変動をしていたが，1980 年度 (−0.5％) や 2014 年度 (−2.3％) にマイナスを記録した。

ここで注意してほしいのは，2014 年度には，名目純輸出が対名目 GDP 比で − 2.3％ と大幅な貿易赤字を記録したが，名目輸入の対名目 GDP 比率は当然高かったものの (20.3％)，名目輸出の同比率も高かったことである (18.0％)。すなわち，輸出も輸入も，対 GDP 比で急激に落ち込んだわけではなく，外国との双方向の貿易取引を活発に行っていたのである。

表 9-2 (次頁) は，1996 年 (暦年) から 2013 年について，金融資産の対外資産残高，対外負債残高，両者の差をとった対外純資産残高の名目額と対名目 GDP 比をまとめたものである。両残高の評価には，資産価格や外国為替レートの変動によるキャピタル・ゲインやキャピタル・ロスも反映されている。

第 9 章　開放経済モデルの展開

TABLE 表9-2 ● 対外資産と対外負債の規模　↑update年次↗

(単位：10億円，％表示は対名目GDP比)

| 年 | 名目GDP | 対外資産残高(年末) | | 対外負債残高(年末) | | 対外純資産(年末) | |
|---|---|---|---|---|---|---|---|
| 1996 | 511,935 | 302,237 | 59.0% | 198,878 | 38.8% | 103,359 | 20.2% |
| 1997 | 523,198 | 346,524 | 66.2% | 221,938 | 42.4% | 124,586 | 23.8% |
| 1998 | 512,439 | 336,778 | 65.7% | 203,504 | 39.7% | 133,274 | 26.0% |
| 1999 | 504,903 | 303,613 | 60.1% | 218,878 | 43.4% | 84,735 | 16.8% |
| 2000 | 509,860 | 341,206 | 66.9% | 208,159 | 40.8% | 133,047 | 26.1% |
| 2001 | 505,543 | 379,781 | 75.1% | 200,524 | 39.7% | 179,257 | 35.5% |
| 2002 | 499,147 | 365,940 | 73.3% | 190,631 | 38.2% | 175,309 | 35.1% |
| 2003 | 498,855 | 385,538 | 77.3% | 212,720 | 42.6% | 172,818 | 34.6% |
| 2004 | 503,725 | 433,864 | 86.1% | 248,067 | 49.2% | 185,797 | 36.9% |
| 2005 | 503,903 | 506,191 | 100.5% | 325,492 | 64.6% | 180,699 | 35.9% |
| 2006 | 506,687 | 558,106 | 110.1% | 343,024 | 67.7% | 215,082 | 42.4% |
| 2007 | 512,975 | 610,492 | 119.0% | 360,271 | 70.2% | 250,221 | 48.8% |
| 2008 | 501,209 | 519,179 | 103.6% | 293,271 | 58.5% | 225,908 | 45.1% |
| 2009 | 471,139 | 554,826 | 117.8% | 286,580 | 60.8% | 268,246 | 56.9% |
| 2010 | 482,677 | 560,215 | 116.1% | 304,308 | 63.0% | 255,907 | 53.0% |
| 2011 | 471,579 | 581,509 | 123.3% | 316,083 | 67.0% | 265,426 | 56.3% |
| 2012 | 475,332 | 661,902 | 139.3% | 365,588 | 76.9% | 296,314 | 62.3% |
| 2013 | 480,130 | 797,077 | 166.0% | 472,070 | 98.3% | 325,007 | 67.7% |

(出所) 財務省，日本銀行。

　当該期間においては，対外資産も，対外負債も，対名目GDP比で着実に増加してきた。対外資産残高の対名目GDP比率は，59.0％から166.0％へ，対外負債残高の同比率は，38.8％から98.3％へとそれぞれ増加した。対外資産から対外負債を差し引きした対外純資産残高の同比率も20.2％から67.7％に拡大した。

　日本経済は，2010年まで，恒常的に貿易黒字を記録していて，資本輸出を意味する金融収支の黒字，すなわち対外純資産の積み増し傾向に関心が向かいやすいが，その背後では，外国との双方向の資本取引（対外資産と対外負債の両方の拡大）があったのである。

### 開放経済モデルの3つの特徴

閉鎖経済モデルに比べて開放経済モデルが複雑となる点は，以下の3つの概念を学ばなければならないところにある。

　第1に，名目輸出と名目輸入の差額である名目純輸出の実質化の手続きが非常に煩雑となってくる。国内製品価値の実質化では，物価水準の影響だけを取り除けばよかった。しかし，輸入された外国製品価値を実質化するためには，物価水

準の影響だけではなく，為替レートの影響を取り除く必要が生じてくる。こうした輸入額の実質化の手続きでは，「名目為替レート」とともに「実質為替レート」という概念が重要となってくる。

第2に，国際間で財が自由に取引されている状態を対象としていることから，貿易取引において外国製品に対する国内製品の価格競争力がどのように決まってくるのかを明らかにしなければならない。内外の製品の価格競争力の指標となるのが「購買力平価」と呼ばれている概念である。

第3に，国際間で資本が自由に取引されている状態を対象としていることから，資本取引において外国の金融市場と国内の金融市場で運用利回りがどの程度異なっているのかを明らかにしなければならない。金融市場における運用の有利さを国際間で比較している指標が「金利平価」と呼ばれている概念である。

以上の説明だけでは，購買力平価が貿易取引に，金利平価が資本取引にそれぞれ関わる指標というように解釈されてしまうかもしれないが，実は，本章を読み進むうちに，購買力平価と金利平価が同じコインの裏表の関係のように1対1の対応関係であることがわかってくる。

それでは，まずは，名目為替と実質為替の概念を整理したうえで名目純輸出の実質化の手続きを説明していきたい。

### POINT 9-1 ● 貿易自由化と資本自由化の歴史

貿易取引と資本取引の自由化は，第2次世界大戦後に世界で受け入れられた理念である。戦前は，貿易自由化とはまったく逆に，保護貿易主義が台頭し，世界大戦への引き金の1つともなった。1944年7月にアメリカのニューハンプシャー州ブレトンウッズにおいて連合国44カ国が集まった連合国通貨金融会議で締結された協定（ブレトンウッズ協定）は，戦後世界の通貨制度と貿易体制の骨格を決定づけた。協定では，国際通貨制度の要として国際通貨基金（International Monetary Fund: IMF）と国際復興開発銀行（世界銀行と呼ばれるようになる）の設立が合意されるとともに，自由な貿易体制を作り出すために貿易上の制限撤廃がうたわれた。国際貿易の自由化を実現するために，1947年10月に関税および貿易に関する一般協定（General Agreement on Tariffs and Trade: GATT，あるいはガットと呼ばれている）が締結された。GATTは，1995年に世界貿易機関（World Trade Organization: WTOと呼ばれている）へと発展的に解消した。また，IMF加盟国には，資本取引の自由化も義務づけられた。

日本は，1952年にIMFに，55年にGATTに加盟したが，しばらくの間，貿

易取引（とくに輸入）や資本取引（とくに資本流入）を規制した。しかし，1960年に国際競争力が強い産業から順次輸入を自由化してきた。工業製品の輸入については，1970年になってようやく原則自由化された。資本自由化はさらに遅れた。対外資本取引に対する規制が徐々に撤廃されるようになったのは1964年以降である。それまでは，外国資本の日本企業への出資が厳しく制限されていた。1973年までには外資規制を原則撤廃し，一部の業種を除いて外国資本の100％出資が認められるようになった。

最近では，2015年10月現在で加盟国が161カ国に達するWTOを舞台とするのではなく，2カ国間や地域間で自由貿易協定を結ぶ傾向も強まっている。2カ国間で結ばれる協定は，自由貿易協定（Free Trade Agreement: FTA）と呼ばれている。地域間の自由貿易協定の代表例としては，2015年10月に大筋合意に至った環太平洋戦略的経済連携協定（Trans-Pacific Strategic Economic Partnership Agreement: TPP）があげられる。

# 名目為替レートと実質為替レート

## 2-1 名目為替レートと輸出入の実質化

本章では，これまで議論してきた閉鎖経済（closed economy）に代わって開放経済（open economy）のマクロ経済モデルを展開していく。第Ⅰ部第3章の資金循環表や国際収支表のところで詳しく見てきたように，現実のマクロ経済は，海外とも活発な経済取引を行っている。海外との経済取引には，財やサービスの輸出や輸入などの貿易取引とともに，海外の金融資産や実物資産への投資，海外からの資金調達などの資本取引がある。

冒頭で述べたように，もっとも基本的な開放経済の短期モデルでも，国際間の貿易取引とともに国際間の資本取引も対象としている。しかし，経済モデルで明示的に取り扱われている経済変数は，複雑な海外との経済取引のなかでも貿易取引だけである。国際収支表で言うと，経常収支のなかの貿易・サービス収支（以下では，単に貿易収支と呼ぶことにする）は経済モデルの表舞台に出てくるが，海外との資本取引から生じる資本所得の受け渡しを反映している所得収支は経済モデルの舞台裏に隠れてしまっている。

POINT 9-2 ● 海外からの要素所得受取の傾向

　先に述べたように，標準的な開放経済モデルで明示的に取り扱われている経済変数は，貿易収支に焦点が置かれている。しかし，このことは，資本取引から生じる資本所得の受け渡し（第一次所得収支）が重要でないと言うわけではない。

　第2章の第2-3項で説明したように，海外からの要素所得の名目純受取額（海外からの名目受取額−海外への名目支払額）を名目 GDP に加えた所得概念は，名目国民総所得（GNI）と呼ばれている。図9-2が示すように，海外からの要素所得の名目純受取額が GNI に占める比率は，1980年代前半より急速に上昇している。

　こうした海外から受け取る所得割合の上昇は，急速な経済成長を果たした日本経済が，資本を蓄積してかなりの部分が海外で運用されるようになった結果，海外投資から資本所得を受け取るようになったからである。

FIGURE 図 9-2 ● 海外からの名目要素所得純受取/名目 GNI 比率の推移（1990年・2000年・2005年基準）　↑update 年次

（出所）内閣府。

　しかし，このように海外経済取引を貿易取引に限定しても，経済モデルで貿易活動を取り扱うためには，いくつかの工夫が必要となってくる。マクロ経済モデルは，インフレーションの変動を取り除いた実質変数のうえで組み立てられている。したがって，貿易活動水準を表す輸出も輸入も，実質化しなければならない。

　輸出の実質化のほうは，家計消費や設備投資と変わるところがない。名目で表した輸出額をデフレーターで除して実質化すれば，実質輸出額を算出することが

第9章　開放経済モデルの展開　269

できる。

ここで、輸出商品が自動車しかない単純なケースを考えてみよう。1990年に1台200万円の自動車が1000台輸出されたとしよう。この場合、1990年の名目輸出額は200万円/台×1000台で20億円である。もし、1991年に同じ自動車が1台220万円、輸出台数が1100台となれば、1991年の名目輸出額は24億2000万円となる。

実質輸出額の計算もけっして難しくない。1990年を基準年として、輸出価格指数（輸出デフレーター）を1とすると、90年から91年にかけて1台あたりの自動車価格が1割上昇しているので、91年の輸出価格指数は、1.1となる。したがって、1991年の実質輸出額は、24億2000万円÷1.1で22億円となる。すなわち、名目輸出額が20億円から24億2000万円へ21％上昇しているのに対して、実質輸出額は20億円から22億円へ10％しか上昇していない。ここで明らかなように、物価上昇の影響を取り除いた実質輸出額の変化を見ると言うことは、1000台から1100台への輸出数量（輸出台数）の変化を見ていることに等しい。

それでは、実質輸入額はどうなるであろうか。ここで、アメリカから自動車しか輸入していないケースを考えてみよう。1990年に1台2万ドル（正確には米ドルであるが、以下では単にドルと呼ぶ）の自動車が1000台輸入されたとしよう。また、1991年には、1台2万2000ドルの自動車が1100台輸入されたとする。この場合も、ドル建て表示であれば、名目輸入額も、実質輸入額も、簡単に求めることができる。アメリカから見れば、日本への輸出は、先ほどの日本からの輸出とまったく変わらないのである。名目輸入額は2000万ドルから2420万ドルに21％上昇し、実質輸入額は2000万ドルから2200万ドルに10％上昇している。

しかし、円建て表示で考えてみると、名目輸入額も、実質輸入額も、ややこしくなる。まず、名目輸入額を考えてみよう。自国通貨である円と外国通貨であるドルの換算レートは、**名目為替レート**と呼ばれている。名目為替レートは、日常的には、為替レートと略されているが、後に出てくる実質為替レートと区別するために、以下でも、名目為替レートと呼んでいく。通常は、1ドルを購入するのに必要な円貨で表示される。たとえば、1ドル100円の名目為替レートであれば、100円で1ドルを購入することができ、同じことであるが、1ドルを売れば100円を得られることになる。

1ドルが100円から200円になれば、同じ1ドルを購入するのにも、2倍の円貨を用意しなければならなくなる。この場合、円通貨から見ると円安、ドル通貨

から見るとドル高ということになる。逆に，1ドルが100円から50円になれば，同じ1ドルを購入するのに，半分の円貨さえ用意すればよい。この場合は，円通貨から見ると円高，ドル通貨から見るとドル安ということになる。1ドルあたりの円貨が「上昇」する場合が「円安」で，1ドルあたりの円貨が「下落」する場合が「円高」というのは，一見するとややこしく見える。しかし，「1ドルあたり」で見ているので，あくまでドルが基準であって，ドル通貨から見て，それぞれ「ドル高」「ドル安」と考えれば，わかりやすいのではないであろうか。

この名目為替レートを用いると，円表示で名目輸入額を計算することができる。ここで，1990年も91年も，名目為替レートが100円/ドルであったとしよう。すると，円建て（円表示）の名目輸入額は，1990年は20億円（2000万ドル×100円/ドル），91年は24億2000万円（2420万ドル×100円/ドル）となる。先ほどの輸出のケースと合わせてみると，1990年も91年も，円建てで名目輸出額と名目輸入額も一致するので，輸出から輸入を差し引いた円建て名目貿易収支はゼロとなる。

それでは，円換算で見た実質輸入額や実質貿易収支はどうであろうか。先ほど検討してきた円建て実質輸出額では，実質額の変化は輸出数量の変化に正確に対応している。もし，円建て実質輸入額についても輸入数量と1対1で対応しているとすると，実質輸入額は1000台から1100台に10％上昇していると考えればよいことになる。あるいは，円建ての実質で見た貿易収支についても，1990年は，輸出も輸入も1000台であり，91年は，輸出も輸入も1100台なので，実質貿易収支が，いずれの年もゼロと考えてよいのであろうか。

確かに，名目為替レートが100円/ドルの場合については，円建ての実質輸入額が輸入台数に1対1で対応していると考えてもよい。1990年には，日本から輸出される自動車は1台200万円，アメリカから輸入される自動車は1台2万ドルであった。この場合，アメリカ製自動車の単価を円換算すると（2万ドル×100円/ドル），200万円となって，日本製自動車の単価と同じになる。すなわち，名目為替レートに基づいて円換算をしてみると，日本製自動車の単価に対するアメリカ製自動車の単価は，1対1に対応している。その結果，円建てでも，日本製自動車1台がアメリカ製自動車1台に対応するので，円建ての実質で見た貿易収支も，輸出台数と輸入台数の差に対応してゼロとなる（表9-3）。

しかし，名目為替レートが100円/ドルから円高（ドル安）になっても，円安（ドル高）になっても，円建ての実質輸入額は輸入台数と1対1で対応しなくなる。

**表 9-3　名目為替レート＝100 円/ドルのケース**

| 年 | 輸出<br>自動車単価 | 台数 | 輸入<br>自動車単価 | 台数 | 実質貿易収支 |
|---|---|---|---|---|---|
| 1990 | 200 万円/台 | 1,000 台 | 2 万ドル/台 | 1,000 台 | 0 台<br>(1,000 台－1,000 台) |
| 1991 | 220 万円/台 | 1,100 台 | 2.2 万ドル/台 | 1,100 台 | 0 台<br>(1,100 台－1,100 台) |

**表 9-4　名目為替レート＝50 円/ドルのケース**

| 年 | 輸出<br>自動車単価 | 台数 | 輸入<br>自動車単価 | 台数 | 実質貿易収支 |
|---|---|---|---|---|---|
| 1990 | 200 万円/台 | 1,000 台 | 2 万ドル/台 | 1,000 台 | 500 台<br>(1,000 台－0.5×1,000 台) |
| 1991 | 220 万円/台 | 1,100 台 | 2.2 万ドル/台 | 1,100 台 | 550 台<br>(1,100 台－0.5×1,100 台) |

　まず，円高（ドル安）が進行して，名目為替レートが100 円/ドルから50 円/ドルになったとしよう。この場合，アメリカ製自動車は，円表示で100 万円となる。円表示で見ると，日本製自動車の単価とアメリカ製自動車の単価は，2 対 1 で対応している。日本製自動車を 1 台売ると，アメリカ製自動車が 2 台買える。アメリカ製自動車 1 台は，日本製自動車 0.5 台にしか値しない。したがって，円建ての実質輸入額は，1990 年では，アメリカ製自動車 1000 台ではなく，日本製自動車に換算した 500 台ということになる。1990 年における円建ての実質貿易収支も，輸出台数 1000 台から輸入台数 1000 台を差し引いてゼロなのではなく，日本製自動車の輸出台数 1000 台から日本製自動車台数に換算した 500 台を引いた 500 台となる（表 9-4）。

　逆に，円安（ドル高）が進行して，名目為替レートが 100 円/ドルから 200 円/ドルになったとしよう。この場合，アメリカ製自動車は，円表示で 400 万円となる。円表示で見ると，日本製自動車の単価とアメリカ製自動車の単価は，1 対 2 で対応している。日本製自動車を 2 台売らないと，1 台のアメリカ製自動車が買えない。すなわち，アメリカ製自動車 1 台は，日本製自動車 2 台に相当する。したがって，円建て実質輸入額は，1990 年では，アメリカ製自動車 1000 台ではな

| TABLE | 表9-5 ● 名目為替レート＝200円/ドルのケース |

| 年 | 輸出自動車単価 | 台数 | 輸入自動車単価 | 台数 | 実質貿易収支 |
|---|---|---|---|---|---|
| 1990 | 200万円/台 | 1,000台 | 2万ドル/台 | 1,000台 | −1,000台<br>(1,000台−2×1,000台) |
| 1991 | 220万円/台 | 1,100台 | 2.2万ドル/台 | 1,100台 | −1,100台<br>(1,100台−2×1,100台) |

く，日本製自動車に換算した2000台ということになる。1990年の円建て実質貿易収支は，日本製自動車の輸出台数1000台から日本製自動車台数に換算した輸入台数2000台を引いた，マイナス1000台になる（表9-5）。

上述の円高や円安のケースで興味深いのは，名目為替レートが100円/ドルから上方，あるいは下方に離れると，日本製自動車の1台はもはやアメリカ製自動車の1台に対応しなくなる。その結果，円建てで見ると，円高では，実質貿易収支が黒字となる一方，円安では，実質貿易収支が赤字となる。

ここで，貿易理論をすでに学んできた読者は，少し疑問を持つかもしれない。通常は，円高は輸出に不利で輸入に有利なので貿易収支が赤字となり，円安は輸入に不利で輸出に有利なので貿易収支が黒字となるはずなのに，上の例でまったく逆になっているのは不思議な印象を与えている。しかし，この例において注意してほしいのは，1990年の輸出入台数は1000台，91年の輸出入台数は1100台に固定したうえで，円高のケースと円安のケースについて実質貿易収支を計算している。通常は，円高や円安になると，輸出数量自体が変化する。たとえば，円安になると，輸出台数が増え，輸入台数が減る。上の例では，そうした円相場が輸出入台数に与える影響を完全に無視しているのである。

## 2-2 実質為替レートの考え方

これまで行ってきた円建て実質輸入額や実質貿易収支を求める作業を，もう一度整理してみよう。アメリカ製自動車の輸入台数を日本製自動車の台数に換算し直す計算手続きは，次のようにまとめることができる。

$$\text{アメリカ製自動車} \times \frac{\text{アメリカ製自動車のドル建て単価} \times \text{名目為替レート}}{\text{日本製自動車の円建て単価}} \quad (9\text{-}1)$$

(9-1) 式の第2項目は，円換算で日本製自動車とアメリカ製自動車の単価を相対比で表している。この項が，名目為替レートが100円/ドルの場合は1で日本製自動車とアメリカ製自動車は1対1で対応している。一方，50円/ドルの場合は0.5で日本製自動車1台がアメリカ製自動車2台に相当し，200円/ドルの場合は2で日本製自動車2台がアメリカ製自動車1台に相当する。

上述の日本製自動車とアメリカ製自動車の台数比は，ドル建ての名目輸入額（アメリカ製自動車の輸入台数×アメリカ製自動車のドル建て単価）を円建ての実質で見た輸入数量に換算するレートであることから実質為替レートと呼ばれている。

実質輸入を数量（台数）ではなく，輸入額で示す場合には，基準年の日本製自動車の円建て単価を乗じればよい。たとえば，1990年も，91年も，名目為替レートが50円/ドルで推移した場合，いずれの年の実質為替レートも0.5に等しくなる（1990年は（2万ドル×50円/ドル）/200万円，91年は（2万2000ドル×50円/ドル）/220万円）。したがって，円建て換算の輸入数量は，1990年で500台，91年で550台となる。基準年を1990年とすると，基準年の日本製自動車単価が200万円なので，実質輸入額は，90年で500台×200万円となって10億円，91年で550台×200万円となって11億円である。

### 2-3 実質為替レートの一般的な定式化

**同じ財バスケットを用いて定義した実質為替レート I**

ここで，より一般的な形で名目為替レートと実質為替レートの関係を記述しておこう。名目為替レートを$e$，実質為替レートを$\varepsilon$，日本製品の円建て単価（円建て物価指数）を$P$，外国製品の外貨建て単価（外貨建て物価指数）を$P^*$とすると，$e$と$\varepsilon$との間には，次のような関係が成立している。

$$\varepsilon = \frac{eP^*}{P} \quad (9\text{-}2)$$

実質為替レートも，名目為替レートと同じように，海外の通貨1単位に対する交換レートで定義されているので，$\varepsilon$が高い（低い）ほど，実質的な円安（円高）を示すことになる。

(9-2) 式のように定義される実質為替レートにおいて大切なのは、どのような日本製品と外国製品の価格を用いるかという点である。通常は、非常に似た特性の製品の価格を用いる。ここでは同じ財バスケットを用いて提示した実質為替レートを実質為替レート I と呼ぶことにしよう。

もっとも頻繁に用いられる価格指標は、消費者物価指数である。もちろん、厳密に言えば、日本で消費される財のパッケージ（組み合わせ）と外国のそれとでは異なっているが、おおむね同じだと想定している。

時には、特定の商品の価格を用いて実質為替レートを計算することもある。本章の練習問題 9-6 に登場する Big Mac Index は、日本とある国（たとえば、アメリカ）で販売されているマクドナルド社の Big Mac（ハンバーガーの商品名）の価格を $P$ と $P^*$ として、名目為替レート（たとえば、円/ドルレート）を $e$ としてそれぞれ用いながら、実質為替レート $\varepsilon$ を求めている。

貿易対象となっている同じ特性の商品によって定義された実質為替レートは、輸出競争力を意味すると解釈することもできる。たとえば、実質為替レート $\varepsilon$ が 1 を超えて円安の場合、$eP^* > P$ が成立して、日本製のほうが割安で輸出競争力がある。逆に、実質為替レート $\varepsilon$ が 1 を下回る円高の場合、$eP^* < P$ が成立して、外国製のほうが割安で輸出競争力がある。

**輸入品と輸出品で定義された実質為替レート II：交易条件**

しかし、まったく異なる特製の財を用いて実質為替レートを定義することもある。このようにまったく異なる財を用いて定義した実質為替レートを実質為替レート II と呼ぶことにしよう。たとえば、日本製品の価格には海外に輸出する国産品の価格を、外国製品の価格には日本に輸入する財の外貨建て価格を用いる。

こうして定義された実質為替レートは、日本経済が輸出入の交易から得られる有利・不利の程度を意味する交易条件と解釈されることがある。(9-2) 式の右辺の分子は海外からの輸入品の円建て価格、その分母は海外への輸出品の円建て価格をそれぞれ意味している。つまり、同じ円ベースで輸入品価格と輸出品価格を比較していることになる。

したがって、実質為替レートが円安であるということは（分子が分母に比べて大きい）、「海外から高く買って海外に安く売っている」ということで交易上の不利を被っていることになる。逆に、実質為替レートが円高であるということは（分母が分子に比べて大きい）、「海外から安く買って海外に高く売っている」というこ

とで交易上の有利を享受していることになる。

　前者は，交易条件の悪化，後者は，交易条件の改善と言われている。実質為替レートが円高であることは，よりよい条件で輸入品を購入できることを意味している。したがって，交易条件の改善は，「円の購買力が高い」と表現されることもある。

　ただし，交易条件比率は，通常，上で用いられた実質為替レートの逆数，すなわち，分子に円建て輸出価格を，分母に円建て輸入価格をそれぞれ用いて定義される。

$$交易条件比率 = \frac{1}{\varepsilon} = \frac{P}{eP^*} = \frac{円建て輸出価格}{円建て輸入価格} \qquad (9\text{-}3)$$

こうして決められた交易条件比率では，上昇すると交易条件の改善，低下すると交易条件の悪化をそれぞれ意味することになる。

---

**▶POINT 9-3 ● 名目為替レート，実質為替レート，そして，実効為替レート**

　円の対ドルレートについて名目為替レートと実質為替レート（正確には，実質為替レートI）の推移を確かめてみよう。後に詳しく説明するように，円通貨がドルに対して変動するようになったのは1973年以降なので，サンプル期間も73年1月を始点とする。実質為替レートは $\varepsilon = eP^*/P$ の定義式から求められるが，アメリカの物価水準（$P^*$）と日本の物価水準（$P$）については，それぞれの国の消費者物価指数を用いることにしよう。なお，1986年1月に名目為替レートと実質為替レートが一致するように標準化を行っている。

　図9-3は，1973年1月から2015年8月の期間について，名目為替レートと実質為替レートをプロットしたものであるが，両者の動向は，かなり違って推移している。名目為替レートを見ると，一貫して円高傾向を示している。ただし，1990年代半ば以降，急速な円高の進行は認められない。一方，実質為替レートは，1990年代半ばまでは，名目為替レートと同様に円高傾向にあったが，それ以降は，逆に急激な円安傾向を示している。この間，アメリカのインフレ率に対して日本のインフレ率が低位で推移していたところに，名目為替レートの円高傾向が落ち着いたために，実質為替レートが円安の方向に動いた。

　たとえば，実質為替レートで見ると，2007年6月は205円（名目為替レートは123円）であったが，その水準は，1985年10月の203円に近かった（名目為替レートは204円）。また，2011年秋以降，実質為替レートは円安方向に加速し，その傾向は2015年に入っても続いた。2015年8月は229円であったが（名目為替レートは123円），その水準は，1982年12月の相場とほぼ等しかった（名目

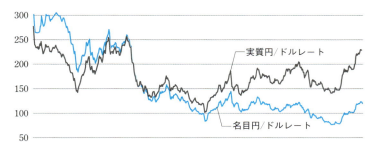

図 9-3 ● 円/ドル為替レートの名目と実質（1986年1月を基準年）

（出所）日本銀行，総務省，アメリカ労働統計局。

為替レートは243円）。

本章の第5-4項で詳しく見ていくが，2000年代半ばの実質的な円安は，輸出主導の景気回復に大きく貢献したが，2010年代半ばの実質的な円安は，かならずしも輸出主導の景気回復をもたらさなかった。

ここで，実効為替レートの概念も導入しておこう。

通常の為替レートでは，1対1で為替の換算レートを計算している。このような場合，日本の慣行では，相手国通貨1単位に対して邦貨でいくらになるかで換算レートを表している。たとえば，1ドル120円というように換算レートを表している。したがって，レートが高くなることが円安を，低くなることが円高をそれぞれ意味する。

しかし，日本の貿易相手国はアメリカだけではなく，円/ドルレートだけが，日本の貿易条件を決めるわけではない。実効為替レートは，日本の主要な貿易相手国の為替レートについて，輸出入の規模で加重平均をとったものである。すなわち，1対1の為替レートではなく，1対多の為替レートである。

実効為替レートの場合，数多くある貿易相手国の通貨をどれか1つとって基準にするわけにはいかないので，自国通貨1単位に対する換算レートが用いられることになる。したがって，実効為替レートでは，レートが高くなることが円高，レートが低くなることが円安を意味している。

図9-4（次頁）は，国際決済銀行（Bank for International Settlements: BIS）が公表している円の実効為替レートについて，1973年1月から2015年8月までの名目値と実質値（厳密に言うと，各国の消費者物価指数を用いた実質為替レートIに相当する）をプロットしたものである。2010年が基準年となっている。先にも述べたように，レートの水準が高いほど，円高を示している。

第9章　開放経済モデルの展開　277

**FIGURE  図 9-4 ● 円の実効レートの名目と実質**（基準年：2010年）  ↑update月次↗

（出所）BIS.

　BIS の実効為替レートでも，名目レートと実質レートの乖離は大きい。円の名目レートは，最近，円安傾向を示しているものの，長期的には，円高傾向で推移してきた。一方，円の実質レートを見てみると，2007 年 7 月の 74.1 や 2015 年 6 月の 71.1 は，1982 年 12 月（75.1）以前の円安相場に匹敵する。こうして見てくると，2000 年代半ばや 2010 年代半ばの円の実質為替レートは，対ドルレートよりも，実効為替レートで見たほうが円安の程度がいっそう著しいことになる。

　なお図 9-3 と図 9-4 の月次データについては，NLAS マクロ経済学 database において毎月アップデートを行っている。

## 国民経済計算における貿易活動の取り扱い

### 3-1　理論モデルにおける貿易活動

　本節では，国民経済計算において，輸出と輸入の活動をどのように実質ベースで取り扱うのかを考えていきたい。しかし，議論の見通しをつけるために，理論モデルにおける取り扱いを見ていこう。

　第 2 章で議論したように，国民経済計算の支出においては，そのほかの支出に

輸出は加えて，輸入は差し引く。輸出と輸入の差は純輸出と呼ばれている。したがって，貿易活動を伴う経済の $t$ 年の名目 GDP は，以下のように表すことができる。

$$\text{名目 } GDP_t = P_t^C C_t + P_t^I I_t + P_t^G G_t + P_t^{EX} EX_t - P_t^{IM} IM_t \tag{9-4}$$

ここで，$C$ は民間消費，$G$ は政府消費，$I$ は住宅投資や公共投資を含む設備投資の実質額を示し，$P$ はそれぞれの支出のデフレーターを示す。同様に，$EX$ は実質輸出額を，$IM$ は実質輸入額をそれぞれ示す。また，$P^{EX}$ は円建て輸出デフレーターを，$P^{IM}$ は円建て輸入デフレーターを表している。

第 2 章で強調したように，実質 GDP は，基準年（ここでは，2005 年としよう）のデフレーターで評価したものである。基準年の価格デフレーターは，1（100%）に基準化されているので，$t$ 年の実質 GDP は，次のように表すことができる。

$$\begin{aligned}\text{実質 } GDP_t &= P_{2005}^C C_t + P_{2005}^I I_t + P_{2005}^G G_t + P_{2005}^{EX} EX_t - P_{2005}^{IM} IM_t \\ &= C_t + I_t + G_t + EX_t - IM_t\end{aligned} \tag{9-5}$$

ここで問題になってくるのは，基準年（2005 年）の価格を固定して，各年の実質 GDP を評価すると，基準年から各支出デフレーターの相対価格が変化した影響をまったく捉えることができなくなってしまうことである。

たとえば，消費デフレーターが設備投資デフレーターに対して上昇した場合，消費財生産部門は，設備投資財生産部門に対して価格条件が有利になり，付加価値が後者から前者に分配される。しかし，国内財のデフレーターの相対価格の変化は，国内のある部門の付加価値の増加が他の部門の付加価値の減少でちょうど相殺されるので，日本経済全体の付加価値には影響を与えない。

しかし，輸出デフレーターと輸入デフレーターの相対価格の変化は，日本経済全体の付加価値の水準に影響を及ぼす。たとえば，輸出デフレーターが輸入デフレーターに対して高まると（すなわち，交易条件が改善すると），海外経済から日本経済に付加価値が流入する。逆に，交易条件が悪化すると，日本経済から海外経済に所得が漏出する。

したがって，少なくとも，純輸出については，輸出デフレーターと輸入デフレーターの相対価格（交易条件）の変化を考慮しないと，日本経済に帰属する付加価値の総額を正確に把握することができなくなる。たとえば，実質純輸出（$NX_t$）

を実質輸出（$EX_t$）と実質輸入（$IM_t$）の差で定義すると，基準年からの交易条件の変化を考慮することができなくなってしまう。

理論モデルでは，非常に簡単なケースを想定している。すなわち，国内財のデフレーターは，輸出財を含めてすべて $P_t^D$ に等しいと考えて（$P_t^C = P_t^I = P_t^G = P_t^{EX} = P_t^D$），名目 GDP を定義する。

$$\text{名目 } GDP_t = P_t^D C_t + P_t^D I_t + P_t^D G_t + P_t^D EX_t - P_t^{IM} IM_t$$

ここで，国内財デフレーターは基準年で固定するが，国内財デフレーターと輸入デフレーターの相対価格 $P_t^{IM}/P_t^D$ は基準年から変化することを考慮して以下のように**実質産出量**（$Y$）を定義する。

$$Y_t = C_t + I_t + G_t + EX_t - \frac{P_t^{IM}}{P_t^D} IM_t \tag{9-6}$$

(9-6) 式における純輸出（$NX_t$）は，名目純輸出（$P_t^{EX} EX - P_t^{IM} IM$）を国内財デフレーター（$P_t^D$）で実質化したものに相当する。

$$NX_t = \frac{P_t^D EX_t - P_t^{IM} IM_t}{P_t^D} = EX_t - \frac{P_t^{IM}}{P_t^D} IM_t \tag{9-7}$$

ここで，読者は，(9-7) 式の最右辺にある第 2 項の係数 $P_t^{IM}/P_t^D$ は，いくつかの解釈ができることに気がつくであろう。第 1 に，国内財デフレーターを円建て輸出価格，輸入デフレーターを円建て輸入価格と解釈すれば，(9-3) 式から交易条件比率の逆数と解釈できる。

第 2 に，分子の円建て輸入価格（輸入デフレーター，$P_t^{IM}$）は，名目為替レート $e_t$ と外貨建て輸入価格（$P_t^*$）の積と考えれば，(9-2) 式から実質為替レート $\varepsilon_t$（厳密には，実質為替レートⅡ）と解釈することができる。したがって，(9-7) 式で表された実質純輸出は，次のように書き換えることができる。

$$NX_t = EX_t - \varepsilon_t IM_t \tag{9-8}$$

その結果，基準年からの交易条件の変化を考慮した実質産出量 $Y_t$ を表した (9-6) 式は，次のように書き換えることができる。

$$Y_t = C_t + I_t + G_t + EX_t - \varepsilon_t IM_t \tag{9-9}$$

以上のように定式化された開放経済においては，投資貯蓄バランスも次のように書き改められる。

$$S_t = Y_t - C_t - G_t$$
$$= I_t + EX_t - \varepsilon_t IM_t$$
$$= I_t + NX_t$$

すなわち，マクロ経済の国内総貯蓄（$Y_t - C_t - G_t$）は，住宅投資や公共投資を含む設備投資（$I_t$）に，「基準年からの交易条件の変化を加味した実質純輸出（$NX_t = EX_t - \varepsilon_t IM_t$）」を加えたものに等しい。

### 3-2　国民経済計算における海外部門

実際の国民経済計算では，第3-1項の理論モデルのように国内財のすべてのデフレーターを同一に取り扱って，そのデフレーター（$P_t^D$）で名目純輸出（$P_t^D EX - P_t^{IM} IM$）を実質化するような乱暴なことはしていない。

国民経済計算で名目純輸出を実質化するデフレーター（$\tilde{P}_t$）は，輸出デフレーターと輸入デフレーターとを実質輸出と実質輸入で加重平均をとったものを用いている。

$$\tilde{P}_t = \frac{EX_t}{EX_t + IM_t} P_t^{EX} + \frac{IM_t}{EX_t + IM_t} P_t^{IM} \qquad (9\text{-}10)$$

(9-10)式から求められるデフレーターで実質化した純輸出（$NX_t$）は以下のようになる。

$$NX_t = \frac{P_t^D EX - P_t^{IM} IM}{\tilde{P}_t} \qquad (9\text{-}11)$$

(9-11)式で実質化された純輸出は，やや複雑な経路を経ているが，(9-10)式の手続きを通じて，輸出デフレーターと輸入デフレーターの相対価格に対応する交易条件が反映されている。こうした「交易条件の変化を考慮した実質純輸出」から，「交易条件の変化をまったく考慮していない実質純輸出（$EX_t - IM_t$）」を差し引いた概念を交易利得・損失（trade gains/losses，以下では，$TG_t$）と呼んでいる。

$$TG_t = NX_t - (EX_t - IM_t) \qquad (9\text{-}12)$$

本章の練習問題9-5で証明することが求められているが，基準年よりも交易条件が悪化すると（$P_t^{EX}/P_t^{IM} < 1$，基準年では，交易条件比率が1に等しくなる），交易利得・損失がマイナスとなる。逆に，基準年よりも交易条件が改善すると（$P_t^{EX}/$

$P^{IM}_t>1$),交易利得・損失がプラスになる。

(9-5) 式で決まる実質 GDP に交易利得・損失条件を加えた所得概念は,**実質 GDI**（Gross Domestic Income: GDI）と呼ばれている。

$$実質\ GDI_t = 実質\ GDP_t + TG_t \qquad (9\text{-}13)$$
$$= C_t + I_t + G_t + NX_t$$

すなわち,「実質 GDP では交易条件の変化がまったく考慮されていなかった実質純輸出（$EX_t - IM_t$）」が,実質 GDI では「交易条件が反映された実質純輸出（$NX_t$）」に置き換わっている。

先にも述べたように,基準年に比べて交易条件が悪化（改善）すれば,交易利得・損失がマイナス（プラス）になるので,実質 GDP に比べて実質 GDI が相対的に低く（高く）なる。したがって,交易条件の変化をまったく反映していない実質 GDP と交易条件の変化を反映している実質 GDI の動向を比較すると,交易条件の変化によって日本経済の付加価値がどのように変化したのかを確認することができる。

たとえば,交易条件が悪化して,実質所得（付加価値）が日本国内から海外へ漏出する事態が継続すると,実質 GDP が成長しているにもかかわらず,実質 GDI の伸びが鈍化するような状況が生まれる。

ここでは,もう1つの実質所得概念として,**実質 GNI**（Gross National Income: GNI）を導入しておこう。実質 GNI は,海外からの要素所得について実質純受取額を実質 GDI に加えたものである。こうして見てくると,実質 GDP と実質 GDI の差は交易条件の動向を,実質 GDI と実質 GNI の差は実質所得収支の動向をそれぞれ表していることになる。

それでは,実際の日本経済の 1994 年度から 2014 年度までの実質 GDP,実質 GDI,実質 GNI の動向を見ていこう。その前に,これらの実質生産・所得概念の差の背景にある交易利得・損失や海外からの実質所得純受取の動向を確認しておく。

図 9-5 は,1994 年第1四半期から 2015 年第2四半期までの期間について,交易利得・損失と海外からの実質所得純受取の対実質 GDP 比率をプロットしたものである。まず,前者の動向を見ると,交易利得・損失/実質 GDP は,2002 年第2四半期以降急速に低下していく。同期間について交易条件比率をプロットした図 9-6 が示すように,その背景としては,交易条件の急速な悪化が進行してい

た。先に述べたように、交易利得・損失は、交易条件比率と同じ方向に変化する性質がある。

2008年第3四半期から2009年第2四半期までは、交易条件が一時的に改善して、交易利得・損失/実質GDPが上昇したが、その後、ふたたび、低下し続けた。しかし、交易利得・損失の相対的規模は、交易条件の改善に若干先行して2013

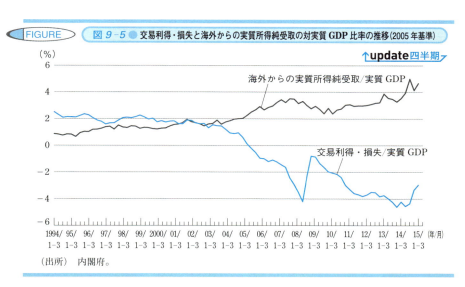

図 9-5 ● 交易利得・損失と海外からの実質所得純受取の対実質GDP比率の推移（2005年基準）

（出所）内閣府。

図 9-6 ● 交易条件（輸出デフレーター/輸入デフレーター）の推移（2005年基準）

（出所）内閣府。

## 表 9-6 ● 実質 GDP,実質 GDI,実質 GNI ↑update年次

(単位:10億円,% 表示は成長率)

| 年度 | 実質 GDP | | 実質 GDI | | 実質 GNI | |
|---|---|---|---|---|---|---|
| 1994 | 447,167 | | 456,896 | | 460,504 | |
| 1995 | 459,058 | 2.7% | 469,409 | 2.7% | 473,552 | 2.8% |
| 1996 | 471,311 | 2.7% | 479,976 | 2.3% | 485,943 | 2.6% |
| 1997 | 472,006 | 0.1% | 480,695 | 0.1% | 487,182 | 0.3% |
| 1998 | 464,970 | −1.5% | 474,998 | −1.2% | 481,341 | −1.2% |
| 1999 | 467,481 | 0.5% | 476,741 | 0.4% | 482,737 | 0.3% |
| 2000 | 476,723 | 2.0% | 485,393 | 1.8% | 492,081 | 1.9% |
| 2001 | 474,685 | −0.4% | 483,067 | −0.5% | 491,381 | −0.1% |
| 2002 | 479,871 | 1.1% | 487,423 | 0.9% | 495,085 | 0.8% |
| 2003 | 490,756 | 2.3% | 497,757 | 2.1% | 506,241 | 2.3% |
| 2004 | 497,913 | 1.5% | 502,176 | 0.9% | 512,020 | 1.1% |
| 2005 | 507,158 | 1.9% | 505,276 | 0.6% | 518,464 | 1.3% |
| 2006 | 516,038 | 1.8% | 510,301 | 1.0% | 525,510 | 1.4% |
| 2007 | 525,470 | 1.8% | 514,375 | 0.8% | 532,224 | 1.3% |
| 2008 | 505,795 | −3.7% | 491,815 | −4.4% | 507,194 | −4.7% |
| 2009 | 495,559 | −2.0% | 488,369 | −0.7% | 501,829 | −1.1% |
| 2010 | 512,720 | 3.5% | 500,393 | 2.5% | 514,233 | 2.5% |
| 2011 | 514,694 | 0.4% | 496,174 | −0.8% | 511,636 | −0.5% |
| 2012 | 519,802 | 1.0% | 500,868 | 0.9% | 517,136 | 1.1% |
| 2013 | 530,617 | 2.1% | 508,634 | 1.6% | 527,508 | 2.0% |
| 2014 | 525,860 | −0.9% | 504,257 | −0.9% | 525,976 | −0.3% |

(出所) 内閣府。

年第3四半期から上昇し始めた。交易条件比率が上昇し始めたのは,2014年度に入ってからであった。

一方,図9-5が示すように,海外からの実質所得純受取の対実質GDP比率は,1999年第4四半期から2008年第1四半期までと,2009年第4四半期から2014年第4四半期まで上昇傾向にあった。なお,NLASマクロ経済学databaseでは,図9-5と図9-6のデータについて,四半期ごとにアップデートしている。

こうした動向を踏まえると,実質GDP,実質GDI,実質GNIの成長率の違いを理解することができる。表9-6によると,たとえば,2003年度から2007年度までの5年間は,実質GDP成長率が年率で2.3%,1.5%,1.9%,1.8%,1.8%と計9.3%の成長を示した。しかし,交易条件の悪化で実質GDI成長率は年率で2.1%,0.9%,0.6%,1.0%,0.8%と計5.4%の成長にとどまった。一方,先に述べたように,同期間は海外からの純実質所得受取が順調に増えたことから,

実質GNI成長率は年率で2.3%，1.1%，1.3%，1.4%，1.3%と計7.4%も成長した。

すなわち，2003年度から2007年度の5年間は，実質GDPで見ると，国内生産活動は順調に拡大したが，国内生産で生み出された付加価値の一部は，交易条件の悪化で海外に漏出した。その結果，実質GDI成長率は，実質GDP成長率をかなり下回った。しかし，その間に日本企業の海外での活動で得た所得が国内に流入したことから，実質GNI成長率は，実質GDI成長率ほど低くならなかった。

このようにして見てくると，日本経済の生産・所得動向は，実質GDPだけではなく，実質GDIや実質GNIを合わせて総合的に評価する必要があることが理解できるであろう。

## 3-3 日本経済のGDPデフレーター，GDIデフレーター，GNIデフレーター

第2章の第2-4項でも示唆したように，GDPデフレーターは，消費者物価指数や企業物価指数とかなり異なった動きを示している。こうした傾向は，消費者物価指数や企業物価指数がラスパイレス指数であり，GDPデフレーターがパーシェ指数であるという作成方法に原因があるだけでなく，輸出入物価の動向が，消費者物価指数や企業物価指数と，GDPデフレーターとでは，まったく逆方向に影響を及ぼすことにも起因している。以下では，そのことを詳しく見ていこう。

ここで注意してほしいのは，実質GDPと実質GDIの関係と異なって，名目GDPと名目GDIには違いがまったくないという点である。名目GDPには，当然ながら，輸出入デフレーターの影響が含まれているので，実質GDPから実質GDIを求める場合のように交易条件の変化を調整する必要がないからである。

第2章の第2-4項で議論してきたように，GDPデフレーターは，

$$\text{GDP デフレーター} = \frac{\text{名目 GDP}}{\text{実質 GDP}}$$

から求められる。そこに，(9-13)式と「名目GDP＝名目GDI」という関係を代入すると，以下のような式を求めることができる。

$$\text{GDP デフレーター} = \frac{\text{名目 GDP}}{\text{実質 GDI}} \times \frac{\text{実質 GDI}}{\text{実質 GDP}}$$

$$= \frac{\text{名目 GDI}}{\text{実質 GDI}} \times \left(1 + \frac{\text{交易利得・損失}}{\text{実質 GDP}}\right)$$

$$= \text{GDI デフレーター} \times \left(1 + \frac{\text{交易利得・損失}}{\text{実質 GDP}}\right) \quad (9\text{-}14)$$

(9-14) 式の3行目は，GDP デフレーターが GDI デフレーターと交易条件（交易利得・損失）の2つの要因に分解できることを示している。まず，GDI デフレーターは，分子の名目 GDI（名目 GDP）にも，分母の実質 GDI にも交易条件の動向が反映されているので，交易条件の影響が分母と分子でお互いに相殺された GDI デフレーターは，交易条件の動向から中立的な国内財に関するデフレーターと解釈することができる。

したがって，GDP デフレーターが低下する背景には，GDI デフレーターに現れる国内財の物価が下落する要因と，交易条件が悪化して交易利得・損失が低下する要因があることになる。もちろん，2つの要因はまったく異なった経済的背景を有しているので，GDP デフレーターの動向を解釈するには，これらの要因を注意深く峻別する必要がある。

図 9-7 は，1994 年第1四半期から2015 年第2四半期の期間について，GDP デフレーター，GDI デフレーター，GNI デフレーターの推移をプロットしたものである。GDI デフレーターと GNI デフレーターがほとんど同じ傾向を示しているのは，海外からの要素所得受取を実質化するデフレーターの動向が GDI デフレーターとほぼ同じだからである。

図 9-7 で注目すべき点は，GDP デフレーターと GDI デフレーターの比較であろう。もし，両者が同じ傾向で変化していれば，国内財の物価動向が GDP デフレーターの主たる決定要因である。しかし，GDI デフレーターは大きく変化していないのに，GDP デフレーターの変化が顕著なときは，交易条件が GDP デフレーターの主たる決定要因となる。2003 年第2四半期までは，GDP デフレーターと GDI デフレーターの動向はほぼ一致していたので，国内財の物価動向が GDP デフレーターの主たる決定要因だった。

しかし，2003 年第3四半期から2008 年第4四半期までは，GDP デフレーターが低下傾向にあったのに，GDI デフレーターはほぼ横ばいであったことから，交易条件の悪化が GDP デフレーターの主たる決定要因だった。逆に，2014 年第2四半期以降（2014 年4月の消費税増税以降）は，GDI デフレーターがほぼ横ばいであったが，GDP デフレーターが上昇していたので，交易条件の改善が GDP デフレーターの主たる決定要因だった。

なお，NLAS マクロ経済学 database では，図 9-7 のデータが四半期ごとにア

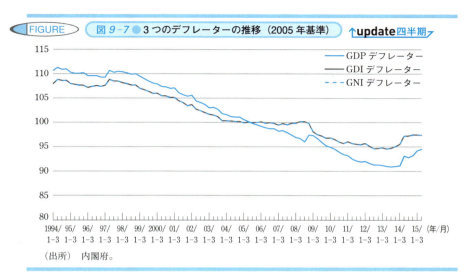

図 9-7 ● 3つのデフレーターの推移（2005年基準）

（出所）　内閣府．

ップデートされる。

## 2つの平価関係

短期モデルの準備作業

### 4-1　購買力平価説

　開放経済の短期モデルを組み立てていく前に，開放経済モデルにおいて長期的に成り立つことが想定されている購買力平価（purchasing power parity）と金利平価（interest parity）について説明していきたい。購買力平価関係は物価と外国為替レートの関係に関する経済法則である一方，金利平価関係は金利と外国為替レートの関係に関する経済法則である。

　そもそも平価とは，parityに対する訳語であり，2つの変数が等価となることを意味している。購買力平価とは，まったく同じ財が2国間において等しい価格で取引されている状態を指している。一方，金利平価とは，いずれの国で資金を運用しても，まったく同じ運用収益（利息）が得られる状態を指している。

　まず，購買力平価から見ていこう。日本製品の円建て単価（円建て物価指数）を

第 9 章　開放経済モデルの展開　　287

$P$, 外国製品の外貨建て単価 (外貨建て物価指数) を $P^*$ とする。また, 名目為替レート $e$ は, 外貨1単位あたりの円相場 (たとえば, 1米ドルあたりの円相場) で表すとする。

この場合, 同じ製品について日本製品と外国製品が等価であるためには, どちらかの通貨に換算したうえで2つの製品価格が等しくなければならない。同じ商品が両国で等価となる条件は, 一物一価の法則 (law of one price) と呼ばれている。それでは, 一物一価の条件を求めていきたい。ここで, 外国製品価格を円表示で換算すると, $eP^*$ となる。したがって, 2つの製品価格が等価となるためには,

$$P = eP^*$$

が成り立っている必要がある。言い換えると, 実質為替レート $\varepsilon$ が1に等しい場合に, 2つの製品価格が等価となる (厳密に言うと, ここでの実質為替レートは, 実質為替レート I である)。

$$\varepsilon = \frac{eP^*}{P} = 1 \qquad (9\text{-}15)$$

名目為替レートの決定メカニズムとしては, もっとも基本的な理論である購買力平価説 (purchasing power parity theory) では, 購買力平価が成立するように名目為替レートが決定されると考えられている。購買力平価が成り立っていると実質為替レート $\varepsilon$ が1に等しくなるので, 名目為替レートについて次の関係が成り立つことになる。

$$e = \frac{P}{P^*} \qquad (9\text{-}16)$$

すなわち, 購買力平価説では, 名目為替レートは2国の物価水準の比率から決定される。日本製品の物価水準 ($P$) が高いと, 名目為替レートは上昇して円安となる一方, 外国製品の物価水準 ($P^*$) が高いと, 名目為替レートは低下して円高となる。

本章末の補論で示しているように, いくつかの仮定を設けると, 購買力平価仮説からは, 2国のインフレ率と名目為替レートの変化率との間には, 次のような関係が成り立っている。

$$\frac{e_{t+1} - e_t}{e_t} = \frac{P_{t+1} - P_t}{P_t} - \frac{P^*_{t+1} - P^*_t}{P^*_t} \qquad (9\text{-}17)$$

ここで導かれた（9-17）式は，名目為替レートの変化率が両国のインフレ率の差に等しいことを示している。すなわち，日本でインフレが進行すると，名目為替レートは上昇し円安となり，逆に外国でインフレが進行すると，名目為替レートが低下し円高となる。

　同じ購買力平価説であっても，（9-16）式のように名目為替レートの水準に関する購買力平価説は，絶対的購買力平価説と呼ばれている。一方，（9-17）式のように名目為替レートの変化に関する購買力平価説は，相対的購買力平価説と呼ばれている。

　本節の冒頭で，平価関係は「長期的に成り立つことが想定されている関係」と述べたが，現実の経済では，短期的にも，長期的にも，購買力平価が成り立っているとは言い難い。さまざまな通貨のペア（たとえば，円と米ドル，円とユーロ，ポンドと米ドルなどの通貨ペア）について，実質為替レートが長期にわたって1から乖離することが認められる。時には，顕著な乖離が生じることもある。

　実際の名目為替レートが購買力平価から大きく乖離する理由の1つには，いずれの国にも，国際貿易の対象となっていない財（非貿易財と呼ばれている）が存在するという事情がある。それぞれの国において，一物一価の法則の影響を受けない非貿易財の価格が物価水準に反映すると，購買力平価が厳密に成り立たなくなってしまう。

　しかし，購買力平価は，現実の為替動向を評価するレファレンス・ポイントとなっているとともに（当たり前のことであるが，「基準」がなければ，「乖離の程度」を測ることができない），以下で詳しく見ていくように開放経済モデルを組み立てるときのスターティング・ポイントにもなっている。そうした意味では，購買力平価説は，実際的にも，理論的にも，非常に重要な役割を果たしていると言うことができるであろう。

## 4-2　金利平価関係の導出

　国境を越えて資金が自由に移動できる経済環境では，資金は高い運用利回りの金融市場に向かっていく。名目金利が運用利回りの指標であるとすると，金利の高い国の金融市場に資金が向かっていくと考えるのは自然であろう。すると，金利の高い国の通貨に対する需要が高まるので，その通貨は増価する。たとえば，日本の金融市場の名目金利が高いと世界の資金が日本市場に集まる。その結果，

円に対する需要が高まって円高となる。

しかし，よくよく考えてみると，現時点の名目金利を2国間で比較するだけでは，厳密な意味で運用収益の比較となっていない。たとえば，いくら名目金利が高くても，運用している間に運用通貨が減価してしまえば，正味の利回りが低くなる。逆に，いくら名目金利が低くても，運用期間に運用通貨が増価すれば，正味の利回りが高くなる。

もう少し厳密に考えてみよう。いま，国内市場の名目金利を年率 $i$，外国市場の名目金利を年率 $i^*$ とする。また，現時点の名目為替レートを $e$ とする一方，運用期間が終わる1年先の名目為替レートの予想（期待名目為替レート）を $e^e_{+1}$ としよう。すると，国内市場の運用利回りは，当然 $i$ となる。外国市場で運用しているわけではないので，運用利回りは為替レートの変化に左右されない。

一方，外国市場での運用利回りは，為替レートの変化に大きく左右される。まず，国内通貨1単位を外国通貨に換算すると，$1/e$ 単位となる。$1/e$ 単位の外国通貨は，元利合計で $1/e \times (1+i^*)$ 単位の運用成果をもたらす。その運用成果を国内通貨に換算すると，$1/e \times (1+i^*) \times e^e_{+1}$ に等しくなる。

前述のように，国境を越えて資金が自由に移動する経済環境では，外国市場の名目金利が国内市場の名目金利よりも高いと，外国市場に資金が集中し，外国通貨が増価する。すると，自国通貨が減価して $e$ が上昇する分，外国市場における正味の利回りである $1/e \times (1+i^*) \times e^e_{+1}$ が低下する。逆に，国内市場の名目金利のほうが高いと，自国通貨が増価して $e$ が低下する分，外国市場における正味の利回りは上昇する。

このように2国間の自由な資金移動の結果，名目金利の両国差に応じて為替レートが調整され，正味の運用利回りの違いが解消されていく。金利平価関係とは，こうした調整を通じて正味の運用収益が2国間で等価となる状態を指している。

すなわち，金利平価関係が成り立っている国際金融市場では，

$$1+i = 1 \times \frac{1}{e} \times (1+i^*) \times e^e_{+1} \qquad (9\text{-}18)$$

で表される条件が満たされている。さらに（9-18）式を変形すると，

$$e = \frac{1+i^*}{1+i} e^e_{+1} \qquad (9\text{-}19)$$

を導き出すことができる。(9-19) 式が示しているように，現時点の名目為替レートは，両国の名目金利とともに，予想為替レートにも依存している。

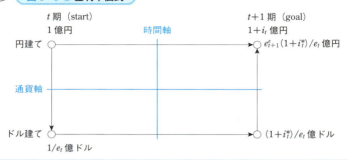

図 9-8 ● 金利平価式

それぞれの国の金融市場における運用期間を時間軸，運用の開始と終了の時点の為替換算を通貨軸とすると，以上の金利平価関係は図 9-8 のような図式にまとめることができる。

**静学的期待形成のケース**　　中期モデルを取り扱った第 7 章で見てきたように，期待形成に関する代表的な仮説には，静学的期待形成，適応的期待形成，合理的期待形成がある。このなかで適応的期待形成については，もっとも単純なバージョンが「1 期前の為替レートに基づいて為替レートを予想する」というものなので，$e^e_{t+1}=e$ が成立していることになる。この場合，$i=i^*$ のケースしか金利平価関係が成り立たなくなってしまう。すなわち，シンプルな適応的期待形成のもとでは，両国間に金利差がなく，名目為替レートがいっさい変化しないケースしか取り扱えないことになる。そこで以下では，静学的期待形成と合理的期待形成について，為替レートの決定メカニズムを見ていこう。

静学的期待形成は，予想為替レートが経済環境に関わりなく一定となるので（$e^e_{t+1}=\overline{e}$），金利平価関係からは，以下の関係を導き出すことができる。

$$e = \frac{1+i^*}{1+i}\overline{e}$$

この場合，現時点における金利と為替レートの関係は，「高い金利の国に資金が移動して，その国の通貨が増価する」という通常に想定している関係とまったく変わらない。すなわち，国内金利 $i$ が上昇すると，為替レート $e$ が減少して増価する。逆に，外国金利 $i^*$ が上昇すると，為替レート $e$ が増加して減価する。

したがって，外国金利水準があらかじめ与えられているとすると，為替レート $e$ は，以下のように国内金利 $i$ の減少関数となる。

$$e = e(\overset{\ominus}{i})$$

**合理的期待形成のケース**　それでは，合理的期待形成のもとでは為替レートと金利の関係はどうなるであろうか。金利平価関係を示す式 $(e^e_{+1}/e=(1+i)/(1+i^*))$ の両辺について自然対数をとると，

$$\ln e^e_{+1} - \ln e = \ln(1+i) - \ln(1+i^*)$$

を導き出すことができる。自然対数の（わずかな）差が変化率で近似でき（$\ln x_{+1} - \ln x \approx (x_{+1}-x)/x$），ゼロに近い変数 $x$ について $\ln(1+x) \approx x$ が成り立つことを想定すると，

$$\frac{e^e_{+1}-e}{e} = i - i^* \qquad (9\text{-}20)$$

が成立する。

　同じ金利平価関係から導出した式であっても，先に導いた $e=e^e_{+1}(1+i^*)/(1+i)$ と (9-20) 式は，一見すると相矛盾した関係を示しているように見える。$e=e^e_{+1}(1+i^*)/(1+i)$ は，現時点で金利が高いほうの通貨価値が高いことを示している。一方，$(e^e_{+1}-e)/e=i-i^*$ は，将来に向けて金利が高い国の通貨価値が低下することを意味している。たとえば，日本の金融市場の金利が高いと，現時点の為替水準は円高となるが，将来に向けての為替変化が円安傾向となる（為替レートが上昇する）。

　このように一見すると矛盾する変化の間に整合性を保とうとすると，円金利の上昇によって，いったん大きく円高となり，その後，円安傾向を示す必要が生じる。逆に，円金利が低下すると，いったん大きく円安となり，その後，円高傾向を示す。

　以上のことは，図9-9を用いると理解しやすいであろう。図9-9は，いま，円金利が低下し，大幅に円安となった後に，円高傾向が生じるケースを示している。図9-9の前提を厳密に言うと，外国金利に比べて円金利がしばらくの間は低い水準で推移し，その後は，円金利が外国金利に等しくなるケースを考えている。なお，金利水準の変化で通貨が大きく減価する，あるいは大きく増価する現象は，**オーバーシューティング**（overshooting）現象と呼ばれている。

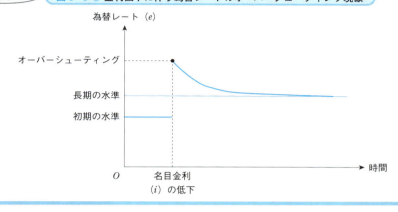

図9-9 金利低下に伴う為替レートのオーバーシューティング現象

以上をまとめると，合理的期待形成のもとでも，為替レート$e$が金利$i$の減少関数であることには変わりないが，静学的期待形成に比べると，オーバーシューティング現象のために為替レートが金利に対してよりいっそう感応的となる。

##  開放経済の短期モデルの展開

### マンデル・フレミング・モデル

　前節では，購買力平価と金利平価という2つの平価関係を論じてきた。国際間で財の取引と資本の取引が自由な経済環境では，いずれの関係も重要な役割を担っている。自由な財取引を前提とする購買力平価は為替レートと物価水準の関係を生み出し，自由な資本取引を前提とする金利平価は為替レートと金利水準の関係を生じさせている。それでは，これらの平価関係から導き出される為替レートの決定メカニズムは，マクロ経済モデルにどのように組み込まれるのであろうか。
　短期モデルである*IS-LM*モデルでは物価水準が両国で一定なので，購買力平価に変化がない。しかし，金利水準は変化するので，金利平価関係から決まってくる為替レートが変化することになる。*IS-LM*モデルに金利平価関係を組み入れたモデルは，その創始者の名前に因んで**マンデル・フレミング・モデル**と呼ばれている。一方，中期モデルである*AS-AD*モデルでは，物価水準も変化するので購買力平価によっても為替レートが左右される可能性が生じる。本節では，主

第9章　開放経済モデルの展開

> COLUMN　マクロ経済学の歴史⑫　フレミングとマンデル

　フレミング（J. M. Fleming, 1911-76，イギリス人）とマンデル（R. A. Mundell, 1932-，カナダ人）は，1960年代前半にIMF（国際通貨基金）の調査部において共同して閉鎖経済の $IS$-$LM$ モデルを開放経済に拡張する研究に取り組んでいた。その一連の研究から生まれてきたのが，マンデル・フレミング・モデルである。

　フレミングは，イギリス政府や国際機関でのエコノミストとしてキャリアを築いてきた。1954年からIMFに勤務し，64年に調査部副部長に就いている。一方，マンデルは，学位取得後にシカゴ大学に勤め，後にコロンビア大学に移っている。マンデルは，マンデル・フレミング・モデルの構築とともに，それよりも早く1961年に発表した最適通貨圏に関する理論への貢献によって，99年にノーベル経済学賞を受けている。

マンデル（時事提供）

として開放経済の短期モデルであるマンデル・フレミング・モデルを紹介していく。本節の最後と次節では，開放経済の中期モデルを取り扱っていく。

## 5-1　純輸出関数の決定メカニズム

**$IS$-$LM$ モデルの復習**　　マンデル・フレミング・モデルに入る前に，閉鎖経済における $IS$-$LM$ モデルを復習しておこう。需要サイドを決定要因とする $IS$-$LM$ モデルでは，産出量（$Y$ で表示）が経済全体の支出（消費，住宅投資や公共投資を含む設備投資，政府消費の総和）で決まってくるので，

$$Y = C + I + G$$

が成り立っている。

　議会で決定される政府消費や公共投資は，外生変数として取り扱われるが，消費と設備投資（ただし，公共投資を除く）はそれぞれ内生的に決まってくる。消費は，可処分所得の増加関数となる。

$$C = c(Y-T)+C_0$$

一方，設備投資は，実質金利の減少関数となる。

$$I = I_0 - dr$$

物価水準が固定されている IS-LM モデルでは，実質金利と名目金利は一致するので，上の設備投資関数において実質金利 $r$ を名目金利 $i$ に置き換えても差し支えない。

総支出と産出量の均衡式に消費関数と設備投資関数を代入すると，以下の式を得ることができる。

$$Y = C+I+G$$
$$= C_0+cY-cT+I_0-di+G$$

上の式を $Y$ について解くと，以下のような IS 曲線を導出することができる。

$$Y = \frac{1}{1-c}(C_0-cT+I_0-di+G) \qquad (9\text{-}21)$$

第6章で詳しく議論したように，横軸を産出量，縦軸を金利とするグラフに IS 曲線を描くと，右下がりとなる。金利が高いほど設備投資が低下して，総需要が縮小するとともに，産出量が減少するからである。

こうした IS 曲線に貨幣市場の需給均衡条件を表す右上がりの LM 曲線を加えると，IS-LM モデルは完結する。第6章で議論したように，IS-LM モデルは，財政政策や金融政策のマクロ経済政策の効果を系統的に評価できる。マクロ経済政策が閉鎖経済にもたらす影響で特徴的な点は，政府消費や公共投資を拡大する財政政策は，金利が上昇して設備投資がクラウド・アウトされ，財政支出の乗数効果が弱められる一方，貨幣供給を拡大する金融政策は，金利が低下して設備投資が促されて，総需要を拡大させる。財政政策と金融政策の特徴を考慮すると，財政拡大と金融緩和を組み合わせたポリシー・ミックスによって，財政政策のクラウディング・アウト効果を相殺することが望ましいことになる。

### 開放経済における IS 曲線

それでは，開放経済では，これまで習ってきた IS-LM モデルにどのような修正を加えなければならないのであろうか。唯一の修正点は，総支出を構成する要因に純輸出 (NX) が加わるところである。

第9章 開放経済モデルの展開

$$Y = C + I + G + NX$$

したがって，開放経済において IS-LM モデルを組み立てるためには，消費関数や設備投資関数のように，純輸出関数を定式化すればよいことになる。

本章の第3-1項で議論してきたように，純輸出は，輸出数量（実質輸出）と輸入数量（実質輸入）の単純な差ではなく，実質為替レートによって輸入数量を換算したうえで輸出数量との差をとっている。

$$NX = EX - \varepsilon IM$$

すなわち，第3節で説明してきた産出量概念に沿って産出量（$Y$）を解釈すると，ここでの産出量は実質 GDP ではなく，実質 GDI に相当することになる。以下では，実質 GDI を単に産出量と呼ぶことにする。

そこで，まず実質輸出と実質輸入の決定要因を別々に考えてみよう。外国経済が活発になるほど外国向けの輸出は増大するので，輸出関数は外国経済の産出量（$Y^*$）の増加関数となる。また，実質為替レートが上昇（減価）するほど，世界市場における国内製品の競争力が高まるので，輸出関数は実質為替レート（$\varepsilon$）の増加関数になるであろう。以上をまとめると，輸出関数は以下のように表すことができる。

$$EX = EX(\overset{\oplus}{Y^*}, \overset{\oplus}{\varepsilon})$$

一方，輸入関数は，輸出関数と対照的に考えればよい。国内の経済活動が活発になるほど外国からの輸入が増大するので，輸入関数は国内産出量（$Y$）の増加関数となる。また，実質為替レートが低下（増価）するほど，国内通貨の購買力が高まるので，輸入関数は実質為替レート（$\varepsilon$）の減少関数となるであろう。

$$IM = IM(\overset{\oplus}{Y}, \overset{\ominus}{\varepsilon})$$

以上を踏まえると，純輸出関数は，どのように定式化されるであろうか。まず，国内産出量 $Y$ の純輸出への影響は，簡単に理解できる。国内産出量が拡大して実質輸入が増えるので，純輸出は減少する。したがって，純輸出関数は，国内産出量（$Y$）の減少関数となる。

厄介なのは，実質為替レート $\varepsilon$ の純輸出への影響である。もう一度，純輸出の定義に戻ってみよう。

$$NX(Y, Y^*, \varepsilon) = EX(Y^*, \varepsilon) - \varepsilon\, IM(Y, \varepsilon) \qquad (9\text{-}22)$$

　(9-22) 式において，輸出関数と輸入関数に着目してみると，実質為替レートの上昇（減価）は，輸出を増大させ，輸入を減少させるので，純輸出が拡大する方向に働く。しかし，実質輸入の前に実質為替レート $\varepsilon$ がかかっているので，実質為替レートの上昇（減価）は，純輸出を縮小させる方向にも働く。要するに，実質為替レートの上昇は，純輸出に対して相反する影響を生じさせるのである。いずれの影響が支配的なのであろうか。

　実際のマクロ経済において観察される純輸出の調整では，輸出数量や輸入数量が為替レートの変化にすぐに反応するわけではない。輸出契約や輸入契約は，為替レートが変化する以前に結ばれているからである。したがって，為替レートが上昇してからも，当面は，実質輸出や実質輸入に大きな変化がないので，為替レートの上昇で輸入代金が増加する影響だけが現れて，純輸出は縮小する。しかし，しばらくすると，為替レートの上昇が輸出契約や輸入契約に反映されるようになるので，輸出数量が拡大し，輸入数量が縮小して，純輸出は拡大する傾向を示す。

　図 9-10 は，以上の純輸出の調整メカニズムを表している。実質為替レートが上昇（減価）してしばらくは，純輸出がそれ以前の水準を下回っているが，輸出数量が拡大し，輸入数量が縮小する傾向が生まれる結果，純輸出も徐々に増大していく。こうした実質為替レートの純輸出への効果は，図 9-10 の太線が英数字

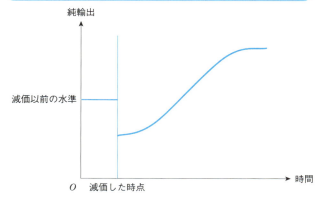

FIGURE　図 9-10 ● 実質為替レートの上昇（減価）による純輸出の調整

第 9 章　開放経済モデルの展開

のJの形状に似ていることから，**Jカーブ効果**と呼ばれている。

**マーシャル・ラーナー条件** 　標準的なマクロ経済モデルでは，実質為替レートの上昇の当初，輸入代金が膨らむ影響を，輸出数量と輸入数量の調整が完全に相殺するような状況として想定しているので，純輸出関数は，実質為替レートの増加関数として定式化される。すなわち，以下の関係が成り立っている。

$$NX = NX(\overset{\ominus}{Y}, \overset{\oplus}{Y^*}, \overset{\oplus}{\varepsilon}) \qquad (9\text{-}23)$$

しかし，純輸出の決定メカニズムにおいて，輸出・輸入数量の調整の効果が支配的になるかどうかは，かならずしも自明なことではない。その発見者に因んで命名された**マーシャル・ラーナー条件**は，純輸出関数が実質為替レートの増加関数になるための厳密な条件を示している。

以下のPOINT 9-4では，マーシャル・ラーナー条件を導出していくが，数学的にやや難しいので，初学者はPOINT 9-4を読み飛ばしても差し支えない。

### POINT 9-4 ● マーシャル・ラーナー条件の導出

今期（$t$ 時点）において純輸出が均衡し，$EX_t = \varepsilon_t IM_t$ が成り立っているとしよう。その両辺について自然対数をとると，

$$\ln EX_t - \ln \varepsilon_t - \ln IM_t = 0$$

が得られる。

次期（$t+1$ 時点）について，

$$\ln EX_{t+1} - \ln \varepsilon_{t+1} - \ln IM_{t+1}$$

を考えてみる。

実質為替レートが今期から次期に上昇（減価）した場合に，純輸出が増大するためには，次期と今期に関する上の式について，以下の条件が成り立っていなければならない。

$$(\ln EX_{t+1} - \ln EX_t) - (\ln IM_{t+1} - \ln IM_t) - (\ln \varepsilon_{t+1} - \ln \varepsilon_t) > 0$$

本書でたびたび出てきているように，自然対数の差は変化率に近似できるので（$\ln X_{t+1} - \ln X_t \approx (X_{t+1} - X_t)/X_t$），上の不等式は，次のように書き換えることができる。

$$\frac{EX_{t+1}-EX_t}{EX_t} - \frac{IM_{t+1}-IM_t}{IM_t} > \frac{\varepsilon_{t+1}-\varepsilon_t}{\varepsilon_t}$$

上の不等式によると，実質為替レートが減価して，純輸出が増加するためには，実質為替レート1%減価（$\Delta\varepsilon/\varepsilon = +1\%$）に対する実質輸出の増加率と実質輸入の減少率の和が1%を上回らなければならない。

上の不等式をさらに変形すると，以下の関係を導出することができる。

$$\frac{\dfrac{EX_{t+1}-EX_t}{EX_t}}{\dfrac{\varepsilon_{t+1}-\varepsilon_t}{\varepsilon_t}} - \frac{\dfrac{IM_{t+1}-IM_t}{IM_t}}{\dfrac{\varepsilon_{t+1}-\varepsilon_t}{\varepsilon_t}} > 1$$

上の式の左辺の第1項は，実質為替レートが1%減価した場合に輸出数量が増加する度合を表した輸出の実質為替レートに関する弾力性である。その第2項は，同じく実質為替レートが1%減価した場合に輸入数量が減少する度合を表した輸入の実質為替レートに関する弾力性である。通常の想定のように輸入弾力性がマイナスの場合，実質為替レートの上昇によって純輸出が増大するためには，実質為替レートに対する輸出弾力性の絶対値と輸入弾力性の絶対値の和が1を上回る必要がある。

---

**COLUMN　マクロ経済学の歴史⑬　マーシャル・ラーナー条件命名の秘話**

本文中で，マーシャル・ラーナー条件は「その発見者に因んで命名された」と書いたが，厳密に言うとそうではない。マーシャルは，「マーシャルの $k$」のA. マーシャルであるが，1879年に自家出版した『外国貿易の純粋理論』（*The Pure Theory of Foreign Trade*）では，いわゆるマーシャル・ラーナー条件とはまったく異なる安定条件を展開していた。ラーナー（A. P. Lerner, 1903-82，アメリカ人）が1944年に公刊した著書『統制の経済学』（*The Economics of Control*）で導出した条件がマーシャル・ラーナー条件に対応するものなので，正確な命名は，単にラーナー条件ということでなければならない。おそらく，条件式の命名に際して，「とてつもなく著名な名前」が必要だったのであろう。

---

## 5-2　マンデル・フレミング・モデルの展開

**純輸出関数の定式化**

それでは，閉鎖経済の *IS-LM* モデルに，これまで議論してきた開放経済のパーツを導入していこ

う。本項では，短期モデルを取り扱っていくので，内外の物価水準は固定されているとする。

具体的には，国内物価 $P$ と海外物価 $P^*$ に変化がいっさいなく，$P^*/P=1$ がつねに成立すると仮定する。その結果，名目為替レートと実質為替レートが一致し（$e=\varepsilon$），内外の物価水準を固定している短期モデルでは，実質為替レート（$\varepsilon$）を名目為替レート（$e$）に完全に置き換えることができる。したがって，以下では，単に為替レートと呼ぶことにする。

また，閉鎖経済のケースと同様に，短期モデルでは名目金利と実質金利にも区別がなくなるので，実質金利を名目金利に置き換える。なお，モデルを簡単にするために，外国経済の産出量 $Y^*$ に変化がないとする。

まず，金利平価関係からは，為替レートが金利の減少関数となる。

$$e = e(\overset{\ominus}{i})$$

純輸出関数は，産出量の減少関数である一方，為替レートの増加関数となる。

$$NX = NX(\overset{\ominus}{Y}, \overset{\oplus}{e})$$

なお，純輸出関数からは，外国経済の産出量の影響は除外している。

上の為替レート決定関数と純輸出関数の両方を考慮すると，金利上昇で為替レートが低下（増価）し，純輸出が縮小する。したがって，純輸出は金利の減少関数となる。以上議論してきたように，純輸出が産出量と金利の減少関数となることから，純輸出関数は，以下のように定式化することができる。

$$NX = -mY - ni + NX_0 \qquad (9\text{-}24)$$

(9-24) 式の右辺で産出量の前に現れる係数 $m$ は限界輸入性向と呼ばれている。金利の前に現れる係数 $n$ は純輸出の金利感応度に相当する。

### 開放経済の IS 曲線

それでは，閉鎖経済の総支出項目に上の純輸出関数を代入してみよう。

$$\begin{aligned} Y &= C+I+G+NX \\ &= (C_0+cY-cT)+(I_0-di)+G+(-mY-ni+NX_0) \end{aligned} \qquad (9\text{-}25)$$

(9-25) 式を $Y$ について解くと，以下のような IS 曲線を導出することができる。

$$Y = \frac{1}{1-c+m}[C_0 - cT + I_0 + NX_0 - (d+n)i + G] \qquad (9\text{-}26)$$

　ここで導出してきた開放経済の IS 曲線は，閉鎖経済のものと比べて 2 つの特徴がある。

　第 1 に，乗数効果が異なっている。閉鎖経済の乗数効果は $1/(1-c)$ であり，限界消費性向だけに依存していた。一方，開放経済の乗数効果は $1/(1-c+m)$ であり，限界消費性向ばかりでなく，限界輸入性向にも左右される。具体的には，限界輸入性向 $m$（>0）の分だけ，開放経済の乗数効果が低下する。たとえば，限界消費性向が 0.6，限界輸入性向が 0.1 の場合，閉鎖経済の乗数効果は 2.5 になるのに対して，開放経済の乗数効果は 2 にまで低下する。開放経済で乗数効果が低下するのは，産出量の増大が輸入の増加をもたらし，純輸出を縮小させる分，消費と所得の相乗効果で産出量が拡大するという効果が弱まるからである。国内産出量の増大が輸入増大を通じて海外に所得が流出してしまう現象は，「輸入を通じた所得漏出」と呼ばれている。

　第 2 に，産出量は，設備投資の金利感応度（$d$）ばかりでなく，純輸出の金利感応度（$n$）にも依存している。その理由は，非常に簡単である。金利の上昇は，資金調達コストを引き上げて設備投資を低下させるばかりでなく，為替レートの減少（増価）をもたらして，純輸出を縮小させるからである。

　それでは，上の 2 つの特徴が IS 曲線の形状や移動にどのような影響を与えるのであろうか。まず，開放経済で乗数効果が低下する影響は，財政支出拡大（政府消費，あるいは公共投資の拡大）による IS 曲線の右方シフトの幅が縮小するところに表れる。たとえば，財政支出拡大（$\Delta G$）で IS 曲線は右のほうに平行移動するが，そのシフト幅は，政府消費の増大分に乗数効果を掛けたものに等しい。したがって，閉鎖経済で $\Delta G/(1-c)$ に等しかったシフト幅は，$\Delta G/(1-c+m)$ にまで縮小する。

　一方，設備投資の金利感応度ばかりでなく，純輸出の金利感応度に産出量が左右されるという影響は，IS 曲線の傾きが緩やかになることに表れる。閉鎖経済の IS 曲線の傾きは $-d/(1-c)$ によって決まるが，開放経済の IS 曲線の傾きは $-(d+n)/(1-c+m)$ によって決まる。両者の違いは，分母にも分子にも現れるので，両者の傾きの違いについて断定的なことは言えないが，通常，純輸出関数の限界輸入性向の係数による影響に比べて，純輸出関数の金利感応度の係数による影響のほうが大きくなる。その結果，開放経済の産出量のほうが金利により

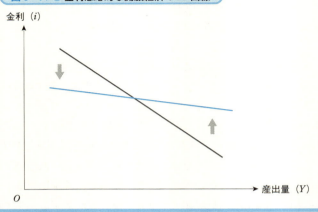

図 9-11 ● 金利感応的な開放経済の IS 曲線

感応的になる。縦軸に金利，横軸に産出量をとった図 9-11 に右下がりの IS 曲線を描くと，開放経済の IS 曲線の傾きのほうが緩やかになる。すなわち，わずかな金利低下でも産出量が大きく拡大する。

なお，LM 曲線については，開放経済においても，閉鎖経済においてもまったく変わることがない。

**開放経済におけるマクロ経済政策**

それでは，上で議論してきた IS 曲線の変化は，開放経済におけるマクロ経済政策の効果にどのような影響をもたらすのであろうか。

政府消費や公共投資を拡大させる財政政策は，その効果が弱まってしまう。まず，開放経済では，財政支出拡大の乗数効果が低下する。さらに，財政支出の拡大で生じる金利の上昇は，設備投資ばかりでなく，為替レートの増価を通じて純輸出もクラウド・アウトする。

一方，貨幣供給を拡大させる金融政策は，その効果が強まる。財政政策のケースと対照的に，金融緩和によって生じる金利の低下は，設備投資ばかりでなく，為替レートの減価を通じて純輸出も促進するからである。

開放経済で為替レートが変動する経済環境（変動為替相場制度）では，金融政策の政策効果のほうが大きいと言える。しかし，次節で議論していくように，為替レートが固定されている経済環境（固定為替相場制度）では，開放経済にあっても，

金融政策を展開する余地がまったくなくなってしまう。

> **POINT** *9-5* ● 小国モデルと２国モデル——近隣窮乏化政策のケース

　本章で紹介している開放経済モデルのクラスは，小国モデルと呼ばれている。小国モデルでは，外国経済の環境はすべて外生的な変数として取り扱われている。具体的には，外国経済の物価水準（$P^*$），インフレ率（$\pi^*$），名目金利（$i^*$），GDP（$Y^*$）は，すべて外生変数である。

　小国モデルでは，外国経済を外生的な環境とすることで，自国の経済環境に分析を集中することができる。しかし，自国経済と外国経済の相互依存関係や利害対立関係を取り扱うことはまったくできない。そうした自国と外国の関係を分析の対象としているのが，２国モデルと呼ばれているクラスの理論モデルである。２国モデルでは，自国経済と外国経済の２国の経済が分析されており，どちらの国の経済変数も内生的に取り扱われている。

　２国モデルを用いた代表的な分析事例が近隣窮乏化政策である。近隣窮乏化政策とは，外国経済に負担を転嫁して自国経済の景気を回復させようとする経済政策を指している。英語では，beggar-my-neighbor policy と言われ，「自分の隣人を窮乏させる政策」ということになる。そもそもは，トランプゲームで１人勝ちする状態を意味している。余談になるが，beggar-my-neighbor policy は，my（私の）が your（あなたの）や thy（汝の）に置き換わって，beggar-your-neighbor policy や beggar-thy-neighbor policy と言われることもある。

　先に示したように，小国モデルを用いたマンデル・フレミング・モデルでは，クラウディング・アウトが生じない金融緩和政策のほうが，財政支出拡大政策よりも景気刺激に望ましいことを明らかにしてきた。しかし，２国モデルを用いると，自国経済にとって望ましいとされる金融緩和政策は，外国経済に大きな負担を与えることが明らかになる。確かに，金融緩和をして金利を引き下げると，設備投資が促進され，為替レートが減価して輸出が拡大する。しかし，外国経済にとっては，自国の通貨が増価し，輸出が減少して総需要が減退する。相手国の総需要を引き下げ，失業を生じさせるので，自国通貨の減価を目的とした金融緩和政策は，「失業の輸出」政策と言われることもある。まさに，近隣窮乏化政策の名前に値する政策ということになる。

　相手国が近隣窮乏化政策に出ると，自らも金融緩和政策に打って出て報復的な近隣窮乏化政策を展開することがしばしば起きる。こうした報復合戦は，まさに国際間の金融緩和競争と言える。報復合戦は，金融緩和競争だけでなく，関税引き上げ合戦，輸出補助金給付合戦，固定為替相場制度における平価切り下げ合戦などの形をとることもある。いずれにしても，報復合戦は，国際貿易を，ひいては国際経済を沈滞させてしまう。実際，第２次世界大戦以前は，報復合戦が頻繁

> に生じた。こうした報復合戦の経験を踏まえて、戦後、自由貿易と為替安定を目的としたブレトンウッズ体制が生まれたのである。

## 5-3 物価と名目為替レートの関係

これまで短期モデルを取り扱ってきたので、内外の物価水準は完全に固定されていることが仮定されていた。しかし、中期モデルや長期モデルでは、物価水準そのものが変化し、インフレーションやデフレーションが生じる。物価と為替レートを同時に取り扱ったマクロ経済モデルは非常に複雑であって、学部レベルの経済学では取り扱うことが難しい。しかし、これまで習ってきた知識を総動員して、物価と為替レートの関係を簡単に考えてみたい。

物価と為替レートの関係を考えるためには、以下の3つの関係式が重要となってくる。まず、購買力平価が成立していると、名目為替レートの変化率は、両国のインフレ率の差に等しい。

$$\frac{e_{t+1}-e_t}{e_t} = \frac{P_{t+1}-P_t}{P_t} - \frac{P^*_{t+1}-P^*_t}{P^*_t}$$

また、金利平価関係からは、予想される名目為替レートの変化率は、両国の名目金利の差に等しい。

$$\frac{e^e_{t+1}-e_t}{e_t} = i_t - i^*_t$$

さらに、第6章で習ったフィッシャー方程式が示すように、名目金利は、実質金利に期待インフレ率を上乗せしたものに等しい。フィッシャー方程式は、以下のように両国で成立する。

$$i_t = r_t + \frac{(P_{t+1})^e - P_t}{P_t}$$

$$i^*_t = r^*_t + \frac{(P^*_{t+1})^e - P^*_t}{P^*_t}$$

ここで、両国の金融市場の実質的な収益率に違いがなく、実質金利が両国で等しい($r_t = r^*_t$)と仮定する。この仮定では、自由な資本移動の結果、両国の資産市場の実質的な収益率が均等化することが想定されている。ただし、注意すべき点であるが、金利平価関係は、「名目収益率が2国間で均等化する条件」であっ

て、「実質金利が 2 国間で均等化する条件」と異なっているところである。物価水準が変化する経済環境においては、両条件の違いは本質的である。

実質金利が両国で一致するという仮定のもとでは、フィッシャー方程式からは、名目金利の両国間格差は、期待インフレ率の両国間格差に等しいことになる。この結果を金利平価関係に代入すると、

$$\frac{e^e_{t+1}-e_t}{e_t} = i_t - i^*_t = \frac{(P_{t+1})^e - P_t}{P_t} - \frac{(P^*_{t+1})^e - P^*_t}{P^*_t} \quad (9\text{-}27)$$

を導出できる。すなわち、予想為替レート変化率は、期待インフレ率の両国間格差に等しいことになる。

上で導き出した (9-27) 式は、「購買力平価関係から導出される為替レート変化率がインフレ率の両国間格差に等しい」ことと、予想に基づいた関係なのか、実際に実現した関係なのかの違いを除けば、まったく同じである。

第 7 章で議論したように、均衡において実際に成立するインフレ率と整合的なようにインフレ率を予想するケースを「合理的期待が成り立っている」と呼んでいる。もし合理的期待が成立しているとすると、名目為替レートの変化率が両国の金利差を反映する金利平価関係と、名目為替レートの変化率が両国のインフレ率差を反映する購買力平価関係は、まったく同じ関係を意味していることになる。たとえば、自国のインフレ率が恒常的に高く、人びとが高いインフレ率を予想していると、フィッシャー方程式から自国の名目金利が上昇する。すると、インフレ率の高い国の通貨が減価する関係を示す購買力平価関係は、名目金利の高い国の通貨が減価する関係を示す金利平価関係とまったく同じとなる。

以上の議論は、物価水準が変動する経済環境において、まったく異なった経済現象を対象としているように見える金利平価関係と購買力平価関係が、コインの裏と表の関係にあることを物語っている。

---

**POINT** 9-6 ● 小国モデルの代替的な定式化について

本章では、外国金利 $i^*$ が与えられている小国モデルにおいて、金利平価関係が成立していることをもって、自由な資本移動の条件としてきた。すなわち、2 国間で資本が自由に移動する場合、

$$e = \frac{1+i^*}{1+i}\bar{e}$$

が成り立っていると仮定してきた。しかし，小国モデルの定式化は，金利平価関係に依拠したモデルだけではない。代替的な定式化としては，金利水準が2国間で均等化する状態（$i=i^*$）をもって，自由な資本移動の条件とする場合もある。事実，いくつものマクロ経済学の教科書が後者の定式化を採用している。そこで，以下では，金利平価関係ではなく，金利水準の均等化に依拠したマンデル・フレミング・モデルを紹介しよう。

図9-12が示すように，国内金利が外国金利に一致すると（$i=i^*$），LM曲線から均衡GDPが$Y'$の水準で決まる。

次に，図9-12が示すように，純輸出を含めないIS曲線について，$i=i^*$の場合に成り立つGDPの水準$Y''$を求め，先に求めた均衡GDPの水準$Y'$との差（$Y'-Y''$）を算出する。$Y'-Y''$が正であれば，貿易黒字（正の純輸出）で足りない国内総支出を埋め合わせ，$Y'-Y''$が負であれば，貿易赤字（負の純輸出）で余分な国内総支出を相殺しなければならない。

最後に，図9-13を用いながら，均衡為替レート（$e$）を求める。為替レートが減価すると（$e$が上昇すると），純輸出は増加する。こうした純輸出と為替レートの関係をもとに，純輸出の水準が$Y'-Y''$に等しくなる均衡為替レート$e'$を求める。

以上のような金利均等条件に依拠した小国モデルでも，本章で用いた金利平価関係に基づいた小国モデルでも，マクロ経済政策が類似した効果をもたらす。金利均等条件を伴う小国モデルでは，金融緩和政策でLM曲線が右方にシフトすると，外国金利$i^*$のもとで成立するGDP水準$Y'$が増加する。その結果，$Y'-Y''$が拡大するので，より減価した為替レート$e'$が成立する。金利平価関係を伴う小国モデルでも，金融緩和政策で国内金利が低下すると，為替レートは減価する。その結果，設備投資と純輸出が拡大して，均衡GDPも増加する。

財政拡大政策の場合には，金利均等条件を伴う小国モデルでは，LM曲線がシフトしないので，均衡GDPはいっさい変化しない。すなわち，財政政策はGDPにまったく影響を与えない。拡大した財政支出は，純輸出を完全にクラウド・アウトするので，均衡為替レートは増価する。一方，金利平価関係を伴う小国モデルでは，財政拡大政策でIS曲線が右方にシフトする結果，国内金利が上昇して，為替レートが増価する。その結果，設備投資と純輸出が縮小する。通常，それらの縮小規模は財政支出の拡大規模を下回るので，均衡GDPはある程度増加する。

金利均等条件と金利平価関係のいずれを用いて小国モデルを定式化すればよいのかは，一概に言えないであろう。本章において金利平価関係を基軸にしたモデルを採用したのは，純輸出によるGDPの数量調整から為替レートが決定されるメカニズムよりも，両国間の金利差が即座に為替レートに影響を与えるメカニズムのほうが，現実の金融・為替市場の実態に近いと考えたからである。

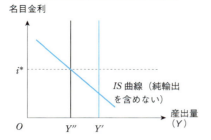

図 9-12 金利水準均等化における IS 曲線

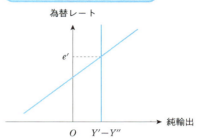

図 9-13 純輸出と為替レート

## 5-4 日本経済のマーシャル・ラーナー条件

本項では、日本経済がマーシャル・ラーナー条件を満たしているのかどうかを見てみよう。ここでは、本章の第 3-1 項と同じ取り扱いによって名目純輸出 ($P^{EX}EX - P^{IM}IM$) を円建て輸出価格 ($P^{EX}$) で実質化する。すなわち、実質純輸出は、$EX - (P^{IM}/P^{EX})IM$ となる。

円建て輸入価格 ($P^{IM}$) は、名目為替レート ($e$) と外貨建て輸入価格の積と考えることができるので、円建て輸入価格と円建て輸出価格の比 ($P^{IM}/P^{EX} = eP^*/P^{EX} = \varepsilon$) は、輸出入に関わる実質為替レート、すなわち、実質為替レート II に相当する。

したがって、ここでのマーシャル・ラーナー条件は、実質為替レート ($P^{IM}/P^{EX}$) が減価する（上昇する）と、「円建て輸出入価格で調整した実質純輸出 ($EX - (P^{IM}/P^{EX})IM$)」が拡大するかどうかに関する条件ということになる。

それでは、国民経済計算のデータを用いて、日本経済のマーシャル・ラーナー条件が満たされているかどうかを見ていくことにしよう。円建て輸入価格には輸入デフレーターを、円建て輸出価格には輸出デフレーターをそれぞれ用いる。

図 9-14（次頁）は、1994 年第 1 四半期から 2015 年第 2 四半期について、「輸出入デフレーターで定義した実質為替レート ($P^{IM}/P^{EX}$)」と「輸出入デフレーターで調整した実質純輸出 ($EX - (P^{IM}/P^{EX})IM$)」をプロットしたものである。しかし、図 9-14 からは、実質為替レートの減価（上昇）で実質純輸出が増加する関係がかならずしも認められない。図 9-15（次頁）は、実質為替レートを横軸に、実質純輸出を縦軸にとった散布図であるが、右上がりの関係どころか、最近にな

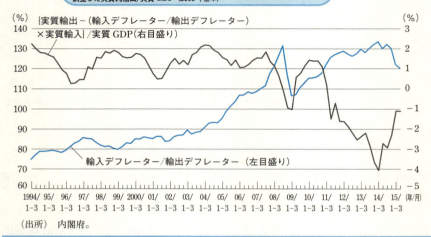

図 9-14 ● 輸入デフレーター/輸出デフレーターと輸出入デフレーターで調整した実質純輸出/実質GDP（2005年基準）

(出所) 内閣府。

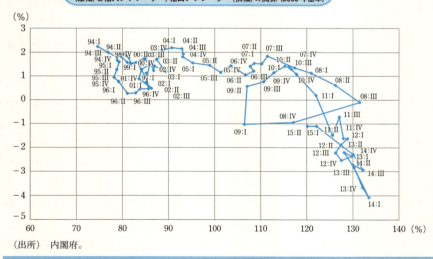

図 9-15 ● 輸出入デフレーターで調整した実質純輸出/実質GDP（縦軸）と輸入デフレーター/輸出デフレーター（横軸）の関係（2005年基準）

(出所) 内閣府。

って右下がりの傾向さえ示している。

たとえば，実質為替レートは2006年第1四半期から2008年第3四半期まで減価傾向にあったにもかかわらず，実質純輸出/実質GDPは，2007年第3四半期までしか上昇しなかった。また，実質為替レートは2009年第1四半期から2014年第1四半期まで大きく減価したが，実質純輸出/実質GDPは，2010年第1四半期から2014年第1四半期まで低下し続けた。逆に，実質為替レートは2014年第1四半期から増価に転じたが，実質純輸出/実質GDPがかえって上昇した。

すなわち，当該期間の日本経済においては，マーシャル・ラーナー条件が満たされていなかったことになる。

そこで，実質輸出と実質輸入を別々に輸出入デフレーターの比で定義した実質為替レートとの関係を見ていこう。図9-16は，実質GDPに対する実質輸出を実質為替レートとともに描いたものである。2010年ごろまでは，確かに，実質為替レートが減価すると，相対的な実質輸出が拡大する傾向が認められた。しかし，2011年第1四半期から2013年第4四半期までの期間は，実質為替レートが減価していたにもかかわらず，実質輸出/実質GDPは若干低下気味に推移した。

一方，図9-17（次頁）は，実質GDPに対する実質輸入を実質為替レートとと

**FIGURE** 図 9-16 ● 輸入デフレーター/輸出デフレーターと実質輸出/実質GDPの推移（2005年基準）

（出所）内閣府。

 図 9-17 ● 輸入デフレーター/輸出デフレーターと実質輸入/実質 GDP の推移 (2005 年基準)

(出所) 内閣府。

もに描いたものである。2008 年ごろまでは，実質為替レートが減価（増価）すると，相対的な実質輸入の伸びが鈍化（加速）する傾向が認められた。しかし，2009 年第 2 四半期から 2014 年第 1 四半期の期間は，実質為替レートが減価していったにもかかわらず，相対的な実質輸入の伸びが加速する現象が認められた。

すなわち，2010 年前後からの日本経済は，輸出や輸入と実質為替レートとの関係が，マーシャル・ラーナー条件によって課される数量的な制約どころか，符号制約さえ満たされていなかった。そうした背景には，一部の輸出産業の国際競争力の低下や，2011 年 3 月の福島第一原子力発電所事故で全国の原子力発電所の運転停止のためにエネルギー価格高騰下で原油や液化天然ガスを輸入せざるをえなかった事情などが考えられる。

なお，NLAS マクロ経済学 database では，図 9-14 から図 9-17 のデータについて四半期ごとにアップデートしていく。

# SECTION 6 固定為替相場制度下の開放経済モデル

## 6-1 固定為替相場制度とは

　これまでの議論では，名目為替レートが自由に変動する変動為替相場制度を大前提としてきた。しかし，変動為替相場制度の歴史は比較的新しい。外国為替について変動為替相場制度が各国で本格的に採用されるようになったのは，1973年以降である。第2次世界大戦後から1971年までは，各国の通貨と米ドルとの間の交換比率（為替レート）は固定されていた。ある通貨に対して交換比率を固定することは，「ペッグ（peg）する」と言われている。たとえば，日本円と米ドルとの間の交換比率は，1ドル360円にペッグされてきた。戦前に広く採用されていた金本位制度も，各国の通貨と金の交換比率が定められていた。**固定為替相場制度**において基軸となる米ドル（あるいは金）に対する各通貨の交換比率は，平価と呼ばれている。

　1970年代から変動為替相場制度が広く採用されるようになっても，固定為替相場制度も並存してきた。中南米やアジアの通貨は，米ドルに対して平価（交換比率）が固定されていた。また，アフリカの国の通貨の多くは，フランス・フランに対して平価が設定されていた。これらのアフリカ通貨は，現在でもヨーロッパ・ユーロに対して平価が固定されている。

　しかし，固定為替相場制度と言っても，平価が完全に固定されないケースもある。クローリング・ペッグ制度（crawling peg）では，平価の水準ではなく，平価の変化率があらかじめ定められている。購買力平価関係が示すようにインフレ率の高い国の通貨は減価していくので，高インフレの国が低インフレの国の通貨に対して固定為替相場制度を採用する場合，平価を順次切り下げていく必要があるためにクローリング・ペッグ制度がとられることがある。また，1978年から98年までの間，ヨーロッパの通貨の間で採用されていた欧州通貨制度（European Monetary System：EMS）では，ある平価水準（central parity）を中心としてある程度の幅（band）で交換比率が変動することが認められていた。

　一方，より厳密な形で固定為替相場制度を実施しているケースもある。こうしたケースは，ハード・ペッグ（hard peg）と呼ばれている。ハード・ペッグの極

端なケースは，ドル化（dollarization）で，現地通貨を米ドルに完全に置き換えてしまうものである。また，カレンシー・ボードと呼ばれている制度も，ハード・ペッグの一種である。カレンシー・ボードでは，中央銀行がいつでも自国通貨を外国通貨と固定比率で交換する。したがって，自国通貨とともに，外国通貨が国内で流通することになる。

統一通貨制度も，固定為替相場制度の1つである。統一通貨制度では，複数の国からなる経済圏において，地域通貨を統一通貨に完全に置き換えてしまう。代表的な統一通貨は，1999年にヨーロッパに導入されたユーロである。

## 6-2　固定為替相場制度下のマンデル・フレミング・モデル

それでは，固定為替相場制度のもとで短期モデルを組み立てていこう。固定為替相場制度にあっても，国際間の資本取引が自由な経済環境では，金利平価関係が成り立っている。

$$\frac{e^e_{+1}-e}{e}=i-i^*$$

固定為替相場制度では，当然ながら名目為替レートの変化がないので，金利平価関係が成立するためには，両国の名目金利がつねに等しくなければならない。

$$i = i^* \tag{9-28}$$

上の式が意味していることは，中央銀行が貨幣供給量をコントロールして名目金利を変化させることを通じても，経済動向に対して働きかけることができないということである。すなわち，固定為替相場制度のもとでは，中央銀行には，国内の景気制御をするために金融政策を展開する余地がない。中央銀行は，国内の名目金利が海外の名目金利と一致するように貨幣供給量を制御しなければならない。

しかし，固定為替相場制度のもとでも，政府消費や公共投資をコントロールする財政政策を展開することはできる。たとえば，貨幣供給量を変化させないままに財政支出を拡大させると，名目金利が上昇して，2国間に金利格差が生じてしまう。そこで，中央銀行が貨幣供給量を拡大すれば，金利が従前の水準にとどまり，金利格差を解消できる。

以上のことを，図9-18を用いて説明してみよう。財政支出を拡大させると，

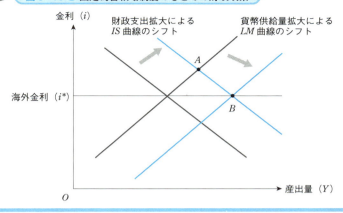

図9-18 ● 固定為替相場制度のもとでの財政政策

IS曲線は右方にシフトする。貨幣供給量に変化がなく，LM曲線が以前の位置にあると，国内金利が上昇して海外金利と格差が生じてしまう（A点）。そこで，中央銀行は，貨幣供給量を拡大して，LM曲線を右方にシフトさせることによって，金利格差を解消する（B点）。ここで起きていることは，IS曲線とLM曲線の動きで見るかぎりは，財政政策と金融政策のポリシー・ミックスを行っているケースと同じである。

## 6-3 開放経済の中期モデルの展開

それでは，固定為替相場制度のもとで国内物価水準（$P$）が変化する中期モデルを考えてみよう。この場合も，海外の物価水準（$P^*$）は固定されているものとする。一方，国内物価水準が変化するので，固定された名目為替レート（平価，$e$）と実質為替レート（$\varepsilon=eP^*/P$）は，もはや一致しなくなる。たとえば，国内物価水準が上昇すると，たとえ名目為替レートが固定されていても，実質為替レートは低下（増価）する。

この場合であっても，閉鎖経済の中期モデルと同様に，縦軸に物価水準，横軸に産出量をとった図9-19（次頁）に描かれたAD曲線（総需要曲線）は右下がりとなるが，それが導出されるメカニズムは大きく異なっている。

図 9-19 ● 固定為替相場制度下の AD 曲線（総需要曲線）

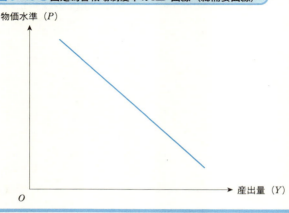

閉鎖経済の *IS-LM* モデルの場合には，名目貨幣供給量が一定のもとで物価水準が上昇すると，実質貨幣供給量が低下し，*LM* 曲線が左方にシフトして均衡産出量が低下する。その結果，物価水準と産出量との間に右下がりの関係が生じる。

一方，固定為替相場制度下の開放経済の *IS-LM* モデルのケースでは，前述のように，内外の金利格差をつねに解消しなければならないので，名目貨幣供給量が一定という状況は考えられない。しかし，開放経済においても，物価水準が上昇すると，まったく異なるメカニズムで均衡産出量が減少する。図 9-20 に示すように，物価水準が上昇すると，実質為替レートが増価して，純輸出が減少する。その結果，*IS* 曲線が左方にシフトする。同時に，内外金利格差を生じさせないために，中央銀行は名目貨幣供給量を調整して，*LM* 曲線を左方にシフトさせる。その結果，*IS* 曲線と *LM* 曲線の交点で決まる均衡産出量は減少する（A 点から B 点への移動）。

固定為替相場制度下の *AD* 曲線が閉鎖経済環境の *AD* 曲線と異なるもう 1 つの点は，金融政策を展開する余地がまったくないので，名目貨幣供給量の変化が *AD* 曲線をシフトさせる要因とならないことである。閉鎖経済にあっては，名目貨幣供給量を拡大させると，*AD* 曲線が右方にシフトした。

しかし，固定為替相場制度下では，基準通貨との交換比率である平価水準の変化が *AD* 曲線をシフトさせる新たな要因となる。平価 $e$ を上昇させると（平価を

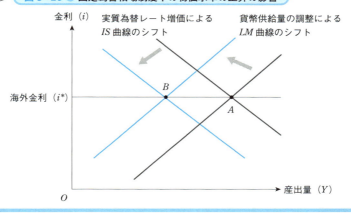

図 9-20 ● 固定為替相場制度下の物価水準の上昇の影響

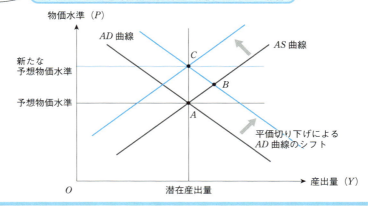

図 9-21 ● 固定為替相場制度下の平価切り下げの影響

切り下げると),実質為替レートが上昇(減価)して,純輸出拡大が総需要拡大をもたらす結果,AD 曲線が右方にシフトする。逆に,平価 $e$ を減少させると(平価を切り上げると)AD 曲線は左方にシフトする。

AS 曲線(総供給曲線)のほうは,閉鎖経済の中期モデルのものと変わるところがない。以下では,図 9-21 を用いながら,固定為替相場制度下の平価切り下げ($e$ の上昇)の影響を分析してみよう。

いま，AS 曲線と AD 曲線が，潜在産出量の水準で交わっているとしよう（A点）。AS 曲線は，予想物価水準で潜在産出量と一致するので，この場合，実際の物価水準と予想物価水準は一致している。そこで，平価を切り下げると，実質為替レートが減価するので，AD 曲線は，右方にシフトする。もし，静学的期待形成のように，予想物価水準にいっさい変化がないとすると，均衡が B 点に移り，均衡産出量は潜在産出量を上回ることになる。

一方，合理的期待形成のように，瞬時に予想物価水準が修正されると，均衡は C 点となり，均衡産出量は依然として潜在産出量の水準にとどまる。この場合，平価切り下げの効果は，物価水準の上昇だけをもたらして，産出量への影響はまったくない。

適応的期待形成のように予想物価水準が徐々に修正されるケースでは，均衡が B 点から C 点へ移動していくので，物価上昇を伴いつつ，しばらくの間だけ，産出量が潜在産出量を上回る水準で推移する。

以上から明らかなように，物価水準に対する期待が何らかの形で修正されていくかぎり，平価切り下げが長期的に物価上昇のみをもたらす点は，閉鎖経済における名目貨幣供給量の拡大とまったく同じ帰結である。

### POINT 9-7 ● なぜ変動為替相場制度に移行したのか？──ブレトンウッズ体制の歴史

第 2 次世界大戦後の国際金融体制を主導したブレトンウッズ協定には，貿易自由化，資本自由化とともに，米ドルを主軸とした固定為替相場制度の維持がうたわれていた。固定為替相場の厳格な維持が重視されたのは，戦前，平価切り下げ競争を通じた報復合戦が保護貿易主義を助長したからである。

ブレトンウッズ体制では，IMF が加盟国に平価を維持させ，為替レートの変動を平価の上下 1% 内に抑えることを義務づけた。そのため，IMF 加盟国は，市場介入によって為替レートが上・下限を超えないようにしなければならなかった。この制度でも，平価を調整することは認められていたが，実際，1971 年 8 月には，後にニクソン・ショックと呼ばれるようになるドル平価切り下げが行われた。1971 年末に締結されたスミソニアン協定では，平価を中心に変動幅が 2.25% へ拡大されたが，73 年初頭についに変動為替相場制度に移行した。

なぜ，望ましいとされた固定為替相場制度が 1970 年代初頭に瓦解したのであろうか。主たる理由は，1960 年代半ばにアメリカ政府が大規模な社会福祉政策を展開するとともに，泥沼化したベトナム戦争に膨大な戦費を要したことから，アメリカの財政赤字が拡大し，金利が高騰した。そうした事態を緩和するために

金融緩和政策を展開したが，それがインフレーションを加速させていくことになる。1960年代半ば以降，アメリカのインフレ率は，他のIMF加盟国のインフレ率を大きく上回った。

平価を固定したまま，インフレーションが進行したので，米ドルの実質為替レートは著しく増価した。そのことが，アメリカ製品の輸出競争力を弱め，アメリカの景気をいっそう停滞させた。結局，アメリカ経済が実質為替レートの増価に耐え切れなくなって，まずは，1971年に平価切り下げに踏み切り，73年に事実上の変動為替相場制度に移行したのである。

## 6-4 戦後日本経済の交易条件

本項では，日本経済が固定為替相場制度にあった1955年度からの期間について，交易条件の推移を見ていこう。交易条件比率は，(9-3)式のように，輸入デフレーターに対する輸出デフレーターの比 ($P^{EX}/P^{IM}$) によって定義する。したがって，交易条件比率が上昇すると交易条件が改善，それが低下すると交易条件が悪化することを意味する。

図9-22は，国民経済計算の1990年基準と2005年基準のデータから交易条件

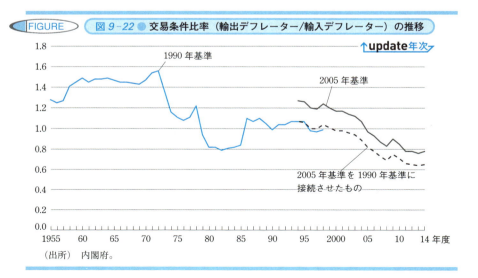

図9-22 ● 交易条件比率（輸出デフレーター／輸入デフレーター）の推移

(出所) 内閣府。

比率をプロットしたものである。点線は，2005年基準の交易条件比率を1990年基準のそれに接続させたものである。

図9-22によると，1ドル360円の円安相場を強いられた1950年代から60年代は，交易条件がきわめて良好であった。主な理由は，原油をはじめとした輸入原材料の国際相場が非常に低かったからであろう。こうした良好な交易条件は，1960年代の高度経済成長を支えてきたと考えられる。

一方，二度の石油ショックに見舞われた1970年代には，交易条件が急速に悪化した。交易条件の悪化は，1980年代前半まで続いた。しかし，原油をはじめとした輸入原材料の国際相場が軟化したことに加えて，1985年9月のプラザ合意で急速に円高が進行したことから，80年代半ばから90年代にかけて交易条件は比較的良好に推移した。

21世紀に入ると，石油をはじめとしたエネルギー価格が高騰したことから，交易条件がふたたび悪化していった。2007年以降の交易条件比率は，1980年代前半の水準と比べても悪化した。

以上のことを交易利得・損失の動向から見てみよう。図9-23は，1955年度からの期間について，交易利得・損失の対GDP比率をプロットしたものである。ここで注意をしなければならない点は，交易利得・損失/実質GDPの水準ではな

図 9-23 ● 交易利得・損失/実質GDP比率の推移

（出所）内閣府。

く，水準の変化幅に意味があることである。かりに，同比率が低下した場合，日本経済から海外への実質ベースでの所得漏出の相対的規模が拡大傾向にあると解釈する。

図9-23によると，交易利得・損失/実質GDP比率は，二度大きく下落した。一度目は，二度の石油ショックに見舞われた時期で，1972年度の3.2%から82年度の−2.1%へと5.3%の下落幅である。二度目は，1990年代半ば以降の時期で，95年度の2.3%（2005年基準）から2013年度の−4.1%へと6.4%の下落幅である。交易利得・損失の観点から見ても，21世紀初頭からのエネルギー価格高騰の日本経済に及ぼした影響がいかに大きかったかが理解できるであろう。

しかし，2014年半ば以降，エネルギー価格が低下してきたことを反映して，交易条件比率が2015年に入って改善をし始めた。図9-24は，2000年1月以降について，日本銀行が月次ベースで公表している円ベースの輸出物価指数と輸入物価指数から計算した交易条件比率をプロットしたものである。図9-24が示すように，交易条件は，2014年10月以降から改善した。

なお， NLAS マクロ経済学 database では，図9-24のデータを月次ベースでアップデートしていく。

FIGURE 図9-24 ● 交易条件比率（円ベース輸出物価指数/円ベース輸入物価指数）の推移（2010年基準）　↑update月次

（出所）日本銀行。

## 補論：購買力平価説から導出される両国のインフレ率と為替レート変化率の関係

$t$ 期と $t+1$ 期について購買力平価である $e_t = P_t/P_t^*$ と $e_{t+1} = P_{t+1}/P_{t+1}^*$ がそれぞれ成立しているとする。これらの等式の両辺について自然対数をとると，

$$\ln e_t = \ln P_t - \ln P_t^*$$
$$\ln e_{t+1} = \ln P_{t+1} - \ln P_{t+1}^*$$

を得ることができる。上の2つの式の差をとると，

$$\ln e_{t+1} - \ln e_t = (\ln P_{t+1} - \ln P_t) - (\ln P_{t+1}^* - \ln P_t^*)$$

を導出できる。

本書の随所で使っている数学的な関係であり，巻末の数学付録でも示しているように，ある変数の自然対数のわずかな差 $(\ln X_{t+1} - \ln X_t)$ は変化率 $((X_{t+1} - X_t)/X_t)$ で近似できる。したがって，上の式は，次のように書き換えることができる。

$$\frac{e_{t+1} - e_t}{e_t} = \frac{P_{t+1} - P_t}{P_t} - \frac{P_{t+1}^* - P_t^*}{P_t^*}$$

---

### EXERCISE 練習問題

【基礎知識の確認】

**9-1** 以下の用語を簡単に説明しなさい。
- 実質為替レートと名目為替レート
- 購買力平価
- 金利平価
- 為替レートのオーバーシューティング現象
- マーシャル・ラーナー条件
- 小国モデルと2国モデル

**9-2** 開放経済における右下がりの $IS$ 曲線の傾きを決定する要因を述べなさい。

**9-3** $LM$ 曲線は，閉鎖経済においても，開放経済においても変わりがない理由を述べなさい。

**9-4** 変動為替相場制度のもとでは，財政政策のクラウディング・アウト効果が高まる理由を説明しなさい。

【演習問題】

**9-5** 交易利得・損失 $(TG_t)$ は，交易条件比率 $(P_t^{EX}/P_t^{IM})$ が基準年（交易条件比率は1に基準化）に比べて低下して交易条件が悪化するとマイナスに，

基準年に比べて上昇して交易条件が改善するとプラスになることを証明しなさい。

9-6 表 9-A1 は，イギリスで発行されている *Economist* 誌が公表している日本とアメリカの Big Mac（マクドナルドが販売しているハンバーガーの名前）の現地価格と同じ時期の名目為替レートをまとめたものである。この表から購買力平価と実質為替レートを計算して，その結果についてコメントしなさい。

9-7 西暦 2015 年の時点（表 9-A2）において，J 国の通貨であるテンと A 国の通貨であるタルとの間の為替レートを考える。名目為替レートは，1 タルに対するテンの交換レート（テン/タル）で表すとする。いま，J 国と A 国の金融市場の参加者の間では，向こう 5 年間について，A 国の金利は年率 3％ で推移すると予想されている。一方，J 国の金利の予想については，以

TABLE 表 9-A1 ● Big Mac Index の日本に関するデータ

|  | Big Mac の現地価格（$P$, 円建て） | Big Mac のアメリカでの価格（$P^*$, ドル建て） | 名目為替レート（$e$, 円/ドル） |
|---|---|---|---|
| 2000 年 4 月 | 294 | 2.51 | 106.00 |
| 2001 年 4 月 | 294 | 2.54 | 124.00 |
| 2002 年 4 月 | 262 | 2.49 | 130.00 |
| 2003 年 4 月 | 262 | 2.71 | 120.00 |
| 2004 年 5 月 | 262 | 2.90 | 113.00 |
| 2005 年 6 月 | 250 | 3.06 | 106.72 |
| 2006 年 1 月 | 250 | 3.15 | 114.31 |
| 2006 年 5 月 | 250 | 3.10 | 112.11 |
| 2007 年 1 月 | 280 | 3.22 | 121.59 |
| 2007 年 6 月 | 280 | 3.41 | 122.32 |
| 2008 年 6 月 | 280 | 3.57 | 106.86 |
| 2009 年 7 月 | 320 | 3.57 | 92.57 |
| 2010 年 1 月 | 320 | 3.58 | 91.54 |
| 2010 年 7 月 | 320 | 3.73 | 87.18 |
| 2011 年 7 月 | 320 | 4.07 | 78.37 |
| 2012 年 1 月 | 320 | 4.20 | 76.92 |
| 2012 年 7 月 | 320 | 4.33 | 78.22 |
| 2013 年 1 月 | 320 | 4.37 | 91.07 |
| 2013 年 7 月 | 320 | 4.56 | 100.11 |
| 2014 年 1 月 | 310 | 4.62 | 104.25 |
| 2014 年 7 月 | 370 | 4.80 | 101.53 |
| 2015 年 1 月 | 370 | 4.79 | 117.77 |
| 2015 年 7 月 | 370 | 4.79 | 123.94 |

（出所） *Economist*.

**表 9-A2 ● J 国金利に関する市場参加者の予想**

|  | 2015 年 | 2016 年 | 2017 年 | 2018 年 | 2019 年 | 2020 年 |
|---|---|---|---|---|---|---|
| シナリオ A | 年率 1% | 年率 1% | 年率 3% | 年率 3% | 年率 3% | 年率 3% |
| シナリオ B | 年率 1% | 年率 1% | 年率 1% | 年率 1% | 年率 3% | 年率 3% |

下のような 2 つのシナリオが想定されている。すなわち，シナリオ A に比べて，シナリオ B のほうでは，金融緩和政策が長期にわたって継続して，J 国金利が長期的に低位で推移すると予想されている。一方，2020 年時点の名目為替レートは，100 テン/タルになると予想されている。それぞれのシナリオについて，金利平価関係に基づいた現時点（2015 年）の名目為替レートを導出しなさい。

**9-8** 開放経済について，次のような IS モデルを想定する。

$$C = 0.6Y + C_0$$
$$I = -5r + I_0$$
$$NX = -0.1Y - 5r + NX_0$$
$$Y = C + I + NX + G$$

(1) なぜ，純輸出関数（$NX$）は，金利（$r$）と総所得（$Y$）について減少関数となるのか。

(2) 上のモデルから IS 曲線を導出しなさい。

(3) (2)で導出した開放経済の IS 曲線は，どの点で閉鎖経済の IS 曲線と異なっているか。

**9-9** 固定為替相場制度と変動為替相場制度のメリットとデメリットを論じ，いずれの為替相場制度が優れているのかを論じなさい。

**9-10** 本章のいくつかの箇所において，日本経済は，21 世紀に入って，交易条件が著しく悪化してきたことに触れてきた。以下の 3 つのグラフを用いながら，そうした交易条件の悪化の背景を自由に論じなさい。

図 9-A1 は，1980 年 1 月から 2015 年 9 月の期間について，原油価格と液化天然ガスの米ドル建て国際相場の動向を描いたものである。

図 9-A2 と図 9-A3 は，1995 年 1 月から 2015 年 9 月の期間について，輸送用機器と電気・電子機器の輸出価格（契約価格ベースと円ベース）の動向を描いたものである。円/ドル相場の系列も加えている。日本企業の輸出契約は，かならずしも円建てとはなっておらず，輸出先の通貨や米ドルなどの外貨建てで契約することも多い。外貨建ての輸出契約の場合，日本の輸出企業は，円ベースの収益を確保するために，円高になれば外貨建て輸出価格を引き上げ，円安になれば外貨建て輸入価格を引き下げる傾向がある。

FIGURE 図 9-A1 ● 原油価格と液化天然ガスの価格推移

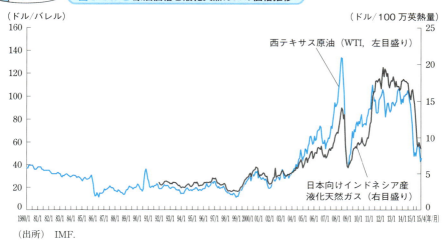

(出所) IMF.

FIGURE 図 9-A2 ● 輸送用機器の輸出価格指数 (2010年基準)

(出所) 日本銀行。

FIGURE 図 9-A3 ● 電気・電子機器の輸出価格指数（2010年基準）

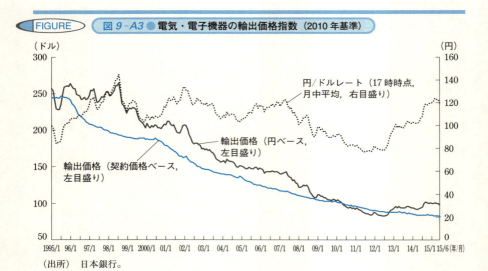

（出所）　日本銀行。

第Ⅱ部　マクロ経済学の基本モデル

# 第10章 労働市場の長期モデル

## CHAPTER 10

　これまでの章で「労働市場」という言葉は何度も登場してきたが，詳しい検討は行ってこなかった。そこで本章では，労働市場の特徴を調べるとともに，長期にわたる均衡の様子を描く。長期の労働市場では，労働需要と労働供給がバランスするところで均衡実質賃金と均衡雇用量が定まる。そうした状況では，雇用量はつねに完全雇用水準にあり，生活水準は完全雇用 GDP となる。ただし，何らかの理由によって，実質賃金が均衡水準よりも高い水準で固定されてしまうと，非自発的失業が発生することになる。さらに本章では，労働力フローを導入することによって，自然失業率の決定要因をより詳しく論じる。

### KEYWORD
労働需要曲線，労働供給曲線，均衡雇用量，均衡実質賃金，非自発的失業，自然失業率，UV 曲線，摩擦的失業，構造的失業

INTRODUCTION

## 労働市場とは

**市場の特徴**

### 「長期」の視点から

第6章および第7章において，閉鎖経済における短期および中期のモデルを取り扱ってきた。伝統的なケインジアン・モデルである短期モデルでは，名目価格と名目賃金は完全に硬直的であり，価格メカニズムは働かなかった。したがって，労働市場で雇用水準が低く，失業者が多い状態であっても，賃金の切り下げは生じない。その状態で政府の介入などによって総需要が増えると，その分だけ生産活動が行われてGDPは高まり，雇用も増えることになる。一方，中期モデルでは，完全に硬直的な価格という仮定は緩められて，賃金交渉とマークアップによって企業が名目賃金と名目価格を設定すると仮定された。その場合，総需要が増大して企業が活発に生産活動を行おうとするときには，所与の予想物価水準のもとで賃金および物価水準の上昇を伴いながら雇用水準も上昇する。ただし，合理的期待形成などの理由で予想物価水準と実際の物価水準が一致する状況においては，雇用水準は潜在GDPの水準で変化しなくなる。

本章では，さらに価格メカニズムの伸縮性の程度が高くなる長期モデルに焦点を合わせる。後に詳しく述べるように，長期モデルにおいては実質賃金が労働市場の需要と供給を一致させるようにスムーズに動き，そこで成立する雇用水準において達成されるGDPが潜在GDPとなる。よって，このモデルでは名目価格水準から独立した形でつねに潜在GDP水準が達成され，総供給曲線は垂直になる。こうした状況は，新古典派経済学が想定してきたものであり，新古典派モデルと呼ばれる。

このように，労働市場の機能によって総供給曲線の傾きが変わってくることから，マクロ経済学を学ぶうえで労働市場についての基礎的な理解が不可欠である。本章では，労働市場の基礎的な解説からスタートして，労働需要と労働供給のフレームワークのもとで長期モデルの構造を明らかにする。さらに，非自発的失業や自然失業率といった重要な概念を詳しく解説する。

### 労働市場とは何か？

労働市場においては，労働サービスが取引される。労働者は，自らの体力，知力，そして時間を企業のために提供し，その代償として企業から賃金を受け取る。企業から得た賃金は，

自分と家族が生きていくための消費活動に利用される。したがって、労働者にとって働く場所を確保することができるかどうかは、生活に直結する重大な関心事である。

取引のもう一方の主体は企業であり、企業は土地や機械設備や原材料と言った生産要素とともに、労働者から提供される労働サービスを用いて生産活動を行っている。昨今では、ロボットやコンピューターが広く普及するようになっているが、人びとが実際に行うべき仕事が大きく減っているわけではない。とくに、企業が新しい製品を生み出し、効率的に生産していく際には、人びとの努力と知恵がいまなお不可欠である。

このように、労働者は生活のために労働サービスを企業に売ろうとし、企業は労働サービスを生産活動に利用し、その対価として賃金を支払おうとする。そうした労働者と企業の取引が実現される場が労働市場である。よって、労働市場がどのように機能するかによって、一国の経済活動の水準や人びとの幸福が大きく左右されることになる。労働市場の機能不全によって失業率が高まるような状況は、人びとの生活を脅かすとともに経済活動の停滞を招く。だからこそ、失業率はマクロ経済のパフォーマンスを測る指標として、もっとも重要なものの1つであると認識されているのである（第4章を参照）。

### 労働市場の特徴

一般的な財やサービスの市場においては、家計が財やサービスの需要者で、企業が供給者となるが、労働市場では労働サービスの需要者が企業で、供給者が家計であることに注意しよう。つまり、企業は労働者が提供する労働サービスを生産要素と見なしている。よって、労働市場は生産要素市場の1つとなる。

他の生産要素市場と同じく、労働市場でも「価格」と「取引量」が決定される。この場合の「価格」は、賃金水準であり、「取引量」は雇用量となる。もちろん、一口に賃金と言ってもさまざまな種類がある。所定内労働時間に対して支給される賃金もあれば、残業に対して支給されるものもある。ボーナス（賞与）やその他の手当（家族手当、管理職手当など）も賃金の大きな構成要素となる。また、正社員とパートタイム労働者とは賃金の計算方法が異なることが多い（前者は主に月給ベース、後者は主に時間給ベースとなっている）。しかし、マクロ経済学ではこれらすべてを含んだ全体の平均的な賃金水準を一括して「賃金」と呼んで分析の対象とすることが多い。

雇用量についても同様のことが言える。雇用の量としてすぐに想起される指標

は，企業や公的部門に雇われている人数である雇用者数であろう。もちろん，これは重要な指標であるが，それでは限定的になりすぎる可能性がある。たとえば，自営業者や家族従業員を考慮しなければ一国全体の労働市場を捉えたことにならないだろう。したがって，実際に働いている人数である就業者数を考慮するのが適当な場合が多い。さらに，労働時間をどう扱うのかも重要な問題である。一国で同じだけの人数が働いているとしても，1人が1日4時間だけ働いているケースと8時間働いているケースを同じように見なすのはかならずしも適切とは言えない。よって，人数に加えて労働時間を考慮して延べ労働時間（人数×1人あたりの平均労働時間）を考えることには意味があるだろう。こうした区分は，マクロ経済の実証分析を行う場合には重要となるが，マクロ経済の理論的分析では全体の雇用水準を一括して「雇用量」と表現して分析を単純化することが一般的である。

このように，労働サービスは市場において価格と取引量が定まるような生産要素であり，その意味では企業にとって機械設備や原材料の利用と大きな違いはない。しかし，労働サービスは生身の労働者によって提供されるものであるために，いくつかの点で他の生産要素市場とは異なる性質を持っており，それが重要な影響をもたらすことが多い。

第1に，労働サービス提供側に自由意思がある。企業の生産物は，原則的にすぐに市場に出されて別の企業や家計によって利用される。しかし，労働サービスを供給する主体は生身の人間だから，つねに一定量の労働サービスを供給するとは限らない。女性労働者は結婚や出産を契機に，労働市場から退出して非労働力化しやすい。豊かな家計の構成員は，労働サービスを企業に供給することにそれほど熱心ではないかもしれない。さらに，年金制度が充実した国では，高齢者は労働市場からの引退を選択する傾向が強いだろう。こうしたさまざまな要因によって，一国における労働サービスの供給量は変わりうる。

この点は，労働者による職探しの行動にも表れる。そもそも，人は1人1人個性が異なり，仕事を遂行する能力も1人1人異なっている。体力を使う仕事に向いた人もいれば，コンピューターの技術に秀でた労働者もいる。同じように仕事も千差万別であり，企業の管理職，パンの職人，コンピューター技術者という具合に，社会はさまざまな仕事を必要としている。ただし，お互いの情報はかならずしも完全に共有されているわけではない。よって，労働者はできるかぎり自分に向いた仕事を探そうとするし，企業も自社に適した人材の採用に心をくだく。

このように，労働者と企業がそれぞれ求職活動と求人活動を行うことで雇用が生み出されるという側面がある。

第2は，労働者の能力活用の重要性である。機械設備などであれば，企業内に導入すればそれを使うことはやさしい。しかし，雇用した労働者を十分に活用するためには，企業はさまざまなことを考えなければならない。まず，労働者の多くは，採用すればすぐに業務をこなせるわけではない。むしろ，企業による訓練があってはじめて十分に仕事ができるようになる。労働者にそうした知識や技能を身につけさせるために，企業は訓練のための環境を整えなくてはならない。訓練した労働者が，きちんとまじめに働くことを企業は期待するが，つねにそうした期待が実現するとは限らない。企業は，労働者に業務を遂行させるために，働くことが報われるような報酬の支払方法や雇用管理の方法を考える必要が生じる。中期モデル（第7章）のところで触れた効率賃金仮説は，こうした労働市場の特徴が失業率の水準に影響を与えることを示している。

第3は，制度の役割が大きいという点である。労働市場では，他の市場に比べてさまざまな形の「制度」が影響を及ぼしやすい。たとえば，労働者を低賃金から保護するために，最低賃金法に基づく最低賃金が定められており，企業はその賃金を下回った賃金で労働者を雇用することはできない。また日本においては，企業は労働基準法により合理的な理由に基づかない解雇を行ってはならないとされている。さらに労働者は，賃金や労働時間などの労働条件を改善するために，労働組合を結成して企業と直接交渉することがある。こうした組合の結成と活動は，労働者の正当な権利として日本国憲法によって保障されている。一方，仕事を失った労働者は，一定の条件を満たせば雇用保険からの失業給付を受けることができる。

歴史的に，こうした諸制度は弱い立場に置かれやすい労働者を保護するためにつくられてきたが，労働市場に小さくないインパクトをもたらしている。こうした点も，労働市場の特徴と言える。労働市場をよりよく理解するためには，これらの特徴を理解しておく必要がある。

## SECTION 2 長期の労働市場モデル

**労働に対する需要**

本節では，多数の企業と労働者が賃金や価格を市場で与えられたものとして行動していると想定する。企業と労働者はそれぞれまったく同じであり，賃金水準は労働サービスへの需要と供給のバランスを調整するように伸縮的に動く。こうした完全競争的な労働市場は，価格調整のメカニズムが働くという意味で長期的な労働市場の姿であると言える。これは，前節で述べた労働市場の特徴からすれば単純すぎる想定ではあるが，考察のスターティング・ポイントとして重要である。

最初に労働に対する需要を考えよう。企業は機械設備や原材料，そして労働サービスを利用することで製品やサービスを生産する。話を簡単にするために，企業は労働のみを用いて生産活動を行っているとしよう（つまり，費用は賃金のみと考える）。雇用量は労働時間×人数として計算され，賃金は時間あたりで支払われているものとする。企業の利潤は収入（生産物価格×生産水準）から費用（賃金×雇用量）を差し引いたものなので，

$$\text{企業利潤} = \text{生産物価格} \times \text{生産水準} - \text{賃金} \times \text{雇用量} \quad (10\text{-}1)$$

となる。

企業は利潤を最大化するように労働投入量を選ぶ。企業は生産物価格を所与のものとして行動するので，雇用量を1単位だけ増やしたときに企業が追加的に得る収入は「生産物価格×労働の限界生産性」となる。労働の限界生産性とは，1単位の追加的労働投入によって生じる生産量の増加分のことを言う。よって，これに生産物価格を掛けると，追加的な雇用増による企業収入の増加分となる。なお，労働の限界生産性は雇用水準が高いほど低下する傾向があることに注意しよう。これは，技術的な制約によって，すでに雇用されている量が多いほど追加的な労働によって生み出される生産物の量が減少すると考えられるからである。これを労働の限界生産性逓減の法則と言う。

他方，雇用量を1単位だけ増やしたときの費用の増加分は労働の限界費用であり，この場合には賃金水準にほかならない。追加的な収入すなわち「生産物価格×労働の限界生産性」が，追加的な費用を上回るかぎり，雇用を増やすほうが利

潤の増大に結びつく。したがって，この場合には企業は雇用量を増やそうとする。ただし，実際に雇用水準を高めると，労働の限界生産性は低下し，雇用を増やすときの追加的な収入は減る。結局，企業は雇用を増やすときの追加的な収入が賃金に等しくなり，もはや追加的な雇用が利潤の増加をもたらさなくなる水準まで雇用水準を増やし続ける。利潤がもっとも大きくなる雇用量は，

$$生産物価格 \times 労働の限界生産性 = 賃金$$

あるいは，

$$労働の限界生産性 = \frac{賃金}{生産物価格} \qquad (10\text{-}2)$$

を満たすような雇用量となる。ここで右辺は，生産物の単位で測った賃金であることから，実質賃金と言う。ちなみに，分子の賃金のことを名目賃金と言う（統計を用いたこれらの測定については第4章を参照）。なお，(10-2)式のように労働の限界生産性が実質賃金に等しいことを古典派の第1公準と言う。

では，実質賃金が変化したときに企業の労働に対する需要はどのように変化するだろうか。労働の限界生産性が，雇用量が大きくなるに従って低下することを考慮すれば，企業にとって望ましい雇用量は，実質賃金が低くなるにつれて増大しなければならない。というのも，製品価格に対して賃金が安くなるということは，実質的な生産コストの低下を意味するので，企業は生産量を増やそうとして，それにつれてより多くの雇用を実現しようとするからである。

(10-2)式に即して説明すれば，実質賃金の低下は右辺が小さくなることを意味する。等号が成立するためには左辺の労働の限界生産性も小さくなる必要があるが，先に述べたように労働の限界生産性は雇用水準が高くなると低下すると考えられる。よって，実質賃金が低下すれば，雇用水準が高まることではじめて等号が維持されるのである。結局，実質賃金が高くなると（低くなると），労働需要は減少する（増大する）。

こうした事情は，市場に参加しているすべての企業に当てはまるので，労働市場全体の労働需要も実質賃金が上昇すれば減少する。このことは，

$$労働需要 = D(実質賃金) \qquad (10\text{-}3)$$

という形の労働需要関数として表現される。それを図示したのが，図10-1であり，労働需要曲線と言う。

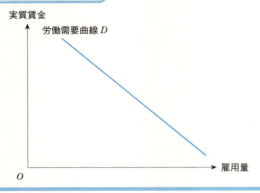

FIGURE 図 10-1 ● 労働需要曲線

## 労働の供給

　一方，労働供給は次のように考える。労働者は市場で与えられた賃金のもとで，どれだけの時間働くかを決める。いま，労働者は消費水準が高いほど，そして余暇時間が長いほど満足度（効用）が高くなるものとしよう。消費活動を行うためには所得が必要で，そのためには働いて賃金を得なければならない。ここでの「賃金」が時間あたり賃金として与えられている場合には，労働時間を長くすれば所得（＝賃金×労働時間）が増えて，消費を多く行うことができる。しかし，その一方で，労働時間が増えると余暇，すなわちレジャーの時間が減ってしまう。なぜならば，1日は24時間で固定されていて，そこから睡眠や食事などの必要時間を差し引いた残りを労働と余暇に配分するからである。つまり，労働者は消費と余暇のトレードオフ関係に直面しており，これを考慮しながら，効用水準がもっとも高くなるように労働時間を決定するのである。プラスの労働時間を選んだ人は市場に出て働く就業者になるし，ゼロの労働時間を選んだ人は，労働市場に参入しない非労働力となる。

　さて，労働者は賃金水準の高低によって労働供給量を変化させる。労働者は働いて得た賃金で消費活動を行うわけであるから，注目する賃金は，名目賃金ではなくて，購買力を表す実質賃金となる。実質賃金が高いときには，レジャーに時間を費やすよりも，働いてより多くの賃金を得て消費水準を高めたほうが労働者にとって得である。よって，これまで働いていた人は労働時間を増やすだろうし，

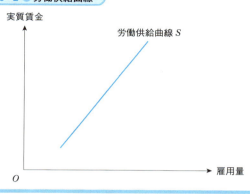

図 10-2 ● 労働供給曲線

これまで働いていなかった人のうちの一部は働くようになるだろう。つまり，実質賃金上昇は，労働時間を増やす効果を持つ（これを代替効果と言う）。

一方，次のような効果もある。すなわち，実質賃金が高まることで，これまでよりも短い時間だけ働いても十分な所得水準になることから，労働時間を減らして余暇を楽しもうとする効果（所得効果）である。よって，代替効果と所得効果は労働時間に対して逆方向の効果を持つ。いずれの効果が強いのかは，理論だけではわからないが，代替効果が所得効果を上回る状況が想定されることが多い。このときには，実質賃金の上昇は労働供給量の増大をもたらす。各労働者が実質賃金の上昇につれて労働供給を増やす場合には，すべての労働者の労働供給を集計した全体の労働供給量も実質賃金の上昇につれて増大するだろう。

こうした労働供給量と実質賃金の関係は，

$$労働供給 = S(実質賃金) \qquad (10\text{-}4)$$

という形の労働供給関数によって表現される。それを図示したのが図 10-2 であり，労働供給曲線と言う。なお，ここで述べたような労働供給量の決まり方を古典派の第 2 公準と言うことがある。

### 労働市場の均衡

労働市場の均衡は（10-3）式と（10-4）式によって与えられる労働需要と労働供給がバランスするポイントで達成される。図 10-3 は，図 10-1 と図 10-2 を重ねて描いたものであ

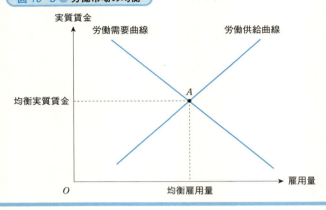

図 10-3 労働市場の均衡

り，労働市場の均衡を表している。労働需要曲線と労働供給曲線の交点である A 点が労働市場の均衡であり，ここでは労働需要と労働供給がちょうどバランスしている。このときの実質賃金を**均衡実質賃金**，雇用量を**均衡雇用量**と言う。労働の需給がバランスしておらず，労働需要のほうが労働供給を上回ると賃金は上昇し，逆に労働供給が労働需要を上回ると賃金は下落する。しかし，A 点では労働需給がバランスしているので，ここに到達すれば賃金水準の変化はもはや生じない。かりに何らかのショックによって賃金が均衡実質賃金よりも上昇しても，その場合には労働供給が労働需要を上回るので，賃金の下落圧力が働き，均衡実質賃金に引き寄せられる。逆に，何らかのショックによって賃金が均衡実質賃金よりも下落しても，労働需要が労働供給を上回るようになるので，賃金は上昇し，やはり均衡実質賃金に引き寄せられる。

このように，賃金が伸縮的に動いて決まる均衡雇用量のことを**完全雇用水準**と言い，それに対応する GDP 水準を**完全雇用 GDP**（潜在 GDP）と言う。この雇用水準では，現行の実質賃金で働きたいと思う人は全員雇用されているので，失業は発生しない。

大事なポイントは，生産物市場でどのような価格が設定されても，それはいっさい雇用水準や GDP 水準に影響を与えない，ということである。つまり，生産物価格にかかわらず，つねに雇用量は完全雇用水準にあり，生産水準は完全雇用 GDP になる。かりに，生産物価格が倍になったとすると，これまでの名目賃金

水準が変わらなければ、実質賃金は半分になるので、労働需要が労働供給を大幅に上回るようになる。そこで人手不足が発生して、名目賃金は高くなっていき、最終的に以前の倍になったところで名目賃金の上昇は止まる。そのときには、実質賃金は以前と同じ水準に戻っているのだから、雇用水準も以前と同じになるのである。このことは、長期的には総供給曲線が垂直になることを意味している。

### 硬直的な実質賃金

ここまでの話は、実質賃金が労働市場の需給バランスに応じてきわめてスムーズに動くことを前提にしてきた。しかし、場合によっては実質賃金が均衡水準よりも高い水準でとどまってしまうこともありうる。例として最低賃金制度を取り上げてみよう。最低賃金の制度は、労働者が困窮に陥ることを防ぐ目的で、企業に対して一定の水準を下回る賃金を支給することを禁止するものである。違反をした企業は処罰されるので、こうした制度は、労働者の最低の生活水準を保障するうえで重要であると考えられている。ただし、かりに最低賃金があまりに高い水準に設定されると副作用が発生してしまう。

図 10-4 には、$W_m$ という、均衡実質賃金よりも高い（実質値での）最低賃金が設定されたケースを示している。このような水準に賃金が定まると、その賃金水準に対応する労働需要は、労働供給を下回ってしまう。その結果、最低賃金水準で働きたいと思っている労働者のうち、仕事を見つけることのできない労働者が発生する。これは失業者にほかならない。その規模は、最低賃金水準において労

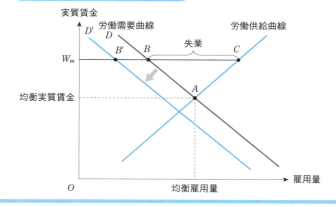

FIGURE　図 10-4 ● 最低賃金と失業の発生

第 10 章　労働市場の長期モデル

働供給が労働需要を上回る大きさに対応し，図では直線 $BC$ の部分で表現される。当然ながら，最低賃金水準がさらに高まれば，失業の規模もより大きくなる。

さて，こうした状況で不況が到来し，企業が生産する製品が売れにくくなったとしよう。そのとき企業は，市場で成立する賃金がどのような水準であっても，労働需要水準を以前よりも低下させようとするだろう。これは労働需要曲線 $D$ の $D'$ へのシフトによって表されている。このとき，最低賃金水準が以前と同じ $W_m$ であるならば，失業の大きさは $B'C$ の部分となり，以前よりも失業者が増大する。つまり，労働の超過供給に直面しても実質賃金がスムーズに低下しないようなときには（これを実質賃金の下方硬直性と言う。詳しくは，第Ⅳ部第 17 章を参照），労働需要の減少が失業の増大に結びつくことになる。

ここでは例として最低賃金という制度による硬直性を取り上げたが，中期モデル（第 7 章）で見たような，労働組合が企業と交渉を行って賃金を決める場合や，企業が効率賃金を支払う場合にも，労働市場の均衡水準よりも高い実質賃金が成立する可能性がある。それらの場合にも失業が発生するが，上述の最低賃金制度の場合のように実質賃金水準が外部から強制されたような形での図示はできないことに注意する必要がある。

なお，図 10-4 にあるように，現行の賃金水準において雇用されたいと思っているのに雇用されていない失業者の状態のことを非自発的失業と呼ぶことがある（それに対して自らの意思で失業している状態を自発的失業と言う）。

> **POINT 10-1 ● 最低賃金上昇が雇用に及ぼす効果**
>
> 本文で述べたように，競争的な労働市場を前提にすると，均衡賃金を超える最低賃金の存在は雇用を減少させる。しかし，実際に最低賃金がどの程度雇用を減らすのか（あるいは，減らさないのか）について研究することは容易ではない。そもそも最低賃金に近い賃金を受けている人の数は全体に比べて小さく，そのために効果が明確に出にくいことがある。しかも，最低賃金の種類（地域別，産業別など）が少なかったり，あまり頻繁には改定されなかったり，さらには改定された水準が景気と連動していたりすると，雇用への効果を計測することはますます困難になる。とはいえ，世界を見渡すと，最低賃金の引き上げが比較的明確に雇用の減少をもたらしたとされる例がある。
>
> コスタリカは，中央アメリカ南部に位置する人口約 450 万人の共和国で，コーヒーやバナナの輸出や工業化の成功，そして人権尊重の教育で知られている。1987 年において，この国では産業別・職業別などで区分された 520 種類もの最

低賃金が存在していた。ところが，国際通貨基金（IMF）のアドバイスに従い，コスタリカ政府は産業別による区分を徐々に廃止することで，最低賃金の種類を少なくする政策を実施した。その結果，10年後の1997年には最低賃金はわずか10種類に集約された。そして，その間の統合・廃止によって，多くの労働者グループの最低賃金が引き上げられた。しかも，最低賃金は平均賃金の70％程度と高かったので，他国に比べてより多くの労働者が最低賃金制度の影響を受けていたと考えられる。まさに，最低賃金制度の効果を測定するのに絶好の制度的な環境であった。実際，ギンドリング（T. H. Gindling）とテレル（K. Terrell）の推計によれば，コスタリカにおいては10％の最低賃金の上昇は，1.09％の雇用の減少をもたらした。

（参考文献）　T. H. Gindling and K. Terrell ［2007］ "The Effects of Multiple Minimum Wages Throughout the Labor Market : The Case of Costa Rica," *Labour Economics*, 14, pp. 485–511.

## 自然失業率の考え方

**失業者数が変化するメカニズム**

本書では，これまで失業や失業率といった用語を頻繁に使ってきたが，ここでは「なぜ失業という現象が生じるのか」という問題を，実際の労働者の移動（すなわち，雇用状態から失業状態への移動，失業状態から雇用状態への移動）に即して掘り下げていきたい。

これまで見てきたように，長期モデルにおいては実質賃金がスムーズに調整されるかぎり失業は発生しない。一方，何らかの要因によって実質賃金が固定的であって，長期モデルにおける均衡賃金よりも高い実質賃金水準にとどまってしまえば失業は発生する。中期のマクロ・モデルにおいても，効率賃金などの要因で失業が生じることを学んだ。すなわち，実質賃金水準が高すぎると，労働需要が労働供給を下回り，その分だけ雇われたくても仕事がない人びと（失業者）が生じてしまうということである。

実際の労働者の移動に即して考えるとどうなるだろうか。以前には労働市場で需要と供給がバランスしていたが，何らかの理由で急に賃金水準が高くなった状況を考えよう。そのときには，企業は以前ほど労働者を必要としなくなるので，

余剰の人員を解雇などの手段によって削減しようとする。そうした人びとはすぐには仕事がないために，失業状態に陥ってしまう。失業状態に陥った人は仕事を探そうとするが，そもそも賃金水準が高いことで労働需要が少なくなっているので，なかなか仕事が見つからない。このようにして，労働市場で失業が発生するわけである。

さらに，その段階で経済が不況に陥ってしまい，労働需要がさらに小さくなったとしよう。そのときには，企業は解雇を行ったり，採用を少なくしたりして雇用人数を削減することになる。解雇が生じると少なくとも一時的に失業状態に陥る人は増えるし，その一方で採用が削減されてしまうと，これまで失業していた人が仕事を見つけにくくなり，失業状態から抜け出す人が減少する。失業に陥る人が増えて，失業から離脱する人が減ってしまうと，経済で失業状態にいる人の数が増える。だから，失業率も上昇しやすくなる。ここでのポイントは，

$$\text{失業者数の増加} = \text{ある期間に失業者になる人数} - \text{その期間中に失業状態を抜け出す人数} \quad (10\text{-}5)$$

という関係が成立するということである。話を簡単にするために，非労働力状態はないものとすれば，就業状態と失業状態との間の行き来だけが問題となり，それは図 10-5 のように図示することができる。

さて，具体的な数値例をあげよう。いま，ある地域に失業者が 100 人いるとする。その人たちのうち，10 人は 1 ヵ月後に就職することが見込まれているが，同じ期間に解雇などによって 20 人が失業状態に陥ることが見込まれているとし

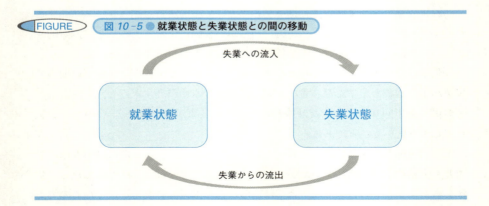

図 10-5 ● 就業状態と失業状態との間の移動

よう。この場合，新たに失業者になる人数が 20 人いる反面，失業状態を抜け出す人が 10 人いることから，1 カ月後の失業者数の増加分は 20 人 − 10 人 ＝ 10 人となる。もちろん，1 カ月後の失業者数はもともといた失業者数 100 人に 10 人を加えた 110 人である。

この例からわかるように，失業者数の増加や減少の程度は，失業状態に流入する人数および流出する人数の相対的な大きさによって決まってくる。失業への流入数が同じであったとしても，流出数が減少すれば失業者数は増えるし，流出数が同じであっても流入数が増えれば失業者数は増大する。

このように労働者の移動に注目すれば，これまで見てきたような簡単なモデルでは捉えきれない，もう 1 つの失業の規定要因を探ることができるようになる。それは，すなわち不完全な労働市場における職探しによって生じる失業である。その点を議論する前に，自然失業率の水準を労働力の移動に基づいて定式化しよう。

### 自然失業率の定式化

自然失業率とは，長期的に成立するような失業率であり，経済の短期的な変動からは（定義のうえから）独立のものとして捉えられる。したがって，景気が悪くなると現実の失業率は自然失業率を上回るし，景気が良くなると現実の失業率は自然失業率を下回る。いま，人口のすべてが労働力（就業あるいは失業）であり，人口の増減のない世界を考えよう。そのとき，失業者数がある値に定まって動かないときには，「失業率＝失業者数÷労働力人口」も同じ値をとり続ける。では，「失業者数がある値に定まって動かない」とはどういうことだろうか。それは，ある期間内に失業者になる人の数と，その期間に失業の状態を抜け出す人の数が一致している，ということである。つまり，

$$\text{ある期間に失業者になる人数} = \text{その期間中に失業状態を抜け出す人数} \tag{10-6}$$

が成立しているときに，失業者数は一定になる。これは（10-5）式で，左辺の失業者数の増加がゼロになる状況に対応している。もしも（10-6）式の左辺が大きくて，「失業者になる人数＞失業状態を抜け出す人数」のときには失業者数，ひいては失業率が高くなる。逆に，（10-6）式の右辺が大きくて，「失業者になる人数＜失業状態を抜け出す人数」のときには失業者数（率）は低下する。

「失業者になる人数」は就業者のなかの一定割合（これを失業流入率と呼ぶ）で，

「失業状態を抜け出す人数」も失業者のなかの一定割合（これを**失業流出率**と呼ぶ）とすると，(10-6) 式は，

$$失業流入率 \times 就業者数 = 失業流出率 \times 失業者数 \qquad (10\text{-}7)$$

となる。「失業率＝失業者数÷(就業者数＋失業者数)」という関係を使うと，

$$自然失業率 = \frac{失業流入率}{失業流入率＋失業流出率} \qquad (10\text{-}8)$$

であることが簡単な計算からわかる。もしも失業流入率と失業流出率が安定的であれば，この失業率水準に経済はとどまることになる。これこそが自然失業率の表現にほかならない。

数値例をあげよう。もしも，毎月就業者のうちの 1% が失業状態に陥っており，毎月失業者のうちの 24% が仕事を見つけているとしよう。そうすると，失業流入率は 0.01，失業流出率は 0.24 となるので，自然失業率は $0.01/(0.01+0.24) = 0.04$ より 4% となる。

(10-8) 式について 2 点補足しておこう。第 1 に，自然失業率は失業流入率の上昇，あるいは失業流出率の低下によって上昇する。逆に言えば，失業率を低くするような政策は，失業流入率の低下，あるいは失業流出率の上昇を目指すような政策となる。第 2 に，失業者が瞬時に仕事を見つけることができるようになると，自然失業率はきわめてゼロに近くなる。失業者が瞬時に仕事を見つけることができるということは，失業流出率がほぼ 1 に近いことを意味する。前の数値例で失業流出率が 1 になれば，自然失業率は $0.01/(0.01+1) \approx 0.0099$ で，ほぼ 1% というきわめて小さい値となる。現実には失業流出率は 1 よりもかなり小さいが，そうした状況を生み出す要因の 1 つは，実質賃金の硬直性のために労働需要が労働供給よりも小さく，就業機会が十分でないために，失業流出率が低くなる，ということがある。しかし，かりに就業機会が十分にあったとしても，以下で述べるようなケースでは失業流出率は 1 を下回ることになる。

### POINT 10-2 ● 日本の労働力フロー

本文では，失業流入率と失業流出率が自然失業率の決定において重要な役割を果たすことを述べた。つまり，就業者のうちで失業に流入する割合が高くなると自然失業率は高まるが，失業者のうちで失業状態を抜け出す人の割合が高ければ自然失業率は低い水準となる。失業への流入や流出などは，一定期間における労

働者の「流れ」（フロー）を描写していることから，労働力フローと呼ばれる。これは，失業者の移動だけではなくて，就業者や非労働力の移動も含めた広い概念である。

では，日本において労働力フローはどのような動きをしてきたのであろうか。日本で労働力フローを扱っている代表的な統計は，総務省統計局の『労働力調査』である。この調査では，労働者について前月の労働力状態（就業，失業，非労働力）と今月の労働力状態（就業，失業，非労働力）をたずねており，これを用いると，失業流入率や失業流出率を計算することができるようになる。

いま，前月に就業していた人のうちで今月に失業している人の割合を失業流入率，前月に失業状態にあった人のうちで今月就業している人の割合を失業流出率として，1973 年から 2014 年までの動きを示したのが図 10-6 である。図からわかるように最近では 1970 年代に比べて，失業流入率は高くなっているが，失業流出率は低くなっている。2014 年の失業流入率は月率で 0.4％ 程度であるが，年率に換算すると，1 年間で就業者 100 人のうち 5 人の割合で失業状態に陥ることになり，けっして小さい数字ではない。失業流出率は月率で 12％ 強であり，失業期間の平均は約 8 カ月となる。

さらに，最近では失業流入率の低下と失業流出率の上昇が同時に生じており，自然失業率は低下したものと考えられる。ただし，より詳細な分析を行うためには，失業状態と非労働力状態との間のフローも考慮する必要がある。

なお，図 10-6 の月次データは NLAS マクロ経済学 database において毎月アップデートされる。

図 10-6 ● 日本における失業流入率・失業流出率の推移

（注）月率であり，1 年間の月次フロー平均を前月就業者数，あるいは，失業者数の平均で除したもの。
（出所）総務省。

### 摩擦的失業と構造的失業

現実に失業した労働者の多くは，職探し（ジョブ・サーチ）を行う。本来，労働者の仕事に対する嗜好や能力は異なっているし，世の中には多種多様な仕事がある。労働者は，そうしたなかから自分に合った仕事を選ぶことが必要となるが，その際には職探し活動が不可欠である。失業したばかりの労働者は，どこに，どのような求人があるのかなかなか見当がつかないだろう。求人情報誌を見たり，職業紹介機関に行ったりして情報を得て，ようやく再就職の準備が整ってくる。そうした情報探索に時間がかかるほど，その間の失業流出率は小さくなってしまうだろう。

かりに，新しい仕事を見つけたとしても，それが遠方にあって移動のために時間がかかることもあろう。また，十分な貯金のある失業者は，ゆっくり時間をかけて，自分に合った良い仕事を選ぼうとするかもしれない。そうした場合にも，失業流出率は小さくなる。これらのような，職探しや再就職に時間がかかることによる過渡的な失業のことを**摩擦的失業**と言う。

さらに，これとはやや異なるものとして**構造的失業**と呼ばれるものもある。これは，スキルや経験などの面で求人と求職の条件が一致しないことによって生じる失業で，**ミスマッチ失業**と言われることもある。たとえば，産業構造が変化して，衰退産業から成長産業への労働者の移動が必要になったにもかかわらず，衰退産業からの失業者が成長産業のスキルを身につけていないために転職できず，失業状態にとどまる場合などに当てはまる。また，失業者の多くが中高年であるにもかかわらず，企業が若年者の採用を目指しているようなときにも，求人（労働需要）と求職（労働供給）のマッチングがうまくいかず，ミスマッチ失業が生じるであろう。

政策によって摩擦的失業が大きくなるような可能性も存在する。例として，失業保険を取り上げてみよう。仕事を失った労働者は生計費を稼ぐことができなくなるために，困窮状態に陥る可能性がある。そこで多くの国は，労働者や企業から強制的に保険料を徴収し，それを失業の憂き目にあった労働者に支給するという保険を持っている。これが**失業保険**（日本の制度名では雇用保険）である。こうした保険があるからこそ，いざ失業したとしても安心が確保されることになる。その一方で，高額の給付が長期間行われることになると，失業者は再就職の意欲を低下させてしまうかもしれない。その結果，失業流出率は低い水準になって，自然失業率が上昇するということがありうる。

## UV曲線

伸縮的な賃金調整が行われる長期の労働市場モデルでは、労働需要と労働供給は完全に一致する。労働者は現行の賃金水準のもとでは働きたいだけ働くことができるので、失業はゼロである。一方、企業のほうも現行賃金のもとで雇いたいだけ雇うことができるから、欠員、すなわち埋まっていない求人はゼロのはずである。しかし、実際の労働市場では失業と欠員が共存している。これは、労働需要と労働供給がうまく噛み合っていないことを意味しており、摩擦的失業や構造的失業が存在することを表している。

いま、縦軸に失業率、横軸に欠員率（労働力人口の比率で見た欠員数としておく）をとると、多くの国で右下がりの関係が得られることが知られている。このような関係を **UV曲線**（あるいはベヴァリッジ曲線）と言う。失業を意味する英語 unemployment と欠員を意味する英語 vacancy の頭文字をとったから UV 曲線という名前がついている。ちなみに、ベヴァリッジとは、この関係の発見者であるイギリス人ベヴァリッジ（W. H. Beveridge）の名前である。図 10-7 は、そうした関係を表したものである。

UV 曲線が右下がりになる理由は簡単である。欠員率が高くなることは求人が多いことを意味する。そのときには失業者のなかで就職できる人が増えるだろう。就職者が増えれば失業率は低下する。だから、欠員率と失業率は相反した動きと

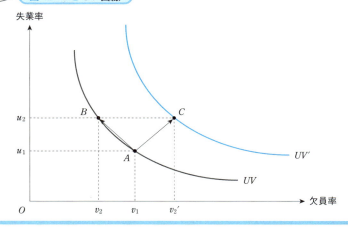

図 10-7 ● UV 曲線

第 10 章 労働市場の長期モデル

なる。図 10-7 における曲線 $UV$ がこうした関係を描いている。そして現在の労働市場は失業率が $u_1$, 欠員率が $v_1$ の $A$ 点にあるとしよう。

ここで図中の $v_1$ から $v_2$ のように求人数が減少したことにより欠員率が大きく減ったとしよう。そのときに失業率はどのように変化するだろうか。$UV$ 曲線は曲線 $UV$ の位置にあるので，$v_2$ の欠員率に対応する失業率は $u_2$ となる。このように，求人数が減ったことで失業率が増えるような場合，それは景気変動による失業悪化（あるいは需要不足失業の増加）と考えることができる。

注意すべきことは，$UV$ 曲線は状況の変化に応じて位置を変えるということである。たとえば，産業構造が変化して，ある産業では求人が増えて，別の産業からは失業者が大量に発生したとする。その場合には，欠員率と失業率が同時に高まる。図には曲線 $UV'$ が曲線 $UV$ の外側に描かれているが，外側の曲線 $UV'$ は，このような構造的失業の増大によって $UV$ 曲線がシフトしたことを示している。いま，産業構造の変化によって新しい失業率と欠員率の関係は $C$ 点のようになったとする。$C$ 点においては，$A$ 点に比べて欠員率が上昇しているにもかかわらず失業率が増大している。この場合の失業の増加の大きな部分は，構造的な失業の増加であると判断される。

このように，$UV$ 曲線の動きを観察することで，失業の性質について，重要な情報を得ることが可能となる。

> **POINT 10-3 ● 日本における $UV$ 曲線**
>
> 本文中では，$UV$ 曲線の基本的な考え方を述べたが，実際に日本における $UV$ 曲線を観察しよう。そのためには失業率と欠員率のデータが必要となるが，求人データが雇用者に関するものであることから，失業率もそれに合わせて，雇用失業率（完全失業者数 ÷（完全失業者数＋雇用者数））を用いることにする。欠員率としては，「欠員数 ÷（欠員数＋雇用者数）」とするが，ここでの欠員数はハローワークで集計された有効求人数から就職件数を差し引いたものであると定義しておく。そのうえで，1970 年から 2014 年までの $UV$ 曲線を描いたグラフが図 10-8 に示されている。
>
> 一見してわかるように，現実の $UV$ 曲線はきれいな一本の右下がりの曲線になっているわけではない。ただし，全体を観察すると，おおまかに言って欠員率が高いときには失業率が低い傾向がある。さらに詳しく見ると，いくつかの特徴的な期間を抽出することができそうである。まず，1970 年から 77 年くらいまでは，失業率が低い水準において右下がりのカーブを形成しているようである。そ

れ以降，1987年あたりまでは，欠員率が大きく低下しないなかで失業率が上昇している。その後，バブル景気にかけて欠員率の上昇と失業率の低下が明確に見られるようになるが，1990年代に入ると今度はバブル崩壊によって逆方向の動きとなった。このあたりの動きは，1970年代のカーブよりも上方に位置していることから，$UV$曲線が外側（上方）にシフトしたと見ることもできる。1994年から2002年にかけては，欠員率はそれほど動かないにもかかわらず失業率が急上昇した。これも$UV$曲線の上方シフトをもたらした。それ以降は景気による欠員率の上昇（下落）と失業率の下落（上昇）が観察されるが，それは外側に移動した$UV$曲線上の動きと見ることができるだろう。

このように，日本の$UV$曲線は時々の景気変動によって右下がりの線上を動いてきたが，その線は徐々に上方にシフトしており，1970年代に比べると構造的・摩擦的失業が増加したことを示唆する結果になっている。

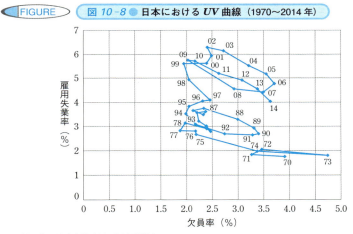

図 10-8 ● 日本における $UV$ 曲線（1970～2014年）

（出所）総務省統計局，厚生労働省。

## EXERCISE ● 練習問題

【基礎知識の確認】

**10-1** 労働需要と労働供給について，以下の問いに答えなさい。
(1) 実質賃金の低下が労働需要を増大させる理由を述べなさい。
(2) 名目賃金が一定のまま物価水準が上昇すると，労働需要はどうなるか。
(3) ある人が，実質賃金の上昇に反応して労働供給を増やしたとする。その行動を代替効果と所得効果というキーワードを用いて説明しなさい。

**10-2** 完全に伸縮的な賃金のもと，労働需要曲線と労働供給曲線の交点におい

て雇用水準が定まるものとして，以下の（　）内に適当な語を入れなさい。

「今，何らかの要因によって物価水準だけが上昇したとする。そうすると，実質賃金は（　ア　）するので，労働（　イ　）が増大する。そうすると，労働の超過需要が生じるので，名目賃金水準は（　ウ　）する。その結果，実質賃金は（　エ　）して，労働の超過需要は（　オ　）する」

**10-3** $UV$ 曲線についての以下の記述のうち正しいものを1つ選択しなさい。
① $UV$ 曲線は，失業率と労働力率の関係を表したものである。
② 景気が良くなると，$UV$ 曲線は内側にシフトする。
③ $UV$ 曲線が外側にシフトすると，求人が増えて失業者はより就職しやすくなる。
④ $UV$ 曲線上での動きは，需要不足失業の動きに対応している。
⑤ 日本においては $UV$ 曲線のシフトは観察されていない。

【演習問題】

**10-4** 市場の労働需要関数が $L=12-w$，労働供給関数が $L=w$ であるとする。ここで $w$ は賃金水準，$L$ は雇用量を表す。以下の問いに答えなさい。
(1) 競争的な労働市場で成立する均衡賃金と均衡雇用量を求めなさい。
(2) 上で求めた均衡賃金よりも1だけ大きい最低賃金が政府によって導入されたとする。そのときの雇用量と失業水準を求めなさい。

**10-5** 自然失業率について，以下の問いに答えなさい。
(1) 非労働力状態にいる人数をゼロとして，人びとは就業，あるいは失業状態のいずれかにあるものと想定する。毎期38％の割合で失業者は失業状態から流出しているとき，自然失業率が5％であるためには，就業から失業への流入率はいくらになる必要があるか，計算しなさい。
(2) 上の問いでは失業流出率は毎期38％であったが，これが半分の毎期19％であったときに，同じ自然失業率5％をもたらすような就業から失業への流入率はいくらになるか，計算しなさい。
(3) 平均的に失業状態にとどまる期間は，失業流出率の逆数によって求めることができる。上の(1)と(2)で平均失業期間はどのように違うか，答えなさい。
(4) ここで，非労働力状態を考慮に入れる。就業状態にいる人数と非労働力状態にいる人数がつねに一致しているケースにおいて，失業から就業への流出率と失業から非労働力への流出率がともに毎期12％であり，就業から失業への流入率および非労働力から失業への流入率がともに毎期0.5％であるときに，自然失業率はどうなるか。

第 II 部　マクロ経済学の基本モデル

# 第 11 章 閉鎖経済の長期モデル

## 資本蓄積と技術進歩

**CHAPTER 11**

　本章では，経済成長の要因を数量的に計測する成長会計を習得するとともに，もっとも初歩的な成長理論であるソロー・モデルを学んでいく。成長会計では，資本蓄積や人口成長とともに，技術革新が経済成長の源泉となっていることを，さまざまな国のデータを用いて明らかにしていく。一方，ソローの経済成長モデルでは，資本蓄積プロセスと国内貯蓄率の関係を明らかにするとともに，国内貯蓄率の適切な水準についても掘り下げて議論する。章全体を通じて，どのような経済成長が望ましいのかを明らかにしていく。補論では，需要と供給の両面を取り扱った経済成長理論であるハロッド・ドーマー・モデルを取り扱う。

FIGURE
TABLE
COLUMN
POINT
EXERCISE

**KEYWORD**
生産関数，限界生産性，コブ・ダグラス型生産関数，成長会計，ソロー・モデル，資本蓄積，貯蓄率，ハロッド・ドーマー・モデル

**INTRODUCTION**

## 1 なぜ，経済成長理論を学ぶのか？

本章は，実質 GDP で測られた経済全体の産出量が時間の経過とともに増大していく経済成長のメカニズムを解明していく。

実質 GDP が傾向的に増加する経済成長は，第 2 次世界大戦後の市場経済にとってもっとも典型的な経済現象の 1 つであった。第 5 章で詳しく見てきたように，日本経済の場合，2000 年を基準年とすると，1955 年には 48 兆円にすぎなかった実質 GDP は，約 50 年後の 2007 年に 561.4 兆円に達している。1955 年から 2007 年の約 50 年間に，GDP は 11.6 倍，年率換算で 4.8％ の成長を実現してきた。

しかし，日本経済の成長は，平坦なものではなかった。戦後の復興から 1960 年代までの経済成長は特筆すべきものがあった。そうした高度成長の経験を前提とすれば，1973 年の第 1 次石油ショックを契機として経済成長が鈍化したことは，経済活動に従事している人びとにとってショッキングな事態として受け止められた。同時に，「いかに経済成長を維持し，高めるのか」ということが，マクロ経済政策の課題としていっそうクローズアップされてきた。

こうして見てくると，実際に経済活動に携わっている人びとにとっても，経済政策を担当している人びとにも，経済成長は，重要なマクロ経済的現象であると言える。経済成長の詳細な分析に入る前に，経済成長理論を学ぶことが，読者諸君にとって，どうして大切なのかをもう少し掘り下げて考えたい。

**資本蓄積と技術進歩**　経済成長が議論される場合，成長率が高いほど，経済厚生（消費活動をしている人びとの満足度合）も向上することが漠然と前提とされることが多い。1960 年代の日本経済や 80 年代までの東アジア経済が優れたパフォーマンスを示したと無条件に称賛を受けたのも，「経済成長こそ富の源泉」という考え方が強く反映されている証左と言えよう。

しかし，高い経済成長と（消費者の）経済厚生の向上がかならずしも一致しないケースを考えることは容易である。もし，すべての消費者が消費を犠牲にして所得の大部分を貯蓄に回すことを継続していけば，経済全体の資本蓄積が促進されるのに伴って経済は高い成長を示す。当然ながら，この場合には，消費を過度に犠牲にしているので消費者の厚生水準が高いはずがない。過剰な資本蓄積によ

って維持されている経済成長は，消費活動の犠牲の上に成り立っている。

一方，対照的なケースとして，資本水準が一定のもとで生産水準を引き上げるような技術進歩が起きた場合を考えてみよう。こうした技術進歩によって高い経済成長が実現されている場合，消費者は過度に消費を犠牲にすることなく，経済成長によってもたらされた果実を享受することができる。

以上のような対照的なケースは，経済成長を経済学的に評価するうえで次のような2つの観点が重要となることを示唆している。第1に，技術進歩が経済成長にどの程度貢献しているのか。第2に，適切な資本蓄積過程のもとで経済成長が達成されているのか。「技術革新先導型の経済成長なのか？」，あるいは「過剰な資本蓄積を伴う経済成長なのか？」によって，実際に観察された高成長について経済学的評価が正反対になってしまう可能性さえあるのである。成長会計と呼ばれる分析手法に基づいた事例研究で見ていくように，「奇跡」と呼ばれた1990年代初頭までの東アジア諸国の高成長が技術革新先導型ではなかったことが実証的に指摘され，東アジア経済の経済学的な評価が一転した。

### 資本市場の役割

実は，上述のいずれの観点についても，資本市場が重要な役割を果たしている。資本市場が効率的に資本を配分していれば，生産性の低いプロジェクトへの投資を取り止めて，生産性の高いプロジェクトに資金をいっそう供給していくであろう。資金回収までの期間が長く，成功の可能性が不確実である研究・開発投資の成否は，資本市場に参加している投資家が研究・開発プロジェクトを正当に評価する能力に大きく依存している。

また，適切な資本蓄積を実現するうえでも，資本市場の役割は重要である。資本市場で成立している投資収益率は，消費者がどれだけの所得を今期の消費に回し，どれだけを貯蓄に回すかに大きな影響を与える。かりに，資本市場参加者の非合理的な予測によって資産価格が誤って決定されれば，消費者の消費・貯蓄決定は歪められてしまい，過度な貯蓄，さらには過剰な資本蓄積につながっていくかもしれない。

その典型的な事例が資産価格バブルである。「資産価格は上昇し続ける」という極端に楽観的な期待のもとに投資ブームが引き起こされたとしよう。投資需要の高まりが資本や土地などの資産価格を引き上げるので，投資家の楽天的な期待は（少なくともしばらくの間）裏切られることはない。しかし，その背後で消費と貯蓄（その裏返しである設備投資）のバランスが崩れ，資本が過剰に蓄積されてい

く。なお，資産価格と資本の過剰蓄積の関係については，第Ⅳ部の第15章と第16章で詳しく議論する。

過剰な資本蓄積が進行している際には，投資プロジェクトが毎期生み出す収益（インカム・ゲイン）ではなく，資産価格の上昇によるキャピタル・ゲインを求めて投資を行っている。その結果，生産性が著しく低いプロジェクトへの投資が資本蓄積の内実となってしまう。ある時点で楽観的な期待が訂正されるや否や，資産価格は暴落する。

読者のなかには，1990年代初めの日本経済で資産価格バブルが収束した後，生産性の極端に低い投資プロジェクト（たとえば，採算がとれない不動産開発やレジャー開発）が山積みされていたことが判明したのを覚えているかもしれない。ここまで見てきたように，経済成長の評価は資本市場のパフォーマンスに大きく依存しているのである。

本章は，以上のような経済成長理論が取り組んでいかなければならない課題のすべてを取り扱っていくわけではない。むしろ，政策課題に直結する議論は，第Ⅳ部の「消費と投資」（第16章）と「新しい経済成長モデル」（第18章）で詳しく展開される。読者の方々には，そうした進んだ議論を理解するための基礎を学ぶための準備として，本章を位置づけてほしい。

**長期モデルの3つの特徴？** 標準的なマクロ経済学の教科書では，長期モデルは，①貨幣的な要因が排除された実物モデルである，②競争市場を対象としている，③供給サイドのみに焦点を当てている，と特徴づけられ，これら3つの重要な特徴が「長期」という理論モデルのタイムスパンに結びつけられて議論されている。ここでは，経済成長理論の詳細に入っていく前に，こうした長期モデルの特徴づけが適切なものなのかどうかを検討しておきたい。

**■ 実物モデルの側面** 長期モデルが実物モデルであるという点では，モデルの特徴とタイムスパンは正確に対応している。第6章や第9章の短期モデルや第7章の中期モデルでは，中央銀行が貨幣を供給し，家計や企業が貨幣を需要する貨幣市場が重要な役割を担っていた。その結果，通貨単位で測った名目値（nominal value）と，物価指数によって物価変動の影響を取り除いた実質値（real value）を区別することが非常に重要であった。金利についても，名目金利と実質金利は注意深く区別する必要があった。なお，貨幣市場が組み込まれている経済モデルは，マネタリー・モデル（monetary model）と呼ばれている。

一方，経済成長理論のような長期モデルでは，基本的に貨幣市場の役割が完全に排除されている。その結果，名目変数と実質変数を区別する必要がなく，すべての経済変数は，実質値で測られている。このように，実質値で測られた経済変数だけで構成されている経済モデルは，**実物モデル**（real model）と呼ばれている。長期モデルが基本的に実物モデルとして取り扱われるのは，「長期的には貨幣が経済に対して中立的であって，経済に実質的な影響を与えない」と考えられているからである。たとえば，長期モデルにおいては，貨幣供給を拡大させてインフレが進行しても，名目金利はインフレ分だけ上昇し，実質金利にはいっさい影響を与えないと想定されている。逆に言うと，貨幣が非中立的であるのは，短期や中期に特有の経済現象となる。

■ **競争市場の側面**　市場が競争的か，独占的かということは，理論モデルのタイムスパンとまったく対応していない。長期モデルであっても，独占的な市場を対象とすることもあれば，短期モデルであっても，競争的な市場を対象とすることもある。第7章の中期モデルにおいて，企業が財市場で独占力を有するケースを取り扱ってきたが，こうした独占市場の想定は，「中期」というモデルのタイムスパンと結びつく必然性がまったくないのである。

■ **供給サイドの側面**　長期モデル（経済成長理論）が供給サイドのみに焦点を当てているという点は，正しい面もあるし，正しくない面もある。確かに，本章で展開するソロー・モデル（後述するように，モデルの最初の開発者であるソロー〔R. M. Solow〕の名前に因んでいる）は，生産関数によって規定される供給条件によって，マクロ経済の均衡経路が完全に決まってしまう。消費や設備投資などの主要な支出項目がどのように決定されるのかが精緻にモデル化されているわけではない。

　しかし，すべての経済成長モデルが需要サイドを無視して，供給サイドのみを取り扱っているというのも正しくない。第Ⅳ部で取り扱っていくように，進んだ動学モデルでは，供給サイドと需要サイドの両方をモデル化し，両者の相互依存関係を明らかにしている。その意味では，モデルの簡略化や単純化の要請から，ソロー・モデルは供給サイドだけに焦点を当てざるをえなかったと言ったほうが適切かもしれない。

# SECTION 2 経済成長理論の礎としての生産関数

## 2-1 生産関数の4つの特性

　前節では，経済成長率の水準そのものだけではなく，技術進歩と資本蓄積の成長に対する貢献度を吟味することが，経済成長を評価するうえできわめて重要であることを強調した。成長の要因を計測するためには，次節で紹介する成長会計（growth accounting）という分析手法が必要となってくる。成長会計というツールを導出するうえで基本となるパーツが，生産関数（production function）と呼ばれている投入（input）と産出（output）の技術的な関係を数学的に記述したものである。

　マクロ経済モデルで用いられる標準的な生産関数では，一国経済全体の産出量（実質GDP，$Y$として表す）の投入要素として労働力（$L$）と資本（$K$）が想定され，以下のように関数$F$で表現される。

$$Y = F(K, L) \qquad (11\text{-}1)$$

なお，投入要素は，生産要素とも呼ばれている。

　産出量には実質GDPが用いられている。労働投入量は労働力人口が，資本投入量は現存する資本施設（土地は含まない）を実質価格で評価したものがそれぞれ使われることが多い。

　生産関数$F$には，以下のような重要な特性が仮定されている。第1に，投入要素である労働と資本のいずれかが欠けても，財が生産されない。たとえば，いくら労働を投入しても，資本設備がまったくなければ，生産活動を行うことができない。同様に，いくら資本設備があっても，労働を投入しなければ，財は生産されない。言い換えると，労働も，資本も，生産活動にとって必要不可欠な生産要素である。

　余談になるが，労働価値説に依拠するマルクス経済学で用いられている生産関数は，労働のみが生産活動に不可欠な生産要素として取り扱われている。労働も，資本も，必要不可欠な生産要素と想定している現代的なマクロ経済学は，この点で標準的なマルクス経済学と大きく異なっている。

第2に、生産要素（投入要素）である労働についても、資本についても、投入を増やせば増やすほど産出量が増加する。しかし、生産要素の投入の増加が産出量の増加に貢献する度合は、投入水準が高まるに従って低下していく。より厳密に言うと、一方の生産要素の投入を固定して、他方の生産要素の投入水準を高めていくと、変化させた投入要素の生産への貢献度は低下していく。

上述の第2の特性は、図11-1と図11-2を用いると容易に理解することができるであろう。図11-1では、労働投入をある水準（厳密には正値）に固定して、資本投入（横軸）と産出量（縦軸）の関係を表している。資本投入量を増やせば増やすほど、産出量は増加していく。しかし、第2で想定されているように生産水準が向上していく度合は低下していく。ここで、ある投入水準における生産関数

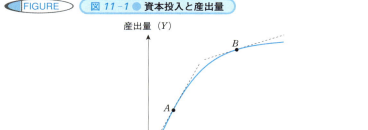

FIGURE　図 11-1 ● 資本投入と産出量

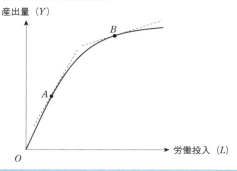

FIGURE　図 11-2 ● 労働投入と産出量

第 11 章　閉鎖経済の長期モデル

の傾きは，投入量をわずかに増やした場合の産出量の増分を表している。図 11-1 の $A$ 点における生産関数の傾きは鋭く，その時点からわずかに資本投入が増加すると産出量が大きく増加する。一方，すでに資本投入水準が高い $B$ 点での傾きは緩やかで，投入水準のわずかな変化では産出量があまり増加しない。図 11-2 が示すように，同様のことは，資本投入をある水準に固定したうえで労働投入を増やしていく場合にも妥当する。

投入量をわずかに増やした場合に生じる産出量の増分は，資本の**限界生産性** (marginal productivity)，あるいは労働の限界生産性と呼ばれている。したがって，第2の特性は「限界生産性が逓減する」と言われることが多い。図 11-1（図 11-2）のグラフでは，資本（労働）の限界生産性の逓減は，それぞれの資本（労働）投入水準における生産関数の傾きが，投入水準の増加に伴って緩やかになっていくことに相当している。

第3の生産関数の特性としては，労働と資本の投入水準を同時に倍増させると，産出量水準も倍増する。こうした特性は「生産関数が**1次同次**である」と呼ばれている。あるいは「収穫が規模に対して一定である」と言われている。第3の特性は2つの投入要素を同時に変化させた場合の特徴であり，第2の特性は一方の投入を固定して他方の投入を変化させた場合の特徴であることに留意してほしい。

> POINT 11-1 ● 限界生産性の逓減や1次同次性は，何を意味しているのであろうか？

以前，勤めていた大学で学長が経済学部生と懇談をする機会があった。こうした場では，成績のよい，品行方正な（？）学生が選ばれる。学長が「経済学とは，とどのつまり何なのかね？」とたずねると，1人の（優秀であるはずの）学生が「ラグランジュアンです」と答えた。理系分野の研究者である学長はキョトンとしてしまって，周囲のわれわれ教官は顔をひきつらせた。もちろん，学長がラグランジュアンという言葉を知らないはずがない。学部上級生であれば，ラグランジュアンが最大化問題を解くための数学的手法であることは常識であろう。しかし，経済学という学問の内実を，特定の数学的手法と結びつけて，それと置き換えてしまうことをもって経済学的な説明としてしまう学生の態度，大袈裟に言えば，「精神のありよう」に，周囲の大人たちはあっけにとられてしまった。

しかし，経済学を教えていると，同じような経験に出くわすことは多々ある。たとえば，「生産関数における限界生産性の逓減や1次同次性は，何を意味するのか？」とたずねると，その経済学的な意味を説明するのではなく，数学を用いた定義を述べるだけにとどまることが多い。この場合，よくできる学生は，資本

の限界生産性の逓減については，偏微分記号を使いながら（偏微分については巻末の数学付録を参照のこと），

$$\frac{\partial F(K,L)}{\partial K} > 0$$
$$\frac{\partial^2 F(K,L)}{\partial K^2} < 0$$

と，生産関数の1次同次性については，

$$kY = F(kK, kL)$$

とそれぞれ板書するであろう。

しかし，黒板に書かれたことは，それぞれの言葉の定義を述べているにすぎず，そこからは，経済学的な意味がまったく伝わってこない。多くの場合，経済学的な本質的意味を押さえられない学生は，数学の能力もたいしたことがないのだが。それはさておき，この POINT 11-1 では，「生産関数における限界生産性の逓減や1次同次性は，いったい何を意味するのか？」を掘り下げて考えてみよう。

　■ 限界生産性の逓減とは？　　いま，力量の同じ従業員5人が5台の機械を使って，1日100個の製品を生産しているとしよう。従業員が労働，機械が資本をそれぞれ代表しているとする。このケースで「資本の限界生産性が逓減する」とは，従業員の人数を5人のままにして，機械の台数を5台から10台へと1台ずつ増やしていくと，製造個数の増分が徐々に低下する状況を指している。たとえば，次のような製造個数の増加を想定しよう。5台から6台に増えたときに製造個数が10個増えたものが，6台から7台では8個，7台から8台では6個，8台から9台で4個，9台から10台で2個と，製造個数の増分が徐々に減っていく。

| 機械台数 | 5台 | 6台 | 7台 | 8台 | 9台 | 10台 |
|---|---|---|---|---|---|---|
| 1日あたり製造個数 | 100個 | 110個 | 118個 | 124個 | 128個 | 130個 |

なぜ，上のようなことが起きるのであろうか。以下のように考えられないであろうか。従業員数を固定したままで機械を追加していくと，当初は従業員1人で機械を1台扱っていたが，機械台数を10台とすると，従業員1人で2台の機械を取り扱わなければならなくなる。その結果，機械の運用が手薄となって，追加して導入した機械のキャパシティを十分に活用することができなくなる。そうしたことが，製造個数の増分を引き下げている。資本の限界生産性の逓減を回避しようと思えば，従業員の数を増やすか，従業員1人1人の力量を引き上げなければならない。

　機械台数を固定して，従業員数を増やしても，同じことが生じる。いままで，

従業員1人で機械1台を十分に取り扱えていたのに，1台あたりに割り当てる従業員を増やしても，追加した従業員は手持無沙汰になるだけであろう。その結果，従業員を増やしても，製造個数がそれほど増えるわけではない。このように，「生産要素の限界生産性が逓減する」という状況は，他の生産要素を固定したままで，ある生産要素の投入を増やしても，追加した生産要素のキャパシティを十分に活用できないことから生じている。

■ **1次同次性とは？** 上の事例を用いて「生産関数の1次同次性」を説明することは，非常に簡単である。従業員5人，機械5台の生産ユニットをもう1つ立ち上げれば，製造個数の合計は，1日100個から200個に増加するという，"自然な""当たり前の"状況が，「生産関数が1次同次である」ことに対応している。マクロ経済学で生産関数の1次同次性が想定されることが多いのも，その想定がきわめて自然だからであろう。

しかし，よくよく考えてみると，生産関数の1次同次性は，それほど当たり前のことではない。上の例に戻ってみると，従業員5人，機械5台の生産ユニットを，従前の生産ユニットと独立に立ち上げれば，おそらく製造個数合計は1日200個となるであろう。しかし，同じ製造ユニットに従業員10人，機械10台を配したらどうであろうか。この場合，まったく対照的な，2つのケースを考えることができないであろうか。

第1は，「3人寄れば文殊の知恵」ではないが，これまで5人で共有してきたさまざまな製造体験を，今度は，10人で共有することになる。すると，生産増大に向けての工夫の余地が，5人のときよりもいっそう広がって，総製造個数が200個を上回るかもしれない。このような形で1次同次性が成り立っていないケースは，「収穫が規模に対して逓増している」と呼ばれている。

第2は，逆に，製造個数の合計が200個を下回ってしまうケースである。たとえば，以前と同じ広さの敷地に，5人の従業員と5台の機械を追加すると，従業員1人あたりで活動できる範囲が限られてくる。その結果，製造現場で混雑が生じて，生産効率が低下するかもしれない。この場合，よくよく考えてみると，実は，製造に必要な生産要素を等しく倍増させていないのである。本来であれば，敷地が重要な生産要素であるにもかかわらず，敷地の広さは固定したままで，従業員や機械の生産要素を追加して投入しているので，それらの生産要素の限界生産性が逓減したと考えることができる。

第Ⅳ部の「新しい経済成長モデル」（第18章）で詳しく見ていくように，進んだ経済成長理論では，生産関数が1次同次性を満たさず，規模に対して逓増しているケースを取り扱っている。

第4に，マクロ経済学で用いる標準的な生産関数では，「ある生産要素の限界生産性は，他の生産要素の投入水準とともに上昇する」という特性が備わっている。たとえば，労働の限界生産性は資本設備が充実するほど向上し，資本の限界生産性は労働力が豊富なほど改善する。

　以下では，労働力の投入水準の低下が資本の限界生産性に与える影響を見てみよう。前述のように，労働の限界生産性は逓減するので，労働力の投入水準が低下するほど，労働の限界生産性は上昇する。それでは，資本の限界生産性は，どのように変化するのであろうか。図11-3は，労働投入水準が低下した場合に生じる資本投入と産出量の関係を見たものである。労働投入水準が低下すると，資本投入と産出量の関係で見た生産関数は，下方にシフトする。いま，資本投入水準が$A$点にあるとすると，労働投入が低下するとともに，その資本投入水準における生産関数の傾きも緩やかになり，資本の限界生産性が低下する。

　通常，労働賃金率（労働1単位あたりの賃金報酬）は労働の限界生産性に，資本収益率（資本1単位あたりの資本収益）は資本の限界生産性に比例する。上の事例に基づくと，労働投入水準が低下すると，労働賃金率が上昇する一方で，資本収益率は低下することになる。資本と労働の相対的な希少性を考えると，このような労働賃金率や資本収益率の動向を理解しやすくなる。上のケースでは，労働投入が低下して，労働の資本に対する希少性が高まって，労働賃金率が上昇している。一方，資本の労働に対する希少性が低くなって，資本収益率が低下している。実は，以下のPOINT 11-2で示すように，こうした労働賃金率や資本収益率の動向は，歴史的な事実とも整合的なのである。

FIGURE　図 *11-3* ● 労働投入水準の低下と資本の限界生産性

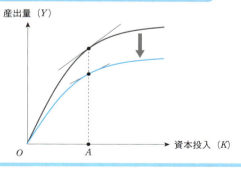

**POINT 11-2 ● 資本が一定で労働力が変化すると，何が起こるのであろうか？**
　　　　　　——黒死病と外国人労働力受け入れ

■ **黒死病のケース**　　異なった生産要素の水準は，同じ方向に変化する傾向がある。たとえば，経済成長の過程では，資本水準も労働力も拡大していく。また，戦争で本土が焦土となると，資本設備が破壊され，労働力が失われる。しかし，疫病などに襲われると，資本水準はそのままで，労働力のみが激減してしまう。このような場合，標準的な生産関数に基づくと，労働の限界生産性が上昇して労働賃金率が高まる一方，資本の限界生産性が低下して資本収益率が低下するはずである。

　C. M. チポラ（Cipolla [1976]）は，中世ヨーロッパの黒死病による人口激減が賃金や地代に与えた影響を分析している。中世ヨーロッパは農業生産を基軸としたので，本質的な生産要素は労働力と土地が想定されている。1348 年にヨーロッパ全土を襲った黒死病（ペスト）は，ヨーロッパの総人口をおよそ 3 分の 1 減少させた。当時の主要な資本ストックは土地であるので，農民 1 人あたりが耕す土地面積（労働装備率）が 1.5 倍になったことになる。チポラの推計によると，人口激減の結果，実質賃金は 2 倍になった一方，地代（土地の資本収益率に相当する）は 50% 減少した。

　現在においても，エイズの蔓延によって農業や工業に従事できる労働力が激減したアフリカ経済では，同様のことが生じていると言われている。

■ **外国人労働力受け入れのケース**　　外国からの労働者を受け入れるケースでは，黒死病のケースとまったく逆のことが起きる。外国人労働力を受け入れる国の資本設備水準が一定のもとで外国人労働者が入ってくると，当然，国内労働力が拡大して，労働力 1 人あたりの資本設備（労働装備率）は低下する。労働装備率の低下によって資本の限界生産性が改善し，資本収益率が上昇する。一方，労働の限界生産性が逆に劣化し，労働賃金率が低下する。

　以上の議論を念頭に置くと，外国人労働力受け入れは，国内の所得分配に大きな影響を与えることになる。外国人労働力を受け入れた分だけ国内生産が増大するが，その増分のほとんどは，外国人労働者に支払う賃金にまわってしまう。すなわち，国内へ配分される所得のパイの大きさは，外国人労働者の受け入れ前とほとんど違いがない。

　しかし，国内の労働所得と資本所得の分配が大きく変化する。具体的には，国内労働者にとっては，労働賃金率の低下分だけ労働所得が減少する。一方，国内の資本提供者にとっては，資本収益率の上昇分だけ資本所得が増加する。

　【参考文献】　C. M. Cipolla [1976] *Before the Industrial Revolution : European Society and Economy, 1000-1700*, Norton.

## 2-2　コブ・ダグラス型生産関数

上述の 4 つの特性を満たす代表的な生産関数として，次のような**コブ・ダグラス型生産関数**（Cobb-Douglas production function）を用いることが多い。

$$Y = AK^{\alpha}L^{1-\alpha} \tag{11-2}$$

コブ・ダグラス型生産関数においてパラメーターである $\alpha$ は，0 と 1 の間の値をとる。以下の POINT 11-3 に示しているように，$\alpha$ は資本の生産への貢献度を，$1-\alpha$ が労働の生産への貢献度をそれぞれ表している。同時に，競争的な市場環境においては，$\alpha$ が国民所得に占める資本所得の比率（資本分配率）を，$1-\alpha$ が国民所得に占める労働所得の比率（労働分配率）をそれぞれ示している。

なお，同じ教科書のなかで統一性がとれていなくて本当に申し訳ないが，第 6 章で用いた生産関数（GDP＝$\alpha$×労働投入）のパラメーター $\alpha$ と上のコブ・ダグラス型生産関数のパラメーター $\alpha$ はまったく別物であることに注意してほしい。このようなまぎらわしいノーテーションを用いたのは，いずれのギリシャ文字の使い方も，経済学の文献や論文では一般的であるからである。ただし，構造のまったく異なる 2 つの生産関数が同じ論文に現れることはほとんどないのであるが……。

次に，(11-2) 式の右辺の先頭にあるパラメーター $A$ は，**全要素生産性**（total factor productivity, TFP と略されることが多い）と呼ばれている。この全要素生産性が上昇すると，資本と労働の投入水準が同一であっても，生産水準が増大することから，全要素生産性は，生産技術のレベルを表していると解釈されている。したがって，全要素生産性の変化率（$\Delta A/A$）が技術進歩の速度，すなわち，**技術進歩率**（rate of technological progress）を表していることになる。

> **POINT** *11-3* ● $\alpha$ は何を意味するのであろうか？

■ **生産への貢献度**　数学的に見ると，コブ・ダグラス型生産関数の資本の限界生産性は，偏微分（巻末の数学付録を参照のこと）を用いて次のように導くことができる。

$$\frac{\partial Y}{\partial K} = \alpha AK^{\alpha-1}L^{1-\alpha}$$

さらに，上の式の両辺を $Y/K$ で割ると，

第 11 章　閉鎖経済の長期モデル

$$\frac{\Delta Y/Y}{\Delta K/K} = \alpha$$

を導出できる。なお，$\Delta$ は変数の変化分を示している。上の式は，資本投入の限界的な増加率（$\Delta K/K$）の産出量成長率（$\Delta Y/Y$）にもたらす影響に $\alpha$ が対応していることを示している。換言すると，$\alpha$ が資本の生産への貢献度を表している。

同様に，労働の限界生産性の導出式である（$\partial Y/\partial L = (1-\alpha)AK^{\alpha}L^{-\alpha}$）の両辺を $Y/L$ で割ることによって，

$$\frac{\Delta Y/Y}{\Delta L/L} = 1-\alpha$$

を導出できるので，$1-\alpha$ は，労働の生産への貢献度を表していることになる。

■ **所得分配率との対応**　コブ・ダグラス型生産関数には，$\alpha$ と $1-\alpha$ が，資本と労働の所得分配率に対応しているという重宝な特性もある。以下，若干煩雑になるが，そのことを示していこう。

まず，企業が生産財価格，労働賃金率，資本レンタル率を与えられたもの（企業自身が設定できないもの）として利潤極大化行動を行う競争均衡を仮定する。ここで，生産財価格を $p$，労働賃金率を $w$，資本レンタル率を $r$ とする。資本 $K$ と労働 $L$ を投入し，$Y$ の財を生産している企業の利潤 $\pi$ は，以下のように定めることができる。

$$\pi = pY - rK - wL$$

上の利潤関数にコブ・ダグラス型生産関数を代入すると，

$$\pi = pAK^{\alpha}L^{1-\alpha} - rK - wL$$

が得られる。

利潤を最大化する条件（1階条件）である $\partial\pi/\partial K = 0$ と $\partial\pi/\partial L = 0$ からは，

$$\frac{r}{p} = \alpha AK^{\alpha-1}L^{1-\alpha}$$

$$\frac{w}{p} = (1-\alpha)AK^{\alpha}L^{-\alpha}$$

を導くことができる。すなわち，生産財価格で標準化した実質資本レンタル率（$r/p$）は資本の限界生産性に，実質賃金率（$w/p$）は労働の限界生産性にそれぞれ等しい。

これらの利潤最大化条件を用いると，

$$\frac{rK}{pY} = \alpha$$

$$\frac{wL}{pY} = 1-\alpha$$

を導出できる。

したがって，$\alpha$ は，資本所得（$rK$）が総生産価値に等しい国民所得（$pY$）に占める割合，資本分配率を示している。同様に，$1-\alpha$ は，労働所得（$wL$）が総生産価値に等しい国民所得（$pY$）に占める割合，労働分配率を示している。ここで若干注意を要するのは，総生産価値に等しい国民所得には固定資本減耗分も含まれているので，資本所得にも，固定資本減耗分が含まれている点である。

## POINT 11-4 ● $\alpha$ をどうやって計算するのか？

コブ・ダグラス型生産関数でキーとなるパラメーター $\alpha$（あるいは，$1-\alpha$）をどうやって求めるのであろうか。

■ **正攻法**　正攻法としては，データによって $\alpha$ を推計する方法が考えられる。通常，コブ・ダグラス型生産関数を推計する場合には，以下のように生産関数の両辺について自然対数をとる。

$$\ln Y = \ln A + \alpha \ln K + (1-\alpha) \ln L$$

上のような定式化では，$\ln Y$，$\ln A$（定数項として取り扱う），$\ln K$，$\ln L$ の間が線形関係となるので，計量経済学で馴染みのある最小自乗法を用いて，$\alpha$（あるいは，$1-\alpha$）を推計することができる。

■ **簡便法**　簡便法としてしばしば用いられているのは，先の POINT 11-3 で明らかにしたように，競争的な市場では，$\alpha$ が資本分配率に，$1-\alpha$ が労働分配率に対応する関係を用いる手法である。ここで注意しなければならない点は，資本所得には，固定資本減耗分も含まれているという点である。

たとえば，日本経済の国民経済計算によると，2013 年については，間接税・補助金の影響を取り除いた「要素費用表示の国内総所得」は，441.9 兆円に達している。なお，国内の生産関数を想定しているので，海外からの純所得は加えていない。

一方，所得分配面では，次のような数字を得ることができる。

| | |
|---|---|
| 雇用者報酬 | 247.8 兆円 |
| 営業余剰・混合所得 | 92.2 兆円 |
| 固定資本減耗 | 101.9 兆円 |

労働所得に対応する雇用者報酬が国内総所得に占める割合は，56.1% である。一方，営業余剰・混合所得に固定資本減耗を合わせた資本所得（194.1 兆円，海外からの純所得は含めていない）が国内総所得に占める割合は，43.9% となる。したがって，$\alpha$ は，4 割強，$1-\alpha$ は，6 割弱となる。他の先進資本主義国のマクロ経済でも，$\alpha$ が 4 割前後と想定されることが多い。

第 11 章　閉鎖経済の長期モデル

## 2-3　労働力1人あたりGDPの重要性

コブ・ダグラス型生産関数も，1次同次性を満たしているので，資本と労働の投入をそれぞれ$k$倍すると，産出量も$k$倍になる。改めてそのことを確かめてみよう。(11-2) 式において，労働と資本の投入を$k$倍にした場合，以下のような結果を得ることができる。

$$A(kK)^{\alpha}(kL)^{1-\alpha} = k^{\alpha+(1-\alpha)}AK^{\alpha}L^{1-\alpha} = kY$$

したがって，産出量も$k$倍となる。

この1次同次性を用いると，労働力1人あたりの産出量と資本投入量で生産関数を定式化することができる。ここでは，$k$倍ではなく，資本と労働の投入を$1/L$倍してみよう。すると，

$$\frac{Y}{L} = A\left(\frac{K}{L}\right)^{\alpha}\left(\frac{L}{L}\right)^{1-\alpha} = A\left(\frac{K}{L}\right)^{\alpha}$$

を導出できる。

小文字の$y$を労働力1人あたりの産出量，$k$を労働力1人あたりの資本投入量とそれぞれ定義すると，(11-2) 式のコブ・ダグラス型生産関数は，次のように書き直すことができる。

$$y = Ak^{\alpha} \tag{11-3}$$

第5章でも述べたように，労働力1人あたり資本量$k$は，「労働者1人あたりに対して資本がどの程度装備されているのか」を示すという意味で労働装備率とも呼ばれている。

労働力1人あたりに書き直した (11-3) 式のコブ・ダグラス型生産関数は，経済成長を評価するうえで重要なツールとなる。かりに労働力人口がほぼ総人口に比例すると考えると，「労働投入1人あたり」という部分は「人口1人あたり」と読み替えることができる。

第1節でも述べたように，実質GDPが拡大していても，その背後で人口も増加している場合には，人口1人あたりで見た生産量や所得水準がかならずしも拡大しているわけではない。もし，経済全体の生産水準 (GDP) が拡大しても，1人あたりのGDPが増加しなければ，国民1人1人のレベルで見ると，生産面や所得面で豊かになっていないことになる。

> **COLUMN** マクロ経済学の歴史⑭ コブ・ダグラス型生産関数の裏話

　コブ・ダグラス型生産関数の作成者とされているダグラス（P. H. Douglas, 1892-1976, アメリカ人）は，イリノイ大学やシカゴ大学の経済学部で教鞭を執るとともに，政府や地方自治体の公職にあって社会保障や労働問題に取り組んできた。1948 年から 66 年まではイリノイ州選出の上院議員（民主党）でもあった。第 2 次世界大戦中は，海軍に服役している。

　ダグラスは，1948 年に，後にコブ・ダグラス型生産関数と呼ばれる生産関数に関する論文「生産の法則はあるか？」（"Are There Laws of Production?"）を発表している。ダグラスも認めているように，この生産関数は，ダグラスがはじめて提案したものではなく，ワルラス（M. E. L. Walras, 1834-1910, フランス人），ウィックスティード（P. H. Wicksteed, 1844-1927, イギリス人）やヴィクセル（J. G. K. Wicksell, 1851-1926, スウェーデン人）にまでさかのぼることができる。

　コブ（C. W. Cobb, 1875-1949）は，数学科の教授であった。ダグラスは，1927年に生産関数の導出についてコブに相談をしている。ダグラスは，コブに相談したことを公にしていた。そうした契機があって，ダグラスが用いた生産関数はコブ・ダグラス型と呼ばれるようになった。

　先ほどの POINT 11-3 で導出したように，コブ・ダグラス型生産関数においては，労働の限界生産性から次のような式を導出することができる。

$$\frac{\Delta Y/Y}{\Delta L/L} = 1-\alpha$$

もし，$\alpha$ が 0.4 であるとすると，労働力が 10％ 増加しても（$\Delta L/L=0.1$），産出量は 6％ しか増大しない（$\Delta Y/Y=(1-\alpha)\Delta L/L=0.6\times 10\%$）。たとえば，労働力が 10 人から 11 人に増えても，産出量は 100 から 106 しか増えないので，1 人あたりの産出量で見ると，10（＝100÷10）から約 9.6（＝106÷11）へと逆に減少してしまう。経済全体で見ると生産も所得も増大しているにもかかわらず，1 人あたりで見ると生産・所得が減少してしまうようなことが起きてしまうのである。

　最後に，(11-2) 式および (11-3) 式のコブ・ダグラス型生産関数について重要な仮定に言及しておきたい。コブ・ダグラス型生産関数では，技術水準の指標である全要素生産性 $A$ の水準は，資本蓄積や労働投入の決定メカニズムにはまったく影響を受けないことが暗黙に想定されている。厳密に言うと，資本蓄積と

技術進歩の速度が相互に影響しあうようなマクロ経済には，(11-2)式や(11-3)式のような生産関数を適用できないことになる。言い換えると，コブ・ダグラス型生産関数を基軸に経済成長モデルを組み立てると，技術進歩の決定メカニズムを直接分析することができなくなってしまう。第Ⅳ部の「新しい経済成長モデル」（第18章）では，技術進歩の決定メカニズムを分析している**内生成長モデル**（endogenous growth model）を紹介していく。

## 成長会計の考え方・使い方

### 3-1　成長会計の考え方

それでは，前節で導入したコブ・ダグラス型生産関数を用いながら，成長率への貢献度を計測するための手法である**成長会計**（growth accounting）の仕組みを紹介していこう。POINT 11-5で詳しく説明するが，(11-2)式のコブ・ダグラス型生産関数からは，次のような関係を導出することができる。

$$\frac{\Delta Y}{Y} = \frac{\Delta A}{A} + \alpha\frac{\Delta K}{K} + (1-\alpha)\frac{\Delta L}{L} \tag{11-4}$$

なお，(11-4)式で現れる $\Delta$ は変数の変化分を示している。したがって，$\Delta A/A$ と記述すると，$A$ の変化分の $A$ に対する割合，すなわち，$A$ の変化率を表していることになる。$A$ は技術水準の指標である全要素生産性なので，その変化率は技術進歩の度合を表していることになる。

(11-4)式は，成長率（$\Delta Y/Y$）が3つの貢献要素，すなわち技術進歩率（$\Delta A/A$），資本蓄積率に比例する要因（$\alpha\Delta K/K$），労働人口成長率に比例する要因（$(1-\alpha)\Delta L/L$）に分解できることを示している。この式の利点は，左辺や右辺に現れる諸変数（ただし，技術進歩率を除く）が経済統計によって正確に計測できることにある。

> **POINT　11-5** ● 成長会計の導出方法
>
> このPOINTでは，2つの方法から，(11-4)式の成長会計を導出していこう。
> ■ **簡便法**　まず，高校で習った数学の知識から（自然）対数に関する次の公式を思い出してほしい（巻末の数学付録も参照のこと）。

$$\ln(xy) = \ln x + \ln y$$
$$\ln(x^\alpha) = \alpha \ln x$$

これらの公式を（11-2）式に適用すると，次の式に変形できる．

$$\ln Y = \ln A + \alpha \ln K + (1-\alpha)\ln L$$

上の関係は，$t$期においても，$t+1$期においても成立しているはずなので，次の2つの式を得ることができる．

$$\ln Y_{t+1} = \ln A_{t+1} + \alpha \ln K_{t+1} + (1-\alpha)\ln L_{t+1}$$
$$\ln Y_t = \ln A_t + \alpha \ln K_t + (1-\alpha)\ln L_t$$

上の第1の式から第2の式を差し引くと，以下の関係を得ることができる．

$$(\ln Y_{t+1} - \ln Y_t) = (\ln A_{t+1} - \ln A_t) + \alpha(\ln K_{t+1} - \ln K_t) + (1-\alpha)(\ln L_{t+1} - \ln L_t)$$

これまでも，第II部のさまざまな箇所で用いてきた関係であるが，2時点についてある変数の自然対数をとった値の（わずかな）差は，その変数の変化率として近似することができる．たとえば，変数 $X$ について，$\ln X_{t+1}$ と $\ln X_t$ の（わずかな）差をとると，$(X_{t+1} - X_t)/X_t$ に近似することができる．こうした近似関係を用いると，上の式は，以下のように書き換えることができる．

$$\frac{Y_{t+1} - Y_t}{Y_t} = \frac{A_{t+1} - A_t}{A_t} + \alpha \frac{K_{t+1} - K_t}{K_t} + (1-\alpha)\frac{L_{t+1} - L_t}{L_t}$$

上の式において，$(X_{t+1} - X_t)/X_t$ の表記を $\Delta X/X$ の表記に置き換えたものが，（11-4）式に対応している．

### ◼ 微分を用いた方法

自然対数の微分については，以下の公式があることを思い出してもらうと，（11-4）式の成長会計は，直接導出することができる．

$$\frac{\partial \ln x}{\partial x} dx = \frac{dx}{x}$$

上の微分公式を用いて，以下の式を $Y, A, K, L$ について全微分すると，

$$\ln Y = \ln A + \alpha \ln K + (1-\alpha)\ln L$$

となり，次の関係を得ることができる．

$$\frac{dY}{Y} = \frac{dA}{A} + \alpha \frac{dK}{K} + (1-\alpha)\frac{dL}{L}$$

上の式において，$dX/X$ の表記を $\Delta X/X$ の表記に置き換えたものが，（11-4）式に対応している．

第Ⅰ部で詳しく見てきたように,実質 GDP 成長率 ($\Delta Y/Y$) や資本蓄積の速度 ($\Delta K/K$) は国民経済計算 (SNA) から,労働人口成長率 ($\Delta L/L$) は労働力に関する統計からそれぞれ計算できる。前述の POINT 11-5 のように,コブ・ダグラス型生産関数のパラメーター $\alpha$ の想定については,計量経済学モデルから推定することもできるし,「完全競争市場のもとでは $\alpha$ が資本分配率に等しい」という理論的結論に依拠することも可能である。先の POINT 11-4 で見てきたように,資本分配率は SNA から簡単に得られる。先進資本主義諸国では,$\alpha$ が 4 割前後である。

こうして統計データの情報を (11-4) 式に入力し,資本蓄積率に比例する要因 ($\alpha \Delta K/K$) と労働人口成長率に比例する要因 ($(1-\alpha)\Delta L/L$) の合計を,実質 GDP 成長率 ($\Delta Y/Y$) から差し引いた値は,(11-4) 式の右辺に現れる技術進歩の度合 ($\Delta A/A$) に対応する。すなわち,技術進歩の度合 ($\Delta A/A$) は,計測できる値の残差として認識できる。ノーベル経済学賞受賞者ソローがこうして計算された残差を技術進歩として取り扱ったことから,上のような方法で算出された全要素生産

---

> **COLUMN** マクロ経済学の歴史⑮　ソローの成長理論への貢献

本章の第 3 節で取り扱っている成長会計は,ソロー (R. M. Solow, 1924-, アメリカ人) が 1957 年に発表した「技術進歩と集計された生産関数」("Technical Change and the Aggregate Production Function") という論文で展開されている。ただし,ティンバーゲン (J. Tinbergen, 1903-94, オランダ人) が 1944 年に発表した論文で同様の考え方をすでに提起していた。

一方,本章の第 4 節で展開しているソロー・モデルは,ソローが 1956 年に「経済成長理論への貢献」("A Contribution to the Theory of Economic Growth") という論文で最初に提案した。ただし,同じ年に,スワン (T. W. Swan, 1918-89, オーストラリア人) が「経済成長と資本蓄積」("Economic Growth and Capital Accumulation") という論文で同様の成長モデルを発表していることから,ソロー・スワン・モデルと呼ぶことも多い。

ソローは,1987 年に経済成長理論への貢献によりノーベル経済学賞を受けている。

ソロー (AFP=時事提供)

性（$A$）の進歩率は，ソロー残差（Solow's residual）と呼ばれている。

たとえば，ある期間（通常，20年以上の長期間を想定することが多い）のデータについて次のような仮想的な数値例を用いてみよう。なお，資本分配率以外は，すべて年率換算で表示されている。

　　経済成長率（$\Delta Y/Y$）：年 5.2％
　　資本蓄積率（$\Delta K/K$）：年 5.0％
　　労働人口成長率（$\Delta L/L$）：年 2.0％
　　資本分配率（$\alpha$）：40％

この場合，資本蓄積の成長への貢献は 2％（＝5×0.4），労働力成長の貢献は 1.2％（＝2×(1−0.4)）であり，2つの生産要素の貢献分を合わせると 3.2％となる。そこで，実際の経済成長率 5.2％ から 3.2％ を控除した残りの 2％ が，技術進歩（$\Delta A/A$）に起因していると解釈できる。

同様の成長会計の作業は，労働力1人あたりで見た (11-3) 式からも，以下のように導出することができる。

$$\frac{\Delta y}{y} = \frac{\Delta A}{A} + \alpha \frac{\Delta k}{k} \tag{11-5}$$

(11-5) 式のバージョンの成長会計の実例として，第5章の1969年から2013年にかけてのサンプル期間に関する数値例（図5-11と図5-12）を用いてみよう。

　　労働力1人あたり経済成長率（$\Delta y/y$）：年 1.9％
　　労働装備率の成長率（$\Delta k/k$）：年 3.4％
　　資本分配率（$\alpha$）：40％

この場合，(11-5) 式の成長会計によると，1人あたり経済成長率 1.9％ のうち，労働装備率の成長に起因する部分が 1.4％（＝0.4×3.4％），技術進歩に起因する部分が 0.5％（＝1.9％−0.4×3.4％）と見積もられることになる。

### POINT 11-6 ● 人口減少と経済成長

日本経済の長期的な政策課題として，少子化による人口減少が将来の労働力の減少につながって，経済成長の阻害要因となることが懸念されている。「海外からの労働者を受け入れるべきである」とする政策主張も，こうした懸念を背景としていることが多い。しかし，経済成長理論が示すところによると，人口減少が即座にマクロ経済に深刻な影響をもたらすわけではない。このPOINTでは，そのことを見ていきたい。

いま，資本分配率（$\alpha$）を4割とすると，(11-4) 式の成長会計は以下のように表すことができる。

$$\frac{\Delta Y}{Y} = \frac{\Delta A}{A} + 0.4 \times \frac{\Delta K}{K} + 0.6 \times \frac{\Delta L}{L}$$

そこで，向こう10年間，人口減少で労働力が5%減少すると仮定しよう。技術進歩も，資本蓄積もない場合，上の成長会計によると，5%の労働力減少は，実質GDPを3%（0.6×5%）引き下げる。この意味では，人口減少が経済成長の阻害要因と考えるのは正しい。

それでは，労働力1人あたりで見るとどうであろうか。成長会計式を求めたときの数学的なテクニックを用いると（具体的には，$y=Y/L$ の両辺について自然対数をとったうえで全微分を行うと），労働力1人あたりのGDP成長率（$\Delta y/y$，ただし，$y=Y/L$）は，次のように導くことができる。

$$\frac{\Delta y}{y} = \frac{\Delta Y}{Y} - \frac{\Delta L}{L}$$

先ほどの数値例を使うと，5%の労働力減少（$\Delta L/L = -0.5\%$）で3%のGDP減少（$\Delta Y/Y = -0.3\%$）が引き起こされる。したがって，労働力1人あたりのGDP成長率は，2%増加することになる（$\Delta y/y = -3\% - (-5\%) = 2\%$）。労働力1人あたりで見ると，人口減少でGDPはかえって成長するのである。

なぜ，このようなことが起きるのであろうか。そこで，労働装備率（労働力1人あたりの資本ストック，$k=K/L$）の動きを見てみよう。労働装備率の変化率（$\Delta k/k$）についても，

$$\frac{\Delta k}{k} = \frac{\Delta K}{K} - \frac{\Delta L}{L}$$

と表すことができる。上の数値例では，資本ストックは固定されているので（$\Delta K/K=0$），5%の労働力減少で労働装備率は5%増加する（$\Delta k/k = 0 - (-5\%) = 5\%$）。すると，(11-5) 式の成長会計から，

$$\frac{\Delta y}{y} = 0.4 \times \frac{\Delta k}{k}$$

が得られるので，労働力1人あたりのGDPは2%拡大する（$\Delta y/y = 0.4 \times 5\% = 2\%$）。労働力の減少は，1人の労働者に装備される資本設備を充実させる結果，労働力1人あたりのGDPが拡大するとともに，1人あたりの国民所得も増大するのである。先のPOINT 11-2で見てきたように，労働力が減少すると労働生産性が改善するので，労働力1人あたりの賃金が増加する。そのことが1人あたりで見た所得を下支えしているわけである。

ただし，以上の議論は，人口と労働力の変化が1対1で対応していることを仮定していることに注意してほしい。人口水準が同じでも，高齢化などで人口の年齢構成が変化して，労働力が減少するようなケースは，新たな分析枠組みが必要となってくる。

> **POINT** 11-7 ● 人口1人あたり名目GDPで見た日本経済の実力

　マクロ経済規模の国際比較を行う場合，IMF（国際通貨基金）が公表している名目GDP水準を米ドル換算したデータを用いることが多い。そのデータを尺度とすると，日本経済は，アメリカ経済，中国経済に次いで世界第3位の経済規模を誇っている。具体的には，2014年の名目GDPでは，アメリカは17.4兆ドル，中国は10.4兆ドル，日本は4.6兆ドル，ドイツは3.9兆ドルであった。

　しかし，米ドル換算で人口1人あたり名目GDPを比較すると，様相は一変する。表11-1によると，2014年に上位を占めるのは，人口が1000万人にも満たない小国が多い。人口が1000万人を超えてベスト10に入っている国は，5位のオーストラリアと10位のアメリカだけである。

　人口規模が大きく，かつ，人口1人あたり名目GDPが高水準である「経済的

> **TABLE** 表 11-1 ● 人口1人あたり名目GDP（米ドル建て）のランキング

| 2014年の<br>ランキング | 国　名 | 2014年の人口1人<br>あたり名目GDP<br>（米ドル建て） | 2014年の人口<br>（100万人） | 2010年の<br>ランキング | 2000年の<br>ランキング |
|---|---|---|---|---|---|
| 1位 | ルクセンブルク | 111,716 | 0.6 | 1 | 1 |
| 2位 | ノルウェー | 97,013 | 5.2 | 2 | 2 |
| 3位 | カタール | 93,965 | 2.2 | 3 | 9 |
| 4位 | スイス | 87,475 | 8.1 | 4 | 3 |
| 5位 | オーストラリア | 61,219 | 23.6 | 7 | 24 |
| 6位 | デンマーク | 60,564 | 5.6 | 6 | 8 |
| 7位 | スウェーデン | 58,491 | 9.8 | 8 | 10 |
| 8位 | サンマリノ | 56,820 | 0.03 | 5 | ― |
| 9位 | シンガポール | 56,319 | 5.5 | 13 | 18 |
| 10位 | アメリカ | 54,597 | 319.1 | 10 | 5 |
| 18位 | ドイツ | 47,590 | 81.1 | 19 | 19 |
| 19位 | イギリス | 45,653 | 64.5 | 21 | 11 |
| 20位 | フランス | 44,538 | 63.9 | 18 | 20 |
| 27位 | 日本 | 36,332 | 127.1 | 17 | 4 |
| 28位 | イタリア | 35,823 | 60.0 | 22 | 25 |
| 31位 | 韓国 | 28,101 | 50.4 | 36 | 34 |
| 58位 | ロシア | 12,926 | 143.7 | 61 | 92 |
| 61位 | ブラジル | 11,604 | 202.8 | 58 | 68 |
| 80位 | 中国 | 7,589 | 1,367.8 | 96 | 119 |
| 87位 | 南アフリカ | 6,483 | 54.0 | 74 | 75 |
| 131位 | ブータン | 2,730 | 0.8 | 132 | 126 |
| 145位 | インド | 1,627 | 1,259.7 | 140 | 146 |
| 187位 | マラウイ | 242 | 17.6 | 184 | 180 |

（出所）　IMF。

第11章　閉鎖経済の長期モデル

に豊かな大国」の目安として，20-50 クラブという基準がある。20-50 クラブに入るには，人口1人あたり名目 GDP が2万ドル以上（more than **twenty** thousand dollars）で人口が 5000 万人以上（more than **fifty** million）でなければならない。

20-50 クラブの基準を満たす国は，世界で7カ国しかない。人口1人あたり名目 GDP が高い順に見ていくと，アメリカ，ドイツ，イギリス，フランス，日本，イタリア，韓国だけである。韓国は，2012 年に人口が 5000 万人を超えた。

近年，経済成長が目覚ましかったブラジル，ロシア，インド，中国を合わせて BRICs，時には，南アフリカを加えて BRICS と呼んでいるが，これらの国は，人口面では大国であるが，1人あたり名目 GDP のランキングはきわめて低い。名目 GDP で世界第2位を誇る中国も，1人あたり名目 GDP では，187 カ国中 80 位にとどまっている。他の国を見ていくと，ロシアが 58 位，ブラジルが 61 位，南アフリカが 87 位，インドが 145 位である。

経済成長モデルにおいても，GDP だけでなく，1人あたり GDP にも分析の焦点が置かれているのも，1人あたり GDP が国民のレベルで経済厚生を計るうえで重要な指標だからである。1人あたり名目 GDP という尺度で国際比較すると，日本は，依然として経済的に豊かな大国と言える。

## 3-2　成長会計の事例──先進資本主義諸国と東アジア経済

以下では，成長会計を用いた実証研究を概観してみよう。表 11-2 は，戦後復興から 1973 年に第1次石油ショックが起きるまでの期間について先進資本主義諸国に成長会計を適用したものである。これらの国々に共通して観察されることは，戦後復興期の高い経済成長のかなりの部分が技術進歩に支えられてきたことである。技術進歩の貢献度が比較的低いカナダやアメリカでも成長率の3分の1程度が全要素生産性の成長によってもたらされている。他の国々については，成長率のほぼ半分が技術進歩に起因している。日本の場合，年率 9% を超える成長率のうち技術進歩が4割を超える貢献度を示している。

表 11-3 は，より最近のサンプル期間（1960 年から 90 年）について同じ先進国のグループに対して成長会計を適用している。戦後の復興から 1970 年代当初までの高成長期に比べると 60 年代以降の平均成長率は下方に屈折しているが，表 11-3 はそれが主に技術進歩の鈍化によることを示している。たとえば，日本では 1947 年から 73 年には技術進歩によって経済が 4% 成長したのに対して，60 年から 90 年にはその貢献度合が 2% にまで低下している。表 11-2 と表 11-3 が

表 11-2 ● 先進資本主義諸国の成長会計（1947〜73 年）

（単位：年率%）

|  | $\alpha$ | 経済成長率 $(\frac{\Delta Y}{Y})$ | 資本蓄積 $(\alpha \frac{\Delta K}{K})$ | 労働人口成長率 $((1-\alpha)\frac{\Delta L}{L})$ | 技術進歩 $(\frac{\Delta A}{A})$ |
|---|---|---|---|---|---|
| カナダ | 44.0 | 5.17 | 2.54 | 0.88 | 1.75 |
| フランス | 40.0 | 5.42 | 2.25 | 0.21 | 2.96 |
| 西ドイツ | 39.0 | 6.61 | 2.69 | 0.18 | 3.74 |
| イタリア | 39.0 | 5.27 | 1.80 | 0.11 | 3.37 |
| 日 本 | 39.0 | 9.51 | 3.28 | 2.21 | 4.02 |
| イギリス | 38.0 | 3.73 | 1.76 | 0.03 | 1.93 |
| アメリカ | 40.0 | 4.02 | 1.71 | 0.95 | 1.35 |

（出所） L. R. Christensen, D. Cummings, and D. W. Jorgenson [1980] "Economic Growth, 1947-1973: An International Comparison," in J. W. Kendrick and B. Vaccara, eds., *New Developments in Productivity Measurement and Analysis*, NBER Conference Report, University of Chicago Press.

表 11-3 ● 先進資本主義諸国の成長会計（1960〜90 年）

（単位：年率%）

|  | $\alpha$ | 経済成長率 $(\frac{\Delta Y}{Y})$ | 資本蓄積 $(\alpha \frac{\Delta K}{K})$ | 労働人口成長率 $((1-\alpha)\frac{\Delta L}{L})$ | 技術進歩 $(\frac{\Delta A}{A})$ |
|---|---|---|---|---|---|
| カナダ | 45.0 | 4.10 | 2.29 | 1.35 | 0.46 |
| フランス | 42.0 | 3.50 | 2.03 | 0.02 | 1.45 |
| 西ドイツ | 40.0 | 3.20 | 1.88 | −0.25 | 1.58 |
| イタリア | 38.0 | 4.10 | 2.02 | 0.11 | 1.97 |
| 日 本 | 42.0 | 6.81 | 3.87 | 0.97 | 1.96 |
| イギリス | 39.0 | 2.49 | 1.31 | −0.10 | 1.30 |
| アメリカ | 41.0 | 3.10 | 1.40 | 1.29 | 0.41 |

（出所） C. Dougherty [1991], *A Comparison of Productivity and Economic Growth in the G-7 Countries*, Ph. D. dissertation, Harvard University.

示しているように，高度成長局面についても成長鈍化局面についても先進国の成長率は技術進歩の度合に大きく左右されている。

技術進歩の度合が経済成長を左右してきたという先進国の成長経験から，「高い経済成長＝旺盛な技術革新」という見方が定着するとともに，技術革新先導型の経済成長と暗黙に想定して高成長を積極的に評価する傾向が，経済活動に従事している人びとにも政策担当者にもあることは否めない。そうした傾向を反映して 1990 年代初頭まで急速なテンポで成長してきた東アジア諸国の経済パフォー

### 表 11-4 ● 東アジア諸国の成長会計

(単位：年率%)

| | 経済成長率 $(\frac{\Delta Y}{Y})$ | 技術進歩 $(\frac{\Delta A}{A})$ |
|---|---|---|
| 香港（1966～91年） | 7.3 | 2.3 |
| シンガポール（1966～90年） | 8.7 | 0.2 |
| 韓国（1966～90年） | 10.3 | 1.7 |
| 台湾（1966～90年） | 9.4 | 2.6 |

（出所） A. Young [1995] "The Tyranny of Numbers: Confronting the Statistical Realities of the East Asian Growth Experience," *The Quarterly Journal of Economics*, August, pp. 641-680.

マンスは，経済学的にも望ましいものとして肯定的に評価されてきた。時には，「東アジアの奇跡」と絶賛されることさえあった。

1995年に出版されたヤング（A. Young）による東アジア諸国の成長会計に関する綿密な実証論文は，こうした見方をドラスティックに改めた。表11-4は，香港，シンガポール，韓国，台湾についてヤングの論文の結果をまとめたものである。これらの国々は1960年代半ばより年率10％前後の経済成長を示してきたが，技術進歩に支えられた部分はきわめて小さい。香港，韓国，台湾では技術進歩が2％の成長をもたらしたにすぎないし，シンガポールでは技術進歩の寄与度はほぼゼロである。

これらの国々では，労働力参加率の急激な上昇によって労働力成長率が人口成長率を大きく上回るとともに，製造業への急激な投資によってもたらされた資本蓄積によって経済成長が支えられてきた。言い換えると，資本と労働の要素投入の増加によって経済成長のかなりの部分が説明できてしまうことになる。ヤングの実証結果は，「高い経済成長＝旺盛な技術革新」ということを無条件に受け入れることに警鐘を鳴らした。同時に，あれほど「奇跡」ともてはやされた東アジア経済が1997年の金融危機で苦境に立たされたことを考えるうえでも示唆に富んでいると言えよう。

それでは，第5章で用いた実質GDP，労働力，実質生産資本のデータを活用しながら，より最近の日本経済に対して成長会計を適用してみよう。表11-5によると，1990年代から21世紀にかけて，技術進歩（全要素生産性の成長率）は経済成長にほとんど貢献していなかった。全要素生産性の成長率は，1990年代で年－0.3％，2000年度から2013年度にかけて年0.1％にすぎなかった。労働力人

**表 11-5** 第5章のSNAデータを用いた成長会計　↑update年次↗

| | 実質GDP(注1)(10億円) | 同年成長率 | 労働力(万人) | 同年成長率 | 実質生産資本(注2)(10億円) | 同年成長率 | 全要素生産性(注3) |
|---|---|---|---|---|---|---|---|
| 1969年度 | 177,844 | | 5,098 | | 318,636 | | |
| ↓ | | 4.7% | | 0.9% | | 9.3% | 0.1% |
| 1980年度 | 295,905 | | 5,650 | | 849,077 | | |
| ↓ | | 3.9% | | 1.2% | | 2.9% | 1.9% |
| 1990年度 | 433,480 | | 6,384 | | 1,128,047 | | |
| ↓ | | 1.0% | | 0.6% | | 2.1% | −0.3% |
| 2000年度 | 476,723 | | 6,766 | | 1,388,330 | | |
| ↓ | | 0.8% | | −0.2% | | 1.8% | 0.1% |
| 2013年度 | 530,617 | | 6,577 | | 1,759,663 | | |

（注）1. 2005年基準に合わせたもの。
　　　2. 2005年基準のGDPデフレーターで実質化したもの。
　　　3. α＝0.44と想定。
（出所）内閣府。

口が停滞している日本経済の成長は，実質生産資本の緩やかな伸びでかろうじて支えられているのが現状と言える。

　本章で紹介した成長会計は，データの入手も容易で計算も平易であるにもかかわらず，経済成長を経済学的に評価するうえで有用な分析手法である。とくに，経済成長が技術進歩によって支えられているのかどうかを判断するために，有益な情報をわれわれにもたらしてくれる。

## ソローの経済成長モデル

　本節では，ソロー（R. M. Solow）が提示した経済成長モデルを紹介していこう。**ソロー・モデル**は，簡潔なモデルでありながら，**資本蓄積**（capital accumulation）のメカニズムを明快に説明している点で画期的な経済モデルである。

　ソロー・モデルでは，労働力1人あたりで記述した（11-3）式の生産関数が用いられている。すなわち，労働力1人あたりの産出量（$y=Y/L$）と労働力1人あたりの資本（$k=K/L$，労働装備率）の動きが着目されている。以下では，議論を簡単にするために，人口成長と技術進歩がないことを仮定する。

第11章　閉鎖経済の長期モデル　373

ソロー・モデルの標準的なプレゼンテーションに従って，$y$ と $k$ の関係を示す生産関数は，以下のように (11-3) 式を一般化したものを用いていこう。

$$y = f(k) \tag{11-6}$$

関数 $f(k)$ は，先に議論した生産関数が 4 つの特性をすべて備えていると仮定する。もちろん，$f(k)=Ak^{\alpha}$ と特定しても，議論の本質にまったく影響しない。

いま，家計の貯蓄率を $s$ とする。消費者は，毎期稼ぎ出した所得のうち，$s$ の部分を貯蓄にまわし，$(1-s)$ の部分を消費にまわす。借金をすることはないと仮定するので，貯蓄率 $s$ は 0 と 1 の間の値をとる。

国民経済計算の三面等価の原則から「産出量＝所得」なので，(11-6) 式から決まってくる生産水準は所得水準でもある。したがって，家計全体の貯蓄水準は，生産水準に貯蓄率を掛け合わせた $sf(k)$ に等しくなる。

閉鎖経済において貯蓄はそのまま粗設備投資に充てられるが，そのうち資本減耗を除いた純設備投資の部分が資本蓄積に貢献することになる。ここで，資本減耗率を $\delta$ と想定すると，固定資本減耗（$\delta k$）を除いて資本が積み増される部分，あるいは取り崩される部分（$\Delta k$）は以下のように決定される。

$$\Delta k = sf(k) - \delta k \tag{11-7}$$

(11-7) 式の右辺がプラスであれば資本が蓄積され，逆にマイナスであれば取り崩されていく。

それでは，図を用いながら資本蓄積水準がどのように変化していくのかを見ていこう。(11-7) 式の右辺第 1 項は，図 11-4 にあるように生産関数で表された生産水準を垂直方向に貯蓄率 $s$ の割合で縮小した曲線で表される。

一方，(11-7) 式の右辺第 2 項の $\delta k$ は，図 11-5 が示すように $\delta$ の比率の傾きを持つ直線で表される。

図 11-6 は，(11-7) 式の右辺第 1 項を表した曲線と第 2 項を表した直線を同じグラフ上に表現したものである。(11-7) 式が示すように，資本の変化分（$\Delta k$）は両項の差であるから，図上では貯蓄に対応する曲線部から固定資本減耗に対応する直線部を垂直方向に控除した部分が資本変化分に相当する。たとえば，資本水準が $A$ 点にある場合は，貯蓄部分（曲線）が資本減耗部分（直線）を上回るので（$sf(k)>\delta k$），資本水準が増加していく傾向にある。一方，$B$ 点にあれば前者が後者を下回るので（$sf(k)<\delta k$），粗設備投資よりも固定資本減耗が上回って純

**FIGURE** 図 11-4 ● 労働力1人あたりの生産関数と貯蓄関数

産出量 ($f(k)$),
貯蓄水準 ($sf(k)$)

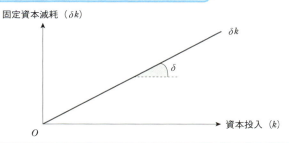

**FIGURE** 図 11-5 ● 労働力1人あたりの資本減耗関数

固定資本減耗 ($\delta k$)

**FIGURE** 図 11-6 ● ソロー・モデルにおける資本蓄積過程

貯蓄水準 ($sf(k)$),
固定資本減耗 ($\delta k$)

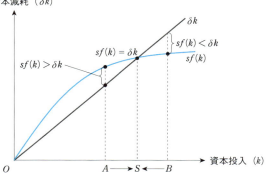

第 11 章 閉鎖経済の長期モデル

設備投資がマイナスになることから，資本水準が減少していく傾向にある。

したがって，資本水準が $S$ 点を下回る場合に $S$ 点の水準に向かって資本蓄積が進行し，逆に上回る場合には $S$ 点の水準に向かって資本が取り崩されていく。長期的には，どの資本水準からスタートしても，$S$ 点の資本水準に収束していく。資本水準が $S$ 点に収斂した状態は，**定常状態**（steady state）と呼ばれている。定常状態では資本水準に変化がないので，$\Delta k=0$ が成り立っている。

以上で見てきたように，ソロー・モデルはきわめて簡単なフレームワークでは

**FIGURE** 図 11-7 ● 貯蓄率上昇が資本蓄積に与える影響

**FIGURE** 図 11-8 ● 固定資本減耗率の上昇が資本蓄積に与える影響

あるが，どのような水準に資本蓄積が収束していくのかを予測することができる。たとえば，貯蓄率が上昇した場合に資本蓄積はどのような影響を受けるのかを考えてみよう。貯蓄率が上昇すると，貯蓄に対応する部分が上方にシフトする。その結果，図 11-7 が示すように，長期的な資本蓄積の水準（定常状態）は，$S$ 点ではなく $S'$ 点に移る。

同じような練習問題は，固定資本減耗率（$\delta$）が上昇した場合の影響でも試みることができる。この場合，図 11-8 が示すように，固定資本減耗分を示す直線の傾きが急になるので，資本蓄積の定常状態は，$S$ 点から $S'$ 点に減少していく。すなわち，固定資本減耗率が高くなる分だけ，定常状態で保持できる資本蓄積水準は低下することになる。

### POINT 11-8 ● 国内粗貯蓄率（$s$）の水準は？

ソロー・モデルにおける貯蓄率 $s$ は，現実のマクロ経済において，どのような貯蓄率に対応するのであろうか。

貯蓄率と言うと，すぐに思い浮かぶのが，第Ⅰ部第3章の POINT 3-2 で取り扱った家計貯蓄率であろう。しかし，ソロー・モデルの貯蓄率は，家計部門の貯蓄率ではなく，固定資本減耗分を加味した経済全体の粗貯蓄率，すなわち国内粗貯蓄率に対応している。第3章で詳しく見てきたように，現実の経済では，家計ばかりでなく，企業も，金融機関も，政府・地方自治体も，海外部門も，貯蓄，あるいは借入（負の貯蓄）を行っている。

これらのセクターを合わせた経済全体の粗貯蓄率は，各部門の粗貯蓄率よりもはるかに簡単に求めることができる。SNA においては，

$$\text{GDP} = \text{家計消費} + \text{政府消費} + \text{粗設備投資（在庫投資を含む）} + \text{純輸出}$$

が成り立っている。

貯蓄の定義は，「所得－消費」なので，国内総所得に等しい GDP から家計消費と政府消費を差し引いたものが国内貯蓄に相当する。国内粗貯蓄率は，こうして求めた国内貯蓄を国内総所得（GDP と等価）で除したものである。すなわち，

$$\text{国内粗貯蓄率①} = \frac{\text{GDP} - \text{家計消費} - \text{政府消費}}{\text{GDP}}$$

となる。

もし，ソロー・モデルが閉鎖経済であることに配慮するとすれば，以下のように上の式の分母と分子から純輸出を差し引いたものを国内粗貯蓄率とすればよい

であろう。

$$国内粗貯蓄率② = \frac{GDP - 家計消費 - 政府消費 - 純輸出}{GDP - 純輸出}$$

図11-9は，日本経済のSNAの名目値を用いて，上の2つの定義に従って求めた国内粗貯蓄率の推移をプロットしたものである。図11-9によると，国内粗貯蓄率は，1950年代後半から60年代末まで一貫して上昇し，70年代前半には40％近くに達した。その後は低下し，70年代後半，80年代は，30％を上回る水準で変動してきた。国内粗貯蓄率は，1990年度をピークとして低下傾向を示した。21世紀に入っても，そうした低下傾向は継続した。

次に，世界のさまざまな国について国内粗貯蓄率を求めてみよう。表11-6は，2011年から2013年について国内粗貯蓄率①と②を求めたものである。いずれの国内粗貯蓄率も，名目値から算出している。

表11-6によると，アジアの国々の国内粗貯蓄率は，イスラエル，トルコ，フィリピンを除くと，日本の国内粗貯蓄率を大きく上回っている。シンガポール，サウジアラビア，中国の国内粗貯蓄率①は実に50％に達し，イランも50％近くに達している。インド，インドネシア，韓国，タイ，マレーシアも，日本の1970年代後半，80年代の水準に匹敵する高い率を示している。

一方，北米やヨーロッパの国内粗貯蓄率①は，多くの国々で日本の水準とほぼ同じか，下回っている。とくに，アメリカは，12％と非常に低い。一方，スイス（35％），ロシア（31％），オランダ（29％），スウェーデン（28％）は，アジアの国々の水準に匹敵している。

このようにして見てくると，国内粗貯蓄率は，ある国の時系列的にも，ある時

図11-9 国内粗貯蓄率の推移

（出所）内閣府。

| TABLE | 表 11-6 ● 国内粗貯蓄率の国際比較（2011〜2013年の平均、40%以上は青字） |

↑update年次↗

| | 国内総生産に対する割合 | | | 国内粗貯蓄率① | 国内粗貯蓄率② |
|---|---|---|---|---|---|
| | 民間最終消費支出 | 政府最終消費支出 | 財貨・サービスの純輸出 | | |
| アジア | | | | | |
| 日本 | 61% | 20% | −2% | 19% | 21% |
| イスラエル | 56% | 23% | 0% | 21% | 20% |
| イラン | 40% | 11% | 7% | 49% | 45% |
| インド | 57% | 12% | −6% | 31% | 35% |
| インドネシア | 55% | 9% | −1% | 36% | 36% |
| 韓国 | 51% | 15% | 3% | 34% | 32% |
| サウジアラビア | 29% | 20% | 24% | 51% | 35% |
| シンガポール | 38% | 10% | 24% | 52% | 37% |
| タイ | 53% | 16% | 2% | 31% | 30% |
| 中国 | 36% | 14% | 3% | 50% | 49% |
| トルコ | 71% | 15% | −7% | 15% | 20% |
| フィリピン | 73% | 11% | −4% | 16% | 19% |
| マレーシア | 49% | 14% | 12% | 37% | 29% |
| 北アメリカ | | | | | |
| アメリカ | 69% | 20% | −4% | 12% | 15% |
| カナダ | 55% | 22% | −2% | 23% | 24% |
| メキシコ | 67% | 12% | −1% | 21% | 21% |
| 南アメリカ | | | | | |
| アルゼンチン | 65% | 15% | 1% | 20% | 19% |
| ブラジル | 62% | 21% | −1% | 17% | 18% |
| ヨーロッパ | | | | | |
| イギリス | 65% | 21% | −2% | 15% | 16% |
| イタリア | 61% | 19% | 0% | 20% | 19% |
| オーストリア | 54% | 20% | 3% | 26% | 23% |
| オランダ | 45% | 26% | 9% | 29% | 22% |
| ギリシャ | 74% | 17% | −5% | 9% | 14% |
| スイス | 54% | 11% | 10% | 35% | 28% |
| スウェーデン | 47% | 26% | 5% | 28% | 24% |
| デンマーク | 49% | 27% | 6% | 24% | 20% |
| ドイツ | 56% | 19% | 6% | 25% | 20% |
| フィンランド | 55% | 24% | −1% | 21% | 22% |
| フランス | 55% | 24% | −2% | 21% | 22% |
| ベルギー | 52% | 24% | 1% | 24% | 24% |
| ポーランド | 61% | 18% | 0% | 21% | 21% |
| ポルトガル | 66% | 19% | −1% | 15% | 16% |
| ロシア | 50% | 19% | 7% | 31% | 25% |
| アフリカ | | | | | |
| エジプト | 79% | 11% | −6% | 9% | 15% |
| 南アフリカ | 60% | 20% | −1% | 20% | 20% |
| オセアニア | | | | | |
| オーストラリア | 55% | 18% | 0% | 27% | 27% |

（出所）総務省。

点の国際比較でも，バリエーションを示している。本章で詳しく見ていくように，ソロー・モデルの枠組みでは，国内粗貯蓄率が高いほど，資本蓄積が促され，定常状態における労働力1人あたり生産水準が上昇するというインプリケーションが得られる。モデルのそうした含意からすると，国内粗貯蓄率が高いほど，国民経済に望ましいと言えることになる。

しかし，次のPOINT 11-9で詳しく議論していくように，労働力1人あたりの消費の動向に配慮すると，国内粗貯蓄率が高ければ高いほどよいとも言えなくなる。コブ・ダグラス型生産関数のパラメーターである$\alpha$（競争均衡では資本分配率に相当する）と国内粗貯蓄率を表す$s$との相対的な関係によって，国民経済にとっての望ましさを考察することができる。

## POINT 11-9 ● 望ましい国内貯蓄率とは？

（以下の議論は進んだトピックスなので，初学者は読み飛ばしてかまわない。）

本章で詳しく議論してきたように，国内貯蓄率$s$が高いほど，資本蓄積が促され，定常状態における労働力1人あたりGDPも増加する。それでは，国内貯蓄率が高ければ高いほど，望ましいと言えるのであろうか。どのような水準の国内貯蓄率が国民経済にとって望ましいのであろうか。

上のような問題に答えるには，労働力1人あたりのGDPだけを見ているのでは十分でない。国民1人1人の豊かさ（経済厚生）を最終的に支えるのは消費であるので，資本蓄積を促すことによって，定常状態における労働力1人あたり消費を向上させることができるかどうかを確認する必要がある。

まず，コブ・ダグラス型生産関数を想定して，定常状態における資本蓄積と1人あたり消費（$c$）の関係を見てみよう。資本蓄積過程では，

$$\Delta k = Ak^\alpha - c - \delta k \tag{11-8}$$

がつねに成立している。貯蓄率を用いて資本蓄積過程を定式化しているソロー・モデルでは，

$$\Delta k = sAk^\alpha - \delta k \tag{11-9}$$

が成り立っているので，$Ak^\alpha - c$ が $sAk^\alpha$ に対応していることになる。

資本水準が変化しない定常状態（$\Delta k = 0$）では，(11-8)式から，

$$c = Ak^\alpha - \delta k$$

が導出される。1人あたり消費$c$を最大にするための1階の条件は，$\alpha Ak^{\alpha-1} - \delta = 0$ となることから，

$$k^g = \left(\frac{\delta}{\alpha A}\right)^{\frac{1}{\alpha-1}} \quad (11\text{-}10)$$

の資本蓄積水準で1人あたり消費の水準が最大となる。

　第Ⅳ部の第16章，第18章で詳しく議論するが，「定常状態において1人あたり消費を最大にする資本蓄積水準（$k^g$）」は，黄金律（golden rule）と呼ばれている。資本蓄積水準が黄金律を超えてしまうと，1人あたり消費はかえって減少するので，資本が過剰に（要するに無駄に）蓄積されてしまうことになる。したがって，国内貯蓄率（$s$）が高ければ高いほど，資本蓄積が促進されると言っても，定常状態で資本蓄積水準が黄金律を超えるような国内貯蓄率は，「高すぎる」ということになる。

　ソロー・モデルの定常状態（$\Delta k=0$）における資本蓄積水準は，(11-9)式から，

$$0 = sAk^\alpha - \delta k$$

が満たされるような資本蓄積水準（$k^s$）に相当する。したがって，$k^s$について，

$$k^s = \left(\frac{\delta}{sA}\right)^{\frac{1}{\alpha-1}} \quad (11\text{-}11)$$

が成り立っている。

　(11-10)式と(11-11)式を比べてみると明らかなように，国内貯蓄率（$s$）が$\alpha$に等しいときに，ソロー・モデルの定常状態では資本蓄積水準がちょうど黄金律に等しくなる。もし，国内貯蓄率が$\alpha$を超える場合は，過剰な資本蓄積が生じてしまい，1人あたりの消費を引き上げることができない。

　ここでPOINT 11-4の内容を思い出してほしい。コブ・ダグラス型生産関数のパラメーターである$\alpha$は，現実のマクロ経済の資本分配率に相当し，ほぼ40％の値をとっていると想定できる。一方，POINT 11-8で見てきたように，国内貯蓄率①の水準については，10％強のアメリカのケースもあれば，50％に達する中国のケースもある。こうして見てくると，国内貯蓄率①も②も高水準にある中国（①が50％，②が49％）やイラン（①が49％，②が45％）では，過剰蓄積が生じている可能性が高い。

　しかし，第Ⅳ部第16章で本格的に展開していくように，より厳密な理論に基づくと，黄金律の資本蓄積水準でも高すぎるのである。同章では，より精緻な動学モデルを適用しながら，日本経済が依然として過剰蓄積に陥っている可能性を排除できないことを明らかにしていく。

POINT 11-10 ● スプレッドシート（Excelなど）でソロー・モデルと遊んでみよう！

　プレゼンテーションのツールとして欠かせないスプレッドシート（昔は，

Lotus 123 など，いくつかのプログラム・パッケージが売り出されていたが，いまは，マイクロソフト社の Excel の独壇場となった感がある）であるが，実は，スプレッドシートは，プログラム言語としても便利な道具なのである。ここでは，スプレッドシートでソロー・モデルの資本蓄積過程を計算してみよう。

具体的には，(11-7) 式から決まってくる資本蓄積水準を逐次的に計算してみよう。全要素生産性 ($A$) を 1 に，$\alpha$ を 0.4 に，固定資本減耗率 ($\delta$) を 0.1 に，貯蓄率を 0.2 にそれぞれ設定する。以下のように，列 A には時間を，列 B には労働力 1 人あたり資本 ($k$) を，列 C には (11-7) 式から決まってくる資本変化分 ($\Delta k$) を入力しよう。列 B 行 2 には，資本水準の初期値を 1 に設定する。列 C 行 2 には，(11-7) 式の内容に相当する "=0.2*1*B2^0.4−0.1*B2" を入力する（なお，"*" は掛け算を，"^" はべき乗を意味している）。すると，セル C2 には，0.1 の値が戻ってくる。この資本変化分の値 (C2) を第 1 期の資本蓄積水準 (B2) に加えたものを，第 2 期の資本水準として列 B 行 3 のセルに入力するように指示する（"=B2+C2" を入力する）。すると，セル B3 には，1.1 の値が戻ってくる。この資本蓄積水準を前提にセル C3 で資本変化分を計算すると，0.0978 の値が戻ってくる。こうした計算を繰り返していけば，資本蓄積過程を計算することができる。

|   | A | B | C |
|---|---|---|---|
| 1 | 時間 | 資本水準 ($k$) | 資本変化分 ($\Delta k$) |
| 2 | 1 | 1.00 | =0.2*1*B2^0.4−0.1*B2 |
| 3 | 2 | =B2+C2 | =0.2*1*B3^0.4−0.1*B3 |

スプレッドシートの便利なのは，このように計算した結果を簡単にグラフ化できるところにある。以下では，2 つの実例を見てみよう。図 11-10 は，上述の設

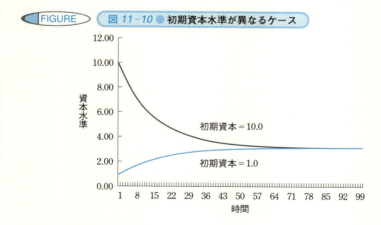

図 11-10 ● 初期資本水準が異なるケース

定において，資本蓄積水準の初期値を1からスタートさせた場合と，10からスタートさせた場合をプロットしている。いずれのケースも，定常状態の資本水準は約3.18なので，初期値が1であると資本が蓄積され，初期値が10であると資本が取り崩される。

次に図11-11は，上述の想定（資本蓄積水準の初期値は1）で貯蓄率を0.2と0.3にそれぞれ設定した場合について，資本蓄積過程をプロットしている。貯蓄率が0.2から0.3に上昇すると，定常状態の資本蓄積水準は3.18から6.22に増加する。

読者も，スプレッドシートで，いろいろなケースについて計算をしてみよう！そうすれば，経済モデルを身近に感じることができるようになるのではないだろうか。

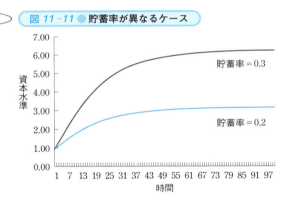

FIGURE　図 11-11 ● 貯蓄率が異なるケース

## 補論：ハロッド・ドーマー・モデル

本章の最後に，成長プロセスにおける供給（生産）と需要の相互依存関係を分析しているハロッド・ドーマー・モデルを紹介しよう。この経済成長モデルに対して，ハロッドとドーマーの2人の経済学者の名前が冠されているのは，マンデル・フレミング・モデルのように2人が共同して研究した成果ではなく，ハロッド（R. F. Harrod, 1900-78, イギリス人）と，ドーマー（E. D. Domar, 1914-97, ポーランド生まれのアメリカ人）がまったく独立にモデル化したからである。

ハロッドとドーマーが独立に構築した経済成長モデルは，設備投資の二面性を真正面から取り扱っている。ここで言う設備投資の二面性とは，需要面では，設備投資の増加が乗数効果を通じて総需要を拡大させる効果を指している。一方，供給面では，設備投資を通

じた資本蓄積で総供給が拡大する効果を指している。ハロッド・ドーマー・モデルの興味深い点は，総需要の拡大と総供給の拡大がかならずしも一致せず，超過需要や超過供給といった需給の不均衡が生じるところである。

まず，需要サイドを説明しよう。第6章で議論したように，限界消費性向を$c$とすると，乗数効果は$1/(1-c)$に等しい。次の式が示すように，設備投資が拡大すると，乗数効果を通じて，総需要が拡大する。

$$\Delta Y = \frac{1}{1-c}\Delta I$$

次に，供給サイドを説明しよう。簡単のために，固定資本減耗率をゼロに設定する。すると，資本ストックの増分は設備投資自体に等しくなる。すなわち，

$$\Delta K = I$$

が成り立っている。なお，$I=S$となることから，$I=(1-c)Y$とも表せる。

ここで，総供給に相当する潜在産出量（$Y_p$）が資本ストックに比例するような生産関数を想定する。

$$Y_p = AK$$

したがって，潜在産出量の増加は，設備投資水準に比例する。

$$\Delta Y_p = A\Delta K$$

ここまでの準備で，需要サイドと供給サイドがそろったので，需給均衡を考えていこう。総供給の拡大が総需要の拡大と一致して需給均衡が達成されるためには，

$$\Delta Y = \Delta Y_p$$

がつねに成り立たなければならない。すなわち，

$$\frac{1}{1-c}\Delta I = A\Delta K = AI$$

が成立する必要がある。上の式は，以下のようにまとめることができる。

$$\frac{\Delta I}{I} = A(1-c)$$

なお，$\Delta Y=A\Delta K=AI=A(1-c)Y$を用いると，

$$\frac{\Delta I}{I} = \frac{\Delta Y}{Y} = A(1-c)$$

を導き出すことができるので，投資成長率はGDP成長率と読み換えてもかまわない。

上の式が示すように，需給均衡を成立させる投資成長率（$A(1-c)$）は，保証成長率と呼ばれている。もし投資成長率が保証成長率から乖離すると，需給の不均衡が生じてしまう。投資成長率が保証成長率を上回ると（$\Delta I/I>A(1-c)$），総需要の拡大が総供給の拡大を上回って超過需要が生じてしまう（$\Delta Y>\Delta Y_p$）。逆に，投資成長率が保証成長率を下回る

と（$\Delta I/I < A(1-c)$），総供給の拡大が総需要の拡大を上回って超過供給が生じる（$\Delta Y < \Delta Y_p$）。

ハロッド・ドーマー・モデルでは，上述のように超過需要や超過供給の不均衡が生じても，それを是正するメカニズムが存在していない。たとえば，超過需要が生じると，供給不足を解消するために投資が促進され，それが乗数効果を通じてさらなる需要拡大をもたらす結果，超過需要はいっそう深刻となる。逆に，超過供給が生じると，それを解消するために投資が抑制され，乗数効果が逆方向に働いて需要縮小を引き起こすために，供給がますます過剰となる。

このように需給の不均衡が是正されるどころか，いっそう深刻になる現象は，ナイフエッジ・ケース（knife-edge case）と呼ばれている。ナイフエッジとは，剃刀刃のような鋭く痩せた稜を指している。ハロッド・ドーマー・モデルの特性が，ナイフエッジ状の稜では，いずれの側にわずかにバランスを崩しても，尾根の側面を転げ落ちてしまうことにたとえられているわけである。

しかし，最近のマクロ経済学では，ハロッド・ドーマー・モデルのインプリケーションがあまり省みられなくなった。その主な理由は，最初の時点で需給の不一致が生じる理由がかならずしも明らかでないからである。モデル自体では，なぜ，総需要がそれほど高まらないと予想されているのに供給を拡大しようとするのか，あるいは，なぜ，総需要が拡大すると予想されているのに供給を拡大しようとしないのかが説明されていないのである。言い換えると，どのような期待形成メカニズムを採用しているのかが明らかにされていない。

ただし，ハロッド・ドーマー・モデルは，成長局面における需要と供給の相互依存関係を明らかにしている点では，画期的な面も含んでいる。

## EXERCISE ● 練習問題

### 【基礎知識の確認】

**11-1** 以下の用語を簡潔に説明しなさい。

　　　　資本（労働）の限界生産性の逓減
　　　　生産関数の1次同次性
　　　　全要素生産性

**11-2** なぜ，経済成長の原動力として技術進歩が重視されるのか。

**11-3** ソロー・モデルに基づいて，次の経済環境の変化が資本蓄積の定常状態に与える影響を述べなさい。

　　　　固定資本減耗率の上昇
　　　　貯蓄率の上昇
　　　　全要素生産性の上昇

### 【演習問題】

**11-4** 表11-A1は，第3節で最近の日本経済に関して成長会計の計算に用いた

### TABLE 表 11-A1 ● 労働力1人あたりの成長会計

|  | 労働力1人あたり実質GDP(注1)<br>(万円) | 労働力1人あたり実質生産資本(注2)<br>(万円) |
|---|---|---|
| 1969 年度 | 348.9 | 625.0 |
| 1980 年度 | 523.7 | 1,502.8 |
| 1990 年度 | 679.0 | 1,767.0 |
| 2000 年度 | 704.6 | 2,051.9 |
| 2013 年度 | 806.8 | 2,675.5 |

(注) 1. 2005 年基準に合わせたもの。
2. 2005 年基準の GDP デフレーターで実質化したもの。

データを労働力1人あたりのものに書き換えたものである。この表から計算した総要素生産性の成長率が，第3節の計算結果と同じであることを示しなさい。なお，コブ・ダグラス生産関数の $\alpha$ は，44% に設定しなさい。

**11-5** （本問は，POINT 11-9 を熟読したうえで取り組むとよい）

いま，労働力1人当たりベースの生産関数が $y=k^{0.4}$，固定資本減耗率 ($\delta$) が 5% である場合に，10% から 80% の範囲の貯蓄率についてソロー・モデルの定常状態を求め，貯蓄率が 40% に等しいときに黄金律が達成されることを数値計算によって示しなさい。

**11-6** （本問は，第Ⅳ部第 18 章を読み終えたのちに取り組むとよい）

以下のような生産関数を考える。

$$Y = K^\alpha (AL)^{1-\alpha}$$

全要素生産性と労働は，$AL$ の形で生産関数のなかに組み込まれている。$AL$ は効率労働と呼ばれ，このような形で表される技術進歩は労働節約的（あるいはハロッド中立的）であると言われる。以下の問いに答えなさい。

(1) 上の生産関数が1次同次であることを確認しなさい。また，$k$ を「効率労働単位あたりの資本」と定義すると（$k=K/AL$），「効率労働単位あたりの産出量」（$y$）は $y=k^\alpha$ と表せることを示しなさい。

(2) 全要素生産性の成長率（技術進歩率）を $g$，労働力の成長率を $n$，貯蓄率を $s$ とすると，「効率労働単位あたりの資本」の時間あたり変化はどのように表すことができるか。

(3) 「効率労働単位あたりの資本」が一定の値を取り続ける定常状態における $k$ と $y$ を求めなさい。

(4) いま，経済は「効率労働単位あたりの資本」が一定の値を取り続ける定常状態にあるとする。ここで，技術進歩率 $g$ が低下したとき，「効率労働単位あたりの資本」に与える影響を議論しなさい。

**11-7** 以下のような経済モデルを考える。

$$Y = AK$$
$$Y = C + I + G$$
$$C = c(Y - T)$$
$$G = T = tY$$
$$\Delta K = I$$

ただし，$A$ は技術を表す定数，$c$ は限界消費性向（ここでは独立消費をゼロと仮定しているため，平均消費性向でもある），$t$ は所得にかかる一定率の税である。また，$A=0.5$，$c=0.7$，$t=0.2$ であるとする。以下の問いに答えなさい。

(1) 保証成長率はいくらになるか。

(2) 現実の経済成長率が保証成長率より高い場合および低い場合，経済はどのようになっていくか。

第Ⅲ部 経済政策とマクロ経済学

# 第12章 安定化政策

## CHAPTER 12

　1973年の第1次石油ショックによる原油価格と物価の上昇，85年のプラザ合意後の急速な円高，2008年のサブプライム・ローン問題に端を発する世界同時不況など，経済を潜在 GDP 水準から乖離させるショックに日本経済はたびたび見舞われてきた。第6章や第8章で説明したように，政府と中央銀行には，財政政策と金融政策によって，こうしたショックを相殺して，経済を安定化させる役割が期待されている。このような役割を持つ政策は，安定化政策と呼ばれる。本章では，安定化政策に関して，政策ラグの問題，財政政策と金融政策の関係，流動性の罠のもとでの金融政策の議論などを勉強する。

FIGURE
POINT
BOOK GUIDE
EXERCISE

### KEYWORD
内部ラグ，外部ラグ，自動安定化装置，流動性の罠，フォワード・ルッキング，政治的景気循環，時間非整合性，インフレーション・ターゲッティング，時間軸政策

INTRODUCTION

# SECTION 1 ポリシー・ミックス

## 政策のラグ

第6章で説明があった *IS-LM* モデルでは，財政政策と金融政策を適切に運営してショックを相殺することで，経済を潜在 GDP の水準に置くことができた。このように政策を運営する考え方を微調整（ファイン・チューニング，fine tuning）と言う。しかし，実際の政策では，ラジオの受信周波数を合わせるほど，チューニングは簡単ではない。政策の効果の程度が不確実であり，効果の発現にラグが伴うためである。

最終的に現れる政策の効果が，事前に正確にわかっているわけではない。たとえば，乗数を決定する貯蓄性向は，その時々の経済環境や消費者の選好の変化によって変わってくる。

政策が発動されると，すぐにその効果が現れるわけではない。政策の効果が出るのは，政策の発動から遅れるものであり，どれくらい遅れるかも不確実である。

政策対応が必要なショックが発生してから，実際に政策効果が発揮されるまでには，大きく3つのラグがある。第1は，ショックの発生を政策当局が認識するまでの「認知ラグ」（recognition lag）である。第2は，認識から実際に政策が発動されるまでの「実行ラグ」（action lag）である。この2つを合わせて，ショックの発生から政策の発動までを内部ラグ（inside lag）と呼ぶ。第3は，政策が発動されてから効果を発揮するまでの外部ラグ（outside lag，または効果ラグ）である。

財政政策は金融政策に比較すると，内部ラグが長いと考えられる理由がいくつかある。景気の悪化は政権批判につながりやすいので，政権を担当する政治家は景気後退の判断が遅れる（認知ラグ）。財政支出拡大には予算や法律が国会で成立する必要があり，そのための時間を要する。また，予算が成立してから，実際に実行されるまでにさらに時間がかかることがある（実行ラグ）。財政支出それ自体が需要創出なので，財政政策の外部ラグは短いと言われるが，内部ラグが長くなってしまうと，「景気が回復してからの景気対策」というようなお粗末な事態になるかもしれない。

一方，金融政策の場合，政策の判断を専門家に委ね，金利変更は決定すれば即座に実行されるので，内部ラグは財政政策と比較して，はるかに短い。一方で，

金利の変更が投資や消費に影響を与えるには、時間を要する。つまり、金融政策の外部ラグは財政政策のそれよりも長い。内部ラグと外部ラグの両者を勘案すると、機動的に運営できる金融政策がまずは安定化政策の主役を担うという考え方ができる。そして、金融政策だけでは対処できない場合に財政政策で補完するという役割分担となる。

微調整は現実には困難であり、場合によっては、経済を逆に不安定化させることになる。政策効果にラグが存在することから、安定化政策は将来の経済環境を見通しながらの運営が迫られる。

なお、内部ラグでは、政策当局の認識から意思決定までを「決定ラグ」(decision lag) と呼ぶこともある。金融政策の場合、意思決定すればただちに政策が発動されるから、認知ラグ以外の内部ラグはほぼ決定ラグである。財政政策の場合は、決定時点が見えにくく、担当者が決心してから政策の発動までのラグが重要であるので、以下では財政政策を念頭に、実行ラグでまとめている。

### 自動安定化装置

財政政策では、政府が意図して税や支出を動かさなくても、経済の変動に応じて、税と支出が変化する。すなわち、所得に比例ないし累進的な税制のもとでは、産出量の減少は税収の減少となり、財政赤字が増えて、景気に対して拡張的な財政スタンスに自動的に向かう。また、景気が悪化すると、失業保険の給付が増加することでも、自動的に拡張的な効果が現れる。このように、政策変更の具体的な意思決定をしなくても、制度的に安定化機能が内包されていることを自動安定化装置 (ビルトイン・スタビライザー、英語では automatic stabilizer と呼ぶことが多い) と呼ぶ。これに加えて、景気の動きを相殺するために、税や支出を変更することは、裁量的財政政策と呼ばれる。

財政の自動安定化装置には内部ラグがなく、安定化政策の一翼を担っている。財政の自動安定化装置を基本とし、裁量的財政政策は行うべきではないという考え方がある一方で、裁量的財政政策を積極的に行うべきであるという考え方もあって、意見が分かれている。

裁量的財政政策の実施には、内部ラグが存在するので、1年かそれ以上、経済が不況の時期にあり続けると予測される状況で、実行されるべきである。それでも、効果が現れる時期には経済の見通しが外れて、景気は減速していなかったり、あるいは効果の発現時期がずれて、減速期ではない時期に効果が現れたりする可能性があることに注意が必要である。

> **POINT** *12−1* ● 2008年の経済対策と政策ラグ

　世界的な景気後退が進むなか，2008年10月30日に麻生太郎首相（当時）は経済対策を発表した。その記者会見で，「経済対策のポイントはスピード」と表現したが，政策を実行に移すための2次補正予算の提出を年明けに延ばしたことが矛盾と受け取られ，内閣支持率の低下を招いた。財政政策の発動には通常でも時間がかかることに加えて，衆議院と参議院の多数派が異なる，ねじれ国会のもとで，実行ラグがさらに長くなっている状況だったが，財政政策のラグを軽視したことで政権基盤を損ねた，と言えるだろう。

　12月12日の麻生首相の記者会見では，2009年度予算で1兆円の経済緊急対応予備費が新設されることが発表された。麻生首相は「先日，閣議決定をいたしました予算編成の基本方針におきまして，世界の経済金融情勢の急激な変化を受け，状況に応じて果断な対応を機動的かつ弾力的に行いましたのは，御存じのとおりです。今後，予期せぬ新たな事態に備えて，この予備費を新設しておきたいと存じます」と発言している。財政政策のラグを短くする1つの工夫とも解釈できる。

　予算は，その使途をあらかじめ国会で議決して支出するものであるが，予備費はその例外として，災害復旧のような予見し難い事態のために，使途を定めず予算を計上しておくものである。

　景気対策のための予備費の前例は，1999年度から2001年度までの予算に計上された「公共事業等予備費」である。3年間にそれぞれ5000億円，5000億円，3000億円が計上されていた。予備費を計上して，必要に応じて1兆円を機動的に支出できるとなれば，実行ラグは大幅に短縮されるが，憲法で規定する財政民主主義（第83条「国の財政を処理する権限は，国会の議決に基いて，これを行使しなければならない」）の観点からは，こうした策は問題がないわけではない。

### ポリシー・ミックス

　1980年代以降，アメリカでの安定化政策は金融政策と財政の自動安定化装置にほぼ任されており，大規模な裁量的財政政策は行われてこなかった。2つの政策のラグを考慮すると，これは妥当な政策運営である。しかし，2009年にアメリカを襲った大規模な不況は大きな転換点となった。オバマ政権は，7870億ドルという史上最大規模の財政政策を実行したのである。

　財政政策の発動に踏み切った理由は，金利が事実上ゼロまで低下して，金利を操作して経済安定化を図るという伝統的な金融政策の範囲内では追加的な景気刺激の余地がなくなったことにあった。これは，流動性の罠と呼ばれる状態である

(第6章の第5-2項と本章の第3節を参照。なお，マイナス金利の可能性については第15章第6-5項を参照)。それにもかかわらず，経済は2010年にかけて悪化したままであることが予想された。

金融政策だけでは対応できない深刻な不況に対して財政政策で対応するときの財政政策の効果は，第6章の IS-LM モデルでの説明とは少し違ったものとなる。IS-LM モデルでの財政政策の影響は，LM 曲線が動かないもとで，財政支出の増加によって IS 曲線がシフトしたときの金利と所得の動きを考えた。つまり，IS 曲線のシフトにより $Y$ が増加して，貨幣の取引需要が増えても，貨幣供給は変化せずに金利が上昇する状態である。しかし，流動性の罠のもとでは，金融緩和は必要であるが金利をゼロ以下に下げられない状況にあるので，財政政策が発動されても，中央銀行は金利をゼロのままにしようとするだろう。実際の金融政策は金利を操作するように運営されており，金融政策が「現状維持」と見なされるのは，金利が動かないときである。

図12-1は，このような状態での財政政策の効果を示したものである。財政支出の拡大で IS 曲線が右にシフトしても，金利が上昇しないので，所得への影響は45度線モデルと同じ結果になる。

IS-LM モデルでは，財政政策の効果がクラウディング・アウトで減殺されるかもしれないことが示されたが，財政政策が発動された場合，金融政策がどう反応するかで財政政策の効果は変わってくる。貨幣供給の増減によって LM 曲線をシフトさせるのではなく，金利を一定にする金融政策を前提に考えると，流動

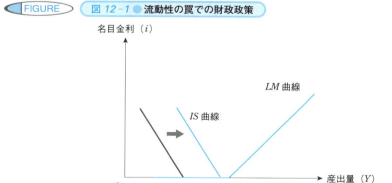

**FIGURE** 図 12-1 ● 流動性の罠での財政政策

性の罠のような状態以外でも，このようなクラウディング・アウトは起こらない。

貨幣供給一定と金利一定の違いは，財政政策の効果に大きな違いをもたらす。財政政策のみが発動されて金融政策が行われない状態を考えるときには，「金融政策が動かない」ことが何を示すのかが非常に重要である。

## インフレーション・ターゲッティング

**ルールか裁量か**　安定化政策は，ルールに沿って行われるべきか，政策当局の裁量で行われるべきか，という重要な論点がある。政策担当者が最善の意思決定を重ねていくことができれば，ルールを課して，政策当局の手足を縛ることは得策ではないだろう。それとは反対に，安定化政策をルールに沿って行うべきだという考え方は，以下のような根拠に基づいている。

第1に，政策担当者は適切な目的と能力を持つとは限らない。特定集団の利益に左右される政治過程のなかで，政策の目的が歪められるかもしれない。たとえば，選挙を有利にするために選挙の前に拡張的政策がとられるかもしれない。政治的な要因が景気循環の原因の1つとなることは，政治的景気循環と呼ばれている。

また，経済政策の運営には専門的な知識が必要とされるので，十分な知識のない者が意思決定を行うと，適切な判断が下せないかもしれない。さらに，専門家といえども，複雑な経済の動きを完全に予見できるとは限らないので，政策担当者の能力の限界も考慮に入れなければいけない。担当者の目的と能力が不適切なものになる可能性が高ければ，最善ではないかもしれないが，大きな間違いを犯さないルールに則って政策を行うほうが，結果的に損失が少ないという見方が成り立つ。

**時間整合性**　第2に，経済の動きが人びとの将来の期待によって左右されるときには，かりに政策担当者の目的と能力が適切であっても，ルールに基づく安定化政策が望ましいことがありうる。第7章第7-3項でルーカス批判を説明する際に用いられたような，インフレを沈静化させようとする事例を考えよう。

第Ⅱ部では，中央銀行が現在の金融政策を変更することで現在のインフレ率に影響を与えることを学んできたが，ニューケインジアン・モデルでは，将来の金融政策が将来のインフレ率に影響を与えて，それが現在のインフレ率にも影響を与える経路が加わっている。これは，企業が価格を決定する際には，その価格を将来も変更できない可能性を考慮に入れているため，現在の価格には将来の経済状態の予想が反映されており，そのことが将来のインフレ率が現在のインフレ率に影響を与えるという形で表現されているためである。このことから，ニューケインジアン・モデルは**フォワード・ルッキング**的な性格を持つとも言われる。

　中央銀行が将来の金融政策をどう運営すべきかを考えよう。将来の金融緩和は，そのときのGDPを完全雇用GDPに近づける効果を持つ（第7章第7-2項参照）が，同時に将来のインフレ率が上昇するという期待が持たれることによって，現在にはインフレ率の上昇だけをもたらすという負の影響がある。この関係は，第8章で示されたニューケインジアン・フィリップス曲線である，

$$\pi_t = \pi_{t+1}^e + \frac{\theta}{1-\omega}(y_t - y_t^p) \tag{12-1}$$

によって表されている（第8章の(8-4)式を再掲）。ところが，将来（$t+1$期）になってみると，そのときの金融緩和はもはや過去（$t$期）のインフレ率に影響を与えるものではないので，最良の政策を決定するときの考慮の対象からはずされる（図12-2参照）。つまり，時間が経過すると，金融政策運営の判断基準が変化してしまうのである。これは**時間非整合性**（time inconsistency）と呼ばれる。

　このような事態での最適な政策は，金融緩和が期待インフレ率を高めることで生じる効果に配慮して，インフレ抑制的な政策をとることである。将来の金融政

**FIGURE　図12-2 ● ニューケインジアン・フィリップス曲線と時間整合性**

| | $t$期に$t+1$期の金融政策を考えた場合 | $t+1$期に$t+1$期の金融政策を考えた場合 |
|---|---|---|
| 現在<br>（$t$期） | 金融緩和すると，<br>$t$期のインフレ率が上昇する<br><br>$\pi_t = \pi_{t+1}^e + \theta(y_t - y_t^p)$ | 金融緩和すると，<br>$t$期はもう過去のことだから，関係がない |
| 将来<br>（$t+1$期） | $t+1$期のGDPが上昇する<br><br>$\pi_{t+1} = \pi_{t+2}^e + \theta(y_{t+1} - y_{t+1}^p)$ | $t+1$期のGDPが上昇する<br><br>$\pi_{t+1} = \pi_{t+2}^e + \theta(y_{t+1} - y_{t+1}^p)$ |

（中央に「違いが生じる」）

策がインフレ抑制的であるものと人びとが期待するなら，期待インフレ率が安定して，現在のインフレを抑えることができる。

しかし，それぞれの時点でもっとも望ましい政策を選んでいる（これが裁量的政策と呼ばれる）と，実際に将来の時点になると，そのときだけの事情でインフレを起こすことが望ましくなってしまう。そのことを人びとが織り込むために，現在は生産の増加がないまま，インフレ率だけが上昇してしまう。時間非整合性がある状況では，裁量的政策を選択することが最適な政策とはならない。

裁量的政策によるインフレの発生（インフレ・バイアス）を避けるためには，中央銀行は将来にインフレを起こさないと約束（コミット）して，民間にそれを信認してもらう必要がある。そのためには，政策のルールを定めて，それに従って金融政策を運営することで，政策へのコミットメントがされていることが明確になり，人びとがインフレ期待を形成しやすいように図ることが有効である。これが，裁量的政策よりもルールが望ましいとされる理由の1つである。

> **POINT** *12-2* ● 時間非整合性とベルマンの原理
>
> 自然科学や工学の分野で通常使われる，時間を通した最適化問題では，ベルマンの原理が成立する。これは，ある期間を通した最適な解は，その途中から最後までの期間の最適な解に一致するというものである。つまり，途中から問題を解き直しても，最初から解いた解と変わらない。これは，最適解が時間整合的であると言われる。時間非整合性はベルマンの原理が成立しない状況である。経済では人びとが将来のことを予想しながら行動することから，自然現象とは違った独特の問題が生じる。1977年にキドランド（F. E. Kydland）とプレスコット（E. C. Prescott）によって，時間非整合性の理論的構造が分析され，両教授はこの業績で2004年のノーベル経済学賞を受賞した。
>
> 金融政策以外にも，さまざまな場所で時間非整合性の問題が生じる。一例をあげると，河川の氾濫で洪水の被害が発生する地域に政府が堤防を設けるかどうかの選択の問題がある。その地域に誰も住まなければ，堤防を作る必要がなく，それが最適だと政府が思っているとしよう。誰かが住んでも堤防を作らないということを政府があらかじめ公言して，人びとがそれを信じれば危険な地域に住もうとする人はいないだろう。しかし，かりに誰かがそこに住んでしまうと，政府は住民の安全を守るために堤防を作ることが望ましくなる。そこに堤防を作らないことは事後的に最適にはならないのである。

### インフレーション・ターゲッティング

中央銀行が日常的に行う金融調節は非常に複雑なので，そこを見て中央銀行が適切に金融政策を行っているかどうかを判断することは難しい。

中央銀行が政策を正しく行っているかどうかを，最適化問題の解である「物価の安定を図ること」を達成しているかどうかに着目して判断するのが，インフレーション・ターゲッティング（inflation targeting）の考え方である。まず，中央銀行自身が金融政策の運営を的確に行っているかどうかを判断するのに有用である。より重要なのは，外部の組織が中央銀行の金融政策が適切かどうかを判断することであり，また中央銀行が説明責任を果たすためにも使われることがある。インフレーション・ターゲッティングを採用している国でも，目標達成にどれだけの厳格さを求めるか，目標水準がどれだけかで，各国の状況は違う。目標範囲を明示的に示している国，目標を達成できない場合は総裁が解任される国など，厳格な運用を行っている国がある一方で，欧州中央銀行のように，目標と呼ばず参照インフレ率と呼んで，弾力的に運営している国もある。

また，第7章第6-2項で見たように，インフレと失業のトレードオフがあるので，中央銀行はインフレだけではなく，生産量水準にも関心を払うことが理論的には正しいだろう。このような考え方は，「柔軟なインフレーション・ターゲッティング」（flexible inflation targeting）と呼ばれる。

なお，インフレーション・ターゲッティングはインフレ目標政策と訳されることもあるが，インフレを起こすことを目標とする政策ではないので，注意する必要がある。

### 物価安定の目標

日本銀行がインフレ率の目標値を設定したのは2013年1月であったが，以下のように段階的に目標の設定に近づいていった。まず，2006年3月に「新たな金融政策運営の枠組みの導入について」を公表し，「物価の安定」を，「概念的には，計測誤差（バイアス）のない物価指数で見て変化率がゼロ％の状態である」と整理している。また，金融政策運営にあたり，中長期的に見て物価が安定していると金融政策決定会合の委員（日銀総裁・副総裁，政策審議委員）が判断する物価上昇率（中長期的な物価安定の理解）の範囲が，消費者物価指数の前年比で0～2％程度であり，委員の考える範囲の中心値は，大勢として，おおむね1％の前後で分散しているとした。この「中長期的な物価安定の理解」は原則としてほぼ1年ごとに更新されることになった。

2009年12月には「『中長期的な物価安定の理解』の明確化」を公表し，デフレを許容しない姿勢を示し，中長期的な物価安定の理解は「消費者物価指数の前年比で2％以下のプラスの領域にあり，委員の大勢は1％程度を中心と考えている」という表現に改めている。

　つぎに2012年2月に「『中長期的な物価安定の目途』について」を公表し，日本銀行として，中長期的に持続可能な物価の安定と整合的と判断する物価上昇率を「中長期的な物価安定の目途」とし，これは「消費者物価の前年比上昇率で2％以下のプラスの領域にあり，当面は1％を目途とすることとした」としている。委員の判断ではなく，日本銀行の判断となっている。

　そして第2次安倍晋三政権が誕生した直後の2013年1月に，消費者物価の前年比上昇率2％とする「物価安定の目標」を導入した。1％の「目途」が2％の「目標」に変更されたことになる。日本銀行が2％の物価目標を設定することを求める声は政府も含め以前からあり，時間をかけてそのような声を受け入れていった形となっている。

　インフレ率の目標値を設定している国を見ると，イギリス，スウェーデンは2％±1％，カナダ，ニュージーランドは1〜3％，オーストラリアは景気循環を平均して2〜3％としている。

### POINT 12-3 ● 中央銀行の独立性

　政治家は景気の良い状態であれば，企業や有権者の支持を得ることができると考え，金融政策では利下げが利上げよりも好まれるという，政治的なバイアスが存在する。したがって，金融政策を適切に行うには，適切な目的と能力を持たない者が金融政策の意思決定に影響を与えることを防ぐために，中央銀行の独立性を確保し，専門家に運営させる仕組みが各国でとられている。アレシーナ（A. Alesina）とサマーズ（L. H. Summers）は，中央銀行の独立性が高い国ほど，インフレ率が低くなる傾向があることを示している（図12-3を参照）。

　また，裁量的政策のインフレ・バイアスを避けるために，ロゴフ（K. Rogoff）は，低いインフレ率を望ましいと考える人物を中央銀行総裁に選び，彼が裁量的政策をとってインフレ・バイアスが生じても，望ましいインフレ率が達成できるようにするアイディアを出している。この場合も，インフレ・バイアスを持った外部からの圧力から中央銀行を独立させる必要がある。

　日本では，1997年の日本銀行法の全面改正によって，日本銀行の独立性が高められた。日本銀行法では，日本銀行の独立性と透明性の確保，政府との関係が

以下のように規定されている。

第3条　日本銀行の通貨及び金融の調節における自主性は，尊重されなければならない。

2　日本銀行は，通貨及び金融の調節に関する意思決定の内容及び過程を国民に明らかにするよう努めなければならない。

第4条　日本銀行は，その行う通貨及び金融の調節が経済政策の一環をなすものであることを踏まえ，それが政府の経済政策の基本方針と整合的なものとなるよう，常に政府と連絡を密にし，十分な意思疎通を図らなければならない。

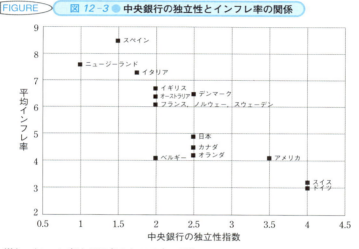

FIGURE　図 12-3 ● 中央銀行の独立性とインフレ率の関係

（注）インフレ率は1955年から1988年の平均。
（出所）A. Alesina and L. H. Summers [1993], "Central Bank Independence and Macroeconomic Performance: Some Comparative Evidence," *Journal of Money, Credit and Banking*, Vol. 25, No. 2, May, 151-162.

金融政策が，たとえばテイラー・ルール（第8章第4節参照）のような簡明なルールに従って運営されているならば，中央銀行が政策にコミットしているかどうかを民間部門が判断できるようになり，裁量的政策がもたらすバイアスを除くことができるかもしれない。そうした意味から，インフレーション・ターゲッティングとテイラー・ルールへの関心が高まっている。

## POINT 12-4 ● 金融政策の理論と実践

　ここまで説明してきた理論が，日本銀行の実際の金融政策の運営にどのように反映されているのかを見ておこう。

　日本銀行の行う金融政策の目的は，「インフレーション・ターゲッティング」の精神が反映されているものと解釈することも可能である。

　日本銀行法の第1条と第2条は以下のように書かれている。

　第1条　日本銀行は，我が国の中央銀行として，銀行券を発行するとともに，通貨及び金融の調節を行うことを目的とする。

　　2　日本銀行は，前項に規定するもののほか，銀行その他の金融機関の間で行われる資金決済の円滑の確保を図り，もって信用秩序の維持に資することを目的とする。

　第2条　日本銀行は，通貨及び金融の調節を行うに当たっては，物価の安定を図ることを通じて国民経済の健全な発展に資することをもって，その理念とする。

　経済学的に望ましい政策とは，経済厚生を最大化するものである。第2条の「国民経済の健全な発展に資する」を，消費者の経済厚生を最大化することを意味するものと考えることで，日本銀行の目的を経済学的に位置づけることができる。そして，「物価の安定を図ることを通じて」は，この最大化問題の解が，インフレ率の安定を図る条件となっていると解釈することができる。

　フォワード・ルッキングについては，白川方明日本銀行副総裁（当時）が，2008年4月9日の記者会見で，次のように語っている。

　「金融政策はつねにフォワード・ルッキングでなければならないということは，そのとおりです。ただ，中央銀行がフォワード・ルッキングであることは最近に始まったことではなく，中央銀行の金融政策はつねにフォワード・ルッキングであったと思います。足許，あるいは過去の経済データに基づいて，先々の経済状況がどのようになっていくかを判断していくということであり，本質的に昔も今もフォワード・ルッキングであると思います。フォワード・ルッキングという言葉は，時として人によって違うイメージで語られます。私自身も昨日の国会でもこの言葉を使いましたが，私自身の気持ちとしては，少し長い先を展望して経済や政策を判断していくということであって，中央銀行が千里眼のような力を持って将来を見通しそれに基づいて政策を行っているということではなく，経済の標準的なシナリオを考えリスクを点検しながら政策を行っていくことをフォワード・ルッキングという言葉で表現しています。」

## 流動性の罠のもとでの安定化政策

**流動性の罠**　　ニューケインジアン・モデルでの自然利子率はいつも正だとは限らない。自然利子率が負になったときは、名目金利がゼロ（$i_t=0$）になっても、経済は潜在 GDP 水準以下になり、フィリップス曲線との交点で与えられるインフレ率は負になる。つまり、デフレが生じる（図 12-4 参照）。そのときの、GDP ギャップの大きさは、第 8 章（8-9）式に（8-7）式を代入して、

$$y_t - y_t^p = \sigma\rho + (\Delta y_{t+1}^p - \Delta g_{t+1})^e \qquad (12\text{-}2)$$

と表される。これがニューケインジアン・モデルでの流動性の罠の状態である。

名目金利をゼロ以下（マイナス金利）にすることができないと、金利を操作するという伝統的な金融政策の手段だけでは経済を潜在 GDP の水準に誘導することができない。こうした状況で GDP ギャップを改善するための手段として、財政政策と非伝統的金融政策の 2 つが考えられる。

財政政策の効果は、自然利子率への影響を通して現れる。図 12-5（次頁）に示されたように、財政支出の成長率（$\Delta g_{t+1}$）が低下すれば、第 8 章（8-7）式より自然利子率が上昇して、期待 IS 曲線が右側にシフトする。そのため、名目金利

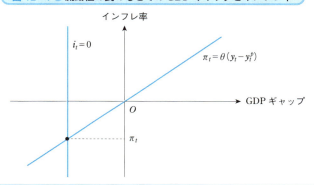

**図 12-4　流動性の罠のもとでの GDP ギャップとインフレ率**

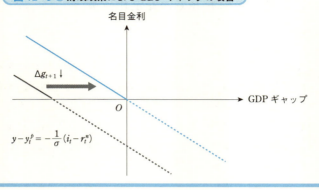

図 12-5 ● 財政政策による GDP ギャップの改善

がゼロのもとで GDP ギャップが改善する。財政政策によって期待 IS 曲線を右側にシフトさせる方法は，現在の財政支出を一時的に引き上げるか，将来の財政支出を削減するかのどちらかである。

　流動性の罠のもとで GDP ギャップを縮小させるもう 1 つの方法は，将来のインフレ率を上昇させて，実質金利を低下させることである。これは非伝統的金融政策の 1 つである。ニューケインジアン・モデルは将来を明示的に考慮した動学的モデルであるため，このような政策を分析できることが，IS-LM モデルにはない大きな特徴である。流動性の罠では自然利子率が負になるのは一時的現象であると解釈されており，将来には自然利子率は正になるものと考えている。この将来を $t+1$ 期としよう。そのときに正となった自然利子率以下に名目金利を引き下げると，$t+1$ 期のインフレ率が上昇し，GDP ギャップが改善する。名目金利がゼロのときに，期待 IS 曲線は，

$$y_t - y_t^p = \sigma(\pi_t^e + r_t^n) + (y_{t+1} - y_{t+1}^p)^e \tag{12-3}$$

となっていることから，$t+1$ 期のインフレ率の上昇と GDP ギャップの改善の両方が，$t$ 期の GDP ギャップの改善につながることがわかる。インフレ率を通じた影響は，名目金利がゼロで一定でもインフレ率の上昇で実質金利が低下することによって，現在の総需要が増加することである。

　一方で，将来の GDP ギャップを通じた影響は，現在の総需要が将来の実質金利に反応して動くことで生じている。これは，現在の総需要が長期金利に反応し

### FIGURE 図 12-6 ● 非伝統的金融政策による GDP ギャップの改善

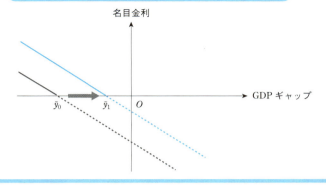

て動くものと解釈でき，将来の金融緩和で将来の短期金利が低いと予想されると，現在の長期金利も低くなり，現在の総需要が増加すると解釈することができる（短期金利と長期金利の関係については，第 15 章第 2-5 項を参照せよ）。日本銀行は，ゼロ金利政策をとった後の 1999 年 4 月の総裁記者会見で「デフレ懸念の払拭が展望できるような情勢になるまでゼロ金利政策を継続する」ことを表明し，金融緩和を続けることをアナウンスすることで長期金利の低下を促し，追加的な金融緩和の効果を得ようとしていた。これは時間軸政策（あるいはフォワード・ガイダンス）と呼ばれる。実際に長期金利は低下し，金融緩和の効果があったとされている。

図 12-6 は，以上の 2 つの効果を図示したものである。名目金利がゼロでも現実の GDP が潜在 GDP を下回る状態のとき，将来のインフレ率が上昇するか，将来の GDP ギャップが改善すると，期待 IS 曲線が右にシフトし，現在の GDP ギャップが $\tilde{y}_0$ から $\tilde{y}_1$ に改善することになる。

$t+1$ 期のインフレ率の上昇は，$t$ 期のニューケインジアン・フィリップス曲線を上方にシフトさせる。図 12-7（次頁）では当初は GDP ギャップが $\tilde{y}_0$ で負となり，インフレ率も $\pi_0$ でデフレとなっていたが，非伝統的金融政策によって名目金利が実質金利に比べて相対的に低下（垂直線が右にシフト）することで，GDP ギャップが $\tilde{y}_1$ に改善する。さらに，フィリップス曲線が上方にシフトすることで，インフレ率が $\pi_1$ に上昇する。

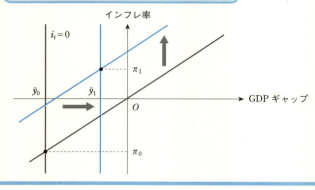

**図 12-7 ● 非伝統的金融政策によるインフレ率**

### 流動性の罠でのデフレ・バイアス

将来に金融緩和をすることで、ゼロ金利のもとでも追加的な金利緩和効果を得ようとしたときの大きな問題点は、時間非整合性の発生である。流動性の罠を脱したところでインフレを起こす政策をとることは、そのときになってみると望ましい政策ではない。図12-8は、$t+1$期のニューケインジアン・フィリップス曲線を示したものである。図では、その次の期（$t+2$）には物価の安定が実現されていると仮定している。さて、$t$期に流動性の罠に陥っていたときに追加的緩和効果を得るために、$t+1$期には名目金利を自然利子率以下にするこ

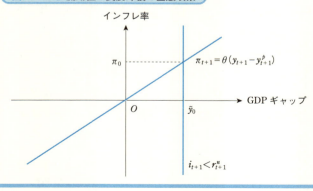

**図 12-8 ● 流動性の罠脱却後の金融政策**

とを約束していた。しかし，$t+1$ 期になってみると，もはや過去は終わったことなので，ここから将来のことを考えると金融緩和（$i_{t+1} < r^n_{t+1}$）をしてインフレを起こす（$\pi_0$ と $\tilde{y}_0$ を選択する）よりは，名目金利を自然利子率に等しくして，所得と物価の安定を図るほうが望ましくなる。つまり，インフレを起こすと事前に約束していても，実際にそのときになると約束どおりにインフレを起こすのではなく，物価と所得の安定を目指すのが望ましくなっているのである。そして，中央銀行がそのように約束を覆すだろうと民間が事前に予想するようになると，$t$ 期における期待インフレ率がそもそも上昇しない。つまり，各時点で裁量的に最適な政策をとろうとすると，期待インフレ率を上げようとする金融緩和の効果が実現されなくなる。第 2 節で扱われたのは，裁量的な政策が望ましい政策よりもインフレ的になるのでインフレ・バイアスと呼んだが，ここでの状況は望ましい政策としてのインフレが裁量的な政策では実行されないので，デフレ・バイアスと呼ばれる。

　時間非整合性によるインフレ・バイアスへの対処法としてインフレーション・ターゲッティングは有力な手段と考えられているが，デフレ・バイアスに対してもインフレーション・ターゲッティングが有効であるかどうかは明らかではない。実は，これはかつて日本がゼロ金利政策・量的緩和政策をとるなかで盛んに論争された課題である。インフレ・バイアスと違ってデフレ・バイアスの場合は，インフレーション・ターゲッティングで解決するのが難しい問題を持っている。上の説明では簡単化のため $t+1$ 期に経済は流動性の罠から脱出するものと考えたが，現実には脱出の時期は遠い将来であり，しかもその時期は事前には正確に予想できない。「デフレ懸念の払拭が展望できる」情勢というのは，あいまいな表現であり，中央銀行の将来の行動に明確なイメージが湧かないと受けとられても仕方がないだろう。2001 年 3 月に量的緩和政策が導入された際に，これを「コア消費者物価指数（CPI）の前年比が安定的にゼロ％以上になるまで」継続するという表明も，インフレに転じる気配が見出せない当時の状況では具体性に乏しいとも感じられた。遠くて，正確な時期のわからないときの金融政策をルール化することは難しい。民間にとっても同様に，遠くて，正確な時期のわからないときの金融政策がいま約束しているように行われると信じることもなかなか難しいのである。

　中央銀行が目標とするインフレ率を表明して，それに向けてあらゆる手をつくすべきだという意見もあった。しかし，問題になっているのはコミットメントの

難しさである。裁量政策が持つバイアスをルールで排除しようとするインフレーション・ターゲッティングの思想と，目標達成のためにあらゆる努力をすべき，という議論はなかば矛盾しているのである。

## 4 財政政策の決定

**裁量的財政政策と自動安定化装置**

財政赤字の問題については次章で詳しく説明するが，ここでは財政収支と景気循環の関係を見ていこう。財政収支は，景気循環によって歳入と歳出が変化する自動安定化装置と，歳入・歳出の構造を変化させる裁量的財政政策によって変動する。裁量的財政政策の動きを見るために使われるのが，循環調整済み財政収支（cyclically-adjusted balance，または構造的財政収支，structural balance）である。これは，経済活動があたかも潜在GDPの水準にあったときの財政収支を仮想的に評価したものである。一方，循環的財政収支（cyclical balance）は，GDPギャップに対応して生じる財政収支の動き，つまり自動安定化装置の動きを示すものである。財政収支には，

　　　　現実の財政収支＝循環調整済み財政収支＋循環的財政収支

の関係がある。

 12-5 ● GDPギャップの推計

　現実のGDPと潜在GDPの差であるGDPギャップ（output gap）は，国内では内閣府と日本銀行，外国ではOECDやIMFで推計が行われている。現実のGDPの推計はすでに第2章で説明されているが，理論的には価格が伸縮的に調整された状態と定義される潜在GDPを推計するときには，かつては2つの考え方があった。1つは，利用可能な資本と労働を最大限利用した場合に実現されるであろうGDPと考えるものである。現実のGDPはこれを下回るので，GDPギャップはつねにマイナスとなる。もう1つは，資本と労働が平均的な水準で利用された場合のGDPとするものである。資源がそれ以上に利用されれば，GDPギャップは正値をとる。現在は，後者の考え方で推計するようになっている。理論的概念と推計上の概念は完全に一致してはいないので，ここでは推計される潜在GDPをトレンドGDPと呼ぶことにして，その推計手法を説明する。

GDP ギャップ $\hat{Y}$ は，現実 GDP（$Y$）のトレンド GDP（$\overline{Y}$）からの乖離率として，

$$\hat{Y}_t = \frac{Y_t - \overline{Y}_t}{\overline{Y}_t}$$

と定義される。実際の推計では，$\ln(1+x) \approx x$ の近似式と $\ln 1 = 0$ となることを利用し，

$$\hat{Y}_t \approx \ln(1+\hat{Y}_t) = \ln \frac{Y_t}{\overline{Y}_t} = \ln Y_t - \ln \overline{Y}_t$$

として，現実 GDP の対数とトレンド GDP の対数の差として推計することもある。

トレンド GDP の単純な推計手法としては，**HP フィルター**（Hodrick-Prescott filter）が広く用いられている。これは，四半期データの場合，損失関数 $(\ln Y_t - \ln \overline{Y}_t)^2 + 1600(\ln \overline{Y}_t - \ln \overline{Y}_{t-1})^2$ を推計期間内で最小にするトレンド GDP を求めるものである（なお，GDP に限らず，その他の経済変数にも広く用いられる）。トレンド系列に求められるのは，現実値に近い水準にあり，かつ現実値よりも緩やかに変動することである。この 2 つの条件は相反するものであるが，上の損失関数は両者を比較考量しようとするものである。係数が 1600（40 の自乗）となっているのは，現実値とトレンドが 1% 乖離することと，トレンドを年率換算で 0.1% 変化（四半期では 0.025% の変化）させることを同じだけの費用と見なそうという考え方である。年次データでは係数は 100（10 の自乗），月次データでは 14400（120 の自乗）になる。

トレンド GDP をより精緻に推計するために現在主流になっているのは，生産関数を用いる方法である（生産関数アプローチと呼ばれる）。コブ・ダグラス型生産関数の対数をとると，

$$\ln Y_t = \alpha \ln K_t + (1-\alpha) \ln L_t + \ln A_t \tag{12-4}$$

となる。$Y, K, L$ はデータが得られるが，全要素生産性（多要素生産性，multi-factor productivity と呼ばれることもある）$A$ は直接に観察できない。通常は，$\alpha$ を資本分配率の期間平均値として推計して，(12-4) 式を用いて，残差として $A$ が計算できる。こうして計算される $A$ はソロー残差と呼ばれる。

トレンド GDP は，各要素がトレンドをとったときの水準として，

$$\ln \overline{Y}_t = \alpha \ln \overline{K}_t + (1-\alpha) \ln \overline{L}_t + \ln \overline{A}_t$$

と定義される。基本となるのは，各要素のトレンドを HP フィルターで求める方法であるが，資本，労働の要素をさらに分解して精緻化を図ることが行われている。

たとえば，労働投入は，「生産年齢人口 × 労働力率 ×（1 − 失業率）× 労働時

間」の4要素を用いて表されるが，この4要素のそれぞれにトレンドをとる方法が用いられる。データは，生産年齢人口は「推計人口」，労働力率と失業率は「労働調査」，労働時間は「毎月勤労統計調査」が用いられる。

トレンド失業率は構造失業率とも呼ばれて，内閣府と日本銀行では **UV 分析** による推計が，OECD では**インフレを加速しない失業率**（Non-Accelerating Inflation Rate of Unemployment：**NAIRU**）の概念に基づく推計がされている。

資本投入は，「資本ストック×稼働率」の2要素に分解して，それぞれにトレンドをとる方法が用いられている。データは資本ストックと非製造業の稼働率に標準的な統計が確立されていないため，各推計でばらばらである。統計データの整備が課題である。

全要素生産性のトレンドについては，いずれの推計も HP フィルターがとられている。

### 日本の財政政策

図 12-9 は，OECD の推計による日本の循環調整済み財政収支と GDP ギャップの動きを示したものである。循環調整済み財政収支は，1980 年後半からバブルが崩壊する 91 年までは黒字であったが，それ以降に悪化に転じた。バブル期以降は，GDP ギャッ

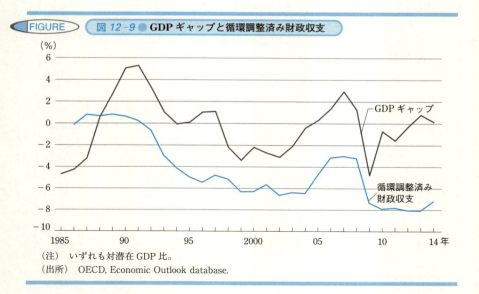

図 12-9 ● GDP ギャップと循環調整済み財政収支

(注) いずれも対潜在 GDP 比。
(出所) OECD, Economic Outlook database.

プと循環調整済み財政収支は同じ方向に動く傾向にある。裁量的財政政策がとられた時期にあったと言ってよいだろう。ただし，財政赤字が常態化しており，持続可能な財政運営とはなっていないことに注意をする必要がある。

OECD の推計では，GDP ギャップの 1% の変化に対して，循環的財政収支が GDP の 0.33% 変化する[1]。つまり，自動安定化装置によって，GDP ギャップが 1% 改善するときに，GDP の 0.33% の財政収支の改善が生じるのである。循環的財政収支の変化が大きいほど，自動安定化装置の機能が大きくなる。OECD の平均が 0.44 なので，日本は先進国のなかでは自動安定化装置の働きが小さいと言える。

## 有効な財政政策

**裁量的財政政策の効果的な方法**

2008 年からの世界同時不況に対応するため，世界各国で大規模な財政出動が行われた。本章の最後に，どのような財政政策が景気対策として望ましいのかを考えよう。

裁量的な財政政策の手段としては，減税と支出拡大が考えられる。また，恒久的な政策とするか，一時的な政策とするか，で選択肢が分かれる。中心となる手段は一時的な支出拡大であるが，それ以外の手段が景気刺激に適さない理由を順に見ていこう。

景気が良いときに景気対策をとる必要はない。恒久的な支出拡大や恒久的な減税は，安定化政策としてされるべきではなく，長期的な視点からどのような政策を行っていくかで決められるべきである。

一時的な減税は，需要創出効果が小さい。第Ⅱ部のモデルでは，消費はそのときの税負担（可処分所得）に反応すると考えていたので，一時的な減税と恒久的な減税との効果の違いは生じない。そこで捨象されていたが，現実の政策を考えるときに重要なことは，人びとは将来のことも考慮して意思決定することである。1 年かぎりの 1 兆円の減税よりも，年 1 兆円の恒久的な減税のほうが，消費者は生涯の所得がより多く増加したと思うだろう。この違いは消費にも影響を与えることになる。第 16 章で詳しく説明する消費の恒常所得仮説によれば，消費者が長期の視野を持って行動するときには，減税による一時的な所得増は即座に消費

第 12 章　安定化政策

に回るのではなく，長期的に少しずつ消費を増やすと考えられる。したがって，一時的な減税から景気が悪いときに消費の増加として現れる分は，第II部で考えられたモデルよりも小さくなると考えられる。

なお，広い階層を対象とした減税はその規模に対して効果が小さいが，所得増をすべて消費に振り向けてくれそうな階層に対象を絞った減税策には一定の効果が期待できる。

一時的な財政支出の拡大は，それ自体が需要の増加となることが，一時的な減税との大きな違いである。2009年のアメリカのオバマ政権の景気対策の骨格を作ったサマーズ（L. H. Summers）国家経済会議委員長は，Timely, Targeted, Temporaryの「3T原則」を作り，麻生政権（当時）での景気対策でもこの考え方が取り入れられた。遅れずに，需要創出効果のあるところに的を絞った，一時的な政策が望ましいと考えるのである。

裁量的財政政策を実行するときに問題になるのは，短期間で巨額の財政支出の使途を決めることで，無駄な事業が実行されてしまう恐れである。政府が経験を持たない新規事業を始めるのは，この失敗を招く危険が大きい。政府が日頃から行っている事業で，支出額が大きく，支出の時期を裁量で選べるものが，景気対策に向いている。これに一番当てはまるのは，公共事業である。このため，公共事業が景気対策の中心となることが多い。

日本では，公共事業の前倒し執行が景気対策の手段として用いられてきた。景気の悪いときには，予算に計上された公共事業の執行を前倒しにして，経済を刺激しようとするものである。また，大規模な事業は数年間かけて執行されるが，年度予算を増額して，翌年度以降に予定されていた事業を前倒しして執行する。これらの手法は，使途を急に決めるものではないため，当初の事業の決定に合理性があれば，上に述べた危険を避けることができる。

日本では，1990年代の長期低迷期に大規模な公共事業が行われた。しかし，経済の低迷は続き，無駄な公共事業との批判を浴びた。裁量的財政政策の是非についての一般の議論では，財政支出がもたらす価値も問われているようである。このことは，第II部の分析では十分に扱えなかったので，以下で検討していこう。

### 財政政策の論争

財政政策を積極的に用いるかどうかについては，経済学者のなかでも論争がある。意見の違いは，財政政策の効果と費用に対する見解の相違として表れる。3つの論点に沿って，順に見ていこう。

■ **乗数効果の大きさ**　乗数効果（財政支出がどれだけ所得を増加させるのか）が小さいと，財政政策は有効ではない。開放経済の 45 度線モデルでは，財政赤字で財源調達された財政支出拡大の乗数は，

$$\frac{1}{1-限界消費性向＋限界輸入性向}$$

で表された。価格が伸縮的に調整され，経済がつねに均衡状態にあれば，政府支出の増加分だけ民間需要が減少して，所得に変化はない。価格の調整が十分に働くと考える経済学者は，乗数が大きくないと考える。

　また，マクロ経済学では，経済があたかも 1 財を生産するかのように扱っているが，実際は多数の財が生産され，市場で取引されている。需要が供給を下回る市場があっても，財政支出をする市場で需要が不足していない可能性もある。2008 年秋以降の日本経済の急速な落ち込みでは，たとえば自動車，薄型テレビの輸出が大幅に低下した。政府が自動車，薄型テレビを大量に購入すれば，これらの産業に失業者を作らずに済むが，政府がこれらを有効に使うことは困難である。代わりに公共事業を大規模に行うと，建設財市場で需要が供給を上回っても，自動車市場では需要不足のままということが起こるかもしれない。

■ **余暇の価値**　失業者が雇用されると所得は増えるが，代わりに失業者が持っていた余暇ないし家事労働の価値が減少する。財政政策の効果としては，所得の増加分から失業者の余暇と家事労働の価値の減少分を差し引いて考えなければならない。たとえば，雇用されることで 1 時間 1000 円分の生産をすることができても，余暇の価値が 1 時間 500 円であれば，雇用されることの実質的な所得増は 1 時間 500 円である。

■ **財政支出の便益**　GDP には財政支出の費用がそのまま計上される。しかし，かりに政府支出がまったく価値のないものだとしたら，GDP が増加しても，国民の厚生が向上したわけではない。まったく価値がないわけではなくても，政府が非効率な支出をすると，支出額以下の価値の公共サービスしか国民は享受できないかもしれない。GDP に表れる所得の増加よりも，実際に公共サービスが生み出す価値は小さいかもしれない。

　乗数効果で所得が上昇しても，余暇と家事労働の価値の減少と財政支出の非効率性が乗数効果を相殺し，それを上回ると，財政政策はむしろ望ましくなくなるかもしれない。たとえば，乗数が 1.5 であったとし，所得の上昇の半分は余暇と家事労働の価値で相殺されるとしよう。さらに財政支出が非効率であり，実際に

は支出額の10%の価値しかない(つまり,支出額の90%は無駄に使われる)とする。1円の財政支出拡大で,所得は1.5円増加するが,余暇の価値の0.75円はそこから相殺しなければならない。さらに1円の財政支出拡大ではなく,0.1円の実質的な所得増加でしかない。国民の厚生の指標となる「所得」は$1.5-0.75-0.9=-0.15$円の増加,つまり0.15円の減少となるのである。

### 財政支出の費用便益分析

価格が伸縮的に調整される場合は,財政支出で失業者が雇用されるような状態にはないので,1円の財政支出が1円以上の価値を持つ公共サービスを生み出すかどうかで,財政支出の可否が決まる。これが費用便益分析(cost-benefit analysis)の基本的な考え方である。

費用便益分析の考え方から出発して,不況のときの財政政策を考えると,失業者を雇用して,所得を増加させることが「便益」として評価できる。財政支出の価値が小さくても,失業者を雇用する便益を合計したものが,財政支出の費用を上回れば,財政支出は経済にとってプラスの効果を持つ。

では,極端な話として,財政支出それ自体にまったく価値がないような,「穴を掘って埋め直す」ような事業が,経済にプラスになることがあるだろうか。財政支出に1円を使うと,それ自体に価値がないから,GDP統計の計算上で所得がその分増加しても,それは実質的な所得増にはならない。失業者を雇用することでの実質的な所得増が1円を上回らないと,価値にはならない。余暇と家事労働の価値がなければ,所得増が1円を上回る(つまり乗数が1より大きい)と,経済にプラスになることがわかる。乗数効果が十分にあれば,穴を掘って埋め直す事業でも効果があるということになる。ただし,少し考えると,穴を掘って埋め直すよりは,その時間を余暇か家事労働に使ったほうが楽だし,価値があるだろう。たとえば,余暇と家事労働の時間価値が所得増の半分だったとしたら,所得増の半分が相殺されてしまうので,財政支出の2倍以上の所得増がないと(つまり乗数が2以上ないと),経済にプラスの効果を与えられない。したがって,穴を掘って埋め直す事業が,本当に経済にプラスになることが生じるとは考えられず,価値のある事業をしたほうがよい。財政支出の価値が高いほど,経済にとってはよりプラスであるから,価値がある事業を優先すべきである。

無駄な事業が景気対策として意味を持つのは,失業者を雇用することにある。しかし,穴を掘って疲れるよりは余暇に使うか家事労働をしたほうが,時間の使い方として有効である。したがって,失業保険のほうが,失業者に所得を与える

効果を持つとともに，失業者の時間をより有益に使っていると言える。また，失業保険は自動安定化装置の一部であり，裁量的財政支出をするよりも，政策ラグが短いことも利点である。ただし，失業保険には，失業者がそれに頼って就業意欲をなくしてしまう恐れ（モラル・ハザードの一種）があるため，受給期間の制限がある。不況が深刻化すると，就業機会が少なくなるため，就業意欲のある人でもなかなか職が見つけられない。裁量的財政政策は，失業保険では解決できない問題に対処する手段と考えることもできる。

### POINT 12-6 ● アメリカの経験──「雇用法」とその後

　アメリカでは，1946年の雇用法によって，安定化政策によって積極的に経済安定化を図っていくべきという考え方が出され，この法律で設立された経済諮問委員会には，このような政策を運営することが期待された。第6章で説明された45度線モデルとして知られているものが，サミュエルソン（P. A. Samuelson）によって発表されたのも，この時期である。

　しかし，積極的な財政政策による微調整は実務上困難であったことと，結果的に継続的な財政赤字を招いたことから，1980年代には財政政策を経済安定化に積極的に用いるという発想は消えていき，自動安定化装置の考え方が重視されるようになった。そして，金融政策による微調整がボルカー（P. A. Volcker），グリーンスパン（A. Greenspan）が連邦準備制度理事会議長として金融政策の舵取りをしていた時代に成功をおさめたことにより，経済安定化の主役は金融政策が担うという考え方が定着した。

　テイラー（J. B. Taylor）によると，1960年から99年までのデータによる分析では，1%ポイントのGDPギャップの発生により，構造的財政収支はほとんど影響されないが，現実の財政収支は0.5%ポイント悪化することが示され，自動安定化装置が財政政策の主たる働きとなった[2]。

　またクリスティーナ・ローマー（C. Romer）によると，安定化政策が戦後の景気循環を緩やかにすることに貢献してきたと考えられるが，その主たる効果は金融政策によって発揮されてきた[3]。

　安定化政策の主たる役割は金融政策に担わせ，財政政策は自動安定化装置によるものとされたことにより，経済諮問委員会の役割も，マクロ経済政策よりは，ミクロ経済学的な観点からの政策立案に比重を移すことになった。

● 注

1) Nathalie Girouard and Christophe André [2005] "Measuring Cyclically-Adjusted Budget Balances for OECD Countries," OECD Economics Department Working Paper No. 434.
2) John B. Taylor [2000] "Reassessing Discretionary Fiscal Policy," *Journal of Economic Perspectives*, Vol. 14, No. 3, Summer, pp. 21-36.
3) Christina D. Romer [1999] "Changes in Business Cycles: Evidence and Explanations," *Journal of Economic Perspectives*, Vol. 13, No. 2, Spring, pp. 23-44

## BOOK GUIDE ● 文献案内

NKモデルを体系的に紹介している日本語の教科書としては，

①加藤涼［2007］『現代マクロ経済学講義——動学的一般均衡モデル入門』東洋経済新報社

が優れている。英語の教科書としては，

②J. Gali [2015] *Monetary Policy, Inflation, and the Business Cycle: An Introduction to the New Keynesian Framework*, 2nd ed., Princeton University Press

がある。新古典派モデルから始まり，本章で取り扱わなかった名目賃金の硬直性，開放経済の議論も含めた内容が約200ページのなかにコンパクトにまとめられている。

NKモデルをさらに掘り下げて学びたい読者は，ニューケインジアンにとってバイブルともなっている，

③M. Woodford [2003] *Interest and Prices: Foundation of a Theory of Monetary Policy*, Princeton University Press

に取り組まざるをえないであろう。800ページ弱の同書は，けっして容易に読破できるものではないが，そこにはイノベーティブな考え方がぎっしりと詰まっている。なお，最先端のNKモデルの"新しさ"を吟味し，咀嚼するためにも，本書の第15章や第16章で展開するより古典的なマクロ経済学の知識が不可欠であることは言うまでもない。

④伊藤隆敏［2013］『インフレ目標政策』日本経済新聞出版社

インフレ・ターゲッティングを導入した各国の経験や，インフレ・ターゲッティングの意義について解説している。

⑤白川方明［2008］『現代の金融政策——理論と実際』日本経済新聞出版社

2008年に日本銀行総裁となった著者が長年の実務経験に基づき，金融政策の理論と日本の経験を体系的に解説している。

⑥藤木裕［1998］『金融市場と中央銀行』東洋経済新報社

中央銀行制度の歴史的・国際比較の視点から展望するとともに，中央銀行の政

策運営の理論的基礎を解説している。

### EXERCISE　●練習問題

**12-1** 中央銀行は，現在（$t$ 期）と将来（$t+1$ 期）のインフレ率と GDP ギャップを目標値に近づけるように，金融政策を運営するものとしよう。その行動を，損失関数

$$\pi_t^2 + 0.25(y_t - y_t^p - 0.04)^2 + \pi_{t+1}^2 + 0.25(y_{t+1} - y_{t+1}^p - 0.04)^2$$

を最小化するものとしよう。目標から離れる費用が，インフレ率の目標（0％）からの乖離の自乗と，GDP ギャップの目標値（4％）からの乖離の自乗に関係している。潜在 GDP が完全雇用 GDP よりも 5％小さいと考えて，完全雇用 GDP を目指す場合には，4％の GDP ギャップを目指すものとする。インフレと GDP にはニューケインジアン・フィリップス曲線に従ったトレードオフがあり，

$$\pi_t = \pi_{t+1} + 0.5(y_t - y_t^p)$$
$$\pi_{t+1} = 0.5(y_t - y_t^p)$$

によって決まる。

(1) 中央銀行が $t$ 期に $t$ 期と $t+1$ 期のインフレ率を選ぶときのインフレ率はいくらか。

(2) 中央銀行が $t+1$ 期に $t+1$ 期のインフレ率を選ぶときのインフレ率はいくらか。このとき，中央銀行は，

$$\pi_{t+1}^2 + 0.25(y_{t+1} - y_{t+1}^p - 0.04)^2$$

を最小化する。

**12-2** 現在の消費が，現在（$t$ 期）と将来（$t+1$ 期）の可処分所得によって，

$$C_t = 0.4(Y_t - T_t + Y_{t+1} - T_{t+1})$$

で決定されるとする。現在の GDP が，

$$Y_t = C_t + I_t + G_t$$
$$I_t = 50$$
$$G_t = 50$$
$$T_t = T_{t+1} = 50$$

で決定されるとする。将来の GDP は潜在 GDP の水準 300 にあるとし，現在の政策変更によって変化しないものとする。

(1) 一時的減税として，現在 6 だけ減税すると，現在の GDP はどれだけ増え

るか。
(2) 現在と将来ともに6の減税を行うと，現在のGDPはどれだけ増えるか。
(3) 現在6だけ政府支出を増加させると，現在のGDPはどれだけ増えるか。

**12-3** 2013年4月に導入された「量的・質的金融緩和」ではどのような時間軸政策がとられたのか。それ以前に行われていたと考えられる時間軸政策と比較しながら説明しなさい。

**12-4** 1990年代の長期低迷期に大規模な財政政策が行われたが，経済の低迷が続き，財政政策には効果がなかったという意見が多い。乗数が低下したのではないか，と言われているが，第II部で学んだことをもとに，乗数が低下する理由を3つあげ，それが1990年代の日本に当てはまったかどうかを検討しなさい。

第III部 経済政策とマクロ経済学

# 第13章 財政の長期的課題

## CHAPTER 13

バブル崩壊後の経済低迷のもと,日本の政府は大規模な財政支出による景気対策を繰り返した。しかし,景気は十分に回復せず,財政政策の効果に疑問が呈されるようになった。また,大規模な公債の発行によって,政府の債務は先進国最高の水準に膨れ上がった。さらに,今後進展する少子高齢化によって,財政状況がさらに深刻になることが懸念される。本章では,財政政策と財政赤字が経済にどのような影響を与えるのかを,短期・中期・長期の視点から勉強する。短期には,財政支出の拡大は総所得を増加させる。一方で,長期では,政府債務の拡大が投資を減少させる影響や,債務償還のための増税が経済に対する影響を考えなければならない。

### KEYWORD
財政赤字,循環調整済み財政収支,循環的財政収支,政府債務,課税平準化,基礎的財政収支,リカードの等価命題,世代会計,積立方式,賦課方式

- FIGURE
- TABLE
- POINT
- BOOK GUIDE
- EXERCISE

INTRODUCTION

# 1 財政赤字の計測

**政府部門の定義**

政府の収入と支出を示す統計には，大きく分けて財政統計と国民経済計算（SNA）に基づくものの2種類が存在する。両者の対象とする範囲が違っているので，データを見るときには注意を要する。

実際の制度との関係が強い財政統計では，国と地方に分かれる。国の財政は一般会計といくつかの特別会計からなる。この他に，公的な機関として，独立行政法人，特殊法人，認可法人等が存在する。地方は，一般会計と特別会計が存在するが，普通会計と公営企業会計という分類も存在する。この他，地方独立行政法人，第三セクター（地方と民間が共同出資した法人）等が存在する。

国際基準であるSNAでは，各国の法制度に即した定義ではなく，「一般政府」については，「政府単位に支配される非市場生産者」と抽象的な定義が与えられている。政府単位は，その国で政府と認定される組織（SNAの用語では制度単位）であり，日本では国と地方公共団体にあたる。また，政府単位に支配される市場生産者は，公的企業とされ，一般政府と公的企業を合わせたものが公的部門と呼ばれる。このため，日本の特殊法人は一般政府に分類されるものもあれば，民間企業に分類されるものもあったりする。こうした状況のため，財政統計とSNAとの直接の比較は難しくなっている。どの組織がどの制度部門に属するのかは，確報での「国民経済計算における政府諸機関の分類」で説明されている。

**財政赤字の定義**

**財政赤字**は，支出が収入を超過する部分であり，政府の債務の増加となる。SNAでは，**純借入**（net borrowing）と呼ばれる。政府の保有する金融資産（たとえば年金の積立金等）にも増減があるので，債務の増加と資産の増加を相殺した純借入に注目するのである。

ただし，一般には政府が金融資産を積み増していく政策的理由はなかなか考えられないので，まずは政府の保有する金融資産は存在しないとして考えよう（しかし，日本の現状では重要なので後述する）。このとき，債務の増加が財政赤字となり，以下のような関係がある。

$$\Delta D = iD + G - T \qquad (13\text{-}1)$$

ここで，$D$ は政府債務，$i$ は金利，$G$ は財政支出，$T$ は税収等の収入である。いずれも名目値とする。なお，財政赤字（$\Delta D$）はフローの概念であり，政府債務（$D$）はストックの概念であることに注意されたい。

表 13-1 は，SNA 概念に基づく 2013 年度の政府の収入と支出を示している。総収入は 167 兆円，総支出は 203 兆円であり，差額の財政赤字は 37 兆円になる。なお，SNA に現れる政府最終消費支出が表 13-1 には現れていないが，これは雇

**TABLE　表 13-1　一般政府の財政収支（2013 年度）**

（単位：10 億円）

| | | |
|---|---|---:|
| 総収入 | | 166,760.0 |
| | 所得・富等に課される経常税 | 44,463.3 |
| | 生産・輸入品に課される税 | 41,736.6 |
| | 資本税 | 1,574.3 |
| | 現実社会負担 | 59,833.8 |
| | 帰属社会負担 | 2,867.7 |
| | その他の経常移転（受取） | 1,087.4 |
| | 資本税をのぞく資本移転（受取） | 2,225.6 |
| | 財産所得（受取） | 7,377.7 |
| | 商品・非商品販売 | 5,593.7 |
| 総支出 | | 203,493.1 |
| | 雇用者報酬 | 28,470.2 |
| | 中間投入 | 20,526.1 |
| | 財産所得の支払 | 10,288.3 |
| | 補助金 | 2,979.5 |
| | その他の経常移転（支払） | 7,183.4 |
| | 資本移転（支払） | 5,522.1 |
| | 現物社会移転以外の社会給付 | 68,866.4 |
| | 現物社会給付等 | 40,897.9 |
| | 生産・輸入品に課される税 | 76.3 |
| | 総固定資本形成 | 17,204.4 |
| | 在庫品増加 | 24.1 |
| | 土地の購入（純） | 1,454.4 |
| 財政収支 | | −36,733.1 |

（注）収入と支出は OECD の National Accounts database で使用されている定義に合わせて，内閣府発表の計数を組み替えている。内閣府からは，この表のような形式では公表されてはいない。なお，丸めの誤差により，合計は項目の和に一致しない。
（出所）内閣府。

用者報酬，固定資本減耗（表には現れていない），中間投入，生産・輸入品に課される税，現物社会給付等から商品・非商品販売を控除して求められる。政府最終消費支出になるものには，たとえば公務員の人件費，医療・介護保険でカバーされる医療・介護サービスがあげられる。

マクロ経済学での財政支出 $G$ は財・サービスへの直接の支出となるので，表13-1 の支出のなかでの政府最終消費支出，総固定資本形成と在庫品増加に相当する。第 II 部では政府消費を $G$ としたが，本章では政府の消費と投資を合わせた支出に着目して $G$ と表している。SNA 統計では支出となるが，$G$ には含まれないものとして，現物社会移転以外の社会給付，補助金，その他の経常移転，資本移転等がある。これらは，民間経済主体への所得の移転になるので，マクロ経済学のモデルでは負の税（つまり $T$ のなかで負値をとる）として扱われる。たとえば，年金給付額が増加した場合は，SNA 統計では支出の増加になるが，マクロ経済への影響を考える場合には税の減少がもたらす効果として考えることになる。

総収入にある税の 3 項目（所得・富等に課される経常税，生産・輸入品に課される税，資本税）の合計は 87.8 兆円になるが，これは財政統計での国税と地方税の合計 85.9 兆円よりも大きい。その理由は，SNA では税の概念が広く捉えられており，日本銀行納付金，中央競馬会納付金，地方の収益事業収入等が税に含まれているためである。国税と地方税に SNA での社会負担の政府の受取（社会保険制度に対する企業や労働者の負担）を加えたものが，財務省が公表している「国民負担率」での国民負担になる。社会負担は現実社会負担と帰属社会負担から構成される。退職金のように労働者の負担がなく雇い主から給付されるものは，雇い主が報酬として労働者に支払い，労働者がそれを社会負担として雇い主に支払うという帰属計算をしている（これは，SNA では，社会負担は雇用者報酬から支払われる形式をとるためである）。この部分が帰属社会負担となり，実際に取引があるものが現実社会負担になる。

財政赤字は政府債務の変動を捉えるものだが，財政状況を適切に捉えるためには，若干の修正を施した概念を使うべきだという意見があって，いくつかの方法が提案されている。以下でこれを見ていこう。

**実質財政赤字**　　まず，インフレが進行している場合には，名目債務水準ではなく，実質債務水準の動きを見るべきであろう。財政赤字は名目債務の増加額を表すので，インフレが進行すれば，本来注目すべき実質債務の増加額は名目債務の増加額より小さくなる。逆に，デフ

レが進行していると，財政赤字が大きくなくても，実質債務が増加してしまうことがありうる。このため，インフレ調整をした財政赤字（**実質財政赤字**）の概念が提案されている。これは，$\Delta D - \pi D$（$\pi$ はインフレ率を表す）として計算される。

### 循環調整済み財政赤字

財政赤字が大きければ財政は拡張的，財政赤字が小さい（あるいは黒字である）ならば財政は緊縮的と一般に考えられているが，景気要因を考慮すると，これはいつも正しいとは限らない。法人所得は景気に敏感に反応するので，好景気期には法人税収が伸び，景気後退期には法人税収が伸び悩むという傾向がある。法人税よりも弱いが，所得税にも同じ傾向がある。このため，税制が変更されなくても，税収は景気循環の局面によって変動する。

かりに景気後退期に増税を行ったとしても，景気後退に伴う税収の低下が増税による税収の増加を上回れば，財政赤字は拡大する。しかし，政府がとった政策は増税であり，これを拡張的な政策と呼ぶのは適当ではない。そこで，景気循環が財政収支に与える影響を除去するために，経済活動があたかも潜在GDPの水準にあるかのようにして財政収支を仮想的に評価したものが，前章で見た循環調整済み財政収支（構造的財政収支）である。実際の財政収支と循環調整済み財政収支の差が，循環的財政収支である。

経済協力開発機構（OECD）は，財政収支を大きく変動させる一時的な要因を除外した「基調的財政収支」（underlying balance）を推計・公表している。図13-1は，日本の基調的循環調整済み財政収支と実際の財政収支（いずれも対GDP比）の推移を示したものである。1998年に本州四国連絡橋公団の債務を国の一般会計が承継したことで大きな財政赤字が計上されるが，これが調整されていることがわかる。こうした負債の承継の他に，外国では携帯電話事業の免許を与える収入などが財政収支に大きな影響を与えてきた。

OECDの推計では各国の事情を細かく考慮する作業は困難なので，こうした一時的な要因の多くが現れると考えられる純資本移転の不規則変動を統計的に除去する方法が用いられている。本章ではこうした特殊要因は対象外として，経済学での概念的な用語としては循環調整済み財政収支を使うことにする。

政府の収入が所得 $Y$ に比例して，$T=tY$ で表されるとすると，循環調整済み財政収支（$(\Delta D)^s$）は，

$$(\Delta D)^s = iD + G - tY^p \tag{13-2}$$

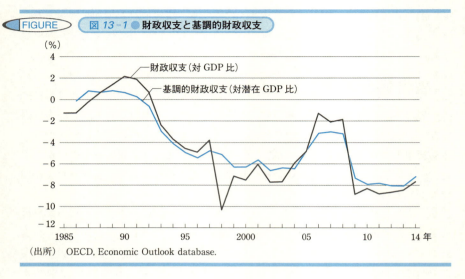

図 13-1 財政収支と基調的財政収支

(出所) OECD, Economic Outlook database.

のように定義される。ここで $Y^p$ は潜在 GDP である。また，実際の循環調整済み財政収支の計算では，$G$ も $Y$ に依存することが考慮に入れられていることに注意されたい。循環的財政収支（$(\Delta D)^C$）は，

$$(\Delta D)^C = t(Y - Y^p) \qquad (13\text{-}3)$$

のように定義される。

　循環調整済み財政収支は重要な指標であるが，限界点もある。その算出には潜在 GDP 水準や税収の景気に対する感応度の情報が必要であり，数値の信頼性について疑問が持たれることもある。税収を景気に依存する部分とそれ以外の部分に分離することは概念的には明確だが，実際に税制では両者の分離が判然とせず，構造的部分に循環的部分が混じったり，逆の場合が生じたりすることがある。また，支出拡大と増税がセットになった政策は景気に拡張的であるが，循環調整済み財政収支には反映しない（これは通常の財政収支でも同じであるが）。これらの限界はあるものの，循環調整済み財政収支は，裁量的財政政策のスタンスを評価する指標として用いられている。

粗債務か純債務か

政府の債務を見るときに，債務のみ（粗債務）を見るか，負債額から金融資産額を控除したもの

（純債務）を見るのかという問題がある。日本の一般政府は巨額の金融資産を保有しているので，両者の違いは大きい。SNAによれば，2013年末で中央政府は273兆円，地方政府は89兆円，社会保障基金は215兆円に及ぶ。この他，財政投融資と公的金融機関が含まれる公的企業は1002兆円の金融資産を保有している。中央政府の保有する金融資産の主たるものには，外国為替特別会計の資産や独立行政法人・特殊法人等への出資金がある。このことから，粗債務は巨額であるが，純債務を見れば日本の財政は深刻ではないという意見もある。この是非はなかなか決着がつけがたい。

　純債務が政府の財政状態（つまり債務の返済可能性）を判断する指標として適当かどうかは，金融資産を売却できるかどうかにかかっている。社会保障基金が保有する公的年金の積立金がある。積立金は将来の年金給付に充てるのが目的なので，政府が自由に処分できる資産と考えるのは適当ではないだろう。SNAでは，将来の年金給付の債務を認識して，負債に計上することをしていないため，資産のみが現れている。しかし，実質的には資産ではないと見なすのが適当だろう（第3章第3-3項POINT 3-3も参照）。

　また，外国為替特別会計が保有する巨額の外国資産は円安誘導のために，ドル買い円売りの為替介入を行った結果が累積したものである（第3章第4節を参照）。外国為替特別会計，出資金，年金積立金は売却が不可能ないし困難と考えると，粗債務のほうがより適切な指標になると考えられる。

### POINT 13-1 ● 債務残高の定義

　政府の債務については，いくつかの違ったまとめ方による数値が報告されているため，混乱しやすいので，その違いをまとめておこう。

　（A　国債及び借入金並びに政府保証債務残高）　財務省はIMFの公表基準に沿って，3カ月に1度，「国債及び借入金並びに政府保証債務残高」を発表している。これは，国の債務をもっとも広く捉えたものである。2014年度末では，国債及び借入金が1053兆円，政府保証債務残高が43兆円となっている。

　（B　総政府債務残高）　そこから政府保証債務を除いたものが，IMFで公表が求められている債務残高の指標である。これは同時に，OECDの発行する統計集『Central Government Debt』に，総政府債務（total government debt）として公表される。また，1872年からの長期時系列が総務省統計局の「日本の長期統計系列」（http://www.stat.go.jp/data/chouki/index.htm）から利用できる。さらにその内訳は，財務省から「国債・借入金残高の種類別内訳」として公表され

る。

　（C　国と地方の長期債務残高）　さらに財政投融資特別会計国債（財投債），政府短期証券を除いたものは，財務省から「国の長期債務残高」として公表される。総務省は，地方債残高，公営企業債残高（普通会計負担分），国の交付税特別会計借入金残高（地方負担分）の合計を「地方財政の借入金残高」として公表している。両者を合計したものが，財務省が公表している「国と地方の長期債務残高」となる。ただし，地方の負担で返済することになる交付税特別会計借入金は重複計上とならないように，ここでの国の長期債務からは除外される。2015年度当初予算を前提とすると，2015年度末で国と地方を合わせた長期債務残高は1035兆円になる見込みである。国の長期債務は837兆円で，うち普通国債が807兆円である。また，地方の長期債務は199兆円である。

　（D　公債等残高）　経済財政諮問会議において財政運営の指標とされている債務残高は「公債等残高」と呼ばれ，（C）から交付国債，出資国債等，交付税特別会計以外の特別会計借入金，公営企業債が除かれる。

　なお，国が発行する債券は国債，地方が発行する債券は地方債，両者を含む意味で，政府が発行する債券は公債と呼ばれる。

**TABLE　表13-2 ● 債務残高の定義**

|  | 2015年度末（見込み） | (A) | (B) | (C) | (D) |
|---|---|---|---|---|---|
| 普通国債 | 807 | ○ | ○ | ○ | ○ |
| 財政投融資特別会計国債 | 98 | ○ | ○ |  |  |
| 交付国債，出資国債等 | 4 | ○ | ○ | ○ |  |
| 借入金 | 63 | ○ | ○ | ○ |  |
| 　うち一般会計借入金 | 13 |  |  |  | ○ |
| 　うち交付税特別会計借入金 | 33 |  |  |  | ○ |
| 政府短期証券 | 199 | ○ | ○ |  |  |
| 政府保証債務 | (43) | ○ |  |  |  |
| 地方債残高 | 145 |  |  | ○ | ○ |
| 公営企業債残高（普通会計負担分） | 21 |  |  | ○ |  |

（注）　単位は兆円。政府保証債務は，2014年度末の実績値。

## 債務残高の推移

図 13-2 は，1885 年以降の日本の政府債務（国債と国の借入金の合計）の対 GDP 比の推移を示したものである。政府債務は増減の波を何回か経験してきた。日露戦争時に，まず大きな上昇が見られ，その後にゆるやかな低下が見られたが，やがて上昇に転じて，第 2 次世界大戦の終わりにかけて，大きな債務の膨張が見られた。戦後の急速なインフレによって債務比率は急速に低下し，いったん無視できるほど低水準になったが，1970 年代に上昇しはじめ，80 年代には落ち着いていたものの，バブル崩壊後の財政収支の悪化から 90 年代以降は急速に増加した。そして，2008 年以降の世界同時不況とそれに対応する財政出動によって，第 2 次世界大戦末期の水準を超えるほどになった。

この図から読み取れるいくつかの特徴で，日本以外の先進諸国にも当てはまるものがある。

**図 13-2 ● 政府債務（対 GDP 比）の推移**

（出所）政府債務は『国債統計年報』（財務省）。名目 GDP は『国民経済計算年報』（内閣府），大川一司・高松信清・山本有造［1974］『国民所得（長期経済統計 1）』（東洋経済新報社），溝口敏行・野島教之［1993］「1940-1955 年における国民経済計算の吟味」『日本統計学会誌』により著者作成。

第 13 章 財政の長期的課題

(1) 戦前期には，戦争が債務の上昇につながった。
(2) 戦後期には，戦争以外の要因で債務が増加した。世界的には，1980年代より多くの国が債務の累増の問題に直面した。
(3) 1990年代以降，財政赤字の抑制に成功し，債務の累増に歯止めがかかった国と，そうでない国に分かれた。

**課税平準化**　第2次世界大戦前には，戦争が財政赤字の発生原因となった。このことは，(戦争の是非の問題は棚上げするとして)実は合理的な財政運営の結果として説明できる。戦争では，莫大な戦費がかさむため，財政支出を大幅に拡大しなければならない。かりに戦時中も均衡財政を目指すとすると，財政需要が増大している時期に税率を大きく引き上げる必要があるだろう。

租税は，経済活動を攪乱することによって，経済厚生を低下させる。たとえば，所得税は労働に課税するが，余暇には非課税となり，個人の時間の配分を労働から余暇の方向に歪める働きをして，効率的な資源配分を妨げる。こうした厚生損失額は，税率の自乗に比例すると言われている(詳しくは，財政学の教科書を参照せよ)。

図13-3は，税率と厚生損失の額の関係(2次関数)を表したものである。戦時と戦後の2期間で税率をどのように設定するかを考えよう。この2期間で所得は同じであるとしよう。税収は，この所得に税率を乗じたもので表されるとする。かりに均衡財政をとった場合は，戦時は図13-3のA点に相当する税率を，戦後

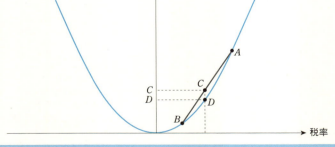

図 13-3 ● 税率と厚生損失の関係

は $B$ 点に相当する税率を選ぶことになる。図の縦軸は，税率に対応する厚生損失を表すが，2 期間の損失の平均は，$C$ 点に相当する費用の水準になる（説明の簡化のために，いまは金利はゼロと考えている。しかし，ここでの議論は金利がゼロでない場合にも成立する）。ところが，かりに戦時と戦後で同じ税率を維持したとしよう。その税率は，水平軸で $A$ 点と $B$ 点の中間に位置する。このときのそれぞれの期間の厚生損失は，$D$ 点に相当する費用の水準にある（これは同時に 2 期間の平均的費用でもある）。図からわかるように，2 期間で均衡財政をとった場合の厚生損失よりも，2 期間で税率を同じくした場合の厚生損失のほうが小さくなる。

税率を増加させたときに，税率の増加率以上に厚生損失が増加する場合には，同じ税収をあげるためには，税率を等しくしておいたほうが厚生損失を小さくできる。このような行動を，課税平準化と呼ぶ。このとき，戦時期には税収以上の支出が発生しており，財政赤字が存在する。戦後には，支出以上の税収をあげることによって，戦時期の債務を償還する。つまり，課税平準化行動のもとでは，財政需要が大きくなるときに財政赤字が発生することになる。

課税平準化理論は，戦時期の財政赤字の発生をうまく説明することができる。しかし，第 2 次世界大戦後に，戦争を経験しなかった国でも財政赤字が発生している。課税平準化理論で説明するならば，そのような時期に財政需要が発生していることになるが，かならずしもそのような状況にない国でも財政赤字の発生が見られた。日本を考えてみても，高齢化社会に向けて，将来に財政需要が増大することが予想される。課税平準化理論に従えば，財政需要の小さい現在に財政余剰を作り出して，将来の財政需要の増大に応える財政運営となるはずである。しかし，現実には現在，多額の財政赤字が発生していることから，現在の日本のような財政赤字は課税平準化の議論によって説明することは困難である。

### 財政赤字の政治経済学

財政赤字を合理的な政策運営の結果と考える課税平準化理論では，第 2 次世界大戦後の平時での財政赤字発生を説明できないことから，現在は非合理的な意思決定の結果として財政赤字が発生するという政治経済学的説明が有力とされている。

アレシーナ（A. Alesina）とペロッティ（R. Perotti）は本節の冒頭でまとめられたような経験的な事実に注目して，どのような説明が妥当するかを検討した。まず，多くの先進国で財政赤字が深刻な問題となったのは 1980 年代に入ってからなので，80 年以降に生じた要因に財政赤字の原因を求めなければならない。そして，財政赤字から早期に立ち直った国と長く苦しんだ国があって，各国の反応

が違うことから，国によって違いが生じる要素が重要である。

以上の事実を説明できる有力な仮説が，「問題先送り」と呼ばれる議論である。この仮説では，成長率の鈍化のような経済への負のショックへの対応の遅れが持続的な財政赤字の原因であると考える。先進国は1970年代までは比較的順調に成長を続けてきていたが，80年代には多くの国で経済への負のショックが問題となった。財政収支が悪化するので，財政再建のために何らかの対策をとることが必要となる。財政はさまざまな利益集団に対して支出を行っているが，その集団間の調整を行う作業が必要となる。この調整が難航すると，財政再建が遅れて，財政赤字の継続的な発生が問題になる。政府の総合調整機能が強いと，再建が早く行われ，財政赤字の深刻化を避けることができる。一方で，政府の総合調整機能が弱いと，持続的な財政赤字が生じてしまう。経済へのショックと財政の制度的な違いによって，経験的に観測される現象が説明されるのである。

## SECTION 3 財政の持続可能性

**基礎的財政収支**

戦後の財政赤字の特徴は，それが持続して，債務が増加を続ける傾向にあることである。このような状態をいつまでも続けることができるのだろうか。財政が破綻する可能性はないのだろうか。

この問題を考えるには，政府の収入 $T$ と利払費を除いた財政支出 $G$ の差である $T-G$（基礎的財政収支あるいはプライマリー・バランス，primary balance）に着目することが有益である。政府の規模は所得との比で捉えるのが適当であり，収入と支出の水準は所得との比で考えることにしよう。これらが一定のとき，(13-1) 式を対名目GDP（$PY$）比として，

$$\frac{\Delta D}{PY} = \frac{iD+G-T}{PY} \tag{13-4}$$

と書くことができる。いま，政府債務の対GDP比の変化を求めると，それは（$D/PY$を微分すると），

$$\Delta\left(\frac{D}{PY}\right) = \frac{PY \cdot \Delta D - D \cdot \Delta(PY)}{(PY)^2} = \frac{\Delta D}{PY} - \frac{\Delta(PY)}{PY}\frac{D}{PY} \tag{13-5}$$

となる（巻末の数学付録参照）。(13-5) 式に (13-4) 式を代入して整理すると，

$$\Delta\left(\frac{D}{PY}\right) = \left(i - \frac{\Delta(PY)}{PY}\right)\frac{D}{PY} + \frac{G-T}{PY} \qquad (13\text{-}6)$$

が得られる。かりに将来にわたってずっと右辺が正になっていたとすると，債務の所得比（$D/PY$）はずっと上昇し続けることになる。

持続可能な財政運営は，政府債務の所得比が安定的に推移するものとして理解されている。これは，(13-6) 式の左辺がゼロになることである。このような持続的な財政運営のためには，金利 $i$，成長率 $\Delta(PY)/PY$ と基礎的財政収支 $G-T$ の関係に一定の制約が課されることになる。まず，左辺がゼロとなるには，

(1) 金利が成長率より高い場合　基礎的財政収支は黒字である
(2) 金利が成長率より低い場合　基礎的財政収支は赤字である

という関係がある。

**ドーマー条件**　後者の関係を言い換えると，基礎的財政収支が赤字で政府債務の対 GDP 比が安定するには，成長率が金利よりも高くなければならない。このことはドーマー（E. D. Domar）の名前をとり，日本ではドーマー条件と呼ばれている。これを使って，成長率が金利よりも高い状態を目指すべきという議論が日本でされることがあるが，海外ではこのような考え方はとられておらず，ドーマー条件自体がほとんど語られることがない。

成長率が金利よりも高い状態が持続するのは，奇妙な状態である。最初に政府に債務がある状態を考えよう。このとき基礎的財政収支が均衡していると，利払費を新しい借金でまかなうことになる。この状態を続けると，借金の元本が雪だるま式に膨らんでしまう。これが借金の怖いところであるが，金利よりも成長率が高い状態では事情が違ってくる。すなわち，利子が新しい借金となることから，債務の成長率は金利と等しくなる。それよりも所得の成長率が高いときには，債務の所得比は，分母のほうの成長率が大きいことから，減少していくことになる。最初の債務は，過去の基礎的財政収支の赤字で作り出されたものと考えられるから，このことは，借金をした後に元本を返済することなく，利子をすべて新しい借金でまかなっても，債務・所得比は安定する。さらに基礎的財政収支が少々の赤字であっても，債務の成長率が所得の成長率を超えないかぎりは，債務・所得比が安定する。

通常の経済の状態では，金利が成長率よりも高いと考えられている。そのときに，財政を持続可能にするための基礎的財政収支のあり方が問題にされる。基礎

的財政収支が赤字では、債務・所得比は増加していく。基礎的財政収支の黒字は財政が持続可能であるための必要条件となる。しかし、十分条件ではない。わずかに黒字でさえあればよいのではなく、$(i-\Delta(PY)/PY)D$ に等しいか、それよりも大きな黒字がなければ、財政は持続可能とはならない。

債務・所得比をどの水準で安定化させればよいかは、理論的に厳密に定まっているわけではない。大きな債務が問題視されるのは、金利が変動すると利払費の変動額が大きくなることで、財政収支が不安定になるためである。しかし、まったく借金しないことが望ましいとも言えない。政府が保有する社会資本が将来に公共サービスを提供するのであれば、その受益に対する負担を将来に徴収することにして、投資の経費を債務でまかなっても、世代間の受益と負担の公平は保たれるという考え方がある。イギリスでは、投資経費を公債発行で調達する財政ルールを黄金律（golden rule）と呼んでいる。これは、第 11 章の長期モデルにおいて消費を最大化する資本ストックである黄金律とは違う意味に同じ言葉を充てたものであり、混同しないように注意が必要である。

実際に導入されている財政規律の例としては、ユーロ参加国に財政の健全運営を課した安定成長協定（Stability and Growth Pact）が有名である。これは、ユーロ参加国の財政規律が緩むことで、ユーロの通貨価値が損なわれることを避けることを目的とし、財政赤字の対 GDP 比を 3% 以下、政府粗債務の対 GDP 比を 60% 以下にするように求めている。

##  財政赤字の影響

**減税による財政赤字**

政府の財政収支を表す式である、

$$\Delta D = iD + G - T \qquad (13\text{-}1,\ \text{再掲})$$

をあらためて見ると、財政赤字が発生する場合には、その他に最低 1 つの変数が同時に変化していなければならないことがわかる。つまり、財政赤字（$\Delta D$）が発生する場合には、金利の上昇による利払費（$iD$）の増加、財政支出（$G$）の拡大、あるいは税収（$T$）の減少が生じている。このうち、財政支出拡大と減税が政策によって動かすことができる変数と考えられる。

財政赤字の影響を考えるときには，通常は財政支出が変化しないものとして，減税によって財政赤字が発生する場合を想定する。これは，財政支出が変化することの影響を別の問題として切り分けて，徴税のタイミング（現在の課税か，将来の課税か）の違いが，どのような影響を持つのかを考えようとするためである。

　財政赤字の原因が財政支出の増加か，減税かの違いによって，経済への影響は違ってくる。財政支出拡大による財政赤字の影響については，均衡予算拡張（支出拡大と増税の組み合わせ）と，ここでの減税による財政赤字の政策の影響が組み合わさったものとして考えるとよい。

### 財政赤字の影響：短期

　減税による財政赤字の影響は，短期・中期・長期のどの時間的視野で見るかで異なる。

　価格が固定されている短期では，第6章で説明されたように，総所得 $Y$ が，

$$Y = c(Y-T) + \bar{I} + \bar{G} \tag{13-7}$$

によって決定される。ここで，$c$ は限界消費性向，$T$ は税，$\bar{I}$ は投資，$\bar{G}$ は財政支出である。(13-7) 式を $Y$ について解くと，

$$Y = -\frac{c}{1-c}T + \frac{\bar{I}+\bar{G}}{1-c} \tag{13-8}$$

となるので，減税により消費が増加し，所得が増加する。

### 財政赤字の影響：中期

　価格の調整が行われる中期では，総所得は潜在GDP水準に戻る。減税によって消費が増加していることから，総所得が一定のもとでは利子率の上昇によって，投資が減少することになる。

　価格の調整が行われる中期では，経済で利用可能な労働 $\bar{L}$ と資本 $\bar{K}$ が使用されて，所得は潜在GDP水準，

$$\bar{Y} = F(\bar{K}, \bar{L}) \tag{13-9}$$

に戻る。$Y$ が均衡水準に戻ることと投資が金利に反応することを考慮して，(13-7) 式を改めると，

$$\bar{Y} = c(\bar{Y}-T) + I(r) + \bar{G} \tag{13-10}$$

となって，$T$ と $r$ が変化する。減税によって消費が増えるが，総所得は一定であるので，金利が上昇して，投資が減少することになる。

**財政赤字の影響：長期**　中期の影響に現れた投資の減少は長期的には資本ストックの減少につながるだろう。資本ストックが変化する長期では，金利の上昇によって資本ストックが減少し，総所得が減少する。このことは，生産関数に現れる資本ストックを金利の減少関数として，

$$Y = F(K(r), \bar{L}) \tag{13-11}$$

と書き表すことができる。長期においては，減税によって総所得が減少する。

このように，どの時間的視野を見るかによって，総所得への影響が異なる。また，財政赤字の影響は金利を通じて伝わることがわかる。

**開放経済の場合**　なお，第9章で議論されたように，小国開放経済において，短期の調整は金利だけではなく為替レートによっても行われる。第9章 POINT 9-6 で取り扱われた2国間の金利水準が均等化して，自国金利がつねに一定になるモデルでは，金利が変化することによる調整は行われず，為替レートの変化による調整のみが行われる。ここで確認しておくと，貨幣供給一定の場合，減税によって消費が増加しても，短期には為替レートが増価して，輸出が減少し，総所得が変化しない。総所得が変化していないために，総所得が均衡水準へ戻る中期の変動は考えなくてよい。また，輸出が減少していることから，外国から資本が流入し，対外債務が増加することになる。このような資産の変化が起こる期間を長期と考えると，国内生産に変化がなくても海外への資本所得の支払が増えて，国民所得が減少することになる。

第9章第5-2項で説明された金利平価関係に基づくマンデル・フレミング・モデルでは，閉鎖経済における金利による調整と為替レートの調整が同時に行われた形の変化が生じる。つまり，貨幣供給一定の場合，減税によって消費が増加すると，金利が上昇することで投資の減少が起こるとともに，為替レートが増価して輸出が減少するが，総所得は上昇する。そして，金利が以前の水準に戻るまで調整が行われ，投資と総所得は元の水準に戻るが，為替レートは増価していて輸出は減少している。

## リカードの等価命題

将来の増税によって，財政赤字が償還されるときには，財政赤字の発生とは逆

に，短期的影響として所得の縮小が起きるだろう。だとすれば，財政赤字で資金調達された政策の拡張効果だけを見るのでは不十分だと言える。家計も将来の財政赤字の償還のことを考えるかもしれない。公債発行によって減税が実施されたとしても，民間部門は将来の増税によって公債が償還されることで可処分所得がけっして増加していないことに気がつくかもしれない。すると，実質的には何ら所得の改善がないわけだから，消費を増加させる理由はない。したがって，減税政策は消費も所得も変化させず，実体経済には影響を与えなくなる。このような考え方は，リカードの等価命題（Ricardian equivalence theorem，または中立命題）と呼ばれる。

等価命題の主張は，公債発行による減税政策は実体経済に対して中立的である（減税乗数はゼロである）ということである。言い換えれば，財政支出増加の効果は，公債発行で財源調達した場合と増税で調達した場合とで同じである（財政支出乗数は均衡予算乗数に等しい）とも言える。注意したいのは，等価命題は，財政支出増加は経済にとって中立的であることを意味しているのではない。財政支出増加の効果については触れておらず，単にその財源調達の方法が問題になっているのである。

第12章で乗数効果の大きさの議論をしたが，等価命題が成立することは，乗数が小さくなる理由に加えることができる。

なお，間違えやすいが，等価命題が新古典派の考え方であるというのは誤りである。多くの経済学者は，減税による公債発行が実体経済に（悪）影響を与えると考えている。等価命題が成立しないもっとも重要な理由と考えられているのは，現在の減税によって恩恵を受ける人間と将来の増税によって負担する人間が違ってくる政策がとられることである。しかし，バロー（R. Barro）は，現在の世代が将来の子孫の効用を考慮に入れて行動する場合には，将来世代に対する負担を相殺するように遺産を残すという可能性を指摘した。このときは，公債が将来の世代の増税で償還された場合でも（すなわち世代間所得再分配が行われる場合でも），実体経済に中立的になる。相続による資産形成は，国富のうちの相当部分を占めるとされており，遺産による将来世代の負担の相殺の可能性が学界で注目されたのである。しかし，遺産を残す動機はバローが考えたもの（利他的動機と呼ばれる）以外にもさまざまな種類のものがあり，違った動機のもとでは，バローの主張するような完全な相殺は働いていない。

バローの指摘するような世代間のリンクがなく，公債が将来世代の負担となる

ときには，現在世代の可処分所得が上昇し，現在時点の消費が増える。したがって，焦点は公債がどれだけの期間で償還されるかである。きわめて短期間で公債が償還される場合や，減税の財源を近い将来の増税でまかなうことを明確に宣言した場合には，等価命題の状況に近づく可能性もある。したがって，公債発行に対する新古典派的考え方とは，将来の償還をまったく考慮に入れないケインズ的見解と将来の償還を完全に考慮に入れたリカード的見解の中間にあると言える。どの見解が現実に妥当するかは実証研究によって決着をつけなければならないが，バーンハイム（B. D. Bernheim）がさまざまな実証研究の結果をまとめたところによると，減税額1円に対して，消費が0.3円上昇するという結果にまとめられるとされ，新古典派的見解が支持されている[1]。

### 公債の負担

公債が将来世代の負担になるという考え方については，アメリカで雇用法が成立した1946年当時の学界ではむしろ否定的な考えが支配的であった。当時，ラーナー（A. P. Lerner）は，以下のような主張を行った。現在時点で公債を発行して財政支出を行い，将来時点に増税によって公債を償還する政策を考えよう。財政支出の財源を同時点の増税で調達する政策とこのような政策を比べると，民間部門が利用できる資源には違いがない。つまり，公債の償還時には増税により国民の購買力は減少するものの，同時に償還された公債が国民の購買力の増加につながるので，両者を合わせたときに，全体の購買力には変化がない。国債の発行時点と償還時点で国民の利用可能な資源は完全雇用水準で固定されており，償還時点での新たな財政支出がないから，民間部門の利用可能な資源は公債発行の影響を受けず，公債の負担は生じていない。

ラーナーの議論に対しては，公債の負担が生じるという反論が2つの方向からなされた。第1に，現在時点の公債発行が貯蓄を減少させ，将来時点に利用可能な資源が減少することで，公債の負担が生じる可能性がある。将来の増税が現在時点に生存する世代に及ばない場合には，現在時点の消費は変化しない。たとえば，現在時点で完全雇用が達成されているとすると，総所得は一定なので，財政支出の増加分だけ民間貯蓄（＝投資）が減少する必要がある。この民間投資の減少が，将来の所得の減少という形で将来世代の負担になると考えることができる。

不完全雇用の状態でも，財政支出によって失業者が雇用されることにより所得増が生じると，現在時点の世代は消費を増加させ，総所得増が財政支出と消費の増加よりも大きくないと，投資が減少することで，将来世代の負担が生じる。し

かし，金利が上昇しない場合には，投資の減少が起こらないかもしれない。そのため，将来の所得が変化しないと，ラーナーの意味での公債の負担は生じていないことになる。

ラーナーの議論に対する第2の反論は，将来世代を将来時点に存在する国民として把握することに対する疑問である。これに代わって，出生年が同じ国民を世代とし，現在時点以降に生まれる世代を将来世代として考えるべきだという考え方がある。この立場から見ると，現在に減税をし，将来に増税をすることは将来時点の増税のみに直面する将来世代が存在するので，この世代に対する負担が発生する。このような負担は，財政赤字の発生時に投資が変化せずに，将来の所得が変化しないときでも生じる。そのため，不完全雇用時に投資のクラウディング・アウトが生じなくても，世代ごとの負担を見れば，将来世代に公債の負担が生じる可能性が高い。将来世代の増税を相殺するだけの所得増が生じれば，こうした公債の将来負担は生じないが，第Ⅱ部で考えられたモデルからわかることは，そのような大きな所得増は生じないのである。

### 世代会計

出生年が同じ国民を世代（コーホートとも呼ばれる）として，税負担に限らず，政府から得られる受益（教育や社会保障給付等）と負担（税や社会保障負担）を広く捉えて，世代ごとの受益と負担の関係を考えることもおおいに意義がある。このような計算をしたものは，世代会計と呼ばれる。世代会計は1980年代に開発され，現在では世界各国で計算されるようになっている。諸外国と比較すると，日本の将来世代の負担が非常に大きい。これは日本で大量の公債が発行されていることによる。公債を償還する負担が将来世代に帰されるからである。

### POINT 13-2 ● 世代重複モデルによる公債の負担

（数学的なモデル分析が苦手な読者はこのPOINTを読み飛ばしても差し支えない。）

公債の負担については，ダイアモンド（P. Diamond）がミクロ的基礎づけを持ったモデルで分析したものが，現在の標準的な議論とされている。ダイアモンドが使用したモデルは，世代重複モデル（あるいは世代共存モデル）と呼ばれ，世代間の受益と負担を考える基本的な考え方となっている。このモデルを簡単に説明しよう。

毎期同じ人口で誕生する世代は2期間生存し，第1期（若年期）に労働所得$w$を得て，一部を貯蓄に回し，残りを消費する。第2期（老年期）には労働所

得はなく，貯蓄の元利合計を消費に充てる。政府の活動（公債，租税，財政支出）が何も存在しない場合には，若年期の消費を $c^y$，老年期の消費を $c^o$，貯蓄を $s$，金利を $r$ とすると，$t$ 期に誕生した世代の消費は，

$$c_t^y = w - s_t \tag{13-12}$$
$$c_{t+1}^o = (1+r)s_t \tag{13-13}$$

で表される。(13-12)，(13-13) 式から $s$ を消去すると，生涯の予算制約式である

$$c_t^y + \frac{c_{t+1}^o}{1+r} = w \tag{13-14}$$

が得られる。これは，現在の消費と将来の消費の割引現在価値が生涯所得に等しいことを示している。

次に，政策として，第1期に若年世代に所得を与え，その財源を国債で調達して，第2期に若年世代への増税で国債を償還することを考える。労働所得（$w$）と金利（$r$）が政策によって変化しないと仮定して，所得移転と国債発行額を $b$ とすると，第1期に誕生した世代の若年期には所得移転 $b$ が追加され，貯蓄の一部を公債で保有する（公債以外の貯蓄を $s$ とする）ことから，消費と生涯の予算制約式は，

$$c_1^y = w + b - (s_1 + b)$$
$$c_2^o = (1+r)(s_1 + b)$$
$$c_1^y + \frac{c_2^o}{1+r} = w + b$$

となる。第2期に誕生した世代は，若年期に公債の元利分の税負担があるので，消費と生涯の予算制約式は，

$$c_2^y = w - (1+r)b - s_2$$
$$c_3^o = (1+r)s_2$$
$$c_2^y + \frac{c_3^o}{1+r} = w - (1+r)b$$

となる。公債発行によって，第1期に誕生した世代から第2期に誕生した世代への所得移転が生じていることがわかる。すなわち，公債発行は将来世代の負担になる。

上の政策では公債の償還財源を負担することが将来世代の負担となっているが，国債を償還しなければ将来世代の負担が発生しないわけではない。このモデルでは金利が経済成長率を上回るため，公債を永遠に借り換えるという政策は，残高が無限大に発散するために持続可能ではない。公債残高を一定に保つために利子分（$rb$）は増税するものとすると，第2期以降に誕生した世代の消費と生涯の予算制約式は，

$$c_t^y = w - rb - (s_t + b)$$
$$c_{t+1}^o = (1+r)(s_t + b)$$
$$c_t^y + \frac{c_{t+1}^o}{1+r} = w - rb \qquad (13\text{-}15)$$

として表される。公債残高を一定に保つ場合には，公債の利払分だけの生涯所得の低下が将来のすべての世代に生じることになる。

また，3期以降ではすべての世代の生涯の予算制約式が等しいことから，新しい定常状態均衡に到達している。第3期以降の財市場の均衡条件は，

$$c_t^y + c_t^o = w + rs_t \qquad (13\text{-}16)$$

となる。(13-14) 式と (13-15) 式の比較から，2期以降に誕生した世代の若年期の貯蓄が1期に誕生した世代のそれよりも減少することがわかる（章末の練習問題で確認する）。また，(13-16) 式より，公債発行によって若年期の貯蓄が減少する分だけ所得の減少が生じることがわかる。

# 6 人口減少と社会保障

人口変動の経済成長への影響

戦後最初の国勢調査が行われた 1950 年の日本の総人口は 8320 万人であった。1967 年には人口は1億人を突破し，70 年代までは年率 1% 程度の増加が続いた。2015 年 10 月の推計人口は 1 億 2689 万人で，2010 年ごろから減少傾向に入った。少子化の進展により，今後も人口減少は続き，国立社会保障・人口問題研究所の中位推計では 2057 年には 9000 万人を割るとされている（図 13-4 参照）。

労働力人口が減少に転じると，経済成長率が低下すると考えられる。どの程度低下するのか，マイナス成長になってしまうのか。第 11 章第 3 節で説明された成長会計を用いて，この問題を考えていこう。

コブ・ダグラス型の生産関数では，賃金が労働の限界生産性で決定されるならば，労働分配率が一定となる。つまり賃金は，労働者 1 人あたり GDP（$Y/L$）に比例するので，

第 13 章 財政の長期的課題

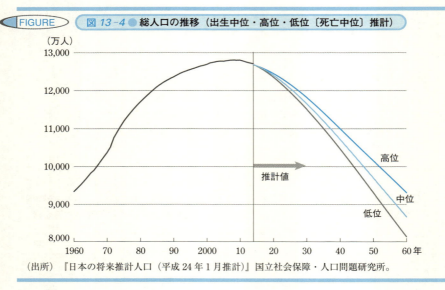

**図 13-4** 総人口の推移（出生中位・高位・低位〔死亡中位〕推計）

（出所）『日本の将来推計人口（平成24年1月推計）』国立社会保障・人口問題研究所。

のように書くことができる。賃金成長率は労働者1人あたりGDP成長率に等しい。さらに，労働者1人あたりGDP成長率はGDP成長率から労働力人口成長率を引いたものになるから，

$$\frac{\Delta w}{w} = \frac{\Delta Y}{Y} - \frac{\Delta L}{L} \tag{13-18}$$

$$w = (1-\alpha)\frac{Y}{L} \tag{13-17}$$

となる。(13-18) 式を変形すると，

$$\frac{\Delta Y}{Y} = \frac{\Delta w}{w} + \frac{\Delta L}{L} \tag{13-19}$$

となるので，GDP成長率は賃金成長率と労働力人口成長率の和で表される。

　労働力人口については，2014年2月の厚生労働省の雇用政策研究会による推計では，かりに2012年の年齢階層別労働率が将来も変化ないとすると，2030年までに労働力人口が870万人減少するとされる（図13-5参照）。高齢者と女性の労働市場への参加が進むと想定したシナリオでも，270万人減少する。前者の悲観的な想定では，労働力人口減少率は年あたり0.7%となる。これを上回る賃

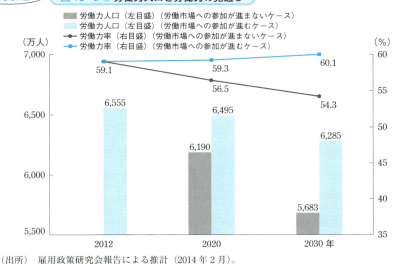

図 13-5 ● 労働力人口と労働力の見通し

（出所）雇用政策研究会報告による推計（2014年2月）。

金成長率がないと、経済はマイナス成長になる。

将来の技術進歩を正確に予測することは難しいので、最近の経験をそのまま適用する方法が通常用いられる。最近は経済の低迷が長く続いたが、それでも1991年から2014年までの就業者1人あたりGDPの成長率の平均は0.9%である（図13-6参照）。これは、将来の労働力人口の減少率を上回っている。したがって、今後に技術進歩の大幅な低迷がないかぎり、経済はマイナス成長にはならないと考えられる。

また、国民の生活水準は1人あたり所得（GDP）で考えるべきなので、1人あたりGDPの変化を見ることにしよう。人口を $N$ として、(13-17)式を $N$ で割ると、

$$w\frac{L}{N} = (1-\alpha)\frac{Y}{N} \qquad (13\text{-}20)$$

となる。労働力率（$L/N$）を $l$、1人あたりGDP（$Y/N$）を $y$ と定義すると、(13-20)式は、

第13章 財政の長期的課題 439

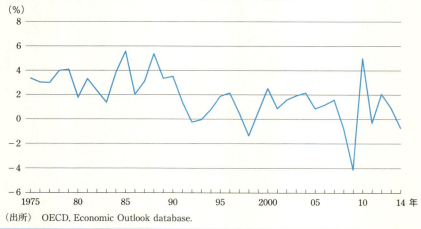

図 13-6 ● 労働者1人あたり実質 GDP の成長率

(出所) OECD, Economic Outlook database.

$$wl = (1-\alpha)y \qquad (13\text{-}21)$$

と書き直すことができる。第 11 章では労働力人口 1 人あたり GDP を $y$ と定義していたので，違いに注意されたい。(13-18) 式と同様の計算を経ると，

$$\frac{\Delta y}{y} = \frac{\Delta w}{w} + \frac{\Delta l}{l} \qquad (13\text{-}22)$$

となる。つまり，1 人あたり所得の成長率は，賃金成長率と労働力率成長率の和で表すことができる。日本ではこれから人口が減少に転じるので，労働力率の減少率は労働力人口の減少率よりも小さくなる。したがって，1 人あたり所得がマイナス成長になることは，GDP がマイナス成長になる以上に起こりにくいと言える。

**社会保障財政**　人口構造の変化は，現役世代の負担で高齢者の給付を支えるという構造を持つ社会保障制度の持続可能性に深刻な影響を与える。

少子高齢化社会の最大の経済問題は，社会保障財政にある。現行の社会保障の財政方式は，現役世代の負担によって高齢者の給付の多くを財源調達している。現役世代に比較して高齢者の人口比率が高まると，財政状況が悪化する。

| TABLE | 表 13-3 ● 社会保障給付の見通し（対 GDP 比） |

(単位：%)

|  | 2012 年度 | 2015 年度 | 2020 年度 | 2025 年度 |
|---|---|---|---|---|
| 社会保障給付費 | 22.8 | 23.5 | 24.1 | 24.4 |
| 年　金 | 11.2 | 11.1 | 10.5 | 9.9 |
| 医　療 | 7.3 | 7.7 | 8.4 | 8.9 |
| 介　護 | 1.8 | 2.1 | 2.7 | 3.2 |
| 子ども子育て | 1.0 | 1.1 | 1.0 | 0.9 |
| その他 | 1.5 | 1.5 | 1.5 | 1.5 |

(出所)　『社会保障の給付と負担の見通し』（厚生労働省，2012 年 3 月）。

高齢者 1 人あたりの社会保障給付を $s$，高齢者人口を $O$，労働力人口 1 人あたり GDP を $y$，労働力人口を $L$ としよう。高齢者向けの社会保障給付の GDP に占める割合は，

$$\frac{sO}{yL} = \left(\frac{s}{y}\right)\left(\frac{O}{L}\right) \tag{13-23}$$

となる。高齢者の労働力人口に対する比率 $O/L$ が上昇すると，社会保障給付の対 GDP 比が上昇する。かりにこの支出を主に現役世代の負担に頼るとすれば，現役世代の所得に対する負担比率が大きくなるだろう。

医療・介護サービスは高齢者が多く需要するので，やはり高齢化の進展で，社会保障給付の比率が高まることが予測されている。表 13-3 は，厚生労働省が 2012 年 3 月に発表した，2025 年度までの社会保障給付の見通し（対 GDP 比）である。年金給付は 2012 年度の 11.2％ から 2025 年度には 9.9％ と低下する。これは 2004 年の年金制度改革で，将来の年金給付の削減を予定したことで，年金給付の総額が伸びないようにしたためである。医療のための給付は 2012 年度の 7.3％ から 2025 年度には 8.9％ に上昇する。介護給付も 2012 年度の 1.8％ から 2025 年度の 3.2％ に上昇する。

| POINT | 13-3 ● 世代重複モデルによる公的年金の分析 |

（数学的なモデル分析が苦手な読者はこの POINT を読み飛ばしても差し支えない。）

人口構造の変化が公的年金にどういう影響を与えるかを，POINT 13-2 で解説した世代重複モデルを用いて考えてみよう。ここでは人口成長を考え，次の世代の人口は 1 つ前の世代の人口の $1+n$ 倍になるものとしよう。$n$ は人口成長率

である。

　まず，積立方式で運営される公的年金を考える。この方式では，若年期に支払った保険料を積み立てて，老年期の年金給付に充てるものとする。保険料を $p$ とすると，$t$ 期に誕生した世代は，若年期には労働所得 $w$ から保険料を支払った後の可処分所得を消費 $c^y$ と貯蓄 $s$ に向ける。若年期の消費は，

$$c_t^y = w - p - s_t \tag{13-24}$$

と書ける。老年期には，自らの貯蓄と年金をもとに消費するものとする。どちらも $r$ の金利で運用されることに注意すると，老年期の消費 $c^o$ は，

$$c_{t+1}^o = (1+r)(s_t + p) \tag{13-25}$$

と書くことができる。(13-24)，(13-25) 式から $s+p$ を消去すると，生涯の予算制約式である，

$$c_t^y + \frac{c_{t+1}^o}{1+r} = w \tag{13-26}$$

が得られる。自らの貯蓄と年金はどちらも若年期の消費をあきらめることで $1+r$ 倍の老年期の消費を手に入れるという意味で，同じ働きをしている。したがって，労働所得を若年期と老年期の消費にどう配分するかは，自らの貯蓄と年金の合計をどのように使うかによって決められる。かりに $p$ が増えるという形で公的年金が充実すると，個人は同額だけ貯蓄を減らすことで，以前と同じ消費水準を選択しようとする。したがって，積立方式の年金は，消費を変化させないという意味で，中立的である。

　賦課方式（pay-as-you-go）の年金は，若年者の負担した保険料をそのときの老年者の年金給付に回し，積立金を持たない。年金受給者1人に対して保険料を支払う若年者が $1+n$ 人いることになるから，若年者の保険料を $p$ とすると，老年者は $(1+n)p$ の保険料を年金給付として受け取ることができる。老年期の消費は，

$$c_{t+1}^o = (1+r)s_t + (1+n)p \tag{13-27}$$

となる。(13-24)，(13-27) 式から $s$ を消去すると，

$$c_t^y + \frac{c_{t+1}^o}{1+r} = w - p + \frac{1+n}{1+r}p = w - \frac{r-n}{1+r}p$$

となる。金利が人口成長率より大きいと，賦課方式の年金によって可処分所得が減少することがわかる。

　賦課方式の年金が導入されると，年金導入前に比較して貯蓄が減少すると考えられる。まず (13-24) 式より，保険料 $p$ が課されることで，若年期の消費に変化がなければ貯蓄が減少することがわかる。しかし，金利が人口成長率より大き

いと，可処分所得は減少し，それに対応して個人は若年期の消費を減少させるので，その分だけ貯蓄は増加する。だが，その増加分は，保険料が課されることによる若年期の可処分所得の減少による効果を相殺するまでには至らない。

貯蓄への影響を積立方式と比較してみよう。積立方式の年金が導入されると，民間貯蓄は保険料の分だけ減少する。しかし，年金による政府貯蓄（積立金）が同額だけ増えるので，経済全体での貯蓄（国民貯蓄）には変化がない。賦課方式の年金が導入されると，民間貯蓄は減少するものの，積立方式ほどの減少ではない。しかし，賦課方式の年金は積立金を持たないから，政府貯蓄が増えない。そのため，両者の合計の国民貯蓄は減少するのである。

人口成長率が低下すると，老年者に対する若年者の人数が減少するので，賦課方式での年金給付が小さくなる。このことから，賦課方式で年金を運営していると，高齢化の進展が個人の可処分所得を減少させることで，経済に悪影響を持つことがわかる。

● 注

1) B. D. Bernheim [1987] "Ricardian Equivalence: An Evaluation of Theory and Evidence," in S. Fischer ed., *NBER Macroeconomics Annual 1987*, MIT Press, pp. 263-304.

BOOK GUIDE　● 文献案内

①青木昌彦・鶴光太郎編 [2004]『日本の財政改革――「国のかたち」をどう変えるか』東洋経済新報社

日本の財政赤字の発生原因，財政再建の方法について，経済学者だけではなく政治学者，実務家らを含み，多様な角度から研究している。

②畑農鋭矢 [2009]『財政赤字と財政運営の経済分析――持続可能性と国民負担の視点』有斐閣

本章で取り上げた財政赤字をめぐる論点（課税平準化理論，リカードの等価命題など）の実証研究を行っている。

③八代尚宏 [1999]『少子・高齢化の経済学――市場重視の構造改革』東洋経済新報社

日本の将来の高齢化のマクロ経済的影響を試算し，公的年金・福祉制度の改革を提言している。

## EXERCISE ●練習問題

**13-1** 2006年に政府は2011年度に国・地方の基礎的財政収支を黒字化する目標を立てた。しかし，2008年からの急激な景気後退によって目標達成が困難になったため，政府債務の対GDP比の引き下げを目指す目標に変更した。次のなかから正しいものを選びなさい。

① 成長率が金利よりも高いときには，基礎的財政収支が赤字であれば政府債務の対GDP比は低下する。
② 金利が成長率より高いときには，基礎的財政収支が黒字であれば政府債務の対GDP比は低下する。
③ 基礎的財政収支が均衡すると，政府債務の対GDP比は一定になる。
④ 金利が成長率より高い場合，政府債務の対GDP比が低下するには基礎的財政収支が黒字でなければならない。
⑤ 成長率が金利よりも高い場合，政府債務の対GDP比が低下するには基礎的財政収支が赤字でなければならない。

**13-2** POINT 13-2で取り上げたモデルのように，$t$期に誕生した世代は生涯の予算制約式，

$$c_t^y = w - rb - (s_t + b)$$
$$c_{t+1}^o = (1+r)(s_t + b)$$
$$c_t^y + \frac{c_{t+1}^o}{1+r} = w - rb$$

のもとで，貯蓄と消費の意思決定を行い，効用関数，

$$U_t = \ln c_t^y + \ln c_{t+1}^o$$

を最大化するものとする。このとき，公債発行残高 $b$ が増えると，民間貯蓄はどのように変化するか。

第Ⅳ部　マクロ経済モデルのミクロ的基礎づけ

# 第14章 第Ⅳ部のねらい
## なぜマクロ経済モデルにミクロ的基礎が必要なのか？

## CHAPTER 14

　本章では，なぜミクロ的基礎がマクロ経済モデルに必要なのかを論じている。同時に，第Ⅱ部で学んできたミクロ的基礎がかならずしも十分でないマクロ経済モデルと，確固なミクロ的基礎を備えたマクロ経済モデルのいずれかが，一方的に優れているわけではないことも議論する。とくに，マクロ経済理論のマクロ経済政策への適応を考えると，ミクロ的基礎の必要性について断定的な判断を下すことが非常に難しい。読者には，すでに読んできた第Ⅱ部の議論と，これから読む第Ⅳ部の議論を完全に相反するものと考えるよりも，両者のつながりや関わりにも目を向けてほしい。

FIGURE
COLUMN

INTRODUCTION

# マクロ経済学のミクロ的基礎づけとは

**ミクロ経済学の言葉とマクロ経済学の言葉**

「はじめに」でも述べたように，マクロ経済モデルのミクロ的基礎づけ（マイクロファウンデーション，micro-foundation）とは，「ミクロ経済学の言葉」でマクロ経済モデルを語ることである。大学1年生・2年生の読者は，マクロ経済学とミクロ経済学を同時並行で学んでいるので，たぶん「ミクロ経済学の言葉」自体がわかりづらいかもしれない。以下では，かなり乱暴な要約になることを承知のうえで，ミクロ経済学のアプローチをまとめてみよう。

ミクロ経済学では，個々の家計や個別の企業の振る舞いをモデル化することから出発する。家計であれば，効用（幸せの度合）をできるだけ高めるように，働いて得た稼ぎを消費に充て，残りを貯金する。もし，手元資金が消費支出に不足すれば，資金を借り入れる。こうした家計行動は，効用極大化行動（utility maximization）と呼ばれている。一方，企業では，利潤をできるだけ高めるために，金融機関から資金を借りて，工場を建て，機械を設置し，労働者を雇い，製造品を販売する。こうした企業行動は，利潤極大化行動（profit maximization）と呼ばれている。

家計も，企業も，自らの目的（家計は効用極大化，企業は利潤極大化）を実現するために，さまざまな市場において経済取引を行わなければならない。家計であれば，労働市場で労働を供給し，財市場で消費財を需要し，金融市場で資金の運用や調達を行う。企業であれば，金融市場で資金を調達し，財市場で投資財を需要し，製造品を供給する。時には，複雑な契約を取り交わす必要も生じるであろう。

数多の家計や企業がさまざまな市場で取引している状況で，それぞれの市場において需給が一致するように取引価格が決まってくる。ミクロ経済学では，すべての市場で需給が一致している資源配分状態を市場均衡（market equilibrium）と呼んでいる。均衡状態で成立する価格が均衡価格である。たとえば，労働市場では，数多の家計からの労働供給と数多の企業からの労働需要が一致するように均衡賃金が決定される。

ミクロ経済学の真骨頂は，「実現された市場均衡が望ましいかどうか」を客観的に評価できるところにある。ミクロ経済学で用いる望ましさの尺度が，効率性（efficiency）と呼ばれている。正確さを欠くことを覚悟して言ってしまうと，効率性とは，「費用に対する効果の度合」を意味している。

たとえば，いずれの家計にとっても市場均衡が効率的である状態とは，市場で成立している均衡価格において，いくら費用をかけても，効用の改善の度合が追加的にかけた費用を上回る余地がまったくない状態となる。一方，いずれの企業にとっても市場均衡が効率的である状態とは，市場で成立している均衡価格において，いくら費用をかけても，利潤の改善の度合が追加的にかけた費用を上回ることができない状態である。繰り返しになるが，効率的な市場均衡は，費用対効果のもっとも高いところで，家計が効用極大化を，企

業が利潤極大化をそれぞれ達成している資源配分状態を指している。

ミクロ経済学では，追加的にかける費用を限界費用（marginal cost），効用や利潤の改善の度合を限界便益（marginal benefit）と呼んでいる。もし，限界便益が限界費用を上回っていれば，より費用をかけることによって，家計の効用や企業の利潤を高めることができる。逆に，限界費用が限界便益を上回っていれば，より費用を節約することによって，家計の効用や企業の利潤を高めることができる。効率的な市場均衡で効用や利潤の改善の余地がないということは，限界便益が限界費用にちょうど等しいことを意味している。

**費用対効果の具体例**

もっと具体的な例を考えてみよう。ある企業の機械生産について，雇用量と産出量との間に次のような関係があると想定する。なお，製造コストは人件費しか含まれないと仮定する。

| 雇用量 | 1人 | 2人 | 3人 | 4人 | 5人 | 6人 |
| --- | --- | --- | --- | --- | --- | --- |
| 産出量 | 10台 | 20台 | 28台 | 34台 | 38台 | 40台 |

いま，1人雇用するのに24万円かかり，機械は1台あたり6万円で売れるとする。企業は，労働者を3人雇って，機械を28台生産している。したがって，72万円の費用（24万円/人×3人）をかけて，168万円の価値（6万円/台×28台）を生み出しているので，利潤は96万円（168万円－72万円）となる。それでは，この企業は，効率的な生産を行っているのであろうか。

もし，3人から4人に雇用を増やすと，24万円の限界費用がかかる一方，生産価値は168万円から204万円へと36万円増える。すなわち，限界便益は36万円である。この場合，限界便益が限界費用を12万円上回っているので，利潤が96万円から108万円に増える。さらに1人増やして5人を雇うと，限界費用24万円に対して限界便益も24万円なので，利潤は依然として108万円である。さらに1人増やして6人を雇うと，限界費用24万円に対して限界便益が12万円なので，利潤は12万円減って（12万円－24万円），108万円から96万円に縮小する。したがって，限界費用と限界便益が一致している4人の雇用で34台の機械を生産しているケース（あるいは，5人の雇用で38台の機械を生産しているケース）が最適な生産となる。こうして見てくると，3人の雇用で28台生産している状態は，最適な生産水準に対して過小であって，非効率な生産水準となる。

かりに，機械の1台あたりの価格が6万円から2万4000円に暴落すると，「1人の雇用で10台の生産」から「2人の雇用で20台の生産」へと拡大するときに，限界費用と限界便益が24万円で一致する。すなわち，企業が生産効率を保つためには，3人の雇用から2人の雇用（あるいは，1人の雇用）に生産規模を縮小しなければならない。

上の例が示しているように，「1人あたり賃金が24万円，機械1台あたり6万円のケースでは，『3人の雇用で28台の生産』は効率的な生産ではない」と判断することができる。すなわち，ミクロ経済学の議論から出発すると，ある均衡状態における企業の生産行動が望ましいかどうかを客観的に判断することができるのである。同様に，ミクロ経済学の議論に基づくと，ある均衡状態における家計の行動が望ましいかどうかを客観的に判断する

ことも可能となる。

> **ミクロ的基礎が欠如したIS-LMモデル**

第Ⅱ部第6章で学んできた*IS-LM*モデル（短期モデル）には、きっちりとしたミクロ的な基礎がないために、マクロ経済の均衡状態で実現する消費水準や設備投資水準、あるいは、それらを合わせた国内総支出（国内総生産）が望ましい水準かどうかを客観的に判断することができない。

マクロ経済の均衡状態の望ましさを評価する尺度が明確でないということは、マクロ経済に働きかけるマクロ経済政策を評価する尺度が不在であることを意味するのである。たとえば、積極的な財政政策や金融政策で少なくとも一時的にGDPを拡大させることはできるが、それが本当に良いことかどうかを科学的に判断することができない。また、*IS-LM*モデルでは、実質GDPが同じ水準のときに、消費のウエートが高いのが望ましいのか、設備投資のウエートが高いのが望ましいのか、純輸出のウエートが高いのが望ましいのかもにわかには判断できない。

本章では、まず、*IS-LM*モデルによってマクロ経済の資源配分に関する効率性を評価できない本質的な理由として、*IS-LM*モデルにミクロ的な基礎がなく、時間が経過する動学的環境において家計や企業の行動を丁寧にモデル化していないことを指摘していく。

なお、「モデル化が丁寧でない」という意味であるが、*IS-LM*モデルのアプローチには、時間の経過とともにマクロ経済が描く経路を、「エイヤ！」と1年ごとに輪切りにしてしまって、動学的な経緯から完全に切り離した形でマクロ経済を分析対象としている大胆なところがあるという程度のニュアンスである。

> **ミクロ的基礎を備えたAS曲線**

ミクロ的基礎の欠如で*IS-LM*モデルが本質的な問題を抱えてしまっていることは、*IS-LM*モデルから導かれる総需要曲線（*AD*曲線）も同様の問題を持っていることになる。ただし、1970年代にマクロ経済モデルにミクロ的基礎が本格的に導入されたころには、*IS-LM*モデル、あるいは*AD*曲線にミクロ的基礎を導入する試みはなされなかった。そのもっとも重要な理由は、下に述べるように、*AS-AD*モデル（中期モデル）の*AS*曲線にミクロ的基礎を導入して、*AD*曲線の背後にある*IS-LM*モデルにミクロ的基礎が欠如している問題を事実上回避することができたからである。

第Ⅱ部第7章で*AS-AD*モデルを説明したときには、「ミクロ的基礎」という言葉を使わなかったが、*AS-AD*モデルのもう1つのパーツである総供給曲線（*AS*曲線）には、きっちりとしたミクロ的基礎が備わっている。そうした*AS-AD*モデルにおいて、*IS-LM*モデルを反映した*AD*曲線の動きがGDPに与える影響を完全に相殺する役割を担っているのが合理的期待形成であった。

具体的に言うと、*AS*曲線の理論的な背景には、財市場における一定のマークアップ率で労働コスト分に利潤を上乗せしようとする企業行動と、実質賃金を引き上げようとする労働者と実質賃金を抑制しようとする企業との間の交渉プロセスがある。そうした労働者と企業の行動を通じて、潜在GDPがマクロ経済の均衡として決定される。労働者や企業は、実際のGDPが潜在GDPに等しくなる均衡状態を念頭に置きながら、物価水準やイン

フレ率に関して合理的に期待を形成する。

　要するに，経済学における合理的期待形成仮説とは，「経済主体が正確な予想をする」という一般的なことを意味しているのではなく，「経済主体が市場均衡に整合的な形で期待を形成する」という経済学的な概念なのである。したがって，ミクロ的基礎を備えた経済モデルで市場均衡そのものがきっちりと取り扱われていないと，そもそも合理的期待形成をモデル化することもできなくなる。

　しかし，AS-AD モデルの AS 曲線だけにミクロ的基礎を導入するだけでよいとする考え方は完璧なものではなかった。マクロ経済学者の間では，徐々にではあるが，AD 曲線にミクロ的基礎が欠如している側面が AS 曲線のミクロ的基礎を危うくしていることが問題視されるようになった。

　AS-AD モデルでは，AS 曲線と AD 曲線は独立に導出されていて，両者に相互依存関係はまったく想定されていない。しかし，よくよく考えてみれば，時間の経過とともにマクロ経済が推移する動学的な環境において，供給サイドと需要サイドが独立していると想定するのは，ナンセンスであろう。

　たとえば，消費支出の決定は需要サイドの問題であるが，消費支出に充てられない所得は，貯蓄として企業の設備投資支出（これも需要サイドの問題であるが）の原資となる。こうして決められた設備投資水準は，将来の生産能力を充実させるという意味で，将来の供給サイドに大きな影響を与えていることになる。さらに，このように決まってくる将来の供給能力は，将来の消費支出と設備投資支出の規模を決定するという意味で，将来の需要サイドへの影響も無視できない。

　上のように見てくると明らかなように，時間が進行する動学的環境では，供給サイドと需要サイドがあざなえる縄のごとく密接な相互依存関係にある。本章では，マクロ経済モデルにおいてミクロ的基礎を導入するということは，一方で，短期モデルと長期モデルを接合する試みであり，他方では，供給サイドと需要サイドを統合したマクロ経済モデルを構築する試みであることを論じていきたい。

## IS-LM モデルの問題点

### 動学的側面の欠如

**経済政策の望ましさとは**

　IS-LM モデルでは，消費，設備投資，純輸出，政府消費など国内総支出を構成している支出項目を合計した GDP（国内総支出と等価の関係にある）に，マクロ経済のパフォーマンスに関する情報を集約させている。財政政策や金融政策といったマクロ経済政策の効果も，GDP 水準に対してどれだけ影響があるのかによって評価されている。したがって，「マクロ経済政策が効果的である」というのは，政策によって GDP が大きく増加することを意味している。また，「効果的なマクロ経済政策」では，その政策規模を拡大させればさせるほど，景気刺激効果も大きいことになる。

　しかし，第Ⅱ部第 6 章で詳しく見てきたように，同じように GDP を拡大させると言っ

第 14 章　第Ⅳ部のねらい　　449

ても，財政支出拡大と貨幣供給増大では，国内総支出の項目への影響の仕方が大きく異なっている。政府が財政支出を拡大させると，消費増と所得増の相乗効果（乗数効果）を通じて GDP が増大する。GDP の増加で実質貨幣需要が高まることから，金利が上昇し，設備投資は減少する。金利上昇で為替レートが増価すると，純輸出も減少する。すなわち，金利上昇で設備投資と純輸出がクラウド・アウトされてしまう。その結果，国内総支出に占める設備投資の比率は低下する。

一方，中央銀行が名目貨幣供給を拡大させると，実質貨幣供給が増加し，金利は低下する。金利低下に伴って設備投資は増加する。設備投資の増加は，乗数効果を通じて，消費支出とともに GDP を拡大させる。さらに，金利低下で為替レートが減価すれば，純輸出の増加がいっそう GDP を後押しする。その結果，国内総支出に占める設備投資の比率は上昇する。

上で見てきたように，IS-LM モデルは，GDP を促進するという点で効果的なマクロ経済政策であっても，財政政策と金融政策で設備投資への影響が対照的であるにもかかわらず，どちらがよいのかについて説得的な判断基準を提示してくれない。財政政策も金融政策も，規模を拡大させれば拡大させるほど，GDP を引き上げる効果も大きくなるからである。

このような IS-LM モデルのインプリケーションでは，「どのようなマクロ経済政策を，どの程度の規模で実施すればよいのか」というポリシー・クエスチョンに明確に答えることができない。せいぜい言えることは，「財政政策でも，金融政策でもよいから，とにかくできるだけ規模の大きな政策を実施すべきだ」ということぐらいである。しかし，このような答えでは，あまりに無責任で投げやりであろう。

「どのようなマクロ経済政策を，どの程度の規模で実施すればよいのか」という設問に対して，IS-LM モデルが明確な答えを準備できないのは，まさにミクロ的な基礎が欠如していて，費用対効果という効率性の観点から経済政策のインパクトを客観的に評価できないからである。IS-LM モデルでは，GDP の拡大の背後にある消費，設備投資，純輸出の拡大について，支出拡大という効果は明確に見えても，その支出拡大のためにかかる費用が見えにくい，あるいは見えてこないのである。

### 消費水準の効率性

とくに，消費や設備投資の効率性を評価できないのは，IS-LM モデルが，時間とともに進行するマクロ経済を，ある時点のスナップショットで捉えた短期モデルであるという事情が大きい。

消費の望ましい水準を見極めようと思えば，将来の消費水準と比較して現在の消費水準を評価する必要がある。もし，現在の消費水準を高めることだけを考えるのであれば，貯蓄も所得もすべてを取り崩して，消費に充てればよい。しかし，そのようなことは，将来の消費を著しく犠牲にしているに等しい。すなわち，現在の消費を拡大するためには，将来の消費を犠牲にするというコストを支払わなければならないのである。

以下の図を用いて，そのことをもう少し詳しく見てみよう。消費者は，現在の所得のうちから，どれだけを現在の消費に回し，どれだけを貯蓄に回すかを決定しなければならない。貯蓄は，将来の消費の原資となるので，消費・貯蓄の決定を行っているということは，

「現在の消費」と「将来の消費」との間の選択を行っていることになる。たとえば，現在の消費を引き上げようと思うと，貯蓄を減らして，将来の消費を犠牲にしなくてはならない。借金をしてでも現在の消費を拡大させる場合は，借入を負の貯蓄と考えると，将来の消費を犠牲にする度合がいっそう高まる。

$$
現在の所得 \begin{cases} 現在の消費 \\ 貯蓄 \rightarrow 将来の消費 \end{cases}
$$

こうして見てくると，将来の消費の減少というコストに照らして，現在の消費の増加を評価しなければならないことがわかるであろう。第16章で詳しく議論するように，オイラー方程式と呼ばれる条件式が現在の消費と将来の消費の配分の効率性を表している。

### ソロー・モデルの問題点

ここで，長期経済を対象としている経済成長モデルであっても，現在の消費と将来の消費の配分に関する動学的側面がかならずしも的確に捉えられていないことに言及しておきたい。

第Ⅱ部第11章で学んできたソロー・モデルでは，経済全体の産出量（$y$）が，あらかじめ決められている貯蓄率（$s$）に従って，消費と貯蓄に機械的に割り振られている。すなわち，$(1-s)y$ が消費に，$sy$ が貯蓄にそれぞれ配分される。前述のように，固定資本減耗を除いた純貯蓄は資本蓄積の原資となって将来の消費を支えていくので，貯蓄率 $s$ が外生的に決められているソロー・モデルには，経済環境に応じて現在の消費と将来の消費の配分を内生的に決定するメカニズムがまったく備わっていないことになる。換言すると，ソロー・モデルでは，前述のオイラー方程式が含まれていないために，最適な消費と設備投資の望ましい配分を明らかにすることができない。

第16章で取り扱うラムゼー・モデルと呼ばれている長期モデル（経済成長モデル）には，オイラー方程式に従って現在の消費と将来の消費を割り当てる理論的なメカニズムが備わっている。ラムゼー・モデルのようなミクロ的基礎を備えたモデルでないと，動学的に見て効率的な資源配分を論じることができないのは，長期モデルにおいてもまったく妥当するのである。

### 設備投資水準の効率性

動学的な環境を想定しないと，現在の消費水準ばかりでなく，現在の設備投資水準が望ましいかどうかも判断できない。そもそも企業の設備投資とは，現時点で工場を建て，機械設備を設置し，将来の収益を生み出す企業活動である。この場合，便益は将来の収益で，費用は設備投資にかかるコストである。したがって，便益が費用を上回るかぎりにおいて，現在の設備投資行動が効率的であると評価できる。第16章で詳しく議論するように，トービンの $q$ と呼ばれる指標が設備投資の費用対効果を示している。$IS$-$LM$ モデルでは，将来の収益を映し出すチャンネルが完全に欠如しているのである。

実は，家計の消費・貯蓄の決定と企業の設備投資の決定は，密接に結びついている。ここで閉鎖経済を考えてみると，マクロ・レベルでの貯蓄額はつねに設備投資額に等しいので，家計部門における消費と貯蓄の配分は，マクロ経済では消費と設備投資の配分に対応している。すなわち，国内総支出における消費と設備投資の配分は，家計部門における消

> **COLUMN** マクロ経済学の歴史⑯　マネタリストのユニークなスタンスを通じて見えてくるマクロ経済学が抱える難題

　ここでは，マクロ経済学の理論面，実証面，政策面を鳥瞰する作業を非常に難しくしている側面が，フリードマン（M. Friedman, 1912-2006，アメリカ人，1976年ノーベル経済学賞）が主導したマネタリズム（monetarism，それを主張する経済学者をマネタリスト，monetarist と呼ぶ）のユニークなスタンスを通して見えてくることを論じてみたい。

　読者のなかには，マネタリストと言うと，その保守的な経済政策思想（財政政策や金融政策による市場への介入を極力避けようとする考え方）から，「新しい古典派」（new classical）と呼ばれ，合理的期待形成仮説のマクロ経済モデルへの適用を積極的に推し進めたルーカス（R. E. Lucas, Jr., 1937-，アメリカ人，1995年ノーベル経済学賞）やサージェント（T. J. Sargent, 1943-，アメリカ人，2011年ノーベル経済学賞）と同じようなマクロ経済理論を堅持していたように思う方も多いかもしれない。しかし，マネタリストと「新しい古典派」との間には，マクロ経済理論に対するスタンスが天と地ほど異なっていた。

　IS-LM モデルの枠組みを完全に否定していた「新しい古典派」とは対照的に，マネタリストは，IS-LM モデルから決まってくる AD 曲線がマクロ経済の短期的な均衡経路に影響を与えることを基本的に受け入れていた。したがって，財政政策や金融政策がマクロ経済に対して少なくとも短期的に影響を与える可能性を認めていた。

　一方で，フリードマンやフェルプス（E. S. Phelps, 1933-，アメリカ人，2006年ノーベル経済学賞）のフィリップス曲線に関する研究に代表されるように，マネタリストは，長期的に見れば，政策変更によって AS 曲線自体がシフトするために，AD 曲線がシフトして GDP に与える影響は完全に相殺されてしまうことも主張していた。ただし，彼らは，期待形成については適応的な側面や，名目価格の硬直性の可能性を認めていたので，マクロ経済政策が短期的な影響を与えるケースを排除することをしなかった。

　1960年代に繰り広げられたケインジアン（Keynesian）とマネタリストとの間の論争から，上述のマネタリストの理論的スタンスの事情をうかがい知ることができる。この論争では，ケインジアンが財政政策の有効性を，マネタリストが金融政策の有効性を主張したが，両陣営とも IS-LM モデルの枠組みに依拠して主張を展開した。

　ケインジアンは，図14-1に示すように，貨幣需要が名目金利に過度に感応的で（すなわち，「流動性の罠」に陥っているケースで）LM 曲線がフラットになるので，財政政策で IS 曲線をシフトさせるほうが

フリードマン
（AP/アフロ提供）

GDP への影響が大きいと考えた。一方，マネタリストは，図 14-2 が示すように，設備投資関数が実質金利に非常に感応的で IS 曲線がフラットになるので，金融政策で LM 曲線をシフトさせるほうが GDP への影響が大きいと判断した。要するに，*IS-LM* モデルに対する理論的スタンスの対立ではなく，*IS-LM* モデルのパラメーターに対する実証的判断の対立であった。

　フリードマンが 1963 年にシュワルツ（A. Schwartz，1915-2012，アメリカ人）とともに著した『アメリカの金融市場に関する歴史――1867 年から 1960 年』（*A Monetary History of the United States, 1867-1960*）には，ケインジアンとの論争で披露した実証的見解がすでに展開されている。とくに，フリードマンたちは，1929 年から始まった大恐慌が深刻化した理由として，連邦準備制度（Federal Reserve System：FRS，1913 年に設立されたアメリカの中央銀行）が貨幣供給に消極的であったことを指摘している。

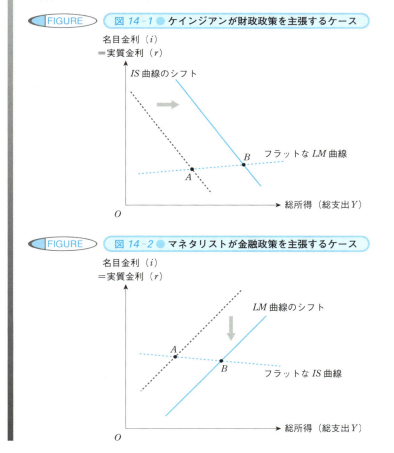

FIGURE　図 14-1 ● ケインジアンが財政政策を主張するケース

FIGURE　図 14-2 ● マネタリストが金融政策を主張するケース

1970年代に「新しい古典派」が合理的期待形成仮説を主軸に従来の $IS\text{-}LM$ モデルを完全に否定していくプロセスにおいて，マクロ経済理論構築に対する姿勢でマネタリストとケインジアンは非常に近い立場であることが浮き彫りになってくる。一方，政策主張では多くの共通点があったにもかかわらず，マネタリストと「新しい古典派」は理論構築のスタンスで鋭く対立していく。

　とくに，もっとも大きな対立点は，本章でも論じているように，需要サイドを代表する $AD$ 曲線（$IS\text{-}LM$ モデル）と供給サイドを代表する $AS$ 曲線との間に明確な理論的関係がないにもかかわらず，ある政策評価では $AD$ 曲線（$IS\text{-}LM$ モデル）を用い，ある政策評価では $AS$ 曲線に基づくというマネタリストのプラクティカルな姿勢に，理論原理主義の傾向が強い「新しい古典派」は我慢がならなかったのである。マネタリストとしては，社会が必要としている政策処方箋を書くことと，経済学者として理論的な一貫性を保つことを天秤にかければ，前者のほうが後者よりもはるかに重いということなのかもしれない。

　上のマネタリストと「新しい古典派」の対立は，マクロ経済学という学問が抱えている問題の難しさを象徴しているように思われる。もし，マクロ経済学者が理論構築に没頭し，政策提言に無頓着になれば，マクロ経済学は経済社会に占める位置を失ってしまいかねない。一方で，理論的な整合性をまったく無視した極端な経済政策が経済社会を混乱に陥らせた事例は古今東西に少なくない。

　どうすればよいか。たぶん，人類は，その答えを永遠に出すことができないのであろう。それこそ，非理論的で，折衷的な態度と批判されかねないが，さまざまな考え方の経済学者が厳格な学問規律のなかで研究を進め，互いにとことん論争することが十分に保障されている環境こそが，マクロ経済政策をおおむね妥当な方向に導いていくのではないであろうか。世の中が政策提言一辺倒のマクロ経済学者ばかりになっても，理論一辺倒のマクロ経済学者ばかりになっても，経済社会にとっては望ましくないのであろう。その意味では，マネタリストとケインジアンの論争も，マネタリストと「新しい古典派」の対立も，マクロ経済学という学問の健全な姿を象徴していると言えるかもしれない。

　本書でも，最先端のマクロ経済モデルをいたずらに振りかざす姿勢を極力避け，フロンティアにいるマクロ経済学者から「時代遅れ」とされている $IS\text{-}LM$ モデルや $AS\text{-}AD$ モデルをできるだけ丁寧に紹介してきたのも，「マクロ経済学という学問が抱えている非常に難しい側面」を読者に伝えることができればと筆者たちが思っているからである。

費と貯蓄，あるいは現在の消費と将来の消費の配分に対応していることになる。

　したがって，家計部門が現在の消費と将来の消費について効率的な配分を行っている場合，国内総支出における設備投資の比率は，効率的な消費配分に対応していなくてはならない。GDP 水準さえ高ければ，国内総支出に占める設備投資の比率はどうでもよいとい

うわけにはいかないのである。

先ほど，*IS-LM* モデルでは財政政策と金融政策では，国内総支出に占める設備投資の比率に与える影響が対照的であることに言及してきた。ということは，財政支出の拡大と貨幣供給量の増加では，現在の消費と将来の消費の配分に対照的な変更をもたらしているという点で，動学的な資源配分に与える政策効果が大きく異なっていることになる。

具体的には，国内総支出に占める設備投資の比率を引き下げてしまう財政支出拡大は，将来の消費を犠牲にして現在の GDP を引き上げている政策と考えることができる。一方，貨幣供給量の増加は，設備投資の増加で将来の消費を下支えする政策という印象を与える。しかし，第 16 章で詳しく見ていくように，中・長期的に見ると，適切な設備投資比率を上回っても下回っても，マクロ経済が悲惨な帰結を迎えてしまう。そういう意味では，現在の GDP を引き上げるために，財政政策によって設備投資比率を無理に引き下げたり，金融政策によってそれを無謀に引き上げたりすることは，効率性の観点から見ると，けっして望ましいマクロ経済政策とは言えない。

**動学的な環境における乗数効果**

*IS-LM* モデルにおいて，上で議論してきた消費と設備投資の配分がほとんど注目されないのは，*IS-LM* モデルの特徴である乗数効果の役割が大きいのかもしれない。乗数効果が働くと，設備投資増が消費増に結びついて，マクロ経済のパイ（GDP）自体が拡大する。そのために，限られたパイの国内総支出を設備投資と消費との間で割り当てるという発想はなかなか生まれにくい可能性がある。

ところが，*IS-LM* モデルのもっとも重要な特徴である乗数効果も，動学的な環境では十分に機能するとは限らない。第Ⅱ部第 6 章で詳しく議論してきたように，*IS-LM* モデルにおいて需要増と生産増の相乗作用で GDP が拡大する乗数効果は，在庫を通じた調整がいっさい考慮されておらず，需要拡大が生産拡大にストレートに結びつくところから生まれてくる。

しかし，動学的な環境で在庫調整がまったくないと想定するのは非現実的である。需要が拡大すると，少なくとも需要増の一部は，在庫ストックを取り崩す（すなわち，倉庫から商品を持ち出してくる）ことでまかなわれるであろう。また，将来の需要増が予想されると，いまのうちから生産をして，在庫ストックを積み増す（すなわち，倉庫に商品を蓄える）であろう。こうした在庫調整を考慮すると，需要増と生産増の結びつきが弱まって，その分，乗数効果も低下する。

**隠れた費用の重要性**

費用対効果から見た純輸出拡大の評価については，すでに第Ⅱ部第 9 章で議論してきた（とくに，POINT 9-4）。為替レートが減価すると，輸出数量が増加して輸入数量が減少するので，実質ベースで見た純輸出は増大する。*IS-LM* モデルでは，純輸出増も，乗数効果を通じて GDP を引き上げる。当然，GDP の増大は，国民総所得（GNI）を上昇させる。

しかし，国内物価水準の上昇以上に名目為替レートが減価して実質為替レートも減価すると，海外へ商品を割安で売り，海外から商品を割高で買っている分，国内の購買力が海外へ漏出してしまう。すなわち，実質為替レートの減価による純輸出拡大の効果は，交易

損失で見た費用分だけ減殺される。

こうして見てくると，マクロ経済政策の評価において，$IS$-$LM$ モデルではポジティブに評価されている消費増も，設備投資増も，純輸出増も，費用対効果の観点から慎重に評価する必要がありそうである。たとえば，現在の消費の拡大が，将来の消費を過度に犠牲にしているかもしれない。また，将来の収益が見込めないのに，現時点で設備投資を推し進めている可能性もある。あるいは，為替レートが過度に減価するもとでは，輸出拡大による所得の増分も，交易損失の形で海外に漏出してしまっているかもしれない。

言い換えると，$IS$-$LM$ モデルでは，費用対効果の観点からマクロ経済政策のインパクトを評価することがまったくできない。マクロ経済政策の科学的な評価基盤を築いていくためには，ミクロ的基礎が備わったマクロ経済モデルを構築することがぜひとも必要になってくるのである。

### ルーカス批判再訪

以上の議論を踏まえると，第Ⅱ部第7章で論じたルーカス批判の意味合いもいっそう明らかになってくるであろう。ここで復習してみると，ルーカス批判の骨子は，政府がマクロ経済のパフォーマンスを向上させようとして実施した政策でも，政策の変更によって家計や企業の行動が変化してしまい，当初に意図した政策効果を得ることができないというものである。

経済モデルに沿って言い換えると，$IS$-$LM$ モデルを念頭に策定した経済政策は，モデルを構成している消費関数，設備投資関数，貨幣需要関数などの行動方程式が不変であることを大前提としている。しかし，これらの行動方程式の形状が実施する経済政策に左右されるので，経済政策を策定する際に設けていた大前提が崩れてしまい，当初の政策意図が実現されなくなる可能性が生まれる。

消費，設備投資，貨幣需要などが実施政策に左右されるのは，政策が家計や企業の利害や損得に影響する結果，経済主体の行動自体が変化してしまうからである。ミクロ的基礎が欠如していて，経済主体の損得がまったく考慮されていない $IS$-$LM$ モデルでは，ルーカス批判で指摘されているような経済主体の行動と経済政策の実施の相互依存関係が完全に抜け落ちてしまう。

ルーカス批判は，マクロ経済モデルを構築する場合ばかりでなく，マクロ経済モデルに基づいて経済政策を策定する際にも，マクロ経済モデルのミクロ的基礎づけが必須であることを物語っている。

その意味では，COLUMN（マクロ経済学の歴史⑯）で言及したマネタリストと「新しい古典派」との対立のもっとも深刻な論点も，マネタリストがルーカス批判に厳密に応じることができなかったところであろう。この点においては，政策提言におけるプラクティカリズム（現実主義，マネタリストの立場）と経済論理の一貫性を堅持するファンダメンタリズム（原理主義，「新しい古典派」の立場）との間には，抜き差しならない緊張関係が生じてしまった。第8章で紹介したニューケインジアンの経済モデルは，新しいタイプのケインジアンがルーカス批判に応えて，$IS$-$LM$ モデルの再構築を試みたものと位置づけることができる。

## なぜ第Ⅳ部を学ばなければならないのか？

**第Ⅳ部の構成について**

これまでのマクロ経済モデルのミクロ的基礎づけに関する議論は，以下のようにまとめることができる。

(1) 家計や企業の経済行動は，彼らの行動目的，たとえば，効用極大化や利潤極大化を明確にしたうえでモデル化する。

(2) 数多の経済主体がさまざまな市場で行った取引の結果生じるマクロ経済の均衡状態の"望ましさ"は，家計や企業の行動目的に照らして費用対効果という効率性の観点から評価すべきである。

(3) 市場均衡に対して働きかけるマクロ経済政策も，費用対効果という効率性の観点から評価する必要がある。

そのためには，短期モデルと長期モデルを接合するとともに，供給サイドと需要サイドを統合したマクロ経済モデルを構築する必要がある。当然，ミクロ的基礎づけの要請を受けたマクロ経済学は，第Ⅱ部で展開してきたような従来のマクロ経済学と根本的に違ってくる。

従来のアプローチにおける需要サイドは，短期モデルとして作られた $IS$-$LM$ モデルから $AD$ 曲線を導出している。一方，供給サイドについては，需要サイドとはまったく独立に，企業や労働者の行動から $AS$ 曲線を導出している。こうして導き出された $AD$ 曲線と $AS$ 曲線から中期モデルが組み立てられている。長期モデルである経済成長モデルは，短期モデルや中期モデルから完全に切り離される形で構築されている。従来のアプローチでは，短期モデルと長期モデルとの間の，あるいは，供給サイドと需要サイドとの間の相互依存関係は取り扱われていない。

第Ⅳ部は，短期と長期，あるいは，需要と供給を1つのモデルの枠組みで統一的に取り扱った，ミクロ的基礎を備えたマクロ経済モデルを紹介していく。第Ⅳ部は，次のような構成をとっている。

まず，第15章では，投資家たちが将来のマクロ経済の均衡状態に関する予想を形成し，そうした将来に関する予想が資産価格や物価水準に反映される"場"である金融市場や貨幣市場の役割について論じていく。先に述べたように，合理的期待形成仮説では，「家計，企業，あるいは，投資家が将来の市場均衡に整合的なように期待を形成する」と仮定している。しばしば誤って解釈されるが，合理的期待形成仮説とは，「企業や家計が唯一無二の絶対的に正しい予測をする」ということをあらかじめ想定しているわけではない。

したがって，投資家たちが将来のマクロ経済について非効率的な均衡状態を予想すれば，非効率な状態と整合的な期待が資産価格にストレートに反映される。言い換えると，金融市場で資産価格は，マクロ経済の効率性の度合を映し出す"鏡"の役割を果たしている。第15章と第16章で詳しく見ていくが，資産価格が恐るべき勢いで上昇する資産価格バブルも，将来のマクロ経済に関して著しく非効率な経済状態を伝える危険信号と解釈するこ

とができる。

続く第16章では，本章の中心的な話題であった「マクロ経済における消費と設備投資の配分」について，その配分の望ましさ，適切さを評価することができる動学的な経済モデル（最初にモデル化した哲学者ラムゼー〔F. P. Ramsey, 1903-30, イギリス人〕の名に因んで，ラムゼー・モデルと呼ばれている）を解説する。ラムゼー・モデルを正確に理解するには，高度な数学ツールが必要になってくるが，第16章の記述では，そうしたテクニカルな部分をすべてそぎ落として，標準的な学部学生であれば，そのエッセンスがわかるように工夫をしたつもりである。

第17章では，第15章や第16章のモデルでほぼ捨象されていた労働市場のマクロ経済問題について，進んだ議論を紹介している。労働市場には他の市場には存在しないさまざまな摩擦的要因があるので，ミクロ的基礎を備えた労働市場のモデルを構築するためには特別な工夫が必要となってくる。

たとえば，金融市場であれば，売りと買いが取引所に集中して需給の均衡が図られる。しかし，労働市場は，金融市場と違って需要と供給が集中する場所がかならずしもない。企業のほうは働き手を探し，労働者のほうは雇い手を探すというように，売り手と買い手が互いをサーチするような活動が不可欠である。また，賃金水準の決定についても，市場で労働需給が均衡するような相場で決められるという側面ももちろんあるが，労使交渉のように市場の調整プロセスとは大きく異なった側面もある。

先にも述べたように，マクロ経済モデルのミクロ的基礎づけにおいては，短期モデルと長期モデルの接合という理論上の要請が強い。そのために，ミクロ的基礎を備えたマクロ経済学を学んでいくうえで，進んだ経済成長モデルの展開に必要なテクニックを身につけておく必要がある。そこで，第18章では，第11章のようにテクニカルな側面を抑えた簡潔な形で経済成長モデルを紹介するのではなく，できるだけフォーマルな形で経済成長モデルを提示している。

第Ⅳ部の位置づけについて：第Ⅱ部あってこその第Ⅳ部

このように書いてくると，読者は，「第Ⅳ部の議論は，第Ⅱ部で展開してきた議論を全否定しているではないか！」と思われるかもしれないが，2つの意味で「そうではない！」ということを申し上げたい。

第1に，自然科学であれ，社会科学であれ，人文科学であれ，科学の歴史にあって最初から正しい理論が提示されたことはない。一方，いまある理論が永遠に正しいという保証があるわけでもない。ある理論に克服すべき問題があれば，それを解決する新たな理論が提示される。しかし，そうして提示された理論は，いずれ，さらに新しい理論によって置き換わっていく。なぜ科学の歴史がそうなるのかは簡単なことであって，新たに提示された理論は，既存の問題点を克服する契機となるだけでなく，新たな問題点を発見する契機となるからである。

したがって，ある科学を学んでいくということは，ある時点の最先端の理論を学ぶだけでは足りず，現在の最新理論をこれまでの理論の展開のなかにしっかりと位置づけ，さらには，将来，理論がどのように展開するのかについて見通しをつけていく能力が必要とな

ってくる。言い換えると、科学を学ぶ者には、過去から将来への流れのなかに現在の理論を位置づける能力が求められる。

マクロ経済学も、他の学問と同じ運命に従ってきただけである。IS-LM モデルは、いまの時点で見ると欠陥だらけの理論であるが、1930 年代には、マクロ経済学が対象とする経済現象をあざやかに切り出し、切り出した経済現象をモデル化するための新しい方法論を提出するという画期的な役割を担った。戦後は、IS-LM モデルに基づいてマクロ経済政策の体系が組み立てられてきた。しかし、時間の経過とともに、とくに 1970 年代以降は、IS-LM モデルが抱えている理論的、実際的な課題が強く認識され、それらを克服するためのさまざまな学問的な試みが積み重ねられてきた。第 IV 部で取り扱っているマクロ経済モデルは、その典型的な事例である。

しかし、残念ながら、1970 年代以降にマクロ経済学者が費やしてきた努力によって、IS-LM モデルの課題のすべてを克服したわけではない。新しいマクロ経済モデルによっても、克服すべき問題が新たに出てきている。また、新しいマクロ経済モデルにはない優れた点が、IS-LM モデルにはまだまだある。そのように考えてくると、第 IV 部で取り扱っているような最先端の理論につながるマクロ経済モデルだけを勉強するのではなく、マクロ経済学の重要な出発点となった IS-LM モデル以降の理論展開をきっちりと身につけておくことこそが、深いレベルでマクロ経済学という学問を学んでいくということになる。

**経済政策に対する良識とミクロ的基礎**

第 2 に、第 IV 部で展開するマクロ経済モデルは、マクロ経済政策に対する良識、あるいはセンスを培うのに役に立つということを強調したい。IS-LM モデルによって根拠づけられている安定化政策は、現在の市場経済の運営において必要不可欠な政策技術となっている。できるだけメカニカルな形で、マクロ経済のパフォーマンスを自動的に安定化するような仕組みは、あらゆる資本主義国に必要とされている。安定化政策の理論づけは、戦後のマクロ経済学が果たした重要な貢献でもある。

また、長期的な経済政策においても、標準的な経済成長モデル（第 II 部第 11 章）が示すように、「技術革新に支えられた経済成長こそが望ましい」というコンセンサスは資本主義社会のなかでしっかりと形成されている。事実、各国政府は、技術革新を促す基盤を形成するために、国内制度を整備し、国際的なルールを作ってきた。安定化政策も、成長政策も、第 II 部で学んできたマクロ経済理論が人類社会で積極的に生かされている事例である。

ここで、これから社会に出て行く大学生が第 IV 部で展開している進んだマクロ経済理論を理解することで、IS-LM モデルをはじめとした標準的なマクロ経済モデルを健全な形で社会に生かしていく良識（あるいは、センスと言ってもよいかもしれない）を培っていく可能性のあることを議論してみたい。

家計や企業の自主的な決定を基本とする資本主義社会では、市民の間に緩やかな合意が形成されている安定化政策であっても、成長政策であっても、度を越えてしまえば弊害も生じる。時には、取り返しのつかないことも起きてしまうかもしれない。そうならないためにも、資本主義社会における政府の経済政策は、"ほどほど" の匙加減こそがふさわし

い。

　経済政策の程度や規模に関する"ほどほどさ"とか，逆に「それはいくらなんでも」というようなことに見当をつけていくうえで，ミクロ的基礎を備えたマクロ経済学の知識は，おおいに役に立つのである。"ほどほど"の低金利政策で設備投資を後押しし，"そこそこ"の円安誘導で輸出を促して景気を刺激することは，安定化政策の範囲として是認されるであろう。しかし，金利を思い切って下げて設備投資を無理矢理に刺激し，過度の円安によって輸出をがむしゃらに促進するのはどうであろうか。こうした場合に，"ほどほどさ"を"適切さ"と言い換えると，費用対効果という効率性の尺度を備えているマクロ経済モデルは，「どの程度の政策が適切なのか」に関するガイダンスを提供してくれる。

　ミクロ的基礎を備えたマクロ経済学の知識があれば，無謀な経済政策で国内総支出に占める設備投資や純輸出の比率が大きく上昇すると，マクロ経済の動学的な資源配分の効率性が著しくそがれてしまうと判断できるであろう。また，進んだマクロ経済学の知識があれば，経済政策が度を越している程度をデータから検証することもできる。たとえば，円安による交易損失を確認して，純輸出の規模と比較することができる。消費と設備投資のバランスが大きく崩れて，非効率的なマクロ経済の状態が資産価格にストレートに表れるということを知っていれば，株価高騰に対してもいちいち熱狂することがなくなるかもしれない。また，たとえ株価が暴落しても，非効率的な状態から効率的な状態への修正局面として，冷静に受け取ることができるであろう。

　どこの国でも，極端な規模の安定化政策は，通常，成長戦略として打ち出されることが多い。市民の側に「無理をしてGDPを引き上げても，国民の経済厚生が改善するわけではない」という良識があれば，成長戦略を偽装した景気対策に対して否定的になり，「技術進歩に支えられた経済成長こそ，国民の経済厚生を高める」という判断があれば，技術革新を支える基盤を地道に築いていくことに対して肯定的になる。

　市民の側に，マクロ経済環境や金融市場の動向，あるいはマクロ経済政策について良識を備えた態度があれば，市民が政府や中央銀行の経済政策に対して過剰な期待を寄せることもなくなるであろうし，政府や中央銀行も，市民の節度ある期待の範囲でやるべきことを淡々と実行していくということになるであろう。

**学問体系と実務体系の微妙な関係**

　ここまでの議論をまとめると，マクロ経済政策，とくに安定化政策（景気循環の度合を緩和させる政策）における微調整（ファイン・チューニング）では，$IS$-$LM$モデルは依然として有用なツールであるが，$IS$-$LM$モデルに基づいた経済政策が適切な範囲で運営されていくためには，政策を担当している人びとだけでなく，政策の便益を最終的に受ける市民の側にも，ミクロ的基礎を備えたマクロ経済学の知識が不可欠であるということになるであろうか。

　こうしてまとめてしまうと，若い読者のなかには，水と油の関係にある「ミクロ的基礎を備えたマクロ経済学」と$IS$-$LM$モデルを併用してマクロ経済政策に生かしていこうとする筆者たちの姿勢に対して，知的な不誠実さを感じるかもしれない。奇妙に聞こえるかもしれないが，われわれは，読者がそのような気持ちを抱いたとすれば，そうした感想を

持ち続けてほしいと思っているし，大学生が読む教科書において，水と油を混ぜるような議論を展開することを当然と思ってほしくもない。

ただ，いまの時点で読者に受け入れてもらえるかどうかは別として，社会科学の現実への応用ということを考えた場合，理論に対する折衷的な態度は，どうしても避けて通れないということだけは述べておきたい。自然科学であれば，厳密に組み立てられた理論が，実務の現場に定量的な側面を含めて綿密なガイダンスの役割を果たしていることは数多くある。たとえば，工学の学問体系と技術者の実務体系がまさにそうした関係にあるのだろう。

しかし，社会科学の場合，理論やモデルは，単純化の仮定を置いて非常に複雑な社会を過度に抽象化したものである。理論の厳密性が高まれば高まるほど，モデルが現実を抽象化する度合も高くなっていく。理論的な作業を通じて，社会の本質的な側面をあぶり出していくというのが，社会科学における理論やモデルの役割である。しかし，抽象度の高いモデルからは，実務上の意思決定（たとえば，政府の政策決定や企業の経営判断）について，定量的な側面を含めて，明確なガイダンスが得られるわけではない。

$IS$-$LM$ モデルは，経済理論の厳密な手続きを経て作られたものではなく，「エイヤ！」という感じで（このように言うと，ヒックスをはじめとした $IS$-$LM$ モデルの創始者たちに叱られてしまうが……），現実のマクロ経済にすり寄せるようにモデルが組み立てられていたことが，定量的な側面を含めて具体的なガイダンスを必要としている政策実務にとっては逆に幸いした。事実，節度ある範囲で $IS$-$LM$ モデルを活用しているかぎりは，良好なマクロ経済政策を運営していくことにおおいに役立ってきた。

しかし，激変するマクロ経済環境に対して経済政策が対応を迫られているときに，経済政策の微調整に抜群の能力を示してきた $IS$-$LM$ モデルに依然として依拠していても，埒が明かないのは当然であろう。マクロ経済環境の激変を，「$IS$-$LM$ モデルで十分に対応できる"小さな不況"が大きくなったもの」だと考えて，不況の度合に比例する形で通常のマクロ経済政策の規模を拡大させていくという発想では，にっちもさっちもいかなくなってしまう。

1970年以降の日本経済を考えても，70年代の二度の石油ショック，80年代を通じて進行した国際的な緊張緩和，80年代後半の資産価格の高騰，90年代初頭の資産価格の暴落とそれに続く長期不況，97・98年の金融危機，90年代末から2000年代初頭に起きたIT資産価格バブルの生成と崩壊，2008年に勃発したアメリカ発金融危機，2011年に起きた東日本大震災など，マクロ経済環境の激変を経験してきた。そうしたときに，マクロ経済政策がどのように対応していくべきなのかについては，理論的に厳密に組み立てられた抽象的なマクロ経済モデルのインプリケーションが，たとえ定性的にとどまるものであっても，経済政策の方向感について重要なガイダンスを与えてくれる可能性がおおいにある。

最後に，以上のことをルーカス批判に絡めてまとめてみたい。マクロ経済学の喉元に刃物を突きつけたルーカス批判は，理論構築と政策提言が抜き差しならない緊張関係にあることを象徴的に示した。ただし，ルーカス批判が理論的に正しいステートメントであるにもかかわらず，将来，マクロ経済理論のミクロ的基礎づけがどんなに進んでも，ルーカス

批判に耐えられる形で現実のマクロ経済を正確に計測し，実際のマクロ経済政策を厳密に構築することなど，おそらくできないのであろう。たぶん，今後も，おおむねのところでは，*IS-LM* モデルから導き出される政策発想に従って，実際のマクロ経済政策は策定されることになるであろう。

しかし，だからと言って，ルーカス批判に応えられるようにマクロ経済モデルの基礎づけを行う学術的営為をないがしろにしてよいわけではない。ルーカス批判に応えるための学問的な努力が，*IS-LM* モデルの明らかな誤用を未然に防ぐことができ，適切な範囲で *IS-LM* モデルを生かしていく政策環境を整えていくのではないであろうか。

### 第IV部に関する断り

いろいろと書いてきたが，第I部と第II部に比べて，第IV部は，数学的な記述が多くて読みづらいことは確かである。まずは，巻末の数学付録で数学的な知識を復習してほしい。同時に，第II部まで読み進める間に，煩雑だという理由で読み飛ばしてきた数式の展開部分を，丁寧に読み返してほしい。そうすれば，比較的スムースに第IV部を読んでいくことができると思う。

最後に，第IV部の構成が，第I部や第II部に比べると，内容が体系的でも，網羅的でもなく，章の長さがまちまちであることをお断り申し上げたい。第I部と第II部は，大学生にとってマクロ経済学のマストの題材を，できるだけ体系的，網羅的にカバーし，できるだけ丁寧に記述をしてきた（つもりである）。筆者の間でも，2年以上の時間を費やして，それぞれが担当する章の内容について互いに徹底的に議論をしてきた。

逆に，第IV部は，最初の3つの部を読み上げた読者が上級のマクロ経済学理論に進む場合に，何らかの知的なきっかけになればという思いだけで，各筆者が，自身の専門と関心の度合に応じて，互いにあまり相談もせずに自由に書いている。

第IV部のレベルは，学部上級生と大学院1年生のちょうど中間ぐらいであるが，教えるほうとしては，一番面白いところである。学部の基礎や中級レベルのマクロ経済学は，誰が教えても，教えることがほとんど決まっていて，このようなことを言うと学部生に対して失礼になってしまうが，インストラクターはいささか退屈である。一方，大学院生向けのコアコースのマクロ経済学は，これから研究者としての人生を歩み出そうとしている大学院生に対して，オーソドックスな分析手法を中心に厳密に教えなければならないので，教える題材について，インストラクターの自由度はそれほど広くない。

一方，2つの中間にあるレベルの講義では，インストラクターが自分の関心に任せて野心的なテーマも選択できるし，現在進行形で展開している現実のマクロ経済から題材を選ぶという冒険もできる。その意味で，第IV部は，勝手気ままなところもあって，読者には申し訳ないという気も若干するが，そこから，たとえ反面教師的な形でもよいので，マクロ経済学を学んでいく楽しさを感じていただければ幸いである。

**COLUMN** マクロ経済学の歴史⑰　新古典派総合に基づいたマクロ経済学テキストの功罪

　第Ⅱ部で展開したマクロ経済モデルが戦後の資本主義社会において定着したのは，1970年にノーベル経済学賞を受賞したサミュエルソン（P. A. Samuelson, 1915-2009，アメリカ人）の提起した新古典派総合（neoclassical synthesis）という主張の貢献が非常に大きい。

　サミュエルソンの新古典派総合は，ケインズが展開し IS-LM モデルに集約されたマクロ経済理論と，ケインズ以前から展開されていた（ミクロ経済理論を主軸とした）古典派経済学は，「水と油」の関係にあるように見えるが，両者を整合的に統合することが十分に可能であると考えるものである。サミュエルソンが 1955 年に出版した『経済学』（*Economics : An Introductory Analysis,* 3rd ed.）では，新古典派総合の立場が存分に発揮されている。サミュエルソンの『経済学』は，日本語を含め多くの言語に翻訳され，世界中の大学でマクロ経済学の主要テキストとして定着していく。

　新古典派総合のもっとも重要なポイントは，次の表に示すように，「ケインズ的なモデルか，古典派経済学的なモデルか？」を，「短期か，長期か？」というモデルのタイムスパンに強引に結びつけてしまうところである。

|  | 主軸の理論 | 需要サイドか<br>供給サイドか | 物価水準 | 市場環境 | 生産要素 |
| --- | --- | --- | --- | --- | --- |
| 短期モデル | ケインズ経済学 | 需要サイドのみ | 硬直的 | 独占的 | 明示的に取り扱われていない |
| 長期モデル | 古典派経済学 | 供給サイドのみ | 伸縮的 | 競争的 | 労働と資本 |

　第Ⅱ部を通して，とくに第 11 章において詳しく議論したように，モデルのタイムスパンと必然的に結びつく理論的要素は，「物価水準が硬直的か，伸縮的か」というところだけである。確かに，物価水準の調整については，短期的に見ると硬直的であると考えてよい状況が実際にもあるであろう。しかし，それ以外の理論的要素は，モデルのタイム・スパンとまったく結びつかない。ある市場が長期的に独占状態になっていることは多い。また，モデルが想定する期間が短期か長期かの事情にかかわらず，生産活動は労働と資本を必要とし，経済均衡は需要と供給の両面から決定されると考えるほうが自然なモデルの姿であろう。

　想像の域を出ないが，ケインズ経済学と古典派経済学を接ぎ木するという無茶な試みを，新古典派的な"総合"と称したのは，サミュエルソンが確信犯的に大見得を切ったのであろう。サミュエルソン自身は，無謀な統合（新古典派総合）を「正しいロジック」というよりも，

サミュエルソン
（アフロ提供）

「有用なレトリック」と考えていたようである。そうした事情におかまいなしに，新古典派総合の考え方は，戦後のマクロ経済学の学部向け教科書に大きな影響を及ぼしていく。1967年版の『経済学』を最後に新古典派総合という言葉は用いられなくなったが，新古典派総合の影響はその後も持続する。第8章で紹介した新しいケインズ経済学のモデルにおいても，短期・需要サイドと長期・供給サイドの切り分けという面では，新古典派総合の考え方を受け継いでいる。

なぜ，新古典派総合というかならずしも理論的に優れていたとは言えない考え方が，戦後の資本主義社会で受け入れられ，世界中の大学の教育現場で実践されていったのであろうか。明確な答えを探すことは難しいであろうが，短期モデルとしての $IS$-$LM$ モデルが教官にとって教えやすく，学生にとってわかりやすかったという事情がかなり大きかったのではないか。また，先のコラムでも述べたように，マクロ経済学が政策提言に対する社会的要請の強い学問であり，そのためには，政策実践の現場で「わかりやすさ」が強く求められた事情があったのであろう。

要するに，1950年代，60年代，新古典派総合の考え方が，教育の現場でも，政策の現場でも，有用なものとして機能していたかぎりにおいて，理論的にややこしい問題も棚上げされてきたのかもしれない。マクロ経済学のミクロ的基礎づけが，1970年代以降のマクロ経済理論の内側の自律的な動きばかりでなく，20世紀末から21世紀初頭の社会的な事情も背景としているとすれば，研究の現場だけでなく，教育や政策の現場でも，新古典派総合的な考え方だけでは，いよいよもってやっていけなくなってきたということなのかもしれない。

第Ⅳ部 マクロ経済モデルのミクロ的基礎づけ

# 第15章 金融市場と貨幣市場

将来の経済が反映される"場"

## CHAPTER 15

第 15 章では，マクロ経済学的な視点から，債券や株式を取引する金融市場と決済システムを担っている貨幣市場の仕組みを明らかにしていく。ミクロ的基礎を持つことによって理論的な記述が実に豊かになる市場が，第Ⅱ部の *IS-LM* や *AS-AD* モデルではあまり前面に出てこなかった金融市場と貨幣市場である。金融市場で成り立つ長期金利や株価は，合理的期待形成のメカニズムを通じて将来の経済に関する情報が織り込まれている。一方，貨幣市場では，将来のインフレ率の動向が織り込まれて，金利水準や物価水準が決定される。読者には，合理的に形成される価格には，非効率的なマクロ経済で生じる資産価格バブルやハイパーインフレーションも含まれていることにも留意してほしい。本章の最後では，近年，経済や決済の安定化のために積極的に展開されてきた金融緩和政策の問題点について検討している。

### KEYWORD
合理的期待形成，債券市場，割引，金利の期間構造，株式市場，割引現在価値モデル，ファンダメンタルズ，資産価格バブル，貨幣市場，決済システム，中銀当座預金，信用創造，公開市場操作，流動性効果，貨幣数量説，ハイパーインフレーション，金融危機，通貨発行収入，フリードマン・ルール

INTRODUCTION

第Ⅳ部で具体的なマクロ経済モデルを議論する前に，変数のノーテーション（記号）について断りを述べたい。第Ⅱ部の第6章や第7章では，同じアルファベットについて大文字と小文字のノーテーションがある場合に，大文字の変数が水準を，小文字の変数がその自然対数値をそれぞれ意味していた。第11章では，同様のケースで，大文字の変数が総水準を，小文字の変数が1人あたりの水準をそれぞれ示していた。

第Ⅳ部では第15章が，第Ⅱ部第6章や第7章のノーテーションに従っている。一方，第16章では，第Ⅱ部第11章のノーテーションに従っている。本来であれば，1冊の本のなかでノーテーションの整合性をとるべきなのであるが，本書では，慣行的に広く使われているノーテーションに従った結果，このような取り扱いになってしまった。読者の理解を請う次第である。

## マクロ経済における金融・貨幣市場の役割

**合理的期待形成と均衡経路の効率性**

本章では，将来のマクロ経済に関する期待や予想を形成する"場"として金融市場や貨幣市場を捉え，将来のマクロ経済の状態が現在の資産価格や物価水準にどのように反映されるのかを明らかにしていく。そのうえで，マクロ経済学的な観点から資産価格や物価の水準やそれらの変化をどのように捉えたらよいのかを議論する。さらには，動学的な経済環境における金融政策のあり方を考えていきたい。

本章におけるもっとも重要な概念は，合理的期待形成の考え方である。合理的期待形成仮説については，すでに第Ⅱ部第7章で取り扱ってきた。そこでは，企業や労働者は，企業の価格決定と労使間の賃金交渉の結果決まってくる潜在GDPと整合的な水準に物価水準を予想し，その予想物価水準に基づいて意思決定を行う。その結果，マクロ経済の均衡では，実際のGDPも潜在GDPに一致する。第7章でも何度も繰り返して強調したが，合理的期待形成仮説とは，「経済主体ができるだけ正確な予想をする」という抽象的なことを述べているのではなく，「経済主体が将来の均衡と整合的なように価格を予想する」という具体的な内容を含んでいる。

第7章のモデルでは，将来のマクロ経済に関する予想と言っても，当該期で成立する均衡に整合的な当該期の物価水準やインフレ率を予想するだけで足りていたので，すぐ先（直近）のマクロ経済の均衡で成立する潜在GDPだけを考えればよかった。しかし，時間が刻々と経過する動学的な経済環境における将来のマクロ経済に関する予想とは，単に「近い将来」のマクロ経済の均衡だけではなく，現在から「遠い将来」に向かって進行するマクロ経済の均衡経路と整合的な期待形成でなければならない。本章では，金融市場で形成される資産価格や貨幣市場で決定される物価水準には，「近い将来」ばかりでなく，「遠い将来」のマクロ経済の均衡経路がストレートに反映されていることを明らかにしていく。

ここで注意してほしい点は，合理的期待形成仮説の"合理的"という語感から，「期待形成と整合性を保っている均衡経路が効率的である」という印象を与えかねないが，そう

したことを意味しているわけではないところである。すなわち，合理的期待形成の"合理性"は，あくまで「均衡経路と期待形成の整合性」を指しているのであって，「均衡経路の効率性」を意味しているのではない。

効率的な均衡経路であっても，非効率的な均衡経路であっても，金融市場や貨幣市場に参加している人びとの間でコンセンサスが形成された均衡経路であれば，そうした均衡経路に整合的な期待が資産価格や物価水準に織り込まれていくのである。

逆に言うと，資産価格や物価水準の動向から，現実のマクロ経済が効率的な均衡経路に乗っているのか，あるいは，そうでないのかを推し量ることもできる。資産価格が非効率的な均衡経路を織り込んでいる典型的な事例は，資産価格バブルである。資産価格バブルは，ファンダメンタルズと呼ばれている本来の水準を大きく上回って資産価格が推移する現象であるが，マクロ経済が非効率的な均衡経路にある場合に生じる状態である。ただし，第16章のPOINT 16-3で説明しているように，資産価格バブルがマクロ経済の効率性を促す理論的なケースもある。

また，物価水準が急騰するハイパーインフレーションと呼ばれている現象も，貨幣の正常な流通が妨げられているという点で非効率になっている均衡経路を反映している。

### 中央銀行と貨幣市場

本章のもう1つの課題として，現実の経済制度に沿った形で貨幣市場と中央銀行の金融政策をマクロ経済モデルに導入する理論的な手続きを展開していくとともに，中央銀行が展開する金融政策の理論的な基礎づけを試みていく。

第Ⅱ部第6章で展開した $IS$-$LM$ モデルでは，$M^s$ として表された名目貨幣供給の水準は，中央銀行が完全に制御できる政策変数として取り扱われていた。同時に，名目貨幣供給をコントロールすることが，中央銀行が行う金融政策として位置づけられていた。たとえば，金融緩和政策は名目貨幣供給を拡大することを意味し，金融引き締め政策はそれを縮小することを意味している。

しかし，$IS$-$LM$ モデルにおける"貨幣"は，あまりに抽象的すぎて，実際のマクロ経済においてどのようなものが貨幣に相当するのかなかなか判然としない。$IS$-$LM$ モデルの $LM$ 曲線のパートでは，貨幣は経済取引に用いられる決済手段であって，実質貨幣残高に対する需要は，マクロ経済の取引総量に対応する実質GDPとともに増加し，貨幣の保有コストに対応する名目金利とともに減少するように定式化されている。

しかし，第6章のPOINT 6-7でも説明したように，実際の経済において経済取引の決済手段として用いられているのは，中央銀行が発行する紙幣（中央銀行券）だけではない。たとえば，家計（消費者）であれば，普通預金を用いながら購入先に代金を送金することができるし，普通預金の口座引き落としによって公共料金を支払うこともできる。企業であれば，当座預金から振り出された小切手や為替によって売買代金を支払うことができる。

中央銀行は，自らが発行する銀行券をコントロールすることができるが，民間銀行の普通預金や当座預金を直接コントロールすることは困難であろう。もし現実の経済取引の決済手段をすべて貨幣として取り扱うとすると，$M^s$ として表された名目貨幣供給残高が中央銀行によって完全に制御されるというモデルの想定とは大きく食い違っていることにな

る。

　*IS-LM* モデルでは，紙幣に代表されるように，家計や企業が直接に手にすることができる決済手段が貨幣として想定されているが，本章で詳しく見ていくように，民間銀行が中央銀行に開いている当座預金（準備預金と呼ばれている）は，家計や企業が直接目にすることはないが，マクロ経済の決済システムを根幹から支えている。

　実は，準備預金制度のもとで中央銀行が政策変数として制御するのは，名目貨幣供給量ではなく，名目金利となる。ここでも，*IS-LM* モデルの想定と実際の金融政策との間にずれが生じてくる。ただし，物価水準が固定されている仮定では，名目金利を制御するのか，名目貨幣供給量を制御するのかは，同じコインの表裏の関係にあって，本質的な違いはない。

　一方，物価水準が変化する動学的な環境においては，実質貨幣供給量，物価水準，名目金利の相互依存関係が非常に複雑となる。貨幣数量説と呼ばれている関係によって，名目貨幣供給量の拡大とともに，物価水準は上昇する。また，フィッシャー方程式を通じて，これからインフレーションが生じると予想されると，名目金利は上昇する。その結果，名目貨幣供給量，物価水準，名目金利は，時間を通じて互いに依存した関係が生じるのである。

　本章の最後では，それまでに展開してきた貨幣経済モデルに依拠しながら，動学的な環境における金融政策のあり方を議論していく。たとえば，中央銀行は，どのような水準に名目金利を設定すべきなのか，どのように名目貨幣供給量を制御すべきなのかについて，経済効率性（費用対効果）の観点から中央銀行が展開する積極的な金融緩和政策を慎重に評価していく。

### 本章で取り扱わないこと

　本節の最後に，重要なトピックスであるにもかかわらず，本章で取り扱っていないことについて言及しておきたい。

　第1に，金融市場における金融リスクを評価する理論的な枠組みについては，いっさい議論していない。たとえば，利息が安定している銀行預金と価格が大きく変動する株式では，よりリスク（risk）を含む株式のほうが平均的な運用利回り（リターン，return）が高くなる傾向がある。しかし，こうしたリスクとリターンのトレードオフ（どちらかを得ようとすると，他方を得られなくなる関係，trade-off）を分析する理論モデルは，本章で展開していない。主な理由は，金融リスクを取り扱うためには，不確実性下の意思決定に関する進んだミクロ経済理論の知識が必要となってくるからである。

　第2に，第Ⅲ部第12章では，金融政策が直面する重要な課題として，政策の時間整合性（time consistency）について議論してきた。しかし，本章では，金融政策を取り扱っているにもかかわらず，政策の時間整合性については議論を進めていない。主な理由は，政策の時間整合性を深く掘り下げて取り扱うためには，進んだゲーム理論の知識が必要となってくるからである。

　上述のいずれのトピックスについても，進んで勉強をしたい読者のために，章末に参考文献をあげている。

## 2 債券市場

利子率と債券価格

### 2-1 債券とは

**さまざまな債券**

金融市場で取引されている有価証券である債券や株式とは、そもそも何だろうか。有価証券（securities）は、企業や家計、あるいは政府や地方自治体が資金を調達するときに発行する借用証書である。資金を提供している投資家にとっては、借用証書に相当する証券が貸借の証しとなる。資金を調達する主体は債務者（debtor）、資金を提供する主体は債権者（creditor）とそれぞれ呼ばれている。

貸借関係の常として、債務者は債権者に対して借りた資金を返済する。返済の際には、借りた資金（元本と呼ばれている、principal）とともに、利息（クーポンとも呼ばれている、coupon）も付けなければならない。なお、元本に対する利息の割合は、クーポン率と呼ばれている。

利息がクーポンと呼ばれているのは、図15-1のように、証券証書には、新聞チラシのクーポン券のような利札が付いているからである。ただし、現在は、ほとんどの有価証券がコンピューター上の帳簿で取引されているので、元本やクーポンが印刷された借用証書は目にすることができなくなった。

債務者が債権者に最初に有価証券を発行する市場は、発行市場と呼ばれている。英語では、最初の有価証券が発行される市場という意味で、プライマリー・マーケット（primary markets）と言う。一方、いったん発行された有価証券が債権者の間で売買される市場は、流通市場と呼ばれている。英語では、プライマリー・マーケットと対となってセ

**FIGURE** 図 15-1 ● 2015年に発行された10年満期の証券証書

|  | 2025年に償還される元本部分 |
|---|---|
| 毎年支払われるクーポン券部分 | 2024年分 / 2025年分 |
| | 2022年分 / 2023年分 |
| | 2020年分 / 2021年分 |
| | 2018年分 / 2019年分 |
| | 2016年分 / 2017年分 |

第15章 金融市場と貨幣市場　469

カンダリー・マーケット（secondary markets）と言う。

有価証券は，元利返済の方法によって，大きく債券と株式に分けることができる。本節では債券について，次節では株式を議論する。

標準的な債券（bonds）では，あらかじめ定められた返済期限（満期）に元本を返済するとともに，元本返済までに決められた期間（通常は，半年ごと，あるいは1年ごと）で利息を支払っていく。標準的な債券は，あらかじめ決められた額の利息が支払われるという意味で，固定利付債券とも呼ばれている。

発行者が民間企業である債券は社債（corporate bonds）と，発行者が公的主体である債券は公債（public bonds）とそれぞれ呼ばれている。公債には，中央政府が発行する国債（government bonds）や，地方自治体が発行する地方債（local bonds）などが含まれる。

もちろん，標準的な形式をとらない債券も市場で取引されている。たとえば，返済期限がなく，したがって，元本を支払う必要がなく，毎期，利息を支払い続ける債券は，無期債と呼ばれている。英語で無期債がコンソル（consols）と言われているのは，統合債（consolidated bonds）の略である。さまざまな返済期限が設けられた有期債を統合した債券として無期債が考えられていることから，統合債が無期債の意味に使われるようになった。逆に，毎期の利息がまったくなく，元本だけが返済期限に支払われる債券は，割引債（discount bonds）と呼ばれている。

通常，債券では，毎期に支払われるクーポン額はあらかじめ決められているが，経済環境に応じて支払われるクーポン額が変動するものもある。たとえば，変動利付債券では，時々の短期金利に連動してクーポン率が決定されるし，物価連動債では，時々の消費者物価指数に連動してクーポン率が決定される。

### さまざまな役割

債券が果たしている役割は，これまでの議論から明らかであろう。債券は，債務者にとって資金調達手段であり，債権者にとって資金運用手段となる。たとえば，国債の場合，中央政府は国債を発行することによって政府の運営に必要な資金を調達することができる。一方，国内や海外の投資家にとっては，国債が運用資産の有力な投資先の1つとなる。

しかし，債券の機能は，資金調達手段や資金運用手段に限られるわけではない。特殊な性格の債券に限られるが，債券には決済手段の役割も備わっている。「ある債券が決済手段を果たしている」と言うのは，物でも資産でもよいが，売買取引における購入者が売却者に対して当該債券を引き渡すことで支払が完了することを意味している。「債券を引き渡す」というと大げさに聞こえるが，たとえば，下に述べるように，紙幣も債券であるので，紙幣で物を買っていることが，紙幣という債券が決済手段の役割を果たしていることになる。

決済手段としてもっとも典型的なのは，紙幣や硬貨などの貨幣であろう。中央銀行が発行する銀行券（中央銀行券，central bank notes）は，特殊な形式の公債と考えることができる。中央銀行券は，返済期限が設けられていないという意味で無期債であるが，コンソルと大きく異なるのは，クーポン支払をいっさい伴わない点である。中央銀行は，返済期限も設けずに，利息を支払うこともなく，資金を調達できる非常に特異な公的主体と言

える。こうした非常に特殊な債券である中央銀行券は，経済取引の決済手段の役割を果たしている。

一方，民間銀行預金（bank deposits）も，送金，引き落し，手形・小切手などを通じて決済手段の役割を果たしている。民間銀行預金は，満期も設定され，金利の支払もあるので，民間企業が発行する固定利付社債と考えることができる。後に詳しく見ていくように，民間銀行が中央銀行に開設している準備預金は，民間銀行預金を通じた決済システムを根底から支えている。

資金運用（調達）手段として取引されている債券が，間接的に決済手段の役割を果たすケースもある。流通市場で売買が活発な債券は，市場流動性（market liquidity）の高い債券と呼ばれている。高流動性の債券を保有していると，流通市場で即座に換金できるので，決済手段に用いることができる資金を速やかに手に入れることができる。また，高流動性の債券は，貸借契約の担保（collateral）として受け入れられやすいので，そうした債券を保有していれば，それを担保に資金を調達することが迅速にでき，決済手段に用いる資金を手当てしやすくなる。

流通市場で売却して，あるいは，担保に用いることで決済資金を確保できる容易さをもって，債券の流動性の度合と定義すると，債券そのものが決済手段の役割を果たしている中央銀行券や民間銀行預金は，もっとも流動性の高い債券ということになる。中央銀行券や民間銀行預金を除くと，満期が1年未満の国債は国庫短期証券（treasury discount bills，T-Billと略される）と呼ばれており（2009年以前は政府短期証券とも呼ばれていた），流動性がもっとも高い債券として流通している。なお，満期1年未満の国債（政府証券）が財務省証券と呼ばれるのは，1年未満で返済することができる政府証券は議会承認なしに財務省が発行できるからである。

本章の第6-2項で説明するように，経済全体で決済手段が不足して，全般的に決済が滞る流動性危機（liquidity crisis）においては，中央銀行にとって，中央銀行券ばかりでなく，高流動性資産である国庫短期証券を，どのようにして市場全体に行き渡らせるのかが重要な政策課題となる。

### マクロ経済モデルのなかの債券

それでは，マクロ経済モデルのなかでは，いかなる債券がどのように取り扱われているのであろうか。*IS-LM*モデルで直接的に取り扱われている債券は，決済手段を担っている貨幣のみである。ただし，*IS-LM*モデルの"貨幣"の範囲は広く，中央銀行が発行する銀行券や準備預金とともに，民間銀行に開設された普通預金や当座預金なども含まれている。

公債であれ，社債であれ，資金調達や資金運用の役割を果たしている債券は，*IS-LM*モデルには現れない。資金調達にしても，資金運用にしても，時間の経過を伴う経済行為なので，時間的な広がりがまったくない*IS-LM*モデルでは，資金調達手段（資金運用手段）としての証券（債券と株式）を取り扱うことができないのである。

本書では，第16章で展開する動学的なマクロ経済モデルにおいて，資金調達や資金運用の機能を担っている証券を理論的に取り扱っていく。貨幣が中央銀行（正確には，中央

銀行を含む公的セクター）の資金調達手段として果たしている役割については，本章の第6-3項で議論する．

## 2-2　割引の考え方

債券価格の決定メカニズムを考えていくうえでもっとも重要な役割を果たしているのが，日本語では割引，英語では discount と呼ばれている概念である．「割引」と言うと，商品の定価から値引きするときに使われる言葉であるが，債券価格を決定する「割引」も基本的には同じ意味で使われている用語である．

具体的な例で割引の意味を説明してみよう．読者のなかには，「銀行が企業の振り出した手形を割り引く」という表現をテレビドラマで耳にしたり，経済小説で目にしたことがないであろうか．この場合，手形が借用証書，企業が債務者（借り手），銀行が債権者（貸し手）である．

2015年4月1日に企業が振り出した手形（約束手形）には，返済期限と返済額が記入されている．たとえば，「2016年3月31日に1億円を返済する」と書かれている．当該手形の保有者は，2016年3月31日が到来すると，手形を振り出した企業に1億円の返済を請求できる．いま，この手形が振り出した企業の手元にあるとしよう．ここで「銀行が手形を割り引く」とは，銀行が企業の振り出した手形を買い取ることを意味している．しかし，買取価格は，1億円から若干割り引かれる．たとえば，銀行が企業から9500万円で手形を買い取る．新たな手形保有者となった銀行は，返済期限（2016年3月31日）が到来すると，手形を振り出した企業に対して1億円の返済を請求することができる．

実は，上の例で言うと，割引額の500万円（1億円−9500万円）は，企業が銀行から1年間借りた債務に対する利息に相当している．借り手である企業から見ると，企業は2015年4月1日に9500万円を借りて，2016年3月31日に1億円支払うので，500万円が借入金額に上乗せされた1年間の利息と考えることができる．

それでは，企業は銀行に対してどれだけの利子率で利息を支払ったのであろうか．この計算は，銀行側から考えたほうがわかりやすい．銀行は，9500万円を利子率 $i$（厳密に言うと，名目金利）で1年間運用して，1億円の成果を得ていると考えれば，

$$9500 \times (1+i) = 10000$$

が成り立つ．したがって，利子率は，以下のように求めることができる．

$$1+i = \frac{10000}{9500} \approx 1.0526$$

すなわち，利子率は，約 5.26％ と算出できる．

上の式を少しだけ変形すると，以下の関係を導出できる．

$$9500 \approx \frac{10000}{1+0.0526}$$

こうして導き出された式が，割引の考え方をうまく示している．割引という手続きは，

将来（1年先に）得られる1億円を，当該期間（1年間）の利子率 $i$ によって現時点の価値に換算する作業と考えられる。利子率が高いほど，割り引かれる度合（すなわち，利息）も大きくなる。たとえば，利子率が10％であれば，1年先の1億円は，現時点の価値に換算すると約9091万円（$\approx 10000/(1+0.1)$）となり，手形は1億円から909万円分（1億円 − 9091万円）が割り引かれる。

なお，上の文脈では，利子率が割引率（discount rate）と呼ばれることも多い。名目利子率に対応して，名目割引率，実質利子率に対応して実質割引率と表現されることもある。また，割引率を用いて将来の受取額を現時点の価値に換算したものは，割引現在価値（discounted present value）と呼ばれている。

まとめてみると，割引という手続きは，利子率，あるいは割引率を用いて将来の受取額を現在の価値に換算する作業であり，現在の時点で評価した価値は，将来の受取額から利息相当分だけ割り引いた額に等しい。

### 2–3 なぜ割り引くのか？

ここで，将来の受取額を現時点の価値に換算するときに，「なぜ割り引くのか」を考えてみよう。第6章で導出したフィッシャー方程式を用いると，その点は考えやすいかもしれない。フィッシャー方程式は，次のように名目利子率と実質利子率の関係を示している。

$$名目利子率 = 実質利子率 + 期待インフレ率$$

まず，名目利子率が上昇して割引率が高くなるのは，将来，高いインフレーションが見込まれる場合である。高い期待インフレ率で割引の度合が高まるのは，物価水準が高くなってから受け取る収入の実質的な価値が低くなってしまうので，物価上昇で目減りする分だけより大きく割り引かれて，割引現在価値が低下する。

それでは，実質利子率が高まって名目利子率（割引率）が高まるのは，どのようなケースであろうか。ここでは，話を簡単にするために，物価水準は安定していて，インフレ率はゼロであると仮定しよう。

経済学において，実質利子率を押し上げる要因としてもっとも重視されているものは，時間選好（time preference）という人間の性向であると言われている。時間選好とは，同じ商品を受け取るのであれば，「将来もらうよりも，いまもらうほうが得だ」と感じる人間の性向を指している。こうした時間選好が強いと，将来の受取額を現在の価値に換算するときに，大きく割り引いてしまう。

実質利子率を押し上げる別の要因としては経済成長がある。経済成長が実質利子率を押し上げるのは理解しにくいかもしれないが，理由は次のとおりである。経済成長をするということは，将来，豊かになるということを意味している。同じ商品を受け取るのであれば，豊かになってからもらうよりも，豊かになる前にもらったほうがありがたいであろう。その場合，将来，豊かになってからもらう受取額は，現在，豊かになる前の時点に換算すると大きく割り引かれることになる。すなわち，経済成長で実質利子率が上昇する。

それでは，将来，経済変動が予想される場合は，実質利子率にどのような影響を与えるであろうか。実は，経済成長とまったく逆の効果が生じる。同じ商品を受け取るのであれば，まったく状態が確定している現時点でもらうよりも，何が起こるかわからない将来時点でもらうほうがありがたいであろう。その結果，経済変動が予想されていると，将来の受取額を比較的高めに評価するので，割り引く度合が弱まる。すなわち，将来の経済変動が見込まれると，実質利子率は低下する。

## 2-4 利子率と債券価格の関係

以下で示していくように，債券価格の決定において割引率がきわめて重要な役割を果たすのであるが，その前に，名目利子率，あるいは割引率の表示方法の約束事に触れておきたい。通常，名目利子率は，年率で表示される。すなわち，1年あたりの利子率で表される。

こうした利子率の年率表示を前提とすると，たとえば，2年先の受取額は，どのように割り引かれるのであろうか。これも，割引から始めるのではなく，運用利回りから見ていくほうがわかりやすい。ここで，2年間運用する場合の年率利子率を $i_2$ とすると，現在の運用原資と将来の受取額との間には，次のような関係が成り立つ。

$$現在の運用原資 \times (1+i_2) \times (1+i_2) = 2年先の受取額$$

したがって，将来の受取額を割り引いて現時点の価値を算出すると，以下のような関係が成立する。

$$割引現在価値 = \frac{2年先の受取額}{(1+i_2)^2}$$

以上の議論を一般化すると，$n$ 年間運用する場合の年率利子率が $i_n$ であれば，$n$ 年先の受取額は次のように割り引かれる。

$$割引現在価値 = \frac{n年先の受取額}{(1+i_n)^n}$$

なお，$n$ 年間運用する場合の利子率のことを，$n$ 年物金利とか，$n$ 年物利子率などと言うことが多い。

それでは，債券価格を求めてみよう。いま，3年満期の固定利付債券の価格を算出する。この債券の保有者は，1年目，2年目，3年目に $C$ 円のクーポンを受け取るとともに，3年目に $B$ 円の元本が償還される。いま，1年物，2年物，3年物利子率を，それぞれ $i_1$，$i_2$，$i_3$ とする。

債券保有者が将来にクーポンと元本を受け取ることができる債券の現時点の価値とは，「将来に受け取るクーポンと元本の受取額を現時点までに割り引いた価値の総計」に等しいと考えることができるであろう。すなわち，次のような関係が成り立っている。

$$3年満期の固定利付債券価格 = \frac{C}{1+i_1} + \frac{C}{(1+i_2)^2} + \frac{C}{(1+i_3)^3} + \frac{B}{(1+i_3)^3}$$

したがって，$n$年満期の債券価格は，以下のように求めることができる。

$$n\text{年満期の固定利付債券価格} = \sum_{j=1}^{n}\frac{C}{(1+i_j)^j}+\frac{B}{(1+i_n)^n}$$

クーポンの受取がなく，満期に元本が償還されるだけの$n$年満期の割引債の価格は，以下のように求めることができる。

$$n\text{年満期の割引債価格} = \frac{B}{(1+i_n)^n} \quad (15\text{-}1)$$

割引債の価格決定を示す（15-1）式からは，利子率と債券価格の関係を理解することができる。名目利子率が上昇して元本が割り引かれる度合が高まると，割引債の価格は低下する。すなわち，利子率と債券価格は，逆の方向に動く。

割引債の価格決定メカニズムを通じて，利子率と債券価格の関係をもう少し掘り下げてみよう。$n$年満期の割引債価格を$S_n$として，（15-1）式の両辺について自然対数をとると，次の式を導出できる。

$$\ln S_n = \ln B - n\ln(1+i_n)$$

この式を名目利子率$i_n$について微分をとると，以下の式を導出できる（$d\ln x/dx = 1/x$という微分公式を用いている。詳しくは巻末の数学付録を参照のこと）。

$$\frac{\Delta S_n/S_n}{\Delta i_n} = -n\frac{1}{1+i_n}$$

名目利子率の水準はそれほど大きくない場合に$1/(1+i_n)\approx 1$と近似できるので，上の式は以下のように書き換えることができる。

$$\frac{\Delta S_n/S_n}{\Delta i_n} \approx -n$$

上の式が意味するところは，$n$年物名目利子率1％の上昇（$\Delta i_n$）に対する割引債価格の低下率（$\Delta S_n/S_n$）が$n$％に等しい。逆に$n$年物名目利子率1％の低下に対する割引債価格の上昇率は$n$％に等しい。たとえば，5年満期の割引債価格は，5年物名目利子率1％の低下に対して5％上昇する。もし，10年満期の割引債であれば，価格は10％も上昇することになる。

利子率と債券価格が逆方向に動き，その傾向は，短期債券よりも長期債券のほうが顕著であることは，頭の片隅に入れておいてもよいであろう。

## 2-5　金利の期間構造──長期金利と短期金利の関係

名目利子率の水準は，満期の長短で異なっている。図15-2（次頁）のように，横軸に満期期間，縦軸に名目利子率をとったグラフは，イールド・カーブ（yield curve）と呼ばれている。名目利子率と満期期間との対応関係は，金利の期間構造（term structures of interest rates）と呼ばれることも多い。

イールドは，最終利回りと訳されている。厳密に言うと，固定利付債券の場合，$n$年物

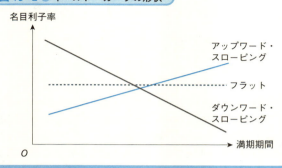

図 15-2 イールド・カーブの形状

名目利子率（$n$ 年物スポット・レートと呼ばれることもある，spot rate）と $n$ 年物最終利回りは若干異なる金利水準を意味しているが，本書では，同じものとして取り扱っていく。ただし，割引債の場合，$n$ 年物名目利子率と $n$ 年物最終利回りは正確に一致する。以下では，満期期間の長い利子率を長期金利，短いものを短期金利と呼ぶことにする。

イールド・カーブの形状には，3つの典型的なパターンがある。第1は，短期金利が低く，長期金利が高い右上がりのイールド・カーブで，アップワード・スロービング（upward sloping）と呼ばれている。第2は，短期金利も，長期金利も同じ水準にある水平なイールド・カーブでフラット（flat）と呼ばれている。第3は，短期金利が高く，長期金利が低い右下がりのイールド・カーブで，ダウンワード・スロービング（downward sloping）と呼ばれている。

それでは，イールド・カーブの形状は何を示しているのであろうか。以下では，長期金利には将来の短期金利の動向が反映されていることを明らかにしていこう。

いま，3年間の資金運用について2つの運用方法を考える。なお，現時点は，$t$ 期に対応しているとする。すると，1年先は $t+1$ 期，2年先は $t+2$ 期というようになる。

第1の運用方法では，3年物名目利子率 $i_{3,t}$ で3年間運用する。なお，$i_{3,t}$ の添え字のところに $t$ とあるのは，$t$ 期に成立している3年物名目利子率であることを示している。その場合，3年間の運用利回りは，$(1+i_{3,t})^3$ に等しい。第2の運用法では，1年ごとに1年物名目利子率で運用していく。この場合，1年目の1年物名目利子率は確定しているが（$i_{1,t}$），2年目と3年目の1年物名目利子率（$i_{1,t+1}$ と $i_{1,t+2}$）は予想するしかない。そこで，2年目の1年物名目利子率の予想値を $i^e_{1,t+1}$，3年目の1年物名目利子率の予想値を $i^e_{1,t+2}$ とする。それぞれの予想利子率の右肩に $e$ の文字が付されているのは，expectations（予想，期待）であることを示すためである。この場合，3年間の予想運用利回りは，$(1+i_{1,t})(1+i^e_{1,t+1})(1+i^e_{1,t+2})$ に等しい。

同じ3年間の運用を目的としているという点では，これら2つの運用手段はまったく同じである。金融市場において運用目的が同じ運用手段の間では，運用の優劣がつかないよ

うに名目利子率が調整される傾向がある。こうした調整メカニズムは，**金利裁定**と呼ばれている。

たとえば，第1の運用方法による利回りのほうが第2の運用方法による利回りよりも高い場合，より多くの投資家が3年満期の債券を購入しようとするであろう。すると，3年満期の債券価格が上昇するとともに，3年物名目利子率が低下する。その結果，第1の運用利回りが低下して，第2の運用利回りに近づいていくであろう。

逆に，第1の運用方法による利回りのほうが第2の運用方法による利回りよりも低い場合，より多くの投資家が3年満期の債券を売却しようとするであろう。すると，3年満期の債券価格が低下するとともに，3年物名目利子率が上昇する。その結果，第1の運用利回りが上昇して，第2の運用利回りに近づいていくであろう。

こうした金利裁定の結果，2つの運用手段の利回りが等しくなって，次の関係が成り立つはずである。

$$(1+i_{3,t})^3 = (1+i_{1,t})(1+i^e_{1,t+1})(1+i^e_{1,t+2})$$

上の式の両辺について，自然対数をとると，

$$3\ln(1+i_{3,t}) = \ln(1+i_{1,t}) + \ln(1+i^e_{1,t+1}) + \ln(1+i^e_{1,t+2})$$

を導出できる。ここで，$i$ がゼロに近いときに，$\ln(1+i)$ を $i$ と近似できるという自然対数の特性を用いると，上の式は以下のように簡単に表すことができる。

$$i_{3,t} \approx \frac{1}{3}(i_{1,t} + i^e_{1,t+1} + i^e_{1,t+2}) \tag{15-2}$$

すなわち，(15-2) 式によると，3年物名目利子率には，将来の1年物名目利子率の平均的な動向が反映していることになる。ここで，3年物名目利子率を長期金利，1年物名目利子率を短期金利と読み替えると，長期金利には，将来の短期金利の平均的な動向が反映していることになる。

これまでは，合理的期待形成という言葉を使ってこなかったが，将来の短期金利の動向が織り込まれている長期金利は，合理的期待形成によって決定されていると言い直すこともできる。すなわち，市場参加者は，将来，市場均衡で成立するであろう短期金利を合理的に予想し，その予想を現在の長期金利に織り込んでいる。

しかし，(15-2) 式だけで議論が完結しないのは，人びとが将来の債券市場で成立する短期金利をどのような水準で予想するのかが明らかでないからである。後に議論するように，将来の名目利子率がどのように決まっているのかを考えるためには，別途の経済モデルか，金融政策ルールが必要となってくる。

以上の議論をもとに，イールド・カーブの形状が何を意味しているのかを考えてみよう。まず，短期金利と長期金利が同水準にあるフラットな形状は，短期金利が現在の水準のまま推移することが長期金利に織り込まれていることになる。アップワード・スロービングのイールド・カーブは，将来の短期金利の上昇を見込んで現在の長期金利が高い水準にある。一方，ダウンワード・スロービングのイールド・カーブは，将来の短期金利の低下を

見込んで現在の長期金利が低い水準にある。このように，イールド・カーブの形状には，将来の短期金利の動向が織り込まれているのである。

### POINT 15-1 ● 日米の長期金利と短期金利の動向

　このPOINTでは，日本とアメリカの債券市場について，短期金利と長期金利の動向を見てみよう。図15-3は，1985年7月以降のオーバーナイト物（翌日物）コールレート（無担保）と，86年7月以降の長期国債（10年物）の流通利回りをプロットしたものである。いずれも年率のパーセント表示である。アメリカの債券市場に比べて，日本の債券市場のサンプル期間が短いのは，1980年代半ばになってようやく長期国債が自由に売買される市場ができたからである。

　翌日物コールレートとは，民間銀行の間で1日の貸借を行っている市場の短期金利である（本章第4-5項で詳しく説明している）。第5-1項で詳しく見ていくように，日本銀行は，翌日物コールレートを短期金利に関する政策目標に設定している。

　30年あまりの長い期間にわたって見ると，長期金利が短期金利と歩調を合わせてパラレルに動いていることが確認できる。コールレートが1990年から91年にかけて8％を超える水準に達した一方，長期国債の流通利回り（以下，単に長期金利と言う）も90年に8％近くに達した。

　1991年以降，コールレートは急激に低下し，95年後半には，0.5％にまで低下した。1999年2月に日本銀行は，いわゆる「ゼロ金利政策」（第4節，第5節で詳述）を実施し，コールレートを事実上ゼロ水準に誘導した。2000年8月にいったんゼロ金利政策を解除したが，2001年3月に日本銀行は，いわゆる「量的緩和政策」（第4節，第5節で詳述）を実施し，コールレートをふたたびゼロ水準に誘導した。量的緩和政策は2006年3月で解除されたが，ゼロ金利政策は同年7月まで継続した。

　2008年9月に勃発したアメリカ発の金融危機への対応から，日本銀行は，ふたたびコールレートを低めに誘導した。コールレートは，2008年12月までに0.2％の水準まで低下し，2009年1月以降は，0.1％前後の水準にまで誘導した。2013年4月には，量的緩和政策（量的・質的金融緩和と呼ばれている）を加速させた結果，コールレートは，0.1％をかなり下回って推移した。

　1992年以降の短期金利の低下傾向を反映して，長期金利も低下し，97年末からは，1％から2％の間で推移した。1998年秋と2002年末には，長期金利が一時的に1％を下回った。2008年9月のリーマン・ショック以降は，長期金利がさらに低下した。量的・質的金融緩和政策が実施された2013年4月以降は，長期金利が恒常的に1％を下回った。2015年1月には，長期金利が0.3％を下回った。

　次に，アメリカの債券市場について，短期金利と長期金利の動向を見てみよう。

図15-4は，1953年以降について，銀行間貸借市場で成立するフェデラル・ファンド・レート（Federal Funds Rate，以下，FFレートと言う）と10年物国債の流通利回りをプロットしたものである。いずれも年率のパーセント表示である。FFレートは，日本のコールレートに相当している。

60年あまりの長期的な動向を見ると，日本の債券市場と同様に，長期金利が短期金利と歩調を合わせてパラレルに推移している。1980年代初頭には，FFレートが20％に迫る勢いで急上昇したが，長期国債の流通利回り（以下，単に長

図 15-3 ● 日本の債券市場における長短金利の動向

（出所） 日本銀行，財務省。

図 15-4 ● アメリカの債券市場における長短金利の動向

（出所） アメリカ連邦準備制度。

第15章　金融市場と貨幣市場　　479

期金利と言う）も14％に達した。その後，短期金利も長期金利も，上下を繰り返しながらも，低下傾向にあった。

2004年半ば以降に連邦準備制度（アメリカの中央銀行）は，FFレートを急激に引き上げていったが，長期国債の金利は4％台にとどまった。このように短期金利と長期金利の動向に乖離が生じた現象は，連邦準備制度のグリーンスパン（A. Greenspan）議長が"謎"（conundrum）と称したことから，政策担当者の強い関心を集めた。しかし，やや長めのタイム・スパンで長短金利の動向を見ると，2001年以降に連邦準備制度が展開したFFレートの低下幅5％を超える急激な引き下げでも，長期金利の低下幅は2％程度にとどまった。そのことを考慮すると，「債券市場の参加者は，2000年代初頭の時点で，急激な短期金利の引き下げも一時的なものであり，早晩，短期金利が引き上げられることを見越していた」と合理的期待形成仮説に沿って考えるほうが自然なのかもしれない。

2008年9月のリーマン・ショックに先行して2007年夏にサブプライムローンショックと呼ばれる金融危機への対応から，連邦準備制度はFFレートを低めに誘導した。2007年7月に5.3％の水準にあったFFレートは，2008年5月には2％を下回った。リーマン・ショック以降は，FFレートはさらに低下し，2008年12月には0.2％以下に，2011年4月には0.1％以下に誘導された。その後も，0.1％前後の水準で推移してきた。

リーマン・ショック以降は，長期金利も著しく低下した。2008年6月に4.1％だった長期金利は，その後3％台で推移し，2011年9月には2％を下回った。ただし，超低金利政策の転換の可能性が市場で議論された2013年春ごろからは，2％から3％の間で推移してきた。連邦準備制度は，2015年秋ごろから短期金利引き上げの可能性が公に議論されるようになったからである。

事実，連邦準備制度は，2015年12月に2008年12月から7年間続けてきた事実上のゼロ金利政策を解除した。当面のFFレートの誘導目標は0.25％～0.5％の間隔に引き上げられた。

なお，図15-3と図15-4のデータは，**NLAS マクロ経済学 database** において毎月アップデートされる。

## 株式市場

ファンダメンタルズと資産価格

### 3-1 株式とは

同じ有価証券である株式は，債券とどこが違うのであろうか。もっとも大きな違いは，

満期期日が確定していないことである。株式を発行している企業の廃業があらかじめ定められているケースはほとんどなく、企業が永続する可能性があるので、株式の満期はないことになる。もちろん、後から見れば、結果として企業が倒産して株式が紙切れになることはあるが、前もって企業の倒産期日が定められていることはない。無期の有価証券であるという点では、株式は、政府が発行するコンソル（無期債）や中央銀行が発行する紙幣と同じである。

株式に返済期限が定められていないことから、株式で資金を運用している投資家が資金を回収しようと思えば、保有した株式を株式市場で売却しなければならない。元本が満期に償還される債券にも流通市場が存在するが、元本の返済がない株式には流通市場が不可欠となる。

第2の違いは、債券の利息（クーポン）に対応する株式の配当は、その水準が前もって決められておらず、企業業績に左右される。したがって、企業業績が改善して増配になる場合もあれば、逆に悪化して減配、あるいは無配になる場合もある。企業業績によって配当が左右される結果、株価も変動することになる。

上述の2つの違いは、株式を発行して資金を調達する企業の側にも、株式に投資をして資金を運用する投資家の側にも影響を及ぼす。企業（正確には、企業経営者）にとっては、元本の返済期限が定まっている社債で調達するよりも、元本の返済を迫られない株式で調達するほうが企業経営についてフリーハンドを得られるであろう。

一方、株式に投資をして株主となる投資家から見ると、将来受け取る配当も変動する可能性があって、株式を売却するときにも株価が不確定な株式への投資は、大きな運用リスクが伴う。運用リスクが高い分、株主はより高い運用利回りを求めるであろう。すなわち、結果として受け取る運用利回りは高いときもあれば、低いときもあるだろうが、平均的な運用利回りについては高水準のリターンが求められる。通常、投資家が利息の安定している債券に求める利回りよりも、配当が変動する株式に求める利回りのほうが高い。後者の利回りが前者の利回りを上回る分は、株式投資によって追加的にリスクを引き受ける対価という意味で、リスク・プレミアム（risk premium）と呼ばれている。

## 3-2　株価の割引現在価値モデル

上で議論してきた株式の2つの特徴、すなわち、返済期限が決められておらず、将来の配当が変化するという性質は、株式価格（株価）の決定メカニズムに対しても重要な影響を及ぼす。

以下では、物価変動が及ぼす影響を取り除いた実質的な利回りを分析の対象としよう。細かな議論となるが、実質的な利回りだけに焦点を当てても差し支えがない状況の背後では、マクロ経済が貨幣に関して中立的である経済環境を想定していることになる。

いま、投資家は、株式運用に対して実質的な利回り $r$ を求めているとしよう。ここで、$r$ の水準は、利息の安定している債券投資の実質利子率にリスク・プレミアムが上乗せされたものである。

それでは、株式の運用利回りは、どのように定められるのであろうか。ここでは、現時点を $t$ 期として、現在から1年先の $t+1$ 期にかけての株式の運用利回りを求める。$t$ 期の株価を $S_{E,t}$、$t+1$ 期の株価を $S_{E,t+1}$ とする。また、$t$ 期と $t+1$ 期の間に受け取る配当を $D_{t+1}$ とする。株価も配当も、物価の影響を取り除いた実質値で測っている。

株式の運用利回りは、2つの要素から成り立っている。第1は、インカム・ゲイン（income gain）と呼ばれている要素で、配当受取が対応している。第2は、キャピタル・ゲイン（capital gain）、あるいは、キャピタル・ロス（capital loss）と呼ばれている要素で、値上がり益、あるいは値下がり損が対応している。したがって、$t$ 期から $t+1$ 期にかけての株式利回りは、配当受取 $D_{t+1}$ と値上がり益（または、値下がり損）$S_{E,t+1}-S_{E,t}$ を合わせたものの、$t$ 期における株式投資額 $S_{E,t}$ に対する比率に等しい。

$$\frac{D_{t+1}+(S_{E,t+1}-S_{E,t})}{S_{E,t}}$$

こうして決まってくる株式の運用利回りが投資家の要求する利回り $r$ を満たさなければならない。すなわち、

$$\frac{D_{t+1}+(S_{E,t+1}-S_{E,t})}{S_{E,t}}=r$$

が成り立つ必要がある。

ここで問題となってくるのは、現時点（$t$ 期）では、1年先の株価も、向こう1年間に受け取る配当も確定していないことである。そこで、$t+1$ 期の株価と1年間に受け取る配当はそれぞれの予想値で表し（$S_{E,t+1}^e$ と $D_{t+1}^e$）、予想利回りが要求利回りに等しいと考える。

$$\frac{D_{t+1}^e+(S_{E,t+1}^e-S_{E,t})}{S_{E,t}}=r \tag{15-3}$$

それでは、(15-3) 式からどのように現在の株価（$S_{E,t}$）が決まってくるのであろうか。(15-3) 式を変形すると、

$$S_{E,t}=\frac{S_{E,t+1}^e+D_{t+1}^e}{1+r} \tag{15-4}$$

を導き出すことができる。(15-4) 式の関係は、現時点（$t$ 期）ばかりでなく、次の時点（$t+1$ 期）でも成り立っている。

$$S_{E,t+1}=\frac{S_{E,t+2}^e+D_{t+2}^e}{1+r} \tag{15-5}$$

そこで、株価の予想値について合理的期待形成の考え方を適用してみよう。繰り返し述べてきたように、合理的期待形成仮説では、「経済変数の予想値は、将来の市場均衡で成り立つ水準に一致する」と考えている。具体的には、(15-4) 式に現れる1期先の株価の予想値（$S_{E,t+1}^e$）が、(15-5) 式で決まる均衡水準に等しいと考える。すなわち、

$$S_{E,t+1}^e=S_{E,t+1}=\frac{S_{E,t+2}^e+D_{t+2}^e}{1+r} \tag{15-6}$$

が成り立っている。

(15-6) 式を (15-4) 式に代入すると,

$$S_{E,t} = \frac{D^e_{t+1}}{1+r} + \frac{D^e_{t+2}}{(1+r)^2} + \frac{S^e_{E,t+2}}{(1+r)^2}$$

が得られる。ここで,さらに 1 期先の株価の予想値（$S^e_{E,t+2}$）についても,合理的期待形成仮説を適用して,$S^e_{E,t+2} = S_{E,t+2} = (S^e_{E,t+3} + D^e_{t+3})/(1+r)$ を代入すると,

$$S_{E,t} = \frac{D^e_{t+1}}{1+r} + \frac{D^e_{t+2}}{(1+r)^2} + \frac{D^e_{t+3}}{(1+r)^3} + \frac{S^e_{E,t+3}}{(1+r)^3}$$

が得られる。

このように合理的期待形成仮説を繰り返し適用していくと,最終的には,次のような関係を導出できる。

$$S_{E,t} = \sum_{i=1}^{\infty} \frac{D^e_{t+i}}{(1+r)^i} + \lim_{i \to \infty} \frac{S_{E,t+i}}{(1+r)^i} \tag{15-7}$$

まず,株価を決定する (15-7) 式の右辺について,第 2 項を無視して,第 1 項に着目すると,株価決定メカニズムは理解しやすい。第 1 項は,将来に毎期受け取る配当を割り引いた現在価値に相当する。すなわち,現在の株価（$S_{E,t}$）は,将来に受け取る配当が反映していることになる。(15-7) 式の右辺第 1 項は,現在の株価が将来の配当に裏づけられている部分という意味で,ファンダメンタルズ（fundamentals）と呼ばれている。

株価がファンダメンタルズ（$S^f_{E,t}$）で決定されると主張する理論は,割引現在価値モデル（present value model）とも呼ばれている。したがって,株価の割引現在価値モデルは,(15-7) 式の右辺第 2 項を落として,以下のように定式化される。

$$S_{E,t} = S^f_{E,t} = \sum_{i=1}^{\infty} \frac{D^e_{t+i}}{(1+r)^i}$$

## 3-3 ファンダメンタルズと資産価格バブル

(15-7) 式の株価決定式において問題となってくるのは,右辺第 2 項（$\lim_{i \to \infty} S_{E,t+i}/(1+r)^i$）の存在であろう。$\lim_{i \to \infty} S_{E,t+i}/(1+r)^i$ がゼロに等しければ,株価は将来の配当に裏づけられたファンダメンタルズで決定され,割引現在価値モデルが妥当することになる。しかし,その項が正の値をとれば,株価がファンダメンタルズを上回ることになる。株価において将来の配当に裏づけられていない部分は,資産価格バブル（asset price bubble）と呼ばれている。なお,どの時点でも株価が負の値をとることはないので,(15-7) 式の右辺第 2 項の分子（$S_{E,t+i}$）はつねに正値となって,第 2 項が負値をとることはない。

そこで,どのような状況で株価がファンダメンタルズで決定され,どのような状況で株価に資産価格バブルが生じるのかを考えてみよう。もし,(15-7) 式の右辺第 2 項の分子（$S_{E,t+i}$）がある一定の水準に収束するのであれば,分母の $(1+r)^i$ は $r$ の速度で成長していく。その結果,時間が経過するとともに,分子に比べて分母が大きくなり,$\lim_{i \to \infty} S_{E,t+i}/(1+r)^i$ はゼロに収束していく。このようなケースであれば,株価はファンダメンタルズで決定され,割引現在価値モデルが妥当する。

しかし，$\lim_{i\to\infty} S_{E,t+i}/(1+r)^i$ の分子（$S_{E,t+i}$）が成長していけば，$\lim_{i\to\infty} S_{E,t+i}/(1+r)^i$ はかならずしもゼロに収束しない。具体的には，株価（$S_{E,t+i}$）が $r$ に等しいか，それ以上のスピードで成長していくと，$r$ の速度で成長する分母に比べても，分子が小さくなることはない。

たとえば，次のように株価が決定されると仮定してみよう。

$$S_{E,t} = \sum_{i=1}^{\infty} \frac{D^e_{t+i}}{(1+r)^i} + B_0(1+r)^t$$
$$= S^f_{E,t} + B_0(1+r)^t \qquad (15\text{-}8)$$

上の式において，$S^f_{E,t}$ はファンダメンタルズ部分に，$B_0$ が正値であるとすると，$B_0(1+r)^t$ はファンダメンタルズを超える資産価格バブル部分にそれぞれ相当する。すなわち，(15-8) 式から決まってくる株価には，$r$ の速度で成長する資産価格バブルの要素が含まれていることになる。

以下に示すように，(15-8) 式から決定される株価は，投資家の要求利回りに関する条件式である (15-4) 式（$S_{E,t} = (S^e_{E,t+1} + D^e_{t+1})/(1+r)$）を満たしていることが容易に確かめられる。

$$\frac{S^e_{E,t+1} + D^e_{t+1}}{1+r} = \frac{\sum_{i=1}^{\infty} \frac{D^e_{t+1+i}}{(1+r)^i} + B_0(1+r)^{t+1} + D^e_{t+1}}{1+r}$$
$$= \frac{(1+r)\left[\sum_{i=1}^{\infty} \frac{D^e_{t+1+i}}{(1+r)^{i+1}} + \frac{D^e_{t+1}}{1+r} + B_0(1+r)^t\right]}{1+r}$$
$$= \sum_{i=1}^{\infty} \frac{D^e_{t+i}}{(1+r)^i} + B_0(1+r)^t = S_{E,t}$$

すなわち，(15-8) 式から決まってくる株価も，合理的期待形成仮説と整合的であることになる。

また，次に示すように，こうして決まってくる株価は，(15-7) 式の右辺第 2 項がゼロには収束しない。

$$\lim_{i\to\infty} \frac{S_{E,t+i}}{(1+r)^i} = \lim_{i\to\infty} \left[\frac{S^f_{E,t+i}}{(1+r)^i} + \frac{B_0(1+r)^{t+i}}{(1+r)^i}\right]$$
$$= \lim_{i\to\infty} \frac{S^f_{E,t+i}}{(1+r)^i} + B_0(1+r)^t$$

上の式の 2 行目の第 1 項は，もしファンダメンタルズ（$S^f_{E,t+i}$）が有限の水準であれば，ゼロに収束する。しかし，その第 2 項は，$i$ にいっさい依存しないので，$i$ がいくら大きくなっても，$B_0(1+r)^t$ の値を維持する。したがって，(15-7) 式の右辺第 2 項は，ゼロ水準ではなく，$B_0(1+r)^t$ の正値に収束する。

以上で見てきたように，(15-8) 式によって決定される株価は，株式収益率に関する条件である (15-3) 式を満たしており，合理的期待形成仮説とも整合的である。それにもかかわらず，株価がファンダメンタルズだけで決まるのではなく，資産価格バブルにも影響

されている。ファンダメンタルズを超えて資産価格バブルが生じる株価形成は，日常的には，非合理的な投資行動の帰結と考えられがちであるが，(15-8) 式で決定される資産価格バブルは，合理的期待形成仮説とも整合的なのである。

しかし，ここまでの議論では，合理的期待形成と整合的な資産価格バブルがマクロ経済にとって望ましいものなのか，あるいは弊害をもたらすのかは自明なことではない。第16章では，資産価格バブルを含む株価形成には，マクロ経済の資源配分の著しい歪みが反映されていることを明らかにしていく。

## 3-4 日本の株式市場における資産価格バブルの可能性

**日本の株式市場の株価動向**　　以下では，本節で学んだ割引現在価値モデルに基づいて，日本の株式市場で成り立っている相場水準が，ファンダメンタルズの裏づけがあるものなのか，あるいは資産価格バブルに左右されているものなのかを考えてみたい。

通常，マクロ経済の株価水準を議論する場合，個々の銘柄の株価水準ではなく，証券取引所で取引されている数多くの銘柄の平均的な株価動向が対象となっている。そうした平均的な株価動向を示す指標は，株価指数（stock index）と呼ばれている。日本の株式市場については，東京証券取引所に上場されている銘柄の株価から算出された日経平均株価，あるいは東証株価指数（英文名の Tokyo Stock Price Index を略して，TOPIX と呼ばれている）が代表的な株価指数である。

日経平均株価は，日本経済新聞社が東京証券取引所の第一部市場（優良な企業が上場されているセクション）に上場されている銘柄から 225 銘柄を選定し，いくつかの調整を施したうえで，それらの株価の単純平均をとったものである。日経平均株価を用いるうえで注意しなければならないのは，2000 年 4 月 24 日に 225 の構成銘柄のうち 30 銘柄を入れ替えた際に株価指数が急激に下落したことである。具体的にはそれ以前に比べて，それ以降の指数水準が 15% ほど低下した。

TOPIX は，東京証券取引所（東証）が第一部市場に上場されているすべての銘柄（2015 年 3 月時点で約 1867 銘柄）から算出している株価指数である。単純平均に基づいた日経平均と異なって，TOPIX は，株価に発行株式数を掛けた株式時価総額をウエートとして，第一部上場銘柄の株価について加重平均をとっている。ただし，2005 年からは，加重平均のウエートが浮動株基準に変更された。

また，よりシンプルな株価指数としては，東証単純株価指数がある。東証一部に上場されている銘柄すべての株価の単純平均をとったものである。

それでは，日本の株式市場の株価動向を見てみよう。図 15-5（次頁）は，1949 年から 2014 年について，1 年ごとに日経平均株価のもっとも高い水準（高値）ともっとも安い水準（安値）とともに各年末の終値（その日の午後 3 時に成立する最終値）をプロットしたものである。

1970 年代初頭には 3000 円を下回っていた日経平均株価は，70 年代，80 年代と急激に

**図 15-5** 日経平均株価の推移（高値・安値・終値）

（出所）日本経済新聞社。

上昇し，89年には3万8916円の高値に達した。しかし，その直後，株価が急激に下落し，92年の安値は1万5000円を割り込んだ。1980年代後半の株価の高騰は資産価格バブルの生成と，90年代初頭の株価の暴落はバブルの崩壊とそれぞれ呼ばれている。事実，後に詳しく見ていくように，1980年代後半の株価はファンダメンタルズを大きく上回った可能性が高い。

1990年代は，株価が低調に推移したと考えられているが，注意深く見ると，かならずしもそうとは言えない。1996年と97年の高値は2万円を超えた。その後，1997年末から99年初にかけて金融システムが不安定になったこともあって株価が低位で推移した。2000年代に入っても，日経平均は低迷した。2003年に8000円を割り込んだ。21世紀初頭をはさんだ株価動向は，情報技術関連（information technology: IT）の銘柄の高騰と暴落に主導された要素が強かったことから，ITバブルの生成と崩壊と表現されることが多い。

一方，2003年の春以降は，世界的な資産価格，不動産価格，商品価格の上昇を受けて，日本の株式市場も活況を帯びた。2007年6月には，日経平均株価の終値が1万8000円を超えた。しかし，2006年ごろからアメリカの住宅価格が低下し始め，2007年7月にアメリカの低所得者向け住宅ローン（サブプライムローンと呼ばれている。より詳しい説明は，第6-2項で行っている）を組み込んだ金融商品（証券化商品）の価格が暴落したころから，世界の金融市場において資産価格が全般に下落した。

2008年秋には，リーマンブラザーズをはじめとしてアメリカの投資銀行が相次いで破綻したことを契機に，世界中の資産価格が暴落した。日本も，2008年10月には，日経平

**FIGURE 図 15-6** 日経平均株価と東証株価単純平均の月次推移　↑update月次

（出所）日本経済新聞社，日本証券取引所。

均株価が瞬間的に7000円を割り込む水準まで下落した。すなわち，2007年以降の2年間にわたる株価下落で，2003年以降の株価上昇を打ち消してしまった勘定になる。

　2003年以降の株価の高騰と，2007年以降の株価の下落も，値動きの激しさが象徴的であったサブプライムローンの証券化商品にちなんで，サブプライムローンバブルの生成と崩壊と呼ばれることが多い。

　日経平均株価は，2012年末からふたたび上昇局面に転じた。2014年には1万8000円弱の高値を付け，2015年3月には1万9000円を，同年5月には2万円を超えた。しかし，2012年末から始まった日経平均株価の高騰は，これまでの株価高騰局面とかなり違っていて，東証一部に上場している銘柄が全般に上昇したわけではなかった。

　図15-6は，2000年1月から2015年9月について月末の日経平均株価（終値）と東証株価単純平均をプロットしたものである。2011年12月から2015年5月について両株価指数を比べると，日経平均株価は8455円から2万563円と2.4倍になったが，東証株価単純平均は211円から342円と1.6倍にとどまった。日経平均株価の好調が株式市場の全般的な好調を意味していなかったこともあって，この間の日経平均株価の上昇は，2015年秋の時点でかならずしも資産価格バブルとは呼ばれていなかった。

**株価水準の"適切さ"を判断する尺度としてのPER（あるいはP/E）**

　これまで日本の株式市場の株価動向を概観してきたように，1980年代後半のバブル，2000年代初頭のITバブル，あるいは，2007年にかけてのサブプライムローンバブルがまさに資産価格バブルと断じられたのも，その後に生じた株価暴落をもって事後的に判断した側面がどうしても否めない。2015年秋時点において，2012年末から始まった株価上昇がバブルかどうかの判断が難しいのも，株価が依然として堅調な水準で推移していたか

らであった。

このように「株価がファンダメンタルズを超えるバブルを含んでいた」と事後的に判断するのではなく，現在進行形の情報に基づいて，現在の株価がファンダメンタルズに照らして適切な水準なのかどうかを判断する方法はないであろうか。

以下では，本節で学んだ割引現在価値モデルを用いて，株価がファンダメンタルズに照らして適切な水準なのか，あるいは，資産価格バブルに左右されているのかを区別することを試みてみよう。

株価の割引現在価値モデルは，次のように定式化されている。

$$S_{E,t} = \sum_{i=1}^{\infty} \frac{D_{t+i}^e}{(1+r)^i}$$

いま，現在の配当 $D$ が年率 $g$ で成長すると仮定すると，上の式は，次のように書き換えることができる。

$$S_E = \sum_{i=1}^{\infty} \frac{D(1+g)^i}{(1+r)^i}$$

なお，以下では，表記を簡略化するために時間の添え字を省略する。

上の式に等比級数（数列）の和の公式（巻末の数学付録を参照のこと）を適用すると，以下のように簡単に書き直すことができる。

$$S_E = \frac{(1+g)D}{1+r}\left[1 + \frac{1+g}{1+r} + \left(\frac{1+g}{1+r}\right)^2 + \left(\frac{1+g}{1+r}\right)^3 + \cdots\cdots\right]$$

$$= \frac{(1+g)D}{1+r} \times \frac{1}{1-\frac{1+g}{1+r}}$$

$$= \frac{(1+g)D}{r-g}$$

この式が重宝なのは，左辺の株価水準 ($S_E$) が右辺の $(1+g)D/(r-g)$ を上回っている場合に，株価が配当に裏づけられたファンダメンタルズを超えた資産価格バブルの存在が示唆されるところである。すなわち，両辺を現在の配当 $D$ で割って，株価配当比率 $S_E/D$ が $(1+g)/(r-g)$ を上回っているかどうかで判断することができる。たとえば，投資家の要求する利回り ($r$) が年4%，配当成長率が2% の場合，$S_E/D$ が 51 ($=(1+0.02)/(0.04-0.02)$) を上回っていると，株価に資産価格バブルが含まれている可能性がある。

それでは，上述の関係を実際の株式市場データに適用して資産価格バブルが存在する可能性を吟味してみよう。ただし，1点だけ注意すべき点がある。現実の経済では，企業が収益を株主に還元するインカム・ゲインは，配当だけではなく，無償増資や株式買い取りなども含まれている。あるいは，企業内部に留保される収益も，企業の所有者である株主に最終的に帰属している。したがって，実際に株主に支払われている配当は，ファンダメンタルズの一部を構成しているにすぎない。通常は，分母に1株あたりの配当をとった株価配当比率ではなく，1株あたりの当期純利益をとった株価収益率（英文では price earnings ratio であることから，PER と呼ばれている。なお，実務上は，P/E と記述さ

FIGURE 図15-7 ● 通常のPERの月次推移　↑update月次↗

(注) 正の収益の場合に限ってPERを計算。
(出所) 日本証券取引所，日本銀行。

れることも多い）が，上で議論してきた $S_E/D$ に相当すると考えられている。

図15-7は，1980年6月から2015年9月について，東京証券取引所が算出した第一部上場銘柄のPERを月次ベースでプロットしたものである。対象としている株価指数は，東証株価単純平均である。なお，1999年1月以降は，連結決算のデータが用いられている。なお，当期純利益がマイナスの場合は，PERを計算していない。

PERの推移をプロットした図15-7から読み取れることには，資産価格バブルと日常的に判断していることと整合的な部分もあるし，食い違っている部分もある。

かりに1980年代後半の株価動向がバブルであったとすると，高騰直前の85年時点のPER，あるいは暴落直後の90年のPERがファンダメンタルズに対応するPERの水準ということになる。図15-7から判断すると，ファンダメンタルズに見合ったPERは，30ぐらいの水準ということになる。また，$r-g$ は，年3％程度になる。

1990年代の株式相場は，資産価格バブルと言われていなかった。しかし，PERの推移を見るかぎり，1980年代後半のPERの水準よりも高く，一時的に100程度に達した。1990年代の株価も，企業収益に裏づけられたファンダメンタルズを株価が大きく上回っていた可能性がある。

一方，1999年7月から2000年6月，2002年7月から2003年6月，2009年6月から2010年5月の期間については，当期純利益がマイナスになってPERが計算できていない。また，2004年6月までは，当期純利益がプラスであっても，その水準がきわめて低かったことから，PERが100前後と高い水準で推移した。2000年代初頭のITバブルは，まさ

第15章　金融市場と貨幣市場　489

に，企業収益の裏づけがまったくない資産価格バブルであったと判断してよいであろう。

2004年半ばから2015年半ばにかけてのPERは（2009年6月から2010年5月の期間を除いて），20から40の間で推移した。こうした傾向を見るかぎり，同期間の株価は，ファンダメンタルズに近い水準で推移していたと言える。

しかし，2013年にノーベル経済学賞を受賞したシラー（R. J. Shiller, 1946－，アメリカ人）は，PERの分母に変動の激しい当期1株あたり収益を用いるのではなく，過去10年間について実質化した1株あたり収益の平均を用いることを提案した。分母を実質化していることに対応して，分子の株価も実質化している。シラーが提案したPERは，シラー式PERと呼ばれている（正式には，cyclically adjusted price-to-earnings ratio，略して，CAPEと名づけられている）。

図15-8は，1980年6月から2015年9月の期間について，日本銀行が公表している企業物価指数を用いて1株あたり収益と株価を実質化したうえでシラー式PERを計算したものである。こうして計算されたシラー式PERの1980年から2012年の長期平均水準は47.0である。

シラー式PERは，1980年代後半に長期平均水準を大きく上回り，89年12月から90年1月にかけて100の水準を超えた。また，2003年4月から2007年11月は長期平均水準を超えて推移した。とくに，2005年11月から2006年4月は，80の水準を超えた。2000年代半ばも，1980年代後半と同様に資産価格バブルが生じていたと判断してよいだろう。

一方，リーマン・ショックのあった2008年9月以降は，日経平均が上昇し始めた2012年末以降の時期を含めても，シラー式PERは長期平均水準を大きく下回り30以下の水準

図15-8 シラー式PERの月次推移

（出所）日本証券取引所，日本銀行のデータから作成。

で推移した。すなわち，この期間は，東証全体で見ると，長期的な収益動向の範囲内で株価が形成されてきたことになる。

以下，ここで紹介している日本市場に関するシラー式 PER の読み方について，若干，注意を喚起しておきたい。1871 年以降のニューヨーク証券取引所の株価指数（S&P 500）を用いて計算したシラー式 PER では，1881 年から 2015 年 10 月までの長期平均（1871 年から 1880 年までの 10 年間のデータは長期収益の計算に用いられている）が 16.6 である。多くの場合，シラー式 PER が長期平均に回帰することが想定されている。すなわち，長期平均をファンダメンタルズに対応した PER と見なし，要求利回り（$r$）から収益成長率（$g$）を差し引いた水準が約 6% で長期的に安定していることが仮定されている。そうした想定のもとでは，たとえば，2015 年 10 月現在のシラー式 PER が 26.2 であったので，当時の株価はファンダメンタルズ（長期平均）を 6 割弱上回っていたと解釈される。

しかし，日本市場に関するシラー式 PER の最近の動向については，アメリカの株式市場で用いられているような解釈方法をとることには慎重であったほうがよいと思われる。先述のように，1980 年以降のシラー式 PER の平均が 50 弱であるということは，$r-g$ が 2% 強となって，約 6% の水準にあるアメリカ市場に比べてきわめて低いことになる。こうしたことを踏まえると，2008 年末以降，日本市場のシラー式 PER が 20 台前半で推移してきた事実をもって，当該期間の株価がファンダメンタルズをかなり下回った割安水準にあると判断するのは早計であろう。日本の株式市場に参加する海外投資家を含めた投資家たちが求める要求利回り（$r$）が著しく高まってシラー式 PER が低下した可能性も無視できないからである。

なお，図 15-6〜15-8 に用いられているデータは，NLAS マクロ経済学 database において毎月アップデートされる。

## 貨幣市場のメカニズム

### 決済手段としての貨幣

#### 4-1 貨幣の役割

ここまで債券市場と株式市場のメカニズムを論じてきたが，以下では，貨幣市場のメカニズムを明らかにしたうえで，第Ⅱ部，第Ⅲ部で論じてきた金融政策のあり方を再考してみたい。

ここで，貨幣市場のメカニズムを勉強していくうえで，一点だけ読者に注意を喚起しておきたい。第Ⅱ部の標準的なマクロ経済モデルを勉強してきた読者は，金融政策が金利や物価に影響を与える政策手段だというイメージをしっかりと抱いているであろう。短期的には，中央銀行が貨幣供給を拡大すると，金利が下がり設備投資が刺激される。また，金利低下で為替レートが減価すると純輸出が促進される。設備投資増と純輸出増の結果，総需要が拡大する。逆に，貨幣供給が縮小されると，金利上昇を通じて総需要が抑制される。一方，中・長期的には，中央銀行による貨幣供給量の拡大は，物価上昇に結びつく。

金融政策に対するこうしたイメージは，まったく正しい。しかし，このようにして金融政策を捉えている標準的なマクロ経済モデルは，貨幣市場のもっとも本質的な側面を取り扱っていないのである。そのために，標準的なマクロ経済モデルで育まれてきた政策発想は，現実の経済と深刻なずれを生じさせてしまうことがある。時には金融政策の潜在性が過小評価され，時には金融政策に過度の期待がかかってしまう。

標準的な金融論の教科書では，貨幣の役割には，第1に価値貯蔵機能（a store of value），第2に会計単位の提供（a unit of account），第3に交換手段（a medium of exchange）の3つがあると説明されることが多い。

「貨幣が価値貯蔵手段である」ということは，貨幣が資金運用手段として使えることを意味している。たとえば，子どもがお小遣いを貯金箱に貯めて，将来，欲しいと思っているおもちゃを買うことができる。ただし，第Ⅱ部第6章で見てきたように，貨幣で運用していても金利が付かないので，貨幣保有には，金利収入が得られないという機会費用がかかってしまう。貨幣は，資金運用手段として適しているとは言えない。

「貨幣が会計単位を提供する」ということは，貨幣が財・サービスの価値や所得の水準を表す単位として用いられることを意味している。日本であれば，円という通貨単位が価値の尺度として機能している。しかし，会計単位を提供するのは，貨幣ばかりではない。江戸時代には，武士の報酬は，米の量に換算されていた。たとえば，月米5俵，年米500石というように武士の報酬が表されていた。

実は，第3の機能である交換手段が貨幣のもっとも本質的な役割である。商品取引において貨幣が交換手段として機能しているということは，商品の買い手が貨幣で代金を支払い，商品の売り手が対価として貨幣を受け取ることを指している。

```
                    → 貨幣 →
   商品の買い手              商品の売り手
                    ← 商品 ←
```

本節では，貨幣の交換手段をより広く捉えて，決済手段（a medium of settlement）としての役割に着目していきたい。交換手段という用語に代えて決済手段という用語を用いるのは，現代の資本主義経済においては，紙幣や硬貨といった形のあるものによって商品交換が媒介されている取引よりも，後述する決済システムによって商品や資産の交換が媒介されている取引のほうがスケールがはるかに大きいからである。

ここで，決済手段が貨幣の本質的な役割を果たしているという意味は，価値貯蔵機能や会計単位の提供は貨幣でなくても可能であるが，決済手段は貨幣によってしかその機能を果たすことができないことを意味している。たとえば，債券や株式は，価値貯蔵機能としては貨幣よりも適していることが多い。会計単位の提供についても，通貨単位だけでなく，「車5台分」というように商品でも代替することができる。しかし，決済手段は貨幣だけしかその役割を果たすことができないのである。逆に言うと，「決済手段の役割を果たしているものこそが貨幣である」と言える。後に議論するように，決済手段としての貨幣という側面は，標準的なマクロ経済モデルではうまく取り扱われていない。

そもそも決済とは，財・サービスや資産を購入するときに，購入代金を支払う行為を指している。「貨幣が決済手段として用いられる」ということは，貨幣で購入代金を支払うことができるという意味である。こう言ってしまうと，読者は「当たり前ではないか，そのようなことを経済理論で取り扱う必要もない」と思われるかもしれないが，そう簡単に言ってのけることができないぐらいに現実の経済における決済の仕組みは複雑なのである。

以下では，決済の仕組みをできるだけ丁寧に説明することから始めていこう。

## 4-2 貨幣と決済

決済で一番わかりやすいのは，現金で購入代金を支払う場合であろう。前述のように，通常は紙幣と呼ばれている中央銀行券は，中央銀行が発行した債券証書である。日本であれば，日本銀行が紙幣を発行している。日本の紙幣の表側には「日本銀行券」，裏側には"NIPPON GINKO"と書かれ，発行者が日本銀行であることがわかる。ただし，中央銀行券が通常の債券と大きく違うのは，満期が設定されておらず，利息も支払われないところである。日本銀行券にも，満期期日が記述されておらず，クーポン券は付いていない。

なお，硬貨は，その国の中央銀行ではなく，財務省が発行していることが多い。しかし，硬貨はあくまで補助的な決済手段にとどまっていて，中央銀行券の発行残高に比べると，硬貨の発行残高は小規模なので，本章では，現金という場合には，中央銀行券のみを指すことにする。

実際の経済においては，個人の日常的な経済取引においても，現金だけが決済手段ではない。言い換えると，現金だけが貨幣ではない。少し大口の買い物であれば，クレジット・カードで支払うこともあるし，販売業者に前もって送金することもある。公共料金の支払のように，定期的に支払わなければならないものについては，自動引き落としが頻繁に利用されている。

クレジット・カードにしても，送金にしても，口座振替にしても，それらを可能にしているのは，そうした決済手段を利用する人が銀行に預金口座を開設しているからである。より正確には，決済をする人が普通預金（ordinary deposits）を開いているからである。普通預金とは，いつでも資金を引き出すことができ，いつでも資金を受け入れることができる預金口座である。普通預金は，このように資金の出し入れに便利であるが，便利な分だけ受け取ることができる利息が少ない。

クレジット・カードであれば，カード会社が購入代金をいったん立て替えるが，通常1カ月以内にカード利用者の預金口座から購入代金が引き落とされて，カード会社の預金口座に振り替えられる。送金についても，現金を銀行に持って行って送金を依頼することもあるが，通常は，購入者の預金口座から販売者の預金口座へと送金される。公共料金の引き落としも，サービス利用者の預金口座からサービス提供者の預金口座に資金が振り替えられる。

大口の支払が必要となる企業の決済では，現金を用いる決済の頻度はいっそう少なくなる。企業の場合，当座預金（checking account）を利用して資金決済を行うことが多い。

当座預金は，いつでも資金を引き出せ，いつでも資金を受け入れることができるという意味では，普通預金と同じである。しかし，当座預金は普通預金と異なって，小切手という出金伝票を振り出すことができる。通常，当座預金には，金利が付されない。

普通預金では，出金伝票に署名捺印するのも，出金伝票を銀行に提示して資金を引き出すのも，預金開設者本人である。ATM（Automatic Teller Machine，現金自動預払機）で現金を引き出す場合も，預金開設者本人しか知らない暗証番号を機械に入力して現金を引き出す。公共料金の自動引き落としであっても，取引銀行に自動引き落としを依頼する場合に出金伝票をあらかじめ提出しておかなければならない。

一方，当座預金でも，預金開設者が小切手と呼ばれる出金伝票に署名捺印する点は普通預金と同じであるが，出金伝票に相当する小切手を銀行に対して提示するのは，預金開設者である必要はない。小切手の様式には，銀行への提示者を特定する場合もあれば，提示者を特定しない場合もある。後者の場合は，小切手を銀行に持参した人に資金が支払われるので，「持参人払」と呼ばれている。

当座預金からは，手形（正確には，約束手形）と呼ばれる借用証書も振り出すことができる。手形と小切手は非常によく似ているが，小切手はいつ銀行に持参しても出金できる伝票であるのに対して，手形は，出金できる期日が「〇〇年〇月〇日に支払う」というように特定されているので，特定されている日付よりも前に手形を銀行に持参しても出金できない。

いずれにしても，出金伝票に相当する小切手や約束手形の提示者と預金開設者が一致しなくてもよいという当座預金の特性を生かすと，大口の決済手段として小切手や約束手形を用いることができる。以下の例では，小切手を想定していこう。

たとえば，企業間で10億円の土地取引の決済をするとしよう。こうした大口の決済を現金で行おうとすれば大変に煩雑である。大きなジュラルミンケースに1万円札を100枚束ねたものをきっちりと詰めても，数億円にしかならない。10億の決済をしようとすれば，ジュラルミンケース3箱か，4箱を持ち運ぶ必要がある。しかし，小切手であれば，1,000,000,000円と印字して，土地購入企業（A社）の代表者の署名捺印をした小切手（縦5センチ，横20センチほどの大きさの伝票）を土地売却企業（B社）の担当者に渡せばよい。B社の担当者は，A社の取引銀行に小切手を持参すれば，10億円の売却資金を受け取ることができる。小切手上で10億円を受け取る企業名がB社と特定されていれば，小切手を詐取した者が銀行に持参しても10億円が誤って支払われる心配はない。

後に説明していくように，決済手段として小切手の仕組みが便利なのは，小切手を受け取った企業（B社）が，小切手を振り出した企業（A社）の取引銀行ではなく，自らの取引銀行に小切手を持ち込めば，10億円の資金が自分の当座預金口座に入金される。このように小切手を用いれば，現金をいっさい用いることなく，10億という大口の決済が可能となる。

こうして見てくると，決済手段の役割を果たしているという意味では，中央銀行券（現金）だけでなく，普通預金や当座預金も，貨幣に分類する必要がある。普通預金と当座預金は，いつでも引き出すことができるという意味で，要求払預金（demand deposits）

と呼ばれている。

## 4-3　いつ支払が完了するのか？

　それでは，中央銀行券と要求払預金は，決済手段としてまったく等価なものなのであろうか。実は，「いつ支払が完了するのか？」という点において，中央銀行券と要求払預金は決定的に異なっている。支払の完了する度合は，支払完了性（finality）と呼ばれているが，中央銀行券を用いた決済では受け渡しと同時に支払が完了するが，要求払預金を用いた決済では受け渡しがただちに支払の完了とは言えない。

　中央銀行券が完全な支払完了性の特徴を備えていることは明らかである。対価として現金を支払った時点で支払は即座に完了する。一方，要求払預金を通じた決済は，支払完了性がただちに保証されるわけではない。

　以下では，先ほどの小切手による決済を考えてみよう。土地を売却したB社は，土地を購入したA社の振り出した10億円の小切手を受け取っている。しかし，小切手を受け取ったときに土地売買の支払が完全に完了しているわけではない。というのも，小切手が受け渡しされた時点では，A社の当座預金から10億円の資金が引き出されて，B社の当座預金にまだ入金されていないからである。

　まず，単純なケースを考えてみよう。A社もB社も，同じX銀行に当座預金を開設しているとする。この場合，A社から小切手を受け取ったB社は，X銀行に出向いて，出金伝票である小切手を提示して，A社の当座預金から10億円の資金を引き出し，B社の当座預金に入金する。A社の当座預金残高が10億円以上あり，A社の当座預金からB社の当座預金へ10億円の資金を振り替えることができた場合に，支払が完了する。

　かりにA社の当座預金残高が7億円しかないと，ただちに支払を完了させることはできない。通常，X銀行は，不足する3億円をA社に貸し付け，支払を完了させる。このようなことが簡単にできるのは，A社もB社も，X銀行と取引していて，X銀行内の当座預金間の帳簿上で資金を振り替えるだけで済ますことができるからである。X銀行がA社に対して3億円を貸し付けると言っても，X銀行は3億円を新たに資金調達する必要はない。

　このように，A社とB社の取引銀行が同じであれば，小切手の受け渡しと支払の完了がずれるとは言え，小切手を受け渡した時点で，支払が完了する確実性がきわめて高い。そうした意味では，中央銀行券による決済と小切手による決済は，ほぼ同じ程度の支払完了性を備えていると言える。

　しかし，A社の取引銀行とB社の取引銀行が異なっていると，事態は一転する。ここで，A社の取引銀行をX銀行，B社の取引銀行をY銀行としよう。B社は，A社が振り出した10億円の小切手を自分の取引銀行であるY銀行に持ち込む。しかし，Y銀行には，A社の当座預金は開かれていないので，銀行内の振替で10億円の資金をB社の当座預金に入金できない。

　では，どうするか。手形交換所と呼ばれる場所が主要都市にある。手形交換所では，他の銀行の当座預金から振り出された小切手や手形（支払期日が到来したもの）を持ち寄り，

第15章　金融市場と貨幣市場

自行の当座預金の小切手や手形を持ち帰ってくる。上の場合であると，Y銀行は，B社が小切手を持ち込んだ翌日の朝に，手形交換所にその小切手を持ち込む。同じ手形交換所には，X銀行も来ているので，X銀行がA社の小切手を持ち帰る。

A社の振り出した小切手は，当座預金の出金伝票なので，X銀行は，その小切手に基づいて10億円を出金する。しかし，その10億円をどうやってY銀行に送り届けるのであろうか。もし，当日の手形交換所で交換された小切手が，この小切手1枚だけであれば，現金輸送車でX銀行の支店からY銀行の支店にジュラルミンケース3箱で現金10億円を運ぶことも可能かもしれない。しかし，両行間で何百枚，何千枚の小切手が交換されているので，いちいち現金を輸送するというのは現実的でない。

ここで登場するのが，中央銀行券（現金）と同様に完全な支払完了性を備えた中央銀行の当座預金である。中央銀行の当座預金（以下，中銀当座預金と略する）は，後に述べる理由から準備預金（reserves）とも呼ばれている。ただし，厳密に言うと，準備預金に含まれない中銀当座預金も存在する。しかし，その規模が小さいことから，本章では，中銀当座預金と準備預金を同義に用いていく。

民間銀行は，かならず中央銀行に当座預金を開設している。中銀当座預金が完全な支払完了性を備えていると言うことは，2つの銀行の中銀当座預金の間で振替が行われると，その時点で，出金した銀行が入金した銀行に対して支払を完了したことを意味している。

先のケースに戻ってみると，X銀行が中央銀行に開設した当座預金からY銀行が中央銀行に開設した当座預金に10億円の資金を振り替えた時点で支払は完了する。以上の流

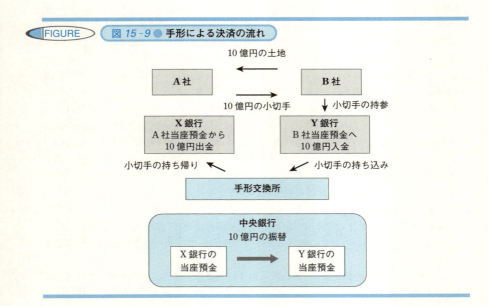

図15-9 ● 手形による決済の流れ

れは，図15-9のようにまとめることができる。

　ただし，つねにX銀行からY銀行へ10億円の支払がなされるわけではない。もし，X銀行にあるA社の当座預金残高が7億円しかない場合，10億円の出金そのものが停止される。こうした事態は，不渡りと呼ばれている。X銀行は，その翌日，不渡りとなった小切手を手形交換所に持ち帰り，Y銀行に返却する。Y銀行は，顧客のB社に不渡り小切手を返すとともに，B社の当座預金への10億円の入金がキャンセルされる。

　同じ会社が，手形か小切手で二度不渡りを出すと，取引銀行に開いていた当座預金は閉鎖され，それ以降，手形や小切手を振り出すことができなくなる。すると，その会社は，大口の取引に関する決済手段を失ってしまい，その時点で倒産してしまう。

　A社とB社が同じX銀行と取引している場合には，X銀行がA社に不足する3億円を融通して，10億円の決済を完了させることが多いと述べたが，では，A社とB社の取引銀行が異なる場合には，なぜ，10億円の決済そのものを取り止めてしまうのであろうか。2つの会社で取引銀行が異なっている場合，X銀行がA社に3億円を融資するためには，X銀行は，自行内の帳簿上の振替ではなく，新たに3億円の資金調達を行わなければならないからである。

　現実の取引では，小切手1枚ごとに中銀当座預金間で資金移動が起きるわけではない。その日に手形交換所に持ち込んだすべての小切手の帳尻分だけ，中銀当座預金間で資金移動が生じる。たとえば，Y銀行の顧客が持ち込んだX銀行の顧客が振り出した小切手の総額が100億円，一方，X銀行の顧客が持ち込んだY銀行の振り出した小切手の総額が80億円である場合，100億円をX銀行口座からY銀行口座へ振り替え，80億円をY銀行口座からX銀行口座へ振り替えるのではなく，その帳尻の20億円をX銀行口座からY銀行口座へ振り替える。

　以上で見てきて明らかなように，小切手や手形による決済を可能にしているのは，各民間銀行が中央銀行に当座預金を開設していて，それらの中銀当座預金の間での振替が完全な支払完了性を備えているからである。言い換えると，民間銀行の当座預金を通じて行われている決済の仕組みは，中銀当座預金によって支えられている。

　実は，手形や小切手の交換制度ばかりでなく，要求払預金を通じたあらゆる民間決済システムが，中銀当座預金に支えられているのである。たとえば，銀行間の送金を行っている内国為替決済制度も，中銀当座預金が最終的な支払完了性を与えている。なお，為替は，遠方に資金を送る仕組みを指しており，かつては，小切手を郵送していたので，最終的には手形交換所を通じて決済が行われていた。しかし，現在では，電子的なネットワークを通じた送金システムが主として為替の役割を担っている。

　先の例を用いて，10億円の土地取引の決済を，小切手ではなく，送金で行っても，基本的には同じメカニズムで資金が決済される（図15-10）。A社がX銀行に送金依頼をすると，A社の当座預金から10億円が出金され，Y銀行のB社の当座預金に10億円が入金される。X銀行とY銀行では，こうした送金手続きに伴って，中央銀行におけるX銀行の口座からY銀行の口座に10億円の資金が振り替えられる。

　ただし，送金による決済と小切手による決済には，いくつかの技術的な違いがある。第

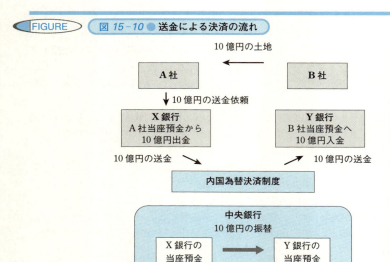

**FIGURE 図15-10 ● 送金による決済の流れ**

1に，小切手の振り出しは当座預金からしかできないが，送金は当座預金ばかりでなく，普通預金からでも行うことができる。第2に，小切手や手形による決済は，手形交換所を通じた証書の物理的な移動を伴うために，決済が完了するのが翌日になってしまう。一方，送金を通じた決済は，電子的なネットワーク（日本では，「全銀システム」と略されている全国銀行データ通信システムが相当する）を通じて行われるので，当日には決済が完了する。第3に，送金を依頼する側（先の例であれば，A社）の当座預金や普通預金にあらかじめ資金がないと送金手続きが行われないので，小切手や手形のように当座預金の残高不足で不渡りが生じることはない。逆に言うと，送金による決済では，代金の支払者が迅速に資金を手当てする必要が生じる。

これまでの議論をまとめてみると，中央銀行券（現金）も，民間銀行に開かれた要求払預金（普通預金と当座預金）も，決済手段の役割を果たしているという意味で貨幣である。しかし，民間銀行の要求払預金に依拠した決済システムは，中銀当座預金に支えられてはじめて支払完了性を満たすことができる。中央銀行が発行する紙幣は主として小口の決済を，中央銀行に開設された当座預金は主として大口の決済を，それぞれ支えていることになる。

なお，中央銀行が供給する中央銀行券と中銀当座預金は，小口，大口の決済の仕組みのなかで必要不可欠な役割を担っており，それらを合わせて，マネタリーベース（monetary base），あるいは，ハイパワード・マネー（high-powered money）と呼ばれている。また，日本銀行は，準備預金ではない当座預金についても，その性格が準備預金に類似し

ていることを鑑みて，マネタリーベースのなかに入れている。

## 4-4　決済システムの安定性とは

　以上の議論を踏まえると，中央銀行が貨幣を供給するもっとも本質的な目的が，さまざまな経済主体の経済活動に伴って生じる資金決済を，円滑に行える環境を整えることにあることは明らかであろう。もし，中央銀行券の流通が細ってしまえば，小口の資金決済に支障が生じる。また，各民間銀行が中央銀行に開いている当座預金の残高が不十分であれば，民間決済システムの運営が困難となって，大口の資金決済に支障が生じてしまう。中央銀行は，小口の決済が円滑になるように"必要にして十分な"中央銀行券（紙幣）を市中に供給し，大口の決済が円滑になるように各民間銀行の中銀当座預金に対して"必要にして十分な"資金を供給する。

　本節の冒頭で「標準的なマクロ経済モデルは，貨幣市場のもっとも本質的な側面を取り扱っていない」と述べた趣旨は，「標準的なマクロ経済学では，貨幣供給の目的が決済の円滑化にあることを正面切って取り扱っていない」ということに尽きる。確かに，金利水準や物価水準に働きかける金融政策は，景気をコントロールしていくうえで重要な役割を果たしているが，あくまで決済システムが安定していることが大前提である。

　もし決済システムがつねに安定しているのであれば，標準的なマクロ経済モデルに基づいて，景気制御のための金融政策だけに焦点を当てればよい。しかし，適切な景気制御と決済システムの安定を両立させることが困難な場合や，適切な景気制御に必要となる政策手段と決済システムの安定に必要になる政策手段が異なっている場合には，標準的なマクロ経済モデルだけを頼りにして，金融政策を考えていくとミスリーディングな結果を導き出してしまう可能性がある。

　事実，1997年，98年に日本経済を襲った金融危機や，2007年夏にアメリカで勃発し，2008年秋以降に世界経済を巻き込んだ金融危機では，決済システムの土台が揺らいでしまったことから，決済システムを安定化させることが最優先の政策課題となった。当時，決済システムを安定化させるための政策手段と景気を制御する政策手段が，時には混同され，時には両立できなくなって，金融政策の現場そのものが混乱してしまった。

　決済システムの安定化のための金融政策と景気をコントロールするための金融政策は，どの点で共通し，どの点で異なるのかは，本章の第6節であらためて議論したい。本節では，そもそもの議論に戻って，「決済システムが安定する」，あるいは「決済システムが不安定になる」ということがどのようなことなのかを明らかにしていこう。

　いま，X銀行，Y銀行，Z銀行という3つの民間銀行があって，それらの銀行間で中銀当座預金に支えられた民間決済システムが運営されているとしよう。X銀行にはA社，B社，C社が，Y銀行にはD社，E社，F社が，Z銀行にはG社，H社，I社がそれぞれ当座預金を開設している。

　ある日，9つの会社すべてが当座預金の残高がゼロの状態で，図15-11のような決済を行うとしよう。この想定では，A社とI社，D社とC社，G社とF社の間で，2つの銀行

第15章　金融市場と貨幣市場

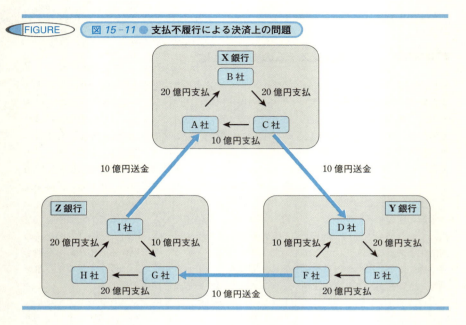

図 15-11 ● 支払不履行による決済上の問題

にまたがって10億円の資金移動が生じるので，中銀当座預金を通じて資金を振り替える必要が生じる。いずれの銀行も，1行から10億円の入金があって，もう1行へ10億円の出金があるので，どの銀行も中央銀行に設けている当座預金にあらかじめ資金を準備する必要はない。

しかし，X銀行の顧客であるB社が，A社から得た20億円の資金を，業績が好ましくない事業に注ぎ込む必要が生じて，C社に20億円を支払うことができなくなったとすればどうなるであろうか。B社からC社への20億円の支払やC社からA社への10億円の支払はX銀行内の資金の振替なので，ただちに決済に支障が生じるわけではない。

一方，X銀行の顧客であるC社からY銀行の顧客であるD社への10億円の送金には，すぐに決済上の問題が生じる。D社は，C社からの10億円の送金とF社からの10億円の入金を合わせてE社への20億円の支払に充てるつもりが，C社からの送金がなければ，E社への支払ができなくなってしまう。E社も，D社からの20億円の入金がなければ，F社に20億円の送金ができなくなり，F社も，Z銀行の顧客であるG社へ10億円の送金ができなくなってしまう。すると，Z銀行内の3社の間での支払にも滞りが生じる。

以上の例では，X銀行内で生じたB社の支払不履行が，Y銀行やZ銀行の決済に飛び火し，Z銀行の顧客であるI社がX銀行の顧客であるA社に10億円を送金できなくなれば，まわりまわって火の粉がふたたびX銀行に降りかかる。このように1つの支払不履行が連鎖して，決済システム全体に広がってしまうリスクは，**システミック・リスク**

(systemic risk) と呼ばれている。

　それでは，ある企業間で支払の不履行が生じることは致し方ないとしても，そのことが決済システム全体に波及して，システミック・リスクに転嫁しないためにはどのようにすればよいのであろうか。先にも見てきたように，すべての支払が滞りなく行われているかぎり，いずれの銀行も，中銀当座預金に資金を積み立てておく必要はない。どの銀行も，1つの銀行から10億円の入金があって，もう1つの銀行へ10億円を出金すればよいからである。

　かりに，B社に20億円の支払不履行が生じた場合に，X銀行が中銀当座預金に10億円を積み立てていたらどうなるであろうか。X銀行は，支払不履行を生じさせたB社に資金を融通するわけにはいかないが，B社から20億円を受け取る予定であったC社に対して20億円の資金を融資することは理にかなっているであろう。X銀行がC社に20億円の資金を融資するといっても，20億円の資金が丸々必要となってくるわけではない。C社がA社に支払う10億円はX銀行内の振替で済ますことができる。したがって，X銀行が新たに必要とする10億円は，X銀行が中銀当座預金に預けている10億円でまかなうことができる。X銀行は，Y銀行への出金について，この10億円の資金を用いればよい。

　すなわち，X銀行が中銀当座預金に十分な資金を手当てしておけば，X銀行内で生じたB社の支払不履行がシステミック・リスクに転じることを未然に防ぐことができる。このように見てくると，中央銀行が各民間銀行の中銀当座預金に対して"必要にして十分な"資金（貨幣）を供給しておくことこそが，民間決済システムを安定させるうえで必須となってくることが理解できるであろう。

　次項では，中央銀行がどのようにして準備預金（中銀当座預金）に対して資金を供給していくのかを見ていこう。次項で明らかにするように，中央銀行券の供給も，各民間銀行の準備預金を通じてなされるので，中央銀行の準備預金への資金供給こそが，貨幣供給の要となっているのである。

## 4-5　中央銀行はどのように貨幣を供給するのか？――準備預金制度の仕組み

**短期金融市場の概略**　　準備預金制度の仕組みをより深く理解するために，その前提として，マネー・マーケット（money markets）と呼ばれる短期金融市場について概略を説明しておきたい。

　短期金融市場では，1年を超えない短期の資金貸借が行われている。市場参加者が銀行などの金融機関に限られる市場をインターバンク市場（銀行間市場，inter-bank markets），金融機関ばかりでなく，事業会社や公的機関も参加する市場をオープン市場（open markets）とそれぞれ呼んでいる。

　日本では，コール市場（call markets）がインターバンク市場の代表的なものである。取引期間は，1日間の貸借（オーバーナイト物，overnight）が主流であるが，午前に借りて午後に返済する半日物から，1日を超えて6日までの期日物が取引されている。コール市場の貸借には，借入側が貸付側に担保を提供する有担保取引と，担保を提供しない無

第15章　金融市場と貨幣市場

担保取引がある。有担保取引の担保としては，主として国債や国庫短期証券が用いられている。

一方，オープン市場では，さまざまな短期債券が広範な参加者の間で取引されている。譲渡性預金（certificates of deposit, CD と略されている）は，銀行が発行している預金であるが，流通市場で譲渡可能であるところが通常の預金と大きく異なっている。コマーシャル・ペーパー（commercial papers, CP と略されている）は，信用力の高い事業会社が振り出した約束手形である。CP についても，流通市場が形成されている。政府が発行している国庫短期証券も，流通市場で活発に取引されている。

**中銀当座預金への積立義務**　上に述べてきたように，民間決済システムは，民間銀行によって中銀当座預金に預けられている資金が最終的な支払完了性を提供している。換言すると，小切手・手形や送金などの民間決済システムの最終的な帳尻は，民間決済システムの参加者である民間銀行が中央銀行に開設している当座預金の振替によってなされている。

中銀当座預金が準備預金と呼ばれているのは，当座預金開設者（民間銀行）がその口座に無利子で準備預金（reserves）を積み立てる義務があるからである。民間銀行が中銀当座預金に対して積立義務のある制度は，**準備預金制度**（reserve system）と呼ばれている。ただし，第 6-2 項で説明するように，最近は，準備預金に対しても金利が付される仕組みが準備預金制度に導入されるようになった。

こうして積立が義務づけられている準備預金は，主として4つの役割を果たしている。第1に，準備預金に預けられた資金を民間銀行の間で振り替えることを通じて，民間決済システムの支払が円滑に行われる。第2に，中央銀行券（紙幣）が準備預金を通じて供給される。第3に，政府と民間との資金決済も準備預金を通じて行われる。最後に，次節で詳しく見ていくように，中央銀行は準備預金制度を通じて金融調節を行い，短期金融市場金利を誘導する。

第1の理由で保有している準備預金には，中央銀行から積立を義務づけられていなくても保有する動機が民間銀行の側にある。大規模な資金決済を予定している民間銀行は，自発的に中銀当座預金に多額の資金を入金する必要があるからである。

中央銀行が運営する準備預金制度が民間銀行の当座預金と本質的に異なる点は，中央銀行が自らの債務として準備預金を発行できるところにある。もし，何らかの理由で，一部の民間銀行の準備預金に，あるいは民間銀行全体の準備預金に不足が生じた場合には，中央銀行は速やかに準備預金を発行して準備預金枯渇を回避することができる。その意味では，中央銀行は民間決済に必要とされる決済資金の究極的な提供者と言うことができる。

**日本の準備預金制度**　それでは，日本銀行の準備預金制度に則して制度実態を見ていくことにしよう。準備預金制度に参加している金融機関（国内銀行，外国銀行在日支店，信金中央金庫，信用金庫，農林中央金庫，商工組合中央金庫，ゆうちょ銀行など）は，受け入れている預金種目や預金残高に応じてあらかじめ定められている準備率（reserve ratio）に基づいた準備預金を積み立てている必要がある。

準備率については、普通預金や当座預金など、決済の役割を担っている要求払預金に対して高めに設定されている。要求払預金が決済機能を通じて日銀当座預金に依拠する度合が高いからである。超過累進制が採用されており、受け入れ預金残高の大きい金融機関ほど高い準備率が適用される。

一方、要求払預金と異なって、高い金利が付されているが、引出が自由ではない定期性預金や譲渡性預金（CD）は、直接に決済手段に用いられることはないことから、準備率は低めに設定されている。なお、通常の預金契約では、預金者が預金契約を第三者に売却（譲渡）することができないが、CDでは、第三者への譲渡が可能である。その意味では、CDは、預金契約というよりも、流通市場で売買できる債券に近い。

現行の準備率（1991年10月16日に準備率を引き下げたのが最近の決定）によると、2兆5000億円を超える預金残高に対して、定期性預金やCDの準備率が1.2%、要求払預金の準備率が1.3%である。一方、500億円を超えて5000億円以下の預金残高に対して、定期性預金やCDの準備率は0.05%、要求払預金の準備率が0.1%である。

日本銀行は、各金融機関に求める準備預金積立額を計算する方法として、1ヵ月前の預金残高から所要準備額を決める「後積み方式」と、当該月の預金残高から所要準備額を決める「同時積み方式」の中間的な方式を採用している。すなわち、月ごとに月初から月末の平均預金残高から必要準備率によって所要準備額を計算し、その月の16日から翌月の15日までの1日あたりの平均準備預金残高が所要準備額に等しくなるように、民間銀行に積立を行うことを義務づけている。

なお、日本の準備預金制度では、金融機関が保有している日本銀行券は、必要準備額に加えることができない。また、ある期に超過して積み立てた準備預金を持ち越して次期の必要準備預金に充当することも許されていない。

日々の準備預金残高が必要準備率を満たしていることを厳格に要請するのではなく、1ヵ月の積立期間を設けて平均した準備預金残高の維持を求めていることの意義については、第5-1項で詳しく議論していくことにしよう。

### 準備預金残高の増減

上に述べてきたように、準備預金制度のもとでは、中央銀行に当座預金を開設している民間銀行に資金を積み立てていく義務があるので、準備預金に対して資金がつねに入金されるメカニズムが備わっている。それにもかかわらず、決済に必要とされる資金需要の変動から、準備預金全体の残高が不足気味になったり、過剰気味になったりする。こうした準備預金残高の過不足は、中央銀行が民間銀行に対して準備預金を供給したり、吸収したりすることによって解消される。

たとえば、納税期には各行の中銀当座預金から国庫に税金分が振り込まれて、準備預金が不足気味になることから、中央銀行が信用を供与してその不足を補塡しようとする。逆に、公共事業費の支払で準備預金が過剰気味になると、中央銀行は信用を吸収してその過剰を取り除こうとする。

また、深刻な金融危機が進行すると、民間銀行自体が資金を調達することが困難となって、準備預金に十分な資金を積み立てられなくなる場合がある。すると、民間決済システ

ムの運営に支障が生じて，システミック・リスクが顕在化してしまう。こうしたケースでは，中央銀行が十分な準備預金を速やかに供給する必要が生じる。

以下では，準備預金残高を変動させる3つの要因について詳しく見ていこう。第1に，中央銀行券要因がある。民間銀行が中銀当座預金から中央銀行券（現金）で資金を引き出すと，準備預金残高は減少する。逆に，民間銀行が中央銀行に現金を持ち込んで中銀当座預金に入金すると，準備預金残高は増加する。たとえば，毎年12月は，消費支出が拡大して小口の決済のために大量の現金が市中で必要とされるので，中銀当座預金から現金が引き出され，準備預金残高は減少する。一方，年初は，市中に大量に流通した現金が民間銀行に還流し，中央銀行に持ち込まれるので，準備預金残高は増加する。

第2の要因は，財政等要因である。公共事業費や公的年金給付など，政府が国庫から支払う資金は，中銀当座預金に振り込まれるので，準備預金増加要因となる。一方，税金納付など，中銀当座預金から国庫に振り込まれると，準備預金残高は減少する。前者は「財政支払」，後者は「財政揚げ」とそれぞれ呼ばれている。

第3の準備預金の変動要因は，民間銀行が資金を調達して中銀当座預金に入金したり，そこから資金を出金する場合である。そうした場合に民間銀行が他の民間銀行から資金を調達したり，他の民間銀行に対して返済したりするケースもあるが，民間銀行と中央銀行との間で資金のやりとりを行うケースも多い。

中央銀行の民間銀行に対する資金供与・吸収については，中央銀行貸出と公開市場操作の2つに分けることができる。中央銀行貸出は，文字どおり中央銀行が民間銀行に対して貸付を行うことである。その際に適用される利率を公定歩合（official discount rate）と呼んでいる（ただし，最近では，基準割引率および基準貸付利率と呼ばれている）。中央銀行が民間銀行に貸し付けた資金は，まずは中銀当座預金に振り込まれる。

一方，公開市場操作（オペレーション，open market operations）は，金融資産の売買を通じて中央銀行が民間銀行に資金を供与したり吸収したりする操作を指している。買いオペレーション（buying operations）とは，中央銀行が民間銀行の保有する金融資産を購入して，購入資金を当該民間銀行の中銀当座預金に振り込む操作である。逆に，売りオペレーション（selling operations）とは，中央銀行が自ら保有する金融資産を民間銀行に売却して，売却資金を当該民間銀行の中銀当座預金から引き出す操作である。すなわち，買いオペレーションは準備預金の供給を，売りオペレーションは準備預金の吸収をそれぞれ行っていることになる。

買いオペレーションや売りオペレーションと言っても，中央銀行がかならずしも買い切ったり，売り切ったりすることはしない。買いオペレーションで数ヵ月先に売り戻すことを約束して買う場合（売り戻し条件付き買入，buying operations under repurchase agreement）や，売りオペレーションで数ヵ月先に買い戻すことを約束して売る場合（買い戻し条件付き売却，selling operations under repurchase agreement）がある。

銀行だけが参加する貸借市場（インターバンク市場，コール市場）でのオペレーションでは，主として手形が対象となっている。買いオペレーションでは民間銀行が振り出した手形が対象となり，売りオペレーションでは中央銀行が振り出した手形が対象となる。

一方，銀行以外の金融機関や事業会社も参加するオープン市場のオペレーションでは，財務省が発行した短期債券である国庫短期証券（財務省証券）が主要な対象となっている。なお，国債も，国庫短期証券も，政府が発行する債券であることには変わりがないが，前者は1年を超える満期の債券を，後者は1年未満の債券をそれぞれ指すことを慣行としている。

以上をまとめると，準備預金残高の増減は，次のように表すことができる。

準備預金残高の増減 ＝ 中央銀行券の還流－中央銀行券の引出
　　　　　　　　　　＋財政支払－財政揚げ
　　　　　　　　　　＋中銀当座預金への入金（買いオペレーションを含む）
　　　　　　　　　　－中銀当座預金からの出金（売りオペレーションを含む）

**中央銀行のバランスシート**　ここで，中央銀行の金融政策に関する理解を容易にするためにも，中央銀行のバランスシート（貸借対照表）について説明しておきたい。

上に述べてきたように，中央銀行は主として準備預金と中央銀行券で資金を調達している。また，中央銀行にとって資金調達である売りオペレーションでは，約束手形を振り出すこともある。したがって，中央銀行の負債サイドには，中央銀行券，準備預金，約束手形（中央銀行が振り出したもの）などが計上されている。

一方，中央銀行は，そうして調達した資金を，主として国債や国庫短期証券で運用している。また，中央銀行は，買いオペレーションの対象として民間銀行が振り出した約束手形も買い入れている。本章の第6節で議論するように，金融危機においては，民間企業が発行した社債やコマーシャル・ペーパーも，オペレーションの買い入れ対象としている。したがって，中央銀行の資産サイドには，長期国債を含む国債，国庫短期証券，約束手形（民間銀行が振り出したもの），社債，コマーシャル・ペーパーが計上されている。

以上の議論を踏まえると，中央銀行のバランスシートは，表15-1のようにまとめることができる。なお，資産については中央銀行が長く保有する傾向が強いものから，負債については民間の経済主体（家計，企業，投資家，金融機関など）が長く保有する傾向が強いものから，それぞれ計上している。

TABLE　表 15-1 ● 中央銀行のバランスシート

| 資　産 | 負　債 |
| --- | --- |
| 国　債<br>国庫短期証券<br>約束手形（民間銀行振り出し）<br>社　債<br>コマーシャル・ペーパー | 中央銀行券<br>準備預金（中銀当座預金）<br>約束手形（中央銀行振り出し） |

第 15 章　金融市場と貨幣市場

### POINT 15-2 ● 日本銀行のマネタリーベースの規模

ここでは，日本銀行のマネタリーベースの規模を見ていこう。その前に，金融行政用語を整理しておきたい。行政用語で「通貨」という場合，「紙幣（日本銀行券）」と「硬貨（貨幣）」からなっている。紙幣と硬貨の合計である通貨に「準備預金（日銀当座預金の一種）」を加えたものがマネタリーベースと呼ばれている。

本章では，硬貨（貨幣）の流通残高が紙幣（日銀券）に比べて小さいことから，日銀券発行高と準備預金の和をマネタリーベースと呼ぶことが多い。また，先にも述べたように，厳密に言うと，日銀当座預金には，準備預金でないものも含まれているが，その規模が小さいことから，本章では，準備預金と日銀当座預金を同義に用いている。

ただし，ここでは，厳密に行政用語に従って，マネタリーベースを定義していこう。図15-12は，1970年1月から2015年9月について，日銀券発行高，貨幣流通高，準備預金残高をプロットしたものである。日銀券と貨幣は，1995年半ばにコールレートが0.5％を下回ってから市中残高が拡大した。

まずは，比較的流通高が小さい硬貨（貨幣）から見ていこう。硬貨の流通高は，徐々に増加した。1995年3月に3.7兆円だったものが，97年12月に4兆円を，99年12月に4.1兆円を，2001年12月に4.2兆円を，2002年12月に4.3兆円を，2004年8月に4.4兆円を，2006年12月に4.5兆円を超えた。2014年8月時点で4.6兆円に達した。

日銀券の発行高は，より速いテンポで拡大した。1995年12月42.1兆円であっ

図 15-12 ● マネタリーベース平均残高の推移　↑update 月次

（出所）日本銀行。

たが，97 年 12 月に 50 兆円を，2001 年 12 月に 60 兆円を，2002 年 12 月に 70 兆円を，2011 年 12 月に 80 兆円を超えた。2015 年 7 月には，90.7 兆円に達した。なお，図 15-12 において 1 年おきにスパイク（突起）が生じているのは，毎年 12 月は小口決済需要の拡大で日銀券がより多く発行される傾向があるからである。

一方，準備預金残高は，より複雑な経緯をたどった。1999 年末までの民間銀行の準備預金額は，法定上積立が義務づけられている所要準備額（法定準備預金額）を満たすように決められた。民間銀行は，利息の付かない準備預金に所要準備額を超えて預金をするインセンティブがなかったからである。その結果，準備預金残高が所要準備額を若干上回るように推移した。

本章の第 4-5 項で言及したように，1991 年 10 月 16 日から準備預金率が引き下げられた。その結果，準備預金残高は，1991 年 9 月に 4.7 兆円あったものが，その年の 11 月には 3.4 兆円まで減少した。その後，民間銀行の預金残高の拡大とともに，準備預金残高も増加した。

1999 年末から 2000 年にかけての世紀末には，決済に関わるコンピュータ・システムに不具合が生じることが懸念されたことから（いわゆる 2000 年問題），日本銀行は準備預金を潤沢に供給した。準備預金残高は，1999 年 11 月に 4.0 兆円だったが，12 月に 5.4 兆円，2000 年 1 月に 8.5 兆円まで拡大させ，同年 2 月にふたたび 4.4 兆円に縮小させた。

2001 年 3 月から 2006 年 3 月までの量的緩和政策では，ゼロ金利環境にあって，準備預金残高は法定上義務づけられている所要準備額を大きく上回った。2004 年 2 月から 2005 年 2 月の期間は，所要準備額約 4.5 兆円に対して，準備預金残高は 30 兆円を超えて推移した。2006 年 3 月以降，量的緩和政策を転換し，2006 年 7 月には準備預金残高が 10.8 兆円まで縮小した。

日本銀行が量的緩和政策で所要準備額を超えて準備預金を供給できたのは，ゼロ金利政策の時期と重なっていたからである。もし，短期金融市場の金利が正であれば，民間銀行は所要準備額を超える準備預金を金利が付かない日銀当座預金から引き出して，短期金融市場で運用する。しかし，短期金融市場の金利がゼロ水準であれば，民間銀行にとっては，金利の付かない日銀当座預金にそのまま預けておくのも，引き出して短期金融市場で運用するのも変わらないので，日銀当座預金に資金が積み上がった。

2007 年 10 月 1 日より日本郵政公社（現ゆうちょ銀行）も準備預金制度の対象となったことから，所要準備額は，前月の 4.7 兆円から 7.0 兆円に拡大した。

2008 年 9 月のリーマン・ショック以降，日本銀行は，準備預金残高の水準を引き上げていった。2008 年 9 月に 8.0 兆円だった残高は，2009 年 3 月に 11.8 兆円，2010 年 3 月に 13.1 兆円に拡大した。2011 年 3 月の東日本大震災の直後の 4 月には，準備預金残高は 31.1 兆円に達した。

2006年7月には日本銀行がゼロ金利政策を解除して，短期金融市場の金利が低いながらも正の値であった。それにもかかわらず，2008年10月以降も日銀当座預金残高を拡大できたのは，本章の第6-2項で詳しく述べるように，日本銀行が新しい金融調節の方法を採用して，準備預金にも金利を付すようになったからである。この新しい政策の結果，民間銀行には，金利の付く準備預金に資金を預けておくインセンティブが生まれた。

　「なぜ，日本銀行が準備預金の規模拡大に迫られたのか」については，本章第6節でも議論するが，主に2つの理由がある。第1に，準備預金に潤沢な資金を供給して，民間決済システムの安定性を確保しようとした。1990年代末から2000年代初頭，あるいは2008年秋から2009年前半は，そうした政策の必要性が高まった。

　第2に，さまざまな政治的理由から日本銀行が金融資産（とくに長期国債）を大規模に買い付けなくてはならなくなって，日銀当座預金（準備預金）が日本銀行にとって資金調達手段となった面も否めない。POINT 15-8 で詳しく説明するように，日本銀行は，2001年以降，政府から大規模な長期国債買入を迫られ，準備預金の拡大によって長期国債の買入資金を捻出してきた。2008年秋以降は，長期国債ばかりでなく社債など民間が発行した債券も，買い切りオペレーションの対象となった。日本銀行は，2013年4月，さらに，2014年10月にこうした準備預金拡大政策をよりいっそう加速させた。その結果，準備預金残高は，2013年3月に42.0兆円だったものが，2014年3月に106.8兆円，2015年3月に172.4兆円に達した。2015年7月には，200兆円を超えた。

　なお，図15-12のデータは， NLAS マクロ経済学 database によって月次でアップデートされる。

## 4-6　信用創造のメカニズム？

　標準的な金融論やマクロ経済学では，中央銀行が供給するマネタリーベース（中央銀行券と中銀当座預金の合計）と，マクロ経済全体のマネーストック（従来はマネーサプライと呼ばれていた）との関係は，信用創造（credit creation）と呼ばれている。

　信用創造とは，金融機関の貸出行動（信用供与）を通じて預金（貨幣）が連鎖的に創り出されることを指している。ここで，貨幣創造ではなく，信用創造と呼ばれているのは，信用創造で念頭にあるマネーストックの範囲が，中央銀行券や要求払預金などの決済手段を担っている貨幣だけでなく，資金運用手段である定期性預金も含んでいるからである。

　具体的に信用創造のメカニズムを述べると，①ある銀行の貸出が他の銀行に預金として振り込まれる，②振込を受けた銀行はその預金を原資として貸出を行い，③その貸出がふたたび他の銀行に預金として振り込まれる，ということの繰り返しによって預金から預金

が生み出され，経済全体としてマネーストックの規模が拡大していく現象である。ここで言う預金には，要求払預金ばかりでなく，定期性預金も含まれている。

マネーストックの定義には，狭い範囲のものから広い範囲のものまである。M1と呼ばれている狭義のマネーストックは，決済の役割を担っている要求払預金と中央銀行券の合計である。一方，M2と呼ばれている広義のマネーストックは，M1に定期性預金を加えたマネーストックであり，M2＋CDは，M2に譲渡性預金を加えたものである。信用創造メカニズムで対象とされているマネーストックは，M2＋CDとなる。

なお，日本郵政公社（現ゆうちょ銀行）の貯金の取り扱いで，M1については2003年4月以降，要求払預金に相当する貯金を含む統計が公表されるようになった。一方，M2については，日本郵政公社の貯金が含まれる統計はいっさい公表されなかった。その代わりに，2003年4月以降，日本郵政公社の要求払い預金を含むM1に，日本郵政公社を含むすべての預金取扱機関の定期性預金とCDを加えたM3というマネーストックを公表するようになった。したがって，日本郵政公社を含む信用創造メカニズムで対象とされるマネーストックは，M3ということになる。

繰り返しになるが，同じようにマネーストックと呼ばれていても，M1に含まれていて決済機能を中核とする要求払預金や中央銀行券と，M2＋CD（あるいは，M3）に含まれていて資金運用手段である定期性預金や譲渡性預金とでは，金融資産の性格が大きく異なることに注意してほしい。貨幣，あるいは，マネーという場合は，前者の決済手段としてのマネーを意味している。

では，中央銀行の預金準備制度を通じて（貨幣を含む）信用が生み出される信用創造の仕組みを見ていこう。

上述の貨幣（預金）の連鎖は，中央銀行が供給するマネタリーベース（$B$，ハイパワード・マネーと呼ばれることもある）が市中銀行の預金（$D$）の形となって貨幣が創り出されるメカニズムを意味している。マネタリーベースには，中央銀行券（$C$）と準備預金（$R$）が含まれている。

$$B \equiv C + R$$

なお，「$\equiv$」を用いた等式は定義式であることを意味している。

マネーストック（$M$）は，中央銀行券と市中銀行預金の総計として定義される。

$$M \equiv C + D$$

前述のように，$M$にはM2＋CD（あるいはM3）のマネーストックの指標が用いられる。

預金準備率（$R/D$）を$a$，現金・預金比率（$C/D$）を$c$とすると，上の2つの定義式から以下の関係を容易に導き出すことができる。

$$M = \frac{c+1}{c+a} B \tag{15-9}$$

(15-9) 式で，マネタリーベースの係数となっている$(c+1)/(c+a)$は，しばしば信用乗数（credit multiplier）と呼ばれている。たとえば，準備率が10％，現金・預金比率

が20％であるとすると信用乗数は4となるので，マネタリーベース1単位の増加はマネーストック4単位の増加をもたらす。

しかし，信用創造メカニズムを表す (15-9) 式を「$B$ から $M$ への因果関係」として解釈することには慎重になるべきであろう。(15-9) 式は，2つの定義式から機械的に導かれてきたものであり，変数間の因果関係について何らかの理論を想定しているわけではない。もちろん，事後的なデータでは，本式がかならず成立するが，「$B$ を変化させることの帰結」について何らかの理論的な予測ができるわけではない。

問題点を掘り下げて見ていこう。まず，現金・預金比率 ($c$) には預金者の行動が反映されている。預金者が預金で保有するのか，現金で保有するのかは，その時々の経済環境の影響を受けるであろう。

一方，信用乗数を決定しているもう1つの要素である準備率 ($a$) は制度的に固定されているという意味では，外生的なパラメーターとして扱ってもよいが，いつもそう取り扱えるとは限らない。とくに，所要準備額を超えて準備預金が積み立てられている場合には，貨幣市場で内生的に決まる準備率は，制度的に決まっている準備率を大きく上回ってしまう。

また，逆の因果関係である「$M$ から $B$ への因果関係」も存在する。何らかの理由で預金への需要が高まり，その結果として準備預金が積み増されるということもある。決済資金として機能している要求払預金への需要は物価水準や名目金利水準に大きく左右される。

以上のように考えてくると，(15-9) 式の妥当な解釈としては，$B$ から $M$ への因果関係ではなく，$B$ と $M$ は同時に決定される性質のものと言える。

### POINT 15-3 ● 日本経済の信用乗数

　図 15-13 は，日本経済において信用乗数が 1970 年 1 月以降にどのように推移してきたのかをプロットしたものである。なお，2003 年 4 月以降は，ゆうちょ銀行（旧日本郵政公社）の提供している貯金を含んだ統計が公表になったことから，郵便貯金も含めた信用乗数（マネーストックに M3 を用いたもの）の推移もプロットしている。

　図 15-13 が示すように，信用乗数は，ダイナミックに変化している。まず，毎年，12 月に現金需要が高まることから（$c$ が上昇することから），信用乗数が一時的に大きく低下する。

　1990 年代から 2000 年代前半にかけて信用乗数が低下したことをもって，日本銀行の貨幣供給姿勢が消極的であると指摘されてきた。しかし，このような指摘は正しいのであろうか。先に見てきたように，日本銀行は，1995 年半ば以降，コールレートを 0.5％ 以下の水準に誘導し，99 年 2 月にはゼロ金利政策を実施した。また，2001 年 3 月以降はゼロ金利環境で量的緩和政策を展開し，準備預金の水準を飛躍的に拡大させてきた。

　むしろ，「積極的な金融緩和政策を実施してきたにもかかわらず，信用乗数は

そのたびに低下してきた」というのが現実的な記述であろう。信用乗数がこのように低下した背景としては，①短期金利の低下とともに現金保有コストが低下したことから現金・預金保有率（$c$）が上昇した，②2001年3月以降の量的緩和政策で要求払・定期性預金残高に対する準備預金残高の比率（$a$）が法定準備率を超えて急激に上昇したことがあげられる。

事実，2006年3月に量的緩和政策が，同年7月にゼロ金利政策が解除されると，信用乗数は大きく上昇した。2008年秋以降に信用乗数がふたたび低下したのは，進行する金融危機において決済システムの安定化を保つために，準備預金を積極的に供給して準備率（$a$）が上昇したからである。

2013年4月に量的・質的金融緩和を実施し，2014年10月にその枠組みを拡大させてからは，信用乗数はいっそう低下した。具体的には，M3をマネーストックとして用いた信用乗数は，2013年3月に8.5の水準であったが，2014年3月に5.6に，2015年3月に4.3に減少した。2015年6月には，信用乗数が4を割った。

こうして見てくると，信用乗数の低下は，貨幣市場における決済需要の旺盛さを示していると考えるのが自然であろう。貨幣需要が高まった背景については，POINT 15-4 も参照してほしい。

なお，図 15-13 のデータは，NLAS マクロ経済学 database において月次ベースでアップデートされる。

# 貨幣供給，金利，物価の関係

本節では，貨幣市場における供給と需要が調整されるプロセスを通じて，金利や物価がどのように決定されるのかを，超短期，短期，長期というタイム・スパンごとに分析していこう。

まず，第5-1項では，民間銀行が中銀当座預金に準備預金を積み立てる1カ月間という非常に短い期間について，中央銀行が短期金利をどのように誘導するのかを明らかにする。このケースでは，中央銀行がどのように準備預金を供給するのかとはまったく独立に，中央銀行は短期金利を目標水準に誘導することができる。

しかし，第5-2項で示すように，準備預金の積立期間（1カ月）を超えて，四半期，半年，1年といった期間について，物価水準は固定されていると想定すると，決済機能を持つ貨幣に対する需要を通じて，短期金利と貨幣供給量との間に1対1の関係が生じる。

さらに，第5-3項で示すように，物価が変化する長期においては，貨幣供給，金利，物価の間には，いっそう複雑な関係が生じる。名目貨幣供給量を増やすと物価水準が上昇するという貨幣数量説においても，現在の物価水準が現時点の名目貨幣供給量だけでなく，将来に予定されている名目貨幣供給量にも影響されるようになる。

なお，いずれの期間においても，中央銀行が貨幣市場に働きかけているという点ではすべて金融政策（monetary policy）であるが，超短期における中央銀行の政策操作については，金融調節（monetary adjustment）と呼ばれることが多い。

本節の構成は，以下のようにまとめることができる。

| 取り扱っている箇所 | タイム・スパン | 対象となる貨幣 | 政策操作変数 | 物価水準 |
|---|---|---|---|---|
| 超短期：（第5-1項） | 1カ月間 | 準備預金 | 短期金利 | 固定 |
| 短期：（第5-2項） | 1カ月を超えて1年未満 | 要求払預金と現金通貨 | 短期金利か名目貨幣供給量 | 固定 |
| 中・長期：（第5-3項） | 1年以上 | 要求払預金と現金通貨 | 名目貨幣供給量 | 変動 |

## 5-1 超短期の理論——公開市場操作と金利決定メカニズム

**政策操作変数としてのオーバーナイト物金利**

本項では，日本銀行が準備預金制度を通じて，銀行間で貸借が行われているコール市場のオーバーナイト物金利（翌日物金利）をどのように目標水準に誘導するのかを解明していこう。

コール市場では，民間銀行間の短期貸借（1年未満の貸借）が行われている。通常，銀行自体の信用で取引がなされているので，貸借に対して担保を求められることがない。し

たがって，コール市場の金利は，無担保貸付に付される利子率を意味している。

コール市場の金利は，以下の2つの意味できわめて重要である。第1に，コール市場のオーバーナイト物金利は，完全な決済完了性を備えた準備預金を保有する機会費用に相当する。具体的には，オーバーナイト物金利は，金利が付与されない中銀当座預金に準備預金として一晩預けることによって放棄しなければならない利息ということになる。

第2に，コール市場で決まってくる短期金利は，もっとも短期の名目金利として短・中・長期の金利水準に大きな影響を及ぼす。本章の第2節で明らかにしてきたように，短期スポット・レート（短期名目利子率）が平均的にどのような水準で推移し，どのくらいの変動を伴うのかということが，金利期間構造の決定においてもっとも重要な要因である。

ここで，日本銀行が短期の名目金利を自由に操作できるという点と，貨幣市場の需給から名目金利が決定されるという点をきっちりと区別しておきたい。後述するように，日本の準備預金制度のもとで日本銀行がコール市場のオーバーナイト物金利を完全に制御できる理論的な理由は明らかになっており，実際にも日本銀行はかなり高い自由度でオーバーナイト物金利を設定することができる。こうした理論的な議論は，政策操作の技術的な基盤を支えるうえできわめて重要である。

一方，中央銀行が行っているオペレーションは，貨幣市場の需給に影響を与えることで名目金利の変化を生じさせている操作という側面がある。後に見ていくように，貨幣市場需給の変化が名目金利に与える経済学的なメカニズムについては，かなりの程度明らかになっている。

結局のところ，日本銀行が自由度を持って設定する名目金利と，貨幣市場の需給メカニズムから決まってくる名目金利との綱引きが短期金融市場で起きることになる。もちろん，両者の関係が著しい緊張を生むことのほうがまれであり，日本銀行は「市場との対話」を通じて市場メカニズムから決まってくる金利水準を尊重している。言い換えると，市場参加者が形成している期待を織り込むような水準にコールレートを設定する傾向が強い。とくに，1980年代後半からは市場重視の姿勢はいっそう鮮明になってきた。ただし，時として，日本銀行が設定する名目金利が短期金融市場や債券市場を引っ張り，市場参加者が政策当局によって設定された金利を織り込んで期待形成を行うことも起こりうる。

**金融調節とオーバーナイト物金利**

以下では，日本の準備預金制度を念頭に置きながら，日本銀行の金融調節とコール市場で成立するオーバーナイト物金利の関係を掘り下げて考えていきたい。

ここでは，準備預金制度に参加しているすべての金融機関を合計したもので残高を定義することから，金融機関間の貸借部分はネットアウト（相殺）されてしまう。必要準備率の対象となる1日あたり平均預金残高を$\bar{D}$，必要準備率を$a$とすると，$T$日の積み期間（$t=1, 2, \cdots, T-1, T$）における平均所要準備預金残高$\bar{R}$は，$a\bar{D}$に等しくなる。したがって，金融機関は全体として所要準備預金総額$S$（$=T\times\bar{R}$）を積み期間内に積み上げる必要がある。なお，積み期間における日々の実際の準備預金残高は，$R_1, \cdots, R_t, \cdots, R_T$で表す。また，$i_t$は，$t$期に成立しているオーバーナイト物金利（名目金利）を意味している。

### FIGURE 図15-14 ● 積み期間最終日の準備預金需要

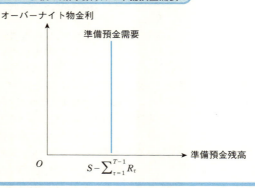

　これからの議論においては，企業や家計の民間部門が保有している預金残高やキャッシュ・ポジションはコール市場金利に左右されないことを想定する。言い換えれば，積み期間の長さに相当する半月から1カ月の間では，民間の企業や家計は預金・現金ポジションを速やかに調整することができないと仮定している。同時に，物価水準は積み期間を通じて一定であるとしよう。前項に述べたように，日本の準備預金制度では今期の積み期間に生じた超過積立分（超過準備）を次期に繰り越すことができない。

　以上の想定のもとで日本銀行は，積み期間最終日 ($T$) に図15-14が示すような垂直の準備預金需要曲線に直面する。すなわち，コール市場金利に関わりなく金融機関は全体として「所要準備預金総額から前日までに積み立てた準備預金を差し引いた残額」（$S - \sum_{\tau=1}^{T-1} R_\tau$）に相当する準備預金を必要とする一方，日本銀行はその需要を満たすように金融調節を行うわけである。積み期間最終日にこのような垂直の準備預金需要曲線に直面する日本銀行は，コール市場金利 $i_t$ を任意の水準に設定することができる。

　それでは，最終日よりも前の時点で，どのようにコール市場金利が決定されるのであろうか。たとえば，前日の $T-1$ 時点を考えてみよう。すでに金融機関は全体として $\sum_{\tau=1}^{T-2} R_\tau$ の準備預金を積み立ててきているので，残額 $S - \sum_{\tau=1}^{T-2} R_\tau$ を当日か，翌日に積み立てなければならない。

　このケースでは，当日積み立てるか，翌日積み立てるかの金融機関の決断は，翌日のコール市場で成立するオーバーナイト物金利の予想（$i_T^e$）に依存してくる。もし，現在のオーバーナイト物金利 $i_{T-1}$ が予想金利 $i_T^e$ を上回れば，積立を翌日に延期するほうが調達コストが節約できる。なお，ここで言う調達コストとは，「積立を翌日に延期するほうが，準備預金として一晩預けることによって放棄しなければならない利息」に相当する。

　すると，コール市場での資金需要が弱まり，当日金利は予想金利の水準にまで低下していく。逆に，現在の金利が予想される金利を下回れば，当日に残額すべてを積み立てるほうがコストを節約できるので，コール市場における資金需要が高まっていく。その結果，

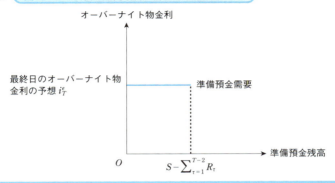

**図 15-15 ● 積み期間最終日前日の準備預金需要**

当日金利は予想金利の水準に到達するまで上昇する。

このように金融機関が積み期間最終日とその前日との間で調達コストを節約するように積立タイミングを選択する行動をとると，結果として $T-1$ 期の金利水準は積み期間最終日の予想金利に等しくなってしまう。すなわち，図 15-15 が示すように，$T-1$ 期における準備預金需要曲線は準備預金残高 $(S-\sum_{\tau=1}^{T-2} R_\tau)$ を上限として，金利水準 $i_T^e$ の水準で水平となる。

この議論は，積み期間開始にまでさかのぼって適用することができるので，どの期においても準備預金需要曲線は，最終日に予想される金利 $i_T^e$ の水準で水平となる。言い換えると，金融機関は積み期間に1カ月余りの時間が許されていることで積み立てるタイミングの最適な選択を行うことができ，その結果としてコール市場ではいつの時点に積立を行ってもコストに変化が生じないような均衡が成立する。逆に言えば，積立期間を通してコール市場金利が積み期間最終日の予想金利に収斂していく。

以上で見てきたようなコール市場の特性を生かしながら，日本銀行は積み期間最終日のコール市場金利を操作目標として選択し，各時点にコール市場で成立するオーバーナイト物金利を操作目標に誘導するという金利調節を行っている。上述に概説した理論は，こうした操作を通じて日本銀行が任意の水準にコール市場金利を誘導できることを示しており，実際にも日本銀行のコール市場における金利誘導能力はきわめて高い。ここで重要になってくるのは，コール市場金利の操作目標水準を市場参加者に伝達するメカニズムである。日本銀行は，金融政策決定会合で決まったオーバーナイト物金利の誘導目標を市場にアナウンスしている。

上の議論で注意してほしい点は，「1カ月未満という超短期において，中央銀行が準備預金制度を通じてコール市場金利引き下げを誘導するメカニズム」は，第 5-2 項で議論するように，「1カ月を超えて半年間，1年間という期間において，名目貨幣供給量の増加が名目金利の低下をもたらすメカニズム」と本質的に異なっているところである。本項で議

論しているのは，準備預金というきわめて限定された範囲の貨幣の供給である。一方，第5-2項では，決済機能を担っている要求払預金を含んだ貨幣全体の供給を対象としている。

**金融危機における準備預金供給と金利決定**

以上の議論をまとめると，日本銀行は，どのように民間銀行に対して準備預金を供給するのかとまったく独立に，コール市場のオーバーナイト物金利を任意の操作目標水準に誘導することができる。しかし，こうした議論が成り立つのは，積み期間最終日の予想金利に応じて，現時点の金利が上回れば，他の銀行に資金を貸し付け，現時点の金利が下回れば，他の銀行から資金を調達できるというように，コール市場において銀行間で円滑な貸借が行われていることを暗黙に想定している。

平常時の経済環境であれば，コール市場に関するそうした想定も非現実的ではない。しかし，金融危機が進行していて，それぞれの銀行の資金繰りが苦しくなると，借り手が銀行であっても，貸し倒れを懸念して，銀行間の貸借が滞ってしまうことが生じる。このように銀行が他の銀行から資金を調達できない状況では，積み期間最終日までに所要準備預金総額を満たさなければ，民間銀行は日本銀行の買いオペレーションに応じて資金を調達するより他に手段がない。

上のような場合には，日本銀行が公開市場操作（オペレーション）を通じてどのように民間銀行に対して準備預金を供給するのかは，コール市場で成立するオーバーナイト物金利の決定に対して大きな影響を与える。たとえば，コール市場で多くの民間銀行が高い金利を支払っても資金を調達できない状況において，日本銀行が買いオペレーションで民間銀行に潤沢な準備預金を供給すると，資金逼迫の度合が緩和されて，コール市場の金利は低下する。

## 5-2 短期の理論——金利と貨幣供給

**設定金利と均衡金利**

第5-1項の議論で見てきたように準備預金制度のもとでは，中央銀行はコール市場金利をかなりの程度自由に誘導することができる。日本の場合であれば，コール市場の金利設定に対する日本銀行の裁量的な影響力はきわめて大きく，ほぼ任意の水準にオーバーナイト物金利を設定することが可能である。第5-1項で用いた分析的なフレームワークは，銀行間貸借市場（コール市場）の短期金利を操作目標として用いることに重要な理論的根拠を与えると同時に，中央銀行の金融調節の技術的な側面を支えている。

第5-1項の議論では，民間セクターの預金・現金ポジション（貨幣需要）に変化がなく，物価水準が一定であることを想定している。こうした前提は，積み期間1カ月の間を考えると十分な妥当性を持っている。しかし，積み期間1カ月を超えたタイム・スパン，たとえば，四半期から半年程度の時間の長さを考えると，金融調節によって供給された準備預金はより広範な貨幣市場（現金や要求払預金）の需給環境に影響を与える。もちろん，準備預金の供給増が信用乗数分だけマネーサプライを引き上げるという機械的な関係が成立しないことは第4-6項で述べたとおりである。しかし，準備預金の増加がある程度，貨

幣供給の増加をもたらし，貨幣供給量の増加に応じて，名目金利，貨幣需要，物価水準がその影響を受けて，新たな均衡が生まれる。

こうして見てくると，中央銀行が誘導目標として設定したオーバーナイト物金利は，もう少し長い期間を通じて貨幣市場の需給調整によってもたらされる名目短期金利との整合性が問われることになる。逆に言うと，完全に裁量性が与えられている中央銀行といえども，市場で形成される均衡金利からのしばりを受けていることになる。

視点を変えて上の議論を考えてみると，中央銀行がオーバーナイト物金利に対して裁量的な影響力を持っているという前項の議論自体は，「中央銀行がどの水準に金利を設定するべきか」という点について何らの示唆も与えてくれないのである。実際の金融政策の現場では，第Ⅱ部第8章で議論した中央銀行の金利設定ルール（テイラー・ルール）が，貨幣市場で成立する均衡金利と中央銀行が設定する誘導目標金利の間を取り持っている。

本項では，1年未満という短期において，貨幣市場の需給調整を通じて均衡金利がどのように決まってくるのかを明らかにする。

**貨幣供給なのか，金利なのか？**

中央銀行の操作目標をコール市場金利にすべきなのか，貨幣供給にすべきなのかについては，長く論争が繰り広げられてきた。前項で見てきたように，準備預金制度のもとでの金融調節を前提とするかぎりは，中央銀行にとって二者を選択する余地はまったくなく，必然的に銀行間市場の翌日物金利（日本であれば，コール市場のオーバーナイト物金利）が操作目標となる。

一方，本項で見ていくように，貨幣の対象を準備預金から現金や要求払預金にまで拡大して，物価水準に変化がない短期においては，政策操作目標を金利にするか，貨幣供給にするのかは，同じコインの表と裏の関係にある。本項でのモデルでは，貨幣供給の拡大が短期金利の低下をもたらすので，貨幣供給の拡大と短期金利の引き下げは同値関係となるからである。

標準的なマクロ経済学や金融論では，名目貨幣供給の増加で名目短期金利が引き下がる現象を流動性効果（liquidity effect）と呼んでいる。流動性効果が存在するかぎりは，操作目標として短期金利か貨幣供給かのいずれかを選択するという問題は，重要でなくなってしまう。逆に言うと，流動性効果が弱まる，あるいは消えてしまうような状況では，中央銀行が短期金利を操作することと貨幣供給を操作することは，同じ操作とは言えなくなる。第5-3項では，物価水準ももはや固定されていない長期においては，中央銀行の政策操作変数は貨幣供給量として，名目金利や物価水準の決定は市場メカニズムで決定されるケースを取り扱っていく。

**名目価格硬直性と流動性効果**

流動性効果を生み出すもっとも典型的な要因としては，物価水準の固定，すなわち名目価格硬直性（nominal rigidity）をあげることができる。以下では，名目価格硬直性のもとで流動性効果が生み出されるメカニズムを考えていく。

まず，中心的な役割を果たす2つの理論的な関係について述べていきたい。第1の関係は，実質貨幣需要関数である。ここでは，要求払預金と現金の合計（M1に相当）を貨幣

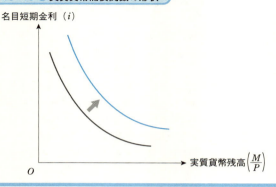

図15-16 ● 実質貨幣需要関数の形状

とし，その名目貨幣残高を $M$ とする。物価水準を $P$ とすると，実質貨幣残高は $M/P$ と表すことができる。名目価格が硬直的であれば，$P$ の水準は変化しない。

第Ⅱ部第6章で議論したように，家計や企業の実質貨幣残高への需要は，名目短期金利 $i$ とマクロ経済の実質産出量 $y$（実質 GDP の自然対数値）に依存している。前者については，名目短期金利の水準が貨幣保有の機会コスト（貨幣を保有することによって運用金利を放棄せざるをえないコスト）に相当することから，$i$ が上昇するほど実質貨幣需要は低下する。後者については，実質産出量が取引需要の代理変数となっていることから，$y$ が高まるほど実質貨幣需要は増加する。

以上の実質貨幣需要，名目金利，実質産出量の相互関係は，

$$\frac{M}{P} = m(i, y) \tag{15-10}$$

と表すことができる。

図15-16が示すように，縦軸に名目短期金利，横軸に実質貨幣残高をとると実質貨幣需要関数は右下がりになる。また実質産出量が増加すると，取引需要が高まって需要関数は右方にシフトする。

第2の関係は，フィッシャー方程式である。第Ⅱ部第6章で学んだように，フィッシャー方程式は，実質金利とともに，当該運用期間に対応する期待インフレ率が現在の名目金利に反映するという関係を示している。すなわち，

名目金利 ＝ 実質金利＋期待インフレ率

が成立することを想定する。

金融調節による準備預金増加が名目短期金利低下をもたらすメカニズムを見ていこう。ある程度の信用創造メカニズムを通じて準備預金の増加が名目貨幣供給の増加をもたらすと，名目価格硬直性のもとでは実質貨幣供給が増大する。したがって，貨幣市場では，実

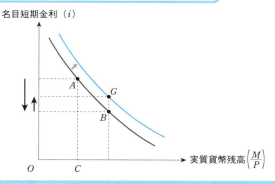

**図 15-17 ● 名目価格硬直性と実質貨幣需要関数**

質ベースで見ると超過供給が発生することになる。名目金利が低下して実質貨幣需要が回復するという仕組みを通じて，上の超過供給は解消される。図15-17では，貨幣市場の均衡が $A$ 点から $B$ 点に移動していくことに相当する。

第Ⅱ部第6章で学んだ IS-LM モデルを用いると，名目貨幣供給量の増加で名目金利が低下することの影響をさらに分析することができる。ここでは物価が一定でインフレ率がゼロなので，名目金利の低下は即座に実質金利の低下につながる。実質金利が低下すると設備投資が促進され，派生的に実質 GDP が増加する。その結果，取引需要が旺盛となり実質貨幣需要は高まる。

図15-17で言うと，実質貨幣需要関数が右方にシフトして均衡が $B$ 点から $G$ 点に移動する。そうしたシフトに伴って名目金利はふたたび上昇する。ただし，通常の IS-LM モデルの想定では，名目金利が当初の水準にまで上昇することはない。こうして見てくると，名目価格硬直性のもとでは，貨幣市場の超過供給が起因となって名目金利が低下するとともに，設備投資需要が喚起される。このように流動性効果をもたらすチャンネルは，金融緩和政策で期待されている効果でもある。

しかし，名目価格硬直性のもとで得られた流動性効果は，物価水準が上昇するとともに弱まっていく。物価上昇によって実質貨幣残高がふたたび当初水準 $C$（図15-17）に戻った時点で流動性効果は完全に消失してしまい，当然ながら名目金利低下も解消される。以上の議論からわかるように，上述の流動性効果は，金融政策効果が物価に波及する過渡的な段階で生まれていると解釈することができる。

## 5-3 長期の理論——貨幣供給と物価の関係

**長期の実質貨幣需要**　第5-2項で見てきたように，流動性効果によって実質金利が低下するかぎりにおいて「貨幣供給を増加させること」

第15章　金融市場と貨幣市場

と「名目金利を低下させること」は，一方が他方を含意する関係にあると言える。通常は，過渡的な性質を持つ流動性効果はほぼ半年から1年ほどしか持続しないと言われている。いずれにしても，流動性効果が持続する期間内で名目金利を制御して金融緩和政策を実施することには何らかの支障が生じるわけではない。

しかし，流動性効果が持続する期間を超えて低金利政策を継続させる場合には，どのようなことが起きるのであろうか。流動性効果が持続する期間を超えて低い名目金利が継続すると，低い名目金利の背後で実質金利が低下するという形でフィッシャー方程式が成立することはもはや不可能となる。すなわち，流動性効果による実質金利の低下を通じて，低い名目金利がフィッシャー方程式と整合性を保つことはできなくなってしまう。すると，実質金利の調整というルート以外で低い名目金利が維持されなければならない。

そこで，物価水準が変化する長期において，貨幣市場で成立する名目金利，物価水準やインフレ率，名目貨幣供給の関係を考えてみたい。

まず，長期でも，フィッシャー方程式が依然として成立すると仮定する。前述のように，フィッシャー方程式のもとでは，名目金利 ($i$) は，長期的な均衡実質金利 ($r$) と期待インフレ率 ($\pi^e$) の和に等しい。期待インフレ率が実際のインフレ率に追認されるような合理的期待均衡を考えると，期待インフレ率は実際のインフレ率 ($\pi$) に置き換えることができる。したがって，

$$i = r + \pi \qquad (15\text{-}11)$$

が成立する。

また，長期的に達成される均衡産出量（潜在GDP）を $\bar{y}$ とする。(15-10) 式の実質貨幣需要関数は，次のように書き換えることができる。

$$\frac{M}{P} = m(r+\pi, \bar{y})$$

図15-18は，長期の実質貨幣需要関数を記述したものである。以下では，長期的な均衡はこの実質貨幣需要関数上に位置すると想定しよう。たとえば，$A$ 点はどのような長期的経済状態を示しているのであろうか。$A$ 点で名目金利を5%，均衡実質金利を2%とすると，インフレ率については3%の期待が形成され，実際のインフレ率も3%に等しくなる。実質貨幣残高が $B$ にとどまることから，名目貨幣供給もインフレ率と同様に3%で増加していく。

一方，図15-18の $C$ 点では，名目金利が均衡実質金利を下回ることから，デフレ期待が形成されているとともに，実際に物価水準が下落していく。また，名目貨幣供給も減少傾向を示す。

それでは，長期的に低い名目金利を維持する金融緩和政策の効果を考えてみよう。現在，経済が図15-19の $A$ 点の長期均衡状態にあるとする。そこで名目金利を切り下げて，切り下げた水準で固定するような金融政策を行ったとしよう。長期的な均衡は，$A$ 点から $E$ 点に移動しなければならない。

新たな均衡点 $E$ への移行過程の概略は以下のようになる。なお，以下の議論では，金

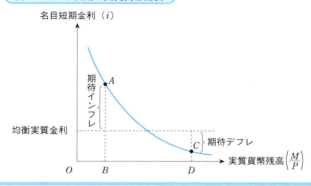

図 15-18 ● 長期の実質貨幣需要

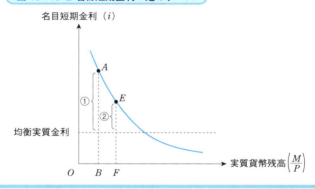

図 15-19 ● 名目短期金利一定のケース

融政策が実質金利の長期均衡に対して影響を与えないことを仮定している。

当座は実質貨幣残高が図 15-19 の $B$ から $F$ に増加しなければならないことから、名目貨幣供給水準に比して物価水準が下落しなければならない。また、長期的には期待インフレ率が図 15-19 の①から②に下方改定されることから、実際のインフレ率も低下する。

こうして見てくると、金利引き下げ政策の短期的な効果と長期的な効果はきわめて対照的であると言えよう。短期的には、低金利政策は金融緩和政策（名目貨幣供給の増大）と同様の効果を伴い、実質金利低下やそれに派生した設備投資促進の効果を持つ。こうした短期的な効果が流動性効果に裏づけられていることは、すでに議論してきたとおりである。

一方、流動性効果が消失してしまう長期では、低金利水準を持続することは、当座の物価水準にもインフレ率の傾向にも抑制的な影響を及ぼす。また、名目貨幣供給の増加率も低下する。

短期効果と長期効果が対照的であることは，金利引き上げ政策についても同様である。短期的には，金融引き締め政策（名目貨幣供給の減少）の効果と同様であるが，長期的には，名目貨幣供給の拡大傾向や高インフレ率と整合的となる。このように短期と長期で効果が対照的になるのは，流動性効果で短期的に実質金利が変化した部分が長期的に期待インフレ率の変化によって置き換えられていくからである。

**物価水準の決定メカニズム** それでは，貨幣市場の長期的な需給均衡モデルを用いながら，物価水準の決定メカニズムをより掘り下げて分析していこう。長期の貨幣市場の分析フレームワークにおいては，中央銀行の政策操作変数は名目貨幣供給量であり，名目金利は貨幣市場の需給均衡から決定される。

名目貨幣供給量 $M$ の自然対数をとったものを $m$，物価水準 $P$ の自然対数をとったものを $p$ と定義する。こうした自然対数表示を用いて（15-11）式のフィッシャー方程式を書き直してみる。$t$ 期の名目金利を $i_t$，$t$ 期の実質金利を $r_t$ とすると，フィッシャー方程式は，

$$i_t = r_t + p^e_{t+1} - p_t \tag{15-12}$$

となる。ここで $p^e_{t+1}$ は $t+1$ 期の予想物価水準を示している。本書で何度も用いてきたように（巻末の数学付録を参照のこと），$p^e_{t+1} - p_t$ は，$(P^e_{t+1} - P_t)/P_t$ を近似している。

次に，貨幣需要関数を導出していこう。（15-10）式の実質貨幣需要に対しては名目金利と実質 GDP が影響するが，実質 GDP はつねに潜在 GDP の水準にあると仮定して，実質 GDP の変化が実質貨幣需要に与える可能性はあらかじめ排除しておく。また，前述のように，金融政策は実質金利に影響しないことを仮定している。名目金利（$i_t$）の上昇で貨幣保有コストが高まるほど，実質貨幣需要 $M_t/P_t$（自然対数表示では，$m_t - p_t$）は減退していく。そのことを次のような式で表すことができる。

$$m_t - p_t = -\alpha \times i_t \tag{15-13}$$

ここで，$\alpha$ は正のパラメーターであり，実質貨幣需要の金利感応度を示している。

以下の議論を簡単にするために，実質金利 $r_t$ は時間を通じてゼロ水準で一定であると仮定する（$r_t = 0$）。1期先の物価水準が予想どおりに実現するという合理的期待形成を想定すると（$p^e_{t+1} = p_{t+1}$），（15-12）式のフィッシャー方程式と（15-13）式の実質貨幣需要関数から，次のような関係式を導出することができる。

$$m_t - p_t = -\alpha \times (p_{t+1} - p_t) \tag{15-14}$$

上の（15-14）式は，株価の割引現在価値モデルを導出したときと同じ手続きを用いると，（15-14）式と整合的な物価水準のプロセスを導くことができる。（15-14）式からは，

$$p_t = \frac{\alpha p_{t+1} + m_t}{\alpha + 1}, \quad p_{t+1} = \frac{\alpha p_{t+2} + m_{t+1}}{\alpha + 1}, \quad p_{t+2} = \frac{\alpha p_{t+3} + m_{t+2}}{\alpha + 1}$$

と次々に導出することができる。これらの式の第2式を第1式の右辺にある $p_{t+1}$ に代入し，第3式を第2式の右辺にある $p_{t+2}$ に代入するというように逐次的に代入作業をして

いくと，(15-14) 式に整合的な物価プロセス，すなわち，物価水準の合理的期待均衡は，

$$p_t = \frac{1}{\alpha+1}\sum_{\tau=0}^{\infty}\left(\frac{\alpha}{\alpha+1}\right)^{\tau} m_{t+\tau} \qquad (15\text{-}15)$$

として導き出すことができる。ただし，ここでは，(15-7) 式の株価の割引現在価値モデルにおけるファンダメンタルズに相当する部分 ($S_{E,t}=\sum_{i=1}^{\infty}\{D^e_{t+i}/(1+r)^i\}$) だけを考慮していることに注意してほしい。

> **貨幣数量説**

名目貨幣供給量の増加が物価水準の上昇をもたらす関係は，貨幣数量説 (quantity theory of money) と呼ばれている。(15-15) 式も貨幣数量説を表したものであるが，現在の物価水準が現在の名目貨幣供給ばかりでなく，将来の名目貨幣供給プロセスにも左右されることを示している。

ここでは，合理的期待形成を考慮した貨幣数量関係である (15-15) 式を掘り下げて分析してみよう。まず，中央銀行が現在から将来にかけて名目貨幣供給（自然対数表示）を $\Delta m$ 分増加させた水準で維持する金融政策を公表したとしよう。すると，等比級数（数列）の和の公式（巻末の数学付録を参照のこと）を用いれば，(15-15) 式から現在の物価水準の変化 ($\Delta p$) について次の関係を導出できる。

$$\begin{aligned}\Delta p &= \frac{1}{\alpha+1}\sum_{\tau=0}^{\infty}\left(\frac{\alpha}{\alpha+1}\right)^{\tau}\Delta m \\ &= \frac{1}{\alpha+1}\frac{1}{1-\dfrac{\alpha}{\alpha+1}}\Delta m \\ &= \Delta m\end{aligned}$$

すなわち，$\Delta p=\Delta m$ が成立して，インフレ率は名目貨幣供給の増加率に等しい。したがって，中央銀行が将来にわたって名目貨幣供給量の増加を永遠に維持することができるかぎりは，(15-15) 式にも名目貨幣供給量と物価水準との間に通常の貨幣数量説がつねに成り立つはずである。

しかし，実際問題としては，半世紀先，1世紀先の名目貨幣供給について中央銀行がコミットメントすることは不可能であろう。また，将来の名目貨幣供給計画を考慮する家計や企業のほうも，せいぜい，5年から10年先までであろう。

図 15-20（次頁）は，実質貨幣残高需要に対する金利感応度 $\alpha$ が 0.05，0.5，5，50 の4つのケースについて，(15-15) 式の右辺における将来の名目貨幣供給量に関わる係数 $\{1/(\alpha+1)\}\{\alpha/(\alpha+1)\}^{\tau}$ をプロットしたものである。金利がゼロ水準を十分に上回っている場合，$\alpha$ は 0.05 に近い。一方，金利がゼロ水準の近傍にあって，$\alpha$ が無限大の流動性の罠の場合は，$\alpha=50$ のケースに近いと言える。

それぞれのケースについて，当初5年間の名目貨幣供給量の係数の和をとってみると，$\alpha=0.05$ のケースでは，ほぼ1に等しい。したがって，中央銀行が向こう5年間の貨幣供給量を維持することにコミットすれば，貨幣数量説が成立する。

一方，流動性の罠に近い $\alpha=50$ のケースでは，当初5年間の係数の和が 0.09 である。当初10年間の係数の和をとっても，0.18 程度にとどまる。図 15-20 ではプロットしてい

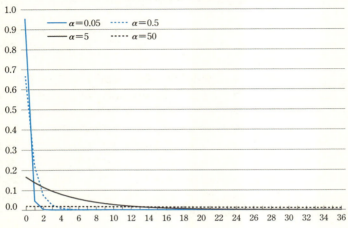

図 15-20 貨幣数量説における将来の名目貨幣供給量に関する係数

(注) 横軸は経過期間 $\tau$，縦軸は $|1/(\alpha+1)| \cdot |\alpha/(\alpha+1)|^\tau$ をそれぞれ示している。

ないが，$\alpha=500$ のケースでは，当初 5 年間の和は 0.01，当初 10 年間の和は 0.02 にすぎない。

このように見てくると，$\alpha$ が無限大となる流動性の罠に近いケースでは，現在の物価水準と向こう 10 年間かけての名目貨幣供給量との関係がきわめて弱いと言える。純粋に理論的には，$\alpha$ がいかに大きな値であっても有限であるかぎり，数世紀先の名目貨幣供給量も考慮に入れれば，貨幣数量説が成立するはずである。しかし，現実的な範囲（たとえば，せいぜい向こう 10 年間程度の名目貨幣供給量を考慮するケース）で，$\alpha$ が非常に大きなケースでは，貨幣数量説が成り立たないと考えるほうが妥当であろう。

それでは，以上のことを言葉で説明してみよう。貨幣数量説の本質的な源泉は，たとえ名目貨幣供給を増加させても，現在の物価水準がそれに比例して上昇し，実質貨幣需要がきわめて安定していることにある。かりに，現時点で名目貨幣供給が増加したことに 1 対 1 で対応して現在の物価水準が上昇したとしよう。この場合，実質貨幣供給に変化はない。もし，実質貨幣需要にも変化がなければ，貨幣市場の需給は一致する。しかし，将来予想される物価水準はそのままに，現在の物価水準が上昇すると，現在から将来に向かってインフレ率は低下することが予想される。フィッシャー方程式から，予想インフレ率の低下は，現時点の名目金利の低下を意味する。現在の名目金利が低下すると，現在の実質貨幣需要は増大してしまう。すなわち，このままでは，実質ベースで見ると，現在の貨幣市場の需給が保てなくなってしまう。したがって，現在の貨幣市場の需給を回復させるためには，将来の名目貨幣供給も拡大させることによって将来の物価水準も引き上げる必要が生じる。

こうした事情は，将来の時点に立っても同じことが言える。将来の物価水準が上昇しても，さらに先の将来の予想物価水準がいっそう上昇しなければ，将来時点でも，予想インフレ率が下がり名目金利が低下することで，実質貨幣需要が増大して需給均衡が崩れてしまう。それを避けようとすれば，将来の名目貨幣供給をさらに拡大させて，将来の物価水準も引き上げなければならない。

実質貨幣需要関数の金利感応度が高く，名目金利の低下で実質貨幣需要が増大する度合が大きいほど，将来にわたって拡大した名目貨幣供給を維持していく必要性が高まる。すなわち，現在の物価を引き上げるためには，実質貨幣需要の名目金利に対する感応度が高ければ高いほど，将来にわたって継続的に名目貨幣供給を高水準で維持しなければならない。

以上の議論から明らかなように，現在の物価水準を引き上げようと思えば，現在の名目貨幣供給を引き上げるばかりでなく，拡大した名目貨幣供給をずっと維持しなければならない。実質貨幣需要の名目金利に対する感応度が高いほど，将来にわたって名目貨幣供給を高水準で維持する必要性がいっそう高まる。

> **POINT 15-4** ● なぜ，超低金利環境において貨幣数量関係が弱まったのか？

1995年半ば以降，日本銀行がオーバーナイト物コールレートを0.5%を下回る水準で誘導し，積極的な金融緩和政策を展開してきたにもかかわらず，貨幣数量説を通じてインフレーションが加速するどころか，物価水準は，安定，あるいは若干，低下気味で推移してきた。ここでは，なぜ，超低金利環境において貨幣数量関係が弱まったのかを考えてみよう。

かりに，実質貨幣需要の実質GDPに対する弾力性が1に等しい場合，(15-14)式は，

$$m_t - p_t = y_t - \alpha \times (p_{t+1} - p_t)$$

と書き換えられる。ここで $y_t$ は実質GDP（$Y_t$）の自然対数値である。上の式は，さらに次のように書き直すことができる。

$$\ln\left(\frac{M_t}{P_t Y_t}\right) = -\alpha(p_{t+1} - p_t)$$

なお，大文字の $M_t$ や $P_t$ は，自然対数値でないことに注意してほしい。

したがって，本章の第5-3項で議論してきたことが，実質貨幣残高だけではなく，名目GDPに対する名目貨幣残高の割合（第Ⅱ部第6章でマーシャルの $k$ と呼ばれていた指標）にも妥当することになる。すなわち，$\alpha$ の値が小さく，貨幣数量説が成立するような状況においては，名目GDPと名目貨幣残高に1対1の関係が生まれて，名目GDPに対する名目貨幣残高の割合が安定する。

以下では，名目貨幣残高として，要求払預金のマネーストックであるM1を用いてみよう。すなわち，M1／名目GDPがどのように推移してきたのかを見てい

図 15-21 ● M1/名目 GDP の推移（季節調整済み系列）

（出所）日本銀行。

く。なお，M1/名目 GDP の逆数である名目 GDP/M1 は，「M1 の流通速度」と呼ばれることもある。M1/名目 GDP が高く，経済全体に貨幣が滞留していることは，名目 GDP/M1 が低く，貨幣の流通速度が低下していると解釈されているからである。

図 15-21 は，1980 年第 1 四半期から 2015 年第 2 四半期について，M1/名目 GDP の推移をプロットしたものである。2003 年 4 月以降は，ゆうちょ銀行（旧日本郵政公社）の要求払貯金も含めたものもプロットしている。

図 15-21 によると，1995 年まで，M1/名目 GDP 比率は，25％ から 30％ の水準で安定的に推移してきた。しかし，1995 年以降，一貫して上昇してきた。とくに，量的緩和政策を実施していた 2001 年 3 月から 2006 年 3 月の間には，M1/名目 GDP 比率が 80％ の水準に近づいた。ゆうちょ銀行を含めた M1/名目 GDP の推移によると，量的緩和が推進された 2008 年第 3 四半期以降は，98％（2008 年第 1 四半期）から 123％（2015 年第 2 四半期）まで上昇した。

すなわち，短期金利（コールレート）が 0.5％ を下回った 1990 年代半ば以降に M1/名目 GDP が上昇した現象は，名目金利がゼロ近傍で流動性の罠に近い状態において貨幣数量関係が壊れて実質貨幣残高が上昇する現象に対応していると解釈することができる。

ただし，若干の特殊要因も指摘しておかなければならない。政府が，2002 年 4 月より，金融危機に対応して，金利がゼロの要求払預金を預金保険で全額保護する方針を打ち出したことから，2002 年に入って定期性預金から要求払預金に大規模な資金シフトが生じた。2002 年 1 月から 4 月の間に，M2＋CD は 384 兆円から 336 兆円に 48 兆円減少したのに対して，M1 は 275 兆円から 339 兆円に 64

兆円増加した。当然，そうした資金シフトは，M1／名目 GDP を大きく引き上げることになる。

2000 年代の前半にも，経済学者やエコノミストの間では，日本銀行が将来の貨幣供給量拡大の維持に強くコミットして，貨幣市場の参加者たちが日本銀行の金融緩和政策の継続に確信を持てば，貨幣数量説が復活して，金融緩和政策によって物価が上昇すると議論されてきた。しかし，本章の第 5-3 項で議論したように，こうした主張は，理論的な可能性は決して否定できないとしても，現実的な妥当性を著しく欠いている。

このように考えてくると，本質的な政策的問題は，「なぜ，過度に積極的に貨幣を供給してまで物価を上昇させなければならないのか」がかならずしも明らかでなかったことである。後の POINT 15-5 で紹介するように，1930 年代のアメリカの大恐慌が念頭にあって，デフレーションがもたらす悪影響への懸念が根強かったことは確かである。物価下落を回避する裏返しとして，物価上昇を求める心理が働いたのかもしれない。しかし，第 7 章の第 5 節でも見てきたように，当時の日本経済の物価水準の下落は，1930 年代前半のアメリカの深刻なデフレーションと比べるとずいぶんと軽微なものであった。

本章の第 4 節でも議論してきたように，貨幣の本質的な役割は決済機能である。かりに日本銀行の貨幣供給の不足が批判されなければならないとすれば，マクロ経済においてすこぶる強い決済ニーズが生じているにもかかわらず，日本銀行の貨幣供給（中央銀行券と準備預金）が不足していた場合であろう。物価を上昇させるのに不十分であったということが，積極的な金融緩和政策の必要性の直接的な根拠となるとは考えにくい。このことについては，第 6 節，とくに POINT 15-6 でふたたび考えてみたい。

なお，図 15-21 のデータは，NLAS マクロ経済学 database において，四半期ごとにアップデートされている。

---

### ハイパーインフレーション過程

物価水準の動向については，いっそう深刻なことも起こりうる。(15-15) 式に整合的な物価プロセスには，以下のように，現在と将来の名目貨幣供給量によって裏づけられた部分（ファンダメンタルズ）とともに，$(\alpha+1)/\alpha$ ($>1$) の比率で物価が継続的に上昇していく部分が含まれるものがある。

$$p_t = \frac{1}{\alpha+1} \sum_{\tau=0}^{\infty} \left(\frac{\alpha}{\alpha+1}\right)^\tau m_{t+\tau} + \left(\frac{\alpha+1}{\alpha}\right)^t \bar{p}$$

なお，$\bar{p}$ は正の定数であり，任意の値を当てはめてかまわないが，時間を通じて一定である必要がある。

上式の右辺第 2 項は，物価が上昇し続けるという期待に現在の物価が支えられている。

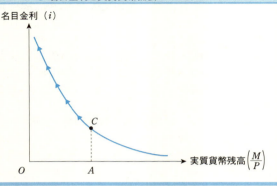

**図 15-22 ● 名目金利と実質貨幣需要――ハイパーインフレーションのケース**

この項は，株価の割引現在価値モデルでは，資産価格バブルに相当する項である。ここでの物価の継続的な上昇は，貨幣供給量の拡大でもたらされているのではなく，物価上昇期待によって先導されている。

いま，この物価上昇のプロセスの特徴を見るために，名目貨幣供給の対数値（$m_{t+\tau}$）はつねにゼロであると仮定しよう。すると，期待先導型の物価上昇で成り立つインフレ率（$p_{t+1}-p_t$）は以下のように導出できる。

$$p_{t+1}-p_t = \left[\left(\frac{\alpha+1}{\alpha}\right)-1\right]\left(\frac{\alpha+1}{\alpha}\right)^t \bar{p}$$

$$= \frac{1}{\alpha}\left(\frac{\alpha+1}{\alpha}\right)^t \bar{p}$$

上の右辺に含まれている $\{(\alpha+1)/\alpha\}^t \bar{p}$ は毎期上昇していくので，インフレ率が年ごとに加速していく**ハイパーインフレーション**（hyperinflation）が生じることになる。金利感応度（$\alpha$）が低いほど，インフレ率の加速度合が大きい。

いったん期待先導型のハイパーインフレーション過程に陥ってしまうと，インフレ率が毎期加速し，名目金利も毎期上昇していく。それとともに，実質貨幣需要が急速に縮小する。図 15-22 で示されているように，$C$ 点から出発すると，実質貨幣需要関数にそって左上方に変化していく。すなわち，物価上昇速度が名目貨幣供給増加速度を上回り，実質貨幣残高は急激に縮小していく。

## POINT 15-5 ● インフレーションとデフレーションに対する脅威

■ **インフレーションに対する脅威**　経済社会の歴史を見ると，政府支出の増大，とくに戦費拡大を新たな通貨発行によって調達しようとする行為が名目貨

幣供給の急拡大を招き，急激なインフレーション（ハイパーインフレーション）の引き金となることがしばしば経験されてきた。いったん急激なインフレーションの期待が形成されると，期待が先導してインフレ率をいっそう加速する可能性も生じた。同時に，急加速するインフレーションは，政府の実質的な購買力を奪い，資本市場取引に壊滅的な影響を与えてしまったことも厳然とした歴史的事実である。

通常，ハイパーインフレーションは，月率のインフレ率が50%を超えるような急速な物価上昇を指す。ハイパーインフレーションのもっとも著名な事例の1つは，第1次世界大戦後のドイツ経済が経験した月率1000%を超えるインフレーションである。それほどではないにしても，第2次世界大戦後の日本経済も急激なインフレーションを経験してきた。

現在の先進資本主義諸国は，急激なインフレーションの脅威にさらされているわけではない。むしろ，高度に発展した資本主義のメカニズムには，高インフレーションが引き起こされないような優れた仕組みが取り入れられている。それにもかかわらず，政府支出の調達を通貨発行に依存しようとする性向がいたるところで頭をもたげているのも確かである。

ハイパーインフレーションは，名目金利の急上昇を通じて，決済手段である貨幣を保有することに伴う機会費用の増加をもたらす。その結果，決済方法にも大きな影響を与える可能性がある。具体的には，資金決済の機会費用が高まることから，決済資金の規模をできるだけ節約するインセンティブが働く。たとえば，即時決済（取引ごとに決済する方法）から時点決済（ある期間，複数の取引をプールしたうえで相殺して決済する方法）に決済方法を切り替える，あるいは取引日と決済日の間隔を延長しようとすることが起きる。こうした動きは決済資金の節約につながるが，一方で決済リスクを高めていくことになってしまう。

1920年代にハイパーインフレーションが進行したドイツでは，企業間の資金決済を回避するために企業を合弁する動きさえ生まれた。多くの企業は，企業間決済を企業内の帳簿上の振替に切り替えようとしたのである。企業合弁が生産技術からの要請ではなく，決済資金節約によって動機づけられていたことは，決済資金保有コスト（名目金利）の上昇が経済取引のあり方に大きな影響をもたらすことを物語っている。

さらに，インフレ率が高いばかりか，その変動が大きくなると，元本やクーポンが名目額で確定している社債や国債などの債券は，インフレーション・リスクを抱えてしまうことになる。その結果，投資家は債券を保有しようとしなくなる。こうした投資家の行動は，政府の資金調達をいっそう困難にしてしまう。また，企業の資金調達が社債ではなく株式に過度に依存するようになると，確実な利払いを求める社債保有者が企業経営に対して健全な規律を与えるというチャンネルも失われてしまう。

### ■ デフレーションに対する脅威

各国の政府や中央銀行は，物価水準が継

続的に低下していく現象であるデフレーション（deflation）に対しても脅威を抱いている。こうしたデフレーションに対する脅威は，1930年代前半にアメリカで進行したデフレーションが壊滅的な影響をアメリカ経済に与えたことに起因している。

当時，アメリカは金本位制（gold standard）を採用しており，通貨・預金発行は金保有によって裏づけられている必要があった。連邦準備制度は貨幣供給量が金保有量によって縛られ，思うように貨幣供給量を拡大させることができなかった。その結果，1929年から33年まで貨幣供給量減少とともに物価水準が継続的に低下していった。第7章の第5節で紹介したように，アメリカ労働統計局によると，消費者物価指数（総合）は，1929年10月から33年4月までの3年7カ月の間に27.4％下落した。年率換算すると，8.7％という高いデフレ率であった。

こうした3年間にわたる物価水準の低下はアメリカ経済に破壊的な影響をもたらした。デフレーションの進行で既存の貸借契約の債務者にとっては実質的な返済負担が高まり，企業を中心に債務不履行が多発した。企業の債務不履行は銀行ローンの不良債権化につながり，多くの銀行が経営破綻に陥っていく。銀行ネットワークにダメージを受けたアメリカ経済は，健全な金融仲介機能を失ってしまった。

また，名目金利はゼロを下限とするので（通貨が流通するもとでは名目金利がゼロの時点で債券を保有するインセンティブがなくなってしまう），デフレ傾向を名目金利に織り込むことには限界があった。その結果，実質金利（名目金利に期待デフレ分を加えたもの）が高まり，企業にとっては新規資金調達の実質的なコストが上昇した。このことが企業の設備投資不振を招いてしまう。

アメリカは，1933年3月前半のバンキング・ホリデー（banking holiday）の後に金本位制から離脱する。それ以降，貨幣供給量は下げ止まり，物価水準も上昇に転じていく。この1930年代前半のアメリカ連邦準備制度の経験が，不況期においてデフレーション回避と銀行ネットワークの維持を重視するという政策的傾向を生み出したのである。

以上の議論からも明らかなように，極端なインフレーションやデフレーションを回避して物価成長率を安定した経路に誘導するとともに，名目金利の高騰や極端に低い状況を回避して適切な水準に設定することを目的としている金融政策は，資本市場の秩序を維持していくうえでもっとも基本的な要件なのである。

## 動学的な経済環境における金融政策のあり方

### 6-1 標準的な貨幣需要関数から離れて，ふたたび戻って

**標準的な貨幣需要関数から離れて**

$IS\text{-}LM$ モデルの $LM$ パートにおいても，長期の貨幣数量説についても，以下の実質貨幣残高に対する需要関数が基本的な役割を果たしてきた。

$$\frac{M}{P} = m(i, y) \qquad (15\text{-}10，再掲)$$

上の実質貨幣需要関数が標準的なマクロ経済モデルにおける貨幣市場の中心に据えられてきたのである。

実際の中央銀行の実務においては短期金利が政策操作変数であるが，$IS\text{-}LM$ モデルでは名目貨幣供給量が中央銀行の政策操作変数として取り扱われている。しかし，物価水準が固定されている $IS\text{-}LM$ モデルのケースでは，「金利を引き下げること」と「名目貨幣供給量を拡大させること」は同じコインの表裏の関係にあるので，金融政策の実際と理論的な取り扱いの食い違いが深刻であるわけではない。

また，(15-10) 式から長期関係として導出される貨幣数量説も，現実の貨幣供給量と物価水準の関係をうまく説明している。POINT 15-4 でも議論したように，1990 年代半ば以降の日本経済では貨幣数量関係が弱まったように見えるが，(15-10) 式から導出される物価水準の合理的期待均衡に沿って適切に説明することが可能である。

しかし，先端的なマクロ経済学においては，(15-10) 式で表される貨幣需要関数の理論的基礎が脆弱であることがつねに指摘されてきた。通常であれば，(15-10) 式は，2つの貨幣経済理論のいずれかによって正当化される。第1に，マネー・イン・ユーティリティ (money in utility，MIU と略される) と呼ばれているモデルで，家計が貨幣（実質で計った残高）を保有すると，家計の効用が上昇するというものである。第2に，キャッシュ・イン・アドバンス制約 (cash-in-advance constraint，CIA と略される) を考慮するもので，経済主体（消費者や企業）は，消費財や投資財の取引にあらかじめキャッシュ（現金）を準備しなければならないと仮定している。

MIU にしても，CIA にしても，その背後では，貨幣の決済機能を暗黙のうちに想定している。MIU であれば，貨幣が決済に役に立つからこそ貨幣保有が家計の効用を改善するし，CIA であれば，経済取引が貨幣を媒介にしていることが想定されている。しかし，これらの理論は，貨幣の決済機能を正面切って分析しているわけではない。MIU や CIA では，中央銀行が供給する中央銀行券や準備預金と，要求払預金を通じて行われる民間決済システムとが補完的である決済システムは，うまく取り扱われていないのである。それにもかかわらず，(15-10) 式の実質貨幣需要関数に現れる貨幣供給量に中央銀行が発行する準備預金や銀行券ばかりでなく，民間銀行の要求払預金も含めて解釈するのは，理論的

に厳密に考えると，いささか問題があるのかもしれない。

**標準的な貨幣需要関数を棚上げとするいくつかの流れ**

以上のような事態を踏まえて，マクロ経済学では，(15-10)式の貨幣需要関数をいったん棚上げにして，経済モデルを組み立て直す動きが出てきた。その流れには，主として3つの考え方があるが，どの潮流にも共通していることは，経済理論が対象とする政策課題（経済安定化，決済システムの安定化，通貨発行収入の確保，デフレスパイラルの回避）が明確にされているところである。

第1に，ニューケインジアン（New Keynesian）と呼ばれている新しいケインズ経済学が試みていることであるが，経済安定化政策，あるいは，景気安定化政策を想定している理論である。本書では，第Ⅱ部第8章でこの考え方を詳しく扱ったので，ここでは簡単に述べておきたい。ニューケインジアンのマクロ経済モデルでは，貨幣需要関数を完全に葬り去り，名目貨幣供給量はいっさい表に出てこない。一方，ニューケインジアン・モデルでは，中央銀行の政策操作変数が名目短期金利であることを明示的にしている。そこでの中心的な課題は，景気をコントロールするために，中央銀行がどのように短期金利を誘導するべきかである。具体的には，景気が悪化して（実際のGDPが潜在GDPを下回って），インフレ率が低下すると，中央銀行は，短期金利の引き下げによって実質金利を低下させて景気を刺激する。逆に，景気が過熱して（実際のGDPが潜在GDPを上回って），インフレ率が加速すると，中央銀行は，短期金利の引き上げによって実質金利を上昇させて景気を抑制する。

第2に，第6-2項で議論していくように，他のマクロ経済のパーツから，中央銀行のオペレーション（公開市場操作）や中央銀行貸出を特別に取り出してきて，決済システム自体に焦点を当てる分析手法である。本章の第5-1項で議論してきたように，民間銀行間の貸借が円滑に行われている経済環境では，中央銀行がどのように準備預金を供給するのかは，貨幣市場の需給や民間決済システムの運行にまったく影響を与えない。しかし，深刻な金融危機が進行すると，中央銀行がどのような公開市場操作を展開していくのかが，民間決済システムに重大な影響を与える。

第3に，第6-3項で議論していくように，中央銀行券の発行を財政資金調達手段として捉えていくモデルである。歴史的なことばかりでなく，大規模な経済政策の発動で政府が財政難に陥っている現在においても，通貨発行収入（seigniorage，シニョリッジ）が政府の重要な資金調達手段として関心が当てられている。とくに，第6-3項では，多くの資本主義国で中央銀行が長期国債を積極的に買い入れている事態を経済学的に考察してみたい。ただし，厳密に言うと，第6-3項の経済学的な考察では，実質貨幣需要の議論が必要になってくる。

**デフレスパイラルに対する観念的な懸念からの政策発想**

デフレスパイラルに対する，観念的と言ってもよい懸念が1990年代末から日本のマクロ経済政策の発想を支配してきた点も，金融政策をめぐる理論的な議論や考察をより複雑なものにしてきた。

第Ⅱ部第7章第5節で議論してきたように，本来，デフレスパイラルは，総需要が慢性

的に潜在産出量を下回り，物価水準が短期間に著しく下落する現象である。そうした意味でのデフレスパイラルは，日本経済が1990年代末から経験してきた長い期間にわたるきわめてマイルドなデフレーションと大きく異なっていた。

それにもかかわらず，日本のマクロ経済政策においては，「デフレスパイラルを回避する」という目的が最優先の政策課題の1つとして位置づけられてきた。本章の第5-3項で詳しく見てきたように，流動性の罠に近い状況でも貨幣数量説が成り立つという主張は理論的可能性としてけっして否定できないとしても，現実的な妥当性を著しく欠いている。それにもかかわらず，貨幣数量関係に依拠して大量の貨幣供給で物価を引き上げようとする金融緩和政策が実施されてきた。そうした積極的な金融政策が正当化されたのも，「デフレスパイラルを回避する」という大義名分があったからなのかもしれない。

ただし，第7章第5節で議論した理論的メカニズムでデフレスパイラルが生じているとすると，流動性の罠に陥った状況で名目貨幣供給量を拡大させる金融緩和政策は有効とは言えない。むしろ，積極的な財政政策によって $IS$ 曲線を右方にシフトさせることによって，慢性的な総需要不足を解消する政策のほうが効果的である。こうした文脈では，積極的な財政政策の資金調達手段として，積極的な金融政策が注目されるようになった。事実，本章第6-3項（とくに，POINT 15-8）でも議論するように，日本銀行が通貨発行収入によって長期国債の買入資金を捻出することに政策的な関心が当てられた。

もう1つの総需要を促進させる方法としては，第6-4項で議論していくように，低金利政策に長くコミットすることで自国通貨（円通貨）を減価させて輸出を促進することも政策的に検討された。すなわち，金融政策が為替政策として位置づけられるようになったわけである。

さらに異例な政策手法としては，第6-5項で言及していくように，中央銀行が名目金利をマイナス水準に誘導して設備投資を中心に総需要を促進する方法も政策的に検討されるようになった。

**ふたたび標準的な貨幣需要関数に戻って**

本章の最後の項（第6-6項）では，中央銀行が発行する通貨と準備預金（狭義の貨幣）に対する実質需要を取り扱っている（15-10）式を解釈し直して，その貨幣需要関数のもとで金融政策のあり方を考え直してみたい。

（15-10）式の貨幣需要関数を想定した経済環境における最適金融政策は，**フリードマン・ルール**（Friedman rule）と呼ばれている。フリードマン・ルールは，長期的に名目金利をゼロ水準に維持するというものである。ゼロ金利状態が最適な理由は，名目金利がゼロ水準になれば，貨幣の保有費用がゼロとなるので，決済サービスを利用するコストも事実上ゼロとなるからである。

一見すると，金融緩和をして金利をできるだけゼロ水準に引き下げることは，フリードマン・ルールを実現する政策手続きのように受け取られるかもしれない。しかし，フリードマン・ルールが意図することは，まったく逆の政策操作である。

フィッシャー方程式が示すように，長期的にゼロ水準の名目金利を実現するためには，正の実質金利を相殺するように，物価水準が持続的に低下することが期待されなければな

第15章　金融市場と貨幣市場　　533

らない.換言すると,実質金利の水準に見合ったデフレーション期待が形成されなければならない.そのために中央銀行は,金融緩和とは逆に金融引き締めを行って,名目貨幣供給量を年々縮小していく必要が生じる.言い換えると,中央銀行は,自らが発行する銀行券や準備預金に実質ベースで金利を付していることになる.

いずれにしても,フリードマン・ルールのもとでは,インフレのもとで生まれる通貨発行収入を放棄しなければならなくなる.

名目金利をできるだけ引き下げると言っても,フリードマン・ルールが示すように長期的に必要とされる金融引き締め政策と,経済安定化や決済システム安定化のために短期的に必要とされる金融緩和政策では,あまりに対照的である.そのために,フリードマン・ルールは実際の金融政策で考慮されることがまったくなかった.

フリードマン・ルールの意図するところは,経済取引が円滑になされているかぎりは,デフレーション下で実質貨幣残高をできるだけ拡大して貨幣の希少性を解消することが経済厚生上望ましいという点である.一方,フリードマン・ルールが前提としている経済や決済システムの安定を実現するためには,市場に対して十分な貨幣供給を行うことが必要とされる局面もある.あるいは,財政資金の調達のために,名目貨幣供給残高の拡大が要請されることもある.本節の最後では,片や金融引き締めを,片や金融緩和を,というように相反する政策枠組みに共通の政策コストが目に見えない形で隠されていることを指摘していく.

なお,本節で取り扱っているトピックスは,以下のようにまとめることができる.

| 政策課題 | 取り扱っている箇所 | 対象とする貨幣 | 政策手段 |
| --- | --- | --- | --- |
| 景気の安定化 | 第Ⅱ部第8章 | 貨幣はモデルにいっさい現れない! | 金利設定ルール |
| 決済システムの安定化 | 第6-2項 | 準備預金 | 公開市場操作(オペレーション) |
| 通貨発行収入の確保 | 第6-3項 | 主として現金通貨(中央銀行券) | 長期国債の買い切り |
| 為替政策としての低金利政策 | 第6-4項 |  | 政策金利(短期金利)を低水準にする政策の長期的な継続 |
| 政策金利のマイナス化 | 第6-5項 |  | 政策金利(短期金利)のマイナス水準への誘導 |
| 貨幣保有コストの節約 | 第6-6項 | 要求払預金と現金通貨(ただし,厳密には現金通貨と準備預金) | フリードマン・ルール(名目貨幣供給量の継続的な縮小) |

## 6-2　金融危機における中央銀行のオペレーション

**金融危機における民間銀行の担保不足**

金融危機（financial crisis）や流動性危機（liquidity crisis）と呼ばれている経済現象は，決済システムを担っている民間銀行自体が資金調達難に陥り，決済に必要な資金を準備できなくなって，システミック・リスクが顕在化する事態を指している。とくに，本来信用力が高いはずの民間銀行の間であっても貸借が滞ってしまい，資金繰りに窮する民間銀行が出てくると，金融危機は一挙に進行する。

金融危機の引き金としては，複数の民間銀行において融資先の企業が破綻し，貸出資金が焦げつく事態が考えられる。あるいは，投資ファンドやヘッジ・ファンド，年金基金，投資銀行などの金融機関，時には，民間銀行自体が資金運用に失敗して巨額の損失が生じることが，金融危機の契機となる場合もある。

たとえば，日本において，1980年代末に株価が暴落し90年代初頭に地価が急落したことで，多くの事業会社が破綻し，さまざまな金融機関の運用に巨額の損失が生じた。1990年代を通じて，そうした影響が累積されて，97年，98年に多くの民間銀行が資金繰りに窮するという，日本経済では戦後初めての金融危機が勃発した。

いわゆるサブプライムローン問題と呼ばれているアメリカの金融危機は，2006年から2007年にかけての地価の下落によって，低所得者向けの住宅ローンであるサブプライムローン（subprime loan，優良借り手向けのローンがプライムローンと呼ばれているのに対して，信用力が低い借り手向けのローンはサブプライムローンと呼ばれている）が2007年夏ごろより焦げつき始めたことが契機となった。欧米の金融機関や投資家は，サブプライムローンを組み込んだ金融商品に巨額の資金を投資していたことから，膨大な運用損失を被った。2008年秋には，アメリカの大手投資銀行（証券会社）が相次いで破綻したことが，金融危機に拍車をかけた。

それでは，金融危機で民間銀行は具体的にどのような問題に直面するのであろうか。前述のように，正常時のコール市場であれば，担保を求めることなく，銀行の信用で貸借が行われている。しかし，金融危機において銀行の信用力が著しく低下すると，貸し手の銀行は借り手の銀行に対して担保として金融資産の提供を求める。有担保の貸借では，もっとも信用力に優れ，流動性の高い国債や国庫短期証券が担保資産として用いられる。一方，国債や国庫短期証券に比べて信用力や流動性の劣る社債や銀行ローンは，金融危機時における民間銀行間の貸借では担保資産としてまったく受け入れられない。

ここで重要なことは，借り手である民間銀行が金利を高く支払おうとしても，優良な担保資産がないと，資金を調達することができないことである。良質な担保が不足しているという事態が解消しないかぎり，民間銀行は資金調達力を改善することができない。

金融危機においては，信用力の低い社債や銀行ローンは，買い手を見つけるのが難しく，たとえ売却先が見つかっても，大きく割り引いて売らざるをえない。資産売却も，資金を捻出する手段として有効ではない。その結果，金融危機において民間銀行は，あらかじめ手元にあった国債の保有残高の範囲でしか資金を調達できなくなってしまう。要するに，

金融危機で民間銀行が直面するもっとも深刻な問題は，資金調達に際しての良質の担保が不足することである。

金融危機の状況が悪化して短期金融市場に貸し倒れリスクに対する懸念が広まると，資金の貸し手がまったくいなくなってしまう事態にまで発展することもある。このような場合に民間銀行は，たとえ優良な金融資産を担保として提供しても資金を調達することができなくなってしまう。

**中央銀行の担保不足解消策** 金融危機時において民間銀行が直面する上述の問題を考慮すれば，平常時の公開市場操作で，中央銀行が民間銀行の保有する国債や国庫短期証券を買うオペレーションによって準備預金を供給し，短期金利を低めに誘導しても，問題を本質的に解決できないのは明らかであろう。民間銀行は，銀行間市場でも，国債を保有していれば，それを担保に資金を調達することができるので，中央銀行による国債の買いオペレーションが民間銀行の資金調達力を追加的に向上させるわけではない。

また，借り手である民間銀行がたとえ高い金利を支払う準備があっても，良質の担保がないと，資金を借り入れることができないので，中央銀行が短期金利を低めに誘導しても，民間銀行が資金を円滑に調達できるようになるわけではない。要するに，深刻な金融危機の状況では，中央銀行が通常の買いオペレーションで国債を買い入れ，資金を供給し，金利を低めに誘導しても，民間銀行が直面している「良質な担保資産の不足」を解消することができない。

金融危機時において中央銀行が最優先でやるべきことは，民間銀行の担保不足をできるだけ解消することであろう。具体的には，中央銀行は，①民間銀行へ良質な担保資産を供与するか，あるいは，②良質な担保資産の供与と同じ効果を持つオペレーションを展開するかである。また，これらの政策操作において中央銀行が取引の一方の当事者に立つことによって，市場における取引相手の信用力に対する不安（カウンター・パーティー・リスクと呼ばれている，counter party risk）を緩和できる効果も生まれる。

以下で詳しく見ていくように，①も②も，理論的に見ると政策効果は同じである。しか

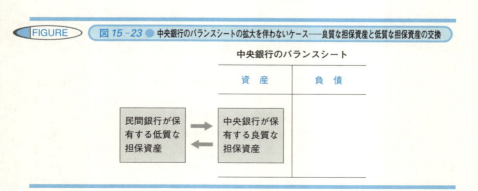

図 15-23 ● 中央銀行のバランスシートの拡大を伴わないケース——良質な担保資産と低質な担保資産の交換

し，実際的な見地からすると，①は中央銀行のバランスシートの拡大を伴わないが，②は中央銀行のバランスシートの拡大を伴うという点で大きく異なっている。こうした違いのために，②の実施にあたっては，準備預金に対して利息を付するという措置が必要になってくるのである。

まず，①の方法を見ていこう。図15-23に示しているように，①の担保資産供与は，単純化してしまうと，民間銀行が保有している「低質な担保資産」（社債や銀行ローン）と，中央銀行が保有している良質な担保資産（国債や国庫短期証券）を交換する仕組みである。

具体的なオペレーションとしては，アメリカの連邦準備制度（以下，連銀と略，Federal Reserve System）が2008年3月から実施しているターム物国債貸出制度（Term Securities Lending Facility，TSLFと略される）がある。TSLFでは，連銀が民間銀行に対して，適格と認めた範囲の債券を担保に国庫短期証券を貸し出した。ただし，TSLFについては，当時，連銀が通常の買いオペレーションで積極的な資金供給を行っていて，それが限度に達した結果，従来的な資金供給手段の限界を補完するという側面もあった。

日本銀行が1997年，98年に実施した両建てオペレーション（dual operations）も，①の方法に属する。両建てオペレーションでは，日本銀行は，民間銀行が振り出した手形（相対的に低質な資産）について買いオペレーションを行うと同時に，日本銀行が振り出した手形（日本銀行の債務に相当し，相対的に良質な資産）について売りオペレーションを行った。こうした買いオペレーションと売りオペレーションを合わせてみれば，中央銀行と民間銀行との間で低質な担保資産と良質な担保資産を交換していたことになる。

また，日本銀行は，民間銀行が日本銀行に対してあらかじめ差し出しているさまざまな担保資産のプール（担保プール）について，決められた範囲内で担保資産の差し替えを認めている。民間銀行は，良質な担保資産の不足に直面すると，日本銀行にある担保プールに低質の担保資産を差し入れる代わりに良質の担保資産を引き出して，資金調達の際の担保に用いることができる。

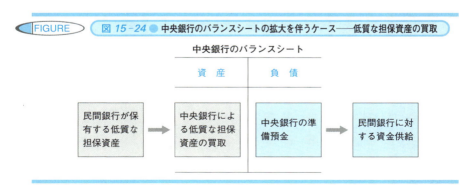

図15-24 ● 中央銀行のバランスシートの拡大を伴うケース──低質な担保資産の買取

**金融危機における準備預金付利の重要性**

①の方法では，中央銀行の資産サイドの内容が良質な担保資産から低質な担保資産に置き換わるだけなので，中央銀行のバランスシートが拡大するわけではない。

しかし，①の手法では，中央銀行が供与できる担保資産の規模が手持ち国庫短期証券の規模に限定されてしまう。たとえば，連銀は，2007年7月以降の積極的な担保資産供与の結果，手持ちの国債残高が7600億ドルから1580億ドル（2008年9月末）にまで急速に落ち込んでいる。

上述の①の方法の限界を補うのが，②の方法である。図15-24が示すように，②の方法は，中央銀行が自ら資金を調達して，その資金で民間銀行から「低質な担保資産」を買い入れるオペレーションである。たとえば，金融危機時において中央銀行が，格付けの低い担保資産も対象として買い切りオペレーションを展開するようなケースである。こうしたオペレーションでは，民間銀行が「低質な担保資産」を担保に中央銀行から資金を調達することができる。②の方法では，①の方法と対照的に中央銀行のバランスシート（資産・負債の両方）が拡大する。

②の方法は，担保資産供与の規模が手持ち国債の規模に制約されない一方，中央銀行が自ら資金を調達しなければならない。言うまでもなく，中央銀行にとっての資金調達手段は，銀行券と準備預金の発行である。しかし，いずれの資金調達手段も，金利が付されていないことから，資金調達規模には限度がある。すなわち，銀行券については市場で必要とされる範囲に，準備預金については民間銀行が法で求められる所要準備額の上限にそれぞれ資金調達規模が限られている。

標準的な準備預金制度のもとでこうした制約を回避しようとすれば，短期金利をゼロ水準にまで誘導するしかない。短期金利がいったんゼロになれば，資金供給者から見て銀行券を保有するのも，準備預金に預けるのも，短期金融市場で運用するのも，まったく変わりがなくなるからである。その結果，ゼロ金利環境であれば，中央銀行は準備預金残高を柔軟に拡大することができる。1999年以降，日本銀行がゼロ金利政策を実施した本質的な理由も，大規模な流動性供給のために日本銀行のバランスシートを拡大する必要があったからである。

しかし，中央銀行が準備預金に金利を付すことができれば，ゼロ金利環境でなくても，中央銀行は必要に応じて市場から資金を調達することができる。金融危機において，①の方法だけでは良質な担保資産が市場で不足する場合には，②の方法によって準備預金付利で資金を積極的に調達して，①の方法と同じ政策効果を得ることができる。

準備預金付利については，他にも政策上の重要なメリットがある。準備預金付利が可能となれば，物価や景気の制御を主眼とした金利政策と，金融市場の担保不足に対応した流動性供与を完全に切り分けることができる。たとえば，②の方法で流動性を供与する場合であっても，短期金利をゼロに誘導する必要がなくなる。その意味で日本銀行の展開したゼロ金利政策は，積極的な流動性供与のために金利政策を犠牲にしてきた側面は否めない。この点については，POINT 15-6 でも議論している。

本章の第4節で議論してきたように，かつてアメリカや日本では，民間銀行には預金残

高に応じて準備預金への預け入れが義務づけられている一方，準備預金には金利がいっさい付されなかった。

しかし，連邦準備制度（連銀）が準備預金に付利することが2011年より可能となっていたアメリカでは，2007年夏以降のサブプライムローン問題に起因する流動性危機の進行で，連銀は議会に対して準備預金付利の前倒しを強く求めてきた。2008年10月に下院で可決された緊急経済安定化法では準備預金付利も可能となり，連銀はただちに具体的なスキームを実施している。

日本でも，同じく2008年10月に日本銀行が準備預金付利の導入を決定している。日本の法制では，準備預金付利自体が禁じられているわけではないので，日本銀行の意思決定で準備預金付利が可能となった。なお，日本銀行の準備預金付利制度（正式には，補完当座預金制度と呼ばれている）では，所要準備預金残高を超える超過準備に対して金利が付されている。

### 準備預金付利の今後

最後に，準備預金付利の今後のあり方について考えてみたい。もっとも重要な点は，危機への機動的な対応と平常時の運営をきっちりと区別していくことであろう。

中央銀行がつねにバランスシートの拡大を求められるわけではない。平常時では，準備預金規模が所要準備の範囲で，無利息で運営されているほうがメリットも大きい。民間銀行が準備預金への預け入れを強制されるのも，あらゆる民間決済システムの根幹にある準備預金制度に十分な資金が預け入れられていることこそが，決済システムの安定性を担保するからである。その意味では，準備預金に利息が付されないのも，頑健な決済システムから多大な恩恵を受けている民間銀行が「事実上の利用料」を支払っていると考えることができる。また，第5-1項で詳しく見てきたように，準備預金制度は，中央銀行が短期金利を誘導する場合にも，必要不可欠な役割を果たしている。

このように考えてくると，どのような状態にあっても，準備預金の所要準備部分に金利を付する合理性を見つけることは難しいのではないか。むしろ，金融危機で中央銀行のバランスシートの拡大が必要になった局面で預金残高に対して利息を付することで，平常時と危機時の連続性を保つことができる。

それでは，金融危機への対応とはまったく別の事情で中央銀行が準備預金を通じて資金調達を拡大する必要があった場合には，準備預金付利をどのように考えていけばよいであろうか。

日本銀行が2008年10月に準備預金の所要準備を超過する部分に0.1％の金利を付したことは，量的（質的）金融緩和政策を展開しやすくしたことは事実であろう。2010年に入ると無担保コールレートが0.1％を下回るようになり，2011年には0.07％前後で推移するようになった。市中銀行の立場からすれば，コール市場（銀行間貸借市場）で資金を運用するよりも，準備預金に預けるほうが有利となっていた。日本銀行の立場からすれば，準備預金を通じて市中銀行から資金を調達しやすかったことになる。事実，2013年4月から展開された量的・質的金融緩和で必要となった資産買入資金のほとんどは準備預金を通じて調達された。

しかし，短期的には，準備預金の金利をゼロに戻す，あるいは，マイナス水準に誘導する可能性もある。第6-5項でも議論するように，2014年以降，ヨーロッパの中央銀行のなかには，デフレへの対応として中央銀行の預金金利をマイナス化する動きが見られた。日本銀行も，2016年1月29日に準備預金の一部に対してマイナス金利を適用することを決定した。

日本銀行が準備預金金利をマイナス化すると，市中銀行が準備預金に預けるインセンティブがなくなってしまう。そうしたなかで中央銀行が準備預金残高を維持，さらには拡大するためには，中央銀行が市中銀行から国債などの資産を買い入れる場合に，資産額面を大きく上回る値段で市中銀行に提示（すなわち，マイナス金利を提示）しなければならなくなるであろう。こうした日本銀行の割高な資産買入の影響がコール市場や国債市場に波及すれば，コールレートや国債利回りがマイナス化した準備預金金利をさらに下回る可能性も出てくる。そうなれば，日本銀行は，依然として準備預金を通じて市中銀行から資金を調達することができるであろう。ただし，日本銀行がいくら負の金利で資金を調達できても，割高な価格で国債購入をせざるをえないことから，第6-3項で論じる通貨発行収入はほとんど生じない。

一方，長期的には，日本銀行が準備預金金利を引き上げる可能性も出てくるかもしれない。かりに，インフレ率の上昇傾向を織り込んで金融市場の名目金利が上昇するようになっても，準備預金金利が低水準のままに据え置かれれば，市中銀行は日本銀行の買いオペレーションに応じなくなって，準備預金残高を維持することができなくなるであろう。逆に，売りオペレーションによって準備預金で集めた資金を市中銀行に返済していくことさえ起きる。そうした状況においても，日本銀行が準備預金残高の維持や拡大を進めようとすれば，準備預金金利を市場金利に見合う水準にまで引き上げる必要が出てくるであろう。

以上のことは，第6-6項であらためて考察してみたい。

> **POINT** 15-6 ● 金融危機対応の金融政策とデフレスパイラル回避の金融政策の混同

ここでは，現象面では同じように見える金融危機対応の金融政策とデフレスパイラル回避の金融政策が本質的に異なることを見ていきたい。

確かに，いずれの場合にも，中央銀行は，市中銀行から積極的に資産を買い入れ，準備預金を供給する。場合によっては，準備預金に金利を付して市中銀行から調達した資金でさらに大規模に資産を市中銀行から買い入れる。その結果，中央銀行の資産サイドも，負債サイドも膨らむ。すなわち，中央銀行のバランスシートが拡大する。

しかし，そうした政策オペレーションの目的は両者で大きく異なっている。第6-2項で詳しく見てきたように，金融危機時において中央銀行が準備預金に積極的に資金を供給するのは，決済システムを根底で支える準備預金制度において資金枯渇が絶対に生じないようにするためである。たとえば，ある民間銀行で不幸にして預金取り立てが生じた場合，その銀行は準備預金から中央銀行券（紙幣）

を引き出さなければならないが，中央銀行はその銀行が保有する資産を積極的に買い取ることで，その銀行の準備預金口座に十分な資金を振り込むわけである。

また，金融危機時において中央銀行が市中銀行保有の資産を，それもかならずしも信用力が高くない資産であっても積極的に買い取るのも，良質の担保資産が不足している市中銀行が資金調達難に陥ることを未然に防ぐためである。準備預金に金利を付して中央銀行自体の資金調達能力を高めるのも，中央銀行が機動的な資産買入を展開できる環境を整えるのが目的である。

いずれにしても，金融危機対応の金融政策は，金融危機が収束すれば，中央銀行は，そうしたオペレーション自体を手仕舞いして，元のサイズのバランスシートに戻す。すなわち，非常に積極的であるが，きわめて短期的な金融政策である。

一方，デフレスパイラル回避の金融政策は，たとえば，第5-3項で詳しく見てきたように，流動性の罠に近い状況で貨幣供給拡大を通じてインフレの醸成をするためには，中央銀行は，高水準の貨幣供給をきわめて長い期間（「永遠」と表現してもよい期間）にわたって維持しなければならない。

財政拡大や輸出増大などの総需要促進を目的とした金融政策でも，中央銀行は長期的な政策コミットメントが求められる。第6-3項で議論していくように，積極的な財政資金の調達手段として金融政策が位置づけられる場合には，中央銀行は，長期にわたって長期国債を買い入れ続けなければならなくなる。一方，第6-4項で議論するように，自国通貨の減価を促す為替政策として金融政策が展開される場合には，中央銀行は，長期にわたって低金利政策を継続する必要が出てくる。

いずれにしても，デフレスパイラル回避の金融政策は，政策効果自体が中央銀行の長期的コミットメントに担保されている面があるので，たとえ政策効果が出始めたとしても，積極的な金融政策をすぐに手仕舞いするわけにはいかない。永遠の政策コミットメントが求められるような理論的（抽象的）ケースでは，政策収束に向けた手続きを考察することさえ不可能となってくる。

かりに経済政策の内実が，開始から収束までの明確に定められた期間と，その間の具体的な手続き集によって決まっているとすると，金融危機対応の金融政策は，期間も明確で手続きも具体的な点でまさに経済政策と言える。しかし，デフレスパイラル回避の金融政策は，収束に向けた時期も，手続きもあいまいである点で経済政策の内実を伴っているとは言い難い。

日本の金融政策の場合，1997年から98年の金融危機に対する金融政策に明確な区切りがないままに，ゼロ金利政策（99年2月から2000年8月，2001年3月から2006年7月）や量的緩和政策（2001年3月から2006年3月）といったデフレ対応の政策が続いた。2002年から2007年の「戦後最長の景気回復期」にあって量的緩和政策が打ち切られるときも，日本銀行に対して「早期打ち切り」と批判が相次いだ。

2008年9月のリーマン・ショックを起因とする金融危機対応の金融政策も明確な区切りがないままに，デフレ対策として2010年10月に「資産買入等の基

金」(POINT 15-8 を参照のこと) が設立され，2013 年 2 月にインフレ目標が設定された。2013 年 4 月には量的・質的金融緩和政策が導入され，2014 年 10 月にその枠組みがさらに拡大された。POINT 15-8 で詳しく見ていくが，2015 年秋の時点において，日本銀行のバランスシートは異様に肥大化して，経済政策を容易に手仕舞いできる状態ではなくなってしまった。

このように，二度にわたって金融危機対応の金融政策とデフレスパイラル回避の金融政策が連続性を持ったために，両金融政策の本質的な違いがあいまいになってしまった。結果論になってしまうが，もし 2006 年 3 月に量的緩和政策や同年 7 月にゼロ金利政策が打ち切られず，日本銀行のバランスシートが肥大化したままでリーマン・ショックによる金融危機に直面していれば，日本銀行は金融危機対応の金融政策を機動的に展開できなかったであろう。

かりに，今後，世界規模の金融危機が日本経済を襲うことになれば，異様に肥大化したバランスシートを抱えた日本銀行は，効果的な金融危機対応を展開することがきわめて困難となるであろう。

## 6-3 財政支出の調達手段としての通貨発行

**通貨発行収入とは**　中央銀行は，利息を支払うことなく通貨（中央銀行券と準備預金）の発行によって資金を調達することができる。見方を変えると，中央銀行は，無利息で資金を調達できる分だけ機会収入を得ていることになる。こうして中央銀行が手にする機会収入は，通貨発行収入（シニョリッジ，seigniorage）と呼ばれている。

「政府と中央銀行が一体である」と考えると，中央銀行が通貨発行で得た資金で政府の発行した国債を購入する場合，政府は通貨発行収入によって無利息で政府支出を間接的にまかなっていることになる。本項の最後では，政府支出が税収とともに通貨発行収入でまかなわれている場合に，中央銀行がどの程度の規模で国債（とくに，長期国債）を買い切ればよいのかという問題を考えてみたい。

その前に，「政府と中央銀行が一体である」ことについて，その制度的実態について言及しておく。中央銀行は，無利息の中央銀行券や準備預金で調達した資金で国債を購入するとする。この場合，中央銀行は，利息負担がまったくないままに国債の利払いを受け取って，保有国債からの利息収入が丸ごと収益となる。現行の中央銀行制度では，中央銀行がこうして得た収益は政府に返納することになっている。その結果，中央銀行が無利息の通貨発行で購入した国債分については，政府は事実上，利息負担なしで国債を発行していることになる。

なお，本項では，中央銀行が無利息で発行されている中央銀行券と準備預金（中銀当座預金）だけを通貨として取り扱い，利息が付された準備預金については除外して議論を進

めていく。

　本題に入る前に，通貨発行収入についてしばしば誤解されている点を指摘しておこう。名目貨幣残高 $M^s$ で無期限国債（満期が設定されていない国債）を買い入れた場合，将来にわたった名目通貨発行収入を名目金利 $i$ で割り引いた現在価値を求めてみよう。

　各期の通貨発行収入は，名目金利 $i$ の場合に $iM^s$ となる。将来にわたって生じる各期の通貨発行収入を名目金利 $i$ で割り引くと，その割引現在価値は以下のようになる。

$$\sum_{\tau=1}^{\infty} \frac{iM^s}{(1+i)^{\tau}} = \frac{1}{1+i} \frac{1}{1-\frac{1}{1+i}} iM^s = M^s$$

すなわち，通貨発行収入の割引現在価値が通貨発行高に正確に等しくなるので，通貨発行高分で国債を購入しても，通貨発行収入で完全にまかなうことができる。すなわち，政府は，中央銀行が通貨を発行できる範囲において無利息で国債を発行できることになる。

　以上の議論を別の観点から見てみよう。いま，中央銀行が無利息で $M^s$ の通貨を発行して，その分で国債を1年運用するとする。その場合，中央銀行の資産の名目金利で割り引いた現在価値は $M^s(1+i)/(1+i) = M^s$ に，その負債の現在価値は $M^s$ に等しい。すなわち，名目タームで見るかぎり，通貨発行で国債購入をすることは，資産と負債がつねにバランスしていることになる。これまでの議論に基づくかぎり，中央銀行は，任意の規模で通貨を発行し，それに見合う規模の国債を保有できることになる。

　しかし，上のような議論は本当に正しいのであろうか？

　第Ⅱ部第6章第4節，あるいは，本章第5節で詳しく議論してきたように，名目貨幣残高（$M^s$）については中央銀行に制御できる余地があったとしても，実質貨幣残高（$M^s/P$）は貨幣市場の需給調整メカニズムで決まってくる。すなわち，実質タームで考えていけば，中央銀行が通貨発行や国債買入の規模を貨幣市場の動向から独立に自由に決められるわけではないのである。以下では，実質タームで通貨発行収入を考えてみよう。

　いま，物価水準 $P$ のもとで中央銀行が $M^s$ の規模の通貨を無利息で発行したとする。名目金利は $i$，実質金利は $r$ とする。実質通貨発行額から1年先に名目金利収入を加えた元利合計を実質金利で割り引いたうえで当期の実質通貨発行額を控除すると，当期に得られる実質通貨発行収入を求めることができる。

$$\frac{1+i}{1+r}\frac{M^s}{P} - \frac{M^s}{P} \approx (i-r)\frac{M^s}{P}$$

上の近似においては，1階のテイラー展開を用いている。

　なお，本項や第6-6項では，長期的に成立する実質金利 $r$ が正値であることを仮定する。第16章の第2-4項や第2-5項が示すように，実質金利が継続的に負値となるマクロ経済環境は過剰な資本蓄積や資産価格バブルを伴って長期的に維持可能でないからである。

　フィッシャー方程式から名目金利は実質金利と期待インフレ率（$\pi^e$）の和に等しい（$i = r + \pi^e$）ので，上の実質通貨発行収入を表す式は次のように書き換えることができる。

$$\frac{M^s}{P}\pi^e \qquad (15\text{-}16)$$

第15章　金融市場と貨幣市場　　543

長期的に予想インフレ率が実際のインフレ率にほぼ等しいと考えれば，実質通貨発行収入は，実質貨幣残高（均衡では実質貨幣需要に等しい）とインフレ率の積に相当する。(15-16) 式は，通貨発行収入がインフレ税（inflation tax）と言われる理由を示している。税とのアナロジーで通貨発行収入を考えてみると，インフレ率（$\pi^e$）が税率，実質貨幣残高（$M^s/P$）が課税ベースとなる。

　(15-16) 式が示すように，インフレ率や実質貨幣残高は市場環境全体で決まってくるので，中央銀行が実質通貨発行収入を自由に決められないことは明らかになるであろう。

　それでは，(15-16) 式から決まってくる実質通貨発行収入を最大化するインフレ率を考えてみよう。インフレ率の引き上げは，2 つの相反する影響を実質通貨発行収入に対して与える。

　一方では，インフレ率の上昇は，実質貨幣残高 1 単位あたりの実質通貨発行収入を引き上げる。他方では，インフレ率の上昇でインフレ期待が醸成されると，名目金利が上昇し，実質貨幣需要は低下する。その結果，インフレ税（通貨発行収入）の課税ベースとなっている実質貨幣残高も減少して，実質通貨発行収入を引き下げる。

　多くの理論モデルでは，インフレ率が低い場合には，前者の効果のほうが支配的で，実質通貨発行収入はインフレ率とともに増加する。しかし，インフレ率が高くなると，後者の効果のほうが支配的になって，実質通貨発行収入はインフレ率とともに減少する。したがって，実質通貨発行収入を最大化するという観点に立てば，前者の効果と後者の効果がちょうど相殺されるインフレ率が望ましいインフレ率ということになる。

　なお，POINT 15-8 で紹介する簡単な理論モデルでは，インフレ率が上昇するとともに，インフレ率上昇効果と実質貨幣残高減少効果がちょうど相殺されて，実質通貨発行収入に上限が生じる。

　いずれにしても，中央銀行は，実質タームで通貨発行収入を自由に決定することはできないのである。

**政府と中央銀行の統合予算制約**

　それでは，政府支出が税収とともに，通貨発行収入でまかなわれている場合に，政府と中央銀行を統合した政府の年間予算制約を考えてみたい。議論を簡単にするために，以下では，実質値がまったく変化しない定常状態を想定していく。

　政府債務（国債）について実質の年間利子負担は，実質政府債務（$B/P$，ただし，$B$ は名目政府債務残高，厳密に言うと，前期の実質残高であることに注意してほしい）に実質金利（$r$）を掛け合わせたものになる。実質で見た政府債務の年間利子負担（前期までに発行した国債から生じた負担）と，国債の元利払いを除いた年間の実質政府支出（$g$，政府消費や公共投資を含んだ支出）は，年間の実質税収（$t$）と年間の実質通貨発行収入を合わせた収入からまかなわれる。

　したがって，統合政府の年間予算制約は以下のように書き表すことができる。

$$\frac{B}{P}r + g = t + \frac{M^s}{P}\pi$$

　財政理論では，国債の元利払いを除いた支出を，税収から差し引いた年間収支を基礎的

財政収支とか，プライマリー・バランス（primary balance）と呼んでいる。ここで，実質税収 $t$ から国債の元利払いを除いた実質政府支出 $g$ を引いたもの（$t-g$）を実質基礎的財政収支と定義する。上の式は，

$$\frac{B}{P}r = (t-g) + \frac{M^s}{P}\pi$$

と書き換えられる。

さらに，上の式から以下の関係を導出できる。

$$\frac{B}{P} = \frac{t-g}{r} + \frac{M^s}{P}\frac{\pi}{r}$$

$$= \frac{1}{1+r}\left\{\sum_{i=0}^{\infty}\frac{t-g}{(1+r)^i} + \sum_{i=0}^{\infty}\left[\frac{1}{(1+r)^i}\frac{M^s}{P}\pi\right]\right\} \quad (15\text{-}17)$$

ここで，1行目から2行目への展開は，次のような等比級数（数列）の公式を用いている。

$$\frac{1}{1+r}\sum_{i=1}^{\infty}\left(\frac{1}{1+r}\right)^{i-1} = \frac{1}{1+r}\frac{1}{1-\frac{1}{1+r}} = \frac{1}{r}$$

詳しくは巻末の数学付録を参照してほしい。

(15-17) 式で注意すべきことは，左辺の実質政府債務残高は，前期の時点で評価されているのに対して，2行目右辺における大括弧 {} のなかの現在から将来にわたる基礎的財政収支と通貨発行収入の割引現在価値は現在の時点で評価されていることである。こうした左辺と右辺の1期間のずれを調整するために，2行目右辺の大括弧 {} の前に $1/(1+r)$ を掛けて前期時点に評価時点を合わせている。

(15-17) 式の2行目右辺は，現在の実質政府債務残高が，将来の基礎的財政収支（実質値）と将来の通貨発行収入（実質値）の割引現在価値によって裏づけられていなければならないことを示している。逆に言うと，(15-17) 式が成立しているかぎりは，政府と中央銀行を統合した予算制約がきっちりと満たされていて，公的部門全体の財政規律が保たれていることになる。

もし，国債返済について通貨発行収入に依拠できなければ，現時点で発行されている国債の元利償還は，税収入が政府支出を上回る基礎的財政収支だけで返済していかなければならない（$B/P = \sum_{i=1}^{\infty}\{(t-g)/(1+r)^i\}$）。

**中央銀行の国債買い切りオペレーションの規模**

歴史的に見ると，中央銀行の国債の引き受けについては，つねに警戒心が持たれてきた。中央銀行が安易に国債を引き受け，政府がその支出を通貨発行収入に過度に依拠すると，財政規律が崩れやすくなる。また，大量の国債引き受けのために貨幣供給を過度に拡大すると，ハイパーインフレーションが生成される素地にもなる。

事実，多くの中央銀行では，原則的に長期国債の買い切りオペレーション（中央銀行が長期国債を保有し続けるオペレーション）を行っていない。長期国債の購入を行っている日本銀行や連邦準備制度も，長期国債の保有限度が，緩やかな形であるが中央銀行券の発行残高を目安とされている。たとえば，日本銀行は，銀行券ルールと呼ばれている保有限

度を採用しており，長期国債の保有限度は中央銀行券の発行残高を上限としている。

それでは，中央銀行の長期国債の保有限度が中央銀行券の発行残高とリンクするルールが採用されているのはなぜであろうか。通常，中央銀行券は，いったん市場に受け入れられると安定して流通するので，中央銀行にとって長期負債と見なすことができる。一方，買い切った長期国債は，中央銀行にとって長期資産となる。上述の保有限度に関するルールは，長期資産は長期負債によって調達するという金融機関の資産負債管理（asset liability management）の原則を反映していると解釈することができる。

ここでは，若干，異なった観点から，中央銀行がどの程度国債を引き受ける能力があるのかを考えてみたい。なお，以下の記述では，政府が発行している国債について，市中で保有されている分を $B_{market}$，中央銀行が保有している分を $B_{cb}$ とする。

まず，市中で保有されている国債残高は現在から将来にかけての基礎的財政収支の割引現在価値の範囲で返済をしていくと想定する（$B_{market}/P \leq (t-g)/r$）。そうすると，政府と中央銀行を統合した予算制約が成り立つためには，中央銀行に保有される国債残高は将来の通貨発行収入の範囲にとどめる必要がある。上の想定において統合政府の予算制約である（15-17）式が成立するための十分条件は，

$$\frac{B_{cb}}{P} \leq \frac{M^s}{P}\frac{\pi}{r} \tag{15-18}$$

となる。

ここで問題となってくるのは，通貨（マネタリーベース）の一部を構成する中央銀行発行高の範囲に，中央銀行が保有する長期国債残高をとどめる銀行券ルールを遵守することが，（15-18）式を成立させる十分条件となるかという点であろう。

POINT 15-7 で展開される理論モデルからは，日本銀行が長期的に保有できる国債の残高は，名目GDP（$PY$）に対する比率として次のような上限が求められている。

$$\frac{B_{CB}}{PY} \leq \frac{M^s}{PY}\frac{\pi}{r} < 0.09$$

POINT 15-8 で議論されるように，たとえ銀行券ルールをぎりぎりで守っていたとしても，1990年代末以降は，名目GDPに対する保有長期国債の比率が9％の上限を超えた可能性があった。そうした緩やかな銀行券ルールさえも，2012年8月以降は守られなくなった。

### POINT 15-7 ● 通貨発行収入の理論的な上限

ここでは，簡単なモデルから通貨発行収入の上限を理論的に求めてみたい。

いま，平均的（代表的）な家計が，毎期，$C_t$ を消費することと実質値で $M_t/P_t$（$M_t$ は名目貨幣残高，$P_t$ は物価水準）の貨幣を保有することで効用を得ているとする。すなわち，毎期の効用は，以下のように定式化される。

$$u(C_t) + v\left(\frac{M_t}{P_t}\right) \tag{15-19}$$

上の効用関数を構成する関数 $u$ も，関数 $v$ も限界効用が逓減すると仮定する。

第Ⅱ部第6章の第4節で議論したように，1単位の貨幣を保有することでかかる機会費用は，名目金利に等しい。また，最適な水準で貨幣を保有している場合，貨幣保有の限界便益がその限界費用に等しい。(15-19) 式の効用関数では，貨幣保有の限界便益は $v'(M_t/P_t)$ に相当する一方，その限界費用は，保有コストに相当する名目金利 $i_t$ を消費の限界効用 $u'(C_t)$ で評価したものになる。したがって，貨幣が最適な水準で保有されていると，次の条件が満たされる。

$$v'\left(\frac{M_t}{P_t}\right) = i_t u'(C_t) \tag{15-20}$$

いま，(15-20) 式の効用関数を次のように特定化する。

$$u(C_t) + v\left(\frac{M_t}{P_t}\right) = \ln C_t + \mu \ln \frac{M_t}{P_t}$$

ただし，$\mu$ は正のパラメーターとする。

この特定化のもとで (15-20) 式の条件が満たされているとすると，名目消費 ($P_t C_t$) で標準化した名目貨幣残高 ($M_t$) に対する需要は，次のように導き出される。

$$\frac{M_t}{P_t C_t} = \frac{\mu}{i_t} \tag{15-21}$$

標準的な貨幣需要関数の特性と同様に，(15-21) 式においても，貨幣需要は名目金利の減少関数となる。

いま，予想インフレ率が実際のインフレ率に等しくなる長期的な状況を考えると，フィッシャー方程式（$i = r + \pi$。ただし，$r$ は実質金利，$\pi = \Delta P/P$）から，(15-21) 式の貨幣需要関数は，次のように書き換えられる。

$$\frac{M}{PC} = \frac{\mu}{r + \pi} \tag{15-22}$$

本章の第6-3項で論じてきたように，通貨発行収入だけでまかなえる実質政府債務残高の上限は，

$$\frac{B}{P} = \frac{\frac{M}{P}\pi}{r}$$

となる。上の式に (15-22) 式を代入すると，以下の関係を導き出すことができる。

$$\frac{B}{PC} = \frac{M}{PC} \frac{\pi}{r} = \frac{\mu \pi}{r(r + \pi)}$$

すなわち，名目消費に対する名目政府債務残高の上限は，$\mu\pi/r(r+\pi)$ に等しい。

$$\lim_{\pi \to \infty} \frac{\mu \pi}{r(r+\pi)} = \frac{\mu}{r}$$

なので，いくらインフレ率を高めても，$B/PC$ は $\mu/r$ を超えることができない。

それでは，日本経済の $\mu$ は，どのくらいの大きさなのであろうか。ベースラインをゼロインフレ，実質金利を 2% と置いてみよう。すなわち，ベースラインでは，名目金利が 2% となる。日本のコール市場では，名目金利が 2% を超えていた 1995 年 3 月までは，名目民間消費に対するマネタリーベース（日銀券と準備預金の合計）の割合は約 15% で安定していた。たとえば，1980 年度から 94 年度の同割合の平均は，14.9% であった。

そこで，(15-22) 式から $M/PC = \mu/0.02 = 0.15$ となるので，$\mu = 0.003$ となる。このパラメーターを前提とすると，インフレ率に応じた $B/PC$ の上限について表 15-2 ようにまとめることができる。

上のモデルから得られた数値を前提とすると，名目民間消費の名目 GDP に対する割合は約 6 割なので，通貨発行収入によってまかなうことができる名目 GDP に対する政府債務残高の割合の上限は 1 割にも満たないことになる（$B/PY = (B/PC)(PC/PY) < 0.15 \times 0.6 = 0.09$）。

TABLE 表 15-2 ● 通貨発行収入によってまかなえる政府債務残高の名目民間消費に対する割合

| インフレ率 ($\pi$) | 0% | 1% | 4% | 10% | 20% | 50% | 100% | $\infty$ |
|---|---|---|---|---|---|---|---|---|
| $\dfrac{B}{PC}$ | 0.0% | 5.0% | 10.0% | 12.5% | 13.6% | 14.4% | 14.7% | 15.0% |

POINT 15-8 ● 日本銀行はどれだけ長期国債を買い切ってきたのか？

ここでは，日本銀行の国政債務，とくに，長期国債に関する保有状況を見てみよう。日本銀行は，2001 年 3 月に量的緩和政策を実施するのに伴って，それまで月 4000 億円のペースで行ってきた長期国債の買入について，その規模を拡大させる方針を発表した。具体的には，2001 年から 2002 年にかけて，次のように長期国債の買入規模を拡大してきた。

```
2001 年  8 月    0.6 兆円/月
2001 年 12 月    0.8 兆円/月
2002 年  2 月    1.0 兆円/月
2002 年 10 月    1.2 兆円/月
```

2003 年以降，5 年間は買入規模の上限が維持されてきたが，2008 年秋の金融危機以降，ふたたび買入規模を以下のように拡大した。

2008年12月　　1.4兆円/月
　　　2009年 3 月　　1.8兆円/月

　2010年10月28日には,「資産買入等の基金」が設立された。「基金」総額の上限が35兆円で, 5兆円の資産買入上限のうち長期国債1.5兆円程度が目途とされた。ただし,「基金」で購入した国債については,「金融調節としての保有国債残高に算入しない」とされたので, 銀行券ルールが適用されないこととなった。

　「基金」の規模は徐々に拡大され, 2012年12月20日には, 総額上限が101兆円に達した。買入資産残高上限も76兆円まで拡大し, 長期国債買入上限は44兆円に引き上げられた。2013年中に基金総額が達成されることが予定されていた。

　なお, 日本銀行は,「基金」によって長期国債が買い入れられている間も, 日本銀行は通常の金融調節の一環として, 年間21.6兆円（1.8兆円×12カ月）の長期国債を買い入れてきた。

　2013年1月22日には, 物価安定の目標として, 消費者物価の前年比上昇率で年2％をできるだけ早い時期に達成することをアナウンスした。同時に,「基金」の現行方式による買入完了後の2014年初めから, 期限を定めず, 毎月2兆円程度の長期国債を買い入れることも発表した。同日には, 内閣府, 財務省, 日本銀行から「デフレ脱却と持続的な経済成長の実現のための政府・日本銀行の政策連携について」という共同声明も出された。

　長期国債買入をめぐる方針が大幅に見直されたのが, 2013年4月4日に導入された「量的・質的金融緩和」においてであった。2年程度の期間を念頭に「物価安定の目標」2％を達成することが宣言された。その際には, ①マネタリーベースを2年間で2倍, 年間約60兆円から70兆円に相当するベースで増加すること, ②長期国債保有額を2年間で2倍, 長期国債の保有残高が年間50兆円に相当するペースで増加すること（毎月の買入額で7兆円強）, ③長期国債買入の平均残存期間を2倍以上, 平均残存期間を現状の3年弱から7年程度に延長することが発表された。

　「量的・質的金融緩和」の導入と同時に「資産買入等の基金」は廃止され, 既存残高を含めて長期国債買入を「金融調節上の必要から行う国債買入」に含めることも決定された。

　2014年10月31日には,「量的・質的金融緩和」がさらに拡大された。すなわち, ①マネタリーベースが年間約80兆円（約10兆円から20兆円の追加）に相当するペースで増加すること, ②長期国債について, 保有残高が年間約80兆円（約30兆円の追加）, 月8兆円から12兆円程度の長期国債買入を基本とすること, ③長期国債買入の平均残存期間を7年から10年程度に延長すること（最大3年程度延長）が決定された。2015年12月18日には, 長期国債買入の平均残存期間を7年から12年程度に延長することを決定した。

　図15-25（次頁）は, 1998年4月から2015年9月について, 日本銀行の長期

図 15-25 ● 日本銀行が保有する国債残高と発行銀行券残高

(出所) 日本銀行。

　国債，中期国債，短期国債を含む国債保有規模，長期国債保有規模（2001年4月より），日本銀行券発行残高（発行銀行券残高）をプロットしたものである。第6-3項で議論したように，日本銀行券は，長期国債の保有規模の上限を日本銀行券の発行規模とする銀行券ルールを採用していた。長期国債の保有については，2003年から2005年にかけて長期国債保有高が日本銀行券発行残高に接近する局面もあった。

　2012年8月には，保有長期国債残高（82.9兆円）が日本銀行券発行残高（81.1兆円）を超えて銀行券ルールが破られた。それ以降，銀行券ルールが守られない状態が恒常化した。表15-3が示すように，両者の差は拡大の一途をたどった。日本銀行券発行残高に対する保有長期国債残高は，2012年度末で83.4兆円に対し91.3兆円，2013年度末で86.6兆円に対し154.2兆円，2014年度末で89.7兆円に対して220.1兆円に達した。2015年9月現在では，91.6兆円に対して262.8兆円の規模となった。

　その結果，日本銀行は，日本銀行券発行高の拡大だけでなく，準備預金残高の大幅な拡大によって，国債の買入資金を調達してきた。

　POINT 15-7 の数値例では，通貨発行収入でまかなえる長期国債保有は，名目GDPに対して高々1割弱であった。こうした数値例を前提とすると，表15-3が示すところでは，1990年代末以降は，たとえ銀行券ルールがぎりぎりのところで守られたとしても，長期国債の理論的な保有上限を超えたことになる。

　事実，21世紀に入ると，銀行券ルールが守られていた2011年度以前にあっても，保有長期国債残高の対名目GDP比率が1割を大きく上回ることがたびたび

**TABLE** 表 15-3 ● 日本銀行のバランスシートの相対規模（残高は年度末）

(単位：兆円)

| 年度 | 日銀保有長期国債残高 | | 日本銀行券発行残高 | | 日本銀行当座預金残高 | | 名目 GDP |
|---|---|---|---|---|---|---|---|
| | 残高 | 対名目 GDP 比 | 残高 | 対名目 GDP 比 | 残高 | 対名目 GDP 比 | |
| 1981 | | | 16.5 | 6.2% | 2.1 | 0.8% | 264.6 |
| 1985 | | | 20.6 | 6.2% | 3.1 | 0.9% | 330.4 |
| 1990 | | | 31.9 | 7.1% | 5.2 | 1.2% | 451.7 |
| 1991 | | | 32.4 | 6.8% | 2.9 | 0.6% | 473.6 |
| 1992 | | | 33.3 | 6.9% | 3.0 | 0.6% | 483.3 |
| 1993 | | | 35.0 | 7.3% | 3.0 | 0.6% | 482.6 |
| 1994 | | | 36.5 | 7.3% | 3.1 | 0.6% | 502.6 |
| 1995 | | | 40.2 | 7.8% | 3.1 | 0.6% | 516.4 |
| 1996 | | | 43.4 | 8.2% | 3.4 | 0.6% | 528.8 |
| 1997 | | | 47.6 | 8.9% | 3.5 | 0.7% | 533.3 |
| 1998 | | | 51.3 | 9.8% | 5.3 | 1.0% | 526.0 |
| 1999 | | | 57.1 | 10.9% | 18.3 | 3.5% | 522.0 |
| 2000 | | | 58.7 | 11.1% | 5.8 | 1.1% | 528.5 |
| 2001 | 49.4 | 9.5% | 67.9 | 13.1% | 27.6 | 5.3% | 519.1 |
| 2002 | 58.5 | 11.4% | 71.1 | 13.8% | 30.9 | 6.0% | 514.8 |
| 2003 | 65.6 | 12.7% | 71.4 | 13.8% | 36.4 | 7.0% | 517.9 |
| 2004 | 65.5 | 12.6% | 74.7 | 14.3% | 35.8 | 6.9% | 521.2 |
| 2005 | 60.5 | 11.5% | 75.0 | 14.3% | 31.2 | 5.9% | 525.7 |
| 2006 | 49.2 | 9.3% | 75.9 | 14.3% | 11.7 | 2.2% | 529.1 |
| 2007 | 46.9 | 8.8% | 76.5 | 14.4% | 14.2 | 2.7% | 531.1 |
| 2008 | 42.7 | 8.4% | 76.9 | 15.1% | 22.1 | 4.3% | 509.5 |
| 2009 | 50.2 | 10.2% | 77.4 | 15.7% | 23.5 | 4.8% | 492.1 |
| 2010 | 59.1 | 11.8% | 80.9 | 16.2% | 40.8 | 8.2% | 499.3 |
| 2011 | 70.7 | 14.3% | 80.8 | 16.4% | 34.4 | 7.0% | 494.0 |
| 2012 | 91.3 | 18.5% | 83.4 | 16.9% | 58.1 | 11.7% | 494.4 |
| 2013 | 154.2 | 30.4% | 86.6 | 17.1% | 128.7 | 25.4% | 507.2 |
| 2014 | 220.1 | 42.5% | 89.7 | 17.3% | 201.6 | 38.9% | 518.5 |
| 2015 | 301.9 | 56.5% | 95.6 | 17.9% | 275.4 | 51.6% | 533.9 |
| 2016 | 377.1 | 69.9% | 99.8 | 18.5% | 342.8 | 63.6% | 539.4 |
| 2017 | 426.6 | 77.7% | 104.0 | 19.0% | 378.2 | 68.9% | 548.7 |

（出所）　日本銀行，内閣府．

起きた。たとえば，2011 年度末の同比率は，14.9％に達した。その意味では，緩めの基準である銀行券ルールさえ破られた 2012 年 8 月以降の金融政策は，きわめて異例な事態だったことになる。

　なお，図 15-25 のデータは，NLAS マクロ経済学 database において月次ベースでアップデートされる。

第 15 章　金融市場と貨幣市場

## 6-4 為替政策としての低金利政策

**なぜ、低金利政策の継続が為替政策として有効なのか？**

本項では、中央銀行が低金利政策を長期にわたって継続することにコミットすることが名目為替レートや実質為替レートの減価をもたらす可能性のあることを理論的に明らかにする。さらには、日本銀行が2012年後半に入って展開した積極的な金融政策が実際に米ドルに対する円の為替レートの減価に結びついたことを示していく。

第Ⅱ部第9章の第4-2項で導出した金利平価からは、名目金利が相対的に低い通貨の名目為替レートが減価する傾向のあることを見てきた。その際に用いた名目金利は、1期間（1年）という短期金利であったが、以下に示すように、現在の名目為替レートは、現在の長期名目金利の内外差により大きく反応する。本章の第2-5項で議論してきたように、現在の長期名目金利は、将来の短期名目金利の平均的な動向を反映するので、中央銀行が将来にわたって低金利政策にコミットして、長期金利を引き下げることができるとすると、その分、現在の為替レートが減価する程度が大きくなる。

ここで重要なことは、日本銀行の政策だけでなく、相手国の中央銀行の政策にも、現在の為替レートが左右されるという点である。たとえば、日本銀行が低金利政策に強くコミットしているときに、アメリカの連邦準備制度が低金利政策から転換して金利引き上げを計画すると、長期金利の内外差がいっそう拡大して、米ドルに対する円の為替レートがますます減価する可能性が生じる。

本項で詳しく示していくように、日本銀行は、2012年後半より金融緩和政策をより積極的に展開し、2013年に入っていっそう加速させたことが、円通貨の名目為替レートだけでなく、実質為替レートを大きく減価させた。その意味では、為替政策としての金融政策は成功したと言える。ただし、第9章の第5-4項で見てきたように、円の実質為替レートの減価がかならずしも実質輸出の促進や実質輸入の抑制につながらなかったという意味では、総需要促進政策としての効果は弱かった。

**名目為替レートと長期名目金利の内外差：理論的な関係**

第9章の第4-2項の金利平価関係からは、名目為替レート（$e_t$）について以下の関係が成り立つ。なお、以下で海外の変数には、右肩に*を添える。

$$\frac{e^e_{t+1}-e_t}{e_t} = i_{1,t}-i^*_{1,t} \tag{15-23}$$

ただし、$i_{1,t}$ は日本の1年物名目金利を、$i^*_{1,t}$ は海外の1年物名目金利をそれぞれ表している。

(15-23) 式の左辺を自然対数の差で近似すると、

$$\ln e^e_{t+1} - \ln e_t = i_{1,t}-i^*_{1,t} \tag{15-24}$$

を導き出すことができる。

(15-24) 式を $t$ 年の名目為替レートの自然対数値 $\ln e_t$ について解くと、次のような関係が得られる。

$$\ln e_t = i^*_{1,t} - i_{1,t} + \ln e^e_{t+1} \qquad (15\text{-}25\text{-}1)$$

現在の時点（$t$年）に立って，1年先（$t+1$年），2年先（$t+2$年）の名目為替レート（自然対数値）の予想にも（15-25-1）式を用いることができるので，次のような2つの関係が成立する。

$$\ln e^e_{t+1} = i^{*e}_{1,t+1} - i^e_{1,t+1} + \ln e^e_{t+2} \qquad (15\text{-}25\text{-}2)$$
$$\ln e^e_{t+2} = i^{*e}_{1,t+2} - i^e_{1,t+2} + \ln e^e_{t+3} \qquad (15\text{-}25\text{-}3)$$

ここで，1年物の内外名目金利の上方にも $e$ の添え字があるのは，現在の時点に立つと，予想金利に相当するからである。

それでは，（15-25-2）式と（15-25-3）式を順次，（15-25-1）式に入力していくと，次の関係が得られる。

$$\ln e_t = (i^*_{1,t} - i_{1,t}) + (i^{*e}_{1,t+1} - i^e_{1,t+1}) + (i^{*e}_{1,t+2} - i^e_{1,t+2}) + \ln e^e_{t+3}$$

上の式は，以下のように書き直すことができる。

$$\ln e_t = 3\left[\frac{1}{3}(i^*_{1,t} + i^{*e}_{1,t+1} + i^{*e}_{1,t+2}) - \frac{1}{3}(i_{1,t} + i^e_{1,t+1} + i^e_{1,t+2})\right] + \ln e^e_{t+3}$$

長期名目金利は，将来の短期名目金利の平均的動向を反映しているため，（15-2）式を上の式に代入すると，現在の名目為替レート（自然対数値）は，長期名目金利（この場合，3年物名目金利）の内外差の関数となる。

$$\ln e_t = 3(i^*_{3,t} - i_{3,t}) + \ln e^e_{t+3}$$

こうして求めた式を一般化すると，現在の名目為替レート（自然対数値）は，$n$ 年物名目金利の内外格差の関数になる。

$$\ln e_t = n(i^*_{n,t} - i_{n,t}) + \ln e^e_{t+n} \qquad (15\text{-}26)$$

（15-26）式に示されているように長期名目金利の内外差の係数が $n$ なので，「将来の名目為替レートに関する予想（$e^e_{t+n}$）を一定とする」と仮定すれば，より長期の名目金利の内外差が拡大すれば，現在の名目為替レートの減価の度合がより大きくなる。

実は，ここにこそ，低金利状態を持続する金融政策が為替政策に有効であることの理論的根拠がある。たとえば，海外の短期名目金利が上昇傾向にあって長期金利が高い水準にあるときに，日本銀行が将来に向けてゼロ金利政策にコミットすることをアナウンスすれば，日本の長期金利は低い水準となる。その結果，長期名目金利の内外差が拡大して，円の名目為替レートは大きく減価するわけである。

> **実質為替レートと長期実質金利の内外差：理論的な関係**

しかし，金融政策を為替政策として位置づけるために（15-26）式を用いた議論には，1つの理論的な難点がある。現在の名目為替レートが長期名目金利の内外差に大きく反応するためには，将来の名目為替レートに関する予想（$e^e_{t+n}$）を固定しなければならない

からである。

ところが，第9章のPOINT 9-3の図9-3や図9-4で見てきたように，米ドルに対する円の名目為替レートの長期動向を見ると，円高と円安を繰り返しつつも，長期的には円高傾向で推移してきた。すなわち，名目為替レートがある一定の水準に回帰する傾向は，実際のデータには認められない。そうのような状況にあって，「将来の名目為替レートに関する予想 ($e_{t+n}^e$) を一定とする」という仮定は，現実的でないということになる。

一方，POINT 9-3の図9-3や図9-4が示すように，円の実質為替レートは，長期的に増価する傾向が認められず，ある一定の水準の回りで増価と減価を繰り返してきた。したがって，実質為替レートについては，将来のレートがある一定の水準に収斂すると仮定しても実証的に差し支えないであろう。

以下では，実質為替レートと長期実質金利の内外差の理論的な関係を求めてみよう。議論を具体的にするために，海外をアメリカとして，$t$年の名目為替レート（円/ドル）を $e_t$ とする。

まず，第Ⅱ部第6章のPOINT 6-5で導出したフィッシャー方程式を思い出してみよう。1年物名目金利（$i_{1,t}$）と対応する期間の実質金利（$r_{t,t+1}$）の間に以下のようなフィッシャー方程式が成立している。

$$i_{1,t} = r_{t,t+1} + \frac{P_{t+1}^e - P_t}{P_t} \tag{15-27}$$

(15-27)式のフィッシャー方程式は，アメリカでも成り立っているとしよう。

$$i_{1,t}^* = r_{t,t+1}^* + \frac{P_{t+1}^{*e} - P_t^*}{P_t^*} \tag{15-28}$$

第9章の第2-3項で議論したように，実質為替レートは，$\varepsilon_t = e_t P_t^*/P_t$ と定義される。したがって，実質為替レートの予想変化率は，次のように書き表すことができる。

$$\frac{\varepsilon_{t+1}^e - \varepsilon_t}{\varepsilon_t} = \frac{e_{t+1}^e - e_t}{e_t} + \frac{P_{t+1}^{*e} - P_t^*}{P_t^*} - \frac{P_{t+1}^e - P_t}{P_t}$$

上の式に金利平価関係の (15-23) 式を代入すると，

$$\frac{\varepsilon_{t+1}^e - \varepsilon_t}{\varepsilon_t} = \left(i_{1,t} - \frac{P_{t+1}^e - P_t}{P_t}\right) - \left(i_{1,t}^* - \frac{P_{t+1}^{*e} - P_t^*}{P_t^*}\right)$$

を得ることができる。さらに，フィッシャー方程式の (15-27) 式と (15-28) 式を上の式に代入すると，

$$\frac{\varepsilon_{t+1}^e - \varepsilon_t}{\varepsilon_t} = r_{t,t+1} - r_{t,t+1}^* \tag{15-29}$$

を導出できる。上の式の左辺は，

$$\ln \varepsilon_{t+1}^e - \ln \varepsilon_t = r_{t,t+1} - r_{t,t+1}^* \tag{15-30}$$

と近似することができる。

(15-26) 式を導出したのとまったく同じロジックで，実質為替レートと実質長期金利の内外差の関係を導き出すことができる。

$$\ln \varepsilon_t = n(r^*_{n,t} - r_{n,t}) + \ln \varepsilon^e_{t+n} \qquad (15\text{-}31)$$

先に示唆したように，実質為替レートを用いた場合のメリットは，その長期的な水準について一定水準に収束することを期待できるところにある。したがって，(15-31) 式の右辺第 2 項について長期的に一定になると仮定して，現在の実質為替レートが実質長期金利の内外差に反応すると解釈することができる。

一方，実証上は，新たな問題も生じてくる。それは，実質長期金利を観察することが非常に難しいという点である。しかし，POINT 15-9 で明らかにするように，物価連動国債と呼ばれている特殊な国債の名目利回りが実質利回りに対応するという特性を活用することによって，実質長期金利を観察することができる。

### POINT 15-9 ● 物価連動国債とは？

ここでは，物価連動国債と呼ばれている特殊な国債の名目利回りが実質利回りに等しいことを示していく。物価連動国債は，英語で inflation-indexed bonds と呼ばれている。また，アメリカ財務省が発行している物価連動国債は，Treasury Inflation-Protected Securities（略して TIPS）と呼ばれている。

これらの英語名が示すように，物価連動国債は，物価変動に対するリスクを回避する特性を備えた国債である。すなわち，支払われる利息や償還される元本が，支払時の物価動向に連動している。たとえば，元利支払時の物価が上昇（低下）していると，インフレ分（デフレ分）だけ名目タームの元利償還が増額（減額）される。

以下では，こうした物価連動国債の名目利回り（名目金利）が実質利回り（実質金利）に等しいことを示していこう。すなわち，物価連動国債の金利は，ただちに実質金利として用いることができるのである。議論を簡単にするために，1 年物物価連動国債のケースを取り扱っていくが，同様の議論は，$n$ 年物物価連動国債にも適応することができる。

いま，$t$ 年に発行された物価連動国債の 1 年物名目金利を $\hat{i}_{1,t}$，$t$ 年の物価水準を $P_t$，1 年先の物価水準を $P_{t+1}$ とする。$t$ 年に $B$ の名目額を物価連動国債に投資すると，1 年先（$t+1$ 年）に償還される額は，元利合計を物価変動分で調整した $B(1+\hat{i}_{1,t})P_{t+1}/P_t$ に等しい。

それでは，こうした物価連動国債について向こう 1 年間の運用で得られる実質金利 $r_{t,t+1}$ を求めてみよう。$t$ 年における実質投資額は $B/P_t$，$t+1$ 年における実質元利償還額は，

$$\frac{B(1+\hat{i}_{1,t})\dfrac{P_{t+1}}{P_t}}{P_{t+1}}$$

なので，実質金利は次のように導出できる。

$$1+r_{t,\,t+1}=\frac{B(1+\hat{i}_{1,t})\dfrac{P_{t+1}}{P_t}}{\dfrac{B}{P_t}}\dfrac{1}{P_{t+1}}=1+\hat{i}_{1,t}$$

したがって，物価連動国債の名目金利 $\hat{i}_{1,t}$ と実質金利 $r_{t,\,t+1}$ は正確に一致する。

$$\hat{i}_{1,t}=r_{t,\,t+1} \tag{15-32}$$

物価連動国債に関連する興味深い特性として，(15-27) 式のフィッシャー方程式に (15-32) 式を代入すると，普通国債の名目金利と物価連動国債の名目金利の差が予想インフレ率に対応する。

$$\frac{P^e_{t+1}-P_t}{P_t}=i-\hat{i}_t \tag{15-33}$$

(15-33) 式から求められる予想インフレ率は，ブレイクイーブンインフレ率 (break-even inflation rate) と呼ばれ，しばしば，BEI と略されている。

同様の関係は長期物価連動国債にも妥当していて，$n$ 年物の物価連動国債の名目利回り ($\hat{i}_{n,t}$) は，年率で換算した当該期間の実質利回りに相当する。また，$n$ 年物の普通国債の名目利回り ($i_{n,t}$) が $n$ 年物の物価連動国債の名目利回り ($\hat{i}_{n,t}$) を上回る部分は，年率で換算した当該期間の BEI に対応する。

それでは，実際に日本とアメリカについて5年物の普通国債と物価連動国債の名目利回りから BEI を求めてみよう。図 15-26 は 2008 年 7 月から 2015 年 9 月の日本について，図 15-27 は同期間のアメリカについて，5 年物普通国債と 5 年物物価連動国債の名目利回りとともに BEI をプロットしたものである。

図 15-26 によると，日本の物価連動国債の利回りは，2011 年 7 月以降，1％ を下回って低下傾向を示し，2012 年 3 月にはマイナスに転じた。それ以降も，低下傾向が続き，2014 年 3 月には –2.3％ に達した。その後は，上昇に転じ，2014 年 12 月以降は –1％ 前後で推移してきた。その結果，BEI は，2011 年 7 月以降上昇し，2013 年 2 月には 2％ を超えた。BEI は，2014 年 3 月に 3％ 近くまで上昇したが，その後は 1％ から 2％ の間で推移した。

2011 年 7 月以降，物価連動国債の利回りが低下するとともに，BEI が上昇した背景には，POINT 15-8 で詳しく見てきたように，日本銀行が 2010 年 10 月に設立した「資産買入等の基金」を通じて量的金融緩和を拡大した時期に重なるとともに，2013 年 4 月の「量的・質的金融緩和」で金融緩和政策をいっそう押し進めたことが影響したと考えられる。

さらには，2014 年 4 月の消費税増税（税率 5％ から 8％ への引き上げ）の実施が確実になった 2013 年初に予想インフレ率が高まり，実質金利に相当する物価連動国債の利回りを引き下げた側面も無視できないであろう。事実，一度きりの物価上昇をもたらす消費税増税が 2014 年 4 月に実施されてからは，物価連動国債の利回りは上昇に転じ，逆に BEI は低下傾向を示した。

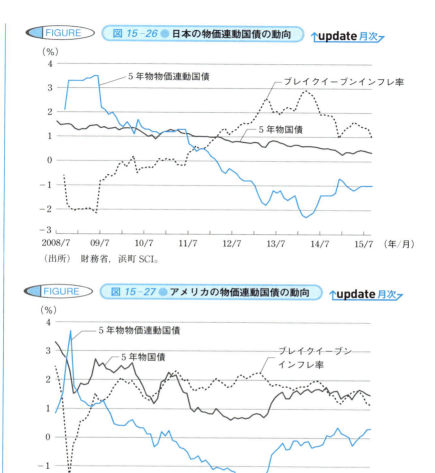

**図 15-26** 日本の物価連動国債の動向

(出所) 財務省,浜町 SCI。

**図 15-27** アメリカの物価連動国債の動向

(出所) アメリカ連邦準備制度。

　一方,図 15-27 によると,アメリカの物価連動国債利回りは,普通国債利回りとパラレルに変化したことから,BEI が 2% を若干下回る水準で安定的に推移してきた。物価連動国債と普通国債の利回りで特徴的な点は,連邦準備制度がゼロ金利政策から転換し,短期金利を徐々に引き上げるという予想が市場関係者の間で広がった 2013 年春ごろから上昇し始めたことである。物価連動国債は 2013 年 4 月以降,普通国債は 2013 年 5 月以降,利回りが上昇傾向に転じた。物価連動国債の利回りについては,2014 年 12 月まで上昇し,その後はほぼ横ばいで推移

第 15 章　金融市場と貨幣市場　　557

してきた。

なお，図 15-26 と図 15-27 のデータは，NLAS マクロ経済学 database において月次ベースでアップデートされる。

**実質為替レートと長期実質金利の内外差：日米のケース**

本項の最後に，米ドルに対する円の実質為替レートと長期実質金利の日米差の関係を実際のデータで確認してみよう。POINT 15-9 で明らかにしたように，物価連動国債の名目利回りが実質利回りに等しいので，(15-31) 式は，以下のように書き換えられる。

$$\ln \varepsilon_t = n(\hat{i}^*_{n,t} - \hat{i}_{n,t}) + \ln \varepsilon^e_{t+n} \tag{15-34}$$

ここで，実質為替レートが長期的に一定の水準（$\bar{\varepsilon}$）に収斂すると想定すると，日本の物価連動国債金利が相対的に低い場合，現在の実質為替レート（$\varepsilon_t$）が円安になると予想される。5 年物の利回りを用いた場合は，次のような関係が成り立つことが理論的に予想される。

$$\ln \varepsilon_t = 5(\hat{i}^*_{5,t} - \hat{i}_{5,t}) + \ln \bar{\varepsilon}$$

図 15-28 は，2008 年 9 月から 2015 年 8 月について，第 II 部第 9 章の POINT 9-3 で求めた円/ドル実質為替レート（1986 年 1 月を基準として計算したもの）と物価連動国債利

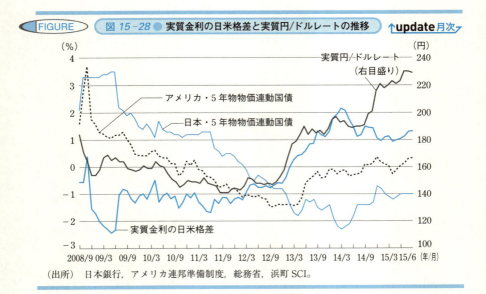

図 15-28 ● 実質金利の日米格差と実質円/ドルレートの推移　update 月次

（出所）日本銀行，アメリカ連邦準備制度，総務省，浜町 SCI。

回りの日米格差（アメリカ利回りから日本利回りを差し引いたもの）をプロットしたものである。サンプル期間全体を見ると，実質為替レートが金利格差に反応しているとは言い難い。ただし，日米金利格差が2012年9月から2014年3月にかけて-0.77%から2.16%に拡大していく局面で円の実質為替レートは147円/ドルから194円/ドルへと大きく減価した。

POINT 15-9でも詳しく見てきたように，2012年秋から2013年春までの金利格差拡大は，日本銀行が金融緩和政策を加速させるとともに，2014年4月の消費税増税実施が織り込まれた結果と考えることができる。一方，2013年春から2014年春までの金利格差拡大は，連邦準備制度がゼロ金利政策から転換するという観測が織り込まれ始めた結果と解釈することができるであろう。

しかし，2014年春以降の円の実質的な減価は，理論的な予測と正反対であった。日米金利格差が2%台から1%台へ縮小する局面で，円の実質為替レートが190円/ドル台から230円/ドルへと大きく減価した。

図15-29は，横軸を日米金利格差，縦軸を実質為替レートの自然対数値とするスペースに図15-28のデータを移したものである。図15-29のデータを (15-34) 式で線形近似すると，日米金利格差の係数（傾き）は5に等しく，切片は実質為替レートの長期平均に相当するはずである。

しかし，実際に線形近似を行ってみると，日米金利格差の係数の推計値は9.5となって，理論的な予測よりも2倍近く大きくなっている。おそらくは，2012年秋から2014年春までの実質為替レートが金利格差に過度に反応した結果を推計値が反映しているのであろう。

FIGURE 図 15-29 ● 実質金利の日米格差と実質円/ドルレート（自然対数値）の関係

(出所) 日本銀行，アメリカ連邦準備制度，総務省。

先に述べたように，同期間は，日米金利格差が2.93％拡大したのに対して，円の実質為替レートは32.0％減価した。すなわち，(15-34)式の理論的なインプリケーションに従えば，1％の金利格差拡大に対して実質為替レートが5％減価するはずのところが，実際には10％以上減価した。

一方，切片の推計値は5.1592となって，実質為替レートの長期平均が174円/ドル（＝exp(5.1592)）に相当することを示している。円/ドル実質為替レートを描いた第9章の図9-3のデータと照らし合わせてみると，こうして推計された実質為替レートの長期平均（174円/ドル）は，

1978年3月（名目為替レートは231円/ドル），

表 15-4 ● 主要国の消費者物価変化率の推移

|  | 1992〜02年平均 | 2002年 | 2003年 | 2004年 | 2005年 | 2006年 | 2007年 |
|---|---|---|---|---|---|---|---|
| 日本 | 0.4 | −0.9 | −0.3 | 0.0 | −0.6 | 0.2 | 0.1 |
| アメリカ | 2.7 | 1.6 | 2.3 | 2.7 | 3.4 | 3.2 | 2.9 |
| イギリス | 2.1 | 1.3 | 1.4 | 1.3 | 2.0 | 2.3 | 2.3 |
| ドイツ |  | 1.4 | 1.0 | 1.8 | 1.9 | 1.8 | 2.3 |
| フランス | 1.6 | 1.9 | 2.2 | 2.3 | 1.9 | 1.9 | 1.6 |
| スウェーデン | 1.6 | 2.2 | 1.9 | 0.4 | 0.5 | 1.4 | 2.2 |
| スイス | 1.5 | 0.6 | 0.6 | 0.8 | 1.2 | 1.1 | 0.7 |
| デンマーク | 2.1 | 2.4 | 2.1 | 1.2 | 1.8 | 1.9 | 1.7 |

(出所) OECD.

表 15-5 ● 主要国の失業率の推移

|  | 2002年 | 2003年 | 2004年 | 2005年 | 2006年 | 2007年 | 2008年 |
|---|---|---|---|---|---|---|---|
| 日本 | 5.4 | 5.2 | 4.7 | 4.4 | 4.1 | 3.8 | 4.0 |
| アメリカ | 5.8 | 6.0 | 5.5 | 5.1 | 4.6 | 4.6 | 5.8 |
| イギリス | 5.2 | 5.0 | 4.8 | 4.8 | 5.4 | 5.3 | 5.7 |
| ドイツ | 8.6 | 9.7 | 10.3 | 11.0 | 10.0 | 8.6 | 7.4 |
| フランス | 7.5 | 8.1 | 8.5 | 8.5 | 8.5 | 7.7 | 7.1 |
| スウェーデン | 6.0 | 6.6 | 7.4 | 7.7 | 7.1 | 6.1 | 6.2 |
| スイス | 2.4 | 3.7 | 4.3 | 4.4 | 3.9 | 3.6 | 3.3 |
| デンマーク | 4.6 | 5.4 | 5.5 | 4.8 | 3.9 | 3.8 | 3.5 |

(出所) OECD.

1979 年 4 月（同 216 円/ドル），
1986 年 4 月（同 176 円/ドル），
1990 年 4 月（同 159 円/ドル），
1998 年 5 月（同 135 円/ドル），
2001 年 4 月（同 124 円/ドル），
2005 年 7 月（同 112 円/ドル），
2008 年 4 月（同 102 円/ドル），
2013 年 2 月（同 93 円/ドル），

に相当する。2015 年 8 月現在の実質為替レート（229 円/ドル）は，長期平均から 30% 以

（単位：%）

| 2008 年 | 2009 年 | 2010 年 | 2011 年 | 2012 年 | 2013 年 | 2014 年 | 2015 年（予測） | |
|---|---|---|---|---|---|---|---|---|
| 1.4 | −1.4 | −0.7 | −0.3 | 0.0 | 0.4 | 2.7 | 0.8 | 日本 |
| 3.8 | −0.3 | 1.6 | 3.1 | 2.1 | 1.5 | 1.6 | 0.0 | アメリカ |
| 3.6 | 2.2 | 3.3 | 4.5 | 2.8 | 2.6 | 1.5 | 0.1 | イギリス |
| 2.8 | 0.2 | 1.2 | 2.5 | 2.1 | 1.6 | 0.8 | 0.1 | ドイツ |
| 3.2 | 0.1 | 1.7 | 2.3 | 2.2 | 1.0 | 0.6 | 0.1 | フランス |
| 3.4 | −0.5 | 1.2 | 3.0 | 0.9 | 0.0 | −0.2 | 0.1 | スウェーデン |
| 2.4 | −0.5 | 0.7 | 0.2 | −0.7 | −0.2 | 0.0 | −1.2 | スイス |
| 3.4 | 1.3 | 2.3 | 2.8 | 2.4 | 0.8 | 0.6 | 0.5 | デンマーク |

（単位：%）

| 2009 年 | 2010 年 | 2011 年 | 2012 年 | 2013 年 | 2014 年 | 2015 年（予測） | |
|---|---|---|---|---|---|---|---|
| 5.0 | 5.0 | 4.6 | 4.3 | 4.0 | 3.6 | 3.4 | 日本 |
| 9.3 | 9.6 | 8.9 | 8.1 | 7.4 | 6.2 | 5.3 | アメリカ |
| 7.6 | 7.9 | 8.1 | 8.0 | 7.6 | 6.2 | 5.6 | イギリス |
| 7.7 | 7.0 | 5.9 | 5.4 | 5.2 | 5.0 | 4.6 | ドイツ |
| 8.8 | 8.9 | 8.8 | 9.4 | 9.9 | 9.9 | 10.0 | フランス |
| 8.3 | 8.6 | 7.8 | 8.0 | 8.0 | 7.9 | 7.7 | スウェーデン |
| 4.3 | 4.5 | 4.0 | 4.1 | 4.3 | 4.4 | 4.3 | スイス |
| 6.0 | 7.5 | 7.6 | 7.5 | 7.0 | 6.5 | 6.3 | デンマーク |

上減価していたことになる。

なお, 図 15-28 のデータは, NLAS マクロ経済学 database において月次ベースでアップデートされる。

## 6-5　マイルドなデフレーションのもとでのマイナス金利政策

**ヨーロッパの中央銀行がマイナス金利を導入した背景**

欧州中央銀行（European Central Bank, ECB と略）は, 2014 年 6 月 11 日に市中銀行が ECB にオーバーナイトで預ける預金金利を 0% から −0.1% に引き下げた。そのことが契機となって, 他のヨーロッパの中央銀行も, マイナス金利を導入するようになった。ECB は, 同年 9 月 10 日に預金金利をさらに引き下げ, −0.2% とした。さらに 2015 年 12 月には, 預金金利を −0.3% とした。

当時, ECB がマイナス金利政策を展開した背景として, デフレへの対応があげられた。確かにヨーロッパ各国は, 2012 年以降, 消費者物価指数で測ったインフレ率が低下傾向を示した。表 15-4 が示すように, ドイツは, 2011 年の 2.5% から 2012 年に 2.1%, 2013 年に 1.6%, 2014 年に 0.8% と低下した。2015 年には, 0.1% に低下することが予測されている。フランスも, 2011 年の 2.3% から 2012 年に 2.2%, 2013 年に 1.0%, 2014 年に 0.6% と低下した。2015 年には, 0.1% に低下することが予測されている。

表 15-5 が示すように, 2012 年以降の失業率を見ると, ドイツは依然として低下傾向にあったが, フランスは 10% に迫る水準で推移した。少なくとも, フランスについては, 総需要不足で低インフレと高失業率のデフレ現象が生じた可能性を否めない。

ECB がマイナス金利に踏み切ったもう 1 つの背景としては, ユーロ高への対応が考えられた。図 15-30 が示すように, ユーロ圏の名目実効為替レート（高い水準ほど増価を意味する）は, 2012 年 7 月を底に 2014 年 3 月まで約 12% 増価した。ユーロ圏の名目実効為替レートは, 2014 年半ばから 2015 年 4 月まで減価傾向に転じたので, ECB のマイナス金利導入が為替政策として功を奏したと言える。

他のヨーロッパの中央銀行でマイナス金利を導入したスイス国立銀行, デンマーク国立銀行, スウェーデン国立銀行（スウェーデン語で riks が「国立」意味することから, リクスバンクと呼ばれることも多い）についても, それらの政策実施の背景を見ていこう。

スイス国立銀行がマイナス金利を導入した直接的な契機は, スイスフランの急激な増価への対応であった。スイス国立銀行は, 自国通貨の為替レートに上限を設けていたが, 2015 年 1 月 15 日にその上限を突然撤廃した。撤廃するやいなや, スイスフランは高騰した。図 15-30 が示すように, 名目実効為替レートは 2014 年 12 月から 2015 年 5 月にかけて約 14% 増価した。

スイス国立銀行がスイスフランに上限を設定したのは, 自国の輸出産業を保護するためであった。しかし, スイス国立銀行は, スイスフラン安を維持するために, 膨大な規模で外貨を買い支えなければならなくなった。その購入原資となる通貨発行も限界に達したために, 通貨上限を撤廃せざるをえなくなったわけである。

図 15-30 ● ヨーロッパ各国の名目実効為替レート（基準年：2010年）

（出所）BIS.

　スイス国立銀行が自国通貨の増価を防ぐために，大量の通貨発行による外貨購入に代わって採用した手段がマイナス金利の導入であった。スイス国立銀行は，オペレーションに適用する金利（レポレート）を 2014 年までほぼゼロ水準で誘導してきたが，2015 年 1 月 22 日に一挙に－1.52％ のマイナス水準に引き下げた。翌日は，さらに－1.69％ に引き下げた。同月 26 日以降は，－0.7％ 前後に誘導した。図 15-30 が示すように，スイスフランは，2015 年 5 月以降に減価傾向に転じたことから，マイナス金利導入は為替政策として一定の効果があったと言える。

　しかし，そもそも，スイス国立銀行が自国通貨に上限を設けて輸出産業を保護せざるをえなかったのは，スイス経済が慢性的な不況に陥っていたからである。表 15-4 と表 15-5 が示すように，2009 年以降，インフレ率はつねに 1％ を下回り，失業率も 4％ を超える水準で推移してきた。そういう意味では，スイス国立銀行が展開してきた為替政策やマイナス金利は，デフレへの対応でもあったと解釈することができる。

　デンマークは，ユーロ圏に加盟していなかったが，欧州為替相場メカニズム（European Exchange Rate Mechanism，略して ERM）に参加していたことから，自国通貨クローネの相場を対ユーロに対して一定の変動幅に抑える必要があった。ECB が 2014 年 6 月にマイナス金利を導入してからは，デンマーク経済とユーロ圏の間で市場金利差が拡大して，クローネがユーロに対して増価し始めた。

　デンマーク国立銀行は，2015 年に入ると，ユーロに対するクローネの増価を防ぐために，市中銀行がデンマーク国立銀行に預ける 1 週間物譲渡性預金金利を大きく引き下げた。2015 年 1 月前半までは－0.05％ であった預金金利は，1 月 20 日に－0.2％，23 日に－0.35％，30 日に－0.5％，2 月 6 日に－0.75％ まで引き下げられた。

第 15 章　金融市場と貨幣市場

表15-4と表15-5が示すように，デンマーク経済も，インフレ率は低位にとどまっていたが，失業率は2012年以降低下傾向にあった。デンマーク国立銀行のマイナス金利導入は，デフレへの対応というよりも，自国通貨の増価を防ぐための為替政策として位置づけられるであろう。

一方，スウェーデン国立銀行が2015年2月に導入したマイナス金利政策は，デフレへの対応という側面が強かった。スウェーデンは，デンマークと違って，ERMにさえ参加していなかったので，対ユーロ相場を制御する必要がなかった。また，図15-30が示すように，スウェーデン通貨クローナの名目実効為替レートは，2013年3月をピークに減価の方向に転じていた。

スウェーデン国立銀行は，2015年2月18日にレポレートを0%から−0.1%に引き下げた。その後も，同年3月25日に−0.25%に，7月8日に−0.35%にそれぞれレポレートを引き下げた。

スウェーデン国立銀行は，当初からマイナス金利導入の理由がデフレへの対応であったことを明言していた。表15-4と表15-5が示すように，2012年になってインフレ率は，前年の3.0%から0.9%に大きく下がった。その後も，ゼロ近傍で推移してきた。同期間の失業率も，8%前後の水準で高止まりした状態が続いた。すなわち，総需要不足で低インフレと高失業率のデフレ現象が生じていた可能性がある。

このようにして見てくると，ヨーロッパの中央銀行がマイナス金利政策を展開した背景には，デフレへの対応であるケース（スウェーデン国立銀行）と，自国通貨の増価を防ぐ為替政策のケース（デンマーク国立銀行）と，両者が組み合わさったケース（ECBとスイス国立銀行）があったことになる。

> 日本の短期金融市場でマイナス金利が生じた背景

21世紀に入って日本銀行が量的（質的）金融緩和政策を展開するようになって，日本の短期金融市場でもマイナス金利がしばしば観察されるようになった。しかし，中央銀行の金融政策が主導してマイナス金利が実現したヨーロッパのケースと，日本銀行は2016年1月までマイナス金利政策を採用してしなかったにもかかわらず，短期金融市場でしばしばマイナス金利が生じた日本のケースでは，その発生メカニズムがまったく異なっている。以下では，そのことを詳しく見ていこう。

第II部第9章の第4-2項で導き出したように，日本と海外の金融市場のパフォーマンスが同じであるとすると，(9-18)式に相当する次の関係が成立する。

$$1+i_{1,t} = \frac{1}{e_t}(1+i_{1,t}^*)e_{t+1}^e \qquad (15\text{-}35)$$

上の関係からは，本章第6-4項でも用いた金利平価関係（15-23）式を導き出すこともできる。

$$\frac{e_{t+1}^e - e_t}{e_t} = i_{1,t} - i_{1,t}^* \qquad (15\text{-}23，再掲)$$

しかし，(15-23)式の金利平価関係は，$t$年の時点に立って1年先の名目為替レートを予想した値（$e_{t+1}^e$）を前提として成立している。

実は，為替市場には，将来の特定の時点で売買する為替レートを現時点で契約できる市場がある。こうした市場は，為替スワップ市場，あるいは，為替先渡し市場と呼ばれている。たとえば，外国為替のスワップ市場や先渡し市場では，現在（$t$ 年）の時点で1年先（$t+1$ 年）に売買する為替レートを $s_{t,t+1}$ とあらかじめ決めた契約を取り交わすことができる。

かりに1年先の為替レートを $s_{t,t+1}$ のレートで予約することができれば，(15-35) 式は，$t$ 年の時点に立った予想のレベルだけではなく，$t+1$ 年後の時点においても確実に成立する。

$$1+i_{1,t} = \frac{1}{e_t}(1+i_{1,t}^*)s_{t,t+1} \qquad (15\text{-}36)$$

(15-36) 式からも次のような金利平価関係を求めることができる。

$$\frac{s_{t,t+1}-e_t}{e_t} = i_{1,t}-i_{1,t}^* \qquad (15\text{-}37)$$

(15-37) 式は，為替スワップ契約によって1年先の為替レートが変動するリスクが完全にカバーされているので，カバー付き金利平価関係と呼ばれている。

21世紀に入って日本銀行が量的（質的）金融緩和政策を実施して生じた副作用として，円通貨の希少性が著しく低下するとともに，過剰気味の円建て資産の使い勝手（金融用語では，convenience と呼ばれている）が悪くなった。たとえば，希少性が保たれてこそ担保資産としての価値が生まれてくるのに，そうした希少性が失われた円建て資産は，国際的な貸借市場で担保資産としてのニーズが著しく低下した。円建て資産の希少性が低下したことの裏返しとして，米ドル建て資産の希少性が相対的に高まった。その結果，国際的な貸借市場では，米ドル建て資産に対して担保資産としてのニーズが高まった。卑近な表現では，「ドル建て資産に対して円建て資産の魅力が薄れた」と言えるかもしれない。

このような事態が常態化すると，為替リスクを完全に取り除いた状態で円建て資産で運用するほうが有利になっても，米ドル建て資産に比べた円建て資産への需要が弱まってしまう。その結果，円ドル相場に関する (15-36) 式は等号でなく，不等号になる。

$$1+i_{1,t} > \frac{1}{e_t}(1+i_{1,t}^*)s_{t,t+1} \qquad (15\text{-}38)$$

カバー付き金利平価も，次のような不等号の関係になってしまう。

$$i_{1,t} > \frac{s_{t,t+1}-e_t}{e_t}+i_{1,t}^*$$

いま，米ドル金利で資金を1年間借りると同時に，為替スワップで1年先の名目為替レートを $s_{t,t+1}$ で予約して，

　　　米ドル建て資金の調達　⇒　円建て資産の運用　⇒　米ドル建て資産の返済

という貸借を行うとする。

上の貸借を円建てで借りた契約であると再解釈すれば，元本1円あたりの借入金利 $\bar{i}_{1,t}$ は，その1円を米ドルに換算して米ドル金利で借りて1年後に円に換算して返済する場合

に相当する。したがって，次のような関係が成り立つ。

$$1+\bar{i}_{1,t} = \frac{1}{e_t}(1+i^*_{1,t})s_{t,t+1}$$

米ドル建て資産に対して円建て資産の魅力が薄れて，(15-38) 式の不等号が成り立っているとすると，$i_{1,t} > \bar{i}_{1,t}$ となる。日本銀行の積極的な金融政策によって短期金融市場の名目金利がほぼゼロに達していたので，

$$i_{1,t} \approx 0 > \bar{i}_{1,t}$$

となって，為替スワップと米ドル金利の借入を組み合わせた貸借は，円ベースの借入金利 ($\bar{i}_{1,t}$) で見るとマイナスになった。

こうした借入金利 $\bar{i}_{1,t}$ のマイナスの度合が強まると，コール市場（銀行間貸借市場）や国庫短期証券の金利（$i_{1,t}$）がたとえマイナスになったとしても，大きくマイナスになった金利で資金を借り入れた投資家にとっては，$0 > i_{1,t} > \bar{i}_{1,t}$ となって依然として収益機会を得ることになる。

ヨーロッパの短期金融市場では，中央銀行がマイナス金利を導入することによって，自国通貨の減価を図った。一方，日本の短期金融市場では，日本銀行が2016年1月末に準備預金の一部にマイナス金利の適用を決定する前であっても，量的（質的）金融緩和政策の帰結として，円通貨の希少性が薄れ，円建て資産が敬遠された結果，マイナス金利が生じた。したがって，ヨーロッパのケースと日本のケースでは，マイナス金利の発生メカニズムについて因果関係がまったく異なっていたと言える。

21世紀に入って日本の短期金融市場で生じたマイナス金利現象は，第II部第6章の第6-3項で議論したような総需要促進効果を持っていたというよりも，日本の短期金融市場の歪みを象徴していたと解釈するほうが自然であろう。

## 6-6　長期的に最適な金融政策——反面教師としてのフリードマン・ルール

**現実離れしたフリードマン・ルール？**

これまでの4つの項では，(15-10) 式で定式化されている標準的な貨幣需要関数の議論から離れて，決済システムの安定のために（第6-2項），政府の資金調達手段として（ただし，第6-3項では，実質貨幣需要の議論にも言及している），自国通貨を減価させる為替政策として（第6-4項），あるいは，マイナス金利政策によるデフレへの対応として（第6-5項），中央銀行の積極的な金融緩和政策が必要となってくる局面を考えてきた。なお，経済安定化政策のための金利政策については，第II部第8章で詳しく議論した。

それでは，まったく逆の事態を考えてみよう。実際の GDP は潜在 GDP に等しく，決済システムは安定している。政府税収が十分にあって，通貨発行収入に依存する必要もない。そのような状況にあって，どのような金融政策が望ましいのであろうか。

こうした問題に理論的な解答を準備したのが，フリードマン（M. Friedman）である。フリードマン・ルールと呼ばれている最適金融政策（optimal monetary policy）とは，

名目貨幣供給量を継続的に縮小して実質金利に等しい水準のデフレーション期待を醸成する金融政策である。

　上述のような金融政策が望ましい理由は，簡単に説明できる。期待デフレ率が実質金利に等しい場合，フィッシャー方程式（名目金利＝実質金利＋期待インフレ率）から，名目金利がゼロに等しくなる。名目金利がゼロ水準となると，貨幣保有の機会コストがゼロとなるので，家計や企業は，実質ベースで見てコストなしで必要なだけ貨幣を保有することができる。実質で見て十分に高い水準の貨幣保有は，高い決済サービスを生み出すので，家計の効用（経済厚生）がもっとも高い水準で実現される。

　すなわち，フリードマン・ルールのもとでは，家計は貨幣保有コストをまったく負担することなく，非常に高いレベルの実質貨幣需要を実現することができる。なお，第6-4項で仮定したように，本項でも長期的な実質金利 $r$ は正値であると想定していることに注意してほしい。

　フリードマン・ルールを実現するための金融操作は，金融緩和政策とまったく逆の政策手続きをとる。マクロ経済が恒常的にデフレーションに陥ると，通貨発行収入ではなく，通貨回収費用（$(-M^s/P)\pi$，$\pi=-r$ となって，デフレーションで $\pi$ がマイナスになることに注意）が毎年生じることになる。売りオペレーションによってすでに発行した貨幣を回収する費用を捻出するためには，政府税収に依拠しなくてはならない。

　先ほど導出した統合政府の年間予算制約である（15-17）式を用いると，フリードマン・ルールのもとでは以下の関係が成立する。

$$\frac{B}{P}r + \left(-\frac{M^s}{P}\pi\right) = \left(\frac{B}{P}+\frac{M^s}{P}\right)r = t - g$$

すなわち，毎年の国債の利払いと通貨回収費用を基礎的財政収支でまかなっていく必要がある。

　フリードマン・ルールにおける通貨回収費用の代替的な解釈としては，中央銀行が中央銀行券や準備預金の保有者に対して支払っている実質金利の総額（$(M^s/P)r$）が基礎的収支（$t-g$）の一部でまかなわれていると考えることもできる。

　現実のマクロ経済は，景気変動に見舞われ，時として金融危機で決済システムの安定性が危ぶまれてきた。そのような局面では，中央銀行の機動的な金融緩和政策が必要となってくる。また，政府の財政は，多かれ少なかれ，通貨発行収入に依拠せざるをえない。そうした現実を踏まえると，フリードマン・ルールが意図する金融引き締め政策は，あまりに現実の金融政策と逆行していると言える。そのために，フリードマン・ルールが実際の政策現場で考慮されることはほとんどなかった。

　なお，フリードマンは1969年の著作でフリードマン・ルールを厳密に提示したが，それ以前の1950年代，60年代から，貨幣経済学者の間では，後にフリードマン・ルールと呼ばれる最適金融政策がインフォーマルな形で活発に議論されていた。フリードマン自身も，1960年にはフリードマン・ルールに相当するアイディアを簡単に著述している。

**量的・質的金融緩和政策のコストとは？**

それでは，金融緩和を徹底して実現した現在のゼロ金利環境は，政府の通貨回収費用や中央銀行の実質的な金利負担といった政策コストをまったくかけずに貨幣保有コストゼロの状態を生み出すことができているのであろうか。

確かに，準備預金と銀行券の大規模な発行によって支えられている日本銀行の長期国債保有は，日本銀行の長期国債保有が通貨発行収入によってまかなわれているかのような錯覚を生み出す。事実，日本銀行は，自由自在に準備預金を拡大させることができ，その分，長期国債を保有できると考えている人たちも少なくない。

しかし，第 6-3 項で議論してきたように，インフレが生じて名目金利がゼロ水準から離陸した経済環境における実質貨幣需要の縮小を考慮すると，中央銀行が実質通貨発行収入で長期的にまかなうことができる実質国債残高には次のような上限がある。

$$\frac{B_{cb}}{P} \leq \frac{M^s}{P}\frac{\pi}{r} \qquad (15\text{-}18，再掲)$$

POINT 15-7 で簡単な理論モデルを用いて計算した結果では，日本銀行が通貨発行収入のみで保有することができる国債残高は，名目 GDP のたかだか 1 割にすぎない。もちろん，モデルの想定次第では，こうした推計値も異なってくるであろうが，その上限が名目 GDP の数割にも達することはないであろう。

日本銀行が実質ベースで上限を超えて長期的に保有する部分（$B_{cb}/P - (M^s/P)(\pi/r)$）については，無利子ではなく，市場金利を負担して調達した資金で買い支えるしかないであろう。日本銀行が利息を支払って資金を調達すると，通貨発行収入が利息支払い分だけ減少する。通貨発行収入の減少分は，国民からの税金によって補わなければならなくなる。

結局のところ，インフレ税と呼ばれている通貨発行収入も，魔法の杖ではないわけである。極端な金融緩和の結果生み出されたゼロ金利環境において，中央銀行の国債保有コストが見えにくくなっているだけなのである。

POINT 15-8 の表 15-3 が示すように，2015 年 9 月現在で日本銀行が保有する長期国債残高は，名目 GDP の 5 割を超えた。2014 年 10 月末に打ち出された量的・質的金融緩和の方針では，対名目 GDP 比で年 15％ 以上のスピードで日本銀行が保有する長期国債の残高が拡大していく。

大変に皮肉なことであるが，こうした日本銀行の長期国債保有に莫大な政策コストがかかっている事実を見えにくくしておくためには，物価が緩やかに低下し名目金利がゼロにとどまる状況をできるだけ継続させる必要がある。まさに，フリードマン・ルールが実現している状況である。

しかし，フリードマン・ルールのもとでは，実質ベースで見ると，日本銀行は通貨保有者に対して金利を支払っていることになる。こうした中央銀行の実質負担こそが，見えにくい形で生じている量的・質的金融緩和政策のコストなのである。

日本銀行と政府は，「デフレ脱却」を目指してなりふりかまわず金融緩和政策を推し進め名目金利をゼロ近傍に抑えつけてきた。しかし，デフレ脱却が実現し名目金利がゼロ水準から離陸すれば，金融緩和政策の矛盾が露わになってしまう。そうした政策の矛盾が顕

在化するのを避けるためには，フリードマン・ルールで実現するデフレの継続が必要であるというのは，やはり皮肉な事態であろう。

**BOOK GUIDE ● 文献案内**

本章で議論してきたトピックスで金融市場（債券市場と株式市場）に関わるものは，

① 齊藤誠［2000］『金融技術の考え方・使い方——リスクと流動性の経済分析』有斐閣

の第2章から第5章と，そこで紹介されているより専門的な文献にあたってほしい。一方，貨幣市場と金融政策に関わるトピックスは，

② 齊藤誠［2006］『新しいマクロ経済学——クラシカルとケインジアンの邂逅（新版）』有斐閣

の第5章と第6章に読み進むとよいであろう。上の2つの教科書は，本章ではまったく取り扱っていない金融リスクに関わる経済理論を掘り下げて紹介している。金融政策の今日的な課題に関する先端的な議論は，

③ 白川方明［2008］『現代の金融政策——理論と実際』日本経済新聞出版社

が優れている。なお，経済政策の時間整合性に関する参考書については，第16章の章末にあげている。

金融市場や貨幣市場の高度な理論を深く学んでいくうえでは，理論モデルが市場のどのような本質的部分を抽象しているのかをつねに見つめていく必要がある。そのためには，経済理論や数学の基礎的な素養が不可欠であることは言うまでもないが，市場の制度的な実態を正確に理解し，金融・貨幣市場に関する統計数字の概略が頭に入っていることが肝心である。貨幣市場や金融政策の制度的な側面については，

④ 日本銀行金融研究所編［2011］『日本銀行の機能と業務』有斐閣

が役に立つ。本書は，http://www.imes.boj.or.jp/japanese/pf.html で閲覧することもできる。

⑤ 翁邦雄［2013］『金融政策のフロンティア——国際的潮流と非伝統的政策』日本評論社

は，従来とまったく異なる拡張的金融政策の枠組みについてさまざまな論点から考察を展開している。同著者の『経済の大転換と日本銀行』（2015年，岩波書店）は，より最近の展開もカバーしている。

第Ⅳ部　マクロ経済モデルのミクロ的基礎づけ

# 第16章　消費と投資

## CHAPTER 16

本章は，マクロ経済の消費と投資を決定する理論的フレームワークであるラムゼー・モデルを，高度な数学的テクニックを用いることなく紹介していく。ラムゼー・モデルは，抽象的すぎて現実的ではないと考えられがちであるが，経済理論と経済政策に関して実に豊かなインプリケーションを生み出しているという意味では，"マクロ経済学の玉手箱"的な存在である。また，ラムゼー・モデルのフィルターを通すことによって，現実のマクロ経済の問題点も浮かび上がってくる。けっして読みやすい章ではないが，あまり予断を持たずにじっくりと読んでほしい。

### KEYWORD

ラムゼー・モデル，資本の過剰蓄積，黄金律，オイラー方程式，位相図，恒常所得仮説，流動性制約，トービンの $q$，モディリアーニ・ミラー定理，実物的景気循環理論，在庫投資，リカードの中立命題，最適課税

- FIGURE
- TABLE
- COLUMN
- POINT
- BOOK GUIDE

INTRODUCTION

**効率的な経路がどのように決まるのか？**

　本章では，閉鎖経済の枠組みで，家計（消費者）が消費と貯蓄をどのように配分し，貯蓄を原資とした設備投資によってどのように資本を蓄積することが望ましいマクロ経済の姿なのか，を評価できる理論モデル（ラムゼー・モデルと呼ばれている）を，1つ1つのパーツを積み重ねながら組み立てていく。理論的に厳密なフレームワークを構築するためには，かなり非現実的と思われる仮定も設けていかなければならない。読者のなかには，そうした面倒な作業を，無味乾燥な試み，あるいは荒唐無稽な企みと感じて，途中で本章を読むのをやめてしまう人がいるかもしれない。

　以下，そうならないためにも，本章を読む方へのお願いを述べる。理論モデルの役割は，現実の経済現象を首尾よく説明することだけではない。現実をうまく説明する理論モデルが，優れた理論モデルというわけでもない。もちろん，理論モデルによって現実の経済現象を説明することは，経済学の最重要課題の1つである。しかし，理論モデルにとってより重要なことは，その理論モデルを通して現実の経済現象を見ることによって，実際の現象を解釈し，評価することなのである。そうした解釈や評価を通じることにより，より良い状態を作り出すために現実の経済に働きかける政策手段を考察することこそが，理論モデルの役割なのである。

　本章で紹介するラムゼー・モデルは，それをフィルターにすることによって，現実のマクロ経済の本質的な問題点を浮かび上がらせることができる。ラムゼー・モデルからは，さまざまな政策的インプリケーションを得ることができるが，もちろん，それらのインプリケーションはかなり抽象的なものである。しかし，ラムゼー・モデルから導き出されるインプリケーションに沿って現実の経済政策の枠組みを吟味することによって，より良い政策枠組みを考え出すことができる。

　現実の経済現象を解釈し，実際の経済政策を評価する理論的枠組みを提供しているという意味で，ラムゼー・モデルは，マクロ経済学のなかで，いや，経済学全体のなかでも，もっとも成功した実践事例なのである。ここまで大見えを切ったので，本章の最後の第5節では，ラムゼー・モデルに基づいて日本経済をながめる作業を通して，上に述べたことの証しとしたい。

　本章は，けっして読みやすい章ではないので，一挙に読もうとすると，消化不良を起こしてしまうかもしれない。まずは，第2節を丁寧に，できれば何度か繰り返して読むことを薦める。そのうえで，第3節，第4節と進んでいくとよいであろう。最後に，第5節を読むと，ラムゼー・モデルが語りかけてくれることと日本経済に関するデータ（主としてSNA）との関係が，ある程度見えてくるのではないであろうか。

# ラムゼーの経済成長モデル

## 2-1 ラムゼー・モデルの考え方

　第Ⅱ部第11章で展開しているソロー・モデルは，資本蓄積のメカニズムを明らかにした閉鎖経済に関する成長モデルであるが，家計（消費者）の貯蓄・消費行動が非常に単純に取り扱われている。すなわち，マクロ経済環境の変化にかかわらず，家計の貯蓄率が$s$，その裏側で平均消費性向が$1-s$につねに等しいと仮定されている。

　ソロー・モデルでは，労働力1人あたりの所得$y$は，労働力1人あたりの産出量（GDP）である$f(k)$に等しいので（なお，$k$は労働力1人あたり資本水準を示す），労働力1人あたりの消費$c$は$(1-s)f(k)$に相当する。したがって，閉鎖経済モデルであるソロー・モデルでは，資本水準の蓄積プロセスは，以下のように表されている。

$$\Delta k = f(k) - c - \delta k \\ = sf(k) - \delta k$$

なお，$\delta$は固定資本減耗率である。

　しかし，実際の家計は，マクロ経済環境に応じて消費・貯蓄行動を変化させていく。消費を「現在の消費」，貯蓄を「将来の消費」と考えると，資金運用利回りが上昇すれば，貯蓄をして消費を引き延ばすことによって，現在の消費に対して将来の消費のウエートを高めるであろう。逆に，資金運用利回りが低下すれば，貯蓄を取り崩して消費を前倒しにすることによって，将来の消費に対して現在の消費のウエートを高めるであろう。

　第14章でも議論しているように，現時点での家計の消費と貯蓄のバランスは，閉鎖経済において消費と設備投資の配分に相当し，将来にかけての資本蓄積にも大きな影響を与える。同時に，資本蓄積のパターンが，資金運用利回りに対応している資本の収益率を左右することから，ふたたび家計の消費・貯蓄行動にも影響を与える。ソロー・モデルでは，こうした家計の消費・貯蓄行動とマクロ経済の資本蓄積パターンの相互依存関係が完全に抜け落ちてしまっている。言い換えると，家計の消費・貯蓄行動が資本蓄積に影響を与えるという一方向のチャンネルしか取り扱われていない。

　そこで，本節では，歴史的に後先が逆になるのであるが，1950年代に開発されたソロー・モデルに先行して，ラムゼー（F. P. Ramsey, コラム「マクロ経済学の歴史⑱」を参照）が1920年代に提起した成長モデルに立ち戻って，家計行動と資本蓄積の相互依存関係を取り扱っていく。

　ラムゼー・モデルは，先述のとおり，家計の消費・貯蓄行動を精緻に取り扱っているという面でソロー・モデルよりも優れている。それに加えて，ソロー・モデルでは，「どのような経済成長や資本蓄積のプロセスが適切なのか？」という問題に直接答えることができないが，ラムゼー・モデルでは，経済成長プロセスの効率性を真正面から取り扱うこと

> **COLUMN** マクロ経済学の歴史⑱　ラムゼーの経済学への貢献
>
> 　ラムゼー（F. P. Ramsey, 1903-30, イギリス人）は，経済学に対してもっともファンダメンタルな貢献をした哲学者である。彼は短い生涯のなかで3つの経済学論文を著しているが，いずれも，その後の経済学の発展を支える革新的な業績であった。
> 　1926年に公刊した著作は，主観的な確率を想定しながら，不確実性下の意思決定を取り扱ったもので，その後の期待効用理論の礎となった。次いで，1927年に経済学の研究雑誌である『エコノミック・ジャーナル』（*Economic Journal*）に公刊した論文は，最適課税問題を取り扱ったもので，一定の税収をあげるために，もっとも歪み（distortion）の少ない税制の条件を数学的に示している。
> 　1928年に同じく『エコノミック・ジャーナル』に公刊した論文が，本節で紹介する経済成長モデルであり，後にラムゼー・モデルと呼ばれるようになるものである。ラムゼーが本論文を仕上げる過程でケインズと討論を重ねたことから，成長モデルのなかで異時点間の効率的資源配分に関する根幹の条件となるオイラー方程式は，ケインズ・ラムゼー・ルールとも呼ばれている。

が可能である。具体的には，どのような経路が適切な資本蓄積過程で，どのような経路が過大な，あるいは過小な資本蓄積過程なのかを的確に判断することができる。同時に，資産価格バブル現象のように資産価格の変則的な動向が，実は資本蓄積過程の非効率性を反映していることも明らかにできる。

　ラムゼー・モデルは，以上のように優れた特性を備えているが，分析をできるだけシャープにするために，いくつもの単純化のための仮定を設けている。第1に，貨幣が中立的であることを前提に貨幣的な要因を完全に捨象しており，経済変数はすべて実質値で表されている。

　第2に，財は1種類しかないことを想定している。ラムゼー・モデルで取り扱われている財は，消費財にも，資本財にも使うことができる万能な財である。したがって，財価格という場合は，消費財価格も資本財価格も意味している。また，投資が将来の収益を生み出す行為であることを考えると，資本財価格には，将来のファンダメンタルズを反映する資産価格の側面もある。貨幣的要因を取り除いたモデルでは当然なことであるが，財価格は，財1単位あたりの実質価格なので，物価水準の上昇は財価格にいっさい反映されない。

　第3に，人口成長はなく，全人口が労働力として供給されていると想定する。したがって，「人口1人あたり」と「労働力1人あたり」は，まったく同じ意味である。なお，ソロー・モデルの定式化と同様に，小文字で表した実物変数（消費，資本，産出量など）は労働力1人あたりの表示である。

> **POINT** 16-1 ● $\Delta x$ と $\dot{x}$ の違いは？

　これまでも，$\Delta$ の記号は，一定の時間間隔における変数の変化を表すものとして用いてきた。たとえば，資本水準の変化 $\Delta k$ は，前期からの変化である $k-k_{-1}$ を意味している。もし，時間のタイミングをより明確にする場合は，添え字に時点を表す $t$ を付して，$\Delta k_t = k_t - k_{t-1}$ と表記している。

　しかし，このような表記ができるのは，時間間隔が離散的に想定されているからである（離散時間，discrete time）。たとえば，年次データであると，2000年，2001年，2002年と1年間隔で時間が刻まれているので，2000年初めから2001年初めにかけての資本水準の変化を $\Delta k_{2001} = k_{2001} - k_{2000}$ と表すことができるのである。事実，ほとんどの経済データが，日次，月次，四半期，半年，年次というように，離散的な時間間隔上で記録されている。

　しかし，物理的な時間の推移は，「2000年から2001年にジャンプする」というように離散的ではなく，日々刻々と連続的に推移する（連続時間，continuous time）。したがって，変数の変化を連続時間上で数学的に記述する方法が存在するはずである。

　いま，時間が $t$ から $t+\Delta t$ にわずかに経過するとしよう。その間，資本水準は $k_t$ から $k_{t+\Delta t}$ に変化すると，時間あたりの変化は，$\Delta k_{t+\Delta t}/\Delta t$ に相当する。ここで，わずかな時間間隔 $\Delta t$ をゼロの極限にまで縮小したときの単位時間あたりの資本水準の変化を $\dot{k}$ とする。したがって，$\dot{k}$ は以下のように定義することができる。

$$\dot{k} = \lim_{\Delta t \to 0} \frac{\Delta k_{t+\Delta t}}{\Delta t}$$

　実は，離散時間上よりも，連続時間上で変数の変化を記述するほうが，数学的な取り扱いははるかに簡潔となる。離散時間上で変数の変化を表した式を差分方程式（difference equations system），連続時間上で変数の変化を表した式を微分方程式（differential equations system）と呼んでいるが，微分方程式のほうが差分方程式よりも数学的に取り扱いやすい。本章で紹介するラムゼー・モデルも，微分方程式で分析するほうがはるかに簡潔に記述できる。

　それにもかかわらず，本章では，離散時間上で経済の変化を記述していく。経済データのほとんどが離散時間上で記録されていて，読者も，連続時間よりも離散時間のほうがはるかになじみやすいと思うからである。しかし，読者には，離散時間を用いる分だけ，若干，強引な近似を用いていかなければならないことをあらかじめ了解しておいてほしい。

第16章　消費と投資

## 2-2　長期的に望ましい資本蓄積

本項では，まず，労働力1人あたりの物的資本（$k$，以下，単に資本と言う）が長期的にどのように蓄積されるのかを考えてみよう。$k_t$ は，$t$ 期の初めの資本水準を示すストック変数である。$t$ 期初に労働力1人あたりについて $k_t$ 単位の資本を投下すると，労働力1人あたりについて，$f(k_t)$ 単位の万能財（以下，単に財と言う）が生産される。ここで用いている生産関数 $y=f(k)$ の特性は，第Ⅱ部第11章で議論したものとまったく同じである。

当該資本は $t$ 期間中に資本1単位あたり $\delta$ の比率で資本が減耗するので，$t$ 期間中の固定資本減耗分は $\delta k_t$ に等しい。また，$t$ 期間中の消費は $c_t$ に等しい。固定資本減耗も，消費も，$t$ 期の1期間中の経済行動を示しているフロー変数である。

ここで，$t$ 期から $t+1$ 期にかけての資本蓄積過程を記述してみよう。$t$ 期初に資本 $k_t$ に投下して，$f(k_t)$ の財が生産され，消費 $c_t$ と固定資本減耗 $\delta k_t$ にそれぞれ充てられる。それでもなお手元に財が残れば，来期（$t+1$）へ資本を積み増し，財が足りなければ，手持ちの資本を取り崩さなければならない。したがって，$t$ 期から $t+1$ 期にかけての資本蓄積過程は，次のように書き表すことができる。

$$\begin{aligned}\Delta k_{t+1} &= k_{t+1}-k_t \\ &= f(k_t)-c_t-\delta k_t\end{aligned} \quad (16\text{-}1)$$

すなわち，$f(k_t)-c_t-\delta k_t$ が正であれば資本を積み増し，$f(k_t)-c_t-\delta k_t$ が負であれば資本を取り崩す。

第Ⅰ部で固定資本形成（設備投資）は，粗投資と純投資に分けられることを述べたが，(16-1) 式では，固定資本減耗を控除する前の $f(k_t)-c_t$ が粗投資に，固定資本減耗を控除した $f(k_t)-c_t-\delta k_t$ が純投資にそれぞれ対応する。

閉鎖経済では，粗投資分（$f(k_t)-c_t$）が国内貯蓄に相当する。総生産 $f(k_t)$ に対する国内貯蓄の比率を貯蓄率 $s_t$ として定義すると，(16-1) 式は，次のように書き換えることができる。

$$\Delta k_{t+1} = s_t f(k_t)-\delta k_t$$

したがって，第Ⅱ部第11章で学んだソロー・モデルは，貯蓄率が $s$ の水準で一定となる場合の資本蓄積過程を記述していることになる。

ここで，資本水準も消費水準もまったく変化しない状態である**定常状態**（steady state）における資本蓄積水準を求めてみよう。定常状態では，

$$\Delta k = 0 \quad \text{および} \quad \Delta c = 0$$

が成立している。(16-1) 式と $\Delta k=0$ から，定常状態における消費水準は以下のように導出することができる。

$$c = f(k) - \delta k \tag{16-2}$$

なお，(16-2) 式は定常状態で成立しており，消費も資本も変化しないことから，これらの変数には時間を表す添え字を付けていない。以下でも，定常状態に関する条件式については，時間に関わる添え字を付さないことにする。

ここで，定常状態において，消費水準 $c$ が，資本蓄積水準 $k$ とどのような関係にあるのかを見ていこう。図 16-1 は，(16-2) 式の右辺に現れる第 1 項（生産水準，$f(k)$）と第 2 項（固定資本減耗分，$\delta k$）を同じグラフ上に表したものである。(16-2) 式が示すように，第 1 項の生産関数に相当する曲線部分から，第 2 項の固定資本減耗に相当する直線部分を垂直方向に差し引いた部分が，定常状態の消費水準に対応する。

たとえば，資本水準が低いと（$A$ 点），消費に相当する部分が狭いが，資本水準が高まるにつれて（$B$ 点に向かうにつれて），消費相当部分が広まっていく。しかし，よりいっそう資本水準が高まると（$C$ 点），消費相当部分がふたたび狭まってくる。

図 16-2（次頁）は，図 16-1 から示される定常状態の資本水準（$k$）と消費水準（$c$）の関係を表したものである。資本水準がゼロから出発すると，資本水準が高まるにつれて消費が上昇する。しかし，資本が $k^g$ の水準（図 16-1 の $B$ 点の資本水準）で消費が最大となり，その後は消費が低下していく。定常状態における消費を最大にする資本蓄積水準 $k^g$ は，黄金律（golden rule）と呼ばれている（第 II 部第 11 章の POINT 11-9 でも取り扱っている）。

それでは，黄金律に相当する資本蓄積水準はどのような条件を満たしているのであろうか。(16-2) 式において，消費水準を最大化するための極大化条件（1 階条件，巻末の数学付録を参照のこと）は，以下のように導出できる。

FIGURE 図 16-1 ● 定常状態における生産と固定資本減耗

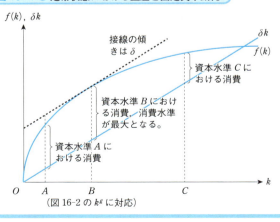

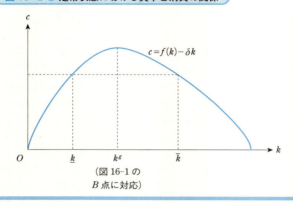

**図 16-2** 定常状態における資本と消費の関係

(図 16-1 の B 点に対応)

$$f'(k^g) = \delta \tag{16-3}$$

すなわち，黄金律の資本蓄積水準は，資本の限界生産性が固定資本減耗率に等しいケースに相当する。

図 16-2 で示されている資本と消費の関係は，資本蓄積の適切な水準について重要な示唆を与えてくれる。ここでは，同じ消費水準を達成できる資本水準について，黄金律水準（$k^g$，図 16-1 の B 点に対応）を挟んで資本水準がより低い水準の $\underline{k}$ 点の場合とより高い水準の $\bar{k}$ 点の場合を比較してみよう。どちらの資本水準でも同じ消費水準を達成できるので，$\underline{k}$ 点の資本水準に比べて，$\bar{k}$ 点の資本水準のほうでは，資本が余分に使われていることになる。換言すると，$\underline{k}$ 点では資本が効率的に使われているが，$\bar{k}$ 点では資本が効率的に使われていない。

黄金律を超えて資本が蓄積される状態は，**資本の過剰蓄積**（over accumulation）が生じていると呼ばれる。以上の議論を踏まえると，「定常状態における適切な資本水準」とは，黄金律水準を下回っていなければならない。資本の限界生産性は資本水準の増加とともに逓減するので，資本の過剰蓄積に陥ると，資本の限界生産性は固定資本減耗率を下回る（$f'(k) < \delta$ が成り立つ）。逆に，資本水準が黄金律を下回る場合には，資本の限界生産性は，固定資本減耗率を上回る（$f'(k) \geq \delta$ が成り立つ）。

資本の過剰蓄積が回避されている状態が，資本の限界生産性が固定資本減耗率を上回る状態に対応していることは，以下のように直観的に解釈することもできる。1 期間に 1 単位の資本を生産過程に投下して生み出される収益が，資本の限界生産性 $f'(k)$ に対応している。一方，1 単位の資本を生産過程に投じると，1 期間に $\delta$ の割合で減耗する。すなわち，1 期間に 1 単位の資本を生産過程に投ずる便益は $f'(k)$，その費用は $\delta$ となる。

したがって，資本の限界生産性が固定資本減耗率を上回る状態とは，1 期間に 1 単位の

資本を生産過程に投じる場合に得られる純収益（便益－費用）が正値である状態を意味している。もし，資本水準が黄金律を超えて過剰蓄積に陥っている場合には，便益から費用を控除した純収益が負値となって，1単位の資本が1期間あたりで損失を生み出していることになる。

最後に，競争的な貸借市場では，資本の限界生産性から固定資本減耗率を控除したものが，実質利子率（real rate of interest, $r$）に対応することを見ていきたい。実質利子率は，借入側の生産者から見れば資本1単位あたりの調達利回りである。かりに$r > f'(k) - \delta$が成り立っている場合，生産者は，資本1単位が生み出す純収益よりも，資本1単位を借り入れるコストのほうが高くなるので，最後の1単位の資本投下で採算割れを起こしている。したがって，生産者は資本水準を縮小して資本の限界生産性を高めたほうが，総収益を改善することができる。逆に，$r < f'(k) - \delta$の場合，最後の1単位の資本投下では，費用（借入コスト）よりも純収益のほうが高い。その結果，資本水準を高めて資本の限界生産性を引き下げることで，総収益をさらに改善することができる。

このように実質利子率に見合って資本水準が調整されると，実質利子率は，資本の限界生産性から固定資本減耗率を控除したものにつねに等しくなる。すなわち，以下の関係が成立している。

$$r = f'(k) - \delta \qquad (16\text{-}4)$$

なお，上のように実質利子率が決定されているとすると，資本の限界生産性が固定資本減耗率を下回る資本の過剰蓄積の状態は，実質利子率が負値になっていることに対応している。

## 2-3　消費の効率的な動学的配分——オイラー方程式の導出

本項では，時間を通じてどのように消費を配分することが効率的なのかを考えていきたい。最終的には，消費の効率的な動学的配分の条件であるオイラー方程式（Euler equation）を導出する。なお，この条件がオイラー方程式と呼ばれているのは，数学者であるオイラー（L. Euler, 1707-83, スイス人）が最初に導出した条件だからである。コラム「マクロ経済学の歴史⑱」に述べているように，経済学のコンテキストでは，本質的に同じ条件がラムゼーとケインズが協働してはじめて導出されたことを踏まえて，ケインズ・ラムゼー・ルールと呼ばれることもある。

消費理論においてもっとも中心的な役割を果たすのが，期間ごとの消費水準$c$に応じた効用水準を示す効用関数$u(c)$である。標準的な効用関数は，図16-3（次頁）に示すような形状をしている。まず，消費水準が高くなるほど，効用水準が高くなる。一方，消費の1単位の増加で効用が改善する度合，すなわち限界効用（効用関数の1階の微分で$u'(c)$と表す）は，消費水準が高いほど小さくなる。こうした特性は，限界効用の逓減と呼ばれている。

図16-3に示すように，ある消費水準の限界効用は，その消費水準における効用関数の

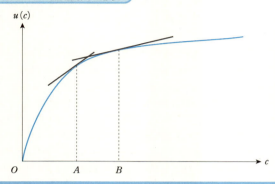

図 16-3 ● 効用関数の形状

傾きに相当する。限界効用が逓減する場合には，消費水準が相対的に高い $B$ 点の効用関数の傾きのほうが，消費水準が相対的に低い $A$ 点の効用関数の傾きよりも緩やかになる。

上述の効用関数の特性を数学的に表すと以下のようになる。

$$u'(c) > 0$$
$$u''(c) < 0$$

限界効用 $u'(c)$ とは，先述のとおり，消費水準が 1 単位変化したときの効用水準の変化の度合を表している。たとえば，消費水準が $\Delta c$ 単位増加（減少）すると，$u'(c) \times \Delta c$ だけ効用が上昇（低下）する。

ここで，$t$ 期の消費 $c_t$ と $t+1$ 期の消費 $c_{t+1}$ をどのように配分すれば効率的なのかを考えていこう。まず，1 期間の割引率は $\rho$ であるとする。この割引率は，1 年間，消費を引き延ばすことに対する対価（**時間選好率**）と考えることもできるし，消費者の 1 年間の運用に対する**要求利回り**と考えることもできる。なお，時間選好率については，第 15 章第 2-3 項を参考にしてほしい。

いま，$t$ 期の消費を 1 単位だけ引き下げて，それを $r_t$ の実質利子率で運用し，その元利合計を $t+1$ 期に消費するとしよう[1]。この場合，$t$ 期に消費減少分だけ効用が低下し，$t+1$ 期に消費増加分だけ効用が上昇する。言い換えると，$t$ 期に限界的に費用を支払って，$t+1$ 期に限界的に便益を得ていることになる。$t$ 期と $t+1$ 期との間で消費が効率的に配分されていて費用対効果に見合っている場合，前者の限界費用は後者の限界便益に一致しなければならない。

$t$ 期に被る効用ベースで見た限界費用は，$u'(c_t) \times 1$ に等しい。一方，$t+1$ 期に享受できる効用ベースで見た限界便益は $u'(c_{t+1}) \times (1+r_t)$ に等しい。限界費用と限界便益を $t$ 期の時点で比較するためには，$t+1$ 期時点の限界便益 $u'(c_{t+1}) \times (1+r_t)$ を時間選好率 $\rho$ で割り引く必要がある。そのうえで限界費用と限界便益が一致する条件が，オイラー方程式

と呼ばれている。

$$u'(c_t) = \frac{1+r_t}{1+\rho} u'(c_{t+1}) \quad (16\text{-}5)$$

厳密に言うと，(16-5) 式は，$t$ 期の時点で左辺の限界費用と右辺の限界便益を比較しているので，右辺に現れる1期先の消費は予想値ベース（$c_{t+1}^e$）で表現する必要がある。しかし，ここでは予想が実現していく合理的期待形成のもとで $c_{t+1}^e = c_{t+1}$ が成り立っていることをあらかじめ想定している。POINT 16-2 では，非常に簡単な2期間モデルにおいて (16-5) 式のオイラー方程式を導き出している。

(16-5) 式のオイラー方程式の特性をもう少し掘り下げて見ていこう。ここで (16-5) 式が等号で成り立っているところに，実質利子率 $r_t$ が上昇すると，2期間の消費配分はどのように変化するであろうか。$r_t$ の上昇で，(16-5) 式の右辺が一時的に大きくなる。そこで両辺の間で等号を回復しようとすれば，左辺の $t$ 期の限界効用が上昇して，右辺の $t+1$ 期の限界効用が低下しなければならない。限界効用は消費水準とともに逓減するので，$t$ 期における消費の相対的低下で $u'(c_t)$ が上昇し，$t+1$ 期における消費の相対的上昇で $u'(c_{t+1})$ が低下すれば，(16-5) 式の両辺はふたたび等しくなる。すなわち，$t$ 期の実質利子率の上昇で，$t$ 期から $t+1$ 期にかけて消費がいっそう上昇する。こうしたオイラー方程式の特性を直観的に解釈すれば，実質利子率が上昇して運用利回りが高まると，消費者は，資源（以下では，財を指す用語として用いる，resources）を現在の消費から将来の消費に振り向けるということになる。

以上の議論をいっそう明快にするために，効用関数を次のように特定してみよう。

$$u(c) = \frac{c^{1-\frac{1}{\sigma}}}{1-\frac{1}{\sigma}} \quad (16\text{-}6)$$

ただし，パラメーター $\sigma$ は1以外の正値である。(16-6) 式の効用関数では，$u'(c) = c^{-1/\sigma} > 0$，$u''(c) = -(1/\sigma)c^{-1-1/\sigma} < 0$ が成り立つので，効用関数の標準的な特性を備えている。

(16-6) 式の効用関数を (16-5) 式のオイラー方程式に代入すると，次の式を導くことができる。

$$c_t^{-\frac{1}{\sigma}} = \frac{1+r_t}{1+\rho} c_{t+1}^{-\frac{1}{\sigma}}$$

上の式の両辺について自然対数をとって，式を整理すると，以下の関係を導出することができる。

$$\ln c_{t+1} - \ln c_t = \sigma[\ln(1+r_t) - \ln(1+\rho)]$$

本書で何度となく用いていた近似式（$\ln c_{t+1} - \ln c_t \approx \Delta c_{t+1}/c_t$，$\ln(1+r_t) \approx r_t$，$\ln(1+\rho) \approx \rho$）を適用すると（巻末の数学付録を参照のこと），オイラー方程式は，次のような簡単な式に近似できる。

$$\frac{\Delta c_{t+1}}{c_t} = \sigma(r_t - \rho) \quad (16\text{-}7)$$

(16-7) 式で表されるオイラー方程式では，実質利子率 $r_t$ が時間選好率 $\rho$ を上回ると，$t$ 期から $t+1$ 期への消費は上昇し，逆に下回ると $t$ 期から $t+1$ 期への消費が減少する。効用関数のパラメーター $\sigma$ は，実質利子率と時間選好率の差に対する消費成長率の感応度を示している。$\sigma$ は，異時点間代替弾力性と呼ばれている。

ここで，(16-7) 式のオイラー方程式の特性をまとめておこう。実質利子率が時間選好率を上回って上昇すると，消費者は運用が有利な貯蓄に所得を回して消費を将来に引き延ばすインセンティブが高まる。その結果，現在の消費に比べて将来の消費が増加する。逆に，実質利子率が時間選好率を下回って低下すると，消費者は消費を前倒しにするインセンティブが高まる。

上の議論で注意しなければならないのは，(16-7) 式のオイラー方程式が，実質利子率の上昇で現在の消費の「絶対的水準」が低下することを示しているわけではないところである。(16-7) 式は，現在の消費に比較した将来の消費の「相対的水準」を表しているだけで，現在の消費の「絶対的水準」については何らの示唆も与えてくれない。理論的には，実質利子率の上昇で現在の消費水準が減少することもあれば，増加することもある。

### POINT 16-2 ● 2 期間モデルにおけるオイラー方程式

ここでは，非常に簡単な 2 期間モデルから (16-5) 式のオイラー方程式を導き出してみよう。

いま，消費者は以下のような 2 期間の効用を最大化すると想定する。

$$u(c_1) + \frac{1}{1+\rho} u(c_2)$$

上の効用関数では，$c_1$ は 1 期目の消費を，$c_2$ は 2 期目の消費をそれぞれ表している。それぞれの期に現れる関数 $u(c)$ は同じ関数形であるが，2 期目の効用は時間選好率 $\rho$ の分だけ割り引かれている。

この消費者は，1 期目に労働所得 $w_1$ を，2 期目に労働所得 $w_2$ をそれぞれ得る。1 期目に消費が労働所得を下回れば貯蓄し（$w_1 - c_1 > 0$），逆に上回れば借入をする（$c_1 - w_1 > 0$）。ここでは，貯蓄の金利も，借入の金利も $r$ に等しいとする。このような想定では，消費者の予算制約式は，次のように表すことができる。

$$(1+r)(w_1 - c_1) + w_2 = c_2$$

ここで，ラグランジュ乗数を $\lambda$ とすると，制約付き最大化問題（$L$）は以下のように定式化される。

$$L = u(c_1) + \frac{1}{1+\rho} u(c_2) + \lambda \left( w_1 + \frac{w_2}{1+r} - c_1 - \frac{c_2}{1+r} \right)$$

上の制約付き最大化問題において $c_1$ と $c_2$ に関する 1 階条件は，次のように導出することができる。

$$u'(c_1) - \lambda = 0$$
$$\frac{1}{1+\rho}u'(c_2) - \lambda \frac{1}{1+r} = 0$$

これら2つの1階条件からラグランジュ乗数 $\lambda$ を消去すると，無事に（16-5）式に相当するオイラー方程式を導き出すことができる。

$$u'(c_1) = \frac{1+r}{1+\rho}u'(c_2)$$

## 2-4 資本と消費の経路

本項では，消費 $c$ と資本 $k$ がどのように変化するのかを分析していきたい。まず，資本蓄積については，以下の（16-1）式が成り立っている。

$$\Delta k_{t+1} = f(k_t) - c_t - \delta k_t \qquad (16\text{-}1,\ 再掲)$$

一方，消費行動については，（16-7）式のオイラー方程式を導出してきた。実質利子率に関する（16-4）式を（16-7）式に代入すると，オイラー方程式は，次のように書き換えられる。

$$\frac{\Delta c_{t+1}}{c_t} = \sigma(f'(k_t) - \delta - \rho) \qquad (16\text{-}8)$$

（16-1）式の資本蓄積過程と（16-8）式のオイラー方程式が，消費と資本の時間を通じた動きを決定する。しかし，実際に動学経路を導出するためには，ステップを1つ1つ踏んでいかなければならない。

**$\Delta k=0$ 軌跡の導出**

まず，資本と消費のそれぞれの変数が一定の水準にとどまる条件を求めてみよう。資本水準が一定にとどまる条件として，$\Delta k_{t+1}=k_{t+1}-k_t=0$ がつねに成立すると，（16-1）式は，（16-2）式に書き換えられる。

$$c = f(k) - \delta k \qquad (16\text{-}2,\ 再掲)$$

（16-2）式は，資本水準が一定となる条件という意味で，$\Delta k=0$ 軌跡（locus）と呼ばれている。

図16-2で見てきたように，横軸に資本，縦軸に消費をとった第1象限に $\Delta k=0$ 軌跡を表すと図16-4（次頁）のようになる。なお，横軸，縦軸ともに正値である第1象限にしか注目しない理由は，資本も消費も，負値をとることがないからである。

ここで，$\Delta k=0$ 軌跡上に A 点をとってみよう。A 点は，$k_t=k_A$，$c_t=c_A$ とする。当然ながら，A 点では，$\Delta k_{t+1}=f(k_A)-c_A-\delta k_A=0$ が成り立っているので，資本水準が変化しない。それでは，A 点の資本水準で消費を少しだけ上方に引き上げてみるとどうなるであ

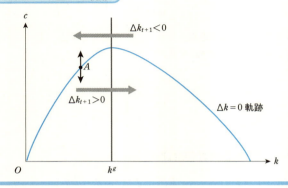

**FIGURE** 図 16-4 ● $\Delta k=0$ 軌跡

ろうか。すると，消費 $c_t$ が上昇した分（$c_t > c_A$），$\Delta k_{t+1} = f(k_A) - c_t - \delta k_A$ の右辺がゼロから負となって（$\Delta k_{t+1} < 0$），時間が経過するとともに資本水準が低下する。この議論は，$\Delta k=0$ 軌跡の上方ではかならず成り立つので，$\Delta k=0$ 軌跡の上側では，時間の経過とともに資本が取り崩される。

逆に，A 点の資本水準で消費を少しだけ下方に引き下げてみるとどうなるであろうか。すると，消費 $c_t$ が低下した分（$c_t < c_A$），$\Delta k_{t+1} = f(k_A) - c_t - \delta k_A$ の右辺がゼロから正となって（$\Delta k_{t+1} > 0$），資本水準が上昇する。この議論は，$\Delta k=0$ 軌跡の下方ではかならず成り立つので，$\Delta k=0$ 軌跡の下側では，資本が積み増されていく。

**$\Delta c=0$ 軌跡の導出**　それでは，消費水準が一定にとどまる $\Delta c=0$ 軌跡を求めてみよう。消費水準が一定となって，$\Delta c_{t+1} = c_{t+1} - c_t = 0$ がつねに成り立つ $\Delta c=0$ 軌跡においては，(16-8) 式のオイラー方程式から次のように導出される。

$$f'(k^{mg}) = \delta + \rho \tag{16-9}$$

資本水準 $k^{mg}$ は，しばしば「修正された黄金律」（修正黄金律，modified golden rule）と呼ばれている。横軸に資本，縦軸に消費をとった第 1 象限に $\Delta c=0$ 軌跡を表すと図 16-5 のようになる。

なお，資本の限界生産性が逓減することから，(16-9) 式を満たす修正黄金律水準 $k^{mg}$ は，(16-3) 式を満たす黄金律水準 $k^g$ よりも低くなる（$f'(k^g) = \delta < \delta + \rho = f'(k^{mg})$）ことに注意してほしい。修正黄金律の資本水準が黄金律の資本水準を下回るのは，消費者が投資に対して要求利回り（時間選好率）分の対価を要求する結果，より高い限界生産性を実現するために，より低い資本水準が定常状態で実現する必要があるからである。

ここで，$\Delta c=0$ 軌跡上に A 点をとってみよう。ふたたび，A 点は，$k_t = k_A$，$c_t = c_A$ とする。当然ながら，A 点では，$\Delta c_{t+1}/c_t = \sigma(f'(k_t) - \delta - \rho) = 0$ が成り立っているので，消費

**FIGURE** 図 16-5 ● $\Delta c=0$ 軌跡

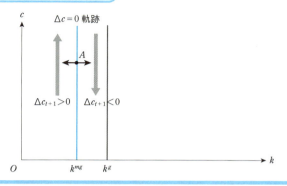

水準は変化しない。それでは，$A$ 点の消費水準で資本を少しだけ引き上げてみるとどうであろうか（図 16-5 では，右方に移動する）。すると，資本 $k_t$ が上昇した分だけ（$k_t > k_A$），資本の限界生産性 $f'(k_t)$ が低下し（なお，資本水準と資本の限界生産性の関係については第Ⅱ部第 11 章第 2-1 項を参照のこと），$\Delta c_{t+1}/c_A = \sigma(f'(k_t) - \delta - \rho)$ の右辺がゼロから負となって（$\Delta c_{t+1} < 0$），消費水準が低下する。この議論は，$\Delta c = 0$ 軌跡の右方ではかならず成り立つので，$\Delta c = 0$ 軌跡の右側では，消費が低下していく。

$A$ 点の消費水準で資本を少しだけ引き下げてみるとどうであろうか（図 16-5 では，左方に移動する）。すると，資本 $k_t$ が低下した分だけ（$k_t < k_A$），資本の限界生産性 $f'(k_t)$ が上昇し，$\Delta c_{t+1}/c_A = \sigma(f'(k_t) - \delta - \rho)$ の右辺がゼロから正となって（$\Delta c_{t+1} > 0$），消費水準は上昇する。この議論は，$\Delta c = 0$ 軌跡の左方ではかならず成り立つので，$\Delta c = 0$ 軌跡の左側では，消費が上昇していく。

**消費と資本の動学経路** 図 16-6（次頁）は，図 16-4 と図 16-5 を重ね合わせたもので，位相図（phase diagram）と呼ばれている（巻末の数学付録を参照のこと）。図 16-6 の位相図を用いると，(16-1) 式の資本蓄積の条件と (16-8) 式のオイラー方程式の条件が満たされる動学経路を探し出すことができる。

$\Delta k = 0$ 軌跡と $\Delta c = 0$ 軌跡の交点 $S$ は，資本にも消費にも，変化が生じないので，この経済における定常状態になる。経済が $S$ 点に至り着けば，そこで経済はとどまってしまう。定常状態 $S$ の資本蓄積は修正黄金律の水準なので，黄金律を下回っていて過剰蓄積は生じていない。

図 16-6 の第 1 象限は，$\Delta k = 0$ 軌跡と $\Delta c = 0$ 軌跡によって，4 つの領域に分けられる。

①の領域は，$\Delta k = 0$ 軌跡の下側で $\Delta c = 0$ 軌跡の左側なので，資本も消費も増加する傾向にある。すなわち，資本と消費の組み合わせが北東の方向に移動する。

②の領域は，$\Delta k = 0$ 軌跡の下側で $\Delta c = 0$ 軌跡の右側なので，資本が増加し，消費が減少する傾向にある。すなわち，資本と消費の組み合わせが南東の方向に移動する。

第 16 章 消費と投資 585

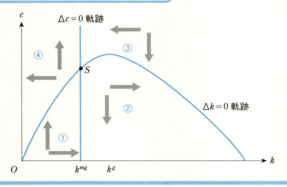

FIGURE 図 16-6 ● 消費と資本の変化の方向

③の領域は，$\Delta k=0$ 軌跡の上側で $\Delta c=0$ 軌跡の右側なので，資本も消費も減少する傾向にある。すなわち，資本と消費の組み合わせが南西の方向に移動する。

④の領域は，$\Delta k=0$ 軌跡の上側で $\Delta c=0$ 軌跡の左側なので，資本が減少し，消費が増加する傾向にある。すなわち，資本と消費の組み合わせが北西の方向に移動する。

### ジャンプできる変数とジャンプできない変数

資本と消費の動学経路を決定するために必要な準備がだいぶ整ってきた。ここで，資本と消費が非常に異なった性質の経済変数であることを指摘したい。

いま，0期の初めにいるとしよう。期初の資本水準 $k_0$ は，0期にすでに決まっていて，家計も企業も，その時点で資本水準を変更することはできない。ある時点ですでに水準が決まっている変数（かならずしもそうではないが，しばしばストック変数）は，**状態変数** (state variables) と呼ばれている。

一方，消費水準 $c_0$ については，消費者が効用をできるだけ高めるように0期の1期間に消費する水準を決定する。ある期間についてその水準を決定する変数（かならずしもそうではないが，しばしばフロー変数となる）は，**制御変数** (control variables) と呼ばれている。

以上のことをまとめると，0期初の資本水準 $k_0$ はその水準を変更することができないが，0期中の消費水準 $c_0$ は適切な水準を選択することができる。この枠組みにおいては，資本は期初に水準がすでに決まっていることから「ジャンプできない変数」（**非ジャンプ変数**，non-jump variables），消費は期中に水準を変更することができることから「ジャンプできる変数」（**ジャンプ変数**，jump variables）とそれぞれ呼ばれている。

### 3つの経路の可能性

それでは，いよいよ資本と消費の動学経路を探し出してみよう。いま，非ジャンプ変数である資本が修正黄金律を下回る $k_0$ の水準にあるとしよう。それでは，ジャンプ変数である消費 $c_0$ は，どの水準に決められるのであろうか。

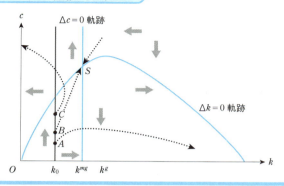

**図 16-7 ● 経路の3パターン**

図 16-7 の位相図を用いて，$c_0$ の適切な水準を探ってみたい。まず，$k_0$ の水準が与えられたもとで，低めの消費水準（$A$ 点）を選んでみよう。この場合，資本と消費の組み合わせは北東に移動するが，$\Delta c=0$ 軌跡を水平方向に左から右へ横切って，その後に南東に移動する。この経路は，消費が抑制され資本蓄積が加速する結果，資本水準が黄金律を超えて過剰蓄積状態に陥る。

今度は，$c_0$ について，高めの消費水準（$C$ 点）を選んでみる。この場合も，資本と消費の組み合わせは北東に移動するが，早い段階で $\Delta k=0$ 軌跡を垂直方向に下から上に横切って，その後に北西に移動する。この経路は，旺盛な消費で資本を食い潰していく結果，資本水準は最終的にゼロになってしまう。

最後に，$A$ 点から出発するような資本の過剰な蓄積でもなく，$C$ 点から出発するような資本の食い潰しでもないケースを考えてみよう。$c_0$ の水準を $A$ 点から $C$ 点に上方に移動させていくと，ある水準（図 16-7 では $B$ 点）で $\Delta c=0$ 軌跡にも，$\Delta k=0$ 軌跡にもぶち当たらずに，定常状態 $S$ にちょうど収束していく経路を探し出すことができる。この場合は，過剰な資本蓄積に陥ることも，資本を食い潰すこともまったくなく，資本蓄積が長期的に修正黄金律のところで維持される。

## 2-5 効率的な経路，非効率的な経路

**資産価格形成と経路の効率性**

前項で議論した3つの経路のパターンのうち，いずれの経路が効率的なのかは，カジュアルな議論によっても明らかであろう。資本の過剰蓄積に陥るケース（図 16-7 の $A$ 点から出発する場合）では，高水準の消費の維持につながらない形で資本が過剰に蓄積されていて，資本財が効率的に使われていない。逆に，過大な消費を維持するために資本が食い潰されるケース（図 16-7 の $C$ 点から出発する場合）では，いずれ資本が完全に食い潰

され，消費できる財がまったくなくなる飢餓状態（$f(0)=0$ で $c=0$ となる状態）に陥ってしまう。

こうして見てくると，定常状態に収束するケース（図16-7のB点から出発する場合）が3つのパターンのうちでもっとも効率的であると判断できる。定常状態に収束するケースでは，資本水準が修正黄金律のところで維持され，消費水準も長期的に高い水準で維持されている。第3節や第4節でも議論するように，モダンな消費理論や投資理論は，定常状態に収束する経路で成り立っている消費や設備投資をモデル化している。

以下では，資産価格（$S_t$）と均衡経路の関係を明らかにしたい。とくに，定常状態に至るケースでは資産価格がファンダメンタルズに裏づけられる一方，資本の過剰蓄積に陥るケースでは資産価格バブルが生じることを見ていく。また，資本の食い潰しが生じるケースでも，変則的な資産価格経路が生じてしまう。

まず，ラムゼー・モデルにおける資産価格の"資産"とは何であるのかをはっきりとしておきたい。ラムゼー・モデルで今期から来期に運用できる手段は，資源を資本財に投下することなので，資本財がまさに"資産"ということになる。したがって，資産価格は資本財価格に対応する。ラムゼー・モデルで取り扱われている財は，消費財にも資本財にも使える万能財なので，資本財価格は消費財価格にもつねに等しく，したがって，消費財価格にも資産価格の側面があることになる。

ラムゼー・モデルにおいて，投資家は，インカム・ゲインとキャピタル・ゲインを合わせた収益率について，$\rho$ の水準の利回りを要求する。1単位の資本財が生み出すインカム・ゲイン（配当）は実質利子率に相当するので，$r_t = f'(k_t) - \delta$ に等しい。キャピタル・ゲインは，$\Delta S_{t+1}/S_t$ と表すことができる[2]。なお，インカム・ゲイン，キャピタル・ゲインについては，第15章第3-2項を参照してほしい。

インカム・ゲインとキャピタル・ゲインを合わせた資産収益率が投資家の要求利回り $\rho$ に達するためには，資産市場において，

$$\rho = \frac{\Delta S_{t+1}}{S_t} + r_t$$

$$= \frac{\Delta S_{t+1}}{S_t} + f'(k_t) - \delta \tag{16-10}$$

が成立していなくてはならない[3]。

第15章の第3節で株価の割引現在価値モデルを導出する際に用いた手法を適用すると，資産価格 $S_t$ の合理的期待均衡は以下のように導き出すことができる。

$$S_t = \sum_{\tau=1}^{\infty} \frac{S_{t-1+\tau}[f'(k_{t-1+\tau}) - \delta]}{(1+\rho)^\tau} + \lim_{\tau \to \infty} \frac{S_{t+\tau}}{(1+\rho)^\tau} \tag{16-11}$$

(16-11)式の右辺第1項は，資産価格が将来の生産性に裏づけられて決まるファンダメンタルズに対応している。一方，(16-11)式の右辺第2項がゼロの場合には資産価格がファンダメンタルズで決まるが，それが正の場合は，資産価格がファンダメンタルズを上回る資産価格バブルが発生する。

まず，定常状態に収束するケース（図16-7のB点から出発する場合）において，資産

価格 $S_t$ はどのように推移するのであろうか。出発点の資本水準が修正黄金律を下回る場合（$k_0 < k^{mg}$）は，資本の限界生産性が $\delta + \rho$ を上回るので，$\Delta S_{t+1}/S_t = \delta + \rho - f'(k_t) < 0$ が成り立って，資産価格が低下しながら，定常状態において安定する（$\Delta S/S = \delta + \rho - f'(k^{mg}) = 0$）。一方，出発点の資本水準が修正黄金律を上回る場合（$k_0 > k^{mg}$）は，資本の限界生産性が $\delta + \rho$ を下回るので，$\Delta S_{t+1}/S_t = \delta + \rho - f'(k_t) > 0$ が成り立って，資産価格が上昇しながら，定常状態において安定する（$\Delta S/S = \delta + \rho - f'(k^{mg}) = 0$）。いずれのケースでも，資産価格が長期的に安定するので，(16-11) 式の右辺第 2 項はゼロとなって，資産価格はファンダメンタルズで完全に決定される。すなわち，

$$S_t = \sum_{\tau=1}^{\infty} \frac{S_{t-1+\tau}[f'(k_{t-1+\tau}) - \delta]}{(1+\rho)^\tau} \tag{16-12}$$

が成り立つ。

それでは，資本の過剰蓄積に陥る経路（図 16-7 の A 点から出発する場合）では，資産価格がどのように形成されるのであろうか。資本が黄金律を超えて過剰に蓄積されていくと，資本の限界生産性（$f'(k)$）が固定資本減耗率（$\delta$）を下回る水準にまで低下するので，インカム・ゲイン（$f'(k) - \delta$）はマイナスになってしまう。負のインカム・ゲインを補って投資家の要求利回り $\rho$ を達成するためには，よりいっそう高いキャピタル・ゲインが必要とされる。

(16-10) 式から資本の過剰蓄積経路におけるキャピタル・ゲイン率を導出すると，以下のようになる。

$$\frac{\Delta S_{t+1}}{S_t} = \rho + [\delta - f'(k_t)] > \rho$$

すなわち，資本の過剰蓄積経路では，資産価格が要求利回り $\rho$ を上回って上昇していく。この場合，(16-11) 式の右辺第 2 項は，分子の成長する速度が分母の成長する速度よりも高いので，無限大に膨らんでしまう。その結果，資本の過剰蓄積経路では，資産価格がファンダメンタルズを超えて高騰し，資産価格バブルが発生する。逆に言うと，資産価格バブルの生成は，資本の過剰蓄積経路に陥っていることを示している。

最後に，資本の食い潰し経路（図 16-7 の C 点から出発する場合）における資産価格の動向を見ていこう。資本水準が低下していくと，資本の限界生産性が $\delta + \rho$ を大きく上回って高まっていくので，インカム・ゲイン（実質利子率）は改善していく。その結果，$\Delta S_{t+1}/S_t = \delta + \rho - f'(k_t) < 0$ が成立して，資産価格は低下傾向を示す。

問題は，資本が食い潰された瞬間（$k = 0$）である。その場合，産出量はゼロとなって（$f(0) = 0$），消費水準もゼロとなる（$c = 0$）。資本が完全に食い潰された瞬間に，資産価格はどのように形成されるのであろうか。閉鎖経済では財を輸入することもできないので，財の希少性が極度に高まって，財価格は高騰するであろう。ラムゼー・モデルでは，財価格は消費財価格でもあり，資本財価格でもあり，資産価格でもあるので，資産価格も高騰する。

まとめてみると，資本の食い潰し経路における資産価格の動向は，図 16-8（次頁）のように描くことができる。ここで重要な点は，資本の食い潰し経路に入ると，将来，財価

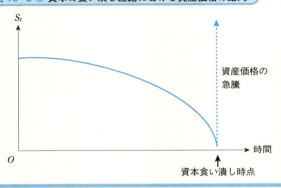

**図 16-8　資本の食い潰し経路における資産価格の動向**

格や資産価格が急騰することを，現時点であらかじめわかってしまうところである。そうした財価格や資産価格の動向を察知した人びとは，そのとき，どのように行動するであろうか。資本が食い潰される時点まで，資本財の形で財を持ち越して，資産価格が高騰するタイミングで売却して莫大な富を得ようとするであろう。

そのためには，消費者（正確には，投資家として行動している消費者）は，現在の消費を我慢して，貯蓄に振り向けて，将来に向けて財を持ち越す必要がある。もし多くの消費者がそうした行動をとれば，図 16-7 で言うと，消費水準が $C$ 点から低下し，結局，そうしたぼろ儲けの機会がまったくなくなる $B$ 点に落ち着くであろう。すると，資本の食い潰し経路に陥ることが回避され，定常状態に収束する経路が均衡で生じることになる。

**金融市場メカニズムによって資本の食い潰し経路が回避されるのか？[4]**　それでは，金融市場の自律的なメカニズムによって，資本の過剰蓄積経路や資本の食い潰し経路を回避することができるのかどうかを考えてみよう。最初に，回避できるケースとして，資本の食い潰し経路から始めたい。

上に見てきたように，資本の食い潰し経路が回避される契機となっているのは，投資家の間で将来，財価格や資産価格が突然高騰することが察知されるや否や，莫大なキャピタル・ゲインを得ようとする投資家が消費から貯蓄に所得を振り向けるようになるからであった。現実の市場経済には，将来時点の財や資産を取引する先物市場（futures markets）や先渡し市場（forward markets）が存在していて，投資家は，それらの市場から将来の財価格や資産価格の動向を知ることができる。

したがって，広範な財や資産について先物市場や先渡し市場が備わっている市場経済においては，資本の食い潰し経路は，投資家の健全な利潤行動によって自動的に回避されることが多い。

もし，資本の食い潰しが発生する可能性があるとすると，先物市場や先渡し市場が存在しない中央集権経済においてであろう。事実，それらの市場が欠如していた旧社会主義圏

では，1980年代に体制が崩壊する直前に深刻な資本の食い潰しが生じた。具体的には，固定資本減耗分を補う設備投資が著しく不足し，資本ストックの水準が激減した。そうした資本の食い潰しは，社会主義体制が崩壊する契機となった面もある。

> **金融市場メカニズムによって資本の過剰蓄積経路が回避されるのか？[5]**

一方，経済全体で見れば資本が非効率に用いられていることは明白である資本の過剰蓄積経路は，金融市場における投資家の行動によって牽制することが非常に難しい。資産価格が高騰してキャピタル・ゲインで要求利回りが満たされているプロセスにおいては，たとえそれがファンダメンタルズの裏づけがないものであっても，投資家としての消費者が消費から貯蓄に所得を振り向けるのが合理的であるからである。すべての消費者がそのように行動すると，資本の限界生産性が固定資本減耗率を下回っていても，いっそう過剰蓄積の度合が高まっていく。

通常は，資産価格がファンダメンタルズを十分に大きく上回ったところで資産価格バブルが崩壊するまで，資本の過剰蓄積が進行していく。資産価格バブルが崩壊した時点では，限界生産性の低い資本が積み上げられてしまっているので，低生産性の資本を取り崩して，消費や高生産性の資本に振り向けるプロセスが不可欠となる。事実，日本経済を襲ったバブル（1980年代後半の資産価格バブル，90年代末のITバブル，2000年代半ばの世界的な資産価格バブル）が崩壊した時点でも，生産性の低い資本設備の処理が民間企業にとって最重要課題となった。

こうして見てくると，資産価格バブルの生成は，金融市場の投機家たちの損得や思惑の問題をはるかに超えて，マクロ経済において資源が効率的に活用されていない状態と表裏一体の関係にあることがわかる。その意味で，進行中の資産価格バブルはけっして放置してよいものではなく，公的部門も民間部門も，資産価格がファンダメンタルズの裏づけがあるのかどうかは，つねに細心の注意を払って吟味し続けなければならないのである。

## POINT 16-3 ● 効率性を促す資産価格バブル

本項で取り扱ってきた資産価格バブルは，非効率的な経路上で生じている。換言すると，資産価格バブルは資源配分の非効率性を反映している。しかし，マクロ経済理論においては，資産価格バブルが資源配分の効率性を促すケースも重要な研究テーマとなってきた。以下では，そうしたケースを簡単に紹介していこう。

本節で提示したラムゼー・モデルでは，定常状態の修正黄金律において資本の限界生産性が投資家の要求利回りと固定資本減耗率の和に等しい（$f'(k^{mg}) = \rho + \delta$）。したがって，定常状態では，資本が過剰に蓄積されることはありえない（$f'(k^{mg}) > \delta$）。しかし，ラムゼー・モデルの想定と異なって，世代重複モデル（overlapping generations model）と呼ばれている理論的枠組みでは，世代間が利他的な動機（第3-2項を参照のこと）で結びついておらず，各々の世代が有限の期間で消費計画を立てているために，定常状態において資本が過剰に蓄積される可能性がある。すなわち，理論モデルの定常状態でも，資本の限界生産性が

固定資本減耗率を下回っている（$f'(k^s) < \delta$）。

このように定常状態でも資本の過剰蓄積が生じる場合には，ファンダメンタルズをまったく有していない証券が世代間で取引されることによって，マクロ経済の効率性が改善する可能性がある。たとえば，政府が将来税収の裏づけもなく発行した政府証券や中央銀行が発行した金・銀と兌換できない紙幣（フィアット・マネー，fiat money と呼ばれている）は，ファンダメンタルズがまったくない。しかし，世代重複モデルにそうした証券を組み入れると，老齢世代が若年世代に証券を売却する形で世代間取引が生まれる。資産価格バブルの定義によって，ファンダメンタルズがない証券が値づけされている価値部分は，すべてバブルに相当する。

では，なぜ，ファンダメンタルズを伴わない証券が世代間で取引されるのであろうか。資本が過剰に蓄積されている定常状態では，若年世代が老後の消費のために投資をしようとしても，実質利子率が負となって投資効率が悪い（$r = f'(k) - \delta < 0$）。一方，若年世代が老齢世代から買った証券は，将来，高齢になったときに次世代の若年層に売却することで消費支出を捻出することができる。もし，各世代の人口が同じであれば，旧世代から買った値段と同じ価値で次世代に売却できる。その結果，証券投資の実質的な運用利回りはゼロとなって，負の実質利子率で資本設備に投資するよりも相対的に運用効率が優れている。

もし，労働力1人あたり実質貯蓄額 $k^{fiat}$ が資本設備投資から証券投資に振り替わると，資本の限界生産性が振り替わった分だけ向上する。理論的には，次に示すように，定常状態において資本の限界生産性が固定資本減耗率に等しくなるところまで，すなわち資本の過剰蓄積が解消されるところまで，設備投資から証券投資への振替が生じる。

$$f'(k^s - k^{fiat}) = \delta$$

なお，上の条件が成立すると，資本設備に対する投資からの実質利子率がゼロとなるので（$r = f'(k^s - k^{fiat}) - \delta = 0$），設備投資と証券投資は同じ運用利回りとなる。

以上のケースでは，世代間の取引によってファンダメンタルズを伴わない証券に資産価格バブルが生じることが，経済全体の効率性をかえって高めている。

## ラムゼー・モデルはマクロ経済学の玉手箱！

### 3-1　ラムゼー・モデルのインプリケーション

第2節では，ラムゼー・モデルによって資本蓄積と消費の効率的な経路を導出すると同

時に，動学経路の効率性と資産価格の関係を明らかにしてきた。本節では，さらに，ラムゼー・モデルから消費理論，投資理論，景気循環理論を導き出していく。

第Ⅱ部で展開してきた IS-LM モデルにも，消費関数や設備投資関数が組み込まれていたが，それらを導出する方法は，非常にカジュアルなものであった。

消費関数の場合であれば，現在の可処分所得が消費の決定要因としてもっとも重要であると考えて，消費と可処分所得の関係を簡単な線形モデルで定式化している。確かに，現在の可処分所得が消費の決定要因の1つであることは，非常に現実的な想定である。しかし，こうした導出手続きにおいては，「なぜ，現在の可処分所得だけを消費の決定要因として取り扱うのか？」「なぜ，ほかの決定要因を無視するのか？」が，理論的にまったく明らかにされていない。たとえば，第Ⅱ部第6章の POINT 6-2 でも議論しているように，現在の消費の決定要因としては，現在の所得ばかりでなく，将来，どれだけの所得が得られるのかという予想も重要になってくるであろう。IS-LM モデルの消費関数には，そうしたフォワード・ルッキングな側面が完全に捨象されているのである。

同様に，IS-LM モデルの投資関数であれば，資金調達コストに相当する現在の実質金利を設備投資の決定要因としてもっとも重要であると考えて，設備投資が実質金利の減少関数であるように定式化を行っている。しかし，企業の設備投資の目的は，生産設備の設置によって将来の収益を確保することであるので，資金調達コストだけではなく，設備投資の収益性が設備投資行動を左右するはずである。設備投資が将来生み出す収益が資金調達コストを上回るかぎりにおいて，企業は設備投資を実行する。IS-LM モデルの投資関数には，そうした費用対効果の側面が完全に捨象されている。

こう書いてくると，読者のなかには，「それでは，なぜ，ラムゼー・モデルであれば，IS-LM モデルの欠点が克服できるのか？」と疑問を持つ人もあろう。そこで，前節の図16-7 によって，定常状態に収束する経路を導き出す手続きを復習したい。

前節では，資本の過剰蓄積に陥る経路も，資本を食い潰してしまう経路も，効率的な経路ではないことを明らかにしてきた。ラムゼー・モデルの枠組みでは，定常状態（$S$ 点）に収束する経路のみが効率的な経路である。そうした効率的な経路に乗るためには，非ジャンプ変数である資本水準が $k_0$ である場合に，ジャンプ変数の消費水準 $c_0$ を $B$ 点の水準に設定しなければならない。それでは，家計や企業の経済主体は，どのように $B$ 点の消費水準が適切であると判断するのであろうか。

以上のことを考えるのに，若干，回り道に見えるが，実は，$B$ 点を探し出す数学的な手続きを考えてみるとわかりやすい。数学的な手続きでは，まず，$\Delta k=0$ 軌跡と $\Delta c=0$ 軌跡の交点から定常状態である $S$ 点の位置を計算する。すなわち，最初に到着点を定めるわけである。次に，オイラー方程式から課される条件を用いながら，将来の到着点である $S$ 点から現在に向かって時計の針と逆方向にさかのぼって，ちょうど資本水準が $k_0$ に等しくなるところを $B$ 点と定める。

以上の数学的な手続きを家計や企業の経済主体の行動に落とし込んでみよう。実は，家計が現在の消費水準を決定する局面や，企業が現在の設備投資水準を決定する局面でも，上述の数学的な手続きとパラレルな意思決定を行っているのである。家計は，現在の状況

第16章　消費と投資

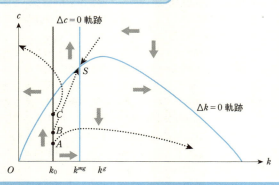

図 16-7（再掲）● 経路の3パターン

から長期的な状態（定常状態）までの所得の動向を見きわめながら，現在の消費水準を決定している。一方，企業（正確には，企業に投資をしている株主）は，現在の状況から長期的な状態までの設備投資の収益動向を踏まえて，現在の設備投資水準を決定している。

すなわち，ラムゼー・モデルにおいて定常状態に収束する経路を探し出すという手続きは，家計レベル（正確には，消費者としての家計と企業の株主としての家計）におけるフォワード・ルッキングな意思決定に対応しているのである。逆に言うと，マクロ経済が定常状態に至る経路から外れている場合には，定常状態に収束することを大前提に導出された消費理論や投資理論は，まったく機能しなくなってしまう。

それでは，消費理論（第3-2項），投資理論（第3-3項），企業金融理論（第3-4項），在庫理論（第3-5項），景気循環理論（第3-6項），実質NDPの経済学的解釈（第3-7項），現在の投資と将来の消費の理論的関係の順（同じく第3-7項）に，ラムゼー・モデルから導出されるインプリケーションを議論していこう。

### 3-2　消費の理論──恒常所得仮説

**家計の生涯予算制約**

まず，家計（消費者）の予算制約を考えてみたい。その際に「家計は，永遠に生き続ける」という仮定を置く。この仮定は一見すると非現実的であるが，マクロ経済学ではしばしば用いられている。こうした仮定が正当化できるのは，親が子どもの幸せを考え，さらに，子どもがその子どもの幸せを考えるという連鎖を考慮できるケースである。「現在から将来にかけて永遠に連なる世代」を「永遠に生き続ける一家計」として理論的に取り扱うことができるからである。なお，「親が子どもの幸せを考える」という形で世代がつながっている関係は，**利他的な連鎖**（altruistic linkage）と呼ばれている。

家計は，$t$期初に$a_t$の金融資産を保有しており，当該金融資産に$r_t$の金利が付く。家

計は，1単位の労働力の供給に対して労働所得 $w_t$ を得ている。家計は，金融資産の運用から得られる元利合計 $(a_t(1+r_t))$ と労働所得 ($w_t$) を，消費 $c_t$ に必要な資金に充当する。もし，消費が労働所得を上回れば，家計は金融資産を取り崩すか，金融資産の残高が不足する場合には借入を行う（借入を行うと，$a_t$ は負となる）。消費支出を終えて残った金融資産（あるいは，金融負債）は，$a_{t+1}$ として次期に持ち越す。以上をまとめると，次のような予算制約式が得られる。

$$a_{t+1} = a_t(1+r_t) + w_t - c_t \tag{16-13}$$

(16-13) 式の予算制約式は，以下のように，どの時点でも成立している。

$$a_1 = a_0(1+r_0) + w_0 - c_0$$
$$a_2 = a_1(1+r_1) + w_1 - c_1$$
$$a_3 = a_2(1+r_2) + w_2 - c_2$$
$$\vdots$$

上の式は，次のように書き換えることができる。

$$a_0 = \frac{a_1 - w_0 + c_0}{1+r_0}$$

$$a_1 = \frac{a_2 - w_1 + c_1}{1+r_1}$$

$$a_2 = \frac{a_3 - w_2 + c_2}{1+r_2}$$
$$\vdots$$

そこで，1行目の $a_1$ について2行目の右辺を代入し，そこで得られた式の $a_2$ について3行目の右辺を代入するという操作を行う。「家計が永遠に生きる」と仮定しているので，こうした操作を無限回繰り返すと，以下の生涯予算制約式（life time budget constraint）を導出することができる。

$$a_0 + \sum_{\tau=0}^{\infty} \frac{w_\tau}{\prod_{i=0}^{\tau}(1+r_i)} = \sum_{\tau=0}^{\infty} \frac{c_\tau}{\prod_{i=0}^{\tau}(1+r_i)} + \lim_{\tau\to\infty} \frac{a_\tau}{\prod_{i=0}^{\tau}(1+r_i)} \tag{16-14}$$

ここで，$\Pi$ というオペレーターは，$\prod_{i=1}^{I} x_i = x_1 \times x_2 \times x_3 \times \cdots \times x_I$ という操作を意味している。したがって，分母に現れている部分は，$\prod_{i=0}^{\tau}(1+r_i) = (1+r_0) \times (1+r_1) \times (1+r_2) \times \cdots \times (1+r_\tau)$ を示している。

生涯予算制約を示す (16-14) 式の左辺は，期初の金融資産と現在から将来にかけての労働所得の割引現在価値の総和であり，生涯所得（life time income），あるいは恒常所得（permanent income）と呼ばれている。一方，生涯予算制約式の右辺第1項は，現在から将来にかけての消費の割引現在価値の総和であり，生涯消費（life time consumption）と呼ばれている。

同式の右辺第 2 項（$\lim_{\tau\to\infty}\{a_\tau/\Pi_{i=0}^{\tau}(1+r_i)\}$）がゼロであれば、生涯所得は生涯消費にすべて充当されることになる。もし右辺第 2 項が負であれば、生涯所得を上回って生涯消費をしていて、永遠に借金を転がし続けていることになる。逆に、右辺第 2 項が正であれば、生涯消費が生涯所得を下回って、所得の使い残しが生じていることになる。

> 生涯消費＞生涯所得、あるいは、生涯消費＜生涯所得の可能性は？

マクロ経済モデルの標準的な仮定では、(16-14) 式の右辺第 2 項は、負になることを許されていない。すなわち、家計は、借金を転がし続けて、生涯所得を超える生涯消費を維持できないと想定されている。$\lim_{\tau\to\infty}\{a_\tau/\Pi_{i=0}^{\tau}(1+r_i)\}\geq 0$ で表される条件は、**非ポンジー・ゲーム条件**（No-Ponzi-game condition、略して NPG 条件）と呼ばれている。NPG の字義どおりの意味は、借金を借金でまかなうポンジー・ゲームができないことである。余談になるが、ポンジー・ゲームのポンジーは、20 世紀初頭のアメリカ人詐欺師の名前（ポンジー、C. Ponzi）からとっている。ポンジーは、利払いのための借金をさらに借金でまかなうねずみ講を運営する詐欺の容疑で投獄された。

仮定によって (16-14) 式の右辺第 2 項が負になることは排除されるとして、それでは、正になる可能性があるのであろうか。まず、**定常状態に収束する経路**では、当該項はゼロに収斂することを示そう。前節の (16-10) 式では、資産価格について $\rho=\Delta S_{t+1}/S_t+r_t$ が成り立つことを示したが、(16-10) 式からは、$1+r_t=1+\rho-\Delta S_{t+1}/S_t$ を求めることができる。もしマクロ経済が定常状態に収束していくと、資産価格 ($S_t$) も変化しなくなるので、実質利子率は要求利回り $\rho$（$>0$）に等しくなる。

経済がいずれ定常状態に至っても、金融資産残高は有限の水準（$\bar{a}$）にとどまる。この場合、(16-14) 式の右辺第 2 項は $\lim_{\tau\to\infty}\{\bar{a}/(1+\rho)^{\tau+1}\}$ となるために、分子が有限で分母が無限大となってゼロに収斂していく。すなわち、定常状態に収束する経路では、生涯消費が生涯所得につねに等しい。

それでは、**資本の過剰蓄積に陥る経路**において、(16-14) 式の右辺第 2 項はどうなるのであろうか。前節で見てきたように、資本の過剰蓄積状態に陥ると、資産価格 ($S_t$) が $\rho$ を上回る速度で高騰するので、$1+r_t=1+\rho-\Delta S_{t+1}/S_t<1$ が成り立つ。すると、(16-14) 式の右辺第 2 項（$\lim_{\tau\to\infty}\{a_\tau/\Pi_{i=0}^{\tau}(1+\rho-\Delta S_{i+1}/S_i)\}$）の分母は、時間が経過するとともに 1 を大きく下回るようになって、いずれはゼロの水準に収斂していく。すると、たとえ金融資産残高が有限の値をとっていても、(16-14) 式の右辺第 2 項は正の方向に発散してしまう。すなわち、生涯消費が生涯所得を下回ることになる。前節で、資本の過剰蓄積に陥る経路では、資産価格バブルが生じていることを指摘したが、同時に、家計部門では、生涯消費が生涯所得を下回る過小消費が生じていることになる。

本項では、定常状態に収束する過程での消費行動をモデル化するので、生涯消費が生涯所得に等しくなって、以下の生涯予算制約式が成立している。

$$a_0+\sum_{\tau=0}^{\infty}\frac{w_\tau}{\prod_{i=0}^{\tau}(1+r_i)}=\sum_{\tau=0}^{\infty}\frac{c_\tau}{\prod_{i=0}^{\tau}(1+r_i)} \qquad (16\text{-}15)$$

**消費の恒常所得仮説**

それでは，定常状態に収束する過程において，家計がどのように現在の消費水準を決定するのかを考えてみよう。前節で議論したように，今年の消費（$c_t$）と来年の消費（$c_{t+1}$）の効率的な配分は，次のオイラー方程式に従って決定される。

$$\frac{\Delta c_{t+1}}{c_t} = \sigma(r_t - \rho) \qquad (16\text{-}7, \text{再掲})$$

ここで，単純化のために，マクロ経済がすでに定常状態の近傍にあって，資本水準が修正黄金律にほぼ等しく，その結果，資本の限界生産性が $\delta + \rho$ におおよそ等しいと仮定しよう。この場合，実質利子率（$r = f'(k) - \delta$）は，要求利回り $\rho$ にほぼ等しくなる。

$r \approx \rho$ の条件を (16-7) 式のオイラー方程式に代入すると，$\Delta c = 0$ となって，消費水準はつねに一定となる。すなわち，

$$c_t = c_0$$

がいずれの時点でも成り立っている。このように消費水準が時間を通じて一定であることは，**消費の平準化**（consumption smoothing）と呼ばれている。

$r \approx \rho$ と $c_t = c_0$ を (16-15) 式の生涯予算制約に代入すると，以下の関係を得ることができる。

$$a_0 + \sum_{\tau=0}^{\infty} \frac{w_\tau}{(1+\rho)^{\tau+1}} = c_0 \sum_{\tau=0}^{\infty} \frac{1}{(1+\rho)^{\tau+1}}$$

等比級数（数列）の和の公式を用いると，上の式の右辺は $c_0/\rho$ に等しくなる。したがって，現在の消費 $c_0$ は以下のように決定される。

$$c_0 = \rho \left[ a_0 + \sum_{\tau=0}^{\infty} \frac{w_\tau}{(1+\rho)^{\tau+1}} \right] \qquad (16\text{-}16)$$

すなわち，現時点の消費は，生涯所得について要求利回り $\rho$ の係数で比例する。

(16-16) 式のように現在の消費が現在から将来にかけての生涯所得（恒常所得）によって決まってくるという消費理論は，**恒常所得仮説**（permanent income hypothesis）と呼ばれている。

(16-16) 式の恒常所得仮説モデルを用いて簡単な数値例を作ってみよう。要求利回り（$\rho$）が年率4％，実質労働所得が年500万円と一定の水準で推移すると仮定する。すると，等比（数列）の和の公式から，労働所得の割引現在価値の総和（$w/\rho$）は，1億2500万円に等しい。

以下では，3つのケースを考えてみよう。第1に，期初の金融資産残高 $a_0$ がゼロであれば，生涯所得も1億2500万円となって，現在の消費 $c_0$ は年500万円となる（1億2500万円×0.04）。第2に，$a_0$ が2500万円であれば，$c_0$ は年600万円となる（(1億2500万円＋2500万円)×0.04）。この場合，年間の消費が年間の労働所得よりも100万円高いが，100万円の不足の部分は，2500万円の金融資産から得られる利子所得でまかなっている（2500万円×0.04）。第3に，期初に負債を抱えていて，$a_0$ が−2500万円であれば，$c_0$ は年400万円となる（(1億2500万円−2500万円)×0.04）。この場合，年間消費（400万円）

第16章　消費と投資

が年間労働所得（500万円）よりも100万円低く，貯蓄がなされている。100万円の貯蓄は，2500万円の負債から生じる利子支払に充てられている（2500万円×0.04）。

本章の第4節で見ていくように，現在の消費が現在の所得だけではなく，生涯所得（恒常所得）に左右されている場合，*IS-LM* モデルにおける財政政策の効果である「減税→可処分所得の上昇→消費の増加→乗数効果を通じた総生産（総所得）の増加」というメカニズムは完全に消えてしまう。

**恒常所得仮説を阻む流動性制約**

現在の消費が生涯所得に比例するという恒常所得仮説では，非ポンジー・ゲーム条件によって借金を転がし続けることはできないが，将来の所得（生涯所得）を担保に一時的に借入をすることは許されている。ただし，借入金利は運用金利と同じく実質利子率 $r$ に等しいことが仮定されている。

したがって，借入ができない場合や，借入ができても，運用金利よりも高い金利で借りざるをえない場合は，恒常所得仮説が成り立たない可能性がある。なお，借入に制約がある状態は，流動性制約（liquidity constraint）と呼ばれている。

具体的な例を通じて，流動性制約が消費に与える影響を考えてみよう。ここで，経済は0期に始まるとする。家計Aは，0期初の金融資産も，0期の労働所得もゼロとする（$a_0=0$, $w_0=0$）。しかし，1期以降は，年525万円の労働所得を得るとする。実質利子率は年5％の要求利回りに等しい（$\rho=0.05$）。

この場合，家計Aの1期時点の生涯所得（労働所得の割引現在価値の総和）は，1億500万円に等しい（525/0.05＝10500）。1期時点で1億500万円の生涯所得を5％の割引率で0期時点で割り戻すと，1億円に等しくなる（10500/(1+0.05)＝10000）。すなわち，家計Aの0期時点の生涯所得は1億円となる。したがって，恒常所得仮説が妥当すると，0期の消費（$c_0$）は，1億円の生涯所得に5％の要求利回りを掛けた500万円に等しくなる。家計Aは，0期の時点で金融資産も労働資産もないので，金利5％で500万円を借りないと，0期に500万円の消費を実現することができない。家計Aは，0期に500万円を借りた後の1期以降について，毎期525万円の年収から25万円の利払い（500×0.05＝25）をして，残りの500万円を消費に充てる。

以上のケースで注意すべき点は，家計は借入をすることによって消費を平準化することができるところである。逆に言うと，流動性制約があって借入が十分にできないケースでは，消費の平準化が妨げられる可能性がある。

---

**流動性制約がないケース**

| 0期 |：500万円を借り入れて，500万円を消費に充てる。
| 1期以降 |：525万円の労働所得のうち500万円を消費に充て，25万円を利払いに充てる。

---

以上で見てきたように，家計Aは，0期において500万円の借入が可能であれば，恒常所得仮説が示す消費水準を0期から実現することができる。しかし，年5％の金利で借り入れることができる額が500万円を下回る場合は，恒常所得仮説が予想する消費水準を

実現することができない。

たとえば、家計Aは、0期に年5％の金利で400万円しか借りることができないとしよう。この場合、0期の消費水準は、当然ながら400万円となる。それでは、1期以降の消費水準はどうなるであろうか。1期時点に立つと、借入の元利合計は420万円となる。一方、労働所得の割引現在価値の総和は前述のように1億500万円である。したがって、1期時点で見た家計Aの生涯所得は、1億500万円から420万円を差し引いた1億80万円となる。1期時点以降は恒常所得仮説が妥当すれば、家計Aの年間消費水準は、504万円となる（10080×0.05＝504）。労働所得525万円から消費水準504万円を差し引いた21万円は、420万円の債務の利払いに充てられる（420×0.05＝21）。

流動性制約がない場合の消費水準に比べると、0期は500万円から400万円に低下する一方、1期以降は500万円から504万円に増加する。すなわち、借入額に上限があると、消費の平準化は実現されない。

---

**400万円の借入限度があるケース**

0期：400万円を借り入れて、400万円を消費に充てる。
1期以降：525万円の労働所得のうち504万円を消費に充て、21万円を利払いに充てる。

---

それでは、借入限度には制約がないものの、借入金利が運用金利を大きく上回っている場合を考えてみたい。なお、以下では議論を簡単にするために、生涯所得の計算には、年5％の運用金利を適用するとともに、生涯所得から消費する割合は依然として5％の割引率に等しいと仮定する。

ここでは、借入金利が年10％であるとしよう。この場合、家計Aの1期時点の生涯所得1億500万円を0期時点に割り戻す場合には、0期と1期の間に適用されている金利が5％ではなく、10％なので、割引率も10％となる。したがって、家計Aの0期時点の生涯所得は約9545万円となる（10500/(1+0.1)≈9545）。

恒常所得仮説が妥当すると、約9545万円の生涯所得からの消費は、約477万円となる（9545×0.05≈477）ので、0期時点で約477万円の資金を借りなければならない。1期以降は、525万円の労働所得から477万円の消費を差し引いた48万円は、477万円の借入からの利払いに充てられる（477×0.1≈48）。

流動性制約がない場合の消費水準に比べると、0期以降、500万円から477万円に低下してしまう。すなわち、借入金利が運用金利を大きく上回ると、消費の平準化は依然として実現するものの、消費水準は著しく低下する。

---

**借入金利が運用金利よりも5％高いケース**

0期：477万円を借り入れて、477万円を消費に充てる。
1期以降：525万円の労働所得のうち477万円を消費に充て、48万円を利払いに充てる。

---

第16章　消費と投資

> **COLUMN　マクロ経済学の歴史⑲　マクロ経済学における消費理論の発祥**

　マクロ経済学における消費理論の出発点は，ケインズによって『一般理論』(1936年)で提示された消費関数である(本書第Ⅱ部第6章参照)。ケインズ型消費関数は，消費水準が可処分所得に限界消費性向の比率で比例するという特性を持っている。

　$IS$ モデルにおいて限界消費性向 ($c$) は，乗数効果の大きさ ($1/(1-c)$) を決定する要因であることもあって，限界消費性向の大きさにはつねに実証的関心が寄せられてきた。とくに，短期的な可処分所得の変動には家計消費はそれほど反応せず，限界消費性向も小さいが，長期的な可処分所得の変化には家計消費がよく反応して，限界消費性向が大きいというパズリングな現象が新しい消費理論を生み出す契機となった。

　フリードマン (M. Friedman, 1912-2006, アメリカ人, 1976年ノーベル経済学賞) は，1957年に公刊した『消費関数の理論』(*A Theory of the Consumption Function*) において消費の恒常所得仮説を提示して，上述の実証的パズルを解いている。本章第3-2項で見てきたように，消費の恒常所得仮説によれば，現在の消費は，現在の可処分所得ではなく恒常所得(生涯所得)に比例する。短期的な可処分所得の増減は生涯所得に大きな影響を与えないが，長期的な所得動向は生涯所得に大きな影響を与える。したがって，短期的な可処分所得の変動よりも，長期的な所得動向のほうが，恒常所得の変化を通じて現在の消費に大きな影響を与える。

　現在の消費が生涯所得に比例するという考え方は，モディリアーニ (F. Modigliani, 1918-2003, アメリカ人, 1985年ノーベル経済学賞) とブルンバーグ (R. Brumberg) が1954年の論文で提示したライフサイクル仮説 (life-cycle hypothesis) にも明確に表れている。

　恒常所得仮説とライフサイクル仮説は，基本的に同じ理論構造を持っているが，生涯所得の測り方が異なっている。恒常所得仮説は，背後に世代間の利他的な連鎖を想定して，現在の世代の生涯所得だけでなく，将来の世代の生涯所得も含めて，生涯所得を定義している。一方，ライフサイクル仮説では，基本的に，現在の世代の生涯所得だけを生涯所得として取り扱っている。

　実は，世代を無限の連鎖と考えるのか，世代ごとに区切られていると考えるのかによって，マクロ経済モデルの構築の仕方が大きく異なってくる。その意味では，恒常所得仮説とライフサイクル仮説は，それぞれに独立した消費理論と考えたほうがよいのかもしれない。

　なお，フリードマンもモディリアーニも，ノーベル経済学賞の授賞理由には，消費理論への貢献が含まれている。また，2015年に受賞したディートン (A. S. Deaton, 1945-, イギリス人) も，消費理論への貢献が授賞理由にあげられている。

> **POINT** 16-4 ● 消費理論の実証研究について

「経済理論をどのように実証的に検証するのか」を論じることは，本書の射程を超えてしまうが，ここで消費理論の実証研究の歩みを簡単に紹介してみたい。

■ **限界消費性向の大きさについて**　ここでは，ケインズ型消費関数を次のように定式化する。

$$c_t = \mu w_t$$

上の定式化は，第Ⅱ部第6章のものと異なっていて右辺に定数項がないので，平均消費性向も，限界消費性向も，労働所得の係数である $\mu$ に等しい。ケインズ型の消費関数の大きな特徴は，限界消費性向が一定であるところにある。当然，労働所得が増加すると，限界消費性向に比例して消費も増加する（$\Delta c_t = \mu \Delta w_t$）。

一方，恒常所得仮説に基づいた消費関数については，期初の金融資産（$a_0$）がゼロであると想定して，（16-16）式を以下のように簡単にしたものを用いる。

$$c_t = \rho \sum_{\tau=0}^{\infty} \frac{w_{t+\tau}}{(1+\rho)^{\tau+1}}$$

消費関数の実証研究では，ケインズ型消費関数において外生的に定められている限界消費性向 $\mu$ が，恒常所得仮説のもとでは，経済環境を反映して内生的に決まってくることが着目された。以下では，簡単な例を見てみよう。

いま，労働所得が $w$ の水準で推移すると予想されていたところが，今期（$t$ 期）から $T$ 期間にわたって $\Delta w$ だけ増加すると予想が改定されたとしよう。すると，生涯所得は，$\sum_{\tau=0}^{\infty} \{w/(1+\rho)^{\tau+1}\}$ から $\sum_{\tau=0}^{T-1} \{\Delta w/(1+\rho)^{\tau}\}$ 分増加する。したがって，恒常所得仮説に基づくと，当期の消費 $c_t$ は，生涯所得の増分に $\rho$ を乗じた分（$\rho \sum_{\tau=0}^{T-1} \{\Delta w/(1+\rho)^{\tau}\}$）だけ増加する。ここで等比級数（数列）の和の公式（巻末の数学付録を参照のこと）を用いると，以下の関係を導出できる（読者も，導出にトライしよう！）。

$$\Delta c_t = \rho \sum_{\tau=0}^{T-1} \frac{\Delta w}{(1+\rho)^{\tau}} = \left[ 1 - \frac{1}{(1+\rho)^T} \right] \Delta w$$

前述のように，ケインズ型消費関数では，労働所得増分に対する消費増分の割合がつねに限界消費性向 $\mu$ に等しい。一方，恒常所得仮説に基づいた消費関数では，労働所得増分に対する消費増分の割合は，労働所得の増加の持続期間 $T$ に大きく左右される（$\Delta c_t / \Delta w = \{1 - 1/(1+\rho)^T\}$）。労働所得増の持続期間が1期間であれば，$\Delta c_t / \Delta w = \rho/(1+\rho) \approx \rho$ となって，限界消費性向が要求利回り $\rho$ の水準にとどまるが，労働所得増が永久に持続すれば（$T = \infty$），$\Delta c_t / \Delta w = 1$ となって，労働所得の増分がそのまま消費増に反映される。すなわち，所得増の持続期間が長くなるほど，$\Delta c_t / \Delta w$ も上昇する。上の例が示すように，ケインズ型消費関数で一定として取り扱われている限界消費性向は，恒常所得仮説のもとでは，労働所得増の持続期間という経済環境に影響される。

多くの実証研究が，さまざまな国の消費データを用いて，労働所得の時系列的な動向と消費の時系列的な動向が恒常所得仮説と整合的であるのかどうかを検証してきた。多様な実証結果を短くまとめることは不可能であるが，次のような特徴がしばしば認められている。

持続期間が短い労働所得の変動に対しては，恒常所得仮説の予想よりも高い限界消費性向が実証的に確認されている（$\Delta c_t/\Delta w > \{1-1/(1+\rho)^T\}$）。一方，持続期間が長い労働所得の変動に対しては，恒常所得仮説の予想よりも低い限界消費性向が観察されている（$\Delta c_t/\Delta w < \{1-1/(1+\rho)^T\}$）。

消費者が流動性制約に直面していると考えると，上のような2つの現象を解釈することが可能である。前半の実証的な傾向については，労働所得の減少を借入で補うことができないために，労働所得減が消費水準にストレートに反映している可能性がある。一方，後半の実証的な傾向については，労働所得増で生涯所得が大きく上昇しているにもかかわらず，生涯所得の増分を担保に消費に要する資金を借り入れることができない結果，生涯所得増ほどには消費水準が増加しない可能性がある。

■ **流動性制約の可能性について**　流動性制約の可能性については，より直接的に検証する方法もある。いま，強い流動性制約に直面している消費者は，当期の消費が当期の労働所得からしかまかなえないとしよう。

$$c_t = w_t$$

まさに，「その日暮らし」の英訳である "live from hand to mouth" の状態である。

この場合，消費の変動は，労働所得の変動をストレートに反映して，以下の関係が成り立つ。

$$\frac{\Delta c_{t+1}}{c_t} = \frac{\Delta w_{t+1}}{w_t}$$

一方，恒常所得仮説に沿って消費が決定されている場合には，オイラー方程式によって異時点間で消費が配分される。

$$\frac{\Delta c_{t+1}}{c_t} = \sigma(r_t - \rho) \qquad \text{(16-7，再掲)}$$

もし，強い流動性制約に直面している消費者と恒常所得仮説に整合的な消費者が併存している場合には，経済全体の消費の変化は，実質利子率（$r_t$）と労働所得の変動（$\Delta w_{t+1}/w_t$）の両方を反映するであろう。

2つのタイプの消費者が併存する状況において，経済全体の1人あたりの消費水準の動向は，以下のように定式化することが可能である。

$$\frac{\Delta c_{t+1}}{c_t} = \zeta_p [\sigma(r_t - \rho)] + \zeta_l \left[\frac{\Delta w_{t+1}}{w_t}\right]$$

すべての家計が強い流動性制約に直面していれば，$\zeta_p = 0$ と $\zeta_l = 1$ が成り立つ。

逆に，すべての家計が恒常所得仮説に従って消費を決定していると，$\zeta_p=1$ と $\zeta_l=0$ が成立する。進んだ計量経済学の手法によって $\zeta_p$ と $\zeta_l$ を推計した結果からは，経済全体でどのぐらいの割合の家計が流動性制約に直面しているのかを推測することが可能である。

## 3-3 設備投資の理論——トービンの $q$

**限界トービンの $q$ と平均トービンの $q$**

本項では，ラムゼー・モデルから導かれる設備投資理論を考えてみたい。まず，設備投資の費用対効果を示すトービンの $q$ (Tobin's $q$) を定義する。厳密に言うと，トービンの $q$ には，限界トービンの $q$ (marginal Tobin's $q$) と平均トービンの $q$ (average Tobin's $q$) がある。いずれのトービンの $q$ も，分母が設備投資の費用に，分子が設備投資の便益に対応しているので，トービンの $q$ が 1 を上回ると，設備投資の費用対効果が優れ，逆にトービンの $q$ が 1 を下回ると，設備投資の費用対効果が劣る。

限界トービンの $q$ は，1 単位の資本財のコスト（価格）を分母に，1 単位の資本財が将来に生み出す収益の割引現在価値を分子にとっている。すなわち，限界トービンの $q$ は，既存の資本設備を 1 単位増設する場合に関わる費用対効果を示している。

一方，平均トービンの $q$ は，既存の資本設備全体に関わる費用対効果の指標である。平均トービンの $q$ は，現状の資本設備を現時点で取得するのにかかる費用（再取得費用）を分母に，既存の資本設備が企業価値に貢献している部分を分子にとっている。

平均トービンの $q$ は，企業のバランスシートを考えてみると理解しやすい。いま，企業が，負債サイドで株式，社債，銀行借入で資金を調達し，資産サイドで金融資産と資本設備（物的資本）を保有しているケースを考えてみよう（次頁の図 16-9）。

まず，資産サイドの①金融資産と，負債サイドの③銀行借入，④社債，⑤株式は，原則，市場評価で価値を算出する。③，④，⑤の市場評価の総計は，金融市場で評価されている企業価値に相当すると解釈できる。社債や株式は，証券取引所で取引されているかぎり市場評価は容易である。しかし，銀行借入，あるいは証券取引所に上場されていない社債や株式は，市場評価に関わるデータを得ることができないので，簿価（帳簿上の価値）で評価せざるをえない。次に，資産サイドの②資本設備は，資本設備の現状（陳腐の度合）に応じて再取得費用を計算する。

以上の準備のうえで，平均トービンの $q$ を計算すると，分母には，②資本設備の再取得費用が入る。その分子は，資本設備が企業価値に貢献している部分なので，③，④，⑤の市場評価の総計（企業価値）から①金融資産の市場価値を控除したものに対応する。すなわち，平均トービンの $q$ は，次のように定義できる。

$$\text{平均トービンの } q = \frac{\text{③銀行借入} + \text{④社債} + \text{⑤株式} - \text{①金融資産}}{\text{②資本設備の再取得費用}}$$

図 16-9 ● 企業のバランスシートとトービンの $q$

理論的には，限界トービンの $q$ の概念が非常に重要である。しかし，実際にトービンの $q$ を算出するときは，平均トービンの $q$ の概念を用いている。第3-4項で述べているように，ラムゼー・モデルの枠組みでは，理論的に重要な限界トービンの $q$ と実際のデータから計測できる平均トービンの $q$ が一致している。

**ラムゼー・モデルにおける限界トービンの $q$**

それでは，ラムゼー・モデルにおいて，定常状態に収束するケースについて限界トービンの $q$ を求めてみよう。本章の第2節で議論してきたように，定常状態に収束するケースでは，資産価格はファンダメンタルズに等しい。

$$S_t = \sum_{\tau=1}^{\infty} \frac{S_{t-1+\tau}[f'(k_{t-1+\tau}) - \delta]}{(1+\rho)^\tau} \qquad (16\text{-}12,\ 再掲)$$

まず，(16-12) 式の右辺における各分数の分子（$f'(k) - \delta$）を解釈してみよう。資本の限界生産性（$f'(k)$）が1単位の資本財の追加による生産の改善分，固定資本減耗率（$\delta$）が1単位の資本財を1期間持ち越す際に生じるコストをそれぞれ示すので，資本の限界生産性から固定資本減耗率を差し引いた部分は，1単位の資本設備の増設による企業収益の改善分と解釈できる。したがって，(16-12) 式の右辺は，1単位の資本が将来にわたって生み出す企業収益の割引現在価値に等しく，まさに限界トービンの $q$ の分子に相当する。一方，第2節で述べているように，ラムゼー・モデルにおける資産価格（$S$）は，資本財価格であるので，まさに限界トービンの $q$ の分母に相当する。

すなわち，(16-12) 式は，限界トービンの $q$ の分子と分母が一致することを示している。言い換えると，ラムゼー・モデルにおいては，定常状態に収束する経路で限界トービンの $q$ がつねに1に等しい。定常状態に収束する経路では，限界費用が限界便益にちょうど見合っている水準で効率的な設備投資が行われている。

しかし，定常状態に収束しない経路では，限界トービンの $q$ は1から乖離する。たとえば，資本の過剰蓄積に陥る経路では，資産価格バブルが生じて，

> COLUMN マクロ経済学の歴史⑳ トービンの $q$ について

　トービンの $q$ の考え方は，1960年代におけるトービン（J. Tobin, 1918-2002, アメリカ人）の単独の研究，あるいは，トービンとブレイナード（W. C. Brainard）の共同研究から生まれてきた。当時，トービンたちは，金融市場や貨幣市場で決まってくる金融収益率が設備投資決定に与える影響を分析していたが，キーとなった概念がトービンの $q$ であった。

　トービンは，1961年において，投資家の要求利回り（本章では $\rho$ に対応）に対する資本の限界生産性（本章では $f'(k)-\delta$ に対応）の割合に対して，$q$ というノーテーションを割り当てていた。トービンは，この $q$ が設備投資行動に影響を与えるもっとも重要な変数であると位置づけた。すなわち，資本の限界生産性が投資家の要求利回りを上回っている（下回っている）ときに，設備投資が拡大（縮小）する。

　$f'(k)-\delta>\rho$ のときに設備投資が拡大するということは，$(f'(k)-\delta)/\rho$ が1を上回るときに設備投資が拡大すると言い換えることができる。ここで，$(f'(k)-\delta)/\rho$ を $\sum_{\tau=1}^{\infty}\{(f'(k)-\delta)/(1+\rho)^{\tau}\}$ と書き表すと，限界トービンの $q$ との対応が見えてくる。1単位の資本が生み出す便益の割引現在価値 $\sum_{\tau=1}^{\infty}\{(f'(k)-\delta)/(1+\rho)^{\tau}\}$ が，1単位の資本財価格（ここでは，1に基準化している）を上回るときに，すなわち限界トービンの $q$ が1を上回るときに設備投資が拡大する。

　学説的には，トービンの $q$ の考え方の起源は，ヴィクセル（J. G. K. Wicksell, 1851-1926, スウェーデン人）にあると言われている。なお，トービンは，トービンの $q$ の理論が授賞理由の1つとなって，1981年にノーベル経済学賞を受けている。

トービン（AP/アフロ提供）

$$S_t > \sum_{\tau=1}^{\infty} \frac{f'(k_{t-1+\tau})-\delta}{(1+\rho)^{\tau}}$$

となるので，費用（左辺）が便益（右辺）を上回って限界トービンの $q$ が1を下回る。すなわち，1単位の資本設備の増設は，費用に見合った便益をまったく生んでいない。資本が十分な収益を生んでいないにもかかわらず，まさに過剰な資源が資本設備に投下されているわけである。

　ラムゼー・モデルでは資本財価格が消費財価格に一致していることを考慮すると，さらに踏み込んだ解釈もできる。$S_t > \sum_{\tau=1}^{\infty}\{f'(k_{t-1+\tau})-\delta\}/(1+\rho)^{\tau}$ が成り立っていることは，消費財が高く評価されているにもかかわらず，生産性の低い資本設備に資源が回されてい

ることを意味している。資本の過剰蓄積に陥る経路では，設備投資が過大になっている一方で，消費水準が過小になっているのである。

ただし，資産価格バブルが生じている状態では，実際のデータから平均トービンの $q$ を計算すると，2つの理由から1を大きく上回ってしまう。第1に，現実の経済では，資本財価格と資産価格は異なっていて，資産価格バブルは後者にしか現れないので，平均トービンの $q$ の分母である再取得価格は低めに設定される。第2に，将来の企業収益の割引現在価値が株価に反映すると想定しているので，資産価格バブルを含んだ株価を用いると，平均トービンの $q$ の分子が高めに設定される。平均トービンの $q$ は，第1の要因で分母が小さく，第2の要因で分子が大きくなる結果，1を大きく上回ってしまう。

### 調整コストと限界トービンの $q$

ラムゼー・モデルで定常状態に収束する経路において，限界トービンの $q$ がつねに1に等しいのは，資本が効率的な水準に速やかに調整されるという仮定が強く効いている。かりに限界トービンの $q$ が一時的に1を上回っても，設備投資が即座に増加して資本の限界生産性が低下し，限界トービンの $q$ がすぐに1に戻る。逆に，限界トービンの $q$ が一時的に1を下回っても，資本設備が即座に取り崩され資本の限界生産性が上昇し，限界トービンの $q$ がすぐに1に戻る。

しかし，資本水準の調整に費用（**調整費用**，adjustment cost）がかかって，資本水準が効率的な水準へ速やかに調整されない場合には，限界トービンの $q$ が短期的に1から離れることもある。ただし，そのような場合であっても，長期的に見ると，限界トービンの $q$ は1に回帰していく。したがって，資本の調整コストを伴うケースでは，限界トービンの $q$ が1の水準を中心に上下することになる。

### POINT 16-5 ● 投資理論の実証研究について

ここでは，トービンの $q$ 理論をめぐる実証研究の動向を簡単に紹介したい。資本ストックの調整にコストがかかってトービンの $q$ が速やかに1に等しくならないケースにおいては，トービンの $q$ が1を上回っているほど，設備投資を拡大して資本ストックを積み増し，トービンの $q$ が1を下回っているほど，設備投資を縮小して資本ストックを取り崩していく。

したがって，トービンの $q$ 理論においては，資本ストックの変化（$\Delta k_{t+1}$）を次のように定式化することができる。

$$\frac{\Delta k_{t+1}}{k_t} = \psi(q_t - 1)$$

すなわち，設備投資の動向（資本ストックの変化）は，トービンの $q$ に相当する $q_t$ の水準によって完全に説明できることになる。

しかし，実際のデータによって，トービンの $q$ 理論に基づいた設備投資関数を推計している多くの実証研究では，トービンの $q$ だけでは，設備投資の動向をうまく説明できないことが明らかにされてきた。

標準的なトービンの $q$ 理論が実証的にサポートされない背景には，さまざまな理由が考えられるが，以下では，2つの可能性を紹介しよう。

第1に，通常の実証研究では平均トービンの $q$ を用いているが，理論的には限界トービンの $q$ が適切な指標である。前述のように，平均トービンの $q$ と限界トービンの $q$ が一致する条件は明らかにされているが，現実の経済でそうした条件が満たされていない可能性がある。平均トービンの $q$ が限界トービンの $q$ に等しくない場合には，平均トービンの $q$ を用いているために，トービンの $q$ 理論に基づいた設備投資関数が棄却されている可能性がある。

第2に，企業が収益性の高い投資プロジェクト（トービンの $q$ が1を上回るプロジェクト）の計画を持っていても，企業が資金調達制約に直面していて当該プロジェクトを実行するための資金を確保できないケースである。このような場合には，企業内部にある資金（内部留保）に設備投資が大きく左右される。企業が資金調達制約に直面しているケースが実際に生じているかどうかを検証する際には，企業の内部留保の水準（キャッシュ・フローと呼ばれている）を示す変数が設備投資関数の説明要因として加えられることが多い。

## 3-4　モディリアーニ・ミラー定理

本項で紹介するモディリアーニ・ミラー定理（Modigliani-Miller theorem，MM 定理と略されている）は，コラム「マクロ経済学の歴史㉑」で紹介しているように，モディリアーニ（F. Modigliani）とミラー（M. H. Miller）が1950年代後半からの一連の仕事で打ち立てた企業金融上の定理である。

MM 定理は，理想的な金融市場において，企業価値が企業の資金調達方法に左右されないことを主張している。以下では，本章で展開しているラムゼー・モデルでも，MM 定理が成り立っていることを見ていこう。なお，以下では議論を簡単にするために法人税や取引コストは存在しないものと仮定する。

いま，一定と仮定されてきた労働力人口を $N$ とすると，マクロ経済全体の資本 $K_t$ は $Nk_t$ に等しい。ラムゼー・モデルで定常状態に収束する経路における企業価値 $V_t$ は，企業部門に投じられている資本財全体を，資本財価格（資産価格）によって評価した価値に相当する。すなわち，企業価値について以下の関係が成り立つ。

$$V_t = Nk_t S_t$$
$$= Nk_t \sum_{\tau=1}^{\infty} \frac{f'(k_{t-1+\tau}) - \delta}{(1+\rho)^\tau} \quad (16\text{-}17)$$

MM 定理は，企業部門がどのように資金調達をして企業価値を実現しようとも，企業価値の水準は資金調達方法に依存しないことを意味している。(16-17) 式が成り立っているかぎり，MM 定理が成立しているのは自明なことである。(16-17) 式の右辺が物語っ

ているように，企業価値を決定しているのは，定常状態に収束するまでの資本蓄積経路（$\{k_\tau\}_{\tau=t}^{\infty}$）のみであって，資金調達方法を示す要素はいっさい反映されていない。

ラムゼー・モデルにおける MM 定理の意味合いを考えるために，資金調達方法を明示的に表してみよう。ここでは，企業が銀行や社債保有者などの債権者と株主の両方から資金を調達している。資金を調達している企業は，資本財1単位あたりの資金調達について，毎期の企業収益（$f'(k_t)-\delta$）を債権者と株主に還元していかなければならない。ここで債権者に還元する部分を $d_t^c$，株主に還元する部分を $d_t^s$ とすると，毎期，

$$f'(k_t)-\delta = d_t^c + d_t^s \qquad (16\text{-}18)$$

が成り立っている。この（16-18）式が，ラムゼー・モデルにおける企業の資金調達方法を示していることになる。

債権者への収益還元方法としては，銀行や社債保有者に対する金利支払や元本償還が含まれる。一方，株主への収益還元方法として代表的なものは，配当支払であるが，それに限られるわけではない。株主へ無償で株式を配る無償増資や，株主から現金で株券を買い取る自己株式消却も，企業収益を株主に還元する手段である。また，株主に収益を還元せずに企業内部に留保している分も，そもそも企業が株主のものであるので，結局は株主への収益還元として取り扱うことができる。企業の内部留保は，株主（家計）に代わって企業が貯蓄をしているという意味で，企業貯蓄（corporate savings）あるいは，法人貯蓄と呼ばれている。

（16-18）式を（16-17）式に代入すると，以下の関係を導出できる。

$$V_t = Nk_t \sum_{\tau=1}^{\infty} \frac{d_{t-1+\tau}^c}{(1+\rho)^\tau} + Nk_t \sum_{\tau=1}^{\infty} \frac{d_{t-1+\tau}^s}{(1+\rho)^\tau} \qquad (16\text{-}19)$$

（16-19）式右辺の第1項は，将来にわたって債権者に対して還元される収益の割引現在価値の総和であって，金融市場において評価されている債権価値（$V_t^c$）に相当する。一方，その第2項は，将来にわたって株主に対して還元される収益の割引現在価値の総和であって，金融市場において評価されている株式価値（$V_t^s$）に相当する。

したがって，

$$V_t = V_t^c + V_t^s \qquad (16\text{-}20)$$

が成り立っている。企業部門のバランスシートによって（16-20）式を解釈すると，その左辺は資産価値，その右辺は負債価値にそれぞれ相当する。ラムゼー・モデルでは，債権者と株式との間でどのように収益を配分するのかは，（16-20）式の左辺の企業価値に何らの影響も与えない。（16-20）式も，ラムゼー・モデルにおいても MM 定理が成立していることを示している。

また，（16-20）式は，平均トービンの $q$ が1に等しいことを意味している。平均トービンの $q$ では，企業部門の資本設備全体を再取得する際に必要な費用が分母に，企業部門の総負債の市場評価を企業価値として分子にそれぞれ代入している。これまでのノーテーションを用いると，平均トービンの $q$ は，以下のように定義できる。

> **COLUMN** マクロ経済学の歴史㉑ モディリアーニ・ミラー定理について

モディリアーニ（F. Modigliani, 1918–2003, アメリカ人, 1985 年ノーベル経済学賞）とミラー（M. H. Miller, 1923–2000, アメリカ人, 1990 年ノーベル経済学賞）は, 1950 年代末から 60 年代にかけての一連の仕事で, 後に MM 定理と呼ばれる企業金融理論を打ち立てている。

通常, MM 定理は, 4 つのコンポーネントから成り立つと言われている。第 1 に, 第 3-4 項で議論したもので, 企業価値は資金調達方法に左右されない。第 2 に, 企業株式の資本コストは, 企業の債務比率とともに上昇する。第 3 に, 企業価値は企業の配当政策に左右されない。第 4 に, 株主は, 企業の資金調達計画について特定の選好を持たない。

非常に興味深いのは, モディリアーニもミラーも, MM 定理によって現実の企業金融行動を説明する志向がほとんどなかったことである。むしろ, MM 定理をフィルターにすることによって, 資金調達行動や配当政策が企業価値に大きな影響を与える現実の企業金融行動をあぶり出そうとした。

なお, モディリアーニもミラーも, ノーベル経済学賞の授賞理由には MM 定理に対する貢献が含まれている。

モディリアーニ（ロイター/アフロ提供）　　ミラー（AP/アフロ提供）

$$\text{平均トービンの } q = \frac{V_t^c + V_t^s}{V_t} \tag{16-21}$$

したがって, （16-20）式が成り立っているかぎり, 平均トービンの $q$ はつねに 1 に等しい。まとめてみると, 定常状態に収束する経路においては, 限界トービンの $q$ も, 平均トービンの $q$ も, つねに 1 に等しい。

しかし, 前述のように, 資本の過剰蓄積に陥って, 資産価格バブルが生じる経路では, 限界トービンの $q$ は 1 を下回るが, 実際の企業データから計算した平均トービンの $q$ は 1 を大きく上回る可能性がある。現実のマクロ経済では, 資産価格バブルは資産価格に影響

を与えるが，資本財価格には影響を与えないので，平均トービンの $q$ の分母に相当する資本設備の再取得価格は低めに，その分子を構成する株式評価は高めに計測されてしまうからである。

## 3-5　在庫投資の理論

　第Ⅱ部第 6 章において，*IS-LM* モデルの乗数効果は，在庫調整の可能性を完全に捨象していることから得られる特性であることを議論してきた。*IS-LM* モデルでは，総需要が総供給（生産）を上回る場合に在庫を取り崩したり，逆に総需要が総供給を下回る場合に在庫を積み増ししたりする可能性を完全に排除している。その結果，総需要の変化に応じて総生産が 1 対 1 で対応し，乗数効果が生み出される。

　しかし，現実の経済では，在庫が重要な役割を果たしている。第Ⅱ部第 6 章でも議論したように，将来の需要増に備えて在庫を積み増す「意図した在庫」や，突然の需要減で在庫を積み増さざるをえない「意図しない在庫」は，現実の企業行動には頻繁に認められる。

　本章で展開しているラムゼー・モデルは，需要に関して不確実な要素がまったくないので，企業が将来に備えて在庫を積み増すことも，突然の需要減で在庫を積み増すこともない。また，突然の需要増で在庫を取り崩すこともない。しかし，総需要が変動する状況を考慮すると，在庫の積極的な役割が生まれてくる。以下では，非常に簡潔ではあるが，在庫投資の理論を紹介したい。なお，議論を簡単にするために，非現実的な仮定であるが，実質利子率がゼロである状態を考えていく（$r=\rho=0$）。

　図 16-10 は，期間あたりの生産コスト（厳密には，生産量とともに変動する費用，$\chi$）が，生産水準（$y$）とともに上昇することを示している。また，限界生産コスト（生産コスト関数の接線の傾き）は生産水準とともに逓増している。なお，限界生産コストが逓増するのは，資本設備水準を一定とすると，労働投入について限界生産性が逓減して，最後

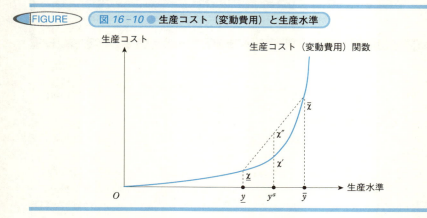

FIGURE　図 16-10　生産コスト（変動費用）と生産水準

の1単位の製品製造に必要な労働コストが増加するからである。

いま，需要水準は50%の確率で $\underline{y}$ に減少し，50%の確率で $\overline{y}$ に増加する。需要水準の平均は，$y^a$ ($=(\underline{y}+\overline{y})/2$) とする。もし，需要水準に応じて生産水準を調整すると，低い需要のときは生産コスト（変動費用）が $\underline{\chi}$，高い需要のときは $\overline{\chi}$ となる。その結果，平均生産コストは，$\chi''$ ($=(\underline{\chi}+\overline{\chi})/2$) に等しくなる。

それでは，在庫が可能であれば，生産コストはどうなるであろうか。在庫が可能であると，企業は，需要に応じて生産を増減させる必要がなくなる。つねに平均需要水準 ($y^a$) で生産を維持しながら，低位の需要の場合には在庫を積み増し，高位の需要の場合には在庫を取り崩すことによって，企業は需要の変動に応じることができる。このように $y^a$ の水準に生産規模を維持しておくと，生産コストは $\chi'$ に保つことができる。

図 16-10 が示すように，生産水準を平準化すると（production smoothing），需要に応じて生産を変動させる場合に比べて，毎期の生産コストを $\chi''-\chi'$ 分だけ節約することができる。

上述のようなケースは，「意図した在庫」のケースと考えることができるであろう。将来の需要拡大に備えて，需要が低迷しているときにも生産を維持して在庫を積み増しているからである。

> POINT 16-6 ● SNA に見られる民間在庫投資の動向

日本経済の SNA で在庫投資の動向を見てみよう。図 16-11 は，1994 年第 1 四半期から 2015 年第 2 四半期の期間について，民間在庫投資の名目値の原系列と実質値（2005 年価格）の季節変動要因を取り除いた系列（季節調整系列，

図 16-11 ● 民間在庫投資の推移

（出所）内閣府。

年率換算)をプロットしている。名目原系列を見ると,第2四半期と第4四半期に在庫を積み増し,第1四半期と第3四半期に在庫を取り崩すパターンが認められる。すなわち,10月から12月と翌年1月から3月の間で,あるいは4月から6月と7月から9月の間で生産の平準化をしていると解釈できる。

一方,こうした季節パターンを取り除いた実質値の系列(季節調整系列)を見ると,2003年第3四半期から2008年第2四半期まで在庫が積み増される傾向にあった。2008年9月のリーマン・ショック直後の第4四半期に在庫が一挙に膨らんだが(「意図せざる在庫」と考えられる),その後は,2014年末まで,年率数兆円規模で在庫が取り崩されてきた。こうした在庫調整は,2015年に入っていったん終わった。

なお,図16-11は, NLAS マクロ経済学 database において四半期ごとにアップデートを行っている。

## 3-6 実物的景気循環理論の展開

つぎに,ラムゼー・モデルに基づいた景気循環理論である実物的景気循環理論 (real business cycle theory, RBC 理論と略されている)を簡単に紹介しよう。1980年代に展開された RBC 理論は,ラムゼー・モデルがマクロ経済理論に応用されたもっとも重要なケースと言えるかもしれない。この理論が「実物的」と冠されているのは,本章の冒頭でも述べているように,ラムゼー・モデルでは,貨幣的な要因をいっさい捨象して,実物要因のみを景気循環の源泉と考えているからである。RBC 理論で言う実物的な要因は,生産関数に対する技術的なショック (technological shock) を指していることが多い。

本項では,RBC 理論のもっとも原理的な側面を概観していこう。この理論では,技術的なショックによってもたらされる均衡経路(定常状態に収束する経路)の変化が,マクロ経済の景気循環に対応していると考えている。

まず,生産関数を次のように定義し直す。

$$y_t = Af(k_t) \tag{16-22}$$

$A$ は,第Ⅱ部第11章で導入した全要素生産性に対応しており,生産技術の状態を表している。さらに,全要素生産性を変化させる技術的なショックを次の2つの側面から分類してみる。

(1) ショックが突然のものなのか (unexpected, surprise),あらかじめ予想されていたのか (expected, anticipated)。
(2) ショックが永続的なものなのか (permanent),一時的なものなのか (transitory)。

それでは,$A$ によって表される全要素生産性が変化すると,$\Delta k=0$ 軌跡や $\Delta c=0$ 軌跡がどのようにシフトするのかを考えてみよう。以下では,全要素生産性 $A$ が上昇する場合を見ていくが,結果だけを述べていく。なぜ2つの軌跡がそのようにシフトするのかは,

読者自身で考えてほしい。すでに，ここまで読み進めた読者であれば，簡単に理解することができるであろう。

まず，$\Delta k = 0$ 軌跡は，図 16-12 が示すように，おわんを伏せた形状が上方にシフトするとともに，黄金律水準が $k^g$ から $k^{g\prime}$ へと上昇する。一方，$\Delta c = 0$ 軌跡は，図 16-13 が示すように，修正黄金律水準が $k^{mg}$ から $k^{mg\prime}$ へと上昇するので，$\Delta c = 0$ 軌跡は右方にシフトする。

最初に，あらかじめ予想されていなかった突然の技術的ショックによって全要素生産性が $A$ から $A'$ に永続的に引き上げられたケースを考えてみよう。この場合，図 16-14（次頁）に示すように，$\Delta k = 0$ 軌跡は上方にスケール・アップし，$\Delta c = 0$ 軌跡は右方にシフトする。その結果，定常状態は $S$ 点から $S'$ 点に移り，定常状態に至る均衡経路も上方にシフトする。このような技術的ショックが生じた場合，経済は $A$ 点から $B$ 点に即座にジャンプし，新たな均衡経路のもと高消費，高資本蓄積の定常状態に向かっていく。家計は，

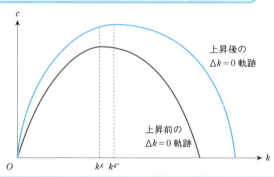

**FIGURE** 図 16-12 ● 総要素生産性の上昇と $\Delta k = 0$ 軌跡のシフト

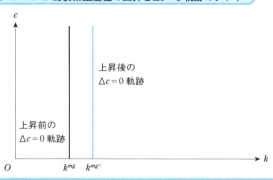

**FIGURE** 図 16-13 ● 総要素生産性の上昇と $\Delta c = 0$ 軌跡のシフト

第 16 章 消費と投資

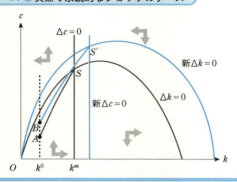

**FIGURE 図 16-14 ● 突然で永続的なショックのケース**

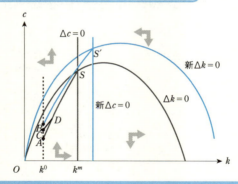

**FIGURE 図 16-15 ● 突然で一時的なショックのケース**

将来の生産の上昇（所得の上昇）を見越して，いまから消費水準を引き上げているわけである。

次に，突然の技術的ショックが全要素生産性を改善する効果が一時的でしかなく，ある一定の期間後に効果が消滅してしまうケースを考えてみよう。この場合，図 16-15 が示すように，$\Delta k = 0$ 軌跡と $\Delta c = 0$ 軌跡は一時的にシフトするが，ある一定の期間後ふたたび元の位置に戻ってくる。

ここで均衡経路を割り出すうえで注意しなければならない点なのであるが，変化が起きた後に即座に資産価格がジャンプし，その後の経路では資産価格がいっさいジャンプしないという要件を満たす必要がある。均衡経路上で資産価格が暴落することがあらかじめわかっていれば，投資家（家計）は事前に資産を売ろうとして，その経路がもはや均衡経路でなくなってしまう。同様に，均衡経路上で資産価格が高騰することがあらかじめわかっていれば，投資家（家計）は資産を購入しようとして，その経路がもはや均衡経路でなく

614　第Ⅳ部　マクロ経済モデルのミクロ的基礎づけ

### FIGURE 図16-16 ● 予想された永久的なショックのケース

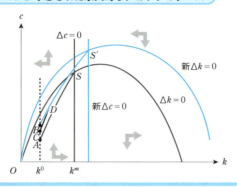

なってしまう。

技術的なショック後の即座のジャンプ以外，予想された経路で消費水準がジャンプしないように，定常状態に収束する経路を選択するためには，$\Delta k=0$ 軌跡と $\Delta c=0$ 軌跡が将来元の位置に戻ってくることをあらかじめ考慮しておかなければならない。すると，技術状態を改善するショックが起きても効果が永続的な場合（$B$ 点）ほどには当初消費はジャンプせず，ほどほどの上昇後（$C$ 点），ショックの効果が消滅するタイミングで「元の定常状態に収束する経路」上の $D$ 点に戻ってくるような均衡経路が選ばれる。家計は，将来技術が元の状態に戻ることを見越して現在の消費をあまり引き上げることはしないのである。

では，永続的な効果のある技術的なショックがあらかじめ予想されたケースを考えてみよう（図16-16を参照してほしい）。ここでも予想が変化した時点以外は，資産価格や消費がジャンプしないという原則を当てはめていけば，均衡経路を割り出すことができる。経済は将来の生産技術の改善を見込んで技術的なショックが実際に起こる前から消費が高めに推移していく（予想の改定後即座に $A$ 点から $C$ 点にジャンプした後，$D$ 点に向かう）。そうすると，実際に技術的なショックが起きた時点で，経済は「新たな定常状態に収束する経路」上の $D$ 点にたどり着いている。

上で見てきたように，定常状態に収束するケースにおいて，技術的なショックが均衡経路に与える影響を考察するRBC理論にも，合理的期待形成を通じて将来の経済が現在の経済に反映されるという新古典派成長モデルの特性が存分に生かされている。

## 3-7　経済厚生指標としての実質NDP

本節の最後の議論として，ラムゼー・モデルにおいて生産指標である $y_t$ がどのような経済厚生上のインプリケーションを持っているのかをあらためて考えてみたい。以下では，

通常の政策議論でも、「より高水準の $y_t$ がより望ましい」と考えられているが、ラムゼー・モデルに基づいて、そうした政策判断の理論的な根拠を明らかにしていく。

ただし、ここで対象とする生産指標は、SNA の（1 人あたり）実質 GDP に相当する $y_t$ ではなくて、そこから固定資本減耗分を差し引いた（1 人あたり）実質 NDP（Net Domestic Product）、$y_t^{NDP}$ とする。これまで展開してきたモデルにおいて実質 NDP は、以下のように定義される。

$$y_t^{NDP} = y_t - \delta k_t = f(k_t) - \delta k_t \tag{16-23}$$

ここで、(16-23) 式を微分した結果 $(dy_t^{NDT}/dk_t = f'(k_t) - \delta)$ から、資本水準を $k_t$ から $k_{t+1}$ に拡大させた場合に実質 NDP がどれだけ拡大するかを求めてみると、以下のようになる。

$$\begin{aligned} y_{t+1}^{NDP} - y_t^{NDP} &= (f'(k_t) - \delta)(k_{t+1} - k_t) \\ &= r_t(k_{t+1} - k_t) \end{aligned}$$

上の式の 2 行目は、実質利子率 $r_t$ が $f'(k_t) - \delta$ に等しいことを用いている。資本水準が黄金律を下回っている状態を想定しているので（$f'(k_t) > \delta$）、$r_t$ がつねに正値となることに注意してほしい。

実質 NDP では粗設備投資が純設備投資に置き換えられているので、実質 NDP は純設備投資と消費の和（$y_t^{NDP} = (k_{t+1} - k_t) + c_t$）に等しい。したがって、上の式は、

$$y_{t+1}^{NDP} - y_t^{NDP} = r_t(y_t^{NDP} - c_t)$$

と書き換えられる。この式を $y_t^{NDP}$ について解くと以下のようになる。

$$y_t^{NDP} = \frac{r_t c_t + y_{t+1}^{NDP}}{1 + r_t} \tag{16-24-1}$$

(16-24-1) 式の関係は、$y_{t+1}^{NDP}$ や $y_{t+2}^{NDP}$ についても成立している。

$$y_{t+1}^{NDP} = \frac{r_{t+1} c_{t+1} + y_{t+2}^{NDP}}{1 + r_{t+1}} \tag{16-24-2}$$

$$y_{t+2}^{NDP} = \frac{r_{t+2} c_{t+2} + y_{t+3}^{NDP}}{1 + r_{t+2}} \tag{16-24-3}$$

ここで、(16-24-2) 式を (16-24-1) 式の右辺に現れる $y_{t+1}^{NDP}$ に代入し、さらに、(16-24-2) 式の右辺に現れる $y_{t+2}^{NDP}$ に (16-24-3) 式を代入するという操作を永遠に繰り返していくと、以下のような式を得ることができる。

$$y_t^{NDP} = \sum_{\tau=1}^{\infty} \frac{r_{t+\tau-1} c_{t+\tau-1}}{\prod_{i=1}^{\tau}(1 + r_{t+i-1})} + \lim_{\tau \to \infty} \frac{y_{t+\tau+1}^{NDP}}{\prod_{i=1}^{\tau}(1 + r_{t+i})}$$

ここで、実質利子率 $r_t$ がつねに正値であることを想定しているので、上の式の右辺第 2 項の分母は無限大となって、第 2 項自体がゼロに収斂する。したがって、実質 NDP は、以下のように書き表すことができる。

$$y_t^{NDP} = \sum_{\tau=1}^{\infty} \frac{r_{t+\tau-1} c_{t+\tau-1}}{\prod_{i=1}^{\tau}(1+r_{t+i-1})} \quad (16\text{-}25)$$

　(16-25)式は，現在の実質 NDP が現在から将来にかけての消費水準を反映していることを示している。消費が効用の源泉であることを考えると，現在の実質 NDP は，生涯効用（現在から将来にかけての効用の総和）の関数ということになる。すなわち，現在の実質 NDP は，「将来の効用も考慮した経済厚生の指標」として解釈することができる。

　さらに，(16-25)式は，現在の純設備投資と将来の消費動向の関係について興味深い関係を導き出すことができる。実質 NDP から消費を差し引くと純設備投資に等しくなるので（$k_{t+1} - k_t = y_t^{NDP} - c_t$），(16-25)式は次のように書き換えることができる。

$$\sum_{\tau=1}^{\infty} \frac{r_{t+\tau-1} c_{t+\tau-1}}{\prod_{i=1}^{\tau}(1+r_{t+i-1})} - c_t = k_{t+1} - k_t$$

　上の式において，将来の平均的な消費動向が $\tilde{c}$，平均的な実質利子率が $r$ でそれぞれ安定すると仮定すると，左辺は，

$$r \sum_{\tau=1}^{\infty} \frac{\tilde{c}}{(1+r)^{\tau}} = \frac{r}{1+r} \frac{1}{1-\frac{1}{1+r}} \tilde{c} = \tilde{c}$$

となることから，次のように書き直すことができる。

$$\frac{\tilde{c} - c_t}{c_t} = \frac{k_{t+1} - k_t}{c_t} \quad (16\text{-}26)$$

　(16-26)式は，将来の消費動向と現在の純設備投資の関係を表している。この式の両辺は同時に決定されるので，「右辺から左辺」と「左辺から右辺」の両方の解釈ができる。「右辺から左辺」については，現在の純設備投資が（現在の消費に比べた）将来の消費水準を向上させることを意味している。一方，「左辺から右辺」については，将来の消費機会の拡大が見込めるかぎりにおいて，現在の設備投資が実施されることを示している。

　本章の第 5 節では，(16-26)式にそって日本経済の動向を解釈してみよう。

## 動学的な経済環境における財政政策

### 4-1　動学的環境と静学的環境の違い

　ラムゼー・モデルは，財政政策についても，実に豊かなインプリケーションを持っている。ここでは，主として，動学的な経済環境における租税政策を考察していく。

　時間的な広がりを持っていない *IS-LM* モデルでは，家計に対する減税は可処分所得を増加させ，乗数効果の契機となって総需要を拡大させる効果がある。しかし，前節で見てきたように，動学的な環境において現在の消費水準は，現在の可処分所得ではなく，生涯

所得(恒常所得)に比例する。現在の減税が現在の可処分所得を増加させることは明らかであるが,生涯所得を引き上げるかどうかは自明ではない。もし,現在の減税で将来の増税が必要となれば,現時点の生涯所得水準は,現在の減税が将来の増税によってどれだけ相殺されるかに左右される。

第Ⅲ部でも議論し,本章第4-2項で紹介するリカードの中立命題によれば,現在の減税の効果を将来の増税の効果が完全に相殺して,生涯所得にはまったく影響を与えない。したがって,現在の減税は,現在の消費にも影響を与えない。

経済安定化の課題は,租税政策にとってもっとも重要な目的と言えないかもしれない。マクロ・レベルの租税政策にとって本来の課題は,マクロ経済の運行にできるだけ支障がないように,課税によって政府支出を調達していくことである。しかし,IS-LM モデルでは,どのように徴税することが望ましいのかについて,まったく解答を与えてくれない。

一方,ラムゼー・モデルでは,どのような租税がマクロ経済の効率性を阻むのか,あるいは効率性に対して中立的なのかを明らかにすることができる。第4-3項では,ラムゼー・モデルにおける最適な課税のあり方を考察してみたい。

本項の最後に,本章で取り扱わない2つの重要な政策問題に言及する。第1に,現実の金融政策では,景気動向に応じて,実際のインフレ率の変化以上に政策金利(名目短期金利)を操作して実質金利を変化させている。たとえば,不況でデフレーションが生じると,インフレ率の低下幅以上に政策金利を引き下げ,実質金利を低めに誘導する。このような政策は,設備投資を促進する景気刺激効果がある。一方では,本章第2-5項の議論が示唆するように,資本の過剰蓄積を後押ししてしまうという副作用もある。

第2に,第Ⅲ部でも議論してきたように,本来,動学的な経済環境においてもっとも重要な政策課題の1つは,経済政策の時間整合性(あるいは,時間非整合性)である。しかし,第Ⅳ部の第15章でも本章でも,経済政策の時間整合性は掘り下げて取り扱わない。もちろん,経済政策の時間整合性が理論的に瑣末な問題だからではない。本書のレベルの記述方法では,第Ⅲ部の議論のレベルを超えて,経済政策の時間整合性の問題を展開することがほとんど不可能だからである。それだけ,理論的に厄介な問題なのである。ただし,章末には,経済政策の時間整合性に関する参考文献を案内する。

## 4-2　リカードの中立命題

**政府の予算制約を織り込む家計の予算制約**

本項では,第Ⅲ部第13章で取り扱ったリカードの中立命題(Ricardian neutrality theorem),あるいは等価命題(Ricardian equivalence theorem)と呼ばれている政策命題を,ラムゼー・モデルのなかで再考してみよう。リカードの中立命題という場合は,増税や減税が均衡経路に影響を与えないというインプリケーションに重点が置かれている。一方,リカードの等価命題という場合は,政府支出(以下では,政府支出が家計消費や資本蓄積にいっさい影響しないことを仮定している)の調達手段として租税と国債がまったく等価であるというインプリケーションに重点が置かれている。本項では,前者のインプ

## COLUMN　マクロ経済学の歴史㉒　プレスコットとキドランドの貢献

　キドランドとプレスコットは、2つの論文でノーベル経済学賞を受けた。最初に本質的な仕事をやり遂げてしまう天才たちの業績は、年代順よりも、後から先にさかのぼったほうが理解しやすいことが多い。

　後に発表された1982年論文は、実物的景気循環理論と呼ばれる経済理論によって、市場が円滑に機能している経済環境で景気循環メカニズムを解明している。

　十全な市場機能のおかげで、将来を見通した企業や消費者の合理的行動が財価格や資本価格にストレートに反映する結果、効率的な資源配分が実現される。そこでは、好況や不況の繰り返しも、合理的行動を反映した効率的な資源配分の帰結だと解釈される。

　確かに、衝撃的な主張に見える。1930年代の世界的な大不況がその出自となったマクロ経済学は、大小の不況を市場の機能不全の結果と考えてきた。だからこそ、市場機能を補完するマクロ経済政策が経済安定化に重要な役割を果たすと期待された。

　しかし、両教授の1982年のモデルには、マクロ経済政策が活躍する余地はない。ただ、市場がある程度機能する環境で経済主体が合理的に行動する経済モデルによって「マクロ経済政策の無効性」を主張すること自体にそれほど意義があるとは思えない。あまりに当然の主張だからである。

　むしろ興味深いのは、先に発表された「経済政策の時間整合性」に関する1977年論文で、合理的行動が反映する市場環境において「それでも生じる政策問題とは何か？」を本質的に問うている点である。

　ここで「経済政策の時間整合性」を簡単に説明しておこう。時間が後戻りせずに進行していくなかで、政府が解決すべき課題も刻々と変化していく。賢明な家計や企業が、そのことを見越して行動するとどうなるか。

　たとえば、水害リスクが高い土地があるとする。「政府は、その土地に家がないかぎり何もしないが、そこに一軒でも家が建てば堤防を設ける」というプランも、一見、柔軟な政策として正当化できるかもしれない。しかし、そうした政府行動を見込んだ人びとは、堤防建設を期待して、あえて危険な土地に住居を建ててしまう可能性がある。

　そもそも居住に向かない土地に家が建つという望ましくない結果が生まれるのも、「柔軟に対応する」政府が民間側に逆手にとられるからである。

キドランド（左）とプレスコット（右）（EPA＝時事提供）

第16章　消費と投資

賢明な人びとは，政府が「けっして堤防を設けない」というルールに従うと観念すれば，あえて危険な土地に家を建てない。

両教授は，同様に，好・不況に応じて柔軟に，裁量的に対応するマクロ経済政策が民間側に逆手にとられ，かえってマクロ的資源配分を歪めることを明快に論じた。むしろ，「何もしない」ことを含めて明確なルールを政府が順守していくほうが，効率的な資源配分を実現することを示した。この論点は，しばしば「裁量対ルールの問題」と言われている。

ここで重要なのは，目を凝らしてみると，1977 年モデルにも政策が功を奏する可能性（ただ，経済問題の程度としては軽度だが……）がある点である。それにもかかわらず，後戻りできない時間の推移に政策を置いてみて，民間側の合理的行動を想定すると，政策方法いかんでは副作用のほうが大きい。

こうして見ると，両教授が単純に「マクロ経済政策の無効性」を宣言したわけでないことは明らかであろう。

当然，市場の機能不全を考慮すれば，「経済政策の可能性」も大きく広がる。事実，マクロ経済学の最先端では，1982 年の論文をはじめとした数多くの研究で両教授が精力的に開発してきた分析手法によって，市場の機能不全の問題が真正面から取り組まれている。しかし，それでも「政策の可能性」が「政策の有効性」にはなかなか結びつかない。「可能性」と「有効性」との間にある埋め難い溝を指摘したことこそが両教授の真の功績であろう。過去四半世紀，各国政府も，両教授の政策メッセージを真摯に汲み取ってきた。それゆえの表彰である。

以上は，プレスコット（E. C. Prescott, 1940-，アメリカ人）とキドランド（F. E. Kydland, 1943-，ノルウェー人）が 2004 年ノーベル経済学賞を受賞した際に，齊藤誠が『週刊エコノミスト』（2004 年 10 月 26 日号）に寄稿した記事をもとにしている。

リケーションを重視して，リカードの中立命題という用語を用いていきたい。

他の政策命題と同様に，リカードの中立命題も，非常に仮想的な状況における経済政策の効果に関する命題である。まず，リカードの中立命題の主要な仮定を述べておこう。

第 1 に，現在から将来にかけての政府の支出計画はすでに決定されていて，政府は計画された支出の執行を義務づけられている。本項では，第 $t$ 期の労働力 1 人あたりの政府支出を $g_t$ とする。$\{g_\tau\}_{\tau=t}^{\infty}$（$\{g_t, g_{t+1}, g_{t+2}, \cdots\}$ を意味している）で表される政府の支出計画はすでに決定されていることを仮定する。

第 2 に，政府は，すべての家計に対して一括税（lump-sum tax）を課すことができる。一括税は，人頭税（poll tax）とも呼ばれているように，家計の経済的な状況に関係なく，すべての家計に対して一律に課す徴税を指している。本項では，$\tau_t$ が，政府が第 $t$ 期に労働力 1 人あたりに課す一括税を表す。あらかじめ決定している政府支出計画と異なって，課税スケジュール（$\{\tau_\tau\}_{\tau=t}^{\infty}$）は，後で変更することも可能である。

近代社会において，一括税はまれであり，課税水準は納税者の負担能力に連動するよう

に課税されるのが一般的である。たとえば，納税額が消費水準，所得水準，資産水準と連動するように課税される。一括税は，上述のように非現実的であるが，理論的には望ましい性質を備えている。家計の経済的状況に関係なく課税することの裏返しとして，課税が経済行動に直接的な影響を与えない。一方，納税主体の経済的環境に連動する課税は，ほとんどの場合，納税主体の経済行動に大きな影響を与える。

たとえば，累進税率の所得税のように，努力して高所得を稼ぐとより多く納税しなければならないので，一生懸命に働く意欲が低下する。高率の利子課税のように，高額の資産を貯金して多額の利子を稼ぐとより多く納税しなければならないので，資産家層の貯蓄意欲が低下してしまう。しかし，一括税は，納税主体の経済行動に対して直接的な影響を与えない。公共経済学では，「一括税は経済行動に中立的である」と言い，「納税主体の経済的状況にリンクしている課税は歪み（distortion）を伴う」と言っている。ただし，一括税であっても，納税によって生涯所得や資産水準が減少するので，所得効果や資産効果を通じて経済行動に影響を与えるチャンネルは依然としてある。

第3に，政府は，国債を発行することによって実質利子率のレート（$r_t$）で資金を調達することができる。本項では，$b_t$ が，$t$ 期初の時点で政府が発行している「労働力1人あたり実質国債残高」を示している。

ここでは，以上の3つの仮定が設けられているもとで，あらかじめ決められた政府支出を一括税と国債発行によって調達する場合について，2つの資金調達手段をどのように組み合わせるかが，経済の均衡経路に影響を与えるのかどうかを検討してみよう。結論を先取りすると，リカードの中立命題によれば，政府の資金調達の方法は，経済の均衡経路にはまったく影響を与えない。以下でリカードの中立命題を簡単に証明していくが，企業の資金調達方法が企業価値に影響を与えないというMM定理の証明とロジックが非常によく似ている。

前節と同様に，ラムゼー・モデルにおいて定常状態に収束する経路を念頭に置く。また，家計も政府も，非ポンジー・ゲーム条件（NPG条件）に服していて，債務を雪ダルマ式に転がすことはしない。同時に，家計も政府も，将来得られる収入は将来のいずれかの時点で支出し，使い残すことはしない。これらの前提で導出される家計の生涯予算制約式は，以下のとおりである。

$$a_0 + \sum_{\tau=0}^{\infty} \frac{w_\tau - \tau_\tau}{\prod_{i=0}^{\tau}(1+r_i)} = \sum_{\tau=0}^{\infty} \frac{c_\tau}{\prod_{i=0}^{\tau}(1+r_i)} \tag{16-27}$$

（16-27）式と（16-15）式の唯一の違いは，毎期，労働所得から一括税が差し引かれる部分である。

それでは，政府の生涯予算制約式を求めてみよう。政府は，国債の発行と一括税によって，政府支出と国債利払いをまかなう必要がある。毎期，以下のような政府予算制約が満たされなければならない。

$$b_{t+1} + \tau_t = g_t + (1+r_t)b_t \tag{16-28}$$

(16-28) 式では，$t$ 期において新たに国債を追加発行すると $b_{t+1}-b_t>0$ となり，$t$ 期において国債を部分的に償還すると $b_{t+1}-b_t<0$ となる。

家計の毎期の予算制約式から家計の生涯予算制約式を導出したのと同じ操作を行うと，(16-28) 式から政府の生涯予算制約式についても以下のように導出することができる。

$$\sum_{\tau=0}^{\infty} \frac{\tau_\tau}{\prod_{i=0}^{\tau}(1+r_i)} = b_0 + \sum_{\tau=0}^{\infty} \frac{g_\tau}{\prod_{i=0}^{\tau}(1+r_i)} \qquad (16\text{-}29)$$

(16-29) 式の左辺は，将来の一括税収入の割引現在価値の総和であり，その右辺第2項は，将来の政府支出の割引現在価値の総和である。(16-29) 式が意味するのは，現時点の政府債務（国債）とこれからの政府支出は，基本的に毎期の一括税でまかなっていかなければ，政府の予算規律は維持できないということである。

(16-29) 式を若干変形すると，次のような式を導出できる。

$$\sum_{\tau=0}^{\infty} \frac{\tau_\tau - g_\tau}{\prod_{i=0}^{\tau}(1+r_i)} = b_0 \qquad (16\text{-}30)$$

(16-30) 式によると，現時点の政府債務は，これからの基礎的財政収支（$\tau_t-g_t$，プライマリー・バランスとも呼ばれている）でまかなわないと，政府の財政規律が保てないことを意味している。

それでは，(16-29) 式の政府の生涯予算制約式を家計の生涯予算制約式に代入すると，次の式を導出できる。

$$a_0 - b_0 + \sum_{\tau=0}^{\infty} \frac{w_\tau - g_\tau}{\prod_{i=0}^{\tau}(1+r_i)} = \sum_{\tau=0}^{\infty} \frac{c_\tau}{\prod_{i=0}^{\tau}(1+r_i)} \qquad (16\text{-}31)$$

(16-31) 式が示すように，期初の金融資産（$a_0$）と生涯労働所得（$\sum_{\tau=0}^{\infty}\{w_\tau/\prod_{i=0}^{\tau}(1+r_i)\}$）を合わせた生涯所得がすべて生涯消費に充当されるわけではない。期初の政府債務（$b_0$）と政府支出の割引現在価値の総和（$\sum_{\tau=0}^{\infty}\{g_\tau/\prod_{i=0}^{\tau}(1+r_i)\}$）を家計の生涯所得から控除したものだけを，家計は生涯消費に充てることができる。

(16-31) 式の左辺には，将来，柔軟に変更される可能性のある徴税計画に対応する変数（$\{\tau_\tau\}_{\tau=t}^{\infty}$）はいっさい現れない。一方，左辺に現れる現時点の国債発行残高（$b_0$）と将来の政府支出（$\{g_\tau\}_{\tau=t}^{\infty}$）は，現時点（0期時点）ですでに決まってしまっている。すなわち，(16-31) 式は，政府がどのようなタイミングで，どのような規模で一括税を課そうとも，家計が消費に充当できる生涯所得にはいっさい影響を与えないことを意味している。したがって，政府の租税政策は，消費を含む均衡経路にも影響を与えない。以上が，リカードの中立命題の内実である。

リカードの中立命題は，直観的にも理解しやすい。(16-29) 式が示すように，現時点の政府債務と将来の政府支出は，結局のところ，一括税によって調達しなければならない。したがって，たとえ政府がある時点で一括税減税を行っても，将来，ふたたび一括税増税があることは，家計にとって自明なことである。そのように予想する家計は，一括税の一

> COLUMN マクロ経済学の歴史㉓　リカードの中立命題について

本項で紹介している「消費の租税に関する中立性」,あるいは「租税と国債の等価」の考え方は,リカード (D. Ricardo, 1772-1823, イギリス人) によって『経済学および課税の原理』(1819年, 第2版, *On the Principles of Political Economy and Taxation*) の第17章において展開されたことから,リカードの中立命題,あるいは,リカードの等価命題と呼ばれるようになった。

非常に興味深いことに,リカード自体は,租税と国債の等価性が人びとに字義どおりに受け取られることに懸念を抱いていた。リカードは,いくつかの場所で,自分の財政に関する理論は,巨額の政府支出を国債で調達することを正当化するためのものでないことを断っている。

リカードの中立命題は,バロー (R. J. Barro, 1944-, アメリカ人) が1974年に『ジャーナル・オブ・ポリティカル・エコノミー』(*Journal of Political Economy*) に発表した論文「国債は純資産なのか?」("Are government bonds net wealth?") によって,現代的なマクロ経済理論のコンテキストでリバイブした。

リカード (Universal Images Group/アフロ提供)

時的な減税で可処分所得が増えても,増加分を消費ではなく貯蓄に回して将来の一括税増税の支払に備える。以上の点は,所得税減税で可処分所得が増えると消費を拡大させるケインズ型の消費関数とまったく対照的である。

### リカードの中立命題を阻むいくつかの要因

先にも述べたように,仮想的な前提のうえにリカードの中立命題が成り立っているので,「現在の減税が現在の消費に結びつくことはない」というリカードの中立命題を阻む要因は,比較的簡単にあげることができるであろう。

第1に,徴税手段として一括税を用いることができない場合には,多くの場合,リカードの中立命題がストレートには成り立たなくなる。とくに,累進所得税のように消費者の間で所得再分配効果を伴う課税は,マクロ・レベルの消費に影響を与える可能性が高い。たとえば,低所得者層の限界消費性向が高所得者層の限界消費性向よりも高ければ,高所得者層から低所得者層への所得移転は,経済全体の消費レベルを引き上げる。

第2に,現在の世代と将来の世代が利他的に結びついておらず,新旧の世代を一括して1つの世代として扱うことができない場合にも,リカードの中立命題は成立しにくくなる。たとえば,現世代に対する減税を将来世代に対する増税でまかなう場合,現世代から将来

第16章　消費と投資

世代に税負担が移転した分，現世代の生涯所得は増加し，彼らの消費は拡大するであろう。

　第3に，政府と家計との間で，資金調達能力に大きな違いがある場合も，現世代に対する減税は，消費を拡大させる可能性がある。たとえば，公的な信用をバックとした政府のほうが，民間の家計よりも低い金利で資金を調達できるとしよう。もし，家計が流動性制約に直面している場合は，家計が高い金利で資金を調達して消費支出を補うよりも，政府が低い金利で資金を調達して家計に対する減税の原資とするほうが，家計の生涯所得は相対的に高くなるであろう。前者のケースは，高金利分だけ，生涯所得が低下する。一方，後者のケースは，現在の減税は将来の増税でまかなわれるが，政府が低金利で資金を調達した分，増税規模は相対的に低くなる。このようにして家計の生涯所得が高まれば，消費拡大につながるであろう。

## 4-3　ラムゼー・モデルにおける最適課税

　本節の最後に，ラムゼー・モデルにおいて最適な課税のあり方を考えてみたい。もちろん，一括税で徴税することが可能であれば，そうすることがもっとも望ましい課税方法である。それでは，一括税を用いることができない場合に，どのような課税方法が望ましいのであろうか。ここで，より望ましい課税とは，課税をしても経済主体の行動に直接的な影響を与える度合がより小さいものである。

　ラムゼー・モデルの枠組みでは，労働所得税，資本所得税，消費税の3つの課税が可能である。ただし，ラムゼー・モデルでは，家計はかならず労働を供給することが仮定されているので，労働所得税をかけたからといって，労働供給が減退するわけではない。その意味では，労働所得税がラムゼー・モデルにおけるもっとも望ましい課税方法となる。しかし，ラムゼー・モデルにおける労働所得税の望ましさは，モデルの仮定に由来しているだけである。通常は，労働供給は税引き後の労働所得に左右されるので，労働所得税を引き上げれば，労働供給が減少する可能性が大いにある。

　以下では，ラムゼー・モデルのなかで内生的に決まってくる消費と資本所得について課税の効果を分析してみよう。ここでは，消費税率を $\tau^c$，資本所得税率を $\tau^k$ とする。議論を簡単にするために，いずれの税率も，時間を通じて一定であると仮定する。

　望ましくない税とは，経済主体の経済行動を大きく変えて，資源配分の効率性を阻害してしまう課税である。そこで，消費税と資本所得税を課すことによって，資源配分の効率性が低下するのかどうかを見ていこう。そこで，消費配分の効率性条件を示す（16-7）式のオイラー方程式を用いていこう。

$$\frac{\Delta c_{t+1}}{c_t} = \sigma(r_t - \rho) \qquad (16\text{-}7，再掲)$$

　（16-7）式のオイラー方程式に消費税と資本所得税を組み込んでみよう。まず，消費税を $\tau^c$ の税率で課すと，税引き後の消費水準は $(1-\tau^c)c$ となる。また，1単位の資本から得られる資本所得（ラムゼー・モデルでは，企業部門で生じた収益 $r$ が相当する）に対して $\tau^k$ の税率を課すと，税引き後の資本所得は $(1-\tau^k)r$ となる。

ここで注意しなければならない点は，上述の資本所得税は，実際の制度に照らすと，かなり広い範囲の租税に対応していることである。MM定理を説明した第3-4項でも述べているように，企業部門の収益 $r$ は，銀行借入金利，社債利息，株式配当，内部留保など，さまざまな形で配分されている。したがって，モデル上の資本所得税は，現実の租税制度として，金利，利息，配当にかかる個人所得税，銀行の利息収入や事業会社の収益にかかる法人所得税などが対応していることになる。

　以上のことを（16-7）式に代入すると，オイラー方程式は，以下のように書き換えることができる。

$$\sigma[(1-\tau^k)r_t-\rho] = \frac{(1-\tau^c)c_{t+1}-(1-\tau^c)c_t}{(1-\tau^c)c_t}$$
$$= \frac{\Delta c_{t+1}}{c_t} \quad (16\text{-}32)$$

（16-32）式の1行目右辺で分母と分子に現れる $(1-\tau^c)$ は相殺されるので，消費税率がオイラー方程式に影響を与えることはない。しかし，その左辺には，資本所得税率が依然として残っている。

　たとえば，定常状態（$\Delta c=0$，$\Delta k=0$）において資本所得税の影響を見てみよう。（16-32）式から $(1-\tau^k)r=\rho$ が導かれ，そこに $r=f'(k)-\delta$ を代入すると，次の関係を導出できる。

$$f'(k) = \delta+\frac{\rho}{1-\tau^k}>\delta+\rho$$

すなわち，定常状態における資本の限界生産性が $\delta+\rho$ を上回ることから，定常状態の資本水準が修正黄金律を下回ってしまう。資本所得課税がない場合に達成できる資本水準を下回るという意味で，資本所得課税は過小な資本蓄積をもたらしていることになる。

　以上の分析からわかるように，消費配分の効率性条件を示すオイラー方程式を通して見ると，消費税は効率性条件に中立的であるが，資本所得税は過小な資本蓄積という資源配分上の歪みを引き起こしている。したがって，消費税と資本所得税を比べると，資本所得税はゼロとして，消費税によって政府支出をまかなうほうが望ましい。

　資本所得税をできるだけ低くして，消費税を中心に課税をする租税政策は，多くの資本主義国で採用されているが，その理論的なベースは，おおむね以上の議論を下敷きにしていると考えてよい。

　しかし，資本所得税よりも，消費税によって課税をするほうが効率的であるという理論的な結論については，いくつか留意しなければならない点がある。

　第1に，先に述べたように，本章のラムゼー・モデルは，労働供給が外生的に固定されている。しかし，家計の労働供給が実質賃金に応じて内生的に決定される場合には，たとえ消費税であっても，労働（あるいは，余暇）と消費の配分に歪みをもたらして，資源配分の効率性が妨げられる可能性がある。

　第2に，マクロ経済が定常状態に収束する経路に乗っていることを大前提としていることに留意しなければならないであろう。かりにマクロ経済が過剰な資本蓄積，過小な消費

の状態に陥っている場合には，資本所得税率を低めに，消費税率を高めにする租税政策は，過剰資本・過小消費の状態をかえって後押ししてしまう。何らかの要因で過剰な資本蓄積が生じている場合には，資本所得課税が理論的に正当化できるのである。

当然なことなのであるが，理論を現実に応用する場合には，その理論の前提を注意深く確認する必要がある。とくに，ラムゼー・モデルから導出されるさまざまな命題（恒常所得仮説，トービンの $q$ 理論，MM 定理，リカードの中立命題，ゼロ資本所得税）は，ラムゼー・モデル自体が前提としている仮想的な状況を十分に咀嚼したうえで，理論の現実への適用を考えていくべきであろう。

だからと言って，ラムゼー・モデルを学んでいくことは実際的なメリットがないというわけではけっしてない。仮想的な状況を前提としているとは言え，ラムゼー・モデルは効率的なマクロ経済の姿を理論的に精緻に描いている。こうした理論モデルをフィルターとして現実のマクロ経済を見ていくことによって，実際の経済がどの程度効率的な状態から乖離しているのかを判断することができる。同時に，そうした現状判断のうえで，望ましい経済政策を考えていくことも可能である。

次節では，ラムゼー・モデルを通して日本経済をながめてみよう！

## SECTION 5　ラムゼー・モデルから見た日本経済

本章の最後の節では，ラムゼー・モデルをフィルターとして日本経済の動学的な特性をながめていこう。なお，本節で用いている統計は，Ando [2002] や Hayashi [2006] で算出しているデータについて，齊藤 [2008] がより新しい SNA を用いて計算したものである。いずれの統計も，原論文に記述してある計算手続きを踏んでいけば，学部学生でも，SNA データから作成することが十分に可能である。関心のある読者は，ぜひとも原論文にあたってデータを作成してほしい。

以下，たとえば，2005 年基準と記述している場合，2005 年の産業連関表を基軸に作成した SNA であることを示している。

本章で展開してきたラムゼー・モデルでは，定常状態に収束する効率的な均衡経路においては，以下のような特性が認められるはずである。

(1) 費用に見合う便益が実現するように消費と投資が効率的に配分されている場合には，限界トービンの $q$ も，平均トービンの $q$ も，つねに 1 に等しい。
(2) MM 定理が成立していると，どれだけの企業収益が利息や配当を通じて家計に配分され，どれだけの企業収益が企業内に留保されるのかは，消費や投資の経路にいっさい影響を与えない。

ストック・ベースで見た平均トービンの $q$ の動向

図 16-17 では，SNA に報告されている民間非金融法人企業部門（金融機関ではない民間企業）のバランスシートを用いて，1980 年（以下，断りがないかぎり暦年）から 2013 年のサンプル期間に関して，非金融資産の平均トービンの $q$ を算出している。

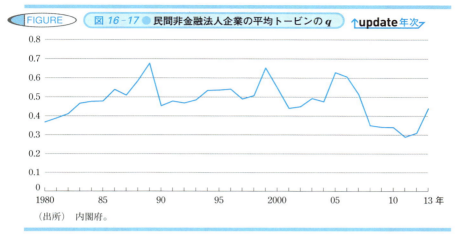

FIGURE 図 16-17 民間非金融法人企業の平均トービンの $q$

(出所) 内閣府。

　平均トービンの $q$ の分母には再取得価格で評価した非金融資産残高を，その分子には株式・出資金を含めた負債残高から金融資産残高を控除したものをそれぞれ用いている。なお，ここで計算している平均トービンの $q$ は，第 3-4 項に定義した平均トービンの $q$ に対応している。

$$平均トービンの q = \frac{V_t^c + V_t^s}{V_t}$$
(16-21，再掲)

　図 16-17 によると，1980 年以降，平均トービンの $q$ は継続して 1 を下回ってきた。1988 年から 89 年，99 年，2005 年，あるいは，2006 年の資産価格高騰期であっても，平均トービンの $q$ は 0.7 を下回っていた。それ以外の期間では，平均トービンの $q$ は 0.3 から 0.5 の間で推移してきた。とくに 2008 年から 2012 年の間は，0.4 を大きく下回った。

　ここで算出された平均トービンの $q$ の動向を見るかぎりは，日本経済は，資本が過剰に蓄積されている状態に慢性的に陥っていると判断することができる。

　このように算出された平均トービンの $q$ が 1 を大きく下回っているのは，日本の SNA の大きな特徴とも言える。第 I 部第 3 章でも指摘しているように，SNA の民間非金融法人企業のバランスシートにおいて，株式・出資金を含む負債の市場評価 ($V_t^c + V_t^s$) が再取得価格ベースの総資産価値 ($V_t$) を大きく下回っているからである。日本の SNA では，後者が前者を上回る価値 ($V_t - (V_t^c + V_t^s)$) を「正味資産」という勘定科目で計上しているために，若干ポジティブな印象を与えてしまっているが，統計を字義どおりに受け取れば，民間企業の保有資産価値が金融市場で十分に評価されていないことになる。

　図 16-18（次頁）は，棒グラフで民間非金融法人企業の正味資産残高を，折れ線グラフでその名目民間最終消費に対する比率をそれぞれプロットしている。図 16-18 は，「正味資産」として計上されている資産規模が尋常でないことを物語っている。1980 年以降，民間非金融法人企業の正味資産残高は，つねに名目民間最終消費の水準を上回ってきた。

第 16 章　消費と投資　627

**図 16-18** 民間非金融法人企業の正味資産の推移

(出所) 内閣府。

とくに，1990 年代前半には，正味資産残高が名目民間最終消費の 2 倍の水準を大きく上回った。2001 年から 2005 年の期間は正味資産残高が低下傾向にあったが，その後，上昇した。2008 年から 2012 年の期間は，名目民間最終消費の水準の 2 倍を超えた。

**フロー・ベースで見た平均トービンの $q$ の動向**

上のような事態を踏まえると，日本の SNA の民間企業のバランスシートに関する算出方法には，資産サイドをつねに高めに評価し，負債サイドをつねに低めに評価する統計上の"癖"がある可能性は否定できない。そこで，先のようにストック・ベース（平均トービンの $q$）で資本設備の費用対効果を測るのではなく，Ando［2002］が提案しているようにフロー・ベースで設備投資の費用対効果を測ってみよう。

平均トービンの $q$ が 1 に等しくなるというストック・ベースの条件（$V_t = V_t^c + V_t^s$）が成り立っていれば，次のようにフロー・ベースの条件も成立しているはずである。

$$\Delta V_t = \Delta V_t^c + \Delta V_t^s \tag{16-33}$$

このように資産価値や負債価値の相対的な変化に着目して費用対効果を測れば，民間企業のバランスシートの恒常的な過大評価や過小評価の影響を取り除くことができる。たとえば，資本設備の価値が真の価値 $\tilde{V}_t$ に比べてつねに $\overline{V}$ だけ過大に評価されている場合，1 年間における資本設備価値の変化を見れば，過大評価分の $\overline{V}$ が相殺されて，真の価値の変化を把握することができる（$V_{t+1} - V_t = (\tilde{V}_{t+1} + \overline{V}) - (\tilde{V}_t + \overline{V}) = \tilde{V}_{t+1} - \tilde{V}_t$）。

(16-33) 式の左辺は，民間非金融法人企業の固定資本減耗を除いた純固定資本形成に相当する。純固定資本形成に必要な資金は，主として家計からの純貯蓄（固定資本減耗分を

除いたもの）と企業内部に留保された純貯蓄から調達される。一方，(16-33) 式の右辺は，民間非金融法人企業の負債に関する市場評価の変化に対応する。こうした社債や株式の市場評価の変化は，企業が発行する社債や株式の最終的な保有者（株式保有者は企業保有者）である家計のバランスシートの資産サイドに現れることになる。

以下では，Ando [2002] に従って，

$$\Delta V_t - (\Delta V_t^c + \Delta V_t^s) \tag{16-34}$$

を計算していく。(16-34) 式の尺度が正の場合は，費用が効果を上回って設備投資が非効率であることを示している。このような場合，家計部門は，投下した資金が元本割れをしてしまうので，キャピタル・ロスを被っている。逆に，(16-34) 式の尺度が負の場合は，効果が費用を上回っていて，家計部門はキャピタル・ゲインを享受している。なお，(16-34) 式の尺度は，その提案者の名前に因んで安藤尺度と呼ぶことにしよう。

安藤尺度では，(16-34) 式の第 1 項として，家計の純土地売却分（売却分から購入分を差し引いたもの）を控除した家計の純貯蓄と，民間非金融企業法人の純貯蓄の合計を用いている。すなわち，その合計を，家計部門から民間非金融企業法人部門への純固定資本形成に対する貢献と考える。一方，(16-34) 式の第 2 項として，土地資産を除いた家計の純資産の増分を，そうした純固定資本形成に対する市場評価と考えている。前者から後者を控除したものが安藤尺度となる[6]。

Ando [2002] が報告している安藤尺度の計算結果はいささかショッキングである。1970 年から 98 年の期間では，家計貯蓄と企業貯蓄を通じて企業部門に投資された累計は 90 年価格で 1246.0 兆円であったのに対して，同期間の土地を除いた家計純資産の増加は 860.7 兆円にすぎなかった。すなわち，家計は企業に対する設備投資から 29 年間で 385.3 兆円のキャピタル・ロスを被った。裏返して言えば，企業部門への投資からのキャピタル・ロス分だけ，家計は消費機会を逸してきたことになる。こうした安藤尺度の計算結果は，戦後の日本経済が最適な消費・設備投資の配分から大きく乖離し，過大投資・過小消費の状態にあったことを示唆している。

図 16-19（次頁）は，1980 年から 2013 年のサンプル期間について，安藤尺度を実質民間消費で標準化したもの（以下，相対的安藤尺度と呼ぶ）を年ごとにプロットしている。1981 年から 98 年の間では，相対的安藤尺度の平均が 68 SNA・1990 年基準で 3.6％，93 SNA・1995 年基準で 4.4％ である。また，同じ 93 SNA で 2 つの基準年が重なっている 1997 年から 2003 年では，相対的安藤尺度の平均が 95 年基準で 3.8％，2000 年基準で 6.7％ である。

相対的安藤尺度の時系列的な傾向を見ていくと，資産価格が高騰した 1980 年代後半と 99 年を除くと，家計は非金融企業法人への投資から継続的にキャピタル・ロス（正値の安藤尺度）を被ってきた。とくに，1990 年代初頭，および 99 年をはさんだ前後 2 年間は，安藤尺度は実質消費の 1 割を超えている。ただし，2005 年基準で見ると，2002 年，2003 年，2005 年，2009 年，2010 年，2013 年は，安藤尺度が負値となり，家計部門がキャピタル・ゲインを享受したことを示している。たとえば，2013 年には −30％ を下回った。

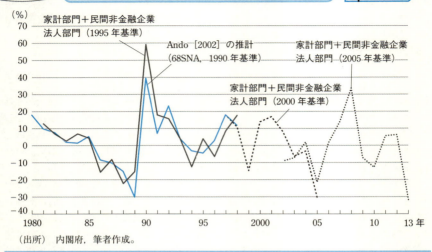

図16-19 実質民間消費で標準化した安藤尺度の推移

(出所) 内閣府,筆者作成。

### 税引き後資本収益率の推移

かりに資本の過剰蓄積が生じていると,その分,資本の収益率は著しく低下しているはずである。図16-20は,1995年基準,2000年基準,2005年基準について,民間非金融法人企業の税引き後資本収益率(年率)をプロットしたものである。

1995年基準で計算した80年から2003年までの期間を見ると,税引き後資本収益率は1984年以降一貫して低下している。1980年初頭に6%前後あったものが,90年代には3%から4%の間で推移するようになった。このように税引き後資本収益率が低位で推移してきたのにもかかわらず,1980年代後半や99年にトービンの$q$が一時的に上昇したのは,資産価格バブルのためにトービンの$q$が見せかけ上高くなっていたと考えることができる。

一方,2000年基準で計算した1996年から2005年の税引き後資本収益率は,1995年基準に依拠したものと傾向を大きく違えている。2001年以降,税引き後資本収益率は上昇傾向に転じている。時価評価を用いた指標では3%台半ばから5%前後にまで回復した。

しかし,2005年基準に基づいた税引き後資本収益率は,2000年基準と重なる期間においても,相対的に低めで推移した。2008年から2009年にかけて3%近くまで低下した。その後は,徐々に上昇したが,それでも,4%を若干上回る程度にとどまった。

### 貯蓄,消費,設備投資の動向

ここまでは,1980年から2013年にかけての資本設備や設備投資の費用対効果の推移を見てきた。そうした作業からは,日本経済の民間非金融法人企業部門においてかならずしも効率的な固定資本形成が行われていないことが確認できた。以下では,こうした状態

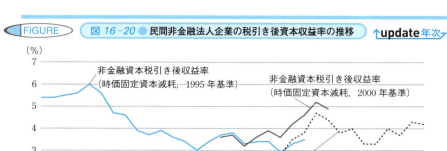

**図 16-20** 民間非金融法人企業の税引き後資本収益率の推移

(出所) 内閣府。

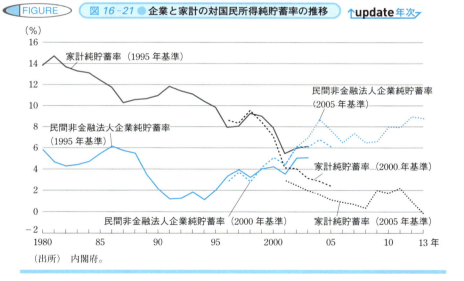

**図 16-21** 企業と家計の対国民所得純貯蓄率の推移

(出所) 内閣府。

の背景をより深く探るために，同期間の貯蓄，消費，設備投資の動向を確認しておこう。

ラムゼー・モデルからのインプリケーションでは，過剰な資本蓄積と過小な消費が進行している可能性が示唆されるが，はたしてそのようなことが起きているのか，あるいは，異なる事態が生じているのかを，データによって確認していこう。

図 16-21 は，民間非金融法人企業と家計の純貯蓄（固定資本減耗を除いた貯蓄）につい

第 16 章　消費と投資　631

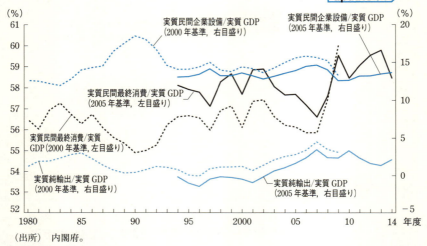

**FIGURE　図16-22　民間設備投資，純輸出，民間最終消費支出の対GDP比率**

(出所) 内閣府。

て国民所得（要素費用表示）に対する比率をプロットしたものである。

民間企業も家計も，1980年代後半の資産価格高騰期に民間企業の純貯蓄率が一時的に高まったのを除けば，80年以降，90年代半ばまで純貯蓄率が低下してきた。しかし，1994年以降は，家計の純貯蓄率が依然として低下傾向にあったのに対して，民間企業の純貯蓄率は上昇傾向に転じている。こうした純貯蓄率の対照的なパターンは，2000年基準や2005年基準でいっそう鮮明となる。

たとえば，2000年基準で1996年から2005年の純貯蓄率の変化を見ると，家計で8.6%から2.4%に低下したのに対して，民間企業では2.8%から6.1%に上昇した。2005年基準でも，そうした傾向が継続している。2001年から2013年の純貯蓄率の動向を見ると，家計で2.9%から−0.1%に低下したのに対して，民間企業では4.4%から8.8%に上昇した。

過剰蓄積の典型的なパターンである民間消費が低下して，民間企業設備投資が上昇するパターンは，1980年度以降に二度認められた。

最初は，1983年度から90年度の期間であった。図16-22（サンプル期間は1980年度から2014年度）によると，2000年基準で民間最終消費支出（実質）の実質GDPに対する比率が57.3%から54.9%に低下したのに対して，民間企業設備投資（実質総固定資本形成）の同比率は12.0%から18.5%に上昇した。二度目は，2002年度から2007年度の期間であった。2005年基準で民間消費比率が58.9%から56.6%に低下した一方，民間企業設備投資比率は12.8%から14.7%に上昇した。

図 16-23 実質民間最終消費/実質民間企業設備投資比率の推移

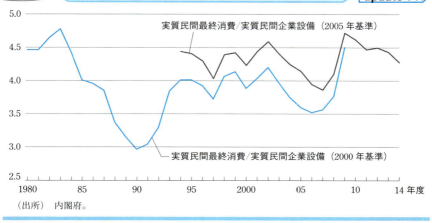

(出所) 内閣府。

図16-23が示すように、これら2つの期間は、民間企業設備投資（実質）に対する民間消費の割合も大きく低下した。とくに最初の時期（1980年代後半）は、同割合が4.8から3.0に低下した。二度目（2000年代半ば）の民間消費比率の低下では、民間企業設備投資比率の上昇とともに、実質純輸出（ただし、交易条件で調整していない実質値）の実質GDPに対する割合が高まった。

これら2つの期間の旺盛な民間企業（民間非金融法人企業）の設備投資は、先に見てきたように民間企業の高い純貯蓄率に支えられていた。図16-21が示すように、最初の期間（1980年代後半）は、民間企業の純貯蓄率は低下傾向にあったとは言え、依然として高い水準を保っていた。二度目の期間（2000年代半ば）は民間企業の純貯蓄率が上昇していく時期に重なっていた。

2008年度から2014年度の期間は、逆に民間消費比率が上昇する一方で、民間設備投資比率や純輸出比率が低下する傾向が認められた。すなわち、2008年度以降も民間企業の純貯蓄率が上昇したのにもかかわらず、そうした貯蓄はかならずしも設備投資に回らなかったことになる。

**企業部門の付加価値の家計部門への還元**

これまで見てきたように、1980年代後半と2000年代半ばにおいては、民間企業の純貯蓄が設備投資の原動力になってきた。しかし、2008年度以降は、民間企業の純貯蓄率は上昇傾向にあったものの、民間設備投資比率は低下傾向にあった。

以下では、家計消費がかならずしも堅調でなかった背景として、企業収益が家計部門に還元されなくなった側面を見ていこう。図16-24（次頁）は、民間非金融法人企業の所得（純営業余剰に財産所得の受取分を加えたもの）をどの割合で利子支払と配当支払に充て、どの程度を内部留保してきたのかをプロットしたものである。

第16章 消費と投資 633

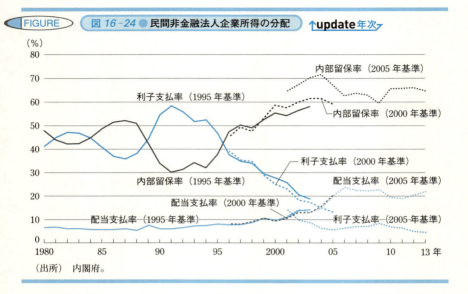

FIGURE 図 16-24 ● 民間非金融法人企業所得の分配　↑update 年次↗

(出所) 内閣府。

　図 16-24 によると，企業の内部留保率は 1980 年代を通じて上昇傾向にあった。内部留保率は，1980 年代末から 90 年代初頭にいったん低下したが，ふたたび上昇に転じた。内部留保率は，1995 年・2000 年基準によると，1990 年に 34.0％ であったが，2005 年までに 59.2％ に上昇した。2005 年基準では，2001 年から 2013 年度の期間で内部留保率が 60％ を超える水準で推移してきた。

　ただし，法人企業所得から配当として支払われる比率は，1990 年以降，一貫して上昇してきた。同比率は，1995 年・2000 年基準によると，1990 年 (6.0％) から 2005 年 (20.3％) まで上昇した。2005 年基準によると，2005 年から 2013 年の期間でも同比率は 20％ を超える水準で推移した。

　一方，法人企業所得から利子として支払われる比率は，1990 年以降，一貫して低下してきた。利子支払率は，1995 年・2000 年基準によると，1990 年から 2005 年の間に 54.7％ から 13.1％ まで低下した。2005 年基準によると，2002 年に 10％ を割り込み，2012 年には 5％ を下回った。こうして見てくると，1990 年以降，企業の内部留保を押し上げてきた要因は，利子支払率の長期低下傾向にあったことになる。

　次に，企業から家計への付加価値の還元を家計部門のほうから見ていこう。図 16-25 は，個人企業を含む家計の利子所得，配当所得，雇用者報酬について 2005 年を 100 とする民間最終消費支出デフレーター (固定基準年方式) で実質化したものをプロットしている。

　前述のように企業から家計への収益還元のパターンが大きく変化した 1990 年から 2005 年の変化を見てみると，実質利子所得は 33.8 兆円 (1995 年基準) から 3.5 兆円 (2000 年基準) に減少する一方，実質配当所得は 2.3 兆円 (1995 年基準) から 6.3 兆円 (2000 年基

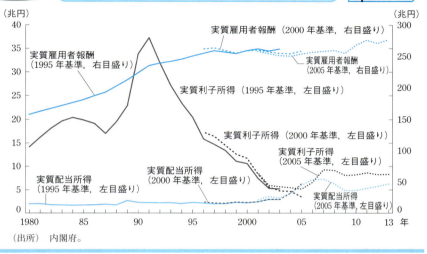

図 16-25 ● 実質利子所得，配当所得，雇用者報酬の推移

(出所) 内閣府。

準）に増加した。2005年には，利子所得と配当所得が水準で逆転した。ただし，2005年基準によると，2007年以降は，実質利子所得が実質配当所得を再び上回るようになった。

一方，実質雇用者報酬は，1990年代半ば以降，250兆円を若干上回る水準でほぼ横ばいで推移してきた。しかし，2010年から2013年にかけては，270兆円前後の水準で推移してきた。

企業収益の家計部門への還元に関して，その傾向をまとめてみると，1990年以降，企業の内部留保を押し上げてきたのは，企業の利子支払が著しく減少してきたことが主因であった。その間，企業は配当支払を一貫して増やしてきた。また，雇用者報酬の停滞も，企業の法人企業所得（営業余剰）を下支えしてきたことになる。

### 現在の設備投資と将来の消費の関係

以下では，2008年以降，民間企業の貯蓄率が上昇したにもかかわらず，民間企業設備投資が停滞した背景について，将来の消費と現在の設備投資の関係から考え直してみたい。

本章の第3-7項では，現在の純設備投資と将来の消費の関係を示した（16-26）式を導出した。

$$\frac{\tilde{c} - c_t}{c_t} = \frac{k_{t+1} - k_t}{c_t} \qquad (16\text{-}26, 再掲)$$

その際にも論じたように，(16-26) 式の解釈には，右辺から左辺の方向に「現在の純設備投資増 ⇒ 将来の消費増」という側面と，左辺から右辺の方向に「将来の消費増 ⇒ 現在の純設備投資増」という側面があるので，以下でも両側面から日本経済の設備投資と消費の関係を考えてみよう。

| TABLE | 表 16-1　実質純設備投資（純固定資産形成）の動向と家計消費の傾向 |

|  | 1980年代 | 1990年代 | 2000年代 | 2010～13年度 |
|---|---|---|---|---|
| (i)「一国経済の実質純固定資本形成/実質家計消費」の10年間平均 | 23.0% | 17.9% | 4.1% | −0.5% |
| (ii) 実質家計消費の10年間平均（単位：兆円，ただし，2010年代は2010年度から13年度の平均） | 206.8 | 271.1 | 305.5 | 321.2 |
| (iii) 当期の10年間から次期の10年間への平均家計消費変化率（ただし，2010年代は2010年度から13年度の平均） | 31.1% | 12.7% | 5.1% | 横ばい？ |

　表 16-1 は，1980 年代，90 年代，2000 年代，2010 年代（ただし，2010 年度から 2013 年度）に期間を分けて，同表の (i) では，日本経済の実質純固定資本形成（総固定資本形成から固定資本減耗を控除したうえで固定資本形成デフレーターによって実質化したもの）の実質家計消費に対する割合の年平均をとっている。(16-26) 式に沿って解釈すると，同表の (i) は右辺に相当する。ここでは，日本経済の固定資本形成全体を取り扱っているので民間企業の設備投資だけでなく政府の公共投資や家計の住宅投資も含んでいることに注意してほしい。

　表 16-1 の (ii) では，10 年間の期間ごとに実質家計消費の年平均を求めている。同表の (iii) では，当期の 10 年間から次期の 10 年間について実質家計消費の年平均がどれだけ変化したのかを計算している。たとえば，1980 年代の欄では，80 年代から 90 年代への消費の変化率を示している。(16-26) 式に沿って解釈すると，同表の (iii) は同式の左辺に相当する。

　表 16-1 において各期間ごとに (i) と (iii) を比較すると，おおむね対応している。すなわち，1980 年代は 23.0％ に対して 31.1％ に，90 年代は 17.9％ に対して 12.7％ に，2000 年代は 4.1％ に対して 5.1％ と，徐々に低下してきている。

　こうした対応関係は，「現在の純設備投資の停滞が将来の消費の停滞をもたらしている」と解釈することもできるし，「将来の消費の停滞を見越して現在の純設備投資が停滞している」と解釈することもできる。

　2010 年代の実質家計消費に対する実質純固定資本形成の比率は，−0.5％ であったことから，(16-26) 式に沿って解釈すると，将来の消費がほぼ横ばいで推移することが予想される。2010 年代に入っての設備投資が停滞した背景には，少子高齢化などで市場が縮小し将来の家計消費が鈍化するという予想が織り込まれた結果という側面もあるのであろう。

**日本経済に対する評価**　本節の最後に，以上の分析結果を踏まえて，短期的，長期的な観点から日本経済を評価してみよう。

　まず，2002 年以降の景気回復局面では，民間非金融法人企業部門のトービンの $q$ は依

然として 1 を下回って資本が過剰な状態にあったが，トービンの $q$ も，税引き後資本収益率も，その間に著しく上昇している。設備投資の費用対効果を示す安藤尺度も，投資の効率性が改善していることを示唆している。資本収益率の改善を伴ってトービンの $q$ が高まっている点では，1980 年代後半や 99 年の資産価格高騰期ときわめて対照的である。

しかし，こうした資本収益率の上昇は，経済全体の付加価値生産性が改善したことによってもたらされたというよりも，企業が内部留保を厚めに，労働所得を薄めに付加価値を配分した帰結と言える。また，労働所得と利子所得が低迷して企業部門で生じた付加価値が家計に十分に還元されてこなかった。その結果，企業収益の改善が家計消費の改善につながらなかった。

これまでの分析のみから何らかの政策インプリケーションを導き出すのは慎重になるべきであろう。しかし，景気対策のために積極的に展開されてきた法人税減税や低金利政策などの経済政策は，企業内部留保や資本収益率を改善させたものの，設備投資に比べて家計消費を改善させるまでには至らなかったと結論することはできるであろう。

言い換えると，少なくとも 2007 年ごろまでの日本経済では，企業部門と家計部門の所得分配に影響を与えるような法人税減税や低金利政策は，当初期待されたように総需要を構成する消費と設備投資を同時に拡大させる相乗効果を生み出すのではなく，消費に対して設備投資を後押しするように働いてきた可能性が高い。

しかし，2008 年以降から 2010 年代半ばにかけての動向を踏まえると，民間企業では，内部留保が高まり，貯蓄率が堅調に推移してきたにもかかわらず，そうした潤沢な資金が設備投資にかならずしも充当されてこなかった。そうした背景の 1 つには，国内の消費市場が将来縮小することを見越した企業が設備投資に消極的になってきた可能性もある。

このようにして見てくると，法人税減税や低金利政策で企業収益を後押しするような経済政策を積極的に展開しても，設備投資主導の経済成長がにわかに実現するとは考えにくい。

### ▶POINT 16-7 ● 計量経済学の重要性

本章ばかりでなく，本書全体でも，計量経済学（econometrics）を用いた実証分析はほとんど紹介していない。本書に現れてくるものは，計量経済学的な分析を施していない，SNA をはじめとした生データをほとんどそのままか，あるいは，簡単な四則演算を加えて図表にしているものばかりである。

こうした形でマクロ経済データを提示しているのは，マクロ経済学を勉強する学部生ばかりか，大学院に進んでマクロ経済学を専攻しようとする研究者でさえ，マクロ経済に関する生データとじっくり向き合うことがほとんどないからである。学部生に日本経済の GDP のおおよその規模を聞いても，大学院生に純輸出が GDP に占めるおおまかな割合を聞いても，見当はずれな答えがかえってくるばかりである。現実のマクロ経済から抽象された経済理論がマクロ経済学にもかかわらず，マクロ経済学を学ぶ人たちが目を凝らしてマクロ経済データに向き合わ

ないのは，本当に悲しいことである。

しかし，だからと言って，現実の経済データに対して統計学的に高度な加工を加える計量経済学が不必要だと主張しているわけではない。マクロ経済理論に習熟し，マクロ経済データを咀嚼した者にとっては，計量経済学はとてつもなく強力な武器となる。マクロ経済学を勉強していくためには，計量経済学はマストの知識である。

マクロ経済学研究にとって，まず必要とされる計量経済学のツールは時系列分析（time-series analysis）である。時系列分析は，時間にインデックスされたデータ（マクロ経済データは基本的に時系列データである！）を取り扱う計量経済学的手法である。

しかし，時系列分析だけが，マクロ経済学研究に必要な計量経済学ではない。マクロ経済学のミクロ的基礎づけが重視されるようになって，マクロ経済学の研究者が家計や企業のミクロ・データを取り扱うようになった。横断データ分析（cross-section data analysis）やパネル・データ分析（panel data analysis）など，ミクロ・データを対象とした計量経済学的手法は，ミクロ計量分析（micro econometrics）と呼ばれている。

経済学のなかで時系列分析とミクロ計量分析が重きをなしていることは，ノーベル経済学賞の対象となっていることからもうかがい知ることができるであろう。グレンジャー（C. W. J. Granger, 1934-2009，イギリス人）とエングル（R. F. Engle, 1942-，アメリカ人）は，時系列分析に対する貢献で 2003 年にノーベル経済学賞を受けている。2011 年に受賞したサージェント（T. J. Sargent, 1943-，アメリカ人），シムズ（C. A. Sims, 1942-，アメリカ人），2013 年に受賞したファーマ（E. Fama, 1939-，アメリカ人），ハンセン（L. P. Hansen, 1952-，アメリカ人），シラー（R. J. Shiller, 1946-，アメリカ人）も，時系列分析の研究に多大な貢献をしてきた。また，ヘックマン（J. J. Heckman, 1944-，アメリカ人）とマクファデン（D. L. McFadden, 1937-，アメリカ人）は，ミクロ計量分析に対する貢献で 2000 年にノーベル経済学賞を受けている。

● 注

1) $t$ 期から $t+1$ 期への運用利回りに相当する利子率の表示方法は，$r_t$ ではなく，$r_{t+1}$ と記述することもある。本章のモデルでは，利子率が $t$ 期に確定していることから，$r_t$ と記述している。しかし，運用利回りが $t$ 期から $t+1$ 期の間で変動する場合には，$r_{t+1}$ と記述することが多い。

2) 厳密に言うと，資産価格を表す $S_t$ は，第 0 期の財価格（消費財価格，あるいは，資本財価格）を基準（ニュメレール，numéraire）とした第 $t$ 期の財（消費財，あるいは資本財）に関する相対価格である。

3) 厳密に言うと，(16-10) 式は，リスクに対して中立的である投資家を想定している。
4) 厳密な理論展開では，資本を食い潰してしまう経路は，資本が食い潰された時点（$k_t=0$）で (16-8) 式のオイラー方程式が成立しなくなることから，非効率的な経路としてあらかじめ排除される。その結果，資本の食い潰し経路が正面切って経済学的に議論されることはない。ここでは，そうした理論展開を直観的に理解するために，非効率的な経路が金融市場において排除されるメカニズムを掘り下げて議論している。

具体的には，次のような議論を行っている。実は，(16-8) 式のオイラー方程式が成立しないと，(16-10) 式の資産価格決定式も成立しない。すなわち，$k_t=0$ となった時点で $\rho < \Delta S_{t+1}/S_t + r_t$ となる。その結果，資本枯渇時点で投資家の要求利回り $\rho$ をはるかに上回る裁定機会が生じる。金融市場が十分に発達していれば，裁定機会がなくなるように金融市場において調整が生じる。そうした調整プロセスにおいて，資本を食い潰してしまう経路が排除されていく。

5) 厳密な理論展開では，過剰蓄積経路は，横断性条件（transversality condition）と呼ばれる条件（$\lim_{\tau \to \infty}\{S_{t+\tau}/(1+\rho)^\tau\} k_{t+\tau}=0$）によって排除される。横断性条件が成り立つと，(16-11) 式の右辺第 2 項の $\lim_{\tau \to \infty}\{S_{t+\tau}/(1+\rho)^\tau\}$ がゼロに収束するので，資産価格バブルも生じない。

ここでは，過剰蓄積経路を排除するロジックは資本の食い潰し経路を排除するロジックと本質的に異なっていることに留意してほしい。後者では，資本枯渇時点でオイラー方程式は成立しないが，前者では，オイラー方程式がつねに成立していて，過剰蓄積経路上でも裁定機会はいっさい生じていない。

6) 閉鎖経済を前提としている安藤尺度では，国内家計が所有している海外企業の純貯蓄は純固定資本形成に対する貢献分に含まれていない。したがって，開放経済においては，純固定資本形成に対する貢献分が過小に計算されていることになる。

● 参考文献

A. Ando [2002] "Missing Household Saving and Valuation of Corporations," *Journal of the Japanese and International Economies*, 16 (2), 147-176.

F. Hayashi [2006] "The Over-investment Hypothesis," in L. R. Klein ed., *Long-Run Growth and Short-Run Stabilization: Essays in Memory of Albert Ando*, Edward Elgar.

齊藤誠 [2008]「家計消費と設備投資の代替性について——最近の日本経済の資本蓄積を踏まえて」浅子和美・池田新介・市村英彦・伊藤秀史編『現代経済学の潮流 2008』東洋経済新報社。

BOOK GUIDE ● 文献案内

正直に言うと，マクロ経済学の勉強を進めていく際に，本章で取り扱ってきた

内容を深めていくことが一番難しい。本章以上のレベルの経済成長論や景気循環論は，抽象度が急速に高まっていって，現実との接点を見極めるのが難しくなっていく。一方，実証分析の側面でも，高度な計量経済学が駆使されているのが現状である。本書のように四則演算だけでデータを加工し，グラフを作成するという牧歌的な作業ではどうにもならない。

そうした状況にもかかわらず，このように言うのは無責任きわまりないのであるが，本章で貫いてきたように，どのように抽象的なモデルであっても，現実からの抽象であって，現実の経済と政策を考えていくためのツール（武器）であることを肝に銘じて，一歩一歩マクロ経済学の勉強を進めていくしかないであろう。

しかし，幸いにして，日本語のマクロ経済学の教科書でも，"次"に進むための教科書が出版されてきた。とくに

①宮尾龍蔵［2005］『コア・テキスト マクロ経済学』新世社
②二神孝一・堀敬一［2009］『マクロ経済学』有斐閣

は，著者たちが第一線の研究者であり，広い範囲のトピックスについて理論と実証の両面に目配りがある。

③齊藤誠［2006］『新しいマクロ経済学――クラシカルとケインジアンの邂逅（新版）』有斐閣

は，これらの教科書に比べると，若干ながら高い理論レベルを取り扱っている。逆に，本章の取り扱いよりも平易な書籍としては，

④齊藤誠［2006］『成長信仰の桎梏――消費重視のマクロ経済学』勁草書房
⑤齊藤誠［2014］『父が息子に語るマクロ経済学』勁草書房

がある。

さらに高いレベルに進みたい読者は，上述の教科書の参考文献にあげられている英文のテキストブックに取り組む必要が出てくる。非常に難解なテキストブックであるが，

⑥L. Ljungqvist and T. J. Sargent [2012] *Recursive Macroeconomic Theory*, 3rd ed. MIT Press

にトライすることを強く薦める。1000ページを超える大部な大学院生向け教科書は，1回の読書で内容がすんなり入ってくるものではまったくないが，1人で，あるいは輪読会で何度も読み返すことによって，モダンなマクロ経済学の考え方を身につけることができる。本章や第15章でまったく手をつけることができなかった経済政策の時間整合性の問題についても，同教科書は非常に精緻な議論を展開している。

第Ⅳ部 マクロ経済モデルのミクロ的基礎づけ

# 第17章 マクロ経済と労働市場

CHAPTER 17

　本章では，失業と賃金格差について詳しく学ぶ。最初に，実質賃金が下方に硬直的になる理由をより深く知るために，効率賃金仮説と賃金交渉仮説を取り上げて詳しく論じる。それに続いて，サーチ・モデルに基づいた労働市場のモデル分析を行う。そこでは，労働市場を求職者と求人がマッチする場として捉えるとともに，企業と労働者の行動を通じて，失業給付水準や解雇規制の程度などが，自然失業率の決定に重要な役割を果たすことになる点を強調する。最後に，かならずしも従来のマクロ経済学の教科書に取り入れられなかった賃金格差の問題について解説する。国際貿易と技術変化が格差に及ぼす影響にとくに焦点を当てることにしたい。

KEYWORD
効率賃金仮説，サーチ・モデル，マッチング関数，失業の履歴現象，賃金交渉仮説，技能偏向型の技術進歩

FIGURE
POINT
BOOK GUIDE

INTRODUCTION

# SECTION 1 効率賃金仮説

　高い失業率は，労働に対する需要が供給を下回っていることを意味することが多い。このような場合，完全競争的な労働市場の世界では，需要と供給のバランスが回復するポイントまで実質賃金水準が低下し，高い失業率は早晩解消される。しかし現実には，賃金はしばしば高い水準にとどまってしまう。第7章POINT 7-2においても実質賃金が高止まりする要因を見たが，本章では効率賃金仮説と賃金交渉仮説の2つの仮説を詳しく検討する。本節で取り上げるのは，効率賃金仮説である。

**ソロー条件**　効率賃金仮説では，企業が賃金水準を高く設定することにメリットを見出す可能性に注目する。賃金水準が低ければ低いほど，企業としては人件費負担が軽くなる。しかし，賃金を下げすぎると労働の「質」が低下してしまい，かえって企業の利益が損なわれるような状況も考えうる。そのようなときには，企業は利潤がもっとも大きくなるような賃金水準を選ぶことになるが，こうした賃金のことを効率賃金と言い，その仮説を効率賃金仮説と言う。

　効率賃金仮説にはいくつかの種類があるが，それらを紹介する前に，基本となる考え方を紹介しておこう。ポイントとなる想定は，企業の生産水準に影響を及ぼす労働投入には，労働時間や雇用人数以外にも労働者の「効率」というものが含まれており，しかも，これらは実質賃金によって影響を受けるというものである。たとえば，労働者による同じ1時間の労働でも，その人が真剣に仕事に取り組んでいるのか，そうでないのかによって企業の生産活動への貢献は大きく変わりうる。このような場合には，これまでの分析のように企業の労働投入を雇用量のみに限定するのではなく，「効率×雇用量」を労働投入とするほうが，妥当性が高くなるであろう。さらに，この「効率」は実質賃金水準によって変化すると仮定する。労働者の努力水準が，企業からより高い賃金が支払われることによって向上する，という例が典型的なものである。

　企業は，賃金が「効率」に影響を及ぼすことを考慮に入れながら賃金決定を行う。労働投入が「効率×雇用量」であり，企業の人件費が「賃金×雇用量」になっている場合には，企業は第1ステップとして最適な賃金を決定し，第2ステップとして，その賃金のもとで雇用量を決定するということが知られている。いま，「効率」を $\delta(w)$ と表現しよう（$w$ は実質賃金）。利潤最大化を目指す企業は，賃金1円あたりで測った効率（$\delta(w)/w$）が最大になるように賃金を決定する。その様子が，賃金を横軸，効率を縦軸にとった図17-1に示されている。

　まず，$\delta(w)$ の曲線が効率曲線であり，賃金水準が上がるにつれて労働者の「効率」が上昇することが示されている。図17-1では賃金が高まるにつれて「効率」の上昇率は小さくなっていくように描かれているが，こうした形になる理由としては，賃金が高くなるに従って追加的な賃金が労働者にもたらす魅力度が低下するので，労働者は「効率」をそれほど変化させなくなる，ということが考えられるだろう。

## FIGURE 図 17-1 効率賃金の決定

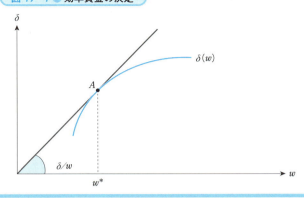

さて，原点を通る直線の傾きは $\delta/w$ なので，$\delta(w)$ の上の点で，原点を通る直線の傾きを最大にするポイントが，利潤最大化をもたらす。図から明らかなように，もっとも傾きが大きくなるのは，原点を通る直線が効率曲線と接するポイント，すなわち $A$ 点である。したがって，企業は賃金を $w^*$ の水準に決定する。このように賃金が決まったら，次にはその賃金水準のもとで最適な雇用水準を決めることになる。この点では，効率曲線の傾きと原点を通る直線の傾きが一致しているので，次の式が成立する。

$$\frac{d\hat{\delta}(w^*)}{dw^*} = \frac{\hat{\delta}(w^*)}{w^*} \Leftrightarrow \left(\frac{d\hat{\delta}(w^*)}{\hat{\delta}(w^*)}\right) \bigg/ \frac{dw^*}{w^*} = 1 \qquad (17\text{-}1)$$

第2の式は，効率曲線の賃金弾力性が1に等しいことを意味しており，この定式化を提唱した経済学者の名から ソロー条件 （Solow condition） と呼ばれることがある。

以上の議論からわかるように，企業は自社内の労働者の「効率」を考慮しながら一方的に賃金決定を行うことから，失業者がいても賃金はスムーズには低下しない。そのため賃金の下方硬直性が発生してしまう。もちろん，労働者の「効率」が失業率にも依存する可能性はあるが，それでも賃金水準は伸縮的には調整されない。ここで言う「効率」とは具体的に何なのか，という点については，代表的な4つのバリエーションがあるので，簡単に紹介する。

**効率賃金仮説のバリエーション**

第1の効率賃金仮説は，怠業モデル と呼ばれるもので，企業が労働者を規律づけるために高い賃金水準を設定すると考える。よって，労働者の「規律ある働きぶり」が，この場合の「効率」となる。労働者は懲罰の可能性が小さければ，精励に働くよりも職務を怠けたほうが，満足度が高くなると考えよう。他方，企業は労働者の1人1人の働きぶりをつぶさに観察して，それに応じて賃金を支給することは難しいものとする。実際，大きな企業組織の場合や，労働者の自由裁量の余地が大きい仕事の場合には，1人1人の働きぶ

りをずっと観察するコストは企業にとって非常に大きなものになりうる。そうした場合，高い賃金を支払うとともに，労働者の一部をランダムに抽出して働きぶりのチェックを行い，もしもまじめに働いていれば通常の賃金を支払うが，職務を怠っていると判定された場合には解雇するような人事戦略が考えられる。賃金水準が十分に高ければ，労働者にとって職務を怠ってそれが露見したときに失うものが非常に大きくなる。よって，高賃金を支給することで労働者の怠業を抑止することができるのである。

第2は，離職モデルと呼ばれ，企業が労働者の離職を抑止するために賃金を高く設定すると考える。労働者が会社を辞めると，新たに別の人材を採用する必要が生じる。その場合，新人には自社の技術特性を習得させなければならないが，このような訓練費用はかなり大きなものになりうる。したがって，少々高い賃金を支払っても，すでにスキルを身につけた労働者が会社を辞めなければ十分メリットが生じる。したがって，このモデルの場合には，訓練費用の高い企業ほど高賃金を支払うことになる。このモデルでは，労働者の定着性が企業にとっての「効率」となる。

第3は，逆選択モデルと呼ばれるものである。不況期に賃金カットよりも，むしろ人員削減を選ぶ企業があるが，その理由の1つは，賃金をカットすればもっとも優秀な人材が企業を離れてしまうためだとされている。こうした状況が生じやすいのは，企業が各労働者の能力を正確に把握していないために個別の賃金が設定しづらく，かつ，自社で能力の高い労働者ほど他企業や自営業で発揮される能力も高くなっている場合である。このようなケースでは，企業にとどまっている労働者は，その企業が支払う賃金水準以上に稼ぐ場を見つけられない人材ばかりとなる（逆選択）。そこで賃金をカットすれば，そのなかでも，もっとも優秀な人材が辞めてしまうので，平均的な能力水準が低下してしまう。よって企業は賃金を高く保って平均的な能力水準を維持しようとするかもしれない。このケースでは，労働者の質が企業にとっての「効率」となる。

第4は，社会学的モデルで，社会心理学的な考察に基づいている。人びとの心理として，贈り物をもらうと返礼したくなる，ということがある。いわゆる「贈与交換」（gift exchange）である。そのようなときには，企業は労働者に対して高賃金を支払い，それに対して労働者は高い士気・努力で報いようとする可能性がある。したがって，企業は他企業並み，あるいは，それ以上の賃金を支払うことで，労働者の努力を引き出そうとするかもしれない。この場合には，労働者による基準を超える生産努力が，企業にとっての「効率」となる。

また，労働者は「公平な賃金水準」を求める傾向があるとも言われる。すなわち，自分や同僚の働きぶり，同僚の報酬，自社の利益水準などを総合的に考慮して，労働者は自分にとっての「公平な賃金水準」を想定しており，そこから下方に逸脱すれば仕事への意欲の低下がもたらされる可能性がある。

### POINT 17-1 ● 効率賃金仮説の実験的実証分析

　本節で述べた効率賃金仮説は，実質賃金の下方硬直性を説明する有力な理論と考えられることから，その現実妥当性を検証するために数多くの実証分析が試みられてきた。代表的な分析手法としては，企業や事業所の諸特性と賃金水準の関係から効率賃金仮説の妥当性を考察するものがある。たとえば，カペリ（P. Cappelli）とショーヴィン（K. Chauvin）による研究は，同一の会社のなかで同一の賃金が支払われている労働者でも，比較的賃金の低い地域の事業所に勤務している労働者のほうが，賃金の高い地域の事業所に勤務している者に比べて勤務態度に起因する解雇が少ないことを明らかにしている。これは，効率賃金仮説における怠業モデルと整合的である。ただし，こうした研究では優れたデータに恵まれなければ，賃金以外に労働者の働きぶりを左右するような要因のコントロールが容易ではない。とくに，贈与交換モデルといった労働者の心理面に依拠した仮説の検証は大変困難となる。

　そこで最近では，実験的な手法によって贈与交換モデルを検証するという作業が活発に行われている。代表的なものとしてはグニージー（U. Gneezy）とリスト（J. List）による研究がある。彼らは図書館情報システムに書籍情報を入力するという仕事をつくって，労働者を何人か採用した。労働者は2つのグループに分けられ，これが1回だけの仕事であるとの説明を受けたうえで，片方のグループには12ドル，もう一方のグループには20ドルの時間給が支給された。そして，この2つのグループで一定時間の間に達成した仕事の量を比較すると，20ドルの時給を支給されたグループは，12ドルの時給を支給されたグループに比べて10%生産性が高かった。ただし，サンプル・サイズが小さいことから，この差の統計的な有意性は低く，しかも最初の数時間しか効果は持続しないことがわかった。

　この研究に触発される形で，多くの論文が実験的な手法を用いて「贈与交換」の生産性効果を計測することを試みている。サンプル・サイズを大きくすることのみならず，賃金上昇と賃金下落の場合で生産性変化にどのような違いが生じるのか，といった観点からの研究が続けられており，クーベ（S. Kube）らによる研究では，賃金上昇による生産性上昇効果よりも賃金が下落する場合に生産性が低下する程度が大きいことが明らかにされた。総じて，最近の研究結果は贈与交換仮説を支持するものである。もちろん，人びとが現実の企業社会でとる行動と，このような人工的な実験においてとる行動は完全には一致しないであろうが，こうした手法による分析は今後も増えていくものと思われる。

　　（参考文献）　P. Cappelli and K. Chauvin [1991] "An Interplant Test of the Efficiency Wage Hypothesis," *The Quarterly Journal of Economics*, 106 (3), pp. 769-787.

　　　　U. Gneezy and J. List [2006] "Putting Behavioral Economics to Work: Testing for Gift Exchange in Labor Markets Using Field Experiments," *Econometrica*, 74 (5), pp. 1365-1384.

S. Kube, M. A. Maréchal and C. Puppe [2006] "Putting Reciprocity to Work-Positive versus Negative Responses in the Field," University of St. Gallen Department of Economics working paper series 2006.

## 賃金交渉仮説

**基本的な考え方**

賃金決定に関与する主体は何も企業だけではない。賃金を収入の主な源泉としている労働者も賃金決定に関与する可能性がある。労働者は自らの雇用が確保されるならば、できるだけ高い賃金を受け取りたいと思っている。しかし、これは賃金コストを低く抑えたいと考えている企業の利害とバッティングする。そこで、労働者は企業と賃金について交渉することがありうる。もちろん、その場合には労働者は企業と対等に交渉できるだけの力を保持している必要がある。個々の労働者の交渉力は基本的には企業に比べると小さいが、労働者が労働組合を結成し、団結して交渉に臨む場合には、労働者は市場賃金以上の賃金を獲得することがありうる。これは次のような理由による。

企業と労働組合が賃金交渉を行う場合、双方の主張が合意に達しないことがありうる。交渉が決裂したとき、労働組合はストライキを行うことで、企業の生産活動に協力せず、企業業績にダメージを与えるという選択肢がある。他方、労働者側はその間は賃金を得ることができず、ストライキで企業が深手を負えば、自らの雇用の維持も困難になる可能性もある。したがって、企業も労働者の賃金要求の一部を受諾することがあるし、労働者も無理な賃金要求はしないのが普通である。そうして双方が妥結した賃金水準は、競争市場で成立したであろう賃金水準よりも高くなる傾向がある。これを**賃金交渉仮説**と言う。

交渉プロセスをモデル化する際にはナッシュ交渉解の概念が用いられるのが通常である。ナッシュ交渉解とは、ナッシュ（J. F. Nash）によって提案されたものである（POINT 17-2参照）。標準的なモデルでは、最初に企業と労働組合が賃金について交渉を行い、その賃金水準に基づいて企業が一方的に雇用水準を決めるとされる。賃金の交渉に際しては、労働組合は高い賃金水準が望ましいと思っているものの、賃金水準が高くなれば企業が雇用を抑制することによって組合員の失職リスクが高まることを考慮しなければならなくなる。一方で、企業の収益性が高い場合には、比較的高い賃金水準を要求しても組合員が失職するリスクは小さくなるので、労働組合としても強い姿勢で賃金要求を行いやすくなる。よって、生産物市場での競争相手が少ない、あるいは労働者1人あたりの資本量が大きいような収益性の高い企業では、交渉の結果として賃金水準が高くなりがちである。また、労働組合にとって雇用を守るべき組合員数が少ない場合や、将来的に企業の生産物に対す

る需要が大きいと推測されるときにも，交渉の結果妥結する賃金水準は高くなる傾向がある。

### ヒステレシス

しばしば失業率は，強い持続性を示す。労働市場のミスマッチの程度が強かったり，実質賃金が高く設定されていたりすれば，失業率が高い水準でとどまってしまうのは不思議ではない。しかし，有効求人倍率の変化に比べて失業率の変化は緩慢であることが知られており，時には景気が回復しているときにも失業率は顕著に低下しないことがある。また，現在の失業率を現在の景気指標と過去の失業率と景気指標で説明するような回帰分析を行うと，1期前の失業率がかなり大きな説明力を持つことが知られている。こうした現象は，失業の履歴現象（ヒステレシス，hysteresis）と言われるが，賃金交渉モデルは，こうした失業の履歴現象を説明することができる。問題をわかりやすくするために，企業内での賃金は労働組合を代表としたインサイダー（内部者）によって決定されるという，経済学者ブランシャール（O. J. Blanchard）やサマーズ（L. H. Summers）によって提唱された仮定に沿って考えよう。賃金はインサイダーによって決定される，企業は賃金を与えられたものとして，労働需要関数に基づいて雇用量を定めるとする。インサイダーの目標は，現在のメンバー数を（期待値の意味で）確保できるぎりぎりの水準まで来期の賃金を高めることである。もちろん，企業の最適雇用者数は賃金が高まれば減少するので，メンバー数を期待値の意味で確保できる最高賃金はただ1つに定まる。よって，もしも現在のメンバー数が少なければ，雇用を確保しなければならない人数が少ないことを意味するので，労働組合は来期により高い賃金を要求するようになる。その結果，来期の雇用人数は抑えられる。現在のメンバー数が現在の雇用量におおまかに一致すると考えれば，来期の雇用量は，現在の雇用量に大きく依存することになる。この場合には，来期の失業率も現在の失業率による影響を受けることになる。インサイダーが一方的に賃金を設定するのは極端な想定だが，賃金交渉仮説のもとでも，雇用量が少ないとき（失業率が高いとき）には賃金水準が高く設定され，企業は雇用水準を抑制してしまうために雇用量は少ないままでとどまってしまう（失業率が高止まりする）というメカニズムは発生しうる。

### POINT 17-2 ● ナッシュ交渉解

ナッシュは，ゲーム理論の基礎を築いた学者であり，その貢献に対して1994年にノーベル経済学賞を授与された。彼の主要な貢献のうちの1つが，2人協力ゲーム理論におけるナッシュ交渉解の定式化であった。以下ではごく簡単に賃金交渉におけるナッシュ交渉解について触れる。

10個の生キャラメルをAさんとBさんの2人で分けるゲームを考えよう。そのために2人は交渉しなければならないが，交渉が決裂するとキャラメルの大半は溶けてしまい，そのときにはAさんには2個，Bさんにも2個だけのキャラメルが残される（何らかの要因で強制的に配分されるとする）。この場合，キャラメルをどのように分けるのがもっともらしいであろうか。ただし，両氏の利得

（効用）は個数そのもので表されると考えよう。

　こうした問題に対して，ナッシュは4つの公理を満たす交渉の妥結点（解）を求めた。第1は「パレート最適性」であり，片方の利得を改善しようとすれば，もう一方の利得が悪くなることを意味する。第2は「対称性」で，交渉の基準点（上の例では決裂した場合のそれぞれの利得）における2人の利得が等しく，交渉で実現可能な利得の範囲が両者の立場を入れ替えても変わらないときには，妥結点における両者の利得は等しくなるという公理である。第3は「利得の正アフィン変換からの独立性」で，交渉の妥結点は利得を測る際の原点や尺度に影響を受けないことを意味する。第4は「無関係な結果からの独立性」で，交渉の基準点と妥結点以外の実現可能な利得が最初から除かれていても妥結点は変わらない，というものである。ナッシュは，上記の4つの公理を満たすのは，2人の超過利得（利得－交渉基準点における利得）の積を最大化するような利得の組み合わせのみであることを示した。

　先の例では，Aさんへの最終的な配分を$x$とすると，Aさんの超過利得は$x-2$（2は基準点），Bさんの超過利得は$10-x-2=8-x$となる。よって，ナッシュ積は$(x-2)(8-x)$となり，これを最大化する$x$は5である。つまり，この場合の交渉解は5個ずつである。より一般性を持たせて，0以上1以下の値をとる$\beta$をAさんの交渉力，$1-\beta$をBさんの交渉力としよう。そのときのナッシュ積は，$(x-2)^\beta(8-x)^{1-\beta}$となる。これを最大化する$x$を求めるために，ナッシュ積を$x$で微分してそれがゼロと等しくなるような$x$を計算する。積の微分の公式と合成関数の微分の公式（巻末の数学付録参照）を用いて計算すると，Aさんの妥結点は$2+6\beta$，Bさんの妥結点は$8-6\beta$であることがわかる。両者の交渉力が等しいときは$\beta=0.5$であり，このときには先の例と同じくAさんとBさんの利得はそれぞれ5となる。

　同様のロジックで，賃金交渉を分析することができる。労働組合の利得を労働者の総賃金額$wL$として，賃金交渉決裂時の利得を総失業給付水準$bL$とする。そのとき超過利得は$(w-b)L$である（$L$は雇用量）。企業の利得を利潤として，交渉決裂時の利潤をゼロとすると，企業の純利得は$F(L)-wL$となる（$F$は生産関数）。雇用量は，企業が賃金を所与として一方的に決めるとすると，それは賃金水準の減少関数となり$L=L(w)$という形で表現される。よって，ナッシュ積は，

$$((w-b)L(w))^\beta (F(L(w))-wL(w))^{1-\beta} \tag{17-2}$$

で与えられる。少し計算は難しいが，これを最大化する賃金水準は次のような式を満たす。

$$\frac{w-b}{w}=\frac{\beta}{\beta e_w^d+(1-\beta)e_w^\pi} \tag{17-3}$$

ここで，$e_w^d$は雇用量の賃金に対する弾力性（の絶対値）であり，$e_w^\pi$は利潤の

賃金に対する弾力性（の絶対値）を表す。左辺はいわゆる賃金マークアップであり，交渉の結果として決定される賃金が失業給付水準よりもどの程度高くなるかを示している。労働者の交渉力が最小（つまり $\beta=0$）のとき，マークアップはゼロとなり，労働者の交渉力が最大（つまり $\beta=1$）である場合にはマークアップは雇用量の賃金に対する弾力性の逆数（$1/e_w^d$）となる。

## 不完全な労働市場におけるサーチ

本節では，不完全な労働市場における企業と労働者の求人・求職活動を検討する。そうすることで，自然失業率を左右するさまざまな要因についてのより深い考察が可能となる。最初に労働市場における職探し行動について検討し，失業流出フローの性質を明らかにする。

**職探し（サーチ）行動**　私たちは第Ⅱ部第 10 章において $UV$ 曲線を考察した。復習すると，$UV$ 曲線とは失業率と欠員率の関係を，縦軸に失業率，横軸に欠員率をとったグラフにプロットしたものだった。労働市場において求人が多くなれば，失業者は以前よりも仕事を見つけやすくなるので，失業者のうちで就職する人数が増える結果，失業者数が減少する。つまり，欠員率が上昇すれば失業率が低下するという，グラフで言えば右下がりの関係が成立する。実際，第 10 章で見たように，右下がりの $UV$ 曲線は日本においても観察される。

欠員と失業が共存するということは，労働市場が「せり市場」のような完全競争市場ではなく，何らかの形で「不完全」なものであることを意味する。というのも，完全競争市場においては，欠員は瞬時に失業者などの求職者によって埋められるので，欠員が長期にわたって存在することはありえないからである。第 10 章で述べたように，現実の労働市場においては，労働者の嗜好や能力，そして企業の特性は多様であり，労働者は自分にとって満足のいく就職先を探す必要に迫られる。企業が労働者に対して仕事の提供を申し出ても，それが労働者にとって満足のいくものでなければ，労働者は他の仕事を探すだろう。もしも，労働者の要求水準が非常に高ければ，失業状態を抜け出す可能性は低くなるだろう。また，運よく就職口を見つけたとしても，それが遠隔地にあったりすると，移動のために時間がかかり，失業期間が長くなることもある。第 10 章では，自然失業率の規定要因の 1 つが失業流出率（失業者のうち一定期間内に失業状態から就業状態に移行する割合）であることを示したが，それは労働者がどのように職探しをするかによって大きく左右される。こうした職探し行動を分析するツールが，サーチ・モデルと呼ばれるものである。

ここで，もっとも簡単なサーチ・モデルを紹介しよう。いま，1 人の失業者がいて，求

職活動を行っているとする。失業しているときに得られる効用は，失業期間中に得られる失業給付水準が高かったり，本人の保有する資産が大きかったりして，失業期間中に得られる収入が大きいほど高くなる。また，仕事をしている労働者の効用は，賃金のみに依存するとしておこう。失業者には毎期，企業から仕事のオファー（提示）があるが，その賃金は一定ではなく，高かったり，低かったりする。簡単な例を示そう。ある人が毎期提示される賃金は，1万円刻みで16万円から24万円の間に分布している。そのなかでも20万円の提示を受ける確率がもっとも高く0.2（20％の意味）であり，20万円から離れるに従ってそうした賃金提示を受ける確率が低くなるものとしよう。図17-2は横軸に提示賃金，縦軸にそれぞれの確率を示している。もちろん，確率の合計は1（100％）となる。

もしも労働者がある期にオファーされた仕事に就くことを決めたときには，その仕事の提示賃金でずっと雇用される。他方，その仕事を拒否したときには雇用されないので，その期は失業給付等で生活し，次の期にまた別の仕事および賃金が提示される。その場合，失業者は，非常に低い賃金の仕事を受け入れるよりも，ある程度高い賃金の仕事が現れるまで失業状態を続けて求職活動を行うほうが，生涯で見た効用最大化にかなうことになる。

このとき，失業者がとりうる最適な行動は，ある**留保賃金**を設定し，それを上回る賃金の仕事であれば就き，下回る仕事は拒否するというものであることが知られている。たとえば，留保賃金を18万5000円に設定している失業者は，オファーされる仕事のうち，19万円〜24万円の仕事であれば受諾するが，16万円〜18万円の仕事は拒否する。失業者が就職する確率，すなわち失業流出率は受諾可能な賃金に対応する確率の合計として計算される。図17-2では，19万円以上の賃金を受諾するので，0.75となる（0.15＋0.20＋0.15＋0.11＋0.08＋0.06＝0.75）。当然ながら，留保賃金の上昇は，就職確率（あるいは失業流出確率）の低下に結びつく。留保賃金が高まって，21万円以上の仕事しか受諾しないようになれば，就職確率は0.4となる（読者自ら確かめられたい）。

留保賃金を規定する重要な要因は，労働者のさまざまな特性である。個々の失業者の経済状況や選好などの特性によって，留保賃金には高低が生じうる。多くの資産を持っている失業者は，資産がほとんどない労働者よりも高い留保賃金を持ち，ゆっくりと仕事探しをするかもしれない。また，経済的な状況が同じであっても，なるべく早く失業状態から抜け出したいと思う労働者もいれば，それほどの切迫感はない労働者もいるだろう。もちろん，前者の留保賃金は低くなり，後者では高くなる。さらに，保有するスキル水準が高い労働者に対しては，企業がそうした労働者を獲得しようとしてより高い賃金を提示するようになるため，図17-2で示した提示賃金の分布が全体に右に移動し，それに応じて労働者の留保賃金も高まるであろう。

また，失業時に受給できる失業給付の水準が高かったり，給付期間が長かったりすると，失業者はそれだけゆっくりと時間をかけて自分に合った仕事や条件のよい仕事を見つけようとするために，留保賃金水準は上昇すると考えられる。逆に，失業給付の受給期間が残り少なくなると，留保賃金水準は低下していくことが知られている。

さらに，労働市場の需給バランスが留保賃金水準に影響を与える公算も大きい。いま，失業者は毎期確実に仕事の提示を受けるのではなく，ある確率で仕事の提示を受けるとい

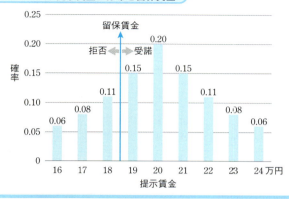

**図 17-2　提示賃金の分布と留保賃金**

う状況を考えよう。労働市場で求人が失業者よりもかなり大きい場合には，労働者が仕事をオファーされる可能性が高くなる。このように，労働者にとって「売り手市場」のときには，留保賃金水準は上昇するものと考えられる。

こうした労働者の行動を念頭に置いたうえで，さらに詳しく不完全な労働市場の分析を行おう。サーチ理論は失業者が仕事を見つけるプロセスを定式化するので，鍵となるのは，失業流出率の決定メカニズムである。この点について重要な貢献を行ったのが，ダイアモンド（P. A. Diamond），モーテンセン（D. T. Mortensen），ピサリデス（C. A. Pissarides）の3人の経済学者であり，彼らはその貢献によってノーベル経済学賞（2010年）を受賞した。以下では，彼らのモデル（名前の頭文字からDMPモデルとも言われる）の概略をできる限り噛み砕いて説明する。

### マッチング関数

分析の手がかりを得るために，ある一定期間に労働市場でどれだけの就職が実現するのか，という問題を考えてみよう。失業者のなかで就職できる人数は，求人数や失業者数が増えると大きくなるであろう。というのも，労働市場における求人数が増えれば，失業者1人あたりの求人が増えることから，「仕事が見つからない」という理由で失業を続ける可能性は低くなるからである。しかも，平均的に多くの求人と出会うことができるので，そのなかから自分の適性に合った仕事を選ぶことが容易になる。これらの理由から，求人数が増えれば就職者数は増加する。同様のことが，求人数が一定のもとで失業者数が増えたときにも当てはまる。すなわち，失業者数が増えれば，求人企業側にとって採用したい労働者と出会いやすくなるので，就職者数は増加する。したがって，就職者数 $H$ は失業者数 $U$ と求人数 $V$ の増加関数となる。このとき，就職者数は，

$$H = H(U, V, e) \tag{17-4}$$

のような関数の形で表現されることになる。ここで $e$ は労働市場のマッチングを促進するその他の要因を表す変数であり，この値が上昇すれば就職者数 $H$ も（求人数・失業者数が変わらなくても）増えるものとしよう。なお，この関数 $H$ を**マッチング関数**と言う。この用語は，労働市場は求人と求職のマッチング（出会いとパートナーの形成）が行われる場であるという見方を反映している。数式展開を単純化するために，次のようなコブ・ダグラス型のマッチング関数を想定してみよう。

$$H = eV^\alpha U^{1-\alpha}, \quad 0<\alpha<1 \tag{17-5}$$

この形から明らかなように，求人数と失業者数を2倍すれば就職者数も2倍になる（1次同次の性質である）。さて，(17-5) 式の両辺を失業者数 $U$ で割ると，

$$\frac{H}{U} = eV^\alpha U^{-\alpha} = e\left(\frac{V}{U}\right)^\alpha = e\left(\frac{V/L}{U/L}\right)^\alpha = e\left(\frac{v}{u}\right)^\alpha \tag{17-6}$$

ここで，$L$ は労働力人口，$v$ は欠員率（ここでは労働力人口に対する求人数と定義している），$u$ は失業率を表す。$H/U$ は就職者数を求職者数（失業者数）で割ったものであるから，求職者のうちで就職した者の割合，すなわち失業からの流出率になる。

これを簡単に $f$ で表そう。つまり，$H/U = f$ である。また，$V/U$ は求人数と求職者数（ここでは失業者数）の比率であるから，求人倍率と呼ぶことができるだろう（労働逼迫率のほうが正確だが，わかりやすさを優先して以下では求人倍率という用語を用いていく）。すなわち，失業からの流出率 $f$ は求人倍率 $\theta = V/U = v/u$ の関数となり，

$$f = e\theta^\alpha \tag{17-7}$$

と表現することができる。ところで，自然失業率 $u^*$ は，失業流入率を $s$ とすれば，第10章の議論から，

$$u^* = \frac{s}{s+f} \tag{17-8}$$

となる。これに (17-7) 式を代入すれば，

$$u^* = \frac{s}{s+f} = \frac{1}{1+e\theta^\alpha/s} \quad , \quad \theta = \frac{v}{u^*} \tag{17-9}$$

となる。ここから，失業率は，マッチングの効率性指標 $e$ が小さいほど，求人倍率 $\theta$ が小さいほど，そして失業への流入率 $s$ が大きいほど高くなることがわかる。

求人倍率の決まり方を考える前に，(17-9) 式を違った側面から見てみたい。求人倍率 $\theta$ が失業率と欠員率の関数であることから，(17-9) 式は失業率と欠員率との間の関係を示すものと解釈できる。こうした関係は，$UV$ 曲線にほかならない。欠員率の上昇は，失業流出率を高め，それが失業率を低下させることになる。そのことを示すために，(17-9) 式を解いて失業率を明示的な解として求めたいところだが，それは難しい。そこで，$\alpha$ および $s/e$ に適当な値を代入して，コンピューターを用いてそのグラフを描くことにする。図17-3には，$\alpha$ を0.5にしたときの $UV$ 曲線が2つ描かれている。内側の $UV$ 曲線は $s/e$ が0.05のケースで，外側の $UV$ 曲線は $s/e$ が0.07のケースを表している。ここから，$s/e$

## FIGURE 図 17-3 ● (17-9) 式をもとに描いた UV 曲線

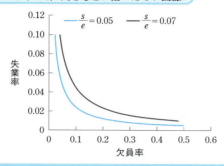

の値が上昇すると，UV 曲線が外側にシフトすることがわかる。

ここで $s$ の上昇や $e$ の低下をもたらしうるいくつかのケースをあげてみよう（ただし，他の条件を一定にしていることに注意）。

(1) 企業の倒産や労働者の解雇が増大した場合 ⇒ $s$ の上昇
(2) 解雇されやすい非正規雇用者が雇用全体のなかで増えた場合 ⇒ $s$ の上昇
(3) 失業給付が増額されて，失業者にとって仕事をすぐに見つけるインセンティブが低下した場合 ⇒ $e$ の低下
(4) 失業者のうち長期の失業によって仕事のスキルが低下した人の割合が高まり，企業がそうした労働者の採用を手控える場合 ⇒ $e$ の低下
(5) 企業の求めている人材と求職者の性質の差が大きくなった（ミスマッチの拡大）場合 ⇒ $e$ の低下

他にもさまざまなものが考えられるが，これらはすべて UV 曲線を外側にシフトさせて摩擦的失業，あるいは，構造的失業を増加させる要因になる。逆に，政府による失業者に対する教育訓練が功を奏して，仕事を失った失業者がよりスムーズに別の仕事に就くことができるようになれば，UV 曲線は内側にシフトする。

### 求人倍率と留保生産性水準の決定

求人と求職者がマッチしたとき，生産活動が行われる。ここでは単純に，求人は企業となり，マッチした求職者は雇用者となってペアで生産活動を実行するものとする。ただし，成立した個々のペアの生産性はずっと高いままではなく，運が悪ければ大きく低下してしまうとしよう。生産性があまりに大きく低下したマッチは解消される（解雇が生じる）。生産性がある水準を下回ったときには離職が生じるものとして，その閾値となる生産性を留保生産性と言う。留保生産性が高い場合には，実現する生産性がその水準を下回る可能性がより大きくなることから，ペアが解消する可能性も高くなる。したがって，(17-9) 式にある失業流入率 $s$ は留保生産性 $R$ が高いほど大きくなる。

$$s = s(R), \quad s' > 0 \tag{17-10}$$

　賃金水準は企業と労働者の交渉によって決まると考えられる。労働者が企業に入社すれば，その労働者は一定の交渉力を獲得するようになる。なぜならば，当人が会社を辞めてしまえば，企業は新しい人を得るためにコストのかかる求人活動を行う必要が生じるからである（不完全な労働市場のため）。また，労働者も会社を辞めればコストのかかる職探し活動を行わざるをえず，企業はそのことを知っている。結局，前節で述べた賃金交渉仮説と同様の形で，互いの弱みを握りながらの交渉が行われることになろう。その結果として，賃金水準は失業給付の水準が高くなるほど，実現した生産性が高くなるほど，そして求人倍率（$\theta$）が上昇して失業しても次の就職先を見つけやすくなるほど高くなると考えられる。

　以上のように，失業率の水準を決定するには，求人倍率（$\theta$）と留保生産性（$R$）を決定しなければならない。よって，2本の方程式が必要となる。第1の式は，**雇用創出条件式**，第2の式は，**雇用喪失条件式**と呼ばれる。それらの概略を説明する。

　第1の雇用創出条件式は，求人の参入によって成立する。いま，一定期間内に求人活動を行うにはコストがかかるとしよう。その期間内にペアが成立したときには利潤が発生するが，運悪くペアは成立しないこともある。利潤が得られるからといって，あまりに労働市場に求人が参入しすぎて求人倍率が高くなると，1つ1つの求人にとってペア成立の可能性がどんどん低くなってしまい，期待利潤は縮小してしまう。そして，最終的に期待利潤がゼロとなるポイントまで求人の参入が行われることになる。これが，1つの条件式を構成する。

　いま，留保生産性（$R$）が上昇した状況を考えてみよう。それは，マイナスの生産性ショックが生じた場合にペアが壊れて離職が生じやすくなることを意味する。そうなると，ペアが持続する期間の期待値は小さくなるだろう。ペアの期待存続期間が短くなると，そ

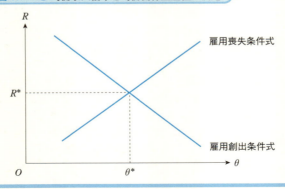

図 17-4 ● 均衡求人倍率と均衡留保生産性の決定

れだけ期待利潤も低くなってしまうから，新規求人の参入は抑制されるはずである。そうなれば，求人倍率（$\theta$）は低下しなければならない。つまり，雇用創出条件式は図17-4のように右下がりになる。

第2の雇用喪失条件式は，留保生産性においてペアを維持するメリットがちょうどゼロになるという条件からくる。具体的には，留保生産性の水準はペアを維持する場合の機会費用，すなわち労働者にとっては失業状態から得られるリターンと一致する。この場合には，求人倍率が高くなると留保生産性も高くなる。その理由は，求人倍率が高いときには他の優良な雇用機会が豊富にあることから失業状態で職探しをするリターンが高くなるので，生産性の低いペアを維持するメリットが小さくなるからである。結局，雇用喪失条件式は図17-4のように右上がりになる。

図17-4の2つの条件式の交点で均衡求人倍率（$\theta^*$）と均衡留保生産性（$R^*$）が決まり，均衡失業率は（17-9）式および（17-10）式より，

$$u^* = \frac{1}{1+e\theta^{*\alpha}/s(R^*)} \tag{17-11}$$

として決定される。

**分析例：失業給付と解雇費用**

失業給付額が手厚くなる，あるいは企業が解雇をする際のコストが上昇したとき，労働市場にはどのような影響が生じるであろうか。サーチ・モデルで考えてみよう。

まず，失業給付額が上昇したとしよう。この場合，雇用創出条件式は変化しない。一方で雇用喪失条件式では，失業給付額の上昇は同じ求人倍率のもとでの失業状態から得られるリターンを上昇させることから，留保生産性が上昇するので，雇用喪失条件式は上方（左方）にシフトする。その結果，図17-5にあるように，均衡求人倍率は低下し，均衡留保生産性は上昇する。均衡留保生産性が上昇するということは，失業給付額の上昇によってより多くの離職が発生することを意味する。離職の増大は，（17-11）式から失業率を上

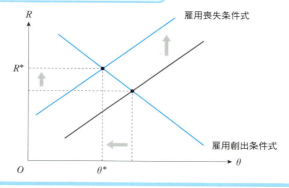

図 17-5 ● 失業給付額上昇の効果

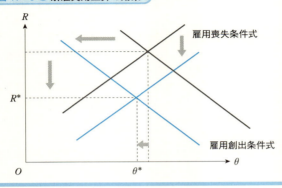

**図 17-6 ● 解雇費用上昇の効果**

昇させる効果を持つ。さらに，均衡求人倍率が低下することから失業からの流出率も低下するので，このことも均衡失業率の上昇要因となる。こうした影響に加えて，マッチング関数のところで述べたように，失業者の求職意欲が低下することで，マッチングの成立にマイナスの影響が生じる可能性もある。総じて，失業給付額の上昇は失業率の上昇要因となる。事実，ヨーロッパの比較的高い失業率を説明する要因として，失業給付水準の高さを指摘する研究が少なくない。

では，解雇費用についてはどうであろうか。ここでは，ペアの解消が企業に何らかのコストを発生させるものと考え，そのコストの上昇がどのような影響を及ぼすかという観点から分析を行う。こちらのほうはやや複雑である。まず，企業の負担する解雇費用が上昇すると，いずれペアの解消が生じたときに生じるコストが高くなることから，企業にとってのペア形成のメリットが低下する。そのために，同じ留保生産性のもとで求人の参入は抑制され，求人倍率は低下するので，雇用創出条件式は下方（左方）にシフトする。雇用喪失条件式では，離職が起こってペアが解消すればより大きなコストが生じることから，ペア維持の機会費用が低下する。これは同じ求人倍率のもとで留保生産性水準を低下させるので，雇用喪失条件式は下方（右方）にシフトする。その結果，求人倍率と留保生産性の双方が低下することが知られている（図17-6）。留保生産性の低下によって失業への流入は抑制されるので，解雇費用の増大は雇用維持機能を持つことになる。その一方で，ペア形成のメリットの低下が生じることから雇用創出が停滞し，失業からの流出も抑制される。結局，均衡失業率への影響はプラス，マイナスどちらもありうる。このように，強い解雇規制は，すでに雇用された人の雇用維持に役立つ一方で，新たな雇用の創出にはマイナスの影響を及ぼす可能性があることに留意する必要がある（POINT 17-3 も参照）。

> POINT  17-3 ● 解 雇 規 制

　多くの国では，労働者の雇用を守るために，企業による解雇に一定の規制をかけている。事業の状況悪化に伴う人員整理のための解雇においても，解雇手当という形で労働者に手当を支給することを定めていたり，手続きなどの要件を指定して，それを満たさなければ解雇を無効としたりして，無制限の人員整理に規制をかけている。こうした解雇規制は，すでに雇用された労働者にとっては雇用の安心をもたらすものであるが，企業にとっては状況に応じて労働者数（主に正規労働者）を減らすことにコストが生じてしまう。したがって，あまりに強い解雇規制によって企業活動が停滞すれば，かえって雇用の機会が失われてしまう可能性がある。なぜならば，解雇費用が大きいと，いったん雇った労働者を雇い続けなければならず，企業はそうした点を考慮して労働者の採用に慎重になってしまうからである。実際，ヨーロッパの高失業の背後には，解雇規制の強さがあるのではないかという指摘もある。そのために最近では解雇規制が雇用に及ぼす影響が積極的に分析されつつある。

　2004年に報告された OECD の Employment Outlook においては，解雇規制の強さを指標化し，その指標と労働市場のパフォーマンスの関連を調べたところ，次のような結論を得ている。

(1) 解雇規制が強い国では，失業流入率および流出率の双方が小さい。失業からの流出率が小さいために，長期失業の割合が高くなっている。

(2) 失業率への影響は明確ではないが，若者や女性といった労働市場に組み込まれる程度の低いグループの就業率にはマイナスの影響を及ぼしている。

(3) 正社員の解雇規制が強い国では非正規労働者の比率が高まるとともに，非正規労働者から正規労働者への移行が停滞する傾向がある。

　より精密な分析は今後の研究を待つ必要があるが，規制によってすでに正規雇用されている「インサイダー」の利益は高まる反面，非正規労働者，失業者，新卒者といった人びとにとっては，かならずしもメリットになっていないという側面には注意すべきであろう。

　（参考文献）　OECD, Employment Outlook 2004.

## SECTION 4　賃 金 格 差

　マクロ経済学の教科書では，賃金の格差などの分配面は取り扱われないことが多い。しかし現実には，賃金格差の大きさが国民の厚生水準に大きな影響を与えることは間違いな

いであろう。一国内での大きな経済格差は，人びとの不満を高めたり，犯罪の発生を誘発したりする可能性がある。そのため，賃金格差の大きいアメリカでは，重要なマクロ経済問題として捉えられている。以下では，賃金格差の拡大をもたらしうる経済要因のいくつかを説明する。

### グローバル化

1つの影響力のある考え方は，賃金格差の拡大を経済のグローバル化と結びつけるものである。新興の工業国が安い製品を先進諸国に輸出するようになると，先進諸国内における競合する製品に価格低下圧力が働き，それが製造企業における賃金低下に結びつく可能性がある。あるいは，競争によってダメージを受けた企業が廃業に追い込まれ，失業が生じるかもしれない。問題は，発展途上国の輸出と競合する国内産品が，しばしばスキル・レベルの高くない労働者によって生産される傾向があることにある。その一方で，高度のスキルを持つ労働者は比較優位の高い産業に集中しているので，国際競争上のダメージを被りにくい。すなわち，グローバル化の進展による国際競争の激化は，賃金水準のもともと低い労働者の賃金をさらに低下させることで，高スキル・低スキル労働者間の賃金格差の拡大をもたらすとされる。このような効果は，ストルパー・サミュエルソンの定理として，国際経済学の分野で著名である。ちなみに，資本よりも労働が豊富な新興国が労働集約的な財を先進国に輸出し，労働よりも資本が豊富な先進国が資本集約的な財を新興国に輸出することを述べた定理は，ヘクシャー・オリーンの定理と呼ばれ，ストルパー・サミュエルソンの定理の基礎となっている。

しかし，国際貿易が賃金格差の拡大をもたらす程度については，それを疑問視する研究者も多い。1つの反論としては，発展途上国の賃金格差の動きをうまく説明していない，ということがある。発展途上国では，グローバル化以前はスキルの高い労働者が希少であるから，高スキル労働者の賃金は低スキル労働者の賃金よりもより高くなりがちであるが，先進諸国との経済的結びつきが強まれば，高スキル労働者の（実質的な）供給が増えることになるので，スキルによる賃金格差は縮小するはずである。ところが，賃金の不平等度は多くの発展途上国でも高まっており，このことは標準的な国際貿易モデルにおけるグローバル化の効果と整合的ではない。

なお，最近のアメリカにおいては，業務の海外委託であるオフショアリングが，アメリカ国内の雇用を脅かしているという論調が強まってきている。しかし，これに対しても否定的な見解がある。というのも，業務の海外委託は企業にとって労働コストの切り下げをもたらし，それが生産量の拡大と国内の低スキル労働者に対する需要の増大につながる可能性もあるからである。

### 技術変化

技術の変化が人びとの働き方を大きく変えることは当然であろう。石油燃料の普及が炭鉱労働者の仕事を失わせ，炭鉱労働者の多くは他の仕事への転換を図らざるをえなくなった。印刷の面ではコンピューターを用いた組版技術の普及により，旧来の植字工の仕事が大きく減少した。その一方で，新しい仕事も次々に登場している。コンピューター技術者やウェブ・デザイナーなどはその代表と言えるだろう。このようにして，技術変化は人びとの間の経済格差の動向を規定

する重要な要因となる。

　話を単純にするために，人びとには生産性の高さに応じて賃金が支払われているものとしよう。そして，経済には生産性の高いタイプの労働者（タイプⅠ）と生産性の低いタイプの労働者（タイプⅡ）のみがいると考える。そうした場合，賃金が生産性に応じて支払われる以上，タイプⅠの賃金はタイプⅡの賃金を上回り，賃金格差が発生する。技術変化は基本的には人びとの生産性を高める働きをすることから，両タイプの生産性を同じ倍率で高めるかもしれない。そうした場合には，両タイプの賃金も生産性と同じ倍率で上昇することになるので，（比率で測った）賃金格差は変化しない。

　賃金格差が拡大するもっとも普通の状況は，技術変化によってタイプⅠの生産性の上昇率がタイプⅡの生産性の上昇率よりも大きい場合である。すなわち，もともと高スキルの労働者の生産性をより高めるような技術変化が生じた場合には，賃金格差が拡大する可能性がある。このような技術変化を技能偏向型の技術進歩と言う。

　このような技術変化はアメリカの学界においてとくに注目されたが，それには2つの大きな理由がある。第1に，1980年代に高学歴化が進んだにもかかわらず，学歴間の賃金格差が同時に拡大した。経済学の通常のロジックで言えば，大卒の供給（高卒に比べての）が増えれば，それだけ大卒であることのメリットは低下して，賃金格差は縮小するはずである。にもかかわらず，学歴間賃金格差が拡大したのは，それを打ち消すくらいに大卒に対する需要（高卒に比べての）が増大したことを意味する。グローバル化は低スキルの労働者に対する需要を減少させることで高スキルの労働者に対する相対的な需要を高めるが，技術変化は高スキルの労働者に対する需要を直接増大させることによって相対的な需要を高める効果を持つと考えられた。

　第2に，賃金格差の拡大が，情報通信技術の革新（いわゆるIT化）とほぼ近い時期に観察されたからである。IT化はコンピューターの利用を労働者に促すことになり，コンピューターを扱うことに抵抗感が少ない高学歴者に有利な技術変化であると考えられた。そうであれば，IT化は技能偏向型の技術進歩の要件を満たすようになる。また，コンピューターの操作ができる者と操作ができない者の格差が拡大するという主張がなされるようになった。

### 二極化の問題

　そうした賃金や所得の格差が拡大するなかで，2000年代に入ってから新たな現象が注目を集めるようになった。すなわち，中間層の消失，あるいは労働市場の二極化である。ロンドン大学（LSE）のマニング（A. Manning）やMITのオーター（D. Autor）らの研究は，所得の中位層が上位や下位に比べて大きく減ることによって格差が拡大していることを明らかにした。こうした傾向を数字で示すために，彼らは職業を賃金水準の高さによって3種類（高賃金職業，中賃金職業，低賃金職業）に分類し，それぞれのシェアの成長率を国際的に比較するという方法をとった。その結果，オーストリア，フランス，イギリスを筆頭にほとんどの国において中賃金職業のシェアが著しく低下している。すなわち，中間層の危機的状況は，先進国共通の現象である。

　どのような職業の雇用が失われたのかを見れば，中間層消失の理由についてヒントを得

ることができる。まず、職業を「定型的な仕事」と「非定型の仕事」に分ける。「定型的な仕事」とは、定められたルールどおりの作業や繰り返しの業務を中心とするもので、「非定型の仕事」とは状況や環境の変化への対応が求められる仕事を意味する。そのうえで、さらにそれぞれを身体的な労働の程度によって「労務系」と「非労務系」に分ける。そうすると、「定型・労務」、「定型・非労務」、「非定型・非労務」、「非定型・労務」という4つの仕事区分ができあがる。

「定型・労務」の仕事は、たとえば工場の組立ラインの作業者が当てはまる。「定型・非労務」は、簿記などの事務作業や銀行の窓口業務など、主にホワイトカラー系の定型業務である。「非定型・非労務」には、研究者、経営幹部層、弁護士といった判断業務が中心で、「非定型・労務」は介護職、運転手、家事代行といった、対人的なサービス関連の仕事が多く含まれる

そして、いま急激に仕事がなくなっているのは労務・非労務を問わず「定型的な仕事」であり、その最大の理由はIT化やロボット化の進展にある。すなわち、ルーチンの仕事がロボット（労務の場合）やコンピューター（非労務の場合）に置き換えられてしまい、人はそうした仕事から他の仕事に移らざるをえなくなっているとされる。その一方で、判断業務にたずさわる人々はコンピューターを活用することでより高い生産性を享受できるようになった。また、介護や家事代行といったサービスの仕事は、ロボットで置き換えることは非常に困難なので技術革新の影響を受けにくい。問題は、ロボットやコンピューターによって置き換えられた「定型的な仕事」が、中間層の仕事と大きく重なり合っているという点にある。そうした仕事が少なくなる一方で、高賃金の判断業務や、低賃金のサービスの仕事が増加した。

IT化とともに、グローバル化も中間層の消失に寄与した可能性も高い。グローバル化によって競争環境が厳しくなった企業が、付加価値の向上をもたらす技術革新を積極的に推進して対抗しようとした結果、企業において特許出願やR&D投資といった技術革新を担う人材への需要が高まるとともに、省力化の推進のために定型業務への需要は低下した可能性がある。ちなみに、こうした技術革新は防衛的技術革新と呼ばれることがある。このように、グローバル化は防衛的技術革新を促進することを通じて間接的に中間層の雇用にマイナスの影響を与えるという理解がなされつつある。

### 制度的要因

制度的な要因も、格差拡大に関与する可能性がある。労働組合は、組合員の労働条件を改善し、雇用を守るために企業と交渉するが、それと同時に組合員間の賃金格差を抑制する働きがあるとされる。組合員の間で賃金の不平等が大きければ、労働組合の一体性を損ない、交渉において不利に働く可能性がある。あるいは、従業員に対する経営側の成績評価を賃金に反映させることに労働組合が反対することで、結果的に賃金格差を抑制するのかもしれない。そうした労働組合の組織率が低下したりすると、賃金格差が拡大する可能性が生じる。

なお、労使の賃金交渉が集権化されていればいるほど、格差の拡大を抑制するという説もある。実際、オーストリアや北欧諸国などでは、中央における労使間交渉が全体の賃金動向を決める傾向が強いが、それらの国では低賃金層において賃金格差が小さい傾向があ

るとされる。

　最低賃金の動向も格差の規定要因となりうる。最低賃金の水準が高まれば，低賃金労働者の賃金水準が切り上げられるが，その影響は賃金の高い労働者にはあまり及ばない。そのために賃金格差は縮小することになる。アメリカの研究のなかには，賃金水準の比較的低い女性の賃金格差に最低賃金の水準が影響を及ぼしたことを示したものがある。

### BOOK GUIDE　●文献案内

① R. Layard, S. Nickell and R. Jackman [2005] *Unemployment: Macroeconomic Performance and the Labour Market*, 2nd ed., Oxford University Press

は，失業を本格的に分析しようとする者にとっては必携の包括的研究である。最初に，失業問題の理論的基礎づけが検討された後，OECD諸国における失業の実証分析が続き，最後に政策的な問題が吟味されている。

　不完全な労働市場についての教科書的な解説としては，

② T. Boeri and J. van Ours [2013] *The Economics of Imperfect Labor Markets*, 2nd ed., Princeton University Press

が優れている。

　サーチ・モデルの解説としては，邦語では，

③ 今井亮一・工藤教孝・佐々木勝・清水崇 [2007]『サーチ理論——分権的取引の経済学』東京大学出版会

がある。代表的な英文研究書は，

④ C. A. Pissarides [2000] *Equilibrium Unemployment Theory*, 2nd ed., MIT Press

である。

　なお，日本における名目賃金の硬直性についての優れた研究としては，

⑤ 黒田祥子・山本勲 [2006]『デフレ下の賃金変動——名目賃金の下方硬直性と金融政策』東京大学出版会

があげられる。

第IV部　マクロ経済モデルのミクロ的基礎づけ

# 第 18 章　経済成長

## CHAPTER 18

本章では，経済成長モデルの基本的なメカニズムとその現実説明力を見ていく。まず，産業革命以前においては，長期間にわたって1人あたり所得の成長が見られないという事実を，マルサスの罠という概念を用いて説明する。次いで，産業革命以降の近代経済成長過程を，第11章で学んだソロー・モデルでどの程度説明できるかを確認し，ソロー・モデルには，1人あたり所得成長率の国際間格差をうまく説明できないという問題点があることを示す。最後に，この点を説明するために発展した内生成長理論の基本的メカニズムを，外部効果や技術進歩の果たす役割に重点を置きながら解説する。

### KEYWORD
マルサスの罠，近代経済成長，ソロー・モデル，外生成長モデル，無条件収束，条件付き収束，内生成長モデル，新しい成長モデル，技術進歩，R&D，アイディア，世代重複モデル

INTRODUCTION

## 経済成長のパターン

　第II部において，経済成長は，もっとも重要な経済問題の1つであることを見た。ここではデータを用いて，実際の経済成長の特徴を見ておこう。

　まず，世界に目を広げて，さまざまな地域の非常に長期間にわたる1人あたりGDPの推移を見てみよう。表18-1には紀元1年からの1人あたりGDPの推移がまとめてある。この表から，およそ2000年前にはすべての地域で，ややばらつきがあるものの，ほぼ同じ水準であったことがわかる。1000年前でも状況は変わらず，やはりすべての地域で紀元1年と同じ水準のままにとどまっていた。しかし，19世紀に入ると状況が変化し，西ヨーロッパでは1人あたりGDPが大きく上昇している。また，日本やラテンアメリカ，東欧でも1人あたりGDPの増大が見られる。そして，20世紀に入ると西欧諸国や日本の1人あたりGDPは爆発的に増大したのである。アジアやアフリカ諸国においても1人あたりGDPの成長が始まっているが，しかし，まだ相対的にはかなり低い水準にあると言える。

　同じデータから計算した1人あたりGDP成長率（年率換算）の推移を見てみよう（表18-2）。表18-2からも1000年から1820年ごろまで，ほとんど1人あたりGDPの成長がなかったか，あるいは，あったとしても小幅なものであったが，1820年以降は成長率が上昇したことがわかる。しかし，地域によってばらつきがあり，とくにアフリカの1人あたりGDPの成長率は他地域よりも低い。

　次に，19世紀後半以降の日本の1人あたりGDPの推移を見てみよう。図18-1から明らかなように日本の1人あたりGDPの増大は，ほとんどが20世紀以降に生じたものだと見なすことができ，とくに第2次世界大戦後の成長は著しい。

　このように，世界経済において1人あたりGDPの成長が見られるようになったのは比較的最近であり，それまでは長い期間にわたって停滞していた。また，1人あたりGDPの成長が始まった後にも，地域や国によって1人あたりGDPの成長パターンには違いがある。このような成長パターンの差異はどのような要因によってもたらされたのであろうか。また，18世紀以前における1人あたりGDPの停滞はどのようなメカニズムによるのであろうか。本章では第II部第11章で学んだソロー・モデルを基本的な分析道具として採用し，経済成長のメカニズムを見ていくことにしよう。

## マルサスの罠

　すでに見たように，非常に長期間にわたって1人あたりGDPは世界全体で非常に低い水準にとどまり続けていた。しかし，この時期にもGDPの総額の成長がなかったわけではない。図18-2は世界全体のGDPと人口の推移を示したものである。

### 表 18-1 ● 1人あたり GDP の推移 1-1998 年（1990 年ドル基準）

|  | 1 年 | 1000 年 | 1820 年 | 1998 年 |
|---|---|---|---|---|
| 日　本 | 400 | 425 | 669 | 20,413 |
| 西ヨーロッパ | 450 | 400 | 1,232 | 17,921 |
| ラテンアメリカ | 400 | 400 | 665 | 5,795 |
| 東ヨーロッパ・旧ソ連 | 400 | 400 | 667 | 4,354 |
| 日本を除くアジア | 450 | 450 | 575 | 2,936 |
| アフリカ | 425 | 416 | 418 | 1,368 |
| 世界全体 | 444 | 435 | 667 | 5,709 |

（出所）　A. Maddison のホームページ（http://www.ggdc.net/maddison/other_books/Ch.1_2001.pdf）。

### 表 18-2 ● 1人あたり GDP 成長率の推移 1-1998 年（年率換算）

|  | 1～1000 年 | 1000～1820 年 | 1820～1998 年 |
|---|---|---|---|
| 日　本 | 0.01 | 0.06 | 1.93 |
| 西ヨーロッパ | −0.01 | 0.14 | 1.51 |
| ラテンアメリカ | 0 | 0.06 | 1.22 |
| 東ヨーロッパ・旧ソ連 | 0 | 0.06 | 1.06 |
| 日本を除くアジア | 0 | 0.03 | 0.92 |
| アフリカ | 0 | 0 | 0.67 |
| 世界全体 | 0 | 0.05 | 1.21 |

（出所）　A. Maddison のホームページ（http://www.ggdc.net/maddison/other_books/Ch.1_2001.pdf）。

### 図 18-1 ● 日本の1人あたり GDP の推移（1990 年ドル基準）

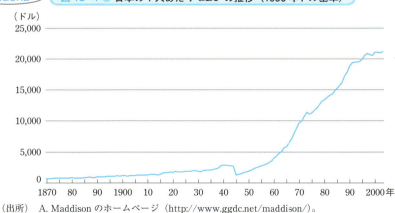

（出所）　A. Maddison のホームページ（http://www.ggdc.net/maddison/）。

第 18 章　経 済 成 長

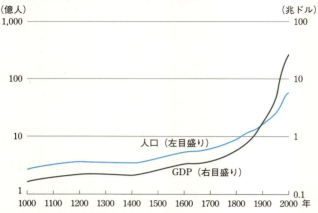

**図 18-2 ● 世界全体の人口と生産の推移**

（注）GDP は 1985 年のドルで評価したもの。単位は兆ドル。
（出所）R. E. Lucas, Jr.［2002］*Lectures on Economic Growth*, Harvard University Press, p. 113.

この図からわかるように，18 世紀半ばまでの期間においても人口は増大していた。しかし，人口と GDP がほとんど同じ速さでゆっくりと増加していたため，GDP 総額の増加にもかかわらず，1 人あたりの GDP は一定にとどまっていたのである。18 世紀後半になると GDP は人口成長よりもやや速いスピードで上昇し始め，その結果 1 人あたり GDP も成長し始めている。20 世紀に入ると GDP の成長は急激にスピードアップし，1 人あたり GDP も大きく成長し始めたのである。

では，18 世紀半ばまでの 1 人あたり GDP の停滞はどのようなメカニズムで生じていたのであろうか。ここでは，簡単なモデルを用いてそのメカニズムを明らかにしたい。

この時期の生産活動は農業であるので，生産活動は土地と労働を投入して行われるものとし，生産関数を，

$$Y_t = (AX)^\alpha L_t^{1-\alpha}, \quad 0 < \alpha < 1 \tag{18-1}$$

と特定化しよう。ここで，$X$ は土地であり，$A$ は土地の生産性，$L$ は労働人口である。土地の供給量は一定である。両辺を $L$ で割って，1 人あたりの生産量に書き直すと，

$$y_t \left( = \frac{Y_t}{L_t} \right) = (AX)^\alpha L_t^{-\alpha} = \left( \frac{AX}{L_t} \right)^\alpha \tag{18-2}$$

となる。この式から，労働人口の増加は 1 人あたり生産量の減少をもたらすことがわかるが，これはもちろん，土地の供給量が変化しないことと，労働の限界生産性が逓減することを反映している。

各経済主体は所得の一定割合を子育てに支出するものとし，各主体の子どもの人数は子育てへの支出額に比例するものとすれば，$t$ 期に生まれる子どもの人数 $n_t$ は，

$$n_t = \gamma y_t = \gamma \left(\frac{AX}{L_t}\right)^\alpha, \qquad \gamma > 0 \tag{18-3}$$

となる（2番目の等号は（18-2）式による）。このとき，$t$ 期には $L_t$ だけの経済主体が存在しているので，$t+1$ 期の経済主体数は，

$$L_{t+1} = n_t L_t \tag{18-4}$$

で与えられることになる。（18-4）式に（18-3）式を代入すれば，

$$L_{t+1} = \gamma (AX)^\alpha L_t^{1-\alpha} \tag{18-5}$$

という差分方程式を得るが，これがこの経済における人口の変化を表す関係式である。

（18-5）式のもとで，人口がどのように変化していくのかを，図を用いて見てみよう。図 18-3 は縦軸に $L_{t+1}$，横軸に $L_t$ をとって，（18-5）式を描いたものである。図から明らかなように，（18-5）式は 45 度線と $L>0$ の領域でかならず 1 つの交点を持つ。もちろん，この交点が定常状態である。

いま，第 1 期の人口は $L_1$ であったとしよう。このとき，第 2 期の人口 $L_2$ は（18-5）式によって決まるが，これは，図 18-3 においては，$L_1$ から垂直に伸ばした直線と（18-5）式を表す曲線の交点の縦軸座標にあたる。この値を，45 度線を用いて横軸に移すと，横軸に書き込まれている $L_2$ になる。次に，この $L_2$ を（18-5）式の右辺に代入すると $L_3$ が決まり，その点を 45 度線を用いて横軸に移す……といった操作を繰り返していくと，結局，各期の人口は図に書き込まれた矢印のように変化していくことがわかる。したがって，この経済においては，人口は定常状態の値 $L^*$ にかならず収束していく（このような定常

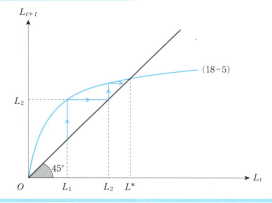

FIGURE 図 18-3 ● マルサス・モデル

状態を安定的であると言う）。

次に，定常状態を求めてみよう。(18-5) 式において $L_{t+1}=L_t=L^*$ と置くと，簡単な計算によって，

$$L^* = \gamma^{\frac{1}{\alpha}}AX$$

となることが確かめられる。この結果から，土地の生産性 $A$ の上昇は人口の増加をもたらすことがただちにわかる。さらに，マクロの生産関数 (18-1) 式から，人口の増加は総生産を増やすことも確認できる。

ここで，土地の生産性 $A$ の上昇が定常状態に向けての調整過程上でどのような効果を持つのかについても見ておこう。$A$ の上昇は，図 18-4 に描かれているように (18-5) 式を上方に拡大させる効果を持つ。したがって，図中の矢印が表しているように人口は新たな定常状態に向けて単調に増加していくことになる。

では，土地生産性 $A$ の上昇は 1 人あたり GDP に対してはどのような効果を持つのであろうか。定常状態においては $L_{t+1}=L_t=L^*$ となるので，(18-4) 式から $n^*=1$ となり，これを (18-3) 式に代入すると定常状態における 1 人あたり GDP は，

$$y^* = \frac{1}{\gamma}$$

となることがわかる。この式から，定常状態における 1 人あたり GDP は，土地の生産性 $A$ には依存しておらず，したがって，土地生産性が上昇したとしてもまったく影響を受けないことがわかる。つまり，土地生産性の上昇は総生産の増加をもたらすが，それとちょうど比例するだけの人口の増加をももたらし，その結果として 1 人あたり GDP は変化しないのである。これは，18 世紀半ばまでのデータで観測された事実とうまく適合している。このアイディアを最初に提示したのが古典派経済学者マルサス（T. R. Malthus）で

図 18-4 ● 土地の生産性の上昇

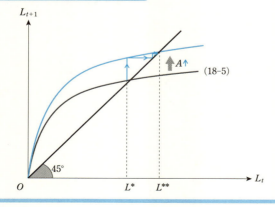

あったことにちなみ、このような状況はマルサスの罠と呼ばれる。そして、多くの研究者は、18世紀半ばまでの世界経済はマルサスの罠に陥っていたと見なしている。

このようにマルサス的モデルは、長期間にわたる1人あたりGDPの停滞をうまく説明することができる。では、なぜ18世紀の半ば以降に1人あたりGDPの成長が始まったのであろうか。その理由は、18世紀から19世紀にかけて西欧諸国で生じた産業革命にあると考えられる。実際のところ、産業革命は「革命」という言葉に値するほど劇的な変化ではなく、比較的ゆっくりとした工業化の過程であったのだが、雇用の構造には大きな変化があった。19世紀後半のイギリスの農業従事者の人口に占める割合は、産業革命以前の70〜80％から20％程度まで減少しており、農業部門の大幅な縮小が生じていたのである。このような工業化の進展に伴って、資本蓄積もなされるようになり、技術の進歩が1人あたりGDPの増大をもたらすような近代経済成長過程に入ることとなったのである。次節では、このような近代経済成長過程を考えるうえでの基本となるソロー・モデルを詳しく見ていくことにしたい。

ところで、なぜ、この時期に西欧諸国で産業革命が生じたのであろうか。その理由については、さまざまな説が存在しており、決着がついているわけではない。たとえば、植民地から資源を収奪することができたためという説、成長を阻害する要因を取り除く諸制度がこの時期に確立されたためと考える説、潜在的には利用可能であったが利潤を生まないために採用されていなかった工業技術が、徐々に進んできた技術進歩の結果、採算が合うようになり、農業部門から工業部門へのシフトを生じさせ、それによってマルサスの罠から脱出することができたとする説などが存在している。これらはいずれも興味深い仮説であるが、ここでは、これらの説の詳細の検討は行わず、世界経済は長い期間にわたってマルサスの罠に捕らわれていたが、産業革命を契機としてマルサスの罠から脱して近代成長過程に入ったという点を確認して次節に進むことにしよう。

## 連続型のソロー・モデル

本章では、ソロー・モデルを連続形に書き直して、議論を進める。まず、第Ⅱ部第11章で見たソロー・モデルの設定を復習しておく。

そこでは、労働、資本、技術水準の3つが主要な成長の要因として取り上げられていた。このなかで、労働人口は、ほとんどの場合、自然要因（生物学的要因）によってモデルの外から与えられていると想定され、第Ⅱ部では、労働人口はつねに一定であると仮定されていた（この点で、マルサス・モデルとは大きく異なる）。これに対し、資本量は、「投資＝貯蓄活動」を通じて増加させることが可能であり、モデルのなかで決まってくる変数であった。もう1つの要素である技術水準は生産の効率性を表しており、技術水準が高い国は、低い国と比べて、同じだけの資本と労働しかなかったとしても、より多くの財を生産することができるが、この変数もモデルの外から与えられていた。

ここで注意しておかなければならないのは、これら3つの要素をはっきりと区別するこ

第18章　経済成長　　669

とは実際には難しいという点である。たとえば，労働者が教育や訓練を受ければ，1人1人の生産性を上昇させることが可能であるし，技術水準についても，生産活動に伴う経験や知識の蓄積あるいは研究開発投資を通じて，徐々に上昇させていくこともできるのである。このように考えれば，技術水準や実質的な労働供給量も，研究開発投資や教育投資を通じて，内生的に（モデルのなかで）決まってくる変数であり，資本としての性格を持っていると言える。このような見方から，機械や工場などを物的資本，実質的な労働供給量を人的資本，技術水準を知識・技術資本と呼ぶこともある。

とはいうものの，本節と次節では，労働人口と技術水準はモデルの外で決まっているものとして議論を進めていくことにする。もちろん，これは知識・技術資本や人的資本の決まり方が重要ではないと言っているわけではなく，産業革命以降の近代経済成長を研究していくうえで，まずは物的資本の果たす役割に着目することが，分析の出発点として重要であると考えてのことである。知識・技術資本や人的資本の役割については，第5節で詳しく見ることとする。

以下では，コブ・ダグラス型のマクロ生産関数を用いることにしよう。すなわち，

$$Y = AF(K, L) = AK^{\alpha}L^{1-\alpha} \tag{18-6}$$

という形のマクロ生産関数を考えることにする。

### POINT 18-1 ● カルドアの定型化された事実

カルドア（N. Kaldor）は，資本主義諸国の近代経済成長過程を観察し，いくつかの安定的な関係を見出した。この観察結果は，その後の経済成長論の発展において大きな影響を及ぼすことになり，カルドアの定型化された事実として知られるようになった。では，カルドアが見出した経済成長過程における特徴とはどのようなものであったのだろうか。それらは以下の6点にまとめられる。

事実① 総生産量および1人あたり生産量の成長率は安定的であり，下落する傾向はない。
事実② 1人あたり資本は一定率で成長する。
事実③ 資本の収益率は安定的である。
事実④ 資本・生産量比率は安定的である。
事実⑤ 資本および労働の分配率は一定である。
事実⑥ 1人あたり所得（生産量）の成長率には国際間で大きな差がある。

これらの事実は，非常に安定的であるため，経済成長の適切なモデルは，これらの事実を説明することができなければならないとされた。

**もっとも簡単なソロー・モデル**

総貯蓄はマクロ生産量の一定割合であり，$t$ 期の総貯蓄 $S_t$ は，

$$S_t = sY_t$$

で決まる。ここで，$s\,(0<s<1)$ は一定の貯蓄率を表している。また，投資活動 $I_t$ を行うと，資本は増加していくが，資本減耗があるため資本量は一定率 $\delta>0$ で減少していくものとしよう。このような状況を数式で表すと，

$$\dot{K}_t \equiv I_t - \delta K_t$$

となる。ここで，$\dot{K}_t$ は $K_t$ を時間 $t$ で微分した値であり，$t$ 時点における資本の瞬間的な変化を表している。

さて，財市場均衡条件（$S_t = I_t$）から，

$$\dot{K}_t(\equiv I_t - \delta K_t) = sY_t - \delta K_t = sAK_t^\alpha L^{1-\alpha} - \delta K_t \tag{18-7}$$

である。ここで，人口 $L$ は一定であるとしている。このとき，(18-7) 式において，$L^{1-\alpha}$ は定数となるので，$B \equiv AL^{1-\alpha}$ と置くと，ソロー・モデルは，

$$\dot{K}_t = sBK_t^\alpha - \delta K_t \tag{18-8}$$

という式で表されることになる。ここで，付言しておくと，マクロ経済学においては1人あたりの産出量・資本ストックと経済全体での産出量・資本ストックをつねに区別して論じなければならない。とくに，経済成長論において重要なのは，1人あたり生産量や1人あたりの資本ストックである。しかし，ここでは人口は一定であるとしているので，経済全体の産出量・資本ストックについて分析することにしよう。

**FIGURE** 図 18-5 ● 資本ストックの変化

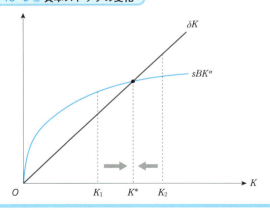

資本ストックが時間とともにどのように変化するのかを見るために，(18-8) 式を図示してみよう。図 18-5 から明らかなようにこの連続型のソロー・モデルの性質は，第 11 章のモデルとまったく同じである。この経済は，かならず $K^*$ に引き寄せられていき，長期的には資本は一定水準の値をとる。したがって，生産量も，

$$Y^* = BK^{*\alpha}$$

と一定になり，この経済では長期的には経済成長は止まってしまうのである。

### 貯蓄率上昇の効果

　では，貯蓄率の上昇はどのような効果を持つのであろうか。直観的に言えば，貯蓄率の上昇は資本蓄積を促すので，経済成長を促進するように思われるが，はたして，この直観は正しいのであろうか。貯蓄率 $s$ の上昇は，$sBK^\alpha$ を表す曲線を上方に拡大させる効果を持つ。したがって，図 18-6 に描かれているように，長期的には資本，したがって生産量を増加させる効果を持つ。しかし，$K^{**}$ に達すると，やはり資本蓄積は止まってしまい，長期的には経済成長は止まってしまうのである。つまり，貯蓄率は長期的な経済成長率には影響を与えない。

　また，マクロ生産関数を表す (18-6) 式において $B \equiv AL^{1-\alpha}$ であることに注意すれば，生産性 $A$ の向上や労働人口 $L$ の増加は $B$ の上昇として表されるため，$sBK^\alpha$ を表す曲線を上方に拡大させる効果を持ち，貯蓄率の上昇とまったく同じ効果を持つことがわかる。

　これらの結果を数式によって確認しておこう。定常状態（$\dot{K}=0$，すなわち資本が一定にとどまる状態）では，

$$sBK^{*\alpha} = \delta K^*$$

となっているので，この式から $K^*$ を求めることができる。簡単化のために，$\alpha=1/2$ とすると，

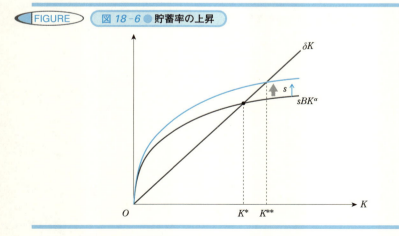

FIGURE　図 18-6　貯蓄率の上昇

$$sB\sqrt{K^*} = \delta K^* \Leftrightarrow K^* = \left(\frac{sB}{\delta}\right)^2$$

となり，貯蓄率上昇や生産性の向上が定常状態における資本を増加させることが確認できる。いま人口は一定であると仮定しているので，資本の増大は産出量の増大も意味する。したがって，貯蓄率上昇や生産性の向上は長期的な産出量の増加をもたらすことになる。

　最後に，1人あたりの生産量について見ておくことにしよう。本節のモデルでは，労働人口は一定であるとしているので，1人あたり生産量は総生産量を一定の人口で割ったものになる。そのため，総生産量が成長しないかぎり，1人あたりの生産量も成長しないことになるが，上で確認したように，このモデルでは長期的には総生産量は成長しないので，1人あたり生産量も成長しない。

### 人口成長の役割

　以上で見てきたモデルでは，労働人口の増加や生産性の上昇が長期的な経済成長率にまったく影響を及ぼさなかった。この結果は，労働人口や技術水準が長期的な経済成長にとって重要ではないことを意味するのであろうか。実は，答えはその逆であり，ソロー・モデルでは，労働人口の成長は，経済全体の所得の成長に対して重要な役割を果たすのである。この点を確認するために，本節では，労働人口は一定ではなく，時間を通じて変化するものとしよう。ただし，議論が煩雑になるのを避けるために，本節においても技術水準は一定であるものとする。それに対し，労働人口は，

$$\frac{\dot{L}_t}{L_t} = n > 0$$

のように一定の率 $n$ で上昇し続けていくものとする。ここで，人口成長率自体はモデルのなかでは決まらず，外生的に（モデルの外から）与えられているということに注意しておこう。

　人口が成長する場合には，経済全体の集計量そのものよりも1人あたりの変数に分析の焦点を合わせなければならない。というのも，どれだけ経済全体の産出量が多くとも，人口がそれ以上に多ければ各人の厚生水準は非常に低くなってしまうからである。したがって，本節では，1人あたりの変数を導入しよう。まず，1人あたりの資本を，

$$k_t \equiv \frac{K_t}{L_t} \tag{18-9}$$

で表そう。次に，マクロ生産関数を1人あたりの変数の関数として書き直してみると，

$$y_t \equiv \frac{Y_t}{L_t} = \frac{AK_t^\alpha L_t^{1-\alpha}}{L_t} = A\left(\frac{K_t}{L_t}\right)^\alpha = Ak_t^\alpha$$

すなわち，

$$y_t \equiv f(k_t) = Ak_t^\alpha$$

と簡単な形になることがわかる。これらの1人あたり変数を用いると，(18-8) 式と同じようにソロー・モデルの基本方程式，

第18章　経済成長

$$\dot{k}_t = sAk_t^\alpha - (\delta+n)k_t \qquad (18\text{-}10)$$

を導くことができる（POINT 18-2 を参照せよ）。(18-7) 式と比較してみると，人口成長を反映する項がマイナスの符号で入っていることがわかる。これは，人口が増えていくと，1 人あたりの資本量が目減りしていくためである。

(18-10) 式の性質については，図 18-5 とほとんど同じ図 18-7 を用いて見ることができる。

図 18-5 との違いは，1 人あたり変数になっていることと，右上がりの直線の傾きが $\delta$ ではなく，$\delta+n$ になっていることだけである。したがって，定常状態は安定であり，この経済はつねに定常状態に向かって 1 人あたり資本を調整していくことになる。

しかし，集計変数の動きを見た場合には違いがある。定常状態を考えてみよう。このとき，図から明らかなように 1 人あたり資本量 $k \equiv K/L$ は一定の値になるが，右辺の分母の人口は一定率 $n$ で成長しているため，$k$ が一定になっているということは，総資本 $K$ も人口成長率 $n$ で増加し続けていることを意味する。マクロ生産関数は 1 次同次であるので，資本と労働が同じ速さで成長するならば，総生産量もそれらと同じ速さで成長することになる。したがって，ソロー・モデルでは，経済全体の長期的な成長率は人口成長率によって決まることになるのである。ここで，第Ⅱ部第 11 章のモデル（あるいは本章のはじめのモデル）を思い出そう。そこでは，長期的には総生産量は一定になり，したがって経済全体の成長率はゼロであったが，それは人口成長率をゼロと仮定したためであったのである。

ここで，この成長率は経済全体の所得に関するものであり，1 人あたり GDP の成長率ではないことには注意しなければならない。1 人あたり GDP について見るならば，長期的には 1 人あたり資本 $k$ が一定になるので，$y = f(k)$ も一定の値をとることになる。したがって，人口成長を伴うソロー・モデルにおいても，1 人あたり GDP の長期的な成長

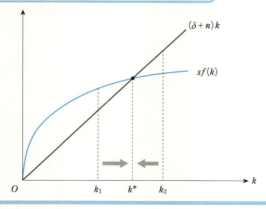

図 18-7 ● 人口成長を加味したソロー・モデル

率はゼロになるのである。

貯蓄率上昇の効果も，前の議論とまったく同じように分析できる。すなわち，貯蓄率の上昇は1人あたり生産量を上昇させるものの，（経済全体でも1人あたりでも）長期的な経済成長率には何の影響も及ぼさないのである。

> **POINT** 18-2 ● 人口成長がある場合のソロー・モデルの基本方程式の導出

人口成長がある場合のソロー・モデルの基本方程式を導出するためには，対数の性質を利用し，いささか煩雑な計算を行うことになるが，これらの性質については，巻末の数学付録で説明がなされているので，その部分を参照してもらいたい。

(18-9) 式の両辺の対数をとると，

$$\ln k_t = \ln K_t - \ln L_t$$

となるので，これらを時間 $t$ で微分して，

$$\frac{\dot{k}_t}{k_t} = \frac{\dot{K}_t}{K_t} - \frac{\dot{L}_t}{L_t} = \frac{\dot{K}_t}{K_t} - n \tag{18-11}$$

という関係を導くことができる。ここで，財市場の均衡条件は，「貯蓄＝投資」であるので，(18-7) 式より，

$$\dot{K}_t \equiv I_t - \delta K_t = sY_t - \delta K_t$$

となる。全体を $K(t)$ で割ると，

$$\frac{\dot{K}_t}{K_t} = s\frac{Y_t}{K_t} - \delta \tag{18-12}$$

この (18-12) 式を (18-11) 式に代入すると，

$$\begin{aligned}\frac{\dot{k}_t}{k_t} &= s\frac{Y_t}{K_t} - \delta - n = s\frac{Y_t/L_t}{K_t/L_t} - \delta - n = s\frac{y_t}{k_t} - \delta - n \\ &= s\frac{f(k_t)}{k_t} - \delta - n\end{aligned} \tag{18-13}$$

となる。この式に $k_t$ をかければ，人口の成長がある場合のソロー・モデルの基本方程式，

$$\dot{k}_t = sf(k_t) - (\delta + n)k_t$$

が導かれる。

**黄金律**

この経済の各時点の1人あたり貯蓄は $sy_t$ であり，1人あたり消費は，

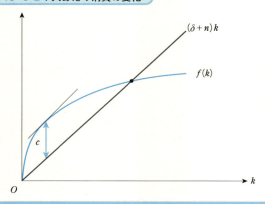

図 18-8 ● 1人あたり消費の変化

$$c = (1-s)f(k)$$

である。定常状態においては，$\dot{k}_t = 0$ であるので，

$$sf(k^*) = (\delta+n)k^*$$

となることを用いると，

$$c^* = f(k^*) - (\delta+n)k^*$$

となる。図 18-8 は，この式を 2 つに分解して描いたものである。2 つの線に挟まれた部分が，定常状態における 1 人あたり消費を表している。この図から明らかなように，1 人あたり消費は，生産関数の傾きが人口成長率と固定資本減耗率との和に等しくなるとき，($f'(k) = \delta+n$ となるとき）に最大になる。条件 $f'(k) = \delta+n$ を「**黄金律**」（golden rule）と言う。この条件を第 11 章の結果と比較してみると，人口成長が導入されている部分だけが異なっていることがわかる。

**調整過程の分析**

さて，ここで，ソロー・モデルの調整過程について，これまでとは異なった観点から見ておこう。(18-13) 式で示したように，1 人あたりの資本の変化は，

$$\frac{\dot{k}}{k} = s\frac{f(k)}{k} - (\delta+n)$$

で表すことができる。右辺第 1 項に現れている $f(k)/k$ は資本の平均生産性であるので，$k$ について減少関数である。1 人あたり資本がゼロから無限に大きくなっていくとき，資本の平均生産性が無限大からゼロに向かって減少していくならば，$\dot{k}/k = 0$ となる $k$ の水準がかならず存在することがわかる。生産関数がコブ・ダグラス型である場合には，

### FIGURE 図 18-9 ● 1人あたり資本の変化

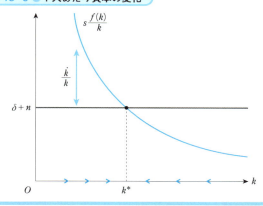

$$\frac{f(k)}{k} = \frac{k^\alpha}{k} = \frac{1}{k^{1-\alpha}}$$

であるので，この性質が満たされている。図 18-9 はこの関係を表している。

さて，移行経路を見るために，$k_t < k^*$ である場合を考えてみよう。このとき，図 18-9 から明らかなように，$k_t$ が $k^*$ より小さければ小さいほど，資本蓄積のスピードが速いことがわかる。したがって，産出量は資本の増加関数であるので，資本の乏しい国のほうが移行経路上での1人あたり GDP の成長率は高くなるのである。これは後に見るようにソロー・モデルの妥当性を実証的に検証するうえでのキーポイントとなる性質である。

**技術進歩の役割**

これまで，技術水準は一定であると仮定してきたが，ここでは技術水準も一定率 $\gamma$ で上昇している場合を考えることにしよう。すなわち，

$$\frac{\dot{A}_t}{A_t} = \gamma > 0$$

であるとしよう。以下の数式の導出はやや複雑なので，POINT 18-3 のなかで示すこととして，ここでは主要な部分のみを示すことにする。

技術が外生的に進歩している状況を考える際には，労働の効率性を上昇させるような技術進歩（このような技術進歩をハロッド中立的技術進歩と言う）として分析することが便利である。そのため，

$$A_t \equiv e_t^{1-\alpha}$$

と置くことにしよう。このとき，労働の効率性 $e$ の上昇率 $\eta$ と $A$ の上昇率 $\gamma$ との間には，

$$\eta \equiv \frac{\dot{e}_t}{e_t} = \frac{\gamma}{1-\alpha}$$

第 18 章 経済成長

という関係が成り立っている．さて，この新たな変数 $e$ を用いるとコブ・ダグラス型生産関数を次のように書き直すことができる．

$$Y_t = A_t K_t^\alpha L_t^{1-\alpha} = e_t^{1-\alpha} K_t^\alpha L_t^{1-\alpha} = K_t^\alpha (e_t L_t)^{1-\alpha}$$

つまり，技術水準の向上を労働生産性の上昇と見なすことができるのである．以下では $e_t L_t$ を効率単位で測った労働（効率労働）と呼ぶ．1人あたり変数の代わりに，効率労働1単位あたりの変数を考えることにし，効率労働1単位あたりの資本を $z$，効率労働1単位あたりの生産量を $x$ とすると，

$$z_t \equiv \frac{K_t}{e_t L_t}$$

$$x_t \equiv \frac{Y_t}{e_t L_t} = \frac{K_t^\alpha (e_t L_t)^{1-\alpha}}{e_t L_t} = \left(\frac{K_t}{e_t L_t}\right)^\alpha = z_t^\alpha$$

となる．

これらの変数を用いると，効率労働1単位あたりで書き直したソロー・モデルの基本方程式，

$$\dot{z}_t = s z_t^\alpha - (\eta + \delta + n) z_t$$

を導くことができる．容易に理解できるように，モデルの性質はこれまでに見てきたモデルとまったく同じである．したがって，この経済はつねに定常状態に向かって収束していくことになる．

ここで重要なのは定常状態の性質である．定常状態では効率単位の労働で測った生産量

$$x \equiv \frac{Y_t}{e_t L_t}$$

が一定となっているので，総生産量の成長率は，ハロッド中立的技術進歩率と人口成長率の和に等しくなっている．すなわち，

$$\frac{\dot{Y}_t}{Y_t} = \eta + n$$

となる．これは，長期における総所得の成長率が，ハロッド中立的技術進歩率と人口成長率の和に等しいことを表している．つまり，技術進歩を考慮したソロー・モデルにおいては，国民所得の成長の源泉は，人口成長と技術進歩なのである．

それでは，1人あたり GDP の成長率はどうなっているであろうか．1人あたり産出量 $y \equiv Y/L$ の変化は，両辺の自然対数をとって時間で微分することにより，

$$\frac{\dot{y}_t}{y_t} = \frac{\dot{Y}_t}{Y_t} - n$$

となる．上で見たように，総生産量の成長率はハロッド中立的技術進歩率と人口成長率の和に等しいので，定常状態での1人あたり GDP の成長率は，

$$\frac{\dot{y}_t}{y_t} = \eta + n - n = \eta$$

となることがわかる。つまり，1人あたり GDP は技術進歩率が正であるならば成長し続けていくのである。逆に言えば，1人あたりの GDP が持続的に成長していくためには，技術進歩が必要になるのである。

ここで，注意しなければならないのは，このモデルにおいて経済全体の経済成長率を決めるのは人口成長率と技術進歩率であり，1人あたり GDP の成長率を決めるのは技術進歩率であるが，それらはモデルの外から与えられており，そもそもどのようにして決まっているのかに関しては何も示されていないという点である。言い換えれば，経済成長を決めるもっとも重要な要素を，モデルの外から与えてしまうことになっているのである。したがって，これらの決定メカニズムをモデルのなかで説明することが大きな課題となり，本章後半で見る内生成長理論の発展へとつながっていくことになった。

### ◁POINT▷ 18-3 ● 技術進歩が存在する場合の基本方程式の導出

$A_t \equiv e_t^{1-\alpha}$ の両辺を対数微分すると，

$$\frac{\dot{A}_t}{A_t} = (1-\alpha)\frac{\dot{e}_t}{e_t} \Leftrightarrow \frac{\dot{e}_t}{e_t} = \frac{\gamma}{1-\alpha} \equiv \eta$$

となっている。つぎに $z$ の定義式の両辺の対数をとって，時間 $t$ で微分すると，

$$\frac{\dot{z}_t}{z_t} = \frac{\dot{K}_t}{K_t} - \frac{\dot{e}_t}{e_t} - \frac{\dot{L}_t}{L_t} = \frac{\dot{K}_t}{K_t} - \eta - n$$

となる。ここで，財市場均衡条件（貯蓄＝投資）より，

$$\frac{\dot{K}_t}{K_t} = s\frac{Y_t}{K_t} - \delta$$

であるので，

$$\frac{\dot{z}_t}{z_t} = s\frac{Y_t}{K_t} - \delta - \eta - n = s\frac{Y_t/(e_t L_t)}{K_t/(e_t L_t)} - \delta - \eta - n$$

$$= s\frac{x_t}{z_t} - \delta - \eta - n = s\frac{z_t^\alpha}{z_t} - \delta - \eta - n$$

が成り立つ。両辺に $z_t$ を掛けると，本文中の式が得られる。

### ◁POINT▷ 18-4 ● 技術進歩が存在するときの経済成長率の導出

定常状態では，$x$ が一定であることに注意しながら，効率労働単位で測った生産量の定義式

$$x \equiv \frac{Y_t}{e_t L_t}$$

の両辺の対数微分をとると，

$$0 = \frac{\dot{Y}_t}{Y_t} - \frac{\dot{e}_t}{e_t} - \frac{\dot{L}_t}{L_t} = \frac{\dot{Y}_t}{Y_t} - \eta - n \iff \frac{\dot{Y}_t}{Y_t} = \eta + n$$

となるので，総生産量の成長率はハロッド中立的技術進歩率と人口成長率の和に等しいことがわかる。

##  ソロー・モデルの現実的妥当性

　前節で見たソロー・モデルは，POINT 18-1「カルドアの定型化された事実」①～⑤を説明することができる。このことは以下のように確認できる。技術進歩が存在する場合のソロー・モデルの定常状態を考えよう。このとき，すでに見たように，総生産量の成長率はハロッド中立的技術進歩率と人口成長率の和に等しくなり，1人あたりGDPの成長率はハロッド中立的技術進歩率に等しくなる（事実①）。また，効率単位の労働で測った資本（$z = K/(eL)$）が一定になるため，1人あたりの資本ストックは一定のハロッド中立的技術進歩率で成長していく（事実②）。また，資本の限界生産性（資本収益率 $r = \alpha z^{\alpha-1}$）も一定になる（事実③）。さらに，効率単位の労働で測った資本に加えて，効率単位の労働で測った生産量（$x = Y/(eL)$）も一定となるので，生産量と資本の比率 $Y/K$ も一定となる（事実④）。事実④から $Y/K$ が一定であり，事実③から資本収益率 $r$ が一定であるので，資本分配率（$rK/Y$）も一定になる（事実⑤）。しかし，事実⑥については，議論の余地がある。この点を，ここで確認しておこう。

　これまでの議論から明らかなように，ソロー・モデルでは，定常状態においての1人あたり生産量の成長率はもっぱら技術進歩率によって決定されるため，国際間で技術進歩率が異ならないかぎり，各国の成長率は長期的には同じ水準に収束してしまう。したがって，ソロー・モデルで，1人あたりGDP成長率の長期的な国際間格差を説明しようとすると，技術進歩率が国ごとに異なっているからだと解釈するしかないことになる。とはいえ，技術進歩率自体は，最初から外生的に（モデルの外から）与えられているのであるから，このモデルによって，各国の長期的な成長率格差を説明することができると言うことはできない。この意味で，ソロー・モデルは現実経済の描写として適切ではないと考えることもできる。

　しかし，上記の議論は定常状態での話であるため，現実の経済は定常状態にあるのではなく，そこへ向けての調整過程上にあることを考慮に入れれば，現実に観察される経済成長率の国際間格差を説明することが可能になるかもしれない。例として，人口成長率および貯蓄率が同一であり，そのために定常状態も同じである2つの経済を考えてみよう（技術進歩率はゼロであるとしている）。ここで，一方の経済はすでに定常状態上にいるが，もう一方の経済は定常状態から非常に低い水準にあり，定常状態に向けて資本を蓄積して

いる状態であったとする。この場合，1人あたり資本水準が低い国のほうが，資本の平均生産性が高くなるために，成長率も高くなるはずであり，したがって，2つの経済の成長率は異なることになる。この点は，すでに指摘したことであるが，重要であるので再度確認しておこう。

図18-9において，$k_t<k^*$ である場合を考える。このとき，図から明らかなように，$k_t$ が $k^*$ より小さければ小さいほど，資本蓄積のスピードが速いことがわかる。1人あたり産出量は，1人あたり資本の増加関数なので，1人あたり資本ストックの小さい国のほうが移行経路上での成長率は高くなっている。したがって，ソロー・モデルにおいては，初期の1人あたり生産量（国民所得）が低い国ほど成長率は高いのである。これは，貧しい国が長期的には富める国に追いついていくことを意味しており，最終的にはすべての国が同じ1人あたり所得水準に達することになる。このような性質を無条件収束（絶対収束）が成立すると言う。

では，このような性質が現実に成り立っているかどうかを判定するためには，どうしたらよいのであろうか。そのためには，

$$各国の経済成長率 = 定数 + \beta\,各国の初期所得 + 誤差項 \quad (18\text{-}14)$$

という式を推定し，$\beta$ の符号を調べればよい。無条件収束が成立しているならば，初期所得の低い国ほど成長率は高くなる（初期所得の高い国ほど成長率は低い）。したがって，推定された $\beta$ の符号が負であれば，無条件収束の成立とは矛盾せず，ソロー・モデルは現実のデータと整合的であることになる。このような研究の代表的なものとして，バロー（R. J. Barro）とサラ-イ-マーティン（X. Sala-i-Martin）による研究がある。彼らは，(18-14) 式を118カ国のデータを用いて推定したが，$\beta$ の符号は正であった。これは，富める国ほど成長率が高いことを意味しており，ソロー・モデルの予測する無条件収束とは，矛盾する結果であった。

しかし，このような結果は，もちろん，人口成長率，固定資本減耗率，貯蓄率といった要因がすべての国で同一であると考えていたことに決定的に依存している。もし，これらの諸条件が異なれば，ソロー・モデルにおいても「絶対収束」は成立しないのである。実際，国によって（長期的にも）貯蓄性向や人口成長が異なることを認めれば，ある時点（初期時点）の1人あたり生産量が等しい国の間でも，収束先が異なるため，その後の成長率が大きく異なるということもありうる。ここでは，例として，貯蓄率が異なっている2つの経済を考えてみよう。

図18-10（次頁）には，低貯蓄率の国と高貯蓄率の国が描かれている。ここで，低貯蓄率の国の初期の資本 $k^0(0)$ は，高貯蓄率の国の初期資本 $k^1(0)$ よりも低い水準である。しかし，図から明らかなように，初期の1人あたり資本が小さい低貯蓄率の国のほうが資本蓄積率は低くなっている。言い換えれば，貯蓄率が国によって異なる場合，初期の1人あたりGDPの低い国が高い成長率を示すとは限らないのである。したがって，(18-14) 式においても，$\beta$ はかならずしも負にならないことになる。

ここで，かりに2つの国の貯蓄率を，たとえば政策によって等しくできるとしたならば，

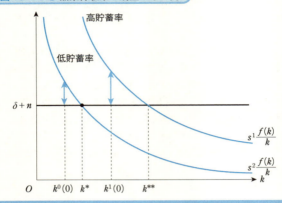

**図 18-10** 無条件収束が成立しない例

　図 18-9 の状況に戻るため，2 つの経済は「収束」していくことになる。このような収束を**条件付き収束**と呼ぶ。この考えに基づき，ソロー・モデルで所与とされている貯蓄率や人口成長率などのパラメータの違いを考慮に入れて，それらの差を取り除いた場合に，「収束」が生じているかどうかを検証することが行われている。

　先に見たバローとサラ-イ-マーティンは，このような要因も考慮に入れ，経済環境が似通った国々（地域）だけを取り出して，それらの国々のなかで収束が生じているかどうか（条件付き収束が成立しているかどうか）も検証している。具体的には，20 の OECD 諸国とアメリカの州別データを用いて，条件付き収束を支持する結果を得ている。同様にマンキュー（N. G. Mankiw）らも，98 カ国のデータを用いて，貯蓄率と人口成長率の差異を考慮に入れながら（ただし技術進歩率と固定資本減耗率の和は各国で共通であるとしている）類似の式を推定し，$\beta$ が負になることを示している。これらの結果は，条件付き収束が成立していることを意味しており，この意味において，ソロー・モデルは現実のデータを説明しているように思われる。

## 5 内生成長モデル

　前節で見た結果は，ソロー・モデルの現実的妥当性を意味していると解釈してよいのだろうか。答えはかならずしもそうではない。それは，条件付き収束が意味していることは，経済環境の似た国々は同じ所得水準に向けて収束していくということであって，経済環境の異なる国々の間の収束を意味しているわけではないからである。たとえば，世界の国々は富める国のグループと貧しい国のグループの 2 つに分かれている状況を考えてみよう。この場合，富める国と貧しい国の所得水準の格差はますます拡大していたとしても，それ

**表 18-3 ● 1人あたり GDP 成長率の推移（1913～2001年，年率換算）**

|  | 1913～50年 | 1950～73年 | 1973～2001年 |
|---|---|---|---|
| 日本 | 0.88 | 4.05 | 1.88 |
| 西ヨーロッパ | 1.56 | 2.45 | 1.84 |
| ラテンアメリカ | 1.43 | 2.58 | 0.91 |
| 日本を除くアジア | −0.10 | 2.91 | 3.55 |
| アフリカ | 0.92 | 2.00 | 0.90 |

（出所）A. Maddison のホームページ（http://www.ggdc.net/maddison/）。

それのグループ内の所得水準が近づいていっているならば，グループ内においては条件付き収束は成立するのである。

ここで，実際にデータを見てみよう。1913年から2001年までの1人あたりGDPの年率成長率を地域間で比較してみよう。表18-3から，①同じ地域において，1人あたりGDPの成長率は趨勢的に低下しているわけではない，②同じ時点において国や地域によって成長率には大きな格差が存在している，という2点を読み取ることができる。

前節までに展開されたソロー・モデルでは，このような事実を説明することができない。たとえば，ソロー・モデルにおいては，資本の限界生産性は資本が蓄積されるに従って低下していくため，時間とともに1人あたりGDPの成長率は低下していくことになる。外生的な技術進歩が存在している場合においても，1人あたりGDPの成長率は長期的成長率に向けて単調に低下していくのである。また，ソロー・モデルにおいては，1人あたりGDPの長期的な経済成長率は，技術進歩率によって決まるが，その値はモデルの外から仮定によって与えられたものである。言い換えれば，1人あたりGDPが長期的に成長するのは，そもそも技術進歩率が正であると仮定したからであり，各国の1人あたりGDPの成長率が異なるのは各国の技術進歩率が異なると仮定したからであるということになるのである。これでは，長期的な経済成長を説明するモデルとしては理論的に不十分なものと言わざるをえない。

このような問題点を解消し，事実①や②を説明するために発展したものが，**内生成長モデル**，あるいは**新しい成長モデル**と呼ばれる一連のモデルである。すなわち，内生成長モデルとは，長期の経済成長率がどのように決まるのかをモデルのなかで説明することを目指すのである。これに対して，いままで見てきたように，長期の経済成長率がモデルの外から与えられた人口成長率や技術進歩率によって決まるモデルを**外生成長モデル**と呼ぶ。

**基本的メカニズム：AK モデル**

まず，もっとも簡単な内生成長モデルを説明しよう。先ほど確認した事実①は，資本の限界生産性が逓減することと矛盾しているため，資本が蓄積されても，資本の限界生産性が逓減しない生産技術を導入する。もっとも簡単なものは，

$$Y = AK$$

という資本に関して線形の生産関数である。

この生産関数のもとでソロー・モデルを書き直してみよう。ここでは，簡単化のため，技術進歩はないものとする。このとき，(18-10) 式は，

$$\dot{k}_t = sAk_t - (\delta+n)k_t$$

$$\frac{\dot{k}_t}{k_t} = sA - \delta - n \qquad (18\text{-}15)$$

となるので，貯蓄率が十分高いならば（$sA > \delta + n$ であるならば），1人あたり資本の成長率は正の定数をとり，持続的に成長することがわかる。また，この生産関数のもとでは，

$$y = Ak$$

となり，1人あたり資本と1人あたり GDP はつねに同じ速さで成長するので，1人あたり GDP も一定の速度で持続的に成長していくことがわかる。言い換えれば，このモデルにおいては貯蓄率の違いは，各国の成長率の格差を説明する要因になっているのである。このようなモデルを，生産関数の形状から **AK モデル**と呼ぶ。

ここで，読者は，生産には資本のみが投入されるという定式化には違和感を抱くかもしれない。しかし，AK モデルにおける資本は，労働者の経験や技能（**人的資本**），あるいは生産に関わる知識の水準（**知識資本**）などと設備などの**物的資本**の組み合わせをまとめて単一の資本として捉えたものであり，通常のモデルにおける資本よりも広い意味での資本を表したものと考えるべきである。もちろん，労働者の技能や経験を明示的にモデルに導入したほうが望ましいのは事実であるが，AK モデルの構造は非常に単純であり，内生成長モデルの分析の出発点として，重要なモデルであると言える。

なお，上では生産関数は資本に関して線形であると仮定したが，内生成長が可能になるためには，資本の限界生産性に下限が存在すればよい。たとえば，

$$Y = K^{\alpha}L^{1-\alpha} + AK$$

のような生産関数を考えてみよう。この生産関数を人口で割って，1人あたり生産量で書き直せば，

$$y = f(k) = k^{\alpha} + Ak$$

となる。したがって，

$$\frac{\partial y}{\partial k} = \alpha k^{\alpha-1} + A$$

となるので，資本が蓄積され，$K/L$ が無限に大きくなった場合，資本の限界生産性は $A$ となり，それ以下には減少しないという性質を持っている。言い換えれば，$k$ が十分に大きくなったときの生産関数の傾きは $A$ に近づいていくのである。さて，この生産関数をソロー・モデルに代入してみると，

### FIGURE 図 18-11 ● 交点を持たない例

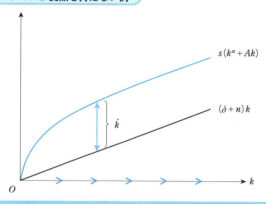

$$\dot{k}_t = s(k^\alpha + Ak) - (\delta + n)k$$

となる。これを図に描いてみよう（図 18-11）。

図から明らかなように，$sA > \delta + n$ であるかぎり，曲線 $s(k^\alpha + Ak)$ と直線 $(\delta + n)k$ は交点を持たず，経済は成長し続けるのである。したがって，このモデルは，本質的には $AK$ モデルと同じであることがわかる。

#### ラムゼー・モデルにおける内生成長

内生成長に関するここまでの議論はソロー・モデルに基づいてきた。しかし，第 14 章で指摘されているように，ソロー・モデルには，効率的な資源配分をもたらすメカニズムを明らかにすることができないという欠点がある。そのため，ここでは第 16 章で説明されたラムゼー・モデルの枠組みを用いて，内生成長モデルのメカニズムを再確認しておこう。ただし，本章では連続モデルを用いて議論を展開するため，第 16 章のモデルを連続型に書き直しておく必要がある。また，議論を簡単化するため，技術進歩率および人口成長率はゼロであるものとする。

第 16 章第 2-3 項では，代表的な家計の効用関数が，

$$u(c_t) = \frac{c_t^{1-\frac{1}{\sigma}}}{1 - \frac{1}{\sigma}}, \quad \sigma > 0, \quad \sigma \neq 1$$

であるとき，オイラー方程式が，

$$\frac{\Delta c}{c} = \sigma (r - \rho)$$

で近似できることを確認したことを思い出してほしい。同じ関係が，巻末の数学付録で示されているように，離散で表されていた時間の間隔を短くした極限である連続時間の場合

にも成立する。すなわち，連続型のラムゼー・モデルにおいては，オイラー方程式は，

$$\frac{\dot{c}_t}{c_t} = \sigma(r_t - \rho)$$

となる。完全競争のもとでは利子率は資本の限界生産性に等しいので，

$$r_t = f'(k_t)$$

が成り立つ。したがって，オイラー方程式は，

$$\frac{\dot{c}_t}{c_t} = \sigma[f'(k_t) - \rho]$$

という形になる。

さて，横軸に1人あたり資本，縦軸に消費の成長率をとり，オイラー方程式の意味するところを図に表してみよう。まず，初めに，1人あたり資本が無限に近づくにつれて，資本の限界生産性がゼロに近づいていく場合を考えよう。ここで，第16章で学んだとおり（巻末の数学付録にも説明がある），$f'(k) > \rho$ のとき，1人あたり資本ストックは増加していき，$f'(k) < \rho$ のとき，1人あたり資本ストックが減少していくことを思い出しておこう。

図18-12から明らかなように，この場合には時間の経過とともに，1人あたり資本は，

$$f'(k^*) = \rho$$

によって定まる $k^*$ にかならず収束していく。すなわち，長期においては，1人あたり資本の水準，したがって1人あたりGDPの水準は，モデルの外から与えられた主観的割引率と人口成長率のみによって決まり，1人あたりGDPも成長しないことがわかる（ここでは技術進歩はないものとしている）。

これに対し，資本の限界生産性には下限があり，

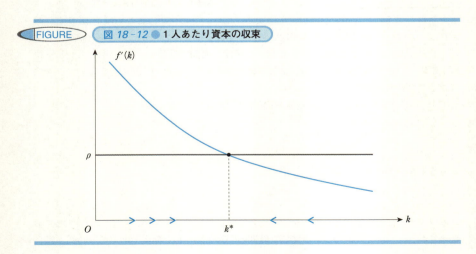

**FIGURE** 図 18-12 ● 1人あたり資本の収束

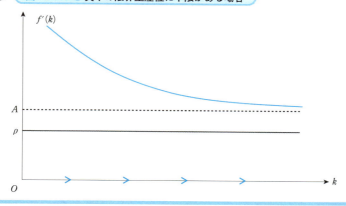

**図 18-13 ● 資本の限界生産性に下限がある場合**

$$\lim_{k \to \infty} f'(k) = A > \rho$$

となっている場合を考えてみよう。

このとき，$k$ がどれだけ増加しても $f'(k)$ は $\rho$ より大きいので，消費は成長し続けていくことが図 18-13 からわかる。もちろん，消費が成長するためには 1 人あたり GDP も成長していなければならないので，資本の限界生産性に下限がある場合には，1 人あたり GDP が成長し続けることになる。

以上の結果をまとめれば，ラムゼー・モデルにおいては，1 人あたり資本がゼロから無限大に向けて大きくなっていくときに，資本の限界生産性が無限大からゼロに向かって逓減するならば内生成長は不可能であり，資本の限界生産性に下限がある場合には内生成長が可能である，ということになる。もちろん，これはソロー・モデルの場合と同じ結果であり，内生成長をもたらすメカニズム自体は 2 つのモデルでまったく同一であることがわかる。どのような政策や資源配分が望ましいのかという規範的な分析を行ううえではラムゼー・モデルでの分析が必須であるが，本章の主な関心は成長のメカニズムを明らかにすることにあるので，以下では取り扱いが容易なソロー・モデルを用いることにする。

**AK モデルの基礎づけ** 以上で見たように，資本の限界生産性に下限があるならば（資本がどれだけ蓄積されても限界生産性が高い水準にとどまるならば），内生成長は可能となる。これまでの説明では，資本の限界生産性に下限が存在することをそもそも所与として議論を行ってきたが，以下では，資本の限界生産性に下限が生じるメカニズムをもう少し掘り下げて説明することにしよう。

■ **人的資本** 労働者の生産性は教育や訓練によって上昇させることができるため，生産性で測った労働量は，教育などを通じて増加させていくことが可能である。このように，労働を物的資本と同様にストック変数と見なし，教育投資を通じて増加させていくこ

とのできる人的資本として定式化することは自然であろう．ここで，人的資本を $H$ とし，生産関数を，

$$Y = AK^\alpha H^{1-\alpha}$$

としよう．このとき，物的資本の限界生産性を計算すると，

$$\frac{\partial Y}{\partial K} = \alpha K^{\alpha-1} H^{\alpha-1} = \alpha \left(\frac{H}{K}\right)^{\alpha-1}$$

となる．この式から，物的資本・人的資本比率を一定に保つことができれば，物的資本の限界生産性も，$AK$ モデルと同様に一定になることがわかる．労働を生産要素としているモデルにおいては，物的資本がどれだけ蓄積されても労働量はそれに応じて変化することはできなかった．そのため，物的資本が蓄積されるにつれて限界生産性が逓減し，成長が止まってしまうことになったのである．それに対して，人的資本を生産要素としたモデルでは，教育投資を通じて人的資本を物的資本と同じスピードで増加させていくことができるため，物的資本・人的資本比率が一定に保たれ，どれだけ物的資本の蓄積が行われても限界生産性が下落せず，永続的な成長が可能となるのである．

■ **資本の外部効果**　ローマー（P. M. Romer）とルーカス（R. E. Lucas, Jr.）は，資本が生産性に対して持つ外部効果に着目した，いまや古典とも言うべき成長モデルを提示している．彼らのモデルでの基本的なアイディアは，ある経済主体の生産性は，平均的な物的資本あるいは人的資本の水準が高い集団に属した場合のほうが，低い集団に属しているときよりも高くなるはずだというものである．ここでは，資本を人的資本として捉えることにしよう．すなわち，ある企業に属する労働者は，周囲の労働者の熟練度が高ければ，同僚を模倣することによって技術の習得も容易になるであろうというわけである．大学や企業に所属する研究者を考えても同様である．同じ能力を持つ研究者であったとしても，同じ研究グループの平均人的資本の水準が高いほうが，よりすぐれた研究を行えるであろう．なぜならば，新たな研究アイディアが浮かんだときには，その当否をめぐって即座に的確な議論を行うことができるし，関連分野の最新成果を吸収することもできるからである．

このようなアイディアは次の生産関数で表すことができる．

$$Y = AH^\alpha \bar{H}^{1-\alpha}$$

ここで $H$ はこの主体の人的資本ストックであり，$\bar{H}$ はこの経済の平均人的資本ストックである．$\bar{H}^{1-\alpha}$ が，外部効果を表している．人的資本の限界生産性を計算すると，

$$\frac{\partial Y}{\partial H} = \alpha A H^{\alpha-1} \bar{H}^{1-\alpha}$$

となる．ここで，すべての個人は非常によく似ており，結果として同じ人的資本を保有するとすれば，各人の人的資本の水準は平均水準に等しくなる（$H=\bar{H}$）ので，

$$\frac{\partial Y}{\partial H} = \alpha A$$

となり，限界生産性は人的資本の水準にかかわらず，一定となることがわかる。したがって，どれだけ人的資本ストックを蓄積しても，さらに人的資本を蓄積する誘因が永続し，経済の持続的成長が可能になるのである。言い換えれば，人的資本蓄積に伴う外部効果の存在は，経済の持続的成長の源泉の1つになりうるのである。

**■ 習熟効果**　労働者の効率性を $E$ とし，生産関数を，

$$Y = AK^\alpha (EL)^{1-\alpha}$$

で表そう。ここでは，労働者人口が一定であったとしても，効率性が2倍になれば，人口が2倍になった場合と同じものと考えている。労働者の効率性を上昇させる要因にはさまざまなものが考えられるが，それらのなかでも重要な要因として，職務上の経験を通じて職務内容に習熟していくことがあげられる。このような経験を通じた労働効率性の上昇を，経験を通じた習熟効果（ラーニング・バイ・ドゥーイング効果）と呼ぶ。

ここで，簡単化のために労働人口は1で一定であるとし（$L=1$），資本の限界生産性を計算すると，

$$\frac{\partial Y}{\partial K} = \alpha AK^{\alpha-1}(EL)^{1-\alpha} = \alpha AK^{\alpha-1}E^{1-\alpha}$$

となる。では，$E$ はどう決まるのであろうか。もっとも簡単な定式化は，過去の投資活動が，結果として（意図的にではなく），労働者の生産性を上昇させるというものである。すなわち，

$$E_t = I_{t-1} + I_{t-2} + I_{t-3} + \cdots$$

とするのである。ここで，資本減耗はないものとすれば，過去の投資の総和は現時点の資本ストックそのものであるから，$E_t = K_t$ となり，したがって，資本の限界生産性は，

$$\frac{\partial Y}{\partial K} = \alpha AK^{\alpha-1}K^{1-\alpha} = \alpha A$$

と一定になることがわかる。生産経験による労働効率性の上昇が，資本蓄積に伴う資本の限界生産性逓減効果を打ち消すために，資本の限界生産性は一定になるのである。なお，このモデルでは，各主体は習熟効果によって将来の生産性が上昇することを認識しながら，投資を決めているわけではないことに注意されたい。ここでの習熟効果も外部効果の一種として定式化されているのである。

**■ 公共財**　バローは，政府が公共財をファイナンスするために所得税を課し，その公共財 $g$ が民間企業の生産関数に入ってくるというモデルを提示している。生産関数は，

$$Y = AK^\alpha g^{1-\alpha} \tag{18-16}$$

であるとしよう。資本の限界生産性を計算すると，

$$\frac{\partial Y}{\partial K} = \alpha AK^{\alpha-1}g^{1-\alpha} = \alpha A\left(\frac{K}{g}\right)^{\alpha-1}$$

となり，$K/g$ の関数になることがわかる。所得税率は一定であり，$\tau$ で表されるとすると，

政府の予算制約式は,

$$\tau Y = g$$

となる。この式に（18-16）式を代入すると,

$$\tau A K^\alpha g^{1-\alpha} = g \quad \Leftrightarrow \quad \left(\frac{K}{g}\right)^\alpha = \frac{1}{\tau A}$$

となるが，$\tau$ も $A$ も一定であるので，$K/g$ も定数になることがわかる。したがって，資本の限界生産性は一定となり，$AK$ モデルと同じ構造を持つことになる。ここでは，資本の限界生産性逓減効果を，公共財の増加による生産性増大効果が打ち消すことにより，どれだけ資本が蓄積されても，限界生産性は下落せず，内生成長が可能となるのである。

また，このモデルでは，税率の変更は資本の限界生産性を変化させることになるため，長期的な経済成長率にも影響を及ぼすことに注意してほしい。

### 金融市場の役割

経済が円滑に成長するためには，金融市場が十分に機能していることも不可欠である。金融市場は，貯蓄と投資をつなぐ場であり，多数の貯蓄主体の資金を，投資を実施するために資金を必要としている主体（借り手）へ移動させる機能を持つ。金融市場には銀行などの金融機関が存在し，このような資金の流れを仲介している。多くの場合，貸し手は，投資プロジェクトの実施主体（借り手）の能力・努力の度合あるいは成功の見込みなどに関して，借り手自身よりも不正確な情報しか持っていない（情報の非対称性）。このような情報を得るためには，調査のためのコストを負担しなければならないが，小規模の貸し手にはこのようなコストの負担は難しい。金融機関は，小規模な貸し手に代わって，借り手を審査することによって，情報の非対称性を緩和する機能を果たすことができる。しかし資源の一部を審査のために使ってしまうため，貯蓄の一部は投資に結びつかないことになる。また，金融機関もかならずしも円滑に機能するわけではないため，金融市場にはさまざまな非効率性が生じうる。さらに，金融市場は，個々の貸し手の直面するリスクを分散化させる機能も持つ。金融市場が発展すれば，個々の貸し手が負うリスクは軽減されるのである。このような金融市場を通じたリスク分散も経済成長に影響を及ぼす。

このような点を念頭に置きながら，$AK$ 型のモデル（18-15）式を修正することによって，金融市場が経済成長において果たしている役割を簡単に見よう。

貯蓄された資金は，金融市場を通じて，投資へと向かうが，金融市場が円滑に機能していない場合には，かならずしもすべての貯蓄が投資となるわけではなく，一部は何らかの形で失われてしまう。それを，

$$I_t = \gamma S_t, \quad 0 < \gamma < 1$$

と表すことにしよう。たとえば金融機関の審査技術が高く，審査にコストがあまりかからないならば，$\gamma$ は1に近くなるが，技術水準が低い場合には $\gamma$ はゼロに近くなる。また，投資がどの程度資本の増加をもたらすのかについても，金融市場の状態が影響を持つ。金融市場が円滑に機能しており，高い生産性を持つ投資プロジェクトに資金が円滑に配分さ

れた場合と，資金配分がうまく機能せず，低い生産性の投資プロジェクトに資金が配分されてしまった場合では，資本蓄積量に差異が生じるからである。これを，

$$\dot{K}_t = \eta I_t - \delta K_t, \quad 0 < \eta < 1$$

と表現しよう。この式のなかの $\eta$ が金融市場の資金配分の効率性を表し，資金配分が効率的であればあるほど大きな値をとる。これら2つの式を組み合わせると，

$$\dot{K}_t = \eta \gamma S_t - \delta K_t$$

となり，資本蓄積が $\gamma$ と $\eta$ の双方の影響を受けることがわかる。この式を1人あたり資本の式に書き直そう。$k$ の定義式の対数微分を行うと，

$$\frac{\dot{k}_t}{k_t} = \frac{\dot{K}_t}{K_t} - \frac{\dot{L}_t}{L_t} = \frac{\eta \gamma S_t - \delta K_t}{K_t} - n = \frac{\eta \gamma S_t}{Y_t} \frac{Y_t}{K_t} - \delta - n = s\eta\gamma A - \delta - n$$

となる。いま，生産関数は $AK$ タイプ，すなわち，

$$Y = AK \quad \Leftrightarrow \quad y = Ak$$

であるので，1人あたり資本と1人あたり GDP は同じ速さで成長する。したがって，

$$\frac{\dot{y}_t}{y_t} = s\eta\gamma A - \delta - n$$

となる。この式から，金融機関の効率性（$\gamma$）の上昇と金融市場の資金配分機能（$\eta$）の上昇が，1人あたり GDP の成長率を上昇させることがわかる。

また，金融市場の発展は，経済主体の直面するリスクを分散化させる効果を持つが，この効果は，貯蓄率（$s$）と生産性（$A$）に影響を及ぼす。リスクの低下が貯蓄率に及ぼす方向は明確には確定しないが，不測の事態に備えるための予備的貯蓄を減らす効果が支配的になるような場合には，貯蓄率の低下を通じて経済成長に負の影響をもたらす。また，リスク分散の進展は，生産技術の生産性にも影響を及ぼす。たとえば，リスク分散の結果，期待生産性は高いがリスクが高いためにこれまで採用できなかった投資プロジェクトを採用することが可能となるような場合であり，この場合には，金融市場の発展は，生産性の上昇を通じて経済成長を促進する効果を持つことになる。

**研究開発投資の役割**

これまで扱ってきたモデルでは，技術進歩がどのように生じるのかについては，考察してこなかった。内生成長をもたらす基本的なメカニズムは，資本の限界生産性に下限があることであり，それらは生産関数の形状，あるいは外部効果によって生じたものであった。本節では，技術進歩がどのように決まってくるのかを，非常に簡単なモデルを用いて見ていくことにしよう。

ローマーは，技術進歩を分析するうえで，アイディアの重要性を強調した。アイディアの特質は，それらが非競合的であることとストック変数であるということである。誰かの非常に画期的なアイディアをあなたが使用したからといって，他の人がそのアイディアを利用できないわけではないし，自分が誰かのアイディアを利用したからといって，そのアイディアがなくなってしまうこともない。誰かによって追加されたアイディアは持続的に

利用できるものであり，アイディアはストック変数である。このため，知識資本と呼ぶこともできる。もちろん，特許制度などによって保護されたアイディアもあり，それらに関しては，非競合的であると言うことはできない。しかし，すべてのアイディアを保護することは不可能であり，アイディアのかなりのものには，外部性が必然的に伴うのである。

また，初めに革新的な新しいアイディアを提出することは非常に難しいが，すでに存在しているアイディアを利用することのコストは低いという点も重要である。たとえば，ゲーム・ソフトを考えてみればよい。非常にエキサイティングなゲーム・ソフトの開発には，当然多くの人員や資源を投入する必要がある。しかし，ソフトが開発されてしまえば，それをDVDやブルーレイ・ディスクとして生産する限界費用は非常に低い。なお，ここで言う新しいアイディアは，真に新しい画期的な知識の発見や技術の開発に加えて，既存の知識や技術を新たに組み合わせることによる改善なども含んだ概念であることに注意されたい。

さて，このように，開発当初にある一定の資源を投入しなければならない状況（固定費用が存在している状況）を，図に描いてみよう。図 18-14 では生産関数は線形であるものとしている。

図 18-14 から明らかなように，平均生産性は，生産水準とともに上昇していくことがわかる。すなわち，アイディアの生産には収穫逓増が伴うのである。また，このような固定費用が存在する場合，完全競争のもとでは，その財の生産は行われないことになるため，不完全競争をモデルに導入し，アイディア生産者の利潤を保障するメカニズムが必要となる。

以上のような着想に基づき，ローマーは，研究開発活動から生み出される新しいアイディアの増大が，最終財の生産要素である中間財の種類の増加を通じて，最終財の生産性を上昇させるプロセスを説明する画期的なモデルを提示したのである。このモデルは，現在の経済成長論における基礎となっており，多くの後続研究を生み出している。この意味に

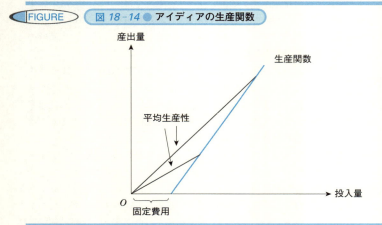

図 18-14 ● アイディアの生産関数

おいて、ローマーのこのモデル自体が、革新的な「アイディア」の具体例であると言うことができる。

### ローマー・モデルの基本的メカニズム

ローマーのモデルの構造は、かなり複雑であるので、ここでは、不完全競争や中間財生産などの要素は切り捨てて、消費財生産部門と研究開発部門のみを考えて、モデルのエッセンスのみを紹介することにしよう。

労働人口 $L$ は一定であり、労働者は財の生産、あるいは研究開発（**R&D**）活動に従事するものとしよう。

$$L = L_Y + L_R$$

ここで、$L_Y$ は財の生産に従事する労働者の人数、$L_R$ は研究開発活動に従事する労働者（以下、研究者と呼ぶ）の人数である。この式の両辺を労働人口で割り、財生産に従事する人の比率を $l_Y$、研究者の比率を $l_R$ で表すことにすれば、

$$1 = \frac{L_Y}{L} + \frac{L_R}{L} \equiv l_Y + l_R$$

となる。また、財の生産は、労働のみを投入してなされるものとし、

$$Y = AL_Y$$

で表そう。右辺に現れている $A$ はアイディアのストックを表し、アイディアのストックが増加すると労働生産性が上昇することを意味している。ここで、生産関数を労働人口で割り1人あたり産出量に書き直しておこう。

$$y = A\frac{L_Y}{L} \equiv Al_R \tag{18-17}$$

アイディアのストックは、研究開発活動によって上昇し、

$$\dot{A} = \gamma L_R A \tag{18-18}$$

で表されるものとしよう。ここで、$\gamma$ は正の定数である。この式は、研究者が多いほど、また現在のアイディアのストックの水準が高いほど、アイディアの蓄積量が多くなることを意味している。両辺を $A$ で割ると、

$$\frac{\dot{A}}{A} = \gamma L_R = \gamma\left(\frac{L_R}{L}\right)L = \gamma L l_R \tag{18-19}$$

となり、アイディアの成長率が、研究者のシェア $l_R$ によって決まることがわかる。

ここで、アイディアの成長率が一定であるような状況を考えよう。このとき、(18-19)式より、$l_R$ も一定であることがわかる。したがって、財生産従事者のシェア（$l_Y = 1 - l_R$）も一定になる。このとき、(18-17)式の両辺の自然対数をとって、時間で微分し、(18-19)式を用いると、

$$\frac{\dot{y}}{y} = \frac{\dot{A}}{A} = \gamma L l_R \tag{18-20}$$

第18章 経済成長

となり，1人あたり産出量とアイディアのストックが同じ率で増加していくことが確認できる（このように，内生変数が同じ率で成長していく経路を定常成長経路と呼ぶ）。(18-20)式から明らかなように，このモデルでは，長期的な経済成長率は研究者のシェアに依存しており，それが上昇すれば経済成長率も上昇することになる。たとえば，研究開発活動を優遇し，労働市場における研究者のシェアを高めるような政策は，技術進歩率を高めることを通じて，経済成長を促進するのである。このように，ローマーのモデルでは，これまでモデルの外から与えられてきた生産性上昇率をモデルのなかで説明することができるのである。

### 規模効果

労働人口が増加した場合に，経済成長率はどのような影響を受けるのであろうか。(18-20)式を見ると，右辺に労働人口$L$が現れている。したがって，研究者のシェアが労働人口の規模にあまり影響を受けないとするならば，当然，$L$の増大は研究者人数を増加させ，その結果，経済成長率の上昇をもたらすことになる。つまり，人口の多い経済は，少ない経済よりも速く成長することになる。このような人口規模が経済成長にもたらす正の効果をジョーンズ（C. I. Jones）は規模効果と呼んだ。

ジョーンズは，規模効果が存在しているかどうかを，戦後のOECDのデータを用いて実証的に検証し，強く否定する結果を得ている。たとえば，アメリカで1950年に研究活動に従事していた労働者数はおよそ16万人であったが，88年には100万人に近い水準になっている。それに対し，技術進歩率はこれら2つの期間においてほとんど同じ水準であり，規模効果とは矛盾する結果となっている。フランスやドイツ，日本でも，研究者数は趨勢的に増加しているが，技術進歩率は第1次石油ショック以降下落しており，規模効果は存在していないように見える。さらに理論的に考えても，人口成長を導入した場合，(18-19)式からわかるとおり，技術進歩率は時間とともに指数的に増加していき，有限の時間内に1人あたり所得は無限になってしまうことになる。多くの国々で人口は成長しているのであるから，このような性質には問題があると言わざるをえないだろう。

このような問題点を回避するために，ジョーンズは規模効果を消し去るようにローマー・モデルを修正した。すなわち，技術進歩の決定式(18-18)式を，

$$\dot{A} = \gamma L_R^\lambda A^\phi, \quad 0<\lambda<1, \quad \phi<1$$

に置き換えたのである。ここで，右辺に現れている$\lambda$は，研究者の人数が増加すれば，同じアイディアが重複する頻度が増すため研究者の新しいアイディアの生産における限界生産性が逓減していくことを表している。$\phi$は，$\phi>0$であれば，アイディアのストックが現時点のR&D活動の生産性を増大させることを意味している。これに対し，$\phi$が負である場合は，アイディア・ストックの水準が高くなるにつれて，新たなアイディアを見出すことが困難になる状況を表している。

さて，この式の両辺を$A$で割ると，

$$\frac{\dot{A}}{A} = \gamma \frac{L_R^\lambda}{A^{1-\phi}} = \gamma \frac{(L_R/L)^\lambda}{A^{1-\phi}} L^\lambda = \gamma l_R^\lambda \frac{L^\lambda}{A^{1-\phi}} \qquad (18\text{-}21)$$

となる。ローマー・モデルのときと同様に，$l_R$ が一定であり，技術進歩率も一定となる状況を考えよう。このとき，(18-21) 式の一番左の辺は一定であるので，$L^\lambda/A^{1-\phi}=$ 一定が成り立つ。両辺の対数をとって時間で微分すると，

$$\lambda\frac{\dot{L}}{L}-(1-\phi)\frac{\dot{A}}{A}=0$$

すなわち，

$$\frac{\dot{A}}{A}=\frac{\lambda}{1-\phi}n \qquad (18\text{-}22)$$

となるが，この式がまさしくジョーンズ・モデルにおける技術進歩率の決定要因を表している。ただちにわかるように，ジョーンズのモデルでは人口の規模は技術進歩率の決定式 (18-22) に現れておらず，人口規模の大小は技術進歩率と無関係である。技術進歩率を決定する要因は，第1に人口成長率 $n$ であり，人口が一定であるならば，長期的な技術進歩は生じない。このようにして，ジョーンズは規模効果を取り除いたのである。

この規模効果は，多くの研究者の注目を集め，さまざまな規模効果の存在しないモデルが提案されてきている。また，実証的に規模効果の有無を再検証する研究もなされており，規模効果の存在を否定する結果も，肯定する結果も得られている。ジョーンズが規模効果を否定している結果を得ていることはすでに述べたが，戸堂康之と宮本晃司は，西ヨーロッパを中心とする先進諸国をまとめて1つの経済として解釈し，紀元1年から20世紀末までの人口規模と1人あたり GDP 成長率には強い正の関係があることを示し，規模効果が存在することを示唆している。

この点に関して，テンプル（J. Temple）は，規模効果は定常成長経路上の議論に基づいているが，現実の経済は調整過程にあり，定常成長経路上には到達していないことに注意が必要であることを強調している。ジョーンズはアメリカの研究者数が大きく増加したことを示したが，それらが人口に占めるシェアを見るならば1％以下と非常に小さなものなのである。したがって，かりに規模効果が存在するモデルであったとしても，定常成長経路への調整過程においてこの程度の変動が生じてもまったく不思議はない。規模効果をめぐる議論は，まだ決着がついているわけではないのである。

### R&Dの2種類の定式化

ここまでの議論では，R&D 活動の成果がどのような形で現れるのかについては，具体的には述べてこなかった。ここでは，R&D による成果を表す定式化として，代表的な2種類のものを説明しておこう。第1の定式化はローマー自身によっても採用されたものであり，R&D によってこれまでに存在しなかった新しい財が作り出されていき，財の種類（多様性）が増大していくという定式化である（図 18-15）。たとえば，携帯電話を考えてみよう。携帯電話は，固定電話とは性質が大きく異なっており，これまでには存在していなかった新しい財であると言えよう。

第2の定式化は，財の種類は変わらないが，それぞれの財の品質が R&D 活動によって，上昇していくと考えるものである（図 18-16）。たとえば，同じような機能を持つパソコンであっても，新しい機種は CPU やメモリーなどの性能の上昇により品質が高まってい

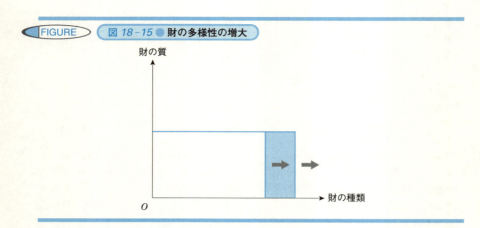

図 18-15 ● 財の多様性の増大

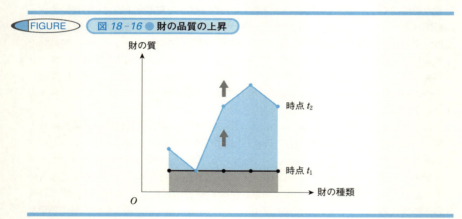

図 18-16 ● 財の品質の上昇

る。この定式化はこのような点に着目したものである。

図 18-15 と 18-16 は，財の多様性アプローチと品質上昇アプローチの基本的アイディアを描いたものである。財の多様性アプローチにおいては，財の品質は固定されているが，時間とともに多様性が増していくことにより，右側へ膨らんでいくことになる。それに対し，品質を考慮するモデルにおいては，財の種類は変化しないが，各財の品質がR&D活動によって上昇していくので，ある時点 $t_1$ とそれ以降の時点 $t_2$ では，後者のほうが各財の品質は高くなっている（あるいは品質は同じである）ので，上方へ膨らんでいくことになる。

さて，以下では，財の多様性の役割に着目するアプローチを取り上げて，その基本的なメカニズムを説明しておこう。生産関数を，

$$Y = [x_1^\eta + x_2^\eta + \cdots + x_M^\eta]^{1/\eta}, \quad 0 < \eta < 1$$

であるとしよう。ここで，$x$ は中間投入財であり，全部で $M$ 種類存在しているものとしている。中間投入財に全体で一定量 $I$ だけ投入するものとしよう。つまり，

$$I = x_1 + x_2 + \cdots + x_M$$

であるとしよう。すべての中間投入財を同じ量 $x$ だけ投入するものとすれば，

$$I = Mx \quad \Leftrightarrow \quad x = \frac{I}{M}$$

となる。後者の式を生産関数に代入すると，

$$Y = \left[\left(\frac{I}{M}\right)^\eta + \left(\frac{I}{M}\right)^\eta + \cdots + \left(\frac{I}{M}\right)^\eta\right]^{1/\eta} = \left[M\left(\frac{I}{M}\right)^\eta\right]^{1/\eta} = M^{\frac{1-\eta}{\eta}} I$$

となる。総投入量 $I$ で両辺を割って，平均生産性を求めると，

$$\frac{Y}{I} = M^{\frac{1-\eta}{\eta}} \tag{18-23}$$

となり，中間投入財の種類 $M$ に依存していることがわかる。いま，$0 < \eta < 1$ であるので，平均生産性は $M$ が増えれば上昇することが確認できる（たとえば，$\eta = 1/2$ としてみると $Y/I = M$ となり，中間投入財の種類の増大が平均生産性を上昇させることが容易に理解できよう）。したがって，労働などの資源量に制限があったとしても，財の多様性の増大に基づく生産性の上昇によって，持続的な成長が可能になるのである。

この点を確認するために，$I$ は一定であるとし，(18-23) 式の両辺の自然対数をとって時間で微分すれば，

$$\frac{\dot{Y}}{Y} = \frac{1-\eta}{\eta} \frac{\dot{M}}{M}$$

となり，財の種類が一定の速度で増えていくならば，経済成長率も一定の値をとることがわかる。$M$ がどのように増大していくかについてはさまざまな定式化がありうるが，ローマー・モデルの (18-20) 式のように，

$$\frac{\dot{M}}{M} = \gamma L l_R$$

とするならば，長期的な財の種類の増加速度は一定となるので，経済成長率も一定となることがわかる。

## POINT 18-5 ● 新しいカルドアの定型化された事実

最近になって，ジョーンズ（C. I. Jones）とローマー（P. M. Romer）はカルドアの見出した事実を再検討している。彼らは，カルドアの指摘した事実①から⑤までは 1960 年代に発展したモデルに取り入れられたためすでに重要性を失っ

ており，現時点での研究対象は事実⑥と，カルドア以外の人たちによって新たに確認されたいくつかの事実であるとしている。彼らがあげた事実は以下の6つである。

事実①　グローバル化や都市化を通じた，財，アイディア，金融や人の地域間・国家間移動の増大が市場の範囲を拡大し続けている。

事実②　過去2000年間において，人口と1人あたりGDPの成長は加速している。

事実③　技術フロンティアから離れるほど1人あたりGDP成長率のばらつきが大きい（低所得国の1人あたりGDP成長率のばらつきは，高所得国の1人あたりGDP成長率のばらつきよりも大きい）。

事実④　要素投入の違いは，1人あたり所得の違いの半分以下しか説明力を持たない（1人あたり所得の違いのかなりの部分が，全要素生産性の違いによって説明される）。

事実⑤　人的資本は増加し続けている。

事実⑥　（非熟練労働との相対的な関係での）人的資本の増加にもかかわらず，高学歴者の賃金プレミアムは下落していない

これらの事実を説明することが，現在の成長理論における重要な課題となっており，多くの研究者が取り組んでいる。たとえば，以下で取り上げる方向づけられた技術進歩は，これらの事実のうちの⑤と⑥に着目したものであり，このような研究の典型例である。

**方向づけられた技術進歩**　これまでは，技術の進歩はマクロ経済の生産性を上昇させるものとして議論してきた。しかし，技術進歩の影響は一様なものではなく，異なった立場のものには異なった影響を及ぼしている。たとえば，アメリカ経済を見ると，1980年代以降，大卒労働者とそうでない労働者との間の賃金格差が拡大し続けている（図18-17）。

ここで，強調すべきなのは，大卒労働者の相対的供給も増加しているという点である。相対的供給が増えているのに，大卒プレミアム（大卒者と中卒・高卒者の賃金格差）が上昇しているのはなぜなのだろうか。現在のところ，その主たる理由は，この期間に生じた技術進歩が技能偏向的（skill-biased）なものであったことによると理解されている。つまり，新しい技術の導入は必要な単純作業量を減らすであろうし，新技術に対応できる労働者は技能を持った労働者であるため，技能偏向型の技術進歩は技能労働者に対する相対的需要を増大させるからである。では，このような技能偏向型の技術進歩はなぜ生じたのであろうか。

この問題意識に基づいて，アセモグル（D. Acemoglu）は「方向づけられた技術進歩」（誘発的技術進歩）仮説を提示している。すなわち，技術進歩の方向も内生的に決まっており，どのような新技術が利潤をより多く生み出すのかに依存して決まると考えるのであ

FIGURE 図 18-17 ● 大卒者の相対的供給と大卒プレミアム

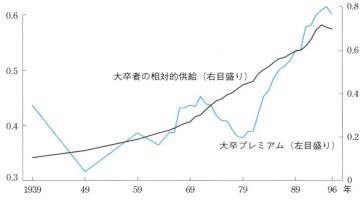

(出所) D. Acemoglu, [2002] "Directed Technical Change," *Review of Economic Studies,* 69, p. 782.

る。このとき，利潤を決める要因として，市場規模効果と価格効果を重視する。もしある技術が相対価格の高い財の生産に集中して使用されるならば，その技術を開発して実用化することは大きな利潤をもたらすし，その財の市場規模が大きいほど収益率も高くなるからである。すでに見たように，アメリカでは，大卒労働者が大幅に増加してきたが，パソコンのように技能と補完的な技術を日常的に使用する職場の拡大により，技能補完的な技術の市場規模は大きく拡大していった。その結果，技能補完的な技術進歩が内生的に生じ，技能労働者への需要も増加することになった。

以上の点について，図を用いて説明しておこう。図 18-18（次頁）では，縦軸に，高技能労働者とそうでない労働者の賃金格差（以下，賃金プレミアムと呼ぶ）をとり，横軸には高技能労働者のシェアをとっている。高技能労働者のシェアは，外生的に決まっており，垂直な線で表されている。技術が変化しない短期における労働需要は，高技能労働者の賃金が高くなれば当然減少するために，右下がりの直線で表されている。ここで，高技能労働者のシェアが増え，右方向にシフトしたとしよう。このとき，技術変化は即座には生じないので，短期的には高技能労働者の賃金プレミアムは下落することになる（図のA点）。その後，高技能労働者のシェアが増え，技能補完的な技術の市場規模が拡大することを通じて，技能偏向型の技術進歩が生じる。この技術進歩は高技能労働者への需要を増加させるため，賃金プレミアムは上昇していくことになる（図のB点）。

これは，アメリカで大卒者数が増え始めたのは 1960 年代後半であるが，それからしばらくは賃金プレミアムが減少し，80 年代になってから大きく拡大し始めたという観察された事実をうまく説明している。

FIGURE　図 18-18 ● 賃金プレミアムの上昇

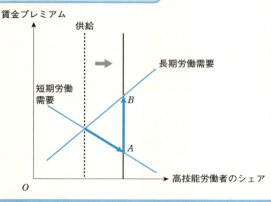

POINT　18-6 ● 労働分配率の推移

カラバーボニス（L. Karabarbounis）とニーマン（B. Neiman）らは，世界の多くの国々における労働分配率の推移を分析し，興味深い事実を見出している。

FIGURE　図 18-19 ● 主要国における労働分配率の推移

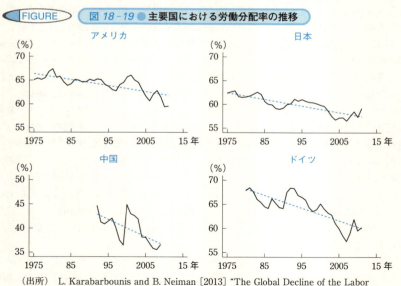

（出所）　L. Karabarbounis and B. Neiman [2013] "The Global Decline of the Labor Share," *The Quarterly Journal of Economics*, 129 (1), pp. 61-103.

彼らは1975年から2010年の期間を対象とし，これらの期間において15年以上データが利用できる59カ国のうち，42カ国の労働分配率が低下傾向にあることを見出している。つまり，彼らによれば，労働分配率の低下は世界的な傾向なのである。これはカルドアの事実⑤が成立していないことを意味する。

このような労働分配率の低下の原因としては，まず，グローバル化の進展が考えられる。国際貿易の標準的な分析枠組みであるヘクシャー・オリーン・モデルに従えば，労働が豊富に存在する途上国の国際市場への参入によって，先進国の生産は資本集約的な財へシフトし，その結果，賃金の下落と労働分配率の低下が生じるからである。しかし，カラバーボニスとニーマンが見出した労働分配率低下国には，労働豊富国である中国やインドが含まれており，このようなメカニズムでの説明は困難である。そこで，カラバーボニスとニーマンは，IT技術の著しい進展により投資財価格が下落したことが，労働から資本への代替をもたらし，最終的に資本所得のシェアを高めたのであるとの議論を展開し，注目を集めている。

## POINT 18-7 ● ピケティの『21世紀の資本』

POINT 18-6と密接に関連する話題として世界的ベストセラーとなった『21世紀の資本』（みすず書房，2014年）の出版がある。所得格差の問題を扱ったトマ・ピケティ（T. Piketty）の『21世紀の資本』は2013年にフランス語で出版されたが，翌年になって英語版が出版されるやいなや世界的注目を集めた。2014年の暮れには日本語訳も出版され，「$r>g$ 資本収益率が産出と所得の成長率を上回るとき，資本主義は自動的に，恣意的で持続不可能な格差を生み出す」との宣伝フレーズのもとでさまざまなメディアによって大きく取り上げられた。ピケティは，資本主義経済には，そもそも所得格差を拡大するメカニズムが組み込まれており，時間の経過とともに所得分配は必然的に悪化していくのだと主張し，これまでの格差をめぐる議論に大きな一石を投じたのである。

ピケティの議論を大胆にまとめてみると以下のようになる。①資本主義経済では長期的にはほとんどの場合「実質利子率＞経済成長率」という関係が成り立つ。②経済は，まったく貯蓄をせず，賃金をそのまま消費してしまう労働者と，資産を保有し続ける資本家の2主体からなる。③資産保有からの収益率は実質利子率であるため，資産は実質利子率と同じ速度で成長するのに対し，賃金は経済成長率と等しい速さで成長する。④したがって，資本家と労働者の所得格差は時間とともに拡大していく。

以下，それぞれの点について簡単に見ていこう。①は，標準的な成長モデルにおいては自然な結果である。ここで黄金律の議論を復習しておく。本章では，技

術進歩のない場合のソロー・モデルを用いて，黄金律（1人あたりの消費が最大となる状態）が $f'(k^*) = \delta + n$ で与えられることを見た。簡単化のために資本減耗率をゼロとすると，$f'(k) = n$ となる。完全競争市場では，資本の限界収益率は実質利子率と等しくなることと，長期的な経済成長率は人口成長率に等しくなること（674頁参照）から，黄金律は実質率利子率＝経済成長率を意味する。現実経済においては，黄金律が成立しているとは考えがたく，多くの場合，1人あたりの資本蓄積量は黄金律を下回る水準にとどまる。補論で見るように，世代重複モデルにおいては，黄金律を超える資本蓄積は，動学的非効率性をもたらし，資本を減らすことによってすべて世代の効用水準を改善することが可能である。政府が合理的であるならば，このような状態が長期的に成立する可能性はかなり低いと考えるべきであろう。またエイベル（A. Abel）らの実証研究は，多くの先進国が動学的に効率的であることを示している。すなわち，資本主義経済においては，通常，長期的には実質利子率＞経済成長率（人口成長率）が成立していると想定してよい（第16章で見たようにラムゼー・モデルにおいては，資本の過剰蓄積は生じないため，長期においてはかならず実質利子率は経済成長率よりもかならず高くなることも想起されたい）。

②はやや疑問を抱く想定である。現実的には労働者も資産を保有していることが多く，その場合には④は成立しないからである。③はさらに問題を含む想定である。というのも，現実には資本家も消費しているはずだからである。資本家の資産 $W$ からの消費性向を $\sigma$，実質利子率を $r$ とすると，$\dot{W} = rW - \delta W = (r - \delta)W$，すなわち，$\dot{W}/W = r - \delta$ となり，資産の蓄積速度は実質利子率よりも低くなるのである。この速さは，消費性向の大きさによっては経済成長率よりも遅くなるため，主張④はそのままでは成立しない。

以上のことから，ピケティの本の宣伝フレーズ「$r > g$　資本収益率が産出と所得の成長率を上回るとき，資本主義は自動的に，恣意的で持続不可能な格差を生み出す」は注意深く解釈されるべきであろう。ピケティの本の真の価値は膨大なデータを収集・整理し，誰でもアクセス可能な形で提示したことにあると言えよう。

## 経済成長論の課題

ここまでで学んできたように，経済成長を決める際に重要な要因は，物的・人的な資本の蓄積やR&D活動を通じた技術進歩であった。これらの要素の重要性に関しては，ある程度のコンセンサスが得られていると言ってよい。では，このような要因を政策的にコン

トロールすれば経済成長が実現できるのであろうか。その答えは明らかに否である。現在も低所得に苦しむ多くの国々が存在しているのは明らかである。では，経済成長論は無意味なのであろうか。この点に関して，コイル（D. Coyle）は，「経済を成長させることは，調理よりもダンスに似ている」と述べている。料理であるならば，適切なレシピを見れば，ほとんどの人が目的どおりのものを作ることができるだろう。しかし，社交ダンス，あるいは野球などでは，ルールや練習法をまとめてそれらを競技者に提示しても，それだけで成果につながるわけではないことは，たやすく理解できるであろう。たとえば，野球であるならば，本人の本来の身体的能力や怪我の経験，チームメイトや監督が誰であるのかなど，さまざまな要因に依存している。経済成長も同様である。これまでの歴史的経緯や，指導者が誰であったのか，周辺国の状況や気候などさまざまな要因が絡んでいる。現在のところ，成長理論は，成長のために必要な条件をある程度リストアップすることはできるが，しかし，十分条件を提示することはできていないのである。このような個々の要因を分析していくことは，大きな課題であり，実際，現在も精力的な研究がなされているのである。

## 補論：世代重複モデル

これまでの本文では説明することができなかったが，経済成長のモデルとして，マクロ経済学や公共経済学分野で広く用いられているものとして世代重複モデル（overlapping generations model，世代間重複モデル，重複世代モデルとも呼ばれる）がある。ここでは世代重複モデルについて簡単に説明しておく。

**モデルの基本構造** 毎期，新たな世代が誕生し，若年期と老年期の2期間生きるものとしよう。$t$ 期に誕生する世代を第 $t$ 世代と呼ぶ。時点 $t$ には，$t-1$ 期に生まれた老年世代（$t-1$ 世代）と $t$ 期に生まれた若年世代（$t$ 世代）が重複して存在しているので，世代重複モデルと呼ばれる（図18-20）。

すべての市場は完全競争であるものとしよう。各世代の人口は一定率 $n$ で増加しており，第 $t$ 世代の人口は $(1+n)^t L_0$ である（$L_0$ は第 0 世代の人口）。第 $t$ 世代は，若年期に 1 単位の労働を供給して実質賃金 $w_t$ を獲得し，それを若年期の消費 $c_t$ と貯蓄 $s_t$ に振り分け，老年期には労働は供給せず，若年期の貯蓄の元利合計 $(1+r_{t+1})s_t$ をすべて取り崩して消費する。ここで，$r_{t+1}$ は，$t$ 期から $t+1$ 期にかけての利子率である。第 $t$ 世代の老年期の消費を $d_{t+1}$ で表すことにすれば，以上の関係は，

$$w_t = c_t + s_t \\ d_{t+1} = (1+r_{t+1})s_t \qquad (18\text{-}24)$$

と表すことができる。

さて，ここでは，計算を簡略化するために，第 $t$ 世代の効用関数を，

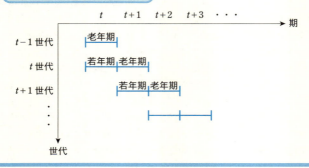

図 18-20 ● 世代重複モデル

$$U(c_t, d_{t+1}) = \ln c_t + \frac{1}{1+\rho}\ln d_{t+1} \quad (18\text{-}25)$$

と特定化しよう。ここで，$\rho$ は主観的割引率である。家計は (18-25) 式を (18-24) 式の制約のもとで最大にするが，これは巻末の数学付録で分析している 2 期間モデルと本質的に同一の問題であるので，まったく同じ方法で解くことができる。簡単な計算の結果，第 $t$ 世代の家計のオイラー方程式は，

$$\frac{d_{t+1}}{c_t} = \frac{1+r_{t+1}}{1+\rho}$$

となる。予算制約式 (18-24) 式をこのオイラー方程式に代入すれば，

$$\frac{(1+r_{t+1})s_t}{w_t - s_t} = \frac{1+r_{t+1}}{1+\rho} \Leftrightarrow s_t = \frac{w_t - s_t}{1+\rho} \Leftrightarrow s_t = \frac{1}{2+\rho}w_t$$

のように第 $t$ 世代の貯蓄関数

$$s_t = \frac{1}{2+\rho}w_t \quad (18\text{-}26)$$

を導くことができる。

ここで，すべての市場は完全競争下にあるものとすると，企業の利潤最大化条件から，資本の限界生産性は実質利子率に等しくなり，労働の限界生産性は実質賃金に等しくなる。したがって，生産関数をコブ・ダグラス型，すなわち，

$$F(K_t, L_t) = K_t^\alpha L_t^{1-\alpha} \Leftrightarrow f(k_t) = k_t^\alpha, \quad 0 < \alpha < 1$$

であるとすると，実質利子率と実質賃金は，

$$r_t = \alpha k_t^{\alpha-1}, \quad w_t = (1-\alpha)k_t^\alpha \quad (18\text{-}27)$$

となる。

財市場の均衡条件は，「投資＝貯蓄」で与えられるため，

$$K_{t+1} - K_t = s_t L_t - K_t \qquad (18\text{-}28)$$

である。ここで，(18-28) 式の左辺はもちろん投資を表しているが，右辺の第1項の $s_t L_t$ は，$t$ 期における若年世代である第 $t$ 世代の総貯蓄額であり，右辺の第2項は，$t$ 期の老年世代（すなわち第 $t-1$ 世代）の貯蓄の取り崩しである。このように，複数世代が重複して存在している場合には，経済全体の貯蓄は，若年世代の正の貯蓄に加えて，老年世代の貯蓄の取り崩し（負の貯蓄）を考慮に入れなければならないことに注意されたい。この式を書き直すと，

$$K_{t+1} = s_t L_t \;\Leftrightarrow\; \frac{K_{t+1}}{L_{t+1}} = \frac{L_t}{L_{t+1}} s_t \;\Leftrightarrow\; k_{t+1} = \frac{s_t}{1+n} \qquad (18\text{-}29)$$

となる。最後の式は労働者1人あたり資本の蓄積を表している。

さて，財市場の均衡条件式 (18-29) 式に，(18-26) 式と (18-27) 式を代入すると，

$$k_{t+1} = \left(\frac{1}{1+n}\right)\left(\frac{1}{2+\rho}\right)(1-\alpha) k_t^\alpha \qquad (18\text{-}30)$$

が導かれるが，これが世代重複モデルの均衡における労働者1人あたり資本の蓄積を表す差分方程式である。

図 18-21 は (18-30) 式を描いたものである。この図から明らかなように，1人あたり資本が正になる定常状態は1つだけ存在し，1人あたり資本ストック（したがって1人あたり所得 $y = f(k)$）は，定常状態の値 $k^*$（$y^* = k^{*\alpha}$）に単調に収束していく。これがソロー・モデルと基本的に同じ調整過程であることは容易に理解できるだろう。ただし，このような結果は，効用関数と生産関数の特定化に強く依存しており，現在仮定されているものより一般的な効用関数や生産関数のもとでは，複数の定常状態が生じたり，複雑な変動が現れたりすることもよく知られている。

FIGURE 図 18-21 ● 世代重複モデルにおける定常状態

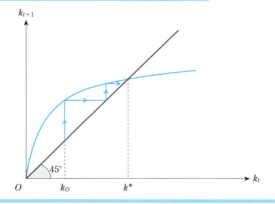

さて，ここで，定常状態の労働者 1 人あたり資本ストックを求めてみよう。(18-30) 式において $k_{t+1}=k_t=k^*$ とおけば，簡単な計算の結果，

$$k^* = \left[\left(\frac{1-\alpha}{1+n}\right)\left(\frac{1}{2+\rho}\right)\right]^{\frac{1}{1-\alpha}}$$

となる。したがって，定常状態における実質利子率は，

$$f'(k^*) = r^* = \alpha(k^*)^{\alpha-1} \alpha\left[\left(\frac{1-\alpha}{1+n}\right)\left(\frac{1}{2+\rho}\right)\right]^{-1} = \frac{\alpha(1+n)(2+\rho)}{1-\alpha} \quad (18\text{-}31)$$

となることがわかる。

**動学的非効率性** 第 16 章では長期的に望ましい資本蓄積水準に関する黄金律や資本の過剰蓄積について学んだ。ここでは，世代重複モデルを用いて，これらの点を分析してみよう。ただし，第 16 章とは異なり，ここでは，固定資本の減耗はないこと（$\delta=0$）と人口の成長（人口成長率$=n$）が導入されていることに注意しておこう。

さて，$t$ 期の財市場の均衡条件を考えよう。$t$ 期においては，$t$ 期に生まれた若年世代と $t-1$ 期に生まれた老年世代が存在していることに注意すると，

$$\underset{\text{生産}}{F(K_t, L_t)} = \underset{\text{若年世代の消費}}{c_t L_t} + \underset{\text{老年世代の消費}}{d_t L_{t-1}} + \underset{\text{投資}}{K_{t+1} - K_t}$$

が財市場の均衡条件であることがわかる（この条件は「投資＝貯蓄」を表している (18-28) 式の別の表現である。この点については読者自身で確認してほしい）。両辺を $t$ 期の人口 $L_t$ で割って変形すると，

$$\frac{F(K_t, L_t)}{L_t} = c_t + d_t \frac{L_{t-1}}{L_t} + \frac{K_{t+1}}{L_{t+1}}\frac{L_{t+1}}{L_t} - \frac{K_t}{L_t}$$

$$\Updownarrow$$

$$f(k_t) = c_t + \frac{d_t}{1+n} + (1+n)k_{t+1} - k_t$$

となる。ここで表記を簡単にするため，若年世代と老年世代の消費の和を，

$$C \equiv c + \frac{d}{1+n} \quad (18\text{-}32)$$

としてまとめて定義すると，

$$f(k_t) = C_t + (1+n)k_{t+1} - k_t \quad (18\text{-}33)$$

となる。

さて，定常状態を考えるために，$k_{t+1}=k_t=k$ と置くと (18-33) 式は，

$$C = f(k) - nk \quad (18\text{-}34)$$

となるが，これは第 16 章の (16-2) 式と本質的に同じものである。縦軸に $C$，横軸に $k$ をとって，(18-34) 式を図示すると，図 18-22 のようになることがわかる。

この図に描かれているとおり，当初 $C$ は $k$ の増加関数であるが，$f'(k)=n$ となるとこ

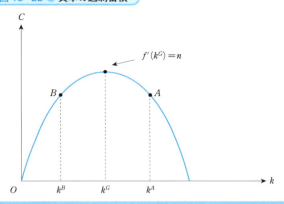

**図 18-22 ● 資本の過剰蓄積**

ろで最大になり，その後は減少していく。第16章で見たとおり，$C$ が最大になる $f'(k)=n$ を黄金律と呼び，$f'(k)<n$ となるような状態（図の $A$ 点のような状態）を**資本の過剰蓄積**と呼ぶ。

第16章では，ラムゼー・モデルにおいては資本の過剰蓄積は生じえないことを学んだ。ここでは，世代重複モデルでは，資本の過剰蓄積が生じうることを確認しておこう。資本の過剰蓄積が生じる条件は (18-31) 式より，

$$f'(k^*) = \frac{\alpha(1+n)(2+\rho)}{1-\alpha} < n$$

であるが，容易にわかるように，この条件は $\alpha$ が十分に小さいときにはかならず成立する。したがって，世代重複モデルにおいては，資本の過剰蓄積が生じうるのである（第16章第2-5項 POINT 16-3 も参照せよ）。

さて，過剰蓄積が生じている場合の市場均衡の効率性について簡単に見ておこう。いま，経済は図の $A$ 点で定常状態にあった，すなわち労働者1人あたりの資本の水準は $k^A$ であったとしよう。このとき，何らかの適切な政策を用いて，時点 $t$ において存在する若年世代（$t$ 世代）と老年世代（$t-1$ 世代）に，資本を $k^A-k^G$ だけ消費させてしまい，$t+1$ 期以降は，$k^G$ の水準を維持するものとしよう（図中の山型の曲線は定常状態で達成できる $C$ と $k$ の組み合わせを表しているので，$t+1$ 期以降永遠に $k^G$ の水準を保ち，$C$ を一定に保つ状態もこの曲線上にあることがわかる）。すると，$t$ 期に存在していた若年世代と老年世代は，資本を取り崩すことによって，$t$ 期の消費水準を上昇させることができており，$t+1$ 期以降のすべての期における総消費も増大していることになる（これは図中の曲線で $A$ 点から頂点への動きにあたる）。したがって，$k^A$ から資本を減少させることによって，$t-1$ 世代以降のすべての世代の効用水準は向上しており，パレートの意味で経済厚生は改善されていることがわかる。言い換えれば，市場均衡によって達成された $A$ 点は，パ

レート非効率な状態なのである。このように，世代重複モデルにおいては，完全競争均衡においても非効率的な状態が生じうるため，マクロ経済学や公共経済学の政策分析に広く用いられているのである。

以上で見たとおり，$f'(k^*)<n$ である場合には，適切な政策によって，すべての世代の効用水準を上昇させることができるが，このような状態を動学的に非効率であると言う。しかし，$f'(k^*)>n$ である場合には，すべての世代の効用水準を上昇させることはできない。この場合，$B$ 点から頂点へ向かって移動させることができれば，$t+1$ 期以降の総消費は確かに増加させることができるが，そのようにするためには，$t$ 期において資本を増大させなければならない。これは $t$ 期における総消費を減少させることによってのみ可能であるが，$t-1$ 世代は，$t+1$ 期には存在していないため，$t$ 期に生じた消費の減少分を取り戻すことはできない。したがって，$B$ 点から黄金律へ向かわせるような政策によって，パレートの意味で経済厚生を改善することはできず，市場均衡は効率的になっているのである。以上のことから，$f'(k^*)>n$ の状態を動学的に効率的であると言う。

---

**BOOK GUIDE　●文献案内**

近年の成長理論の展開を解説した書物としては，

① D. Coyle [2007] *The Soulful Science: What Economists Really Do and Why It Matters*, Princeton University Press（室田泰弘・矢野裕子・伊藤恵子訳 [2008]『ソウルフルな経済学――格闘する最新経済学が1冊でわかる』インターシフト）

② E. Helpman [2004] *The Mystery of Economic Growth*, Harvard University Press（大住圭介ほか訳 [2009]『経済成長のミステリー』九州大学出版会）

が優れている。①は成長論だけではなく，行動経済学，情報の経済学，ゲーム理論など，経済学の幅広い分野における研究状況を解説した非常に面白い本である。②は，経済成長論の現状を，数式を用いることなく，手際よく概観している。

マルサス的観点からの非常に長い期間にわたる成長過程を解説した書物としては，

③ G. Clark [2007] *A Farewell to Alms: A Brief Economic History of the World*, Princeton University Press（久保恵美子訳 [2009]『10万年の世界経済史 上・下』日経BP社）

がある。

中級から上級にかけてのテキストとしては，

④ D. N. Weil [2009] *Economic Growth*, 2nd ed., Pearson

⑤ C. I. Jones [2002] *Introduction to Economic Growth*, 2nd ed., Norton & Company（第1版の翻訳：香西泰監訳 [1999]『経済成長理論入門――新古典派から内生的成長理論へ』日本経済新聞社）

⑥二神孝一・堀敬一［2009］『マクロ経済学』有斐閣。
⑦R. M. Solow［2000］*Growth Theory: An Exposition*, 2nd ed., Oxford University Press（福岡正夫訳［2000］『成長理論』岩波書店）
⑧R. J. Barro and X. Sala-i-Martin［2004］*Economic Growth*, 2nd ed., MIT Press（大住圭介訳［2006］『内生的経済成長論Ⅱ（第2版）』九州大学出版会）
⑨P. Aghion and P. Howitt［2009］*The Economics of Growth*, MIT Press
⑩D. Acemoglu［2009］*Introduction to Modern Economic Growth*, Princeton University Press

などが薦められる。④と⑤は経済成長の幅広いトピックスを，学部レベルの成長モデルを用いて解説した読みやすいテキストである。⑥の第9章には，財の品質の上昇による経済成長モデルの非常にわかりやすい解説がある。⑦は成長論の研究でノーベル経済学賞を受賞したソローの手によるコンパクトな解説書である。とくに，後半の内生成長理論の説明は明解である。⑧と⑨は大学院レベルのテキストであるが，⑧は基本的な成長モデルの数学的構造を丁寧に説明しており，⑨は⑧よりも広範な話題を手際よく解説したものである。なお，④と⑨には，マルサス的モデルの解説があり，本章でのマルサスの罠の説明もこれらのテキストで展開されているモデルに基づいている。⑩は，大学院上級レベルのテキストであり，記述は高度であるが，経済成長論を本格的に研究してみたい読者は一度手に取ってみるとよい。

なお，経済成長を分析する際に必要な長期データはマディソンのホームページで提供されてきた。

A. Maddison のホームページ　http://www.ggdc.net/maddison/

マディソンは2010年に亡くなったが，その研究は Maddison Project として引き継がれている。

Maddison Project　http://www.ggdc.net/maddison/maddison-project/home.htm

補論で取り上げた世代重複モデルについては，
⑪竹田陽介・小巻泰之［2006］『マクロ経済学をつかむ』有斐閣
⑫齊藤誠［2006］『新しいマクロ経済学――クラシカルとケインジアンの邂逅（新版）』有斐閣

に丁寧な解説があり，応用例も紹介されている。また，
⑬D. de La Croix and P. Michel［2002］*A Theory of Economic Growth: Dynamics and Policy in Overlapping Generations*, Cambridge University Press

は世代重複モデルに特化した大学院レベルのテキストである。

最後に本文中で取り上げた文献についてまとめて掲載しておく。

### ソロー・モデルの現実的妥当性

⑭N. G. Mankiw, D. Romer and D. N. Weil [1992] "A Contribution to the Empirics of Economic Growth," *The Quarterly Journal of Economics*, 107(2), pp. 407-437

### AK モデルの基礎づけ

⑮P. M. Romer [1986] "Increasing Returns and Long Run Growth," *Journal of Political Economy*, 94(5), pp. 1002-1037

⑯R. E. Lucus, Jr. [1988] "On the Mechanics of Economic Development," *Journal of Monetary Economics*, 22(1), pp. 3-42

⑰R. J. Barro [1990] "Government Spending in a Simple Model of Endogenous Growth," *Journal of Political Economy*, 98(5), pp. S103-S125

### ローマー・モデル

⑱P. M. Romer [1990] "Endogenous Technological Change," *Journal of Political Economy*, 98(5), pp. S71-S102

### 規模効果

⑲C. I. Jones [1995] "R&D-Based Models of Economic Growth," *Journal of Political Economy*, 103(4), pp. 759-784

⑳Y. Todo and K. Miyamoto [2002] "The Revival of Scale Effects," *Topics in Macroeconomics*, 2(1), Article 4

㉑J. Temple [2003] "The Long-run Implications of Growth Theories," *Journal of Economic Surveys*, 17(3), pp. 497-510

### 新しいカルドアの定型化された事実

㉒C. I. Jones and P. M. Romer [2010] "The New Kaldor Facts: Ideas, Institutions, Population, and Human Capital," *American Economic Journal: Macroeconomics*, 2(1), pp. 224-45.

### 方向づけられた技術進歩

㉓D. Acemoglu [2002] "Directed Technical Change," *The Review of Economic Studies*, 69(4), pp. 781-809

### 労働分配率の推移

㉔L. Karabarbounis and B. Neiman [2013] "The Global Decline of the Labor Share," *The Quarterly Journal of Economics*, 129 (1), pp. 61-103.

### ピケティの『21世紀の資本』動学的効率性についての実証研究

㉕A. B. Abel, N. G. Mankiw, L. H. Summers and R. J. Zeckhauser [1989] "Assessing Dynamic Efficiency: Theory and Evidence," *Review of Economic Studies*, 56 (1), pp. 1-20.

# おわりに

## あらためて理論と政策の健全なインターフェースの構築に向けて

**マクロエコノミック・コンセンサスの形成**

　時間と労力をかけながら大部な本教科書を読み終えた読者に対して，手短な要旨を述べるのは，かえって失礼になるであろう。短くまとめることができる書籍など，本文に真っ当な内容が書かれていないと言えるのかもしれない。しかし，大部な書籍に取り組む読者は，往々にして，その途中に，時には本文を読む前から，分厚い書籍について「何か見通しがつくのではないか」と淡い期待を抱いて，「おわりに」の禁断の扉を開いてみたいという誘惑に駆られるのではないだろうか。そんな読者も念頭に置きつつ，この「おわりに」を書いている。

　マクロ経済学という経済学の一分野が，経済に対する人類の知恵の一翼を担っていることは間違いのない事実である。「おわりに」の最後に付しているノーベル経済学賞受賞者リストに示されているように，1969年から2015年までの40年間に76名の経済学者がノーベル経済学賞を受けてきた。そのうち，4割強に相当する35名の経済学者が，学部生や社会人を主な対象としたマクロ経済学の教科書である本書に登場しているのである。マクロ経済学を勉強するということは，人類が積み重ねてきた経済に対する知識の重要な部分を学んでいることになる。

　マクロ経済学と言うと，論争の学問と受け取られがちである。ケインズ（J. M. Keynes, 1883-1946, イギリス人）が大恐慌の処方箋として1936年に著した『一般理論』に起源を持つケインズ経済学（Keynesian economics）は，市場メカニズムの限界を直視し，その限界を補う手段として財政・金融政策（マクロ経済政策）による市場への介入を是としてきた。

　一方，18世紀のスミス（A. Smith, 1723-90, イギリス人）や19世紀のリカード（D. Ricardo, 1772-1823, イギリス人）たちが築いてきた古典派経済学の流れを汲む新古典派経済学（neo-classical economics）は，市場メカニズムを通じた資源配分をできるかぎり尊重し，マクロ経済政策による市場への働きかけに禁欲的な態度を貫いてきた。

　戦後になっても，ヨーロッパ，北米，あるいは，日本において，ケインズ経済学と新古典派経済学の対立が著しかった。しかし，1980年代，90年代を通じて，

「新しいケインジアン」(new Keynesian) と呼ばれるケインズ経済学の新潮流と，「新しい古典派」(new classical) と呼ばれる古典派経済学の新潮流は，共通の基盤でマクロ経済学上のさまざまなイシューを考えるようになった。もちろん，すべてのイシューについてコンセンサスが形成されてきたわけではないが，1990年代以降に各国で編纂された学部生を対象としたマクロ経済学の教科書には，新しいケインジアンと新しい古典派の最大公約数的な考え方が色濃く反映されている。

いま，新しいケインジアンと新しい古典派の最大公約数（マクロエコノミック・コンセンサスと呼んでもよいかもしれない）を乱暴にまとめてしまうと，以下のようになるのではないであろうか。

(1) マクロ経済の生産，支出，所得の指標である実質GDP（以下，単にGDP）が，マクロ経済（国民経済）の経済厚生を測るもっとも重要な尺度である。

(2) GDPの長期的な水準（潜在GDP）は，基本的に資本蓄積，労働力，生産技術によって決定される。とくに，技術革新が経済成長（潜在GDPの拡大）の原動力となっている。

(3) 何らかの市場メカニズムの限界で，実際のGDPが潜在GDPを一時的に下回る不況に陥ることがある。その場合，財政政策や金融政策などのマクロ経済政策によって総需要を刺激し，実際のGDPを潜在GDPにまで引き上げることは，理論的にも，実際的にも十分に正当化できる。

(4) しかし，マクロ経済政策には，潜在GDP自体を増大させる効果がまったくない。それにもかかわらず，過度なマクロ経済政策によって，潜在GDPを上回る水準で実際のGDPを維持しようとすると，マクロ経済は激しいインフレーションに見舞われる。その意味で財政政策や金融政策の節度を保つことが重要である。

おそらく，市場経済を前提にマクロ経済を考えている研究者のなかで，上述の(1)から(4)に対して真正面から異論を唱えるものは少数派であろう。もちろん，上のマクロエコノミック・コンセンサスを厳密に見ていくと，新しい古典派の主張からやや遠く，新しいケインズ経済学の考え方により近いことは明らかである。しかし，経済理論の言葉を経済政策の手続きに置き換えていくプロセスにおいて，需要サイドとともに供給サイドが考慮され，マクロ経済政策に対する規律づけが重視されているところは，新しい古典派のインプリケーションが十分に反映されている。

一方では,ニューケインジアンからすれば,彼らのフロンティアの理論展開に照らしてみると,上述の(1)から(4)のコンセンサスはもはや時代遅れであるという主張があるかもしれない。しかし,このマクロエコノミック・コンセンサスは,財政政策や金融政策の現場で定着しているケインズ経済学の重要なインプリケーションを強く反映していると考えてもよいのでないだろうか。

　こうしたマクロ経済学やマクロ経済政策に対する緩やかなコンセンサスが背景となって,第Ⅲ部で議論してきた政策フレームワークが多くの市場経済で定着してきた。すなわち,マクロ経済政策の目的が経済安定化の範囲に限定されるとともに,財政政策に対する長期的な規律づけが重視されるようになった。一方,経済成長政策については,マクロ経済政策と言うよりも,ミクロ的な経済政策(たとえば,産業政策,労働政策,教育政策)の地道な積み重ねによって対応されるようになった。

　上で述べてきたマクロエコノミック・コンセンサスは,戦後,かなりの時間をかけて形成されてきた。歴史的に振り返ってみると,1980年代以降の現実の世界経済の進行がこうしたコンセンサスを後押ししたと言えるかもしれない。1970年代まで,市場経済をあれだけ悩ませ続けてきた高インフレーションも,70年代末から80年代にかけての節度ある金融政策の運営で沈静化した。1970年代,80年代には,非効率な財政支出の弊害が随所で露呈し,節度ある財政政策の重要性が人びとの間で認識され始めた。

　もちろん,最終的なとどめとなったのは,1980年代半ばごろより現実化した社会主義経済の破綻である。社会主義の失敗は,政府がマクロ経済を完全に制御することなど不可能であること,そして,マクロ経済の資源配分のほとんどは市場メカニズムに委ねざるをえないことを如実に物語った。市場メカニズムが最善でないことは明らかであるが,それに代わる仕組みがない以上,市場メカニズムを尊重しながらマクロ経済政策を展開していくしかないという態度(諦観)を人びとに培わせたのかもしれない。

**マクロエコノミック・コンセンサスへの挑戦状**

　1990年代以降の世界経済の進行は,80年代ごろから,緩やかながらも,ようやく確立されたマクロエコノミック・コンセンサスに対して挑戦状を突きつけたと言ってもよいかもしれない。

　マクロ経済を襲った新しいタイプの危機は,これまで定番であったインフレーションではなく,物価安定下で生じた資産価格バブルの生成と崩壊であった。

1980年代後半に資産価格バブルに襲われた日本経済は，バブルの崩壊で90年代初頭から2000年代初頭まで停滞した。「失われた10年」と呼ばれた不況期に，日本政府は史上空前の財政出動を実施し，日本銀行は未曾有の金融緩和政策（ゼロ金利政策とそれに続く量的緩和政策）を展開した。また，2008年秋に世界各国の金融市場で資産価格バブルが弾け，世界経済は同時不況に突入してしまった。世界同時不況の激震を被った国々は，いずれも，史上空前の規模でマクロ経済政策を展開してきた。

　こうした世界経済の事態は，先ほどのマクロエコノミック・コンセンサスに沿って解釈することが難しい。後から振り返ってみると，行きすぎたマクロ経済政策，とくに，金融緩和政策が資産価格バブルを膨らます契機となっていたと判断できる状況証拠は確かにある。しかし，その場で陣頭指揮を執っていた政策責任者の立場からすれば，エクスキューズがあるかもしれない。上述のコンセンサスに従えば，行きすぎたマクロ経済政策に対する黄信号はインフレーションなのだから，物価が安定していたかぎりは，拡張的なマクロ経済政策にブレーキを踏みづらかったと言い訳はできる。

　同様のことは，危機勃発後の大胆な政策対応についても言える。ふたたび政策責任者の立場からすれば，「未曾有のマクロ経済政策は弊害が大きすぎる」と言われても，典型的な弊害であるインフレーションが起きる気配がまったくないのであるから，それほど危惧する必要などないと言い張ることができるかもしれない。

　そうこうするうちに，危機への過剰な対応が次の危機の引き金となる悪循環を生み出すのではないかという懸念も，人びとの間に何となく生まれてくる。2008年秋に崩壊した資産価格バブルが2000年代初頭のITバブルの崩壊に対する過度な金融緩和政策に真因があったとすれば，そうした懸念が杞憂であるとも言っていられなくなる。

　いずれにしても，1990年代末に日本経済を襲った金融危機，2007年夏のサブプライムローンバブルの崩壊や2008年9月のリーマンショックのような金融市場の混乱に直面すると，上述のマクロエコノミック・コンセンサスで良好な補完関係にあった新しいケインジアンと新しい古典派の中でたちまち厳しい対立関係が生じてしまう。ただし，新しいケインジアンと新しい古典派の対立というよりも，マクロ経済政策の程度において，積極派と慎重派に分かれると言ったほうが正確かもしれない。たとえば，経済思想としては新しい古典派に近いマネタリス

トが，きわめて積極的な金融政策を主張するようなことが起きてきた。

積極的なマクロ経済政策を主張する経済学者は，標準的な財政規律や金融政策ルールを棚上げにして，きわめて大規模なマクロ経済政策を展開する必要性を説き，そうした政策主張に呼応するポリシーメーカーは，過激な形で市場に介入する政策処方箋を実践しようとする。一方，新しい古典派の経済学者を中心とする経済学者の間では，従来の政策枠組みから大きく外れた大胆なマクロ経済政策の副作用について懸念を表明する傾向が強い。

しかし，新しい古典派にあっても，「経済危機や金融危機に直面しても，政府はつねに傍観すべし」と考える経済学者は少数派であろう。先のマクロエコノミック・コンセンサスを越えて，「どの程度大胆に市場に介入してよいのか」について懐疑的である経済学者が多数派なのであろう。たとえば，株価暴落などの金融危機の直後に，中央銀行が大量の流動性や良質の担保資産を積極的に市場に供給することには賛成だが，そうした迅速な金融危機対策を中・長期的な景気刺激を目的とした大規模な金融政策にすり替えていくことには反対という経済学者が多い。

この「おわりに」では，経済危機や金融危機において発動されるマクロ経済政策の「程度」問題について若干考察してみたい。

**ケインズか，ハイエクかの選択なのか？**

ここでは，少し回り道をしてみよう。

経済危機や金融危機において発動される大規模なマクロ経済政策をめぐる是非は，しばしば，「ケインズか，ハイエクかの選択」とたとえられる。当然ながら，「ケインズ」は，積極的なマクロ経済政策に対する支持を，「ハイエク」（F. A. Hayek, 1899-1992, オーストリア生まれのイギリス人，74年ノーベル経済学賞）は，それに対する不支持をそれぞれ象徴している。

ケインズの経済学も，ハイエクの経済学も，手短にまとめることはほとんど不可能である。したがって，かなり強引な作業となってしまうが，以下では，2つの経済学の対立点を拾い上げてみよう。

ケインズの経済学は，深刻な不況期においては，労働や資本の生産要素が遊休状態にあること，すなわち，これらの生産要素に希少性が失われていることを大前提とした。その結果，希少な財（生産要素を含む）の資源配分を調整する相対価格の役割をマクロ経済モデルから完全に追放してしまった。

その代わりにケインズが重視したのは，家計消費や設備投資の集計量（経済全

ケインズ（時事通信）　　ハイエク（AFP＝時事提供）

体の合計）の間に成立すると想定された相互依存関係であった。とくに，公共投資や政府消費などの政府支出の拡大や企業家のアニマル・スピリッツによる設備投資の拡大が，消費増加の相乗効果を介して総需要の増大に結びつく乗数効果を重視した。同時に，ケインズは，マクロ経済の集計量（マクロ経済統計）を作成する体制を政府内に整備することにも熱心であった。マクロ経済統計を整備しようとした彼の努力は，後に精緻化された国民経済計算として結実していった。

一方，ハイエクの経済学は，深刻な不況期においても，生産要素を含む財が希少であることを大前提としていた。その結果，当時の古典派経済学，あるいは，現在のミクロ経済学と同様に，希少な財の資源配分を調整する相対価格の役割を重視した。また，静学的な側面（一時的の経済の様相）の強かったケインズの経済学に対して，ハイエクのそれは，資本理論を明示的に導入し，動学的な側面（時間を通じた経済の変化）を有していた。

ハイエクに限ったことではなかったが，オーストリア学派と呼ばれている経済学者たちは，「家計消費や設備投資などの集計量（マクロ経済統計）が，相対価格によって秩序が形成される複雑な経済に関する有益な情報を集約できるはずなどない」と考えていた。すなわち，ハイエクたちは，マクロ経済統計に対してまったく信頼を置いていなかったのである。

ケインズの経済学とハイエクの経済学は，財政政策においても，金融政策においても，大きく対立した。静学的な側面を重視するケインズの経済学では，現在の消費が現在の可処分所得に依存する消費関数を通じて，公共投資と家計消費が補完的な関係にあって，公共投資の増大が家計消費の増大を通じて総需要を拡大させる乗数効果が中核的な役割を担っていた。貨幣市場が流動性の罠に陥っていない限りは，金融政策の総需要拡大効果も認めていた。

一方，動学的な側面を重視するハイエクの経済学は，現在の消費と現在の投資（公共投資を含む）を代替的な関係にあると見なして，乗数効果自体を認めなかった。ハイエクは，拡張的な金融政策についても，生産拡大効果がないままにイン

フレをもたらすだけであると考えていた。

　歴史的に振り返れば，深刻な不況期における政策対応については，ケインズの政策処方箋のほうが，ハイエクの傍観的な政策スタンスよりもはるかに優れていた。おそらく，問題だったのは，戦後の景気循環局面においても，経済政策に関わる人びとがケインズ経済学のフィルターでしかマクロ経済現象を見なくなったことであろう。

　ケインズ自身は，深刻な不況期を除いた経済環境に対しては，むしろ，相対価格が資源配分の中核的な役割を担っている古典派経済学の体系のほうを信じていた。彼の最後の論文となる「アメリカ合衆国の国際収支」[1]には，185頁に次のような一節がある[2]。

　　　近頃私は，現代の経済学者諸氏が古典派の教えの中には非常に重要ないくつかの不朽の真理が含まれていることを思い起こしてくれたら，と感じている。いまにして初めてそう思ったのではなく，前々からそう感じていた。今日，古典派の不朽の真理は，いくつもの限定を付けることなしには容認できない他の教義と結び付けられてしまうために，ついつい見逃されがちになっている。現在のさまざまな事態の底に流れているものがある。自然力，もしくは見えざる手とさえ言えるこの底流は均衡に向かう作用を及ぼしている。

また，186頁にも，次のような一節がある。

　　　もしわれわれがシステムから古典派の処方した教えを一掃してしまうなら，そのときわれわれは便宜から便宜へと漂い，再びもとの健康を取り戻すことはできなくなってしまうかもしれない。

　ケインズが最後となる論文で語ったことは，古典派経済学への決別どころか，古典派経済学に対する信頼であった。すなわち，少なくとも，晩年のケインズは，経済学的立場においてハイエクと近いところに立っていた。

　それにしても，なぜ，戦後，マクロ経済政策の現場において，ハイエクの経済学の反映される余地がほとんどなかったのであろうか。まったくの私見となってしまうが，おそらくもっとも大きな理由は，ハイエクを含めたオーストリア学派がマクロ経済統計に対してまったく意義を認めなかったからでないであろうか。

確かに，現在の国民経済計算でさえ，作成手法がいくら精緻化されたとは言っても，一国経済が内包する複雑さに比して，あまりに粗野な集計作業で得られた統計量が，相対価格で調整される動学的資源配分メカニズムに関する多様な情報を正確に集約しているとは言い難い。それにもかかわらず，そうしたマクロ経済統計がまったくない場合に比べれば，マクロ経済政策判断に対して，最善とはいかないかもしれないが，次善の，あるいは，次々善の意味で有用な情報をもたらしてくれるであろう。もし，マクロ経済統計の意義を完全に否定してしまえば，政府や民間の人々は，マクロ経済政策判断の実証的な拠りどころをまったく失ってしまうことになる。

ハイエクの経済学が現実の政策現場で普及しなかったもう1つの理由は，ふたたび私見となってしまうが，新しい古典派の理論の難解さにあったのでないだろうか。新しい古典派は，1970年代以降，ハイエクの経済学が強調した相対価格の役割や動学的な側面を明示的に取り入れた高度なモデルを構築してきた（ただし，ハイエクの経済学の信奉者から見れば，新しい古典派の試みは，ハイエクの経済学の核心を取り込むことに成功したとは言い難いという判断になるかもしれないが……）。しかし，新しい古典派の理論モデルを理解することは，その構築に用いられてきた数学の洗練さゆえに，あるいは，その実証に用いられてきた計量経済学の高度さゆえに，政府や民間の人々にとってきわめてハードルが高いものであった。

もし，読者に時間があれば，先に引用したケインズの最後の論文，「アメリカ合衆国の国際収支」をぜひとも読んでみてほしい[3]。ケインズは，「米国の経常収支黒字が突出して拡大するのではないか」という懸念を抱いていた当時のイギリスの識者たちに対して，戦前の不完全な国際収支統計を注意深く引用しつつ，古典派の色彩が強い経済学のシンプルなロジックを援用しながら，そうした懸念には及ばないことを丁寧に説いた。完全とは言えないデータとシンプルなロジックから的確な政策判断を導こうとするケインズの姿こそが，マクロ経済学研究者の理想的なあり方を示しているように私には思える。こうしたマクロ経済データに対する真摯な姿勢こそが，ケインズにはあって，ハイエクにはなかったところであろう。

> 政府も，民間も，"市場の力学"がもたらす長期的な秩序から大きく離れることができない

本書に他の学部レベルの教科書と大きく異なる特徴があるとすると，第1に，国民経済計算に代表されるマクロ経済統計の解説に十分な紙幅を割きながら，マクロ経済統計の有用性とともに，その限界を詳しく論じている。先に

も述べたように，マクロ経済統計に対して真摯な態度を保つことこそが，マクロ経済学を学んでいくうえでもっとも重要なステップの1つである。

第2に，*IS-LM* モデルや *AS-AD* モデルなどのケインズ経済学の中核的モデルを論じる場合においても（主として，第Ⅱ部），ハイエクの経済学が重視した相対価格が果たす役割に焦点をあててきた。たとえば，開放経済モデルを解説している第9章では，これまでの学部生向け教科書が明示的に取り扱ってこなかった交易条件（輸出価格と輸入価格との間の相対価格）が果たす役割をクローズアップした。詳細は本文に委ねるが，マンデル・フレミング・モデル（*IS-LM* モデルの開放経済バージョン）に交易条件を明示的に取り入れることで，21世紀の日本経済が直面した国際環境をより正確に記述できることを示した。

第3に，第Ⅳ部で展開した経済モデルを中心に，できるかぎりシンプルな理論的枠組みにおいて，ハイエクの経済学が重視した動学的な資源配分の側面を取り入れるようにしてきた。たとえば，第15章では，伝統的な政策手法に比べてきわめて積極的な金融政策（長期国債の積極的な買い入れ，為替政策としての金融政策，ゼロ金利やマイナス金利に対する政策コミットメント）についても，簡単なマクロ経済モデルを用いながら，それらの政策の動学的側面について詳細な解説を試みてきた。

また，第16章では，できるかぎり平易にラムゼー・モデルを解説しながら，長期的に見てどのような資源配分が望ましく，どのようなものが望ましくないのかを考察してきた。具体的な例としては，かりにマイナスの実質金利で物的資本が過剰に蓄積していく経路に陥ったマクロ経済は，資産価格バブルが生じ，結局はバブルの崩壊をもって長期的に維持可能でないような事態に至ってしまうことを示してきた。

第4に，読者が，第1の点と，第2，第3の点を結びつけられるような工夫を凝らしてきた。すなわち，マクロ経済統計を用いたいくつもの実証事例（しかし，けっして高度な計量経済学に依拠していない事例）を通じて，マクロ経済モデルにおける相対価格の役割や動学的な側面に関わる重要なインプリケーションを，日本経済のマクロ経済統計によって実証的に吟味できることを示してきた。読者には，生きのよい日本経済の実証事例を通じてマクロ経済学の知識に実践的な意義のあることを実感してほしいと思っている。

より根本的な問題となるが，それでは，なぜ，政府や民間の人々が，「相対価格が積極的な役割を演じる動学的な資源配分に関する経済学的な帰結」（ここでは，

おわりに

"市場の力学"と呼んでみよう）について，理解を高める必要が生じたのであろうか。

おそらくもっとも重要な理由は，政府も，民間も，"市場の力学"と名づけた経済学的な帰結に対して，便宜によって一時的に逆らうことができても，長期的には逆らうことができないという点にあるのではないだろうか。先に引いたケインズの「もしわれわれがシステムから古典派の処方した教えを一掃してしまうなら，そのときわれわれは便宜から便宜へと漂い，再びもとの健康を取り戻すことはできなくなってしまうかもしれない」という言葉も，そうしたことを意味しているのであろう。

現在，日本経済は，未曾有の規模で財政政策と金融政策を展開しているが，それらの規模が依然として節度を保ったものなのか，あるいは，しかるべき限度を超えてしまったものかを考えるうえで，"市場の力学"に関して理解を深めることは必須である。

たとえば，第15章で見てきたように，一時的な便法としては，日本銀行は，準備預金で民間から資金を調達できるかぎりにおいて，いくらでも長期国債を買入れることができる。しかし，長期的な観点からすれば，通貨発行収入によってまかなうことができる長期国債の保有規模は，たかだか日本銀行券の発行規模にすぎない。こうして見てくると，「日本銀行が保有する長期国債残高を日本銀行券の発行残高の範囲にする」という銀行券ルールは，"市場の力学"に沿った規律として合理的に解釈することができる。

第13章で議論してきたように，名目金利が名目経済成長率を十分に下回る低い水準（実質金利が実質経済成長率を十分に下回る低い水準）で長期的に推移すれば，基礎的財政収支が赤字であっても，名目GDPに対する公的債務の比率を一定範囲に安定させることができる。そうしたロジックを背景として，ゼロ金利政策（あるいは，マイナス金利政策）とインフレ誘導政策が長期的に実施されれば，どのような経済学的な帰結が待っているのかは，第16章の議論から明らかであろう。短期的には，名目GDPに対する公的債務の比率が低下するだけではなく，マイナスの実質金利のもとで資本蓄積が進行し，実質GDPも成長するので，一見すると政府の政策目標（経済成長や設備投資拡大など）にかなっているように見える。しかし，長期的には，きわめて低い生産性の物的資本が蓄積されるだけで，家計消費の向上にはまったく貢献しない。また，高い資本生産性の裏づけを欠く株価は，いずれ暴落することになるであろう。

便宜ばかりを重視した超積極的なマクロ経済政策は，短期的には功を奏するよ

うに見えて，長期的には，深刻な矛盾をはらんでいることになる。

　本書が強調している「長期的な」インプリケーションについては，ケインズが『貨幣改革論』で用いた「われわれは，長期的に皆死んでしまう」という文言を引いて[4]，「長期的な」政策含意への配慮がもたらす弊害をあげつらう経済学者やポリシーメーカーがけっして少なくない。しかし，後述するように，『貨幣改革論』を著した1923年のケインズと，「アメリカ合衆国の国際収支」を著した1946年のケインズでは，マクロ経済政策に対する時間的フレームワークの考え方が著しく変化していた。

　それにしても，なぜ，1990年代になって，あるいは，21世紀に入って，マクロ経済は，大規模な政策的便宜の効果が長くは続かず，長期的には"市場の力"に逆らうことができないような厄介な事態が生じたのであろうか。1980年代になって，グローバルな規模であらゆる市場（とりわけ金融市場）に対する規制が取り払われ，もろもろの資源配分が基本的に自由化された市場に委ねられてきた。おそらく，その結果として，各国のマクロ経済政策も，政策に対して時には繊細に，時には複雑に反応する市場メカニズムに向き合わなければならなくなったのであろう。政府が"市場の力学"と対峙せざるをえなくなった事態が，規制緩和の大きな帰結の1つであったと言えるかもしれない。

　しかし，こうした"市場の力学"は，人類が1990年代に入ってはじめて遭遇したものではない。市場の力学に対する知見は，その精粗を問わないとすれば，18世紀，19世紀の古典派経済学がすでに確立していた。第Ⅳ部で仰々しく議論している「マクロ経済学のミクロ的基礎づけ」も，18世紀，19世紀の古典派経済学者にとっては常識に属する類のものばかりである。

　"市場の力学"が18世紀，19世紀の当時に見えていて，1930年代から70年代にかけて見えづらかったのは，後者の時期にもろもろの市場が大なり小なり政府の管理下に置かれていたからであろう。そういう意味でケインズ経済学は，20世紀の「国家の時代」という特殊な時期に培われてきた知識体系と言える。ケインズ経済学は，「国家の時代」を先導してきた経済理論と言ったほうがより正確かもしれない。

> "市場の力"に向き合っていくための秘訣とは：なぜ，マクロ経済学を勉強するのか

　ケインズは，先に引いた最後の論文の最後の段落（186～187頁）では，"市場の力学"に向き合ううえでの秘訣のようなものを述べている。同時に，そこには，ケインズがどの程度のタイムスパンを持ってマクロ経済政策を考慮し

おわりに　721

ていたのかが示唆されている。以下に，拙訳で引用してみたい。

> 当面，われわれにとって最適な政策とは，それが間違っていると判明するまでは，楽観的な仮説に立って行動することである。われわれは，将来について恐れを抱かないほうがうまく処することができるであろう。われわれ自身の活動について当然なすべきあらゆる注意を払いつつ，われわれがなすべきことは，われわれの十分な生産効率性，目的に対する確信，他者に対するわれわれの威信，そして，われわれ自身に対する自信を回復するのに好都合な，あるいは不都合でない状況で，向こう5年間を過ごしていくことであろう。われわれは，誰よりも先を見ようとして抱く漠然とした不安に影響されるならば，未来を台無しにしてしまうというリスクをいっそう負うことになるであろう。

上の段落だけを読むと，ケインズが短期的な経済政策を奨励しているように見えるが，当該論文におけるそれまでの議論展開を踏まえれば，ケインズはまったく逆のことを示唆していたのであろう。ここで私たちは，極端に積極的なマクロ経済政策が，楽観的な見通しと言うよりも，往々にして，政府や大衆が抱く漠然とした恐怖心によって動機づけられてきたというケインズ没後の歴史的経緯を考慮しなければならないのかもしれない。「楽観的な仮説に立って行動する」（to act on the optimistic hypothesis）とは，短期的な思惑からなされた積極的な経済政策とまったく逆の性格のものなのであろう。

また，「当然なすべきあらゆる注意」（all due caution）を払うべき項目をあげたリストには，「相対価格が積極的な役割を演じる動学的な資源配分に関する経済学的な帰結」，すなわち，"市場の力学"も含まれるであろう。「他者に対するわれわれの威信」（our prestige with others）や「われわれ自身に対する自信」（our confidence in ourselves）を回復する政策として，いたずらに自らの通貨への信任を低めたり，自らの政府の財政的基盤を危ぶめたりするような性格のものは，ケインズの考慮の外側にあったであろう。

ケインズの「向こう5年間」（the next five years）という語句は，きわめて重い響きを伴っているように思う。「5年間」は，けっして短い期間ではない。「確信」「威信」「自信」を持って「向こう5年間を過ごしていく」とは，「向こう5年間に破綻することが目に見えている政策など，賢明な政府は採用してはいけな

い」ことを含意しているのであろう。上掲の文章は，民主主義国家では，短慮な政策であっても，そうした政策が政治的な利害から採用される可能性に対するケインズの警句と解釈することができるかもしれない。上に引いたような箴言に接すると，晩年のケインズは，民主主義社会において適切なマクロ経済政策を展開することがいかに困難なのかを的確に見通していたように筆者には思える。

　ふたたび本書のことに戻ってみると，筆者があえて誇るべきことではないのかもしれないが，本書は，公務員試験や各種の資格試験，あるいは，大学院受験準備にも十分に耐えられる内容を持っている。また，大学の講義を離れた社会人が自学自習できるようにできるだけ丁寧な記述をしている。しかし，そのようなことよりも何よりも，人類がマクロ経済を把握し，マクロ経済に対して働きかけようとするときに，どのような理論的フレームワークを構築しようとしてきたのかを，執筆者たちの能力の限界を率直に認めつつも，本書で多くの読者に伝えたいと考えて執筆してきた。

　本書の旧版の執筆中にも（2006年から2009年），新版の改訂中にも（2014年から2015年），マクロ経済とマクロ経済政策の混乱もあって，マクロ経済学に対してさまざまな批判が向けられてきた。マクロ経済学を専攻する学徒として，傾聴すべきことも少なくなかったように思う。しかし，超越的でヒロイックな主張や人びとの救済願望に迎合するような主張をいくら重ねても，マクロ経済政策をより良くしていくためにはまったく埒が明かないのである。

　現在進行する状況に向き合ってマクロ経済理論を構築するのにも，さまざまな理論からコンセンサスを形成するのにも，理論的インプリケーションと実際の政策手続きとの間にインターフェースを確立するのにも，気の遠くなるような労力と時間がかかる。理論と現実のずれを丁寧に埋めつつ，一歩一歩進んでいくしかないように思う。

　将来のある若い読者には，いまの世の中に盛んに流布されている浅薄なマクロ経済学批判などよりも，われわれの経済社会を基本的に律している市場メカニズムに向き合って，"市場の力学"についてとことん考えをめぐらしてほしい。そうした知的な経験が，「将来，かならず役に立つ」と安請け合いはなかなかできないが，どのようなポジションに立つにしても，何らかの考えるきっかけを与えてくれると思う。

　マクロ経済学と言うと，官僚や政治家のための学問と受け取られがちである。

しかし，政策と経済のダイナミックな関係を相対化する知的マインドを培うことができれば，そこからビジネス・チャンスを見つけ出すヒントが得られるかもしれない。こんなことを書くと，マクロ経済学が「抜け目のない連中」を生み出しかねないと批判されてしまうであろう。しかし，マクロ経済政策が"市場の力学"に向き合うということは，とどのつまりは，「抜け目のない連中」を相手にすることなのである。逆説的に響くかもしれないが，経済政策に関わる人びとは，そうした連中に打ち勝つためにも真にスマートでなければならない。だからこそ，彼らには厳しい知的トレーニングが必要なのである。

いずれにしても読者にはさまざまな動機があるのであろうが，マクロ経済学を学ぶという知的作業の負担を少しでも軽くして，ほんの少しでも学問の喜びを伝えることができれば，筆者としては本望である。

2016年1月

齊藤　誠

● 注

1) J. M. Keynes [1946] "The Balance of Payments of the United States," *The Economic Journal*, Vol. 56, pp. 172-187.
2) 翻訳は，間宮陽介 [2006]『増補　ケインズとハイエク——〈自由〉の変容』（ちくま学芸文庫）による。ただし，省略された部分は筆者自らが補った。
3) 平井俊顕・立脇和夫訳 [1996]『戦後世界の形成——雇用と商品　1940～46 年の諸活動（ケインズ全集第 27 巻）』（東洋経済新報社）の 489～508 頁に「アメリカの国際収支」というタイトルで邦訳が収められている。
4) J. M. Keynes [1923] *A Tract on Monetary Reform*, MacMillan, London. ケインズは，その著書の 80 頁で「われわれは，長期的に皆死んでしまう。もし，嵐の季節において，経済学者が言えることが，嵐が過ぎ去れば波は穏やかになるであろうということだけならば，経済学者は自らの仕事を安易で無意味なものに貶めることになる」と述べている。

付表　ノーベル経済学賞受賞者リスト——1969年から2015年

| 年 | 受賞者 | 授賞理由 | 本書登場箇所 |
|---|---|---|---|
| 1969 | フリッシュ（Ragnar A. K. Frisch, ノルウェー） | 経済経路の分析における動学的モデルの確立 | 第6章 |
| | ティンバーゲン（Jan Tinbergen, オランダ） | | 第6章 第11章 |
| 1970 | サミュエルソン（Paul A. Samuelson, アメリカ） | 静学的・動学的経済理論の発展に対する業績，経済学における分析水準の向上 | 第6章 第12章 第14章 |
| 1971 | クズネッツ（Simon S. Kuznets, アメリカ） | 経済成長・社会構造に関する実証的手法 | 第2章 |
| 1972 | ヒックス（John R. Hicks, イギリス） | 一般均衡理論および経済厚生理論に対する先駆的な貢献 | 第6章 |
| | アロー（Kenneth J. Arrow, アメリカ） | | |
| 1973 | レオンチェフ（Wassily W. Leontief, アメリカ） | 投入産出分析の展開と経済成長への応用 | 第2章 |
| 1974 | ハイエク（Friedrich August von Hayek, イギリス） | 貨幣理論および経済変動理論，経済・社会・組織の相互依存関係の分析 | おわりに |
| | ミュルダール（Gunnar Myrdal, スウェーデン） | | |
| 1975 | カントロヴィッチ（Leonid Vitaliyevich Kantorovich, ソビエト連邦） | 資源の最適配分に関する理論 | |
| | クープマンス（Tjalling C. Koopmans, アメリカ） | | |
| 1976 | フリードマン（Milton Friedman, アメリカ） | 金融史・金融理論・消費分析に関する理論的貢献，安定化政策の複雑性に関する実証的研究 | 第7章 第14章 第15章 第16章 |
| 1977 | ミード（James E. Meade, イギリス） | 国際貿易と資本移動に関する理論 | |
| | オリーン（Bertil Ohlin, スウェーデン） | | |
| 1978 | サイモン（Herbert A. Simon, アメリカ） | 経済組織内部における意思決定プロセス | |
| 1979 | シュルツ（Theodore W. Schultz, アメリカ） | 開発途上国の経済問題と経済成長に関する分析 | |
| | ルイス（Sir Arthur Lewis, イギリス） | | |
| 1980 | クライン（Lawrence R. Klein, アメリカ） | 景気変動・経済政策を計量的に分析する経済モデルと手法開発 | 第6章 |
| 1981 | トービン（James Tobin, アメリカ） | 金融市場と支出決定・雇用・生産物・価格との関連性の分析 | 第6章 第16章 |

おわりに　725

| | | | |
|---|---|---|---|
| 1982 | スティグラー（George J. Stigler, アメリカ） | 産業構造と市場の役割および規制の研究 | |
| 1983 | ドブルー（Gerard Debreu, アメリカ） | 一般均衡理論の根本的な改良 | |
| 1984 | ストーン（J. Richard N. Stone, イギリス） | SNAに関する研究，経済分析の実証的な基礎研究 | 第2章 |
| 1985 | モディリアーニ（Franco Modigliani, アメリカ） | 貯蓄と金融市場の分析 | 第16章 |
| 1986 | ブキャナン（James M. Buchanan, Jr., アメリカ） | 公共選択理論における法律・憲法に関する基礎研究 | |
| 1987 | ソロー（Robert M. Solow, アメリカ） | 経済成長理論への貢献 | 第11章 |
| 1988 | アレ（Maurice Allais, フランス） | 市場と資源の効率的な利用に関する理論 | |
| 1989 | ホーヴェルモ（Trygve Haavelmo, ノルウェー） | 計量経済学の基礎理論，同時決定モデルの分析 | |
| 1990 | マーコヴィッツ（Harry M. Markowitz, アメリカ） | 資産形成の安全性を高めるための一般理論 | 第16章 |
| | ミラー（Merton H. Miller, アメリカ） | | |
| | シャープ（William F. Sharpe, アメリカ） | | |
| 1991 | コース（Ronald H. Coase, イギリス） | 経済における取引費用と所有権の研究 | |
| 1992 | ベッカー（Gary S. Becker, アメリカ） | 市場外における行動を含めた広範な人間行動と社会的な相互作用に関するミクロ経済学的研究 | |
| 1993 | フォーゲル（Robert W. Fogel, アメリカ） | 経済史の革新的研究 | |
| | ノース（Douglass C. North, アメリカ） | | |
| 1994 | ナッシュ（John F. Nash, Jr., アメリカ） | ゲーム理論（非協力ゲーム）の発展 | 第17章 |
| | ハーサニ（John C. Harsanyi, アメリカ） | | |
| | ゼルテン（Reinhard Selten, ドイツ） | | |
| 1995 | ルーカス（Robert E. Lucas, Jr., アメリカ） | 合理的期待仮説の理論を発展させ，マクロ経済学に貢献 | 第7章<br>第14章<br>第18章 |
| 1996 | ヴィックリー（William Vickrey, アメリカ） | 情報の非対称性のもとでの経済的誘因の理論 | |
| | マーリーズ（James A. Mirrlees, イギリス） | | |

| 年 | 受賞者 | 授賞理由 | 関連章 |
|---|---|---|---|
| 1997 | マートン（Robert C. Merton, アメリカ） | 金融派生商品（デリバティブ）の価格決定モデル | |
| | ショールズ（Myron S. Scholes, アメリカ） | | |
| 1998 | セン（Amartya Sen, インド） | 所得分配の不平等に関する厚生経済学 | |
| 1999 | マンデル（Robert A. Mundell, アメリカ） | マンデル・フレミング・モデルの構築と最適通貨圏の分析 | 第9章 |
| 2000 | ヘックマン（James J. Heckman, アメリカ） | ミクロ計量経済学における個人と家計の消費行動の計量経済的分析 | 第16章 |
| | マクファデン（Daniel L. McFadden, アメリカ） | | 第16章 |
| 2001 | アカロフ（George A. Akerlof, アメリカ） | 情報非対称性を考慮した市場分析 | 第7章 |
| | スペンス（A. Michael Spence, アメリカ） | | |
| | スティグリッツ（Joseph E. Stiglitz, アメリカ） | | |
| 2002 | カーネマン（Daniel Kahneman, アメリカ） | 行動経済学と実験経済学の開拓 | |
| | スミス（Vernon Lomax Smith, アメリカ） | | |
| 2003 | グレンジャー（Clive W. J. Granger, イギリス） | 時系列分析手法の発展 | 第16章 |
| | エングル（Robert F. Engle Ⅲ, アメリカ） | | 第16章 |
| 2004 | キドランド（Finn Erling Kydland, ノルウェー） | 動学的マクロ経済学への貢献，リアル・ビジネス・サイクル理論 | 第12章 第16章 |
| | プレスコット（Edward C. Prescott, アメリカ） | | 第12章 第16章 |
| 2005 | オーマン（Robert John Aumann, アメリカ&イスラエル） | 非協力・協力ゲーム理論の分析 | |
| | シェリング（Thomas Crombie Schelling, アメリカ） | | |
| 2006 | フェルプス（Edmund S. Phelps, アメリカ） | マクロ経済政策における異時点間のトレードオフに関する分析 | 第7章 第14章 |
| 2007 | ハーヴィッツ（Leonid Hurwicz, アメリカ） | メカニズム・デザイン理論の確立 | |
| | マスキン（Eric Stark Maskin, アメリカ） | | |
| | マイヤーソン（Roger Myerson, アメリカ） | | |

おわりに

| 年 | 受賞者 | 受賞理由 | 関連章 |
|---|---|---|---|
| 2008 | クルーグマン（Paul Krugman，アメリカ） | 貿易パターンと経済地理学に関する分析 | はじめに |
| 2009 | オストロム（Elonor Ostrom） | 経済的なガバナンスに関する研究 | |
| | ウィリアムソン（Oliver E. Williamson） | | |
| 2010 | ダイアモンド（Peter A. Diamond） | 労働経済におけるサーチ理論に関する功績 | 第13章<br>第17章 |
| | モーテンセン（Dale T. Mortensen） | | 第17章 |
| | ピサリデス（Christopher A. Pissarides） | | 第17章 |
| 2011 | サージェント（Thomas J. Sargent） | マクロ経済の原因と結果をめぐる実証的な研究に関する功績 | 第7章<br>第14章<br>第16章 |
| | シムズ（Christopher A. Sims） | | 第16章 |
| 2012 | ロス（Alvin E. Roth） | 安定配分理論と市場設計の実践に関する功績 | |
| | シャープレー（Lloyd S. Shapley） | | |
| 2013 | ファーマ（Eugene F. Fama） | 資産価格の実証分析に関する功績 | 第16章 |
| | ハンセン（Lars P. Hansen） | | 第16章 |
| | シラー（Robert J. Shiller） | | 第15章<br>第16章 |
| 2014 | ティロール（Jean M. Tirole） | 市場支配力と規制の分析に関する功績 | |
| 2015 | ディートン（Angus S. Deaton） | 消費，貧困，厚生の分析に関する功績 | 第16章 |
| 2016 | ハート（Oliver Hart） | 契約理論に関する功績 | |
| | ホルムストローム（Bengt R. Holmström） | | |
| 2017 | セイラー（Richard H. Thaler） | 行動経済学に関する功績 | |

# 数 学 付 録

この付録では，本書で用いられる数学的手法やマクロ経済学を学ぶうえで役に立つ関係式について簡単に説明する。ただし，最低限の説明にとどめるので，より詳しく学びたい読者は章末で紹介するテキストを参照されたい。

## 1. 1次同次性

> **1次同次生産関数**
>
> 生産関数 $Y=F(K,L)$ を考える（変数の定義は本文のままである）。どのような $\lambda>0$ に対しても，
>
> $$F(\lambda K, \lambda L) = \lambda F(K,L)(=\lambda Y)$$
>
> となるとき，この生産関数は1次同次であるという。

生産関数

$$Y = F(K,L)$$

が1次同次性を満たしているものとしよう。このとき，資本と労働をそれぞれ $1/L$ 倍すると（上の1次同次性の定義式において $\lambda=1/L$ と置くと），

$$F\left(\frac{K}{L}, 1\right) = \frac{F(K,L)}{L}$$

となる。ここで，1人あたりの資本（$K/L$）と1人あたりの生産量（$Y/L$）を，それぞれ $k$ と $y$ で表すことにすると，

$$F(k,1) = y\left(=\frac{Y}{L}\right)$$

となる。左辺は $k$ だけの関数であるので，

$$f(k) = F(k,1)$$

と表すことにする。

例として，コブ・ダグラス型生産関数

$$Y = AK^{\alpha}L^{1-\alpha}, \quad 0<\alpha<1$$

を考えてみよう。このとき，

$$f(k) = \frac{AK^{\alpha}L^{1-\alpha}}{L} = AK^{\alpha}L^{-\alpha} = A\left(\frac{K}{L}\right)^{\alpha} = Ak^{\alpha}$$

であるので，

### FIGURE 図 A1 ● 限界生産性逓減

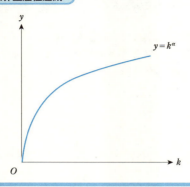

$$f'(k) = \alpha A k^{\alpha-1} > 0, \quad f''(k) = \alpha(\alpha-1)k^{\alpha-2} < 0$$

が成立する（733 頁を参照）。これは，資本の増加とともに生産量は増加していくが，その増加量はしだいに逓減していくこと（限界生産性逓減，図 A1）を表している。

なお，関数 $F(K, L)$ がどのような $\lambda > 0$ に対しても，

$$F(\lambda K, \lambda L) = \lambda^k F(K, L)$$

を満たすとき，この関数は **$k$ 次同次**であると言う。

## 2. 等比数列の和

---
**等比数列の和の公式**
 $-1 < r < 1$ のとき，
$$S = \sum_{t=0}^{\infty} ar^t (= a + ar + ar^2 + \cdots + ar^N + ar^{N+1} + \cdots) = \frac{a}{1-r}$$
---

経済学の学習においては，

$$S_N = a + ar + ar^2 + ar^3 + \cdots + ar^{N-1} + ar^N \tag{A1}$$

といった形の等比数列の和を求める計算が必要となる。この和を求めるためには次のようにすればよい。両辺に $r$ をかけると，

$$rS_N = ar + ar^2 + ar^3 + ar^4 + \cdots + ar^N + ar^{N+1} \tag{A2}$$

となる。ここで，（A1）式から（A2）式を引くと，

$$(1-r)S_N = a(1+r+r^2+r^3+\cdots+r^{N-1}+r^N) - a(r+r^2+r^3+r^4+\cdots+r^N+r^{N+1})$$
$$= a(1-r^{N+1})$$

となる。したがって，$r \neq 1$ であるならば，

$$S_N = \frac{a(1-r^{N+1})}{1-r} \tag{A3}$$

と計算することができる。$r=1$ のときには，(A1) 式から $S_N = a(N+1)$ であることは明らかであろう。

経済学では，$N \to \infty$ の場合を扱うことも多い。(A3) 式において，$N \to \infty$ としたときの $S_N$ の値を $S$ と書くことにしよう。このとき，$r>1$ であるならば，$N \to \infty$ となるにつれて，$r^{N+1} \to \infty$ となってしまうので，$S$ は無限に発散してしまう。また，$r<-1$ であるならば，$N \to \infty$ となるにつれて，$r^{N+1}$ は符号を変えながら，絶対値では無限に発散してしまう。したがって，$S_N$ は一定の値には収束していかない。

$r=1$ のときも，$N \to \infty$ となると，$a$ が無限個足されていくわけであるから $S_N \to \infty$ となる。$r=-1$ の場合は，$r^{N+1}$ は $N$ が 1, 2, 3, 4 と大きくなるにつれて，1, $-1$, 1, $-1$ と符号の変化が繰り返されるので，$S_N$ も $a$, 0, $a$, 0 という変化を繰り返し，いつまで経っても $S_N$ はある一定の値には収束しない。

これらの場合と違って，$-1<r<1$ のときには，$N \to \infty$ とすると $r^{N+1} \to 0$ となるので，(A3) 式から $S$ は，

$$S = \frac{a}{1-r} \tag{A4}$$

となることがわかる。

### 例 1　乗数効果

第Ⅱ部第 6 章で見た 45 度線モデルにおいては，消費関数は，

$$C = c(Y-T) + C_0, \quad 0 < c < 1$$

と定式化されていた。このモデルの均衡産出量は財市場均衡条件 $Y = C + I + G$ によって決まるので，消費関数を代入すると，

$$Y = c(Y-T) + C_0 + I + G$$

となる。政府消費 $G$ の 1 単位の増大は，第 1 ラウンドでは，直接的に $Y$ を 1 単位増加させるが，その産出量の増加は家計に配分される。その結果，第 2 ラウンドでは，家計はその増加した所得 1 のうち $c$ 単位を消費するので，その分だけの需要を生み出し，$c$ 単位の産出量の増加をもたらす。第 3 ラウンドでは，そのようにしてもたらされた $c$ 単位の産出量の増加分が家計に配分され，家計がそのうち $c$ の割合を消費するので，その結果として $c^2$ の産出量の増大をもたらす。このプロセスは延々と続くので，結局，トータルで，

$$1+c+c^2+c^3+\cdots$$

だけの産出量の増大を生み出す。いま，$0<c<1$ であるので，この和は（A4）式において，$a=1$，$r=c$ と置けば，

$$\frac{1}{1-c}$$

となる。これは本文で導出した乗数そのものである。

## 3. 微分と偏微分

### 3.1. 微分とは

関数 $y=f(x)$ を考える。当初 $x$ の値は $x_1$ であったが，いま $x$ の値が $x_1$ から $\Delta x>0$ だけ変化したものとしてみよう。このとき，$f(x)$ の値も変化するが，その平均変化率は，

$$\frac{f(x_1+\Delta x)-f(x_1)}{\Delta x}$$

となる（図 A2）。

この値は当然 $\Delta x$ の大きさによって異なるであろう。一般には $\Delta x$ の値によっては平均変化率は大きくなることも小さくなることもあるであろう。しかし $\Delta x$ が十分に小さいならば，平均変化率がある一定値 $\alpha$ に等しくなるという場合もある。このような場合を**微分可能**であると言う。また，$\alpha$ を点 $x_1$ における関数 $f(x)$ の**微分係数**と呼び，$f'(x_1)$ で表す（図 A3）。ここで，$\Delta x$ がゼロに近づくことを $\Delta x\to 0$ と書くことにすると，形式的には，

$$\Delta x\to 0 \text{ のとき,} \quad \frac{f(x_1+\Delta x)-f(x_1)}{\Delta x}\to f'(x_1)$$

と表すことができる。あるいは，

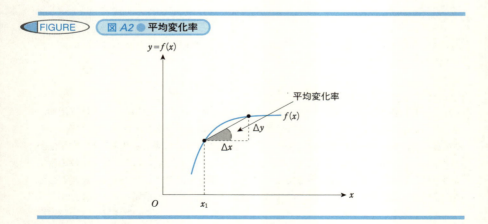

FIGURE　図 A2　平均変化率

## FIGURE 図A3 ● 接線の傾き

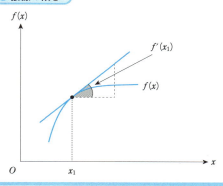

$$\lim_{\Delta x \to 0} \frac{f(x_1 + \Delta x) - f(x_1)}{\Delta x} = f'(x_1)$$

と表す。左辺は $\Delta x$ がゼロに近づくときの極限値を表している。図形的に表現すれば，$f'(x_1)$ は，関数 $f(x)$ に点 $x_1$ でちょうど接する直線（$x_1$ での接線）の傾きになっている。

関数 $f(x)$ が，考慮しているすべての $x$ で微分可能であるとき，$f'(x)$ を $f(x)$ の導関数と呼ぶ。関数 $f(x)$ が $x$ の厳密な増加関数であるときは $f'(x) > 0$ であり，厳密な減少関数であるときは $f'(x) < 0$ である。$y = f(x)$ の導関数を求めることを，$y$ を $x$ で微分すると言い，$dy/dx$ で表す。すなわち，

$$\frac{dy}{dx} = f'(x)$$

である。

**例2** $f(x) = x^2$ このとき，

$$\frac{f(x+\Delta x) - f(x)}{\Delta x} = \frac{(x+\Delta x)^2 - x^2}{\Delta x} = \frac{(x^2 + 2x\Delta x + \Delta x^2) - x^2}{\Delta x} = \frac{2x\Delta x + \Delta x^2}{\Delta x} = 2x + \Delta x$$

であるので，$\Delta x \to 0$ とすれば $2x$ となり，$f'(x) = 2x$ である。

経済学で広く用いられる関数形として，

$$f(x) = x^\alpha$$

というものがあるが，この導関数は，

$$f'(x) = \alpha x^{\alpha-1}$$

で与えられる。

数 学 付 録 733

## 3.2. 関数の積と商の微分

2つの関数 $g$ と $f$ がともに $x$ の関数であるとき，その積と商の微分を行うことができる。

---

**積の微分公式**

$$\frac{d}{dx}(g(x)f(x)) = g'(x)f(x) + g(x)f'(x)$$

**商の微分公式**

$$\frac{d}{dx}\left(\frac{g(x)}{f(x)}\right) = \frac{1}{f(x)^2}(g'(x)f(x) - g(x)f'(x))$$

---

## 3.3. 合成関数の微分

$z$ は $y$ の関数であり，$y$ は $x$ の関数である場合を考えよう。数式で表せば，

$$z = g(y), \quad y = f(x)$$

となっている状況である。この2つの関係を1つの式で表すと，

$$z = g(f(x))$$

となる。このとき，$z$ を $x$ で微分すると，

$$\frac{dz}{dx} = \left(\frac{dz}{dy}\right)\left(\frac{dy}{dx}\right) = g'(f(x))f'(x)$$

となる。これを合成関数の連鎖微分と呼ぶ。

---

**合成関数の連鎖微分**

$f$ が $x$ の関数であり，$g$ が $f$ の関数であるとき，

$$\frac{d}{dx}g(f(x)) = g'(f(x))f'(x)$$

---

### 例3　1人あたり資本の変化

マクロ経済モデルでは，時間を明示的に考慮に入れて分析することが多い。たとえば，貯蓄は現在の消費をあきらめて将来の消費を増加させることであるので，必然的に現在から将来へ続く時間の流れを考えることになる。$y$ が $x$ の関数である場合には，$y = f(x)$ と表したが，これと同じように，たとえば，資本 $K$ が時間の関数であることを $K(t)$ と表す。これは資本の水準が，時間の経過とともにどのように変化していくのかを表す関数である。時間がほんの少し経過した際の変化，すなわち瞬間的な変化は，$K(t)$ の $t$ についての微分，すなわち $dK(t)/dt$ で表される。多くの場合これを，

$$\dot{K}(t) \equiv \frac{dK(t)}{dt}$$

とドットをつけて表す。この式を $t$ を省略して,

$$\dot{K} \equiv \frac{dK}{dt}$$

と表すこともある。以下では，誤解が生じないかぎり，$t$ を明示的には書かないことにする。$\dot{K}>0$ であるならば，資本は時間の経過とともに増大しており，$\dot{K}=0$ ならば資本は一定にとどまっている。さて，1人あたりの資本ストックを考えると，それは $k=K/L=KL^{-1}$ と表すことができる。資本も労働も時間 $t$ の関数であるとすると，

$$\frac{dk}{dt}(=\dot{k}) = \frac{d}{dt}(KL^{-1}) = \frac{dK}{dt}L^{-1}+K\frac{d(L^{-1})}{dt} = \frac{dK}{dt}L^{-1}+K\frac{d(L^{-1})}{dL}\frac{dL}{dt}$$

$$= \frac{\dot{K}}{L}-L^{-2}\frac{dL}{dt}K = \frac{\dot{K}}{L}-nk$$

となる。ここで，$n$ は人口成長率，すなわち，

$$n = \frac{\dot{L}}{L}$$

である。なお，この結果は商の微分公式を用いれば，ただちに得られる。

**例4** ソローの成長モデル

第II部第11章で見たようにソローの経済成長モデルでは，

$$\dot{K} = sF(K,L)-\delta K$$

が成り立つ。両辺を $L$ で割ると，

$$\frac{\dot{K}}{L} = \frac{sF(K,L)}{L}-\delta\frac{K}{L} = sf(k)-\delta k$$

となるので，これを例3の結果に代入すると，

$$\dot{k} = sf(k)-(n+\delta)k$$

となる。この式は，$k$ とその時間微分である $\dot{k}$ を含んでいる。このようなある変数の微分（この場合は時間に関する微分）を含んでいる方程式を微分方程式と言う。

## 3.4. 偏微分

ある企業が資本 $K$ と労働 $L$ を投入して生産を行う場合を考えてみよう。この場合，すでに見てきたように生産関数は，

$$Y = F(K,L)$$

で表される。この場合，偏微分とは，2つの変数 $K$ と $L$ のうち，どちらか片方のみを限界的に（微小に）変化させた場合の平均変化率のことである。たとえば，$K$ についての偏微分を求める際には，$L$ の値を固定して（変化しないものと考えて），$K$ について微分を行えばよい。記号では，

$$\frac{\partial F}{\partial K}$$

と表す。なお，$\partial$ はラウンド・ディーと読む。

**例5** $F(K, L)=K^{1/3}L^{2/3}$。このとき，$L$ は変化しないものと見なして，$F$ を $K$ について微分すれば，次のようになる。

$$\frac{\partial F}{\partial K} = \frac{1}{3}K^{-2/3}L^{2/3}$$

### 3.5. 全微分

例として，$Y=F(K, L)$ を考えよう。この多変数関数において $K$ と $L$ が同時に微小量（$dK$ および $dL$）変化した場合の $Y$ の変化は，近似的に「$K$ 軸方向の傾き（平均変化率の極限）×$K$ の変化分」+「$L$ 軸方向の傾き（平均変化率の極限）×$L$ の変化分」である。多変数関数 $F$ の $K$ 軸方向の傾きは $\partial F/\partial K$ であり，$L$ 軸方向の傾きは $\partial F/\partial L$ であるので，$Y$ の変化は，

$$dY = \frac{\partial F}{\partial K}dK + \frac{\partial F}{\partial L}dL$$

で与えられることになる。これを関数 $F$ の**全微分**と言う。

### 3.6. オイラーの定理

ここで，同次関数に関するオイラーの定理を見ておこう。

---

**オイラーの定理**

$k$ 次同次の関数 $y=f(x_1, x_2)$ を考える。このとき，

$$kf(x_1, x_2) = \frac{\partial f}{\partial x_1}x_1 + \frac{\partial f}{\partial x_2}x_2$$

が成立する。

---

この定理を簡単に証明しておこう。$k$ 次同次であるので，

$$\lambda^k f(x_1, x_2) = f(\lambda x_1, \lambda x_2)$$

となるが，これを $\lambda$ で微分すると，

$$k\lambda^{k-1}f(x_1, x_2) = \frac{\partial f}{\partial (\lambda x_1)}x_1 + \frac{\partial f}{\partial (\lambda x_2)}x_2$$

を得る。これがどのような $\lambda>0$ に対しても成立するので，$\lambda=1$ と置くと，

$$kf(x_1, x_2) = \frac{\partial f}{\partial x_1}x_1 + \frac{\partial f}{\partial x_2}x_2$$

となる。

**例6** 1次同次の生産関数 $Y = F(K, L)$ を考える。このとき，オイラーの定理から，

$$F(K, L) = \frac{\partial F}{\partial K}K + \frac{\partial F}{\partial L}L$$

が成り立つ。ここで，完全競争のもとでは，資本の限界生産性は資本のレンタル価格 $r$ に，労働の限界生産性は実質賃金 $w$ にそれぞれ等しくなるので，

$$F(K, L) = rK + wL$$

となる。すなわち，生産関数が1次同次性を満たすならば，生産された財は資本所得と労働所得に完全に分配される。

### 3.7. ロピタルの定理

2つの関数の比の極限をとる際に，0/0 や ∞/∞ の形になってしまうことがあるが，そのような場合に用いることのできる定理にロピタルの定理がある。

---

**ロピタルの定理**

関数 $f(x)$ と $g(x)$ において，$\lim_{x \to a} f(x) = \lim_{x \to a} g(x) = 0$, のとき $(\lim_{x \to a} f(x) = \lim_{x \to a} g(x) = \pm\infty$ のとき)，

$$\lim_{x \to a} \frac{f(x)}{g(x)} = \lim_{x \to a} \frac{f'(x)}{g'(x)}$$

が成立する。

---

## 4. 指数関数と自然対数関数

関数 $y = a^x (a > 0)$ を $a$ を底とする指数関数と言う。この指数関数の逆関数を $a$ を底とする対数関数と呼び，$x = \log_a y$ で表す。

指数関数の性質のうち，

$$a^x a^y = a^{x+y}, \quad a^0 = 1$$

は重要である。

さて，$e$ を底とする指数関数 $f(x) = e^x$ を考えよう。ここで，$e$ は以下によって定義される。

$$\lim_{n \to \infty}\left(1 + \frac{1}{n}\right)^n = e$$

$e$ を底とする指数関数を $x$ で微分すると，

### 指数関数の微分

$$\frac{d}{dx}e^x = e^x$$

が成立する。

底が $e$ である対数関数を自然対数と呼び，$\ln x$ で表す。すなわち $\ln x = \log_e x$ である。自然対数関数 $f(x) = \ln x$ は，正の $x$ に対して定義され，以下のような性質を持つ。

$$\ln 1 = 0, \quad \ln x + \ln y = \ln xy, \quad \ln x^y = y \ln x$$

また，$\ln x$ の微分についての以下の結果は重要である。

### 自然対数関数の微分

$$\frac{d \ln x}{dx} = \frac{1}{x}$$

さらに，$a$ を底とする指数関数について，

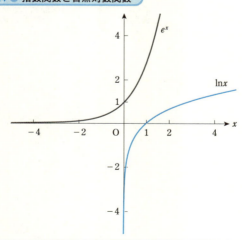

FIGURE 図 A4 ● 指数関数と自然対数関数

**指数関数の微分**

$$\frac{d}{dx}a^x = a^x\log_e a = a^x \ln a$$

が成立する。証明は以下のとおり。$f(x) = a^x (a > 0)$ は正の値をとるので，両辺の自然対数をとると $\ln f(x) = x \ln a$ となる。この両辺を $x$ で微分すると，

$$\frac{f'(x)}{f(x)} = \ln a \quad \Leftrightarrow \quad f'(x) = f(x)\ln a = a^x \ln a$$

となる。指数関数と自然対数関数を図に描くと図 A4 になる。

## 5. 役に立つ関係式

### 5.1. 対数線形近似

$x$ が十分に小さいとき，以下の近似式が成立する。

**対数線形近似**

$$\ln(1+x) \approx x$$

この近似式を証明しよう。$y = \ln(1+x)$ とおくと，$x = 0$ のとき $y = \ln(1+0) = 0$ であるので，これは原点を通ることがわかる。また，自然対数の微分の公式を用いると，

$$\frac{dy}{dx} = \frac{1}{1+x}$$

FIGURE　図 A5 ● $x=0$ における $\ln(1+x)$ の傾き

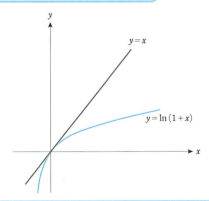

であるので，$\ln(1+x)$ の傾きは，$x=0$ のとき 1 である。原点を通って傾きが 1 であるので，$\ln(1+x)$ は原点で $y=x$ と接することがわかる。これらのことを図 A5 に描いてみよう。

この図から，$x$ が十分に小さいとき，$\ln(1+x)$ は $x$ で近似できることがわかる。

### 5.2. 成長率に関する関係式

> **成長率に関する関係式 1**
> $$\ln x_{t+1} - \ln x_t \approx \frac{x_{t+1} - x_t}{x_t}$$

対数の性質より，
$$\ln x_{t+1} - \ln x_t = \ln\left(\frac{x_{t+1}}{x_t}\right) = \ln\left(1 + \frac{x_{t+1} - x_t}{x_t}\right)$$
となるが，$(x_{t+1} - x_t)/x_t$ をまとめて $x$ と見なすと，$(x_{t+1} - x_t)/x_t$ が小さいとき，5.1. の対数線形近似式を用いることができ，
$$\ln\left(1 + \frac{x_{t+1} - x_t}{x_t}\right) \approx \frac{x_{t+1} - x_t}{x_t}$$
が成り立つ。すなわち，ある変数の対数値の差は，その変数の成長率になっているのである。

> **成長率に関する関係式 2**
> $z = x^\alpha y^\beta$ であるとする。このとき，
> $$\frac{\dot{z}}{z} = \alpha \frac{\dot{x}}{x} + \beta \frac{\dot{y}}{y}$$
> が成り立つ。

ある変数 $z$ は $x$ と $y$ の関数であり，
$$z = x^\alpha y^\beta$$
という関係を満たしているものとする。また，$x$, $y$ および $z$ はすべて正の数であり，時間 $t$ に依存しているとしよう。このとき，両辺の自然対数をとると，
$$\ln z = \ln x^\alpha y^\beta = \ln x^\alpha + \ln y^\beta = \alpha \ln x + \beta \ln y \tag{A5}$$
となる。ここで $\ln z$ を時間 $t$ で微分すると，
$$\frac{d\ln z}{dt} = \frac{d\ln z}{dz}\frac{dz}{dt} = \left(\frac{1}{z}\right)\frac{dz}{dt} = \frac{\dot{z}}{z}$$
となるが，これは $z$ のその時点 $t$ での変化率を表している。このように，ある変数の対数

値の時間微分はその変数の成長率になる。(A5) 式の最後に現れている $\alpha\ln x + \beta\ln y$ を時間について微分すると，

$$\alpha\frac{d\ln x}{dt} + \beta\frac{d\ln y}{dt} = \alpha\frac{d\ln x}{dx}\frac{dx}{dt} + \beta\frac{d\ln y}{dy}\frac{dy}{dt} = \alpha\left(\frac{1}{x}\right)\frac{dx}{dt} + \beta\left(\frac{1}{y}\right)\frac{dy}{dt}$$

となるので，結局，

$$\frac{\dot{z}}{z} = \alpha\frac{\dot{x}}{x} + \beta\frac{\dot{y}}{y}$$

という関係を得る。この式は，$x$, $y$ および $z$ の成長率間の関係を表しており，マクロ経済学では頻繁に用いられる関係式である。

もちろん，$z$ が $x$, $y$ のみならず，より多くの変数の関数である場合にも同様の関係が成り立つことを示すのは容易である。

### 例7 1人あたり資本ストックの成長率

人口成長率を $n$ としよう ($n = \dot{L}/L$)。1人あたりの資本ストックは，$k = K/L = K^1 L^{-1}$ と表すことができるので，「成長率に関する関係式2」より，

$$\frac{\dot{k}}{k} = \frac{\dot{K}}{K} - \frac{\dot{L}}{L} = \frac{\dot{K}}{K} - n \tag{A6}$$

となる。例3での導出と比較されたい。

### 例8 政府の予算制約式

国債を $B$，実質利子率を $r$，政府消費を $G$，税収を $T$ で表すことにすると，政府の予算制約式は，

$$\dot{B} = G + rB - T$$

と表すことができる。この式を1人あたりの変数を用いて書き直すことを考えよう。人口 $L$ は一定率 $n$ で成長しているものとし，1人あたり変数を小文字で表すことにしよう。たとえば，1人あたり国債残高を，

$$b = \frac{B}{L} = B^1 L^{-1}$$

とするのである。このとき，上式の両辺の対数をとり，時間について微分すれば，

$$\frac{\dot{b}}{b} = \frac{\dot{B}}{B} - n = \frac{G + rB - T}{B} - n = (r - n) + \left(\frac{G}{B} - \frac{T}{B}\right)$$

$$= (r - n) + \left(\frac{G}{L} - \frac{T}{L}\right)\frac{L}{B} = (r - n) + (g - \tau)\frac{1}{b}$$

となる。すなわち，1人あたりで表した政府の予算制約式は，

$$\dot{b} = (r - n)b + g - \tau$$

となるのである。

**例9** 成長会計分析

いま，マクロ生産関数が，

$$Y = AK^\alpha L^{1-\alpha}$$

であるとする。ここで，$A$ は技術水準を表している。このとき，両辺の対数をとって，時間で微分すると，

$$\frac{\dot{Y}}{Y} = \frac{\dot{A}}{A} + \alpha\frac{\dot{K}}{K} + (1-\alpha)\frac{\dot{L}}{L}$$

という関係が得られる。技術進歩率 $\dot{A}/A$ を直接観察することはできないが，産出量の成長率と資本と労働の投入量の変化率はデータから観察することができる。また，パラメータ $\alpha$ と $1-\alpha$ は資本分配率と労働分配率を表しているため，これらの変数もデータから計測することができる。このため，成長会計分析では，技術進歩率を，

$$\frac{\dot{A}}{A} = \frac{\dot{Y}}{Y} - \alpha\frac{\dot{K}}{K} - (1-\alpha)\frac{\dot{L}}{L}$$

として把握し，産出量成長率のうちから観測できる変数で説明できる要素を取り除いた残差として計測する。

## 6. 多期間モデルの最大化

まず，初めに変数が1つである場合の最大化条件を復習しておこう。変数 $x$ はすべての範囲で自由に動かすことができるとする。いま，関数 $f(x)$ が点 $x_1$ で最大になっているとしよう。この状況を図示すると図 A6 のようになる。

この図から明らかなように，関数 $f(x)$ が点 $x_1$ で最大になっているならば，$f'(x_1) = 0$ となる。この条件を最大化のための1階条件とも言う。図では，$f(x)$ の傾きを見ると，

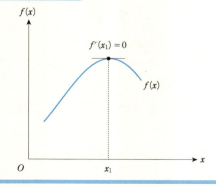

図 A6 ● $f(x)$ の最大化

最初は正の値をとるが，徐々に小さくなって，点 $x_1$ でゼロとなり，それ以降は負になっている。つまり，$f'(x)$ は $x$ の減少関数になっている。すなわち，もう一度 $f'(x_1)$ を微分した値（これを $f''(x_1)$ と表す）が負になっている。言い換えれば，$f'(x_1)=0$ かつ $f''(x_1)<0$ であるならば，関数 $f(x)$ は点 $x_1$ で最大値をとるのである。後者の条件を2階の条件と呼ぶ。

なお，ここでは $x$ を自由に変化させることができるとしていたが，変化させることのできる範囲が限られている場合（$x$ に制約がある場合）には注意が必要である。なぜならば，図 A6 において，$x$ が変化できる範囲に点 $x_1$ が含まれていないならば，当然，最大値は，$x_1$ 以外の点で与えられることになるからである。このような場合は，最大値は $x$ が動ける範囲についての制約の端点で与えられることになる。

### 6.1. 2期間の場合

マクロ経済学では，家計の消費・貯蓄行動や企業の投資行動を扱うが，これらは本質的に動学的（時間を通じた）行動である。このことは，たとえば，貯蓄が現在の消費を犠牲にして将来の消費を増加させることを意味していることからも理解できよう。したがって，マクロ経済学では多期間からなるモデルを頻繁に用いる。それらのなかでもっとも単純なものは，現在と将来の2時点のみを取り上げる2期間モデルである。そのため，ここでは，2期間生存する代表的家計からなる経済を考え，このモデルにおける最適化を簡単に見ておこう。

多くの場合，代表的家計の効用関数は，

$$U(c_1, c_2) = u(c_1) + \beta u(c_2), \quad 0<\beta<1 \tag{A7}$$

の形のものが用いられる。ここでは，第1期の消費を $c_1$，第2期の消費を $c_2$ で表しており，$\beta$ は将来の効用を現在の効用よりも低く評価することを表す割引因子である。また，各期の効用を表す $u$ については $u'>0$, $u''<0$ であるものとする。なお，

$$\beta \equiv \frac{1}{1+\rho}, \quad \rho>0$$

と置いて，$\rho$ を主観的割引率と言うことも多い。

さて，この家計の第1期の労働所得は $y_1$ であり，第2期の労働所得は $y_2$ である。第1期には，所得 $y_1$ を消費するか，あるいは貯蓄（金融資産として保有）するかを決定し，第2期には，第2期の所得 $y_2$ と貯蓄 ($a$) の元本と利子収入（$ra$：$r$ は実質利子率）の合計額をすべて消費することになる。式で表せば，

$$\text{第1期}: y_1 = c_1 + a \tag{A8}$$
$$\text{第2期}: y_2 + (1+r)a = c_2 \tag{A9}$$

という予算制約を満たさなければならないのである。家計は，(A8) 式と (A9) 式の制約のもとで，効用関数 (A7) 式を最大化する。2本の予算制約式 (A8) と (A9) から貯蓄 $a$ を消去すると，

$$y_1 + \frac{y_2}{1+r} = c_1 + \frac{c_2}{1+r} \tag{A10}$$

という式を得る。左辺は第1期の所得と第2期の所得を第1期の価値に割り引いたものの和であり，生涯所得を表している。同様に右辺は生涯消費を表しており，この式は，この家計の生涯の予算制約式である。以上より，代表的家計の解くべき問題は，生涯の予算制約式 (A10) のもとで，効用 (A7) 式を最大にするという制約付き最大化問題になることがわかる。

この問題は，ミクロ経済学の教科書で扱われている，財が2種類である場合の効用最大化問題とまったく同じ形であるので，同じ方法で解くことができる。ここでは，(A8) 式と (A9) 式を (A7) 式に代入して，この問題を制約なしの最大化問題に書き直すことによって解いてみよう。すなわち，

$$U = u(c_1) + \beta u(c_2) = u(y_1 - a) + \beta u(y_2 + (1+r)a) \tag{A11}$$

とするのである。このように表すと，代表的家計の問題は効用 (A11) 式を最大化するように，ただ1つの変数 $a$ を選べばよいことになる。したがって，(A11) 式を $a$ について微分してゼロと置けばよい。つまり，

$$\frac{dU}{da} = -u'(y_1-a) + \beta(1+r)u'(y_2+(1+r)a) = -u'(c_1) + \beta(1+r)u'(c_2) = 0$$

となる（内点解を仮定している）。この条件を変形すると，

$$\frac{u'(c_1)}{\beta u'(c_2)} = 1+r \tag{A12}$$

となる。これが2期間モデルにおける第1期の消費と第2期の消費の満たすべき最適条件であり，オイラー方程式と呼ばれる（一般に，オイラー方程式は異時点間の最適条件を与えるものである）。これは非常に重要な条件であるので，以下ではこの式を経済学的に解釈しておく。

効用関数 (A7) 式において，効用水準をある水準に固定し，その水準に対応する無差別曲線を求めてみよう。そのためには，効用水準が一定であるので，$dU=0$ としながら，(A7) 式を全微分すればよい。つまり，

$$dU = 0 = u'(c_1)dc_1 + \beta u'(c_2)dc_2$$

を計算するのである。これから，縦軸に第2期の消費，横軸に第1期の消費をとった場合の無差別曲線の傾きは，

$$\frac{dc_2}{dc_1} = -\frac{u'(c_1)}{\beta u'(c_2)}$$

であることがわかる。したがって，オイラー方程式 (A12) の左辺は無差別曲線の傾きにマイナスの符号をつけたものに等しい。一方，同じ平面上で考えると，生涯における予算制約式 (A10) は，$c_2 = -(1+r)c_1 + (1+r)y_1 + y_2$ と書き直すことができるので，その傾きは $-(1+r)$ であるが，これはオイラー方程式 (A12) の右辺に負の符号をつけたもので

## FIGURE 図A7 ● 2期間モデルの最適条件

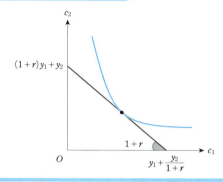

ある。つまり，オイラー方程式は，2時点の消費に関する無差別曲線が予算制約に接していることを表しているのである（図A7を見よ）。このことから，2期間モデルにおける1期目の消費と2期目の消費に関する最適条件は，ミクロ経済学で学ぶ2財モデルにおける消費の最適条件とまったく同じことを表していることが理解できよう。

### 6.2. 3期間以上ある場合

次にモデルが3期間以上にわたる場合の最適化について見ておこう。ここでは，代表的家計が1期から$T$期まで生きるものとしよう。このとき，効用関数は，

$$U = u(c_1) + \beta u(c_2) + \beta^2 u(c_3) + \cdots + \beta^{T-1} u(c_T) = \sum_{t=1}^{T} [\beta^{t-1} u(c_t)] \quad \text{(A13)}$$

となる。ここで，2期間の場合と同様に$u' > 0$, $u'' < 0$であるものとしている。$t$期の収入は労働所得＋金利収入（$y_t + r_t a_{t-1} : a_{t-1}$は$t$期初〔$t-1$期末〕に保有している金融資産額）であり，それを消費と貯蓄（$s_t = a_t - a_{t-1}$）に振り分けることになるので，$t$期の予算制約式は，

$$y_t + r_t a_{t-1} = c_t + a_t - a_{t-1} \quad \text{(A14)}$$

となる。この式より$c_t = y_t + (1+r_t) a_{t-1} - a_t$であるので，(A13) 式を，

$$\begin{aligned} U = {} & u(y_1 - a_1) + \\ & \cdots + \beta^{t-1} u(y_t + (1+r_t) a_{t-1} - a_t) + \beta^t u(y_{t+1} + (1+r_{t+1}) a_t - a_{t+1}) + \\ & \cdots + \beta^{T-1} u(y_T + (1+r_T) a_{T-1} - a_T) \end{aligned} \quad \text{(A15)}$$

と書き直すことができる（第1期の初めには金融資産は保有していないこと，すなわち$a_0 = 0$であることを仮定している）。したがって，(A15) 式を最大にするように$a_t$ ($t = 1, 2, \cdots, T$) を選択すればよい。ここで，この個人は$T$期までしか生存しないことを考え

ると，$T$ 期以降に資産を残すことは合理的ではないので，

$$a_T = 0 \tag{A16}$$

が明らかに最適である．さて，（A15）式を $a_t$ ($t=1, 2, \cdots, T-1$) について最大化すると，

$$-\beta^{t-1}u'(y_t+(1+r_t)a_{t-1}-a_t) + \beta^t(1+r_{t+1})u'(y_{t+1}+(1+r_{t+1})a_t-a_{t-1}) = 0$$

という条件を得る．この式を（A14）式を用いながら整理すると，

$$\frac{u'(c_t)}{\beta u'(c_{t+1})} = 1+r_{t+1} \tag{A17}$$

となるが，これは 2 期間モデルにおけるオイラー方程式（A12）とまったく同一の条件である．すなわち，3 期間以上のモデルにおいても議論は本質的に同じであることがわかる．

最後に，代表的家計の計画期間が無限大になった場合について簡単に付言しておく．この場合も（A17）式はそのままの形で成立するが，計画期間に終わりがないため，（A16）式はそのままの形では成り立たない．詳細は省くが，この場合には，この条件は無限先の金融資産の割引現在価値がゼロになるという条件に置き換えられる．実質金利 $r$ が一定である場合には，

$$\lim_{T \to \infty} \left(\frac{1}{1+r}\right)^T a_T = 0 \tag{A18}$$

と表すことができる．（A18）式は非ポンジー・ゲーム条件（No-Ponzi game condition）と呼ばれる．

## 7. 差分方程式と微分方程式

### 7.1. 差分方程式

すでに述べたように，マクロ経済学においては，時間を通じて経済が変化していくことを考慮する動学分析が必須である．たとえば，経済成長モデルにおいては，資本蓄積によって，時間とともに経済がどのように変化していくのかを分析している．このようにある変数が時間を通じて変化していく様子を分析する際の道具として，微分方程式と差分方程式がある．微分方程式が時間が連続的に変化していく場合を扱うのに対し，差分方程式は時間が離散的（$t=1, 2, 3, \cdots$）に変化していく場合を取り扱う．

もっとも簡単な差分方程式は，

$$x_{t+1} = a + bx_t$$

という形のものである．ここで，$a$ と $b$ は定数である．このタイプの差分方程式は，1 階の線形差分方程式と呼ばれる．「1 階」という言葉は，右辺には $x$ の 1 期前の変数のみが現れていることを意味している．また，「線形」という言葉は，$x_{t+1}$ と $x_t$ の関係が直線で表されることを意味している．したがって，

$$x_{t+1} = a + bx_t + cx_{t-1}$$

という形のものは2階の線形差分方程式という。これらに対して,

$$x_{t+1} = a + b(x_t)^2$$

は, $x_{t+1}$ と $x_t$ が非線形の関係にあるため, (1階の) 非線形差分方程式と呼ばれる。

### 7.2. 連立差分方程式・連立微分方程式と位相図

線形の連立差分方程式

$$\begin{aligned} x_{t+1} &= ax_t + by_t \\ y_{t+1} &= cx_t + dy_t \end{aligned} \quad \text{(A19)}$$

を考えよう。$\Delta x_t = x_{t+1} - x_t$, $\Delta y_t = y_{t+1} - y_t$ と置いて, (A19) 式を,

$$\begin{aligned} \Delta x_t &= (a-1)x_t + by_t \\ \Delta y_t &= cx_t + (d-1)y_t \end{aligned}$$

と変形しよう。$\Delta x_t$ と $\Delta y_t$ は, $t$ 期における $x_t$ と $y_t$ の変化分であるので, 1期間の長さが十分短いときには

$$\begin{aligned} \dot{x}_t &= (a-1)x_t + by_t \\ \dot{y}_t &= (x_t + (d-1)y_t \end{aligned} \quad \text{(A20)}$$

と考えることができる。すなわち, 連立差分方程式 (A19) は, 連立微分方程式 (A20) に対応している。どちらの場合も同じように分析することができるが, ここでは (A20) 式を用いて位相図による分析を説明する。(A20) 式より,

$$(a-1)x_t + by_t = 0 \quad \text{(A21)}$$

であるならば, $x$ は一定値にとどまり,

$$cx_t + (d-1)y_t = 0 \quad \text{(A22)}$$

であるならば, $y$ が一定値にとどまることがわかる。この2つの直線 (A21) 式と (A22) 式を $x$-$y$ 平面に描いてみよう (図A8)。これらの直線を描くにあたって, ここでは, $a>1$, $b>0$, $c>0$, $d<1$ の場合を取り上げる。

図A8から明らかなように, このモデルは4つの領域に分かれることになる。その各々の領域では, $x$ と $y$ の変化の符号が定まるので, 時間の経過とともにこのモデルがどのように変化していくのかを分析することができる。このとき, $x$ と $y$ が (A21) 線上を通過する際には, $x$ は一定値にとどまるため, $x$軸に対して垂直の方向 ($y$軸と平行) に変化し, (A22) 線上を通過する際には $y$軸に対して垂直方向 ($x$軸と平行) に変化することに注意しておくとよい。

**FIGURE** 図 *A8* ● 位相図(1)

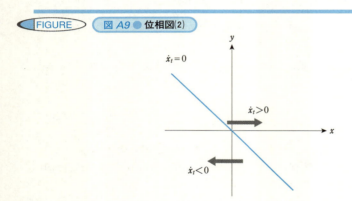

**FIGURE** 図 *A9* ● 位相図(2)

**FIGURE** 図 *A10* ● 位相図(3)

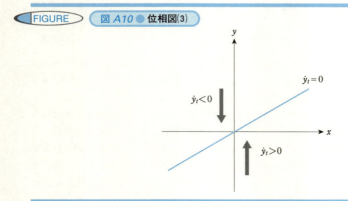

FIGURE 図 A11 ● 位相図(4)

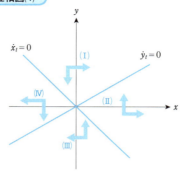

FIGURE 図 A12 ● 位相図(5)

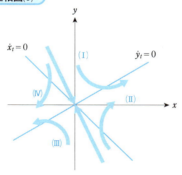

位相図を用いての動学分析を理解するためには，実際に描いてみることが早道である。ここでは，

$$\dot{x}_t = x_t + y_t$$
$$\dot{y}_t = x_t - 2y_t$$

という例を取り上げてみよう。このとき，$x$ が変化しないのは直線 $y_t = -x_t$ 上であり，$y$ が変化しないのは直線 $y_t = x_t/2$ 上である。また，直線 $y_t = -x_t$ より上側の領域では，$\dot{x}_t = x_t + y_t > 0$ であるので，$x$ は時間とともに増加していき，直線 $y_t = -x_t$ より下側の領域では減少していく。一方，$y_t = x_t/2$ より上側の領域では，$\dot{y}_t = x_t - 2y_t < 0$ であるので，$y$ は減少していき，$y_t = x_t/2$ より下側の領域では増加していく。図 A9・A10 はこれらの結果を表している。

次に，この 2 つの図を組み合わせて描こう（図 A11）。

数学付録　749

図A11から明らかなように，領域Iでは$x$は増加していくが，$y$は減少していき，領域IIでは両者ともに増加する。領域IIIでは，$x$は減少するが$y$は増加し，領域IVではともに減少する。また，すでに述べたように，$x$と$y$が$\dot{x}_t=0$線上を通過する際には，$x$軸に対して垂直方向に変化し，$\dot{y}_t=0$線上を通過する際には，$y$軸に対して垂直方向に変化する。以上の情報を総合すると，この連立微分方程式の動学経路は，図A12のように描くことができる。

領域Iと領域IIIに原点に向かう経路が1つだけ存在し，$x$と$y$の初期値がその経路上にあった場合は定常状態（$x$も$y$も変化しない状態。この場合は原点）に収束していくが，それ以外の場合はすべて発散していくことになる。このような場合を鞍点（サドル）安定的と呼び，収束していく経路を鞍点（サドル）経路と呼ぶ。ここで，馬の鞍を思い出してみよう。馬の鞍は，腰を下ろす部分の前側と後側は中心から離れるに従って高くなっているが，両足を置く左側と右側の部分は中心から離れると低くなっていく。この鞍の上でボールを転がすことを想像してみよう。偶然，前後の高くなっている部分の尾根（出っ張っている，一番高い部分の連なり）の真上にちょうどボールが乗っているならば，そのボールは尾根の最低点に向かって転がっていき，最終的には最低点で止まることになるだろう。しかし，尾根から左右に少しでもずれてしまった場合は，スピードを上げながら転がり落ちてしまうことになる。図A12に描かれた状況はちょうどこれと同じであるので，鞍点経路と呼ばれるのである。

なお，経済モデルにおいては，資本ストックのように変数の初期値が決まっている変数を非ジャンプ変数（先決変数），投資水準のように初期値が自由に変化できる変数をジャンプ変数（非先決変数）と呼ぶ。上で示した鞍点安定的な場合に，経済が定常状態に収束していくかどうかはモデルの構造に依存している。たとえば，1つの変数が投資水準であり，もう1つの変数が資本ストックであるならば，資本ストックの初期値は決まっているが投資水準の初期値はその期に自由に決めることができるので，与えられた資本の初期値に対して，定常状態に収束するような投資水準を選ぶことができるが，変数が2つとも先決変数である場合は，両変数の初期の値も歴史的に決まっているため，その組み合わせが，偶然，鞍点経路上にあった場合を除き，このモデルの解は発散していくことになる。

もちろん，一般的な線形の連立微分方程式体系においては，どのような初期値から出発しても定常状態に収束していく場合もあるし，定常状態以外のどのような点から出発しても発散してしまう場合もある。このような場合については，微分方程式の標準的なテキストを参照されたい。

## 8. 連続型ラムゼー・モデルの位相図

位相図による分析は，非線形のモデルにも適用できる。以下では，典型的な成長モデルを例として取り上げて，この点を見てみよう。家計は1人だけであり，無限の時間的視野を持っているとする。（A13）式の効用関数において，$T\to$無限大とすると，

$$U = u(c_1) + \beta u(c_2) + \beta^2 u(c_3) + \cdots = \sum_{t=1}^{\infty} [\beta^{t-1} u(c_t)]$$

となる。これは，もちろん，1期間の長さを1とした離散型のモデルである。以下では，議論を簡単にするために，当初はこれまでと同様に離散型でモデルを描写し，後に連続型に書き直すことにする。そのために，時間を $\Delta t$ の長さに区切って，

$$t, \ t+\Delta t, \ t+2\Delta t, \ t+3\Delta t, \cdots$$

のように考えることにしよう。このとき，割引因子は，$\Delta t$ 区間で定義されているので，

$$\beta \equiv \frac{1}{1+\rho \Delta t}$$

となる。これを用いるとオイラー方程式（A17）は，

$$\frac{u'(c_t)}{\left(\frac{1}{1+\rho \Delta t}\right) u'(c_{t+\Delta t})} = 1 + r_{t+\Delta t} \Delta t$$

と書き直すことができる。ここで，利子率は $\Delta t$ 期間にわたって支払われるので，利子受取の項に $\Delta t$ が掛けられている。この式を変形すると，

$$\frac{u'(c_{t+\Delta t})}{u'(c_t)} = \frac{1+\rho \Delta t}{1+r_{t+\Delta t}\Delta t}$$

となる。このとき，$r\Delta t$ と $\rho \Delta t$ がゼロに近いならば，近似的に，

$$\frac{1+\rho \Delta t}{1+r_{t+\Delta t}\Delta t} \approx 1 + \rho \Delta t - r_{t+\Delta t}\Delta t$$

が成り立つ。この近似式は，

$$(1+\rho \Delta t - r\Delta t) \times (1+r\Delta t) = 1 + \rho \Delta t - r\Delta t + r\Delta t + (r\Delta t)(\rho \Delta t) - (r\Delta t)^2 \approx 1 + \rho \Delta t$$

であることから確認できる。したがって，

$$\frac{u'(c_{t+\Delta t})}{u'(c_t)} = 1 + \rho \Delta t - r_{t+\Delta t}\Delta t \quad \Leftrightarrow \quad \frac{u'(c_{t+\Delta t}) - u'(c_t)}{u'(c_t)} = \rho \Delta t - r_{t+\Delta t}\Delta t$$

が成り立つ。2番目の式の両辺を $\Delta t$ で割って，$\Delta t \to 0$ とすれば，

$$\lim_{\Delta t \to 0} \frac{\frac{u'(c_{t+\Delta t}) - u'(c_t)}{\Delta t}}{u'(c_t)} = \frac{\frac{d}{dt}u'(c_t)}{u'(c_t)} = \frac{u''(c_t)\dot{c}_t}{u'(c_t)} = \lim_{\Delta t \to 0} \rho - r_{t+\Delta t} = \rho - r_t$$

すなわち，

$$-\frac{u''(c_t)\dot{c}_t}{u'(c_t)} = r_t - \rho \tag{A23}$$

という微分方程式を得ることができる。これが，連続型のラムゼー・モデルにおけるオイラー方程式である。

さて，資本ストックを $k$，企業の生産関数を $f(k)$ で表そう。完全競争のもとでは，実質利子率は資本の限界生産性に等しくなるため，

$$r_t = f'(k_t)$$

となる（資本減耗はないものとしている）。この 2 つの式から代表的家計の最適条件は，

$$-\frac{u''(c_t)\dot{c}_t}{u'(c_t)} = f'(k_t) - \rho \tag{A24}$$

と表すことができる。一方，財市場の均衡条件は，

$$f(k_t) = c_t + \dot{k}_t$$

であるので，資本ストックの動きを描写する微分方程式として，

$$\dot{k}_t = f(k_t) - c_t \tag{A25}$$

を得る。

以上のことから，この経済の動学経路は（A24）式と（A25）式の 2 つからなる非線形連立微分方程式体系の解として与えられることがわかる。

さて，線形モデルの場合と同様に，$\dot{c}_t = 0$ と $\dot{k}_t = 0$ を表す軌跡を求めよう。（A24）式から，

$$f'(k_t) = \rho$$

のとき，$\dot{c}_t = 0$ となることがわかるが，この式の右辺は定数であるので，$k_t$ も定数になる。すなわち，縦軸に $c$，横軸に $k$ をとった場合，$k$ 軸に垂直な直線が $\dot{c}_t = 0$ を表すことになる。この資本の水準を $k^*$ と表すことにしよう。一方 $\dot{k}_t = 0$ を表す曲線は，（A25）式より，

$$c_t = f(k_t)$$

であるので，傾きは $f'(k_t)$ であり右上がりの曲線になる。以上のことより，$\dot{k}_t = 0$ および $\dot{c}_t = 0$ を表す線は，図 A13 のように描くことができる。

FIGURE 図 A13 ● 位相図(6)

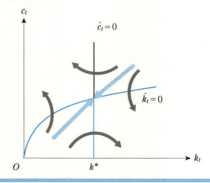

最後に，位相図に動きの向きを表す矢印を書き込んでいこう。(A25) 式から，$\dot{k}_t=0$ より下側の領域では $f(k_t)-c_t>0$ であるので，資本ストックは増加していき，上側の領域では反対の不等号が成り立つため資本ストックは減少していくことがわかる。他方，(A24) 式を見ると，$f'$ は減少関数なので，$k_t<k^*$ のとき（$\dot{c}_t=0$ より左側の領域では）消費は増加し，$k_t>k^*$ のとき消費は減少することがわかる。以上の情報と，$c$ と $k$ が $\dot{c}_t=0$ 線上を通過する際には，$c$ 軸に対して垂直方向に変化し，$\dot{k}_t=0$ 線上を通過する際には，$k$ 軸に対して垂直方向に変化することに気をつければ，図 A13 のような位相図を描くことができる。この位相図から，この体系は鞍点安定的であり，離散型のラムゼー・モデルと同じ性質を持つことがわかる。ここでは，$k$ は先決変数であり，$c$ は非先決変数であるので，与えられた $k$ の初期値に対して，鞍点経路上に乗るように $c$ の初期値が決まることによって，定常状態へ収束する経路が一意に定まることになる。

以上では，離散型でモデルを記述し，最適条件を導出したうえで，その期間の長さをゼロに持っていくことによって，連続型の最適条件を導いた。しかし，通常は，連続型モデルの最適化問題は最適制御理論を用いることによって分析される。成長理論の本格的な学習をするためには，最適制御理論は必須の知識である。最適制御理論を学ぶために有益なテキストを以下にあげてあるので，意欲のある読者は，ぜひそれらのテキストにチャレンジしてほしい。

### BOOK GUIDE ● 文献案内

高校レベルの数学の復習が必要である場合には，

①馬場敬之・高杉豊 [2008]『スバラシク実力がつくと評判の大学基礎数学キャンパス・ゼミ――大学の数学がこんなに分かる！ 単位なんて楽に取れる！』マセマ出版社

②小寺平治 [2007]『超入門 微分積分』講談社

などの読みやすいテキストで基礎知識を確認しておくことを薦めたい。

入門レベルのマクロ経済学で用いられる数学については，多くの良書があるが，ここでは，

③A. C. Chiang and K. Wainwright [2005] *Fundamental Methods of Mathematical Economics*, 4th ed., McGraw Hill Higher Education（小田正雄ほか訳 [2010]『現代経済学の数学基礎 上・下（第 4 版）』シーエーピー出版）

④尾山大輔・安田洋祐編 [2013]『経済学で出る数学――高校数学からきちんと攻める（改訂版）』日本評論社

⑤武隈愼一・石村直之 [2003]『基礎コース 経済数学』新世社

⑥西村和雄 [1982]『経済数学早わかり』日本評論社

をあげておく。③と④は，高校までに学んだ数学の知識があれば十分に読み進むことができる非常に読みやすいテキストであり，最適化や微分方程式まで広い範囲の話題を扱っている。⑤は標準的な経済数学の入門書である。⑥は出版されて

からかなりの時間が経つが，図形的イメージが豊富であり，現在においても経済学的直観をつかむのに非常に役立つテキストである。

これらのレベルのテキストを終えた後の演習書としては，

⑦中村勝之［2009］『大学院へのマクロ経済学講義』現代数学社

がある。同書は，大学院の入試問題を題材として取り上げ，中級レベルのマクロ経済学で用いられる数学を丁寧に解説している。

マクロ経済学に限らず，経済学で用いられる数学を厳密な形で学びたい読者には，

⑧岡田章［2001］『経済学・経営学のための数学』東洋経済新報社

を薦める。

上級のマクロ経済学を学ぶ際に避けて通ることのできない最適制御理論については，③の第20章が簡潔に説明しており，最初に読むものとして薦めることができる。より詳しい解説としては，

⑨A. C. Chiang［1999］*Elements of Dynamic Optimization*, Waveland Press Inc.（小田正雄ほか訳［2006］『動学的最適化の基礎』シーエーピー出版）

⑩R. J. Barro and X. Sala-i-Martin［2004］*Economic Growth*, 2nd ed., MIT Press（大住圭介訳［2006］『内生的経済成長論II（第2版）』九州大学出版会）

の数学付録が優れている。

経済学における非線形差分方程式については，

⑪西村和雄・矢野誠［2007］『マクロ経済動学』岩波書店。

を参照されたい。

## EXERCISE 練習問題

**A1** 以下の関数を最大にする $x$ の値を求めなさい。

(1) $y = -2x^2 - 20x$ (2) $y = 10\ln x - \frac{1}{2}x$

**A2** 次の関数を微分しなさい。

(1) $3^x$ (2) $e^x \ln x$ (3) $\dfrac{2+x^3}{\sqrt{x}}$

**A3** 以下の場合に，$x$ と $y$ の成長率を用いて，$z$ の成長率を表しなさい。ここで，$A$, $\alpha$, $\beta$ は正の定数である。

(1) $z = Ax^\alpha$ (2) $z = x^\alpha y^{1-\alpha}$ (3) $z = x^2 y^3$

**A4** マクロ経済学では，

$$u(c) = \frac{c^{1-\gamma} - 1}{1-\gamma}, \quad \gamma > 0$$

の形の効用関数がしばしば用いられる。この効用関数において $\gamma \to 1$ とした

場合に，
$$u(c) = \ln c$$
となることをロピタルの定理を用いて証明しなさい。

**A5** 数学付録 6.1. の 2 期間モデルを考える。家計の効用関数を，
$$U(c_1, c_2) = \ln c_1 + \frac{1}{1+\rho} \ln c_2, \quad \rho \geq 0$$
とする。第 1 期と第 2 期の予算制約は，
$$y_1 = c_1 + a, \quad y_2 + (1+r)a = c_2$$
である。このとき，最適な貯蓄（$a$）を求めなさい。

## 練習問題解答

◆第 2 章　国民経済計算の考え方・使い方

**2-1**〜**2-5**　略。

**2-6**

(1)

ケース 1 のラスパイレス指数

$$\frac{50\times 0 + 100\times 100}{100\times 0 + 50\times 100}\times 100 = 200$$

ケース 1 のパーシェ指数

$$\frac{50\times 100 + 100\times 0}{100\times 100 + 50\times 0}\times 100 = 50$$

ケース 2 のラスパイレス指数

$$\frac{50\times 50 + 100\times 50}{100\times 50 + 50\times 50}\times 100 = 100$$

ケース 2 のパーシェ指数

$$\frac{50\times 50 + 100\times 50}{100\times 50 + 50\times 50}\times 100 = 100$$

(2)　ケース 1 では，リンゴとミカンの代替関係が著しく，相対的に安い価格に需要がシフトしている。その結果，ラスパイレス指数では，値段が上がったミカンのウエートが高まり，指数が上昇している。一方，パーシェ指数では，値段が下がったリンゴのウエートが高まり，指数が逆に低下している。

　ケース 2 では，リンゴとミカンの補完関係が強く，相対的な値段の変化にもかかわらず，リンゴとミカンへの需要が安定している。その結果，ラスパイレス指数でも，パーシェ指数でも，物価指数の水準に変化がない。

**2-7**

(1)　2003 年度から 2007 年度までの累積成長率 9.3％ のうち，民間最終消費支出（3.0％），民間企業設備投資（3.1％），純輸出（3.9％）の貢献が大きかった。

(2)　2008 年 9 月のアメリカ投資銀行（リーマン・ブラザーズ）の公的救済に端を発する金融危機（リーマン・ショックと呼ばれている）の結果，純輸出（－1.1％）や民間企業設備投資（－1.1％）が大きく落ち込み，国内所得の減少から民間最終消費支出（－1.1％）も落ち込んだ。すなわち，2003 年度から 2007 年度の経済成長を支えた 3 支出項目がすべて下落した。

(3)　2014 年 4 月の消費税増税（5％ から 8％ への税率引き上げ）を控えて，2013 年度に家計消費や民間住宅投資の前倒しが活発となって，民間最終消費支出が 1.5％，民間住宅投資が 0.3％，それぞれ成長に貢献した。

2-8 政府消費支出の主体は公的部門の人件費であり，それが行政サービスの生産とみなされるので，経済規模に比して政府消費支出の比率が高いことは，公的部門を通じた公共サービスが充実していることを意味している。政府消費支出が名目 GDP の 4 分の 1 前後に達する北欧の国々で公共サービスが充実している。逆に，アメリカや韓国では，公共サービスが充実していない。日本の公共サービスは，OECD 加盟国の中で平均的な充実度である。

## ◆第 3 章　資金循環表と国際収支統計の作り方・見方

3-1 ～ 3-4　略。

3-5　家計部門で資金供給規模が縮小してきている背景は，少子高齢化の進行で貯蓄をする若年・中年階層の世帯に比して，貯蓄を取り崩す高齢階層の世帯が拡大している点があげられる。一方，企業部門が資金過剰主体に転じた背景には，国内の市場縮小を反映して設備投資を控えるようになったこと，将来の変動に備えて収益を企業内部に留保する傾向が強いこと，企業が海外進出の資金を積み立てるようになってきた点があげられる。

3-6　外国為替レートが大きく変動する環境においては，貿易取引や資本取引のタイミングと，統計を作成するために収支額を円換算するタイミングがずれると，誤差脱漏が大きくなる傾向がある。

3-7
(1)　輸入拡大の要因としては，原油や液化天然ガスなどの輸入原材料価格が高騰していることに加えて，福島第一原子力発電所事故で国内の原発が停止した結果，火力発電のために液化天然ガスをより大量に輸入せざるをえなくなった。輸出縮小の要因としては，一部の輸出企業の国際競争力が低下傾向にあることなどがあげられる。
(2)　2013 年になって円安が加速する中で，企業が海外において活発な生産活動や投資活動であげた収益を円換算した規模が拡大した。
(3)　企業が金融投資や設備投資の対象を，収益性の低い国内市場から，発展性を期待できる海外市場にシフトさせている要因が大きいと考えられる。

## ◆第 4 章　労 働 統 計

4-1
　　　ア　労働力人口　　　イ　完全失業者（数）　　ウ　就業者（数）　　エ　労働力調査
　　　オ　求職意欲喪失者　カ　非労働力人口　キ　有効求人数　ク　有効求職者数

4-2　①が正しい。②については，日本の完全失業率がピークに達したのは 2002 年である。③については，有効求人倍率はハローワーク経由の求人，求職のみがカウントされている。④については，日本の平均労働時間数は減少傾向にある。⑤については，実質賃金は名目賃金以上に伸びてはいない。

4-3　④が正しい。①については，就業者数の変化は完全失業率の分母である労働力人口に影響を与えるので，完全失業率にも影響を与えるはずである。②については，不完

図 4A-1 ● 完全失業率および有効求人倍率の推移

全就業者は労働力人口に含まれる。③については，繰り越し求職者数の増加は分母である有効求職者数を増加させることから，有効求人倍率は低下する。⑤については，法定労働時間を定めているのは労働基準法である。

**4-4** 2050 年から 2060 年にかけて実質賃金は 50% 伸びたのだから，以下の式が成立していることになる。

$$\frac{2060 年時給 / 2060 年物価}{2050 年時給 / 2050 年物価} = 1.5$$

左辺は，(2060 年時給/2050 年時給)/(2060 年物価/2050 年物価) = 1.2/(2060 年物価/2050 年物価) なので，

$$\frac{1.2}{2060 年物価 / 2050 年物価} = 1.5$$

が成立し，

$$\frac{2060 年物価}{2050 年物価} = 1.2/1.5 = 0.8$$

となる。よって，2050 年を 100 としたときの 2060 年の物価水準は 80 となる。

**4-5** 図 4A-1 に示した。完全失業率は長期的に上昇トレンドが見受けられるが，有効求人倍率にはそうした傾向は見られない。両者の関係で特徴的なのは，有効求人倍率が高い（低い）ときには失業率が低く（高く）なる傾向，すなわち相反関係が見られる点である。

◆第 6 章　閉鎖経済の短期モデルの展開

**6-1 〜 6-5** 略。

**6-6**

(1) 3%−2%＝1%。
(2) 輸入石油の国際市況が突然高騰したことが国内物価に波及した，中央銀行が予想外に大幅な金融緩和を実施して物価が急騰した，など。
(3) 借り手の実質的な金利負担は，1%（3%−2%）ではなく，マイナス2%（3%−5%）と低下しているので，金利負担が軽減した借り手が得をしている。「富者」を貸し手（債権者），「貧者」を借り手（債務者）とすれば，「予想を超えたインフレ率は，富者から貧者への贈り物」と解釈できる。

## 6-7
(1) 均衡財政ケースでは，$G=T$ を (6-5) 式に代入すると，
$$Y = \frac{1}{1-c}[C_0 + I + (1-c)G]$$
$$= \frac{1}{1-c}(C_0 + I) + 1 \times G$$
が得られる。この場合，政府消費の係数が 1 に等しくなり，政府消費に関する乗数効果が 1 となる。したがって，政府消費が $\Delta G$ 分増大しても総所得は $\Delta G$ しか拡大しない。

(2) 比例所得税（$T=tY$）の場合，消費関数は，
$$C = c(Y-tY) + C_0$$
$$= c(1-t)Y + C_0$$
と書き換えられる。また，計画支出と生産の均等式は，
$$Y = E$$
$$= c(1-t)Y + C_0 + I + G$$
となる。上の均等式を $Y$ について解くと，
$$Y = \frac{1}{1-(1-t)c}(C_0 + I + G)$$
を得ることができる。この場合，乗数効果は $1/(1-c)$ から $1/\{1-(1-t)c\}$ へ低下する。

## 6-8
(1) 財市場の均衡条件より，
$$Y = 40 + 0.6Y + 100 - 4r$$
$$\Leftrightarrow \quad r = -0.1Y + 35 \quad (IS 曲線)$$

(2) 貨幣市場の均衡条件より，
$$400 = 20 + 0.3Y - n(r-2)$$
$$\Leftrightarrow \quad r = \frac{1}{n}(0.3Y - 380) + 2 \quad (LM 曲線)$$

(3) 設備投資は実質金利に影響を受けるので，$IS$ 曲線に登場する金利は実質金利である。一方，貨幣保有の機会費用は名目金利であるため，$LM$ 曲線に登場する金利は名目金利

である。フィッシャー方程式によって名目金利は実質金利と期待インフレ率の和に等しいが，ここで物価水準は固定されているため，期待インフレ率もゼロである。よって，名目金利と実質金利は一致する。

(4) $n$ は実質貨幣需要が名目金利にどれだけ敏感に反応するかを表す数値である。$n \to \infty$ のとき，つまり実質貨幣需要が名目金利に無限弾力的であるとき，(2)より $LM$ 曲線の傾きはゼロに収束するため（$\lim_{n \to \infty} 1/n = 0$），$LM$ 曲線は $r=2$ で水平線となる。このような状況を流動性の罠と呼ぶ。

(5) $LM$ 曲線 $r=2$ を $IS$ 曲線に代入すると，均衡産出量は330兆円である。よって，完全雇用 GDP より20兆円小さい。この差を埋めるべく，中央銀行は名目貨幣供給を増加させるとしよう。ところが，実質貨幣需要が名目金利に無限弾力的であるため，名目貨幣供給をいくら増加させても $LM$ 曲線は水平のままでシフトしない。よって，金融政策のみによって完全雇用 GDP を達成することは不可能である。

(6) 完全雇用 GDP を達成するために必要となる新たな財政支出を $\Delta G$ とする。すると，$\Delta G$ だけ財政支出を増加させた後の $IS$ 曲線は以下のようになる。

$$Y = 40 + 0.6Y + 100 - 4r + \Delta G$$
$$\Leftrightarrow \quad Y = -10r + 350 + 2.5\Delta G$$

ここで，$LM$ 曲線は $r=2$ で水平線なので，財政支出の増大は金利上昇による設備投資のクラウディング・アウトを引き起こさない。よって，総所得は乗数効果による上昇分である $2.5\Delta G$ だけそのまま増加する。いま，有効需要不足は20兆円なので，これより，

$$2.5\Delta G = 20$$
$$\Delta G = 8$$

となる。よって，新たに8兆円財政支出を増加させることによって，完全雇用 GDP を達成できる。

**6-9** 財政支出を $G$ と置いたまま，$IS$ 曲線，$LM$ 曲線を導出し，均衡生産量を求める。財市場の均衡式 $Y = C + I + G$ より，

$$Y = 30 + 0.6Y + 20 - 2r + G$$

が求められ，$IS$ 曲線は，

$$r = 25 + 0.5G - 0.2Y$$

となる。$LM$ 曲線は貨幣市場の均衡式より，

$$200 = 0.5Y + 180 - 5r$$

が導かれ，$LM$ 曲線は以下のようになる。

$$r = 0.1Y - 4$$

均衡生産量は IS 曲線と LM 曲線の交点より導出できるので，

$$Y = \frac{290}{3} + \frac{5}{3}G$$

が求められる．これより財政支出乗数は 5/3 とわかるので，財政支出を 10 増加させたときの国民所得の増加分は，

$$10\frac{\Delta Y}{\Delta G} = 10 \times \frac{5}{3} = \frac{50}{3}$$

となる．

**6-10** まず，$d$ に具体的な数値を代入せずに，IS 曲線，LM 曲線，総需要曲線を導出する．財市場の均衡式より，IS 曲線は次のように書ける．

$$Y = 20 + 0.75Y + 100 - dr$$
$$\Leftrightarrow \quad r = \frac{120}{d} - \frac{Y}{4d} \tag{6A-1}$$

貨幣市場の均衡式より，LM 曲線は次のように書ける．

$$\frac{200}{P} = 180 + \frac{Y}{3} - 5r \tag{6A-2}$$

総需要曲線とは，財市場と貨幣市場を同時に均衡させる物価水準と産出量の関係を表す．よって，IS 式を LM 式に代入し，利子率を消去することで総需要曲線を導出できる．

$$\frac{200}{P} = 180 + \frac{Y}{3} - 5\left(\frac{120}{d} - \frac{Y}{4d}\right)$$
$$\Leftrightarrow \quad Y = \left(\frac{600}{d} + \frac{200}{P} - 180\right)\frac{12d}{4d+15} \tag{6A-3}$$

以上の 3 本の式を利用して，各設問に答える．

**(1)** $d=5$ のケース

**1-a)** いま，$d=5$ であることから，IS 曲線は (6A-1) 式より次のように書ける．

$$r = 24 - \frac{Y}{20}$$

LM 曲線は (6A-2) 式に相等する．

**1-b)** 総需要曲線は，(6A-3) 式より以下のように書ける．

$$P = \frac{2400}{720 + 7Y} \tag{6A-4}$$

**1-c)** 物価水準 $P=1$ を (6A-4) 式に代入すると均衡 GDP は，

$$1 = \frac{2400}{720 + 7Y}$$
$$Y = 240$$

均衡 GDP は完全雇用 GDP に比べ，10 兆円不足している．さらに，均衡 GDP を IS 曲線に代入することにより，

$$r = 24 - \left(\frac{1}{20}\right)240$$

$$r = 12\%$$

1-d) (6A-4) 式に $Y=250$ を代入すればよい。

$$P = \frac{2400}{720+1750} \approx 0.97$$

したがって完全雇用 GDP を達成するためには，物価水準は約 3% 下落しなければならない。

(2) $d=4$ のケース

2-a) $d=4$ を (6A-1) 式に代入すると，以下の IS 曲線を導出できる。

$$r = 30 - \frac{Y}{16} \quad (IS 曲線：d=4)$$

LM 曲線は (6A-2) 式に相当する。

2-b) 総需要曲線は，(6A-3) 式より以下のように導出できる。

$$P = \frac{9600}{1440+31Y} \quad (総需要曲線：d=4) \quad\quad (6A-5)$$

2-c) 物価水準 $P=1$ を (6A-5) 式に代入すると均衡 GDP は，

$$1 = \frac{9600}{1440+31Y}$$

$$Y \approx 263.2$$

よって，均衡 GDP は完全雇用 GDP に比べ，約 13.2（兆円）超過している。さらに，均衡 GDP を IS 曲線に代入することにより，

$$r = 30 - \left(\frac{1}{16}\right)263.2$$

$$r = 13.55\% \quad (均衡利子率：d=4)$$

2-d) (6A-5) 式に $Y=250$ を代入すればよい。

$$P = \frac{9600}{1440+31 \times 250} \approx 1.045$$

したがって，完全雇用 GDP を達成するためには，物価水準は 4.5% 上昇しなければならない。

(3) 両方のケースの IS 曲線を比較すると，金利感応度が高いときのほうが，切片が低く，傾きが緩やかな線になる。両 IS 曲線とも，総生産 480，金利 0 の点の $x$ 軸上で交わる。そのため，$d=4$ のもとでの IS 曲線のほうが，$d=5$ のもとでの IS 曲線よりも上方に位置する。一方で，LM 曲線は投資の金利感応度によらず一定である。したがって，価格を所与とすると $d=4$ のときのほうが GDP が高いことがわかる。価格を所与とすると，$d=4$ のもとでの総需要曲線のほうが，$d=5$ のもとでの総需要曲線よりも上方（右方）にある。その結果，ある完全雇用 GDP に対して，$d=5$ のときよりも，$d=4$ のときのほうが，より高い均衡 GDP 水準を与える。

このような相違が生じる背景は次のとおりである。金利の1単位の上昇は設備投資の$d$単位の低下をもたらし，これは乗数効果を加えた$d/(1-c)$単位のGDPの低下をもたらす。したがって，金利感応度$d$が高いときのほうが，設備投資のGDPへの貢献が低下する。そのため，価格，貨幣供給量を所与とすると，金利感応度が高い場合のほうが全般的に総需要が低くなって物価水準が低下する。

### 6-11
(1) 生産は消費財の付加価値分の9億円，所得は90人分の給与総額9億円（1000万円/人×90人），支出は所得9億円がすべて消費に充てられるので9億円となる。ただし，消費支出の内訳は，就業者が1人あたり955万円，失業者が1人あたり405万円となる。

(2) (2)のケースでは，政府に1人あたり1000万円で雇われた元失業者は，政府において行政サービスを生産することになる。行政サービスの価値は，経費で評価するので，1億円となる（1000万円/人×10人）。したがって，生産は，消費財の付加価値9億円と行政サービスの1億円を合わせて10億円となる。所得は，100人がすべて1000万円で就業しているので，10億円となる（1000万円/人×100人）。支出は，9億円の消費財への支出（民間消費）と1億円の行政サービスへの支出（政府消費）を合わせて10億円となる。

(3) 国民経済計算の会計ルールでは，政府の雇用が，その内容いかんにかかわらず，人件費分だけ行政サービスが生産されたとみなされて，A国の生産水準に追加されるから。

(4) 6-7(1)の解答のとおり。

## ◆第7章　閉鎖経済の中期モデルの展開

### 7-1 〜 7-3 略。

### 7-4 
実質賃金設定関数，$G(N)=\beta N^\theta (\theta>0)$を，産出量で表すと，以下の式が成立する。

$$G\left(\frac{Y}{\alpha}\right) = \beta\left(\frac{Y}{\alpha}\right)^\theta$$

潜在産出量（$Y_p$）で実質賃金が$\alpha/(1+\mu)$に等しくならなければならないので次の式が成立する。

$$\beta\left(\frac{Y_p}{\alpha}\right)^\theta = \frac{\alpha}{1+\mu}$$

第2の式からは，$\beta=(\alpha/1+\mu)(\alpha/Y_p)^\theta$を導けるので，それを第1の式に代入すると，

$$G\left(\frac{Y}{\alpha}\right) = \frac{\alpha}{1+\mu}\left(\frac{Y}{Y_p}\right)^\theta$$

を導き出すことができる。

### 7-5
(1) 財市場の均衡条件式より，

$$IS 曲線：0.4Y = 30 - 40r$$

貨幣市場の均衡条件式より，

$$LM \text{ 曲線}: \frac{100}{P} = 10 + 0.5Y - 50r$$

IS 曲線と LM 曲線より金利を消去することで総需要曲線を求めることができる。

$$AD \text{ 曲線}: P = \frac{200}{2Y - 55}$$

(2) 合理的期待形成のもとでは，個々の企業は経済全体の潜在雇用水準や潜在 GDP を念頭に置いて，経済全体で成立するであろう物価水準をもって予想物価水準 $P^e$ とする。雇用水準が潜在的水準のとき，実質賃金は $\alpha/(1+\mu)$ となり，

$$G\left(\frac{Y_p}{\alpha}\right) = \frac{\alpha}{1+\mu}$$

が成立するので，実質賃金設定関数から決まってくる総供給曲線において，

$$P = \frac{1+\mu}{\alpha} P^e G\left(\frac{Y_p}{\alpha}\right) = \frac{1+\mu}{\alpha} P^e \frac{\alpha}{1+\mu} = P^e$$

が成立する。

(3) 図 7A-1 が示すように，名目貨幣供給の減少により総需要曲線が下方にシフトする結果，均衡 GDP と均衡物価水準はともに下がる。それに伴い，予想物価水準も新たな均衡物価水準まで下方に改定される。しかし，ここでは GDP が潜在 GDP より乖離し，総供給曲線が予想物価水準と潜在 GDP の組み合わせをかならず通過しなければならないという条件を満たすことができない。この要件を満たすため，総供給曲線が下方にシフトし，C 点において予想物価水準が形成されなければならない。よって，予想された名目貨幣供給の低下は，物価水準の減少を招くものの，GDP 水準には影響を与えない。つまり，貨幣の中立性が成立している。

(4) 図 7A-1 が示すように，名目貨幣供給の減少は予想されておらず，当初各企業は名目

**FIGURE　図 7A-1　合理的期待形成**

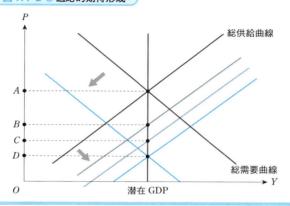

図 7A-2 ● 適応的期待形成

貨幣供給は不変であり総需要曲線もシフトしないと想定して予想物価水準を設定するので，予想物価水準はA点の水準にある。その結果，総供給曲線にもシフトは起こらない。そこに，想定していなかった名目貨幣供給の減少が起こり，総需要曲線は下方にシフトするので，物価水準が下落するとともに，GDPも潜在GDPを下回る水準となる。よって，この時点では予想されていない名目貨幣供給の低下については，貨幣の中立性は成立していない。しかし，来期には個々の企業が名目貨幣供給の縮小を織り込んで物価水準を予想するので，それにより総需要曲線は下方にシフトし，GDPは以前の潜在GDPに戻る。したがって，貨幣の中立性はふたたび成立する。

(5) 図7A-2に示すように，負の貨幣ショックにより総需要曲線が下方にシフトしても，予想物価水準は以前の物価水準であるA点で設定されるので，総供給曲線はシフトしない。その結果，GDPが潜在GDPを下回り，物価水準はA点からB点まで下落する。来期には適応的期待形成によって前期の物価水準であるB点に予想物価水準が設定されるので，総供給曲線は潜在GDPと物価水準B点を通過するところまでしか下方にシフトしない。その結果，GDPは依然として潜在GDPを下回るとともに，物価水準はB点からC点まで下落する。翌々期にも，予想物価水準がC点に設定され，総供給曲線の下方シフトは小幅にとどまる。このように，適応的期待形成の場合，予想物価水準がD点に徐々にしか近づかないため，長い期間にわたってGDPが潜在GDPを下回る。その間，貨幣の中立性は成立していない。

## 7-6

(1) 本文図7-22が示すように，個々の企業はインフレ率が名目貨幣供給成長率に等しくなることを予想するので（$\pi^e = g'_M$），インフレ供給曲線とインフレ需要曲線の切片が等しくなり，A点の均衡でGDPが潜在GDPと等しくなる。よって，個々の企業が名目貨幣供給量の成長率を正しく予測しているかぎり，貨幣の中立性が成立しているので，金

融政策によって独占による過小供給を是正することは不可能である。

(2) 本文図7-22が示すように，個々の企業はインフレ率を$g'_M$と予想して価格設定を行っているので，インフレ供給曲線はシフトしない。反面，インフレ需要曲線は，名目貨幣供給成長率がさらに上昇した分だけ上方にシフトする。その結果，均衡は$A$点から$B$点に移動する（本文図7-22）。$B$点ではGDP水準が潜在GDPを超えて完全雇用GDPに近づいている。しかし，個々の企業が名目貨幣供給成長率が$g''_M$まで上昇することを見越している場合には，彼らが予想するインフレ率は$g''_M$まで引き上げられる。よって，インフレ供給曲線が上方にシフトし，$C$点においてGDPが潜在水準に引き戻されるばかりでなく，当初より高いインフレ率が実現することになる。

(3) このケースでは，中央銀行の政策変更が個々の企業に察せられてしまった結果，人びとの予想インフレ率が変化し，結果的に意図した政策効果（GDPを完全雇用GDPに近づけること）が得られないばかりか，高インフレという弊害も生み出している。このように，政策変更が人びとの期待に影響を及ぼすことによって，人びとの行動自体を変えてしまい，意図した政策効果が得られない場合がある。こうした問題は，ルーカス批判と呼ばれている。

(4) 本文図7-22が示すように，名目価格が硬直的なケースでは，均衡が即座に$C$点に回帰することはなく，しばらくの間，GDPは潜在GDPを上回って推移する。この場合，独占による過小生産問題は金融政策によってある程度持続的に是正することが可能となる。

## ◆第8章　新しいケインジアンのマクロ経済モデル

### 8-1

(1) テイラー・ルールに基づく，$t$期の政策金利$i_t$は，

$$i_t = a(\pi_t - \pi_1^*) + b(y_t - y_t^p) + (r + \pi_1^*) \tag{8A-1}$$

となる。

また，$t+1$期において，テイラー・ルールにおいてインフレ目標が達成されて，経済が潜在GDPの水準にあることから，

$$i_{t+1} = r + \pi_{t+1}^*$$

となる一方で，期待$IS$曲線において経済が潜在GDPの水準にあることから，

$$i_{t+1} = r^n + \pi_1^*$$

となる。よって，$r = r^n$となり，この関係を使って，(8A-1)式から$r$を消去すると，$t$期の政策金利は，

$$i_t = a(\pi_t - \pi_1^*) + b(y_t - y_t^p) + (r^n + \pi_1^*) \tag{8A-2}$$

となる。

(2) (8A-2)式を期待 IS 曲線に代入して整理すると，

$$(1+b\sigma)(y_t-y_t^p) = -a\sigma(\pi_t-\pi_1^*)$$

となる。$\theta/(1-\omega)=-(1+b\sigma)/a\sigma$ のときには，期待 IS 曲線とニューケインジアン・フィリップス曲線を同時に満たす GDP とインフレ率の組み合わせは無数に存在する。それ以外の場合には，両者を同時に満たす組み合わせは，$\pi_t=\pi_1^*$，$y_t-y_t^p$ しか存在しない。

以上のことから，$t-1$ 期から $t$ 期にかけては，インフレ率が古い目標インフレ率から新しい目標インフレ率に上昇し，経済は潜在 GDP の水準にとどまったままである。$t$ 期から $t+1$ 期にかけては，インフレ率と GDP には変化がない。つまり，新しい均衡への調整はただちに $t$ 期に行われる。

### 8-2

(1) 本文(8-7)式で示されたように，このような財政支出の変化により，$t$ 期の自然利子率は $t-1$ 期のそれ（$r^n$）よりも上昇することになる。テイラー・ルールを期待 IS 曲線に代入すると，

$$(1+b\sigma)(y_t-y_t^p) = -a\sigma(\pi_t-\pi^*)+\sigma(r_t^n-r)$$

が得られ，これにニューケインジアン・フィリップス曲線を代入してインフレ率を消去すると，

$$\left(1+b\sigma+\frac{a\theta\sigma}{1-\omega}\right)(y_t-y_t^p) = \sigma(r_t^n-r)$$

となる。$r=r^n$ であるが，$r$ が $r_t^n$ に等しくないことが問題 8-1 と違う点である。$t-1$ 期も同様の式が成立しているが，自然利子率が上昇していることから，$t$ 期には GDP ギャップが $t-1$ 期と比較して正の方向に大きくなって，経済が潜在 GDP 以上の水準にあることがわかる。

ニューケインジアン・フィリップス曲線の関係から，$t$ 期のインフレ率は目標インフレ率よりも高くなる。

(2) $t-1$ 期には，$t$ 期から $t+1$ 期にかけて財政支出の対 GDP 比が一定と予想されており（実際は予想に反して対 GDP 比の上昇があった），$t$ 期から $t+1$ 期にかけても財政支出の対 GDP 比が一定である。潜在 GDP の成長率が時間を通して一定とされていることから，財政支出の予想成長率も変化がなく，自然利子率にも変化がない。したがって，$t$ 期から $t+1$ 期にかけて，インフレ率は目標インフレ率の水準で変化がなく，経済が潜在 GDP の水準にあり続ける。

### ◆第9章　開放経済モデルの展開

**9-1 ～ 9-4** 略。

**9-5** 基準年に比して交易条件が悪化して $P^{EX}<P^{IM}$（$P^{EX}/P^{IM}<1$）となると，$P^{EX}<\tilde{P}$ が成り立つ。この場合，以下に示すように交易利得は負値をとる。

### 表 9A-1 ● Big Mac Index に基づく購買力平価と実質為替レート

|  | Big Mac の現地価格 ($P$, 円建て) | Big Mac のアメリカでの価格 ($P^*$, ドル建て) | 名目為替レート ($e$, 円/ドル) | 購買力平価 ($P/P^*$) | 実質為替レート ($eP^*/P$) |
|---|---|---|---|---|---|
| 2000 年 4 月 | 294 | 2.51 | 106.00 | 117.13 | 0.90 |
| 2001 年 4 月 | 294 | 2.54 | 124.00 | 115.75 | 1.07 |
| 2002 年 4 月 | 262 | 2.49 | 130.00 | 105.22 | 1.24 |
| 2003 年 4 月 | 262 | 2.71 | 120.00 | 96.68 | 1.24 |
| 2004 年 5 月 | 262 | 2.90 | 113.00 | 90.34 | 1.25 |
| 2005 年 6 月 | 250 | 3.06 | 106.72 | 81.70 | 1.31 |
| 2006 年 1 月 | 250 | 3.15 | 114.31 | 79.37 | 1.44 |
| 2006 年 5 月 | 250 | 3.10 | 112.11 | 80.65 | 1.39 |
| 2007 年 1 月 | 280 | 3.22 | 121.59 | 86.96 | 1.40 |
| 2007 年 6 月 | 280 | 3.41 | 122.32 | 82.11 | 1.49 |
| 2008 年 6 月 | 280 | 3.57 | 106.86 | 78.43 | 1.36 |
| 2009 年 7 月 | 320 | 3.57 | 92.57 | 89.64 | 1.03 |
| 2010 年 1 月 | 320 | 3.58 | 91.54 | 89.39 | 1.02 |
| 2010 年 7 月 | 320 | 3.73 | 87.18 | 85.71 | 1.02 |
| 2011 年 7 月 | 320 | 4.07 | 78.37 | 78.72 | 1.00 |
| 2012 年 1 月 | 320 | 4.20 | 76.92 | 76.24 | 1.01 |
| 2012 年 7 月 | 320 | 4.33 | 78.22 | 73.95 | 1.06 |
| 2013 年 1 月 | 320 | 4.37 | 91.07 | 73.23 | 1.24 |
| 2013 年 7 月 | 320 | 4.56 | 100.11 | 70.18 | 1.43 |
| 2014 年 1 月 | 310 | 4.62 | 104.25 | 67.10 | 1.55 |
| 2014 年 7 月 | 370 | 4.80 | 101.53 | 77.16 | 1.32 |
| 2015 年 1 月 | 370 | 4.79 | 117.77 | 77.24 | 1.52 |
| 2015 年 7 月 | 370 | 4.79 | 123.94 | 77.24 | 1.60 |

$$TG = \frac{P^{EX}EX - P^{IM}IM}{\tilde{P}} - (EX - IM)$$

$$< \frac{P^{EX}EX - P^{IM}IM}{P^{EX}} - (EX - IM)$$

$$= \frac{P^{EX} - P^{IM}}{P^{EX}} IM < 0$$

同様に，基準年に比して交易条件が改善して $P^{EX} > P^{IM}$ となると，$TG > 0$ が成り立つ。

9-6 購買力平価と実質為替レートは表 9A-1 のように計算される。2000 年 4 月から 2001 年 4 月の期間と 2009 年 7 月から 2012 年 7 月の期間を除いて，実質為替レートは 1 を大きく上回り，実際の名目為替レートは購買力平価に比して円安となっていた。とくに，2015 年 1 月以降，円安傾向はいっそう顕著となった。

9-7 金利平価関係からは，以下の関係が成立している。

$$(1+i^J_{2015})(1+i^J_{2016})(1+i^J_{2017})(1+i^J_{2018})(1+i^J_{2019})$$

$$= \frac{1}{e_{2015}}(1+i^A_{2015})(1+i^A_{2016})(1+i^A_{2017})(1+i^A_{2018})(1+i^A_{2019})e_{2020}$$

なお，左辺は J 国で運用した場合の（J 国通貨建て）収益，右辺は A 国で運用した場合の（J 国通貨建て）収益を示している。したがって，金利平価関係が成立しているとすると，現時点の為替レートは以下のように導出できる。

$$e_{2015} = \frac{(1+i^A_{2015})(1+i^A_{2016})(1+i^A_{2017})(1+i^A_{2018})(1+i^A_{2019})}{(1+i^J_{2015})(1+i^J_{2016})(1+i^J_{2017})(1+i^J_{2018})(1+i^J_{2019})} e_{2020}$$

したがって，次のような名目為替レート（$e_{2015}$）が算出される。

シナリオ A：$104.0 \approx \dfrac{(1+0.03)(1+0.03)(1+0.03)(1+0.03)(1+0.03)}{(1+0.01)(1+0.01)(1+0.03)(1+0.03)(1+0.03)} \times 100$

シナリオ B：$108.2 \approx \dfrac{(1+0.03)(1+0.03)(1+0.03)(1+0.03)(1+0.03)}{(1+0.01)(1+0.01)(1+0.01)(1+0.01)(1+0.03)} \times 100$

すなわち，J 国の長期的な金融緩和が予想されている場合，現時点のテン通貨はより減価する。

## 9-8
(1) 金利の上昇で通貨が増価して純輸出が減少する。また，総所得の増加は，輸入を誘発して純輸出を低下させる。

(2) IS 曲線は以下のように導出される。

$$Y = \frac{1}{1-0.6+0.1}[-(5+5)r+G+C_0+I_0-NX_0]$$

(3) 閉鎖経済の IS 曲線と比べた開放経済の IS 曲線は，財政支出の乗数効果が 2.5（＝1/(1−0.6)）から 2.0（＝1/(1−0.6+0.1)）に低下する一方，金利に関する感応度は，5 から 10 に上昇している。乗数効果と金利感応度を合わせた効果は，12.5（＝2.5×5）から 20.0（＝2.0×10）に増大している。

## 9-9
本章で展開した開放経済モデルのインプリケーションを踏まえて，自由に議論しなさい。

## 9-10
交易条件の悪化として交易条件比率の分母である円建て輸入価格が上昇する要因としては，本文図 9-A1 が示すように，原油や液化天然ガスの米ドル建て価格の高騰が 21 世紀に入って顕著となった。一方，交易条件比率の分子である円建て輸出価格が下落する要因としては，本文図 9-A3 が示すように，電気・電子機器のようにかつての花形輸出産業は，21 世紀に入って激しい国際競争の結果，円相場の動向にかかわらず契約通貨建て価格を引き下げざるをえない状況に直面してきた。ただし，本文図 9-A2 が示すように，輸送用機器は，円高期に契約通貨ベースの価格を引き上げ，円安期に契約通貨ベースの価格を引き下げる傾向が依然として認められ，国際競争力を維持してきた。

◆第10章　労働市場の長期モデル

**10-1**
(1) 利潤を最大化する企業は，労働の限界生産性と実質賃金が一致するように雇用水準を決めようとする。実質賃金が低下すれば，労働の限界生産性も低くなるように雇用水準を決めるので，限界生産性逓減の法則より，雇用水準は上昇しなければならない。よって，実質賃金の低下は労働需要を増大させる。
(2) 名目賃金が一定のまま物価水準が上昇すると，実質賃金が低下する。よって(1)より，労働需要は増大する。
(3) 実質賃金が上昇すると，代替効果としては時間を余暇として使うよりも働くほうがより魅力的になるので労働供給を増大させる。その一方で，実質賃金が上昇すれば所得水準が増大するので，それは余暇に対する需要を増やし，労働供給は縮小させる方向に働く（所得効果）。ある人が実質賃金の上昇に対して労働供給を増大させたならば，代替効果が所得効果を上回ったことを意味する。

**10-2**　ア：低下　イ：需要　ウ：上昇　エ：上昇　オ：縮小

**10-3**　正解は④である。①については，$UV$曲線は雇用失業率と欠員率の関係を示したものである。②については，景気が良くなることはかならずしも$UV$曲線を内側にシフトさせるとは言えない。③については，$UV$曲線が外側にシフトすると同じ求人倍率の下で失業者は就職しにくくなる。⑤については日本でも$UV$曲線のシフトは観察される（本文図10-8参照）

**10-4**
(1) 労働需要＝労働供給を考えて，$12-w=w$より$w=6$。労働供給関数を使って$L=w=6$。よって均衡賃金は6，均衡雇用量も6。
(2) 最低賃金水準は「均衡賃金＋1」なので7。このときの労働需要は$L=12-7=5$。労働供給は$L=7$。よって雇用量は5となり，失業水準は2となる。

**10-5**
(1) 自然失業率＝失業流入率÷（失業流入率＋失業流出率）なので，

$$0.05 = 失業流入率 \div (失業流入率 + 0.38)$$

が成立していなければならない。この方程式を解くと，失業流入率は0.02，すなわち2％となる。
(2) 自然失業率＝失業流入率÷（失業流入率＋失業流出率）＝$1\div(1+($失業流入率/失業流出率$))$なので，失業流出率が半分になったときに失業流入率も半分になってはじめて同じ自然失業率となる。よって，答えは1％である。
(3) 平均失業期間は(1)の場合には$1/0.38\fallingdotseq 2.6$，(2)の場合には$1/0.19\fallingdotseq 5.3$。(2)の場合の平均失業期間は(1)の倍に相当する。
(4) 失業への流入と失業からの流出が一致している必要がある。よって，

$$0.005 \times 就業者数 + 0.005 \times 非労働力人口 = 0.12 \times 失業者数 + 0.12 \times 失業者数$$

が成立していなければならない。左辺第1項は就業から失業への流入数，第2項は非労働力から失業への流入数，右辺第1項は失業から就業への流出数，第2項は失業から非労働力への流出数を表す。就業者数＝非労働力人口なので，上の式を書き換えると，

$$0.01 \times 就業者数 = 0.24 \times 失業者数$$

である。失業率の定義は失業者数÷(就業者数＋失業者数)なので，上式をこの定義に当てはめると，自然失業率は4％となる。

◆第11章　閉鎖経済の長期モデル

**11-1 ～ 11-3**　略。

**11-4**　成長会計の計算結果は表11A-1のようになる。

**11-5**　貯蓄率が10％から80％のレンジについて，定常状態における労働力1人あたりの資本ストック，消費，生産は図11A-1のように描かれる。

**11-6**

(1) 右辺の各生産要素を $\lambda$ 倍（$\lambda$ は任意の正の定数）すると，

$$(\lambda K)^{\alpha}(\lambda AL)^{1-\alpha} = \lambda K^{\alpha}(AL)^{1-\alpha} = \lambda Y$$

となり，産出量も $\lambda$ 倍となる。よって，与えられた生産関数は1次同次である。

また，生産関数の両辺を $AL$ で割ると，

$$\frac{Y}{AL} = \left(\frac{K}{AL}\right)^{\alpha}\left(\frac{AL}{AL}\right)^{1-\alpha}$$

となる。したがって，次の関係を導出できる。

**表11A-1 ● 労働力1人あたりの成長会計**

| 年度 | 労働力1人あたり実質GDP(注1) | 同年成長率 | 労働力1人あたり実質生産資本(注2) | 同年成長率 | 総要素生産性（$\alpha = 0.44$ と想定） |
|---|---|---|---|---|---|
| 1969 | 348.9 | | 625.0 | | |
| ↓ | | 3.8% | | 8.3% | 0.1% |
| 1980 | 523.7 | | 1,502.8 | | |
| ↓ | | 2.6% | | 1.6% | 1.9% |
| 1990 | 679.0 | | 1,767.0 | | |
| ↓ | | 0.4% | | 1.5% | −0.3% |
| 2000 | 704.6 | | 2,051.9 | | |
| ↓ | | 1.0% | | 2.1% | 0.1% |
| 2013 | 806.8 | | 2,675.5 | | |

(注) 1. 2005年基準に合わせたもの，万円。
　　 2. 2005年基準のGDPデフレーターで実質化したもの，万円。

**図 11A-1 ● 合理的期待形成**

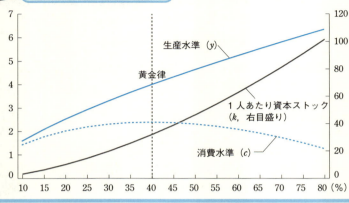

$$y = k^\alpha$$

(2) 「効率労働単位あたりの資本」の時間あたり変化は，次のように導出することができる。

$$\frac{\Delta k}{k} = \frac{\Delta K}{K} - \frac{\Delta A}{A} - \frac{\Delta L}{L}$$

$$= \frac{sY - \delta K}{K} - g - n$$

$$= \frac{sY}{K} - (g + n + \delta)$$

ここで，両辺に $k$ をかけると，

$$\Delta k = \frac{sY}{K}k - (g + n + \delta)k$$

$$= s\frac{Y}{K}\frac{K}{AK} - (g + n + \delta)k$$

$$= s\frac{Y}{AK} - (g + n + \delta)k$$

$$= sy - (g + n + \delta)k$$

となる。したがって，次の式が求められる。

$$\Delta k = sk^\alpha - (g + n + \delta)k \qquad (11\text{A-}1)$$

なお，ここでのモデルと第 11 章のソロー・モデルとの相違点は，右辺第 2 項に $g + n$

が加わったことである。$(g+n)k$ の部分は以下のように解釈できる。いま，「効率労働単位あたりの資本」は $k=K/AL$ と定義しているため，かりに総資本水準 $K$ が一定でも，技術 $A$ や労働 $L$ が上昇すれば，「効率労働単位あたりの資本」は減少することになる。実際，効率労働 $AL$ の成長率は $g+n$ であるため，ここではその分も貯蓄水準から控除する必要がある。よって，貯蓄水準から資本減耗分と効率労働の成長分を除いた部分が資本蓄積に貢献することになる。

(3) 「効率労働単位あたりの資本」が一定の値を取り続ける定常状態（$\Delta k=0$）では，(11A-1) 式より，

$$sk^\alpha = (g+n+\delta)k$$

これを $k$ について解くと，

$$k = \left(\frac{s}{g+n+\delta}\right)^{\frac{1}{1-\alpha}}$$

が得られる。また，生産関数に代入することにより，以下の式を得られる。

$$y = k^\alpha = \left(\frac{s}{g+n+\delta}\right)^{\frac{\alpha}{1-\alpha}}$$

(4) (11A-1) 式の右辺第 1 項は，生産水準を垂直方向に $s$ の割合が縮小した曲線として描写される。一方，右辺第 2 項は，$(g+n+\delta)$ を傾きとして持つ原点を通る直線となる。いま，経済は「効率労働単位あたりの資本」が一定の値を取り続けている状態にあるために，$\Delta k=0$ である。ここで，技術進歩率 $g$ が低下すると，$(g+n+\delta)k$ の直線の傾きが小さくなり，(11A-1) 式の右辺第 1 項が第 2 項を上回り，$k$ が増加し始める。$k$ が増加するに従って (11A-1) 式右辺の第 1 項と第 2 項はともに増加するが，$k$ の限界生産性は逓減しているため，いずれ第 1 項と第 2 項は等しくなる。よって，$\Delta k=0$ となり，「効率労働単位あたりの資本」が一定の値となる新たな定常状態に移る。

## 11-7

(1) まず，乗数効果を通じた需要拡大効果を考える。財市場の均衡条件式より，

$$Y = \frac{1}{(1-t)(1-c)}I$$

よって，乗数効果を通じた投資の需要拡大効果は，

$$\Delta Y = \frac{1}{(1-t)(1-c)}\Delta I$$

と表すことができる。次に，資本蓄積を通じた供給拡大効果を考える。生産関数より，

$$\Delta Y = A\Delta K$$

となる。よって，需給が均衡するためには，以下の式が成り立つ必要がある。

$$\frac{1}{(1-t)(1-c)}\Delta I = A\Delta K$$

$\Delta K=I$ より，保証成長率は，

$$\frac{\Delta I}{I} = A(1-t)(1-c) \qquad (11\text{A-}2)$$

と導出できる。いま，$A=0.5$，$c=0.7$，$t=0.2$ なので，保証成長率は 0.12 である。なお，$\Delta I/I = \Delta Y/Y$ が成立していることに留意しなさい。

(2) 現実の経済成長率が保証成長率を上回ると，資本不足となるため投資は増加する。投資の増加はその乗数倍だけ産出量を増加させるため，現実の経済成長率は高まる。しかし，保証成長率は外生的に値が与えられている定数 $(A, c, t)$ にのみ依存しているので，変わらない。よって，現実の経済成長率と保証成長率の差は広がり，経済はより資本不足に陥るため，現実の経済成長率と保証成長率との差はさらに拡大する。

一方，現実の経済成長率が保証成長率を下回ると，資本過剰となるため投資は抑制される。投資の減少は乗数倍だけ産出量を減らすため，より現実の経済成長率と保証成長率の差は広がり，資本過剰はさらに拡大する。よって，現実の経済成長率と保証成長率との差はさらに広がる。

◆第 12 章　安定化政策

**12-1**

(1) ニューケインジアン・フィリップス曲線を損失関数に代入すると，

$$\pi_t^2 + 0.25(2\pi_t - 2\pi_{t+1} - 0.04)^2 + \pi_{t+1}^2 + 0.25(2\pi_{t+1} - 0.04)^2$$

となる。これを最小化する解は，$t$ 期と $t+1$ 期のインフレ率でそれぞれ偏微分してゼロと置いた，

$$2\pi_t + (2\pi_t - 2\pi_{t+1} - 0.04) = 4\pi_t - 2\pi_{t+1} - 0.04 = 0$$
$$-(2\pi_t - 2\pi_{t+1} - 0.04) + 2\pi_{t+1} + (2\pi_{t+1} - 0.04)$$
$$= -2\pi_t + 6\pi_{t+1} = 0$$

を満たす。$\pi_t$ と $\pi_{t+1}$ について解くと，

$$\pi_t = 0.012, \quad \pi_{t+1} = 0.004$$

となる。つまり，$t$ 期に選ばれる将来のインフレ率は 0.4% になる。

(2) ニューケインジアン・フィリップス曲線を損失関数に代入すると，

$$\pi_{t+1}^2 + 0.25(2\pi_{t+1} - 0.04)^2$$

となる。$\pi_{t+1}$ で微分してゼロと置くと，

$$2\pi_{t+1} + (2\pi_{t+1} - 0.04) = 0$$

となる。これを解くと，$t+1$ 期に選ばれる，そのときのインフレ率は 1% になる。つまり，$t$ 期に望ましいとされるインフレ率よりも高くなっている。

**12-2** 財市場の均衡式に消費関数を代入すると，

$$Y_t = 0.4(Y_t - T_t + Y_{t+1} - T_{t+1}) + I_t + G_t$$

が得られる．これを変形すると，

$$Y_t = \frac{0.4}{0.6}(Y_{t+1} - T_t - T_{t+1}) + \frac{1}{0.6}(I_t + G_t)$$

となる．

(1) $T_t$ が6だけ増えると，GDP は4だけ増える．
(2) $T_t$ と $T_{t+1}$ がそれぞれ6増えると，GDP は8だけ増える．
(3) $G_t$ が6増えると，GDP は10だけ増える．

**(別解)** まず，現在の GDP の水準を計算して，それぞれの政策を変更したときの GDP を計算していくことでも解ける．

現在の GDP の水準を計算するため，財市場の均衡式を変形して，各需要項目の値を代入すると，

$$Y_t = 0.4(Y_t - 50 + 300 - 50) + 50 + 50$$

となり，変形すると，

$$0.6Y_t = 0.4 \times 200 + 100 = 180$$

から，

$$Y_t = 300$$

となる．(1)で現在に6だけの減税があると，

$$Y_t = 0.4(Y_t - 44 + 300 - 50) + 50 + 50$$

となり，

$$0.6Y_t = 0.4 \cdot 206 + 100 = 182.4$$

から，

$$Y_t = 304$$

となる．GDP は4だけ増加している．

**12-3**　「量的・質的金融緩和」が導入された2013年4月4日の金融市場調節方針に関する公表文では，「『量的・質的金融緩和』は，2％の『物価安定の目標』の実現を目指し，これを安定的に持続するために必要な時点まで継続する」という金融緩和の時期の記述がされている．それ以前の2013年1月に2％の物価安定の目標を導入した「物価安定の目標の実現を目指し，実質的なゼロ金利政策と金融資産の買入れ等の措置を，それぞれ必要と判断される時点まで継続することを通じて，強力に金融緩和を推進する」としており，同趣旨である．物価安定目標導入以前に「中長期的な物価安

定の目途」を示した2012年2月の声明文では「消費者物価の前年比上昇率1%を目指して，それが見通せるようになるまで，実質的なゼロ金利政策と金融資産の買入れ等の措置により，強力に金融緩和を推進していく」としていた。2012年2月の声明文と2013年4月の声明文における時間軸政策を比較すると，「1%が見通せるようになるまで」が「2%を安定的に持続するために必要な時点まで」に変化していることがわかる。1%から2%に水準が上がったことから，後者のほうが政策の持続時間が長くなるものと考えられる。しかし，「必要な時点まで」という表現は曖昧さを含み，将来の政策にコミットするという観点からは弱い表現に代わっていると見られる。

12-4 (1) 限界消費性向が減少する，(2) 限界輸入性向が上昇する，(3) *LM* 曲線の傾きが急になる，の3つの理由を検討する（その他の理由の検討は，読者に委ねる）。

(1) 限界消費性向が減少する。第Ⅱ部第3章POINT 3-2で見たように，家計貯蓄率は減少傾向にあり，平均消費性向と限界消費性向が等しいなら，限界消費性向が高まったことになり，この説明は当てはまらない。

(2) 限界輸入性向が上昇する。経済のグローバル化の進展で貿易依存が高まれば，輸入性向が上昇している可能性がある。読者は，GDPに対する輸入比率を調べて，この説明が当てはまるかどうか検討してみなさい。

(3) *LM* 曲線の傾きが急になる。政府支出の増加で金利が上昇し，投資がクラウド・アウトされると，乗数が小さくなる。1990年代は低金利政策がとられており，金利が上昇して投資が減少したという現象が生じたとは考えにくい。

## ◆第13章　財政の長期的課題

13-1　①誤。かならず政府債務の対GDP比が低下するとは限らない。基礎的財政収支の赤字が十分に大きくなると，政府債務の対GDP比は上昇する。
②誤。かならず政府債務の対GDP比が低下するとは限らない。基礎的財政収支の黒字が非常に小さくなると，政府債務の対GDP比は上昇する。
③誤。金利が経済成長率よりも高い（低い）と，政府債務の対GDP比は上昇（低下）する。一定となるのは，金利と経済成長率が等しいとき。
④正。
⑤誤。基礎的財政収支が黒字でも，政府債務の対GDP比が低下する。

13-2
限界効用と価格の比が等しくなるという，効用最大化の条件

$$\frac{1}{c_t^y} = (1+r)\frac{1}{c_{t+1}^o}$$

を用いると，現在の消費は，

$$c_t^y = \frac{1}{2}(w - rb)$$

となる。民間貯蓄は，

$$s_t = w - (1+r)b - c_t^y = \frac{w}{2} - \left(1 + \frac{r}{2}\right)b$$

となるので，公債が1単位増えると，個人の若年期の貯蓄は $1+r/2$ 減少する．

◆数学付録

**A1**
(1) $dy/dx = -4x - 20 = 0 \Rightarrow x = -5$　2階微分は負であるので確かに最大．
(2) $dy/dx = 10/x - 1/2 = 0 \Rightarrow x = 20$　2階微分は負であるので確かに最大．

**A2**
(1) $3^x \ln 3$　(2) $e^x \left(\ln x + \frac{1}{x}\right)$　(3) $\frac{5x^3 - 2}{2x\sqrt{x}}$

**A3**
(1) 両辺の対数をとって微分すると $\dot{z}/z = \alpha(\dot{x}/x)$．
(2) $\dfrac{\dot{z}}{z} = \alpha \dfrac{\dot{x}}{x} + (1-\alpha) \dfrac{\dot{y}}{y}$
(3) $\dfrac{\dot{z}}{z} = 2\dfrac{\dot{x}}{x} + 3\dfrac{\dot{y}}{y}$

**A4**
$$\lim_{\gamma \to 1} u(c) = \lim_{\gamma \to 1} \frac{c^{1-\gamma} - 1}{1-\gamma}$$

としたとき，分母も分子も1に近づくため，ロピタルの定理を用いて，

$$\lim_{\gamma \to 1} \frac{c^{1-\gamma} - 1}{1-\gamma} = \lim_{\gamma \to 1} \frac{\dfrac{d}{d\gamma}(c^{1-\gamma} - 1)}{\dfrac{d}{d\gamma}(1-\gamma)} = \lim_{\gamma \to 1} \frac{-(\ln c) c^{1-\gamma}}{-1} = \lim_{\gamma \to 1} (\ln c) c^{1-\gamma} = \ln c$$

この証明からわかるとおり定数項である $-1$ を省略して効用関数を $u(c) = c^{1-\gamma}/(1-\gamma)$ とするとロピタルの定理は使えない．ただし，多くの論文やテキストでは定数項の存在は最適条件には影響を与えないので，$-1$ の項は省略されていることが多い．

**A5**　効用関数に各期の予算制約を代入すると，

$$U = \ln c_1 + \frac{1}{1+\rho} \ln c_2 = \ln(y_1 - a) + \frac{1}{1+\rho} \ln(y_2 + (1+r)a)$$

であるので，これを $a$ について最大化して，

$$\frac{dU}{da} = -\frac{1}{y_1 - a} + \frac{1}{1+\rho} \frac{1+r}{y_2 + (1+r)a} = 0 \Leftrightarrow a = \frac{y_1}{2+\rho} - \frac{(1+\rho)y_2}{(1+r)(2+\rho)}$$

# 事項索引

(青色の数字書体は，本文中で重要語句として表示されている項目の掲載ページを示す)

◆ アルファベット

AD 曲線　→総需要曲線
AK モデル　　684
AS-AD モデル　　121, 189, 242
AS 曲線　→総供給曲線
BEI　→ブレイクイーブンインフレ率
CAPE　→株価収益率（シラー式）
CD　→譲渡性預金
CGPI　→国内企業物価指数
CI　→コンポジット・インデックス
CP　→コマーシャル・ペーパー
CPI　→消費者物価指数
DI　→ディフュージョン・インデックス
ECB　→欧州中央銀行
FRS　→連邦準備制度
GDE　→国内総支出
GDI　→国内総所得
GDI デフレーター　　286
GDP　→国内総生産
GDP ギャップ　　245, 248, 401, 406, 408
GDP 成長率　　221, 438, 683
GDP デフレーター　　34, 40, 43, 213, 285
GNI　→国民総所得
GNI ギャップ　　234
GNI デフレーター　　233
GNP　→国民総生産
HP フィルター　　407
IS-LM モデル　　120, 134, 136, 142, 155, 174, 448, 461
IS 曲線　　161, 248
　開放経済の──　　295, 301
　ミクロ的基礎を持つ──　　242
IS バランス　→投資貯蓄バランス
IT バブル　　486, 489, 714
J カーブ効果　　298
$k$ 次同次　　730
LM 曲線　　163, 171
LM モデル　　173
M1　　166, 220, 509
　──の流通速度　　526
M2, M3　　166, 509
MM 定理　→モディリアーニ・ミラー定理
NAIRU　→失業率（インフレを加速しない）
NDP　→国内純生産

NNP　→国民純生産
NPG 条件　→非ポンジー・ゲーム条件
PER　→株価収益率
R&D　→研究開発
RBC 理論　→実物的景気循環理論
SNA　→国民経済計算
　93──　　10, 25, 48, 100
　2008──　　48, 100
T-Bill　→国庫短期証券
TFP　→全要素生産性
TIPS　→物価連動国債
TOPIX　→東証株価指数
TSLF　→ターム物国債貸出制度
20-50 クラブ　　370
UV 曲線（ベヴァリッジ曲線）　　343, 344, 649
UV 分析　　408
WPI　→卸売物価指数

◆ あ

相対取引　　56
アイディア　　691, 692
新しい IS 曲線　→期待 IS 曲線
新しいケインズ経済学　→ニューケインジアン
新しいケインズ・モデル　→ニューケインジアン・モデル
新しい古典派　→新古典派
新しい成長モデル　　683
安全利子率　　120
安定化政策　　391, 394, 413, 459
安定成長協定　　430
鞍点（サドル）安定的　　750
鞍点（サドル）経路　　750
安藤尺度　　629

◆ い

遺　産　　433
位相図　　585, 747
1 次同次　　354, 356, 362, 729, 737
一物一価の法則　　288
一括税　　620
一般会計　　418
一般政府　　418
『一般理論』　　600, 711
イールド・カーブ　　475
インカム・ゲイン　　58, 482, 488
インサイダー　　647

778

インターバンク市場（銀行間市場）　501
インフレ（インフレーション，物価上昇）　100,
　　119, 164, 394, 528, 713
インフレ供給曲線　214, 231, 234
インフレ需要曲線　224, 229, 234
インフレーション・ターゲッティング（インフレ
　　目標政策）　397, 400, 405
インフレ税　544, 568
インフレ・バイアス　396, 398, 405
インフレ目標　38, 255, 542
インフレ率（物価上昇率）　214, 216, 218, 255,
　　398, 544

◆う
失われた 10 年　104, 106, 126, 714
売りオペレーション　504

◆え
円通貨の希少性　565
円の購買力　276
円　安　48

◆お
オイラーの定理　736
オイラー方程式　244, 247, 451, 579, 580, 744
黄金律　381, 430, 577, 676, 702, 707
　　修正された――（修正黄金律）　584
欧州中央銀行（ECB）　562
横断性条件　639
オークン法則　221, 238
オーバーシューティング　292
オーバーナイト物金利（翌日物金利）　501, 512
オフショアリング　658
オープン市場　501
オペレーション　→公開市場操作
卸売物価指数（WPI）　39

◆か
買いオペレーション　504, 536
海外の資金過不足　61
外貨準備　75, 78
外貨準備増減　77
会計単位の提供　492
解雇規制　657
外国為替レート　122
外生成長モデル　683
外生変数　142
外部性（外部効果）　688, 692
外部ラグ（効果ラグ）　390
開放経済〔モデル〕　123, 264, 266, 268, 303, 432
カウンター・パーティー・リスク　536
価格指数　34
家　計　15, 446, 594

――の資金過不足　60
家計現実最終消費　25, 26
家計最終消費支出　25
家計最終消費支出デフレーター　39
家計消費　154, 633, 636
家計貯蓄率　62, 377
貸し倒れリスク　536
可処分所得　243
課税平準化　427
家族従業者　85
価値貯蔵機能　492
価値貯蔵手段　164
価値の単位　164
株　価　481, 483
――の割引現在価値モデル　483, 488
株価指数　485
株価収益率（PER）　488
　　シラー式――（CAPE）　490
株　式　480, 608
――の運用利回り　482
株式市場　228, 481, 485
貨　幣　164, 166
――の中立性　202
――の流通速度　168
　　決済手段としての――　492
貨幣供給（マネーサプライ）　163, 166, 168, 517
貨幣錯覚　33, 135, 142
貨幣市場　163, 168, 491, 513
――の需給均衡　171
貨幣需要　163, 167, 170
――の金利感応度　522
貨幣需要関数　168, 177, 522, 547
貨幣数量説　523, 527
カルドアの定型化された事実　670, 680, 697
為　替　165
為替介入　423
為替政策　552
為替レート　277, 292, 300, 304
間接金融　56
間接税　30, 31
完全競争市場　649
完全雇用　20, 334
完全雇用 GDP　113, 139, 194, 334
完全失業者　85, 86
完全失業率　86, 105, 218

◆き
企　業　446, 607
――の資金過不足　60
――の資金調達方法　607

事項索引　779

——の市場独占力　194
——のバランスシート　603
企業金融　609
企業貯蓄（法人貯蓄）　608
企業利潤　23
技術革新　371, 459
　防衛的——　660
技術進歩　113, 116, 349, 359, 691, 695
　技能偏向型の——　659, 698
　ハロッド中立的——　677
　方向づけられた（誘発的）——　698
技術水準　669
基準割引率および基準貸付利率　→公定歩合
帰属地代　23
帰属家賃収入　46
帰属レンタル料　23
基礎的財政収支（プライマリー・バランス）
　428, 544, 622
期待IS曲線（新しいIS曲線）　248, 258, 402
期待インフレ率　155, 159, 395
期待形成　199, 291
基調の財政収支　421
規模効果　694
基本価格　→生産者価格
逆選択モデル　644
キャッシュ・フロー　607
キャピタル・ゲイン　14, 58, 67, 482, 629
キャピタル・ロス　14, 58, 67, 482, 629
求職意欲喪失者　89
求職者　90
求　人　90, 654
供給関数　121
供給サイド　108, 117, 137, 351
供給ショック　231, 258, 260
競争市場〔環境〕　137, 140, 351
極限値　733
銀　行　54
均衡価格　446
銀行間市場　→インターバンク市場
銀行間貸借市場（コール市場）　516
均衡経路　466, 588
銀行券ルール　545, 550, 720
均衡雇用量　334
均衡財政　183, 426
均衡実質賃金　334
近代経済成長　669, 670
金本位制　530
金融緩和〔政策〕　403, 525, 552, 556, 714
金融機関　54, 64, 691

金融危機　41, 67, 499, 516, 535, 714
金融資産〔残高〕　14, 57, 423
金融資産・負債残高表　56, 64
金融市場　54, 64, 228, 590, 690
金融収支　75, 79, 266
金融政策　125, 175, 209, 225, 229, 390, 398, 512,
　540, 715
金融政策決定会合　397
金融政策ルール　173, 477, 715
金融仲介機関　54
金融調節　397, 512
金融取引　56
金融派生商品　75
金融引き締め政策　522
金融負債残高　57
金　利　118, 120, 155, 429, 517
　——の期間構造　475
金利裁定　477
金利設定ルール　173, 254, 517
金利調節　515
金利引き上げ/引き下げ政策　521, 522
金利平価　267, 287, 290, 304, 552, 564
　カバー付き——　565
近隣窮乏化政策　303

◆ く

クラウディング・アウト　175, 303, 393
クローリング・ペッグ制度　311

◆ け

計画支出　147, 160
景気循環〔モデル〕　48, 105, 108, 116, 125, 128,
　406, 612
景気対策　410, 637
景気動向指数　107
経済厚生　348, 380, 708, 712
経済政策　541
　——の時間整合性　468, 618
経済成長　48, 102, 348, 664, 701, 703
経済成長プロセスの効率性　573
経済成長モデル　108, 125, 459
経常移転収支　73
経常収支　72, 74, 79
計量経済学　637, 718
ケインジアン　242, 326, 452
ケインジアン・クロス　152
ケインズ型消費関数　144, 600
ケインズ経済学　463, 711, 715, 721
ケインズ・ラムゼー・ルール　574, 579
欠　員　343
欠員率　343, 344, 652

結合生産　26
決済機能　531
決済システム　499, 535
決済手段　164, 470, 492, 529
決定ラグ　391
限界効用の逓減　579
限界消費性向　143, 601
限界生産性　354
　　──の逓減　330, 354, 730
限界費用　447
限界便益　447
限界輸入性向　300
研究開発（R&D）　48, 670, 693, 695
減　税　409, 431, 433

◆こ
コア物価指数　38, 255
交易条件　275, 281, 317, 719
　　──の悪化／改善　276
交易条件比率　276, 282, 317
交易利得・損失　281, 318
公開市場操作（オペレーション）　504, 513, 516
効果ラグ　→外部ラグ
交換手段　492
交換媒体　164
好　況　105
公共財　689
公共サービス　→政府サービス
公共投資　147, 153, 158, 716
公　債　65, 424, 433, 470
　　──の負担　434
恒常所得〔仮説〕　409, 595, 597, 600
合成関数の連鎖微分　734
構造失業率　→トレンド失業率
構造的財政収支　→循環調整済み財政収支
構造的失業（ミスマッチ失業）　342
公定歩合（基準割引率および基準貸付利率）　504
公的資本形成　154
公的年金　71, 423, 441
公的部門　418
購買力平価　267, 287, 288, 320
効　用　332, 446
効用関数　547, 579, 685, 743
効用極大化行動　446
効率性　446
効率賃金〔仮説〕　196, 329, 642, 645
効率労働　→労働（効率単位で測った）
合理的期待　256, 305, 588
合理的期待形成〔仮説〕　199, 228, 292, 448, 457, 466
小切手　494
国　債　118, 424, 470, 505
国際収支状況　81
国際収支統計　16, 72
国際貿易　122, 658
国内（Domestic）　22
国内企業物価指数（CGPI）　39, 40, 44, 285
国内純生産（NDP）　22
国内総支出（GDE）　22, 41, 62
国内総所得（GDI）　24
　　要素費用表示の──　361
国内総生産（GDP）　21, 45, 100, 449
　　1人あたり──　362, 438, 664
国内粗貯蓄率　377
国内貯蓄　377, 380
国民経済計算（SNA）　6, 10, 11, 28, 59, 100, 716
　　──のストック編　68
国民純生産（NNP）　30, 45
　　市場価格表示の──　31, 45
　　要素費用表示の──　31, 46, 61
国民所得　30
国民総所得（GNI）　30
国民総生産（GNP）　30
国民負担率　420
誤差脱漏　77
国庫短期証券（T-Bill）　471, 502, 505
固定価格モデル　121
固定為替相場制度　302, 311, 316
固定資本形成　576
固定資本減耗　17, 128, 374, 573, 604
固定資本ストック　18
古典派経済学　463, 711, 717
古典派の第1公準　331
古典派の第2公準　333
コブ・ダグラス型生産関数　359, 361-363, 729
コーホート　435
コマーシャル・ペーパー（CP）　502
コミットメント　396
雇用者　85
雇用者報酬　46, 361, 634
雇用喪失条件式　654
雇用創出条件式　654
雇用保険　329, 342
コール市場　501, 512, 514, 539
コールレート　118, 169, 513
　　オーバーナイト物──　478
コンソル（無期債）　470
コンポジット・インデックス（CI）　108

## ◆ さ

債　券　55, 470, 608
　　高流動性の——　471
債券価格　474
債券市場　478
債権者　469
在　庫　12, 455, 610, 612
　　意図した——　29, 148, 610
　　意図しない——　29, 148, 610
在庫投資　29, 148, 153, 610
財産所得　58
財政赤字　418, 420, 431
　　——の政治経済学　427
財政運営　427
　　持続可能な——　429
財政支出　301, 411, 420
財政収支　406, 419, 421, 430
財政政策　125, 174, 312, 390, 401, 410
　　裁量的——　391, 409
財政統計　418, 420
財政等要因　504
財政ルール　430
最大化条件　742
最低賃金　196, 329, 335
最適金融政策　533, 566
債務者　469
財務省証券　471
債務不履行　530
裁　量　394
裁量対ルールの問題　620
裁量的政策　396
先物市場　590
先渡し市場　590
サーチ・モデル　649
サービス収支　72
サブプライムローン　486, 535, 539
サブプライムローンバブル　487, 714
差分方程式　575, 746
産業革命　669
産業連関表　16, 17, 26
　　価格表示の——　25
　　数量表示の——　20
参照インフレ率　397
三面等価の原則　25, 61, 116, 143, 149

## ◆ し

自営業者　85
時間軸政策（フォワード・ガイダンス）　403
時間選好　473
時間選好率　580

時間非整合性　395, 404, 618
資金運用者　54, 64
資金運用手段　470
資金過剰主体（貯蓄超過主体）　57, 66
資金過不足　57, 59, 66
資金循環　10, 13, 54, 64, 66
資金循環表　16, 54, 56
資金調達者　54, 64
資金調達手段　470
資金不足主体（貯蓄不足主体）　58, 66
時系列分析　638
資源配分　719
　　——の効率性　624
　　効率的な——　619, 685
　　動学的な——　719
資産買入等の基金　541, 549, 556
資産価格　457, 467, 588, 604
資産価格バブル　349, 467, 483, 486, 588, 591, 713
市　場
　　——との対話　513
　　——の機能不全　619
　　——の力学　720, 723
市場均衡　446
市場取引　56
市場メカニズム　713
指数関数の微分　738, 739
システミック・リスク　500, 535
自然失業率　193, 217, 339, 652
自然対数　104, 737
自然対数関数の微分　738
自然利子率　248, 252, 401
失　業　194, 196, 243, 337, 339
　　——の輸出政策　303
　　——の履歴現象（ヒステレシス）　647
失業給付　655
失業者　335, 412
失業保険　342, 412
失業率　85, 217, 221, 343, 647
　　インフレを加速しない——（NAIRU）　218, 408
失業流出率　340, 649
失業流入率　339, 652
実効為替レート　277
実行ラグ　390, 392
実質GDI　282
実質GDP　35, 47, 100, 114, 279, 712
実質GDP成長率　50, 440
実質GNI　233, 282

実質 NDP　　616
実質貨幣供給　　168
実質貨幣残高　　168, 224, 518, 543
実質貨幣需要　　522, 528
実質貨幣需要関数　　517, 520, 531
実質為替レート　　274, 276, 288, 558
　　── Ⅰ　　275, 276
　　── Ⅱ　　275, 280, 307
実質金利　　139, 155, 157, 174, 558
実質硬直性　　196
実質財政赤字　　421
実質産出量　　280
実質純輸出　　279, 281, 307
実質生産　　34
実質政府債務　　544
実質値　　350
実質賃金　　96, 138, 190, 331, 335
　　──の下方硬直性　　336
　　──の硬直性　　196
実質賃金設定関数　　191, 195, 214
実質貿易収支　　271
実質輸出　　270, 280, 296, 309
実質輸入　　270, 274, 280, 296, 309
実質利子率　　473, 579, 701
実物資産　　14, 68, 115
実物的景気循環理論（RBC 理論）　　612, 619
実物モデル　　351
自動安定化装置（ビルトイン・スタビライザー）　　391, 409
シニョリッジ　→通貨発行収入
自発的失業　　336
支払完了性　　495
紙　幣　　164, 493, 592
資　本　　583, 669, 684, 734
　　──と消費の動学経路　　586
　　──の過剰蓄積　　578, 589, 596, 707
　　──の限界生産性　　354, 357, 687
　　１人あたりの──　　362, 671, 676
資本移転等収支　　76
資本財　　588
資本市場　　349
資本収益率　　357, 630
資本自由化　　268
資本収支　　77
資本所得　　24, 46, 361, 624
資本蓄積　　113, 115, 128, 349, 373, 576
資本取引　　264, 267
資本分配率　　359, 361, 367
社会科学　　5, 461

社会学的モデル　　644
社会資本　　430
社会主義経済　　713
社会保障基金　　64, 71, 423
社会保障財政　　440
社　債　　55, 470
ジャンプ変数（非先決変数）　　586, 750
収穫一定（収穫が規模に対して一定）　　354
収穫逓増（収穫が規模に対して逓増）　　356, 692
就業者　　85, 328
15 歳以上人口　　84
習熟効果（ラーニング・バイ・ドゥーイング効果）　　689
修正黄金律　→黄金律（修正された）
住宅投資　　147, 158
主観的割引率　　704, 743
需要サイド　　108, 116, 118, 139
需要ショック　　258, 260
需要不足失業　　344
純（Net）　　22
純借入　　418
純間接税　　31
循環調整済み財政収支（構造的財政収支）　　406, 408, 421
循環的財政収支　　406, 421
純金融資産残高　　57, 65
純固定資本形成　　18, 128, 628, 636
純債務　　423
純所得　　59
純設備投資　　18, 115, 126, 616, 635
純貯蓄　　59, 628, 632
純評価益　　58
準備預金　　166, 468, 471, 496, 502, 507, 514
準備預金制度　　502, 513, 539
準備預金付利制度（補完当座預金制度）　　539
純輸出　　29, 122, 264, 279, 295, 297, 455
純輸出関数　　296, 300
　　──の金利感応度　　301
生涯効用　　617
生涯消費　　595, 744
生涯所得　　595, 744
生涯予算制約式　　595, 596, 621, 744
証　券　　592
条件付き収束　　682
証券投資　　75
小国モデル　　303, 305
乗数効果　　143, 150, 153, 301, 411, 455, 731
状態変数　　586
譲渡性預金（CD）　　166, 502

商の微分公式　　734
消　費　　25, 583, 586, 602, 635
　――の効率的な動学的配分　　579
　――の望ましい水準　　450
　――の平準化　　597
　1人あたり――　　380, 676
消費関数　　143, 158, 593, 601, 716
消費財　　17
消費者　　15
消費者物価指数（CPI）　　36, 38, 44, 119, 213, 285
消費税　　31, 556, 625
情報の非対称性　　690
職探し（ジョブ・サーチ）　　328, 339, 342, 649
ショック
　貨幣的――　　205, 207
　技術的な――　　612
所　得　　59
所得効果　　333
所得再分配　　623
所得収支　　73, 268, 282
所得税　　421, 625
所得分配率　　360
ジョブ・サーチ　　→職探し
所要準備額（法定準備預金額）　　507
ジョーンズ・モデル　　695
人口減少　　367
人口成長　　673, 679
新古典派（新しい古典派）　　326, 434, 452, 711, 712
新古典派総合　　463
伸縮価格モデル　　137, 141
人的資本　　670, 684, 688
信用乗数　　509, 510
信用創造　　508

◆ す
ストック変数　　10, 691
ストルパー・サミュエルソンの定理　　658

◆ せ
税　　420
静学的期待形成　　207, 220, 291
制御変数　　586
政策操作変数（政策変数）　　142, 531
生産関数　　113, 137, 192, 352, 359, 666
　1次同次――　　729
生産者価格（基本価格）　　32, 44
生産設備（生産資産）　　110
生産要素（投入要素）　　18, 110, 327, 352
政治的景気循環　　394
成長会計　　116, 352, 364, 370, 372, 386, 742

成長に関する関係式　　739, 740
政　府　　418
　――の資金過不足　　61
　――の資金調達　　621
　――の予算制約式　　741
政府最終消費支出　　26, 45, 419
政府債務　　419, 423, 425
政府サービス（公共サービス）　　26, 430
政府支出　　544, 620
政府消費　　29, 51, 142, 147, 161
政府短期証券　　471
セカンダリー・マーケット　　→流通市場
積の微分公式　　734
石油ショック　　122, 318, 348
世代会計　　435
世代重複モデル（世代間重複モデル，世代共存モデル，重複世代モデル）　　435, 441, 591, 702, 703
接線の傾き　　733
設備投資　　18, 28, 115, 147, 158, 451, 635
　――の金利感応度　　159
　――の二面性　　383
設備投資関数　　158, 177
セー法則　　109
ゼロ金利〔政策〕　　403, 478, 510, 538, 541
先決変数　　→非ジャンプ変数
全国企業短期経済観測調査（短観）　　107
潜在GDP（潜在産出量）　　193, 205, 246, 334, 406
潜在成長率　　252
全微分　　736
全要素生産性（多要素生産性，TFP）　　359, 363, 407, 612

◆ そ
総（gross）　　21
増加関数　　733
総供給　　117
総供給曲線（AS曲線）　　122, 134, 189, 199, 448
総合物価指数　　38
総固定資本形成　　18, 28, 45, 68, 126
総支出　　419
総需要　　117
総需要関数　　223
総需要曲線（AD曲線）　　134, 179, 180, 189, 200, 313, 448
　垂直な――　　182, 210
総所得　　143, 160, 178
増　税　　421
総政府債務　　423
相対価格　　135, 279, 716, 719

784

総貯蓄　671
即時決済　529
粗債務　422
粗所得　59
租　税　426, 618
粗設備投資　18, 126
粗貯蓄　59, 62, 63, 377
その他投資　75
ソロー残差　367, 407
ソロー条件　643
ソロー・スワン・モデル　366
ソロー・モデル　351, 366, 373, 451, 669, 671, 680, 735
　──の基本方程式　673, 675, 678

◆ た
第一次所得収支　73
対外資産　265
対外資産・負債残高　78
対外純資産　80, 265
対外負債　265
対家計民間非営利団体最終消費支出　26
耐久消費財　29
怠業モデル　643
貸借対照表(バランスシート)　69
　国の──　71
対　数　675
対数関数　737
対数線形近似　739
代替効果　333
第二次所得収支　73
ターム物国債貸出制度(TSLF)　537
多要素生産性　→全要素生産性
短観　→全国企業短期経済観測調査
短期〔モデル〕　108, 121, 130, 141, 143, 149, 463
短期・安全利子率　120
短期金融市場(マネー・マーケット)　501, 566
短期金利　118, 120, 403, 476, 478, 513
担　保　471, 502, 535, 537

◆ ち
知識・技術資本　670
知識資本　684, 692
地　代　23, 28
地方債　424, 470
地方税　420
中央銀行　38, 166, 225, 255, 397, 467, 542
　──の国債引き受け　545
　──の操作変数　173
　──の当座預金(中銀当座預金)　496, 501
　──の独立性　398

　──のバランスシート　505, 538
　──の民間銀行に対する資金供与・吸収　504
中央銀行貸出　504
中央銀行券　470, 493, 546
中央銀行券要因　504
中間投入財　17, 110, 697
中期〔モデル〕　121, 130, 141, 188, 190, 197, 236
中期金利　118, 120
中長期的な物価安定の目途　398
中長期的な物価安定の理解　397
中立命題　→リカードの中立命題(等価命題)
中立利子率　253
長期〔モデル〕　108, 130, 141, 326, 350, 463, 721
長期金利　118, 120, 402, 476, 478, 554
長期国債　478, 548
　──の買い切りオペレーション　545
長期債務残高　424
調整表　58
調整費用　606
直接金融　56
直接投資　75
貯　蓄　59, 62, 139, 450
貯蓄関数　704
貯蓄超過主体　→資金過剰主体
貯蓄不足主体　→資金不足主体
貯蓄率　144, 377, 671, 681
賃　金　23, 94, 141, 327, 332, 646
　──の下方硬直性　643
賃金格差　657, 698
賃金交渉　190, 200, 646
賃金交渉仮説　646

◆ つ
通　貨　506, 542
通貨発行収入(シニョリッジ)　532, 542, 546, 568, 720
積立方式　442

◆ て
定期預金　166
低金利政策　521, 637
定常状態　376, 576, 585, 667, 678, 750
　安定的──　668
定常成長経路　694
ディフュージョン・インデックス(DI)　107
テイラー・ルール　254, 259, 399, 517
手　形　165, 472, 494
手形交換所　495
適応的期待形成〔仮説〕　207, 211, 218, 228, 291, 316

事項索引　785

デフレ(デフレーション)　527, 529, 530, 562
デフレスパイラル　211, 213, 532, 541
デフレ・バイアス　405

◆ と

動学的期待形成　207
動学的に効率的　708
動学的に非効率(動学的非効率性)　702, 708
等価命題　→リカードの中立命題(等価命題)
導関数　733
統合政府　544, 567
当座預金　165, 468, 493
投　資　29
投資家　15
投資関数　593
投資財　17
投資貯蓄バランス($IS$ バランス)　62, 161, 280
東証株価指数(TOPIX)　485
投資理論　606
等比数列の和の公式　730
独占企業　246
独占的競争　258
独占力　141, 193, 225, 246
特別会計　418
トービンの$q$　159, 160, 451, 603, 605
　　限界――　603
　　平均――　603, 606, 609, 627
ドーマー条件　429
取引需要　167
取引表　57
トレンドGDP　406
トレンド失業率(構造失業率)　408

◆ な

内国為替決済制度　497
内生成長モデル(内生成長理論)　364, 679, 683, 687
内生変数　142
ナイフエッジ・ケース　385
内部ラグ　390
内部留保　24, 607, 608, 634
ナッシュ交渉解　646, 647

◆ に

2 期間モデル　582, 743
ニクソン・ショック　316
2 国モデル　303
二重計上　21
日経平均株価　485
日本銀行　38, 397, 400, 720
　　――の国債保有　548, 568
　　――のバランスシート　542

日本銀行券　550
日本銀行法　398, 400
ニューケインジアン(新しいケインズ経済学, 新しいケインジアン)　227, 242, 532, 712
ニューケインジアン・フィリップス曲線　245, 250, 255, 395, 403
ニューケインジアン・モデル(新しいケインズ・モデル)　173, 243, 259, 395, 401
認知ラグ　390

◆ の

ノーベル経済学賞　711

◆ は

配　当　24, 58, 481, 488, 608, 634
ハイパーインフレーション　467, 528
ハイパワード・マネー　→マネタリーベース
パーシェ指数　36, 42
発行市場(プライマリー・マーケット)　469
パネル・データ分析　638
バブル　591
　　――の崩壊　486
バランスシート　→貸借対照表
パレート最適性　648
パレート非効率　708
ハロッド中立的　386
ハロッド・ドーマー・モデル　383

◆ ひ

東アジアの奇跡　372
非競合的　691
非自発的失業　194, 336
非ジャンプ変数(先決変数)　586, 750
ヒステレシス　→失業(の履歴現象)
非先決変数　→ジャンプ変数
非耐久消費財　29
微調整(ファイン・チューニング)　390, 460
ビッグマック・インデックス(Big Mac Index)　275
非伝統的金融政策　401
微分可能　732
微分係数　732
微分方程式　575, 735, 746
非ポンジー・ゲーム条件(NPG 条件)　596, 746
評価益／評価損　13
費用便益分析　412
ビルトイン・スタビライザー　→自動安定化装置
非労働力人口　85, 90
品質調整　43

◆ ふ

ファイン・チューニング　→微調整
ファンダメンタルズ　467, 483, 527

フィッシャー方程式　155, 157, 468, 473, 518, 520
フィリップス曲線　121, 214, 215, 217, 218, 237, 242
フェデラル・ファンド・レート　479
フォワード・ガイダンス　→時間軸政策
フォワード・ルッキング　147, 395, 400, 593
付加価値　21, 279
賦課方式　442
不完全就業〔者〕　90
不　況　105, 619
負　債　608, 627
普通会計　418
普通預金　165, 493
物　価　141
　──の安定　397
物価安定の目標　398, 549
物価上昇　→インフレ
物価上昇率　→インフレ率
物価水準　96, 178, 197, 467, 518
　──の決定メカニズム　522
　──の合理的期待均衡　523
物価連動国債(TIPS)　555
物的資本　670, 684, 688
プライス・テイカー　137
プライマリー・バランス　→基礎的財政収支
プライマリー・マーケット　→発行市場
プラザ合意　318
フリードマン・ルール　255, 533, 566
ブレイクイーブンインフレ率(BEI)　556
ブレトンウッズ体制　304, 316
フロー変数　10

◆ へ

平　価　287, 311
平均消費性向　144, 145
閉鎖経済〔モデル〕　123, 139, 268
ベヴァリッジ曲線　→UV曲線
ヘクシャー・オリーンの定理(モデル)　658, 700
ペッグ　311
ヘドニック法　43
ベルマンの原理　396
変動為替相場制度　302, 311, 316
偏微分　735

◆ ほ

貿易赤字　122
貿易・サービス収支　268
貿易収支　72
貿易取引　264, 267

法人税　421, 637
法人貯蓄　→企業貯蓄
法定準備預金額　→所要準備額
補完当座預金制度　→準備預金付利制度
保証成長率　384
補助金　30, 32, 246
ポリシー・ミックス　176, 295, 392
ポンジー・ゲーム　596
本邦対外資産負債残高　78

◆ ま

マイナス金利　540, 562, 564, 566
マークアップ率　193, 258
マクロエコノミック・コンセンサス　712
マクロ経済学　454, 459, 711, 723
　──のミクロ的基礎づけ　721
マクロ経済政策　125, 212, 215, 225, 228, 302, 449, 715
　──の無効性　619
　積極的な──　722
マクロ経済統計　16, 716-718
　──の集計量　716
マクロ生産関数　673, 742
　コブ・ダグラス型の──　670
摩擦的失業　342
マーシャルの $k$　168, 171
マーシャル・ラーナー条件　298, 299, 307
マッチング関数　652
マネーストック　167, 509
マネタリスト　452, 456
マネタリズム　452
マネタリーベース(ハイパワード・マネー)　166, 498, 506
マネタリー・モデル　350
マネー・マーケット　→短期金融市場
マルクス経済学　352
マルサスの罠　669
マンデル・フレミング・モデル　124, 293, 299, 432
　金利水準の均等化に依拠した──　306

◆ み

ミクロ経済学　446
ミクロ計量分析　638
ミクロ的基礎　258, 261, 446, 460
ミクロ・データ　638
ミスマッチ失業　→構造的失業
民間企業設備投資(民間設備投資)　159, 632
民間銀行預金　471
民間消費　145, 154

事項索引　787

## ◆ む

無期債 →コンソル
無条件収束（絶対収束） 681
無担保コールレート 539
無担保取引 501

## ◆ め

名目 GDP 35, 279
　人口 1 人あたり—— 369
名目価格 197
　——の硬直性 205, 236, 242, 245, 517
名目貨幣供給 163, 168, 175, 220, 226, 467
名目貨幣残高 168, 518, 525
名目貨幣需要 168
名目為替レート 270, 276, 552
名目金利 155, 157, 169, 173, 250
名目金利設定ルール 244
名目硬直性 196, 209, 227, 242
名目国民総所得(GNI) 269
名目純輸出 280, 307
　——の実質化 266
名目生産 34
名目値 350
名目賃金 95, 331
　——の硬直性 236
名目輸入額 271
名目利子率 473
メニュー・コスト 141

## ◆ も

モディリアーニ・ミラー定理(MM 定理) 607, 609
物の循環 10, 13
モラル・ハザード 413
問題先送り 428

## ◆ や

約束手形 472, 494

## ◆ ゆ

有価証券 469
有効求人倍率 90, 92
有担保取引 501
輸　出 29, 76, 264
輸出価格指数 270
輸出関数 296
輸出競争力 275
輸出弾力性 299
輸出デフレーター 279, 307
輸　入 29, 76, 264
　——を通じた所得漏出 301
輸入価格 41
輸入関数 296
輸入弾力性 299
輸入デフレーター 279, 307
ユーロ 312, 430, 563

## ◆ よ

要求払預金 166, 495
要求利回り 580, 605
要素所得 23, 30
　海外からの—— 269
余　暇 47, 411
預金口座 165
予　算 392
予備的貯蓄 691
45 度線 152

## ◆ ら

ライフサイクル仮説 600
ラグ 390, 392
ラグランジュアン 354
ラスパイレス指数 36, 42
ラーニング・バイ・ドゥーイング効果 →習熟効果
ラムゼー・モデル 458, 573, 624, 685
　連続型の—— 686, 751

## ◆ り

リカードの中立命題(等価命題) 433, 618, 622
利　潤 446
利潤極大化行動 360, 446
離職モデル 644
利子率 120
リスク 468
リスク・プレミアム 481
利他的動機 433
利他的な連鎖 594
リターン 468
利払費 430
リーマン・ショック 41, 67, 122, 480, 541, 714
流通市場(セカンダリー・マーケット) 469
流動性 163, 471
　——の罠 170, 177, 181, 392, 401
流動性危機 471, 535, 539
流動性供与 538
流動性効果 517, 519
流動性制約 598, 602, 624
留保生産性 653
留保賃金 650
両建てオペレーション 537
量的緩和政策 405, 478, 507, 510, 526, 541, 548
量的・質的金融緩和 539, 542, 549, 556, 568

## ◆ る

累進所得税 621, 623

ルーカス批判　227, 228, 456, 461
◆ れ
レオンティエフのパラドックス　22
連鎖方式　43
レンタル料　23
連邦準備制度（FRS）　38, 453, 480, 537, 557
◆ ろ
労　働　669
　——の限界生産性　138, 330, 354
　——の効率性　677
　効率単位で測った——（効率労働）　678
労働供給　126, 244, 332, 624
労働供給関数　244, 333
労働供給曲線　138, 333
労働組合　196, 329, 646, 660
労働サービス　326
労働時間　92, 244, 328, 332
労働市場　84, 137, 190, 196, 243, 326, 458
　——に関する統計（労働統計）　16, 84
　——の均衡　333
　——の二極化　659
　長期的な——　330

　不完全な——　339
労働者　15, 701
　——の効率性　689
労働需要　331
労働需要関数　331
労働需要曲線　138, 331
労働所得　24, 595, 602
労働生産性　114, 192, 195, 202
労働装備率　116, 358, 362, 367
労働分配率　359, 361, 700
労働力　110, 126, 341
労働力人口　85, 86, 438
労働力フロー　341
ロピタルの定理　737
ローマー・モデル　694
◆ わ
ワーク・シェアリング　244
割　引　472
割引現在価値〔モデル〕　473, 474, 483
割引債　470, 475
割引率　473, 580

## 人名索引

アカロフ，G.　209
アセモグル，D.　698
アレシーナ，A.　398, 427
アンドウ，A.　626, 628
ヴィクセル，J. G. K.　363, 605
ウィックスティード，P. H.　363
エイベル，A.　702
エングル，R. F.　638
オイラー，L.　579
オークン，A. M.　221
オーター，D.　659
カルドア，N.　670
キドランド，F. E.　396, 619
クズネッツ，S. S.　11
クライン，L. R.　179
グリーンスパン，A.　413, 480
グレンジャー，C. W. J.　638
ケインズ，J. M.　11, 109, 136, 144, 600, 711, 717, 718, 721, 722
コイル，D.　703
コブ，C. W.　363
ゴールドバーガー，A. S.　179
サージェント，T. J.　215, 452, 638
サマーズ，L. H.　398, 410, 647
サミュエルソン，P. A.　136, 413, 463
サラ-イ-マーティン，X.　681, 682
シムズ，C. A.　638
シュワルツ，A.　453
ジョーンズ，C. I.　694, 697
シラー，R. J.　490, 638
白川方明　400
ストーン，J. R. N.　11
スミス，A.　711
スワン，T. W.　366
セー，J. B.　109
ソロー，R. M.　351, 366, 373
ダイアモンド，P. A.　435, 651
ダグラス，P. H.　363
テイラー，J. B.　254, 413
ティンバーゲン，J.　179, 366
テンプル，J.　695
トービン，J.　160, 605
ドーマー，E. D.　383, 429
ナッシュ，J. F.　646, 647
ハイエク，F. A.　715, 716, 718

パーシェ，H.　38
バロー，R. J.　433, 623, 681, 682, 689
ハロッド，R. F.　383
ハンセン，L. P.　638
バーンハイム，B. D.　434
ピグー，A. C.　171
ピケティ，T.　701, 702
ピサリデス，C. A.　651
ヒックス，J. R.　136
ファーマ，E.　638
フィッシャー，I.　156
フィリップス，A. W.　215, 217
フェルプス，E. S.　215, 452
ブランシャール，O. J.　647
フリッシュ，R. A. K.　179
フリードマン，M.　215, 452, 566, 600
ブルンバーグ，R.　600
ブレイナード，W. C.　605
プレスコット，E. C.　396, 619
フレミング，J. M.　294
ベヴァリッジ，W. H.　343
ヘックマン，J. J.　638
ペロッティ，R.　427
ボルカー，P. A.　413
マクファデン，D. L.　638
マーシャル，A.　171, 299
マニング，A.　659
マルクス，K.　109
マルサス，T. R.　669
マンキュー，N. G.　682
マンデル，R. A.　294
ミラー，M. H.　607, 609
モディリアーニ，F.　600, 607, 609
モーテンセン，D. T.　651
ヤング，A.　372
ラスパイレス，É.　38
ラーナー，A. P.　299, 434
ラムゼー，F. P.　458, 573, 574
リカード，D.　623, 711
ルーカス，R. E., Jr.　215, 227, 229, 452, 688
レオンティエフ，W. W.　22
ロゴフ，K.　398
ローマー，C.　413
ローマー，P. M.　688, 691, 692, 697
ワルラス，M. E. L.　363

マクロ経済学〔新版〕　New Liberal Arts Selection
*Macroeconomics: Theory and Policy*, 2nd ed.
2010 年 4 月 15 日　初版第 1 刷発行
2016 年 4 月 5 日　新版第 1 刷発行
2020 年 10 月 15 日　新版第 3 刷発行

著者
齊藤　誠
岩本　康志
太田　聰一
柴田　章久

発行者　江草　貞治
発行所　株式会社　有斐閣
郵便番号 101-0051 東京都千代田区神田神保町 2-17
電話 (03)3264-1315〔編集〕　(03)3265-6811〔営業〕　http://www.yuhikaku.co.jp/
印刷・製本　大日本法令印刷株式会社

Ⓒ 2016, Makoto Saito, Yasushi Iwamoto, Souichi Ohta, Akihisa Shibata.
Printed in Japan
落丁・乱丁本はお取替えいたします。

★定価はカバーに表示してあります。

ISBN 978-4-641-05384-7

JCOPY　本書の無断複写(コピー)は、著作権法上での例外を除き、禁じられています。複写される場合は、そのつど事前に(一社)出版者著作権管理機構(電話03-5244-5088, FAX03-5244-5089, e-mail:info@jcopy.or.jp)の許諾を得てください。